ISBN 978-0-331-06795-8
PIBN 11010111

XXXIII. Jahrgang.   III. Semester.

Die

Grenzboten.

Zeitschrift

für

Politik, Literatur und Kunst.

No. 27.

Ausgegeben am 3. Juli 1874.

Inhalt:

Leipzig, 1874.

Friedrich Ludwig Herbig.

(Fr. Wilh. Grunow.)

Man abonnirt bei allen Buchhandlungen und Postämtern des In= und Auslandes.

Die Grenzboten.

Zeitschrift für Politik Literatur und Kunst.

33. Jahrgang.

II. Semester. I. Band.

Leipzig,

Verlag von Friedrich Ludwig Herbig.

(Fr. Wilh. Grunow.)

1874.

Inhaltsverzeichniß.

Jahrgang 1874. Drittes Vierteljahr.

Die Schlacht von Pavia am 24. Februar 1525
das „Sedan" des 16. Jahrhunderts
von
Max Jähns.

I.

Das tragische Schicksal der Niederlage einer kämpfenden Nation scheint den höchsten dramatischen Ausdruck dann zu finden, wenn das Staatsoberhaupt selbst als Kriegsgefangener in des Feindes Hände fällt. — Kaum dürfte ein anderes Volk Europas dies Geschick so oft erlitten haben, als die Franzosen: — 1356 fiel König Johann bei Poitiers in englische Gefangenschaft; 1525 kam König Franz I. bei Pavia in die Gewalt Kaiser Karl's V., 1814 und 1815 verfiel nach den Schlachten von Paris und Belle-Alliance Napoleon I. dem gleichen Schicksal, und wir Alle haben es erlebt, wie sich 1870 bei Sedan dies Schauspiel wiederholte. — Es ist lehrreich, ein solches Erlebniß zu vergleichen mit einem ähnlichen Ereigniß in weit zurückliegender Zeit, und so soll denn in den folgenden Blättern ein Bild des Feldzugs und der Schlacht von Pavia entrollt werden. Wer es aufmerksam betrachtet, wird sich bewußt werden des ungeheueren Wachsthums nationaler Energie, das sich in den viertehalb Jahrhunderten vollzogen hat, die unsere Tage von den Zeiten jener italienischen Kriege trennen, welche die blutgetränkte Schwelle vom Mittelalter zur Neuzeit bilden; er wird sich bewußt werden, daß der Genius der europäischen Völker erhabener, mächtiger, ja sogar einfacher geworden ist. Nur der kann dies leugnen, der sich den Blick trüben läßt durch die oberflächlichen Schwankungen des alltäglichen Lebens, Schwankungen und Erschütterungen, die uns durch das tausendfache Echo der Tagespresse gewöhnlich weit über das wirkliche Maß gesteigert erscheinen. Wer sich Ohr und Auge durch diese Dinge nicht gefangen nehmen läßt, der wird zugestehn, daß der Schwung, mit dem namentlich auch die kriegerischen Unternehmungen in der Vergangenheit betrieben wurden, dem Flattern kleiner Vögel gleicht, welche dreißig Mal die Flügel regen müssen, bevor sie eben den Weg zurücklegen, den der Adler, der stolze Geist modernen Völkerlebens, nach einem einzigen Schlage seiner gewaltigen Fittige durchschießt.

Die Kriege zwischen Frankreich und Spanien um die Herrschaft in

Italien haben über sechzig Jahre gewährt. — Dem ersten, fast abenteuer-
lichen Zuge Karl's VIII. im letzten Jahrzehnt des XV., dem Ringen Louis' XII.
um Mailand und Neapel zu Anfang des XVI. Jahrhunderts reiht sich der
Krieg der „Liga von Cambray" und der Krieg der „heiligen Liga" an —
beide Zeichen neuerwachenden Selbstbewußtseins der Italiener. Nach manchen
dunklen Tagen für die Fahnen Frankreichs strahlt dann am Ostermorgen 1512
der Stern des jugendlichen Gaston's de Foix im hellsten Glanze, um ebendort
von Todesnacht umflort zu werden. Eine ritterliche Heldenschaar von hohem
Adel, als deren schönste, typische Gestalt das Bild Bayard's der Nachwelt
überliefert ist, umgab den Thron des hochgesinnten Valois; die eigentliche
Grundlage der militärischen Macht der Franzosen war jedoch ihr Bündniß
mit der Eidgenossenschaft. Selbst außer Stande, ein nationales Fußvolk
aufzustellen, waren die Franzosen abhängig von den hellen Haufen der
schweizerischen Spießträger. Wohl pflanzten diese für französisches Gold das
Lilienbanner auf das Siegesfeld, aber sie traten auch immer herrischer, immer
anmaßender auf, und in kurzsichtiger Habgier verlor die Eidgenossenschaft allmählich jeden idealen Gesichtspunkt. — Es kam zum Bruche zwischen ihr und
Frankreich, und da war es nun ein außerordentlicher Triumph für König
Franz I., als er im Jahre 1515 diesen schweizerischen Trotz brach, in jenem
zweitägigen Ringen von Marignano, das der alte Marschall Trivulzio, der
doch in 17 Schlachten mitgekämpft, eine „Riesenschlacht" nannte, gegen welche
alles Bisherige nur ein Kinderspiel gewesen sei. Gewonnen war dieser Sieg
durch das vereinte Wirken der französischen Adelsreiterei (Gensdarmerie), der
französischen Artillerie und des deutschen Fußvolks in Frankreichs Sold.
Denn inzwischen waren die „Landsknechte" emporgekommen als Nebenbuhler
der Schweizer, und der Tag von Marignano reichte ihnen den ersten Kranz. —
Nun kam es darauf an, ob es den Franzosen möglich sein würde, dem Könige
von Spanien siegreich zu begegnen, der als deutscher Kaiser zugleich Herr der
deutschen Landsknechte war.

Um das überhaupt versuchen zu können, bedurften die Franzosen vor
Allem wieder der Schweizer, und das alte Bündniß mit ihnen, das noch aus
Louis' XI. Tagen stammte, wurde abermals erneuert. — Und nun begann
der große Krieg zwischen Karl V. und Franz I. mit Wiederaufnahme des
Kampfes in Oberitalien. — Der erste Feldzug endete unglücklich für das
französische Heer. Im April 1522 entschied der Tag von Bicocca für den
Kaiser und die deutschen Knechte. Die Eidgenossen brachten von dort einen
Kleinmuth in ihre Sennhütten und Zunfthäuser heim, der mehrere Jahre
lang über den Cantonen lag, und der Führer der Landsknechte, Georg von
Frundsberg, den die Schweizer den· „Leutfresser" hießen, blieb allezeit ein
Schrecken der Kriegsmänner von Uri. — Die alten Reichskammerländer,

Mailand und Genua, wurden nach langer Entfremdung wieder heimgebracht, und ein siegreiches kaiserliches Heer, wie seit Heinrich's VI. Tagen keines so mächtig gewesen, setzte dort dem Reich ergebene Fürsten ein. „Ein hübsch new lied von der stat Genua vnnd wie sie die Landsknecht erobert haben" preist es, „wie man den Adler auf's Neu fliegen läßt, unter den sich jetzt mancher schmiegen muß, der vordem die Stirn gar hoch getragen."

Dieser glückliche Waffengang in Italien erfüllte Kaiser Karl V. mit der Hoffnung, auch die alten Reichslande an der Rhone und das seinem Hause entfremdete Herzogthum Burgund von Frankreich wieder loszureißen zu können. Gleiche Pläne wie Karl verfolgte in Bezug auf die einst englischen Westgebiete Frankreichs König Heinrich VIII. Er und der Kaiser waren daher natür-liche Verbündete. Ein englisch-niederländisches Heer rückte in die Picardie ein, während Lord Surrey, zugleich englischer und spanisch-deutscher Admiral, mit einer Flotte vor Cherbourg erschien.

Einen Augenblick hatte es den Anschein, als ob die französische Krone Alles wieder einbüßen sollte, was ihr Louis' XI. Staatsklugheit errungen; denn auch im eigenen Lande erhob sich gegen sie ein mächtiger Feind: — der zweite Mann im Königreiche, der Connetable Karl von Bourbon, persönlich beleidigt und schwer in seinen Erbrechten gekränkt, bot den Verbündeten seine Hülfe an. — Doch die Gefahr schien größer, als sie war. Weder vor Cher-bourg, noch in der Picardie geschah etwas Namhaftes: einige Städte wurden geplündert, einige Landstrecken verwüstet; dann kam die ungünstige Jahres-zeit und man zog sich zurück, zumal man für den nächsten Feldzug in Bourbons Unterstützung eine ganz andere Basis in Frankreich selbst zu ge-winnen hoffte. Mit diesem mächtigen Feudalherrn kamen Kaiser und König überein, daß, sobald Franz I. den von ihm beabsichtigten Revanchezug nach Italien unternehmen würde, gleichzeitig ein deutsches Heer in Bourgogne, ein spanisches in Langued'oc, ein englisches in Picardie einfallen und Bourbon mit 500 Hommes d'armes und 10,000 Mann Fußvolk ihnen die Hand reichen solle. Er möge dann, der Schwester des Kaisers vermählt, König von Frankreich werden, die Krone aber zu Lehn von England nehmen. — Doch die Pläne wurden verrathen; von Glück hatte Bourbon zu sagen, daß es ihm noch gelang, zu entfliehen, und die großartige Combination des dreifachen Angriffs wurde, vielleicht unter dem Eindruck jenes ersten Fehlschlags, nur matt und halbherzig zur Ausführung gebracht. Die Engländer landeten in der Picardie und streiften bis auf zehn Stunden von Paris; aber Tremouille widerstand dem Einfall und wies ihn endlich, durch Vendome verstärkt, ganz ab. Den Spaniern warf sich Lautrec entgegen, vertheidigte nach dem Falle von Fontarabie die Stadt Bayonne, brachte den Feinden eine Niederlage bei und zwang sie zum Rückzuge über die Pyrenäen. Der Einfall des Grafen

Fürstenberg in Burgund, der darauf berechnet gewesen, in der Unterstützung Bourbons seine eigentliche Kraft zu finden, wurde jetzt vom Grafen Guise ohne Schwierigkeit parirt. Die Folge war, daß man abermals in Frankreich nichts zu Staude brachte, Italien aber doch so von Truppen entblößt hatte, daß die Kaiserlichen nicht im Stande waren, das freie Feld zu halten, als der französische Admiral Bonnivet, der Liebling des Königs, mit 4000 Reitern und 30,000 Fußsoldaten in der Lombardei erschien. Montmorency führte die Vorhut; das Fußvolk kommandirten Lorenz von Ceres aus dem Hause Orsini, ein Venetianer, der sich mit Alviano überworfen hatte und seitdem in französischen Dienst getreten war, und der Ritter de Lorges, der Held von Schillers bekannter Ballade vom Löwengarten. — Die Heeresmacht der Verbündeten führte der alte, 80jährige Prospero Colonna. Die Schwäche seiner Streitkräfte gestattete ihm weder die Alpen noch den Tessin zu halten; er warf Antonio de Leywa nach Pavia und zog sich selbst nach Mailand zurück. Mit seinem Unterfeldherrn, Pescara, entzweite er sich hierüber derart, daß der Markgraf den Degen gegen ihn zog, das Heer verließ und nach Neapel ging. Colonna wurde in Mailand belagert; wenn aber Bonnivet erwartet hatte, bei den Italienern Bundesgenossen zu finden, so täuschte er sich; vielmehr schlossen sich sogar die Venetianer dem Kaiser an, und die Mailänder leisteten einen so hartnäckigen Widerstand, zeigten sich bei stets widerholten Ausfällen so muthig und streitlustig, daß der Admiral, überdies durch Schnee und Unwetter arg belästigt, die Umlagerung aufhob und über den Tessin zurückging, wo er bei Biagrasso eine feste Stellung bezog und den größeren Theil seines Fußvolks nach Piemont und Provence in Winterquartiere legte. Nun sammelte sich das kaiserliche Heer im freien Felde. Bald erschienen die Venetianer; Karl von Munkenall, Marquis von Lannoy, der Vicekönig von Neapel, führte starke Schaaren schwerer und leichter Reiterei heran, und Erzherzog Ferdinand von Oesterreich sandte unter Führung des trefflichen Feldhauptmanns Eitelfritz von Hohenzollern 7000 Landsknechte. Andere unternehmende Hauptleute, wie Schärtlin von Burtenbach, kamen auf eigene Kosten, und da Colonna in dem Augenblick, wo die Belagerung von Mailand von den Franzosen aufgehoben wurde, starb, so übernahm der Marques von Pescara, welcher eben wieder mit spanischem Fußvolk eintraf, die Führung des kaiserlichen Heeres. — Bonnivet's Stellung war nicht schlecht. Der Ticinello und dessen mannichfache Zuflüsse und Canäle deckten ihn; er bot sowol Pavia als Mailand die Stirn und durfte hoffen, wenn er sich an dieser Stelle bis zum Frühjahr und bis zum Eintreffen von Verstärkungen hielte, dann mit einem Stoße die Hauptstadt der Lombardei zu gewinnen. Zur Zeit war er freilich, und zwar zumeist durch eigene Schuld sehr geschwächt. Er hatte, um Sold zu sparen, viele Söldner entlassen, und

nicht wenige der französischen Edelleute waren in die Heimath zurückgekehrt.
So bestand sein Heer nur noch aus 800 Lanzen, 11,000 Schweizern und
2000 Deutschen. Wohl waren unter des Cardinals von Medici Führung
nun Berner und Graubündtner Truppen unterwegs, um das französische Heer
wieder zu verstärken; aber der Austritt aus dem Gebirge wurde ihnen streitig
gemacht. — Die Verbündeten hatten ihre Zeit besser benutzt. Die venetianischen
Truppen unter dem Herzoge von Urbino, die päpstlichen unter dem Herzoge
von Mantua vereinigten sich mit den Kaiserlichen und bildeten ein Heer von
2000 schweren, 2000 leichten Reitern, 12,000 Landsknechten, 6000 Spaniern
und 7000 Italienern z. F. Dennoch hielten die Alliirten es noch nicht für
rathsam, eine Schlacht zu wagen; namentlich war der venetianische Proveditore dagegen, und ein Mangel an Entschlußfähigkeit lastete auf dem gesammten Verfahren der Verbündeten, den der Mangel an Einheit in der
Oberleitung nur noch steigerte. Wohl war jetzt der Herzog von Bourbon
eingetroffen und zum General-Lieutenant des Kaisers ernannt worden. Als
solcher stand ihm formal der Oberbefehl zu; aber ihn thatsächlich zu ergreifen
hielt schwer. Nicht nur, daß ihm Pescara in eifersüchtiger Abneigung ent-
gegenstand; schlimmer war es, daß sowohl der Papst als die Signoria ihren
Generalen geheime Spezial-Instructionen ertheilt hatten, welche die äußerste
Schonung der Streitkräfte anbefohlen. — „Ich glaube doch nicht" sagte eines
Tages der Herzog von Urbino zu dem Proveditore, „daß die Republik so
viel gepanzerte Pferde, so starkes Fußvolk und alle diese um uns leuchtenden
Waffen aus einem andern Grunde hätten, als um damit zu s c h l a g e n!?"
Aber der Proveditore war anderer Meinung: Zaudern, Hinhalten, Demon-
striren — diese Dinge lagen viel mehr in der geistigen Natur und Richtung
jener geborenen Diplomaten als kühnes Drauflosgehn und entschlossenes
Anpacken. Wenn die Franzosen einen andern Mann an der Spitze gehabt
hätten als eben den unschlüssigen Bonnivet, so hätte den Kaiserlichen ihr
Zaudern schlecht bekommen können; denn inzwischen hatte der Herzog von
Longueville 400 Gendarmes über den Mont Genèvre geführt und stand bei
Susa, und 10,000 Schweizer waren bei Ivrea eingetroffen. Die wider-
sprechende Haltung Bonnivet's hielt jedoch die Verstärkungen an jenen Punkten
fest; denn er schien nicht zu wissen, ob er Stand halten oder retiriren solle.
Endlich entschloß er sich, da auch die Pest im Lager ausbrach, zu dem Letzteren. Er dachte durch einen Nachtmarsch den höchst nöthigen Vorsprung zu
gewinnen; aber Bourbon saß dem Abziehenden unermüdlich auf den Fersen,
sodaß das verbündete Heer gleichzeitig mit den Franzosen die Sesia erreichte.
— Für vermehrte Uebergänge hatte Bonnivet nicht gesorgt, und als er nun
auf einer einzigen Brücke bei Gattinara auch den Fluß überschritt, um sich
mit den bei Ivrea stehenden Schweizern zu vereinigen, die sich geweigert

hatten, zu ihm hinüberzukommen, wurde er während des Uebergangs am 30. April 1524 von Bourbon und Pescara mit der Vorhut des kaiserlichen Heeres angegriffen. Es entstand allgemeine Unordnung; die Brücke brach ein; Gattinara ging in Flammen auf; und so gering auch die Anzahl der Kaiserlichen am anderen Ufer war: etwa 1000 leichte Pferde und 1000 Mann zu Fuß, so groß war doch der Verlust, den die Franzosen erlitten. Der unentschlossene Bonnivet führte selbst seine Arrièregarde und deckte, persönlich tapfer, an der Spitze der Gendarmerie den Uebergang seines Trosses, Geschützes und Fußvolks. Der Admiral war offenbar der hohen Stellung nicht gewachsen, die ihm sein König angewiesen; gleich bei Beginn des Gefechts leicht verwundet, benutzte er diesen Umstand gern, um den Befehl an Bayard zu übertragen, und der bon chevalier, der so oft in großen Schlachten und in edlen Ritterkämpfen dem Tode ins Auge gesehen, wurde hier vom Geschick ereilt. Von der Kugel eines deutschen Hakenschützen im Rückgrade getroffen, ritt er noch einige Schritte, übergab an Graf St. Pol den Kommandostab und ließ sich dann vom Rosse heben und unter einen Baum niedersetzen. Das Angesicht gegen den Feind gerichtet, den Schwertgriff vor sich hin haltend wie ein Cruzifix, so erwartete er betend den Tod. — Es liegt etwas Symbolisches in diesem Ende Bayard's. Er hatte immer die Hakenschützen von Herzen gehaßt; ungern hatte er einem, der in seine Hand gefallen, das Leben geschenkt — „C'est un grand crève coeur", hatte er einst geäußert, „qu'un vaillant homme puisse être tué par un vil et abject friquenelle" — nun fiel er selbst durch die verhaßte Kugel. — Solche Abneigungen gegen neue Erfindungen im Waffenwesen haben sich oft in der Geschichte wiederholt. So bezeichnet Anna Komnena im X. Buche ihrer Alexiade die Armbrust als Erfindung eines Dämons, und als Archidamus die erste große Wurfmaschine erblickte, die nach Sicilien gebracht worden war, rief er schmerzlich aus: „Götter! Nun ist des tapferen Mannes Kraft unnütz geworden."

Obwol die Kunde von Bayard's Tode große Entmuthigung erzeugte, so that Graf St. Pol doch das Möglichste, um das Gefecht hinzuhalten, wobei ihn Ritter de Lorges mit dem Fußvolk bestens unterstützte, indem er vom anderen Ufer her ein wirkungsvolles Feuer auf die Spanier unterhielt. Trotz alledem blieb der Tag verhängnißvoll. Das Gefecht bei Gattinara zwang die Franzosen, Italien zu räumen; denn an sich unbedeutend, bekam es großen militärischen Werth durch die Art, wie es ausgebeutet wurde. Sebast. Schärtlin erzählt: die Landsknechte seien den Franzosen drei Tage und Nächte bis an den Fuß des St. Bernhard nachgeeilt. Festlich bekränzt brachte man aus dem Thal von Aosta das französische Feldgeschütz ins Lager, das man bei Yvrea den Schweizern abgenommen hatte.

Bonnivet wurde übrigens in Folge des Einflusses seiner Freundin, der

Königin-Mutter, sehr gnädig bei Hofe empfangen. Er gab zu, daß 5000 Spanier so viel wären wie 5000 Gendarmes, 5000 leichte Reiter, 5000 Fußsoldaten und 5000 Teufel zusammengenommen; er nannte die Spanier nicht anders als „Löwen".

Mit Nothwendigkeit ergab sich nun für die Verbündeten der Gedanke eines abermaligen Einfalls in Frankreich; der Papst und Venedig sagten sich jedoch von diesem Unternehmen los und hielten ihre Aufgabe mit der Befreiung Italiens für vollendet. Im Juli 1524 führte der Connetable von Bourbon ein kaiserliches Heer über den Var. Es waren 5000 Deutsche unter Graf Eitelfritz von Zollern und Graf Lodron, 6000 Spanier unter Pescara und eine Anzahl Italiener in 30 Fähnlein. Dazu kamen 600 schwere, 600 leichte Pferde und 18 Geschütze. Lannoy sollte mit 100 Gendarmen folgen, blieb jedoch in Asti stehn, um, wie er vorahnend meinte, auf alle Fälle den Rückzug zu sichern. Um überdies die Bewegung Bourbon's zu decken, segelte Hugo von Moncade mit 16 Galeeren längs der Küste. Die Absicht des Connetables war, dem geschlagenen Feinde unmittelbar zu folgen, das noch unbewehrte Lyon im raschen Anlaufe zu nehmen, sich in Besitz der Rhone-Linie zu setzen, in die nahen burbonischen Stammlande einzufallen, wo es ihm, dem Herren, nicht an Unterstützung fehlen werde, und von dort aus die Verbindung mit der Franche-Comté und Deutschland zu eröffnen. Thäten dann Spanien und England durch Einfälle in die Guyeune und die Pikardie das ihrige, so sei der Fall Frankreichs gewiß, und im Geiste sah der stolze Mann sich schon als König des Arelates. — Anders aber dachten die kaiserlichen Führer. Für sie war Bourbon's Wiedereinsetzung ganz nebensächlich. Sie meinten, es sei vor allen Dingen nöthig, sich eines Hafenplatzes der Provence zu bemächtigen, um der Verbindung mit Neapel und Spanien sicher zu sein und in solcher Weise sich eine feste Operationsbasis zu schaffen, auf welcher man auch Wechselfällen trotzen könne. Bei den schwankenden Befehls-verhältnissen mußte Bourbon nachgeben; auch mit dem Vorschlage, die Küsten-unternehmung gegen Toulon zu richten, drang er nicht durch; vielmehr bestanden die Fürsten auf dem Angriff von Marseille. Ohne Widerstand ergaben sich Antibes, Fréjus und Toulon; am 9. August nahm Bourbon die Hauptstadt des Landes, Aix; zehn Tage später stand er vor Marseille und begann die Belagerung dieser Stadt mit Hülfe eines Artillerieparks, welchen die Galeeren Moncade's herbeigeführt. In die Stadt hatte sich Rentio di Ceres mit 3000 Mann des Bonnivet'schen Heeres geworfen, Herr v. Brion mit 200 Gendarmes. Der Vicomte de Caux befehligte das Geschütz. Die Bürgerschaft griff zu den Waffen und bildete, 9000 M. stark, vier Compagnien. — Bei dem großen Umfang von Marseille konnte die Stadt nur in abgesonderten Haufen umschlossen werden, was Gelegenheit zu häufigen und oft glücklichen Ausfällen gab.

Indessen trat Bourbon mehr und mehr mit seinen Prätensionen hervor. Er nannte sich Graf von Provence, ließ sich huldigen und leistete England den Lehnseid. Jetzt aber erkannte man, wie sehr sich auch in Frankreich die Zeiten geändert hatten. Die Tage Philipp's v. Burgund waren vorüber. Durch seinen Abfall hatte Bourbon allen Credit verloren, und grade in dieser Prüfung ergab es sich, wie weit die Consolidation des französischen Einheitsstaats bereits gediehen sei. Eben der Angriff verschaffte dem Könige den unbedingtesten Gehorsam. Hintereinander konnte er 3 starke Taillen von zusammen mehr als 5 Millionen ausschreiben; alle Stände leisteten Zahlungen, und so gelang es Franz I. ein Heer ins Feld zu stellen, so stattlich wie je. Zu den Feldzeichen des Königs, den Lilien und dem Salamander, strömte der heißblutige Adel, an seiner Spitze Heuri d'Albret, der junge König von Navarra, der Graf von St. Pol, der Herzog von Alençon, die Lotharingischen Fürsten: Lambesque und Vaudemont, der Herzog von Suffolk, James Stuart Herzog von Albanien, und viele Andere, und zu den alten Marschällen und Capitaines: Tremouille, Imbrecourt, Chabannes, Lescun de Foix, Genouillac und d' Ars gesellten sich des Königs Altersgenossen: Bonnivet, Montmorency, St. Marsault, Brion, Fleurangs, Guillaume und Martin du Ballay-Langey. Im Ganzen zählte das Heer an 2000 Hommes d'armes, 7000 Mann französischen Fußvolks, das besonders aus den kriegerischen Bauern des Dauphiné bestand, 10,000 Schweizer und leider auch wieder 6000 — 8000 deutscher Knechte.

Während sich diese Schaaren bei Avignon sammelten, setzten die Kaiserlichen mit großer Beharrlichkeit die Belagerung von Marseille fort. Sie schritt langsam vorwärts, obgleich der Herzog Tag und Nacht in den Werken war. Da die Batterien nicht genügend wirkten, wurde der Minenkrieg begonnen; aber die unscheinbaren Ergebnisse desselben erzeugten bei den Belagerern Mißmuth, während sich der Opfermuth der Marseiller bis zu der Höhe steigerte, daß sogar die Damen Theil nahmen an den Arbeiten der Contremineurs. Ihre Artillerie erwies sich sehr gut. Selbst in Zelte Pescara's tödtete ein Schuß den Messe lesenden Priester und zwei Mann. Als der Herzog auf diese Nachricht erschreckt herbeieilte, bemerkte ihm Pescara spöttisch: „Gnädigster Herr, es waren die Rathsherrn von Marseille, die Ihnen die Stadtschlüssel bringen!"

Endlich war eine Bresche eröffnet; doch die Landsknechte weigerten sich zu stürmen: sie seien nur geworben, um im offenen Felde zu streiten. Ihrem Beispiele folgten die Spanier und Italiener. Vergeblich ließ der Herzog einem wiederspenstigen Hauptmann den Kopf abschlagen und bot seine Compagnie und 50 Dukaten demjenigen, der der erste die Bresche erklimmen werde. Pescara ließ dieselbe durch 7 entschlossene Spanier untersuchen, von denen nur drei zurückkehrten und eine Schilderung der Vertheidigungsanstalten machten, die allerdings sehr abschreckend war; denn sie berichteten, daß sich hinter der Bresche ein tiefer Graben und eine wol mit Geschütz besetzte Brustwehr befinde.

Man berief den Kriegsrath, und Pescara, der es vielleicht nicht ungern sah, den unwillkommenen französischen Nebenbuhler in seinem ersten großen Unternehmen scheitern zu sehn, soll die Verhandlung mit dem Ausrufe beendet haben: „Wer sterben und in der Hölle zu Nacht speisen will, der mag stürmen; wer aber die eigene und des Kaisers Wolfahrt begehrt, der folge mir; denn ich will abziehn!" Graf Eitel von Zollern, Graf Lodron und alle deutschen Hauptleute fielen ihm bei, zumal als sie erfuhren, welche Macht dem Könige Franz bei Avignon zu Gebote stehe und wie er dieselbe bereits bis Salon de Craux, halbwegs Avignon und Marseille herangeführt habe. Sie fürchteten, Franz möchte, ohne sich um Marseille zu bekümmern, unmittelbar in die Lombardei eindringen, und unter dem Eindruck dieser Vorstellung hob man nach 40 verlorenen Tagen die Belagerung auf.

So war denn der Angriff auf Südfrankreich völlig mißlungen und die Krone von Arelat für Bourbon verloren. Lange Zeit noch erhielt ein Spottgedicht das Andenken der rühmlichen Vertheidigung von Marseille im Gedächtniß der Provençalen.

Quand Bourbon vit Marseille
   Il a dit à ses gens
Vray Dieu, quel capitaine
   Trouverons nous dedans?
Il m'en chaut d'un blanc
   d'Homme qui soit en France
Mais que ne soit dedans
   Le capitaine Rance.
Au mont de la Colombe
   Le passage est étroit,
Montèrent tous ensemble
   En soufflant à leurs doigts:

Disant à cette fois
   Prenons trelous courage,
Abattons tous ces bois
   Nous gagnerons passage.
O noble Seigneur Rance
   Nous te remercions
De la bonne Recueillance,
   Que tu as fait à Bourbon;
A grand coups de canon,
   Aussi d'Artillerie
Les as tu repoussé
   Jusques en Italie.[*]

Pescara's Vermuthung, daß Franz I. versuchen werde, dem kaiserlichen Heere den Rückzug nach Italien abzuschneiden, erwies sich als begründet und sein Drängen auf die Aufhebung der Belagerung von Marseille demnach als durchaus sachgemäß. Zwar hatten die meisten Feldherren und Räthe des Königs, namentlich Chabannes und La Tremouille ihm dringend widerrathen, bei so vorgeschrittener Jahreszeit einen Zug durch das Hochgebirge zu unter-

---

[*] Bei Str. Freiherr v. Schwartzenau: der Konnetable Karl von Bourbon. Berlin 1852.

nehmen, da selbst dann, wenn der Alpenübergang gelinge, die Spätherbst-
regengüsse jede Operation in der Lombardei hindern würden. Zwar hatten sie
an all' die Auftritte treuloser Meuterei erinnert, welche die Söldner im französischen Dienst bei den geringsten Ursachen so oft herbeigeführt, und hatten dringend gerathen, die Truppen in bequeme Winterquartiere zu verlegen, um
dann im Frühjahr mit ungeschwächten Kräften nach Italien zu gehn. Aber
der König lauschte lieber den Rathschlägen seiner jüngeren Freunde Bonnivet
und Brion-Chabot, welche es verstanden, die materielle Ueberlegenheit des
französischen Heeres über die Kaiserlichen geltend zu machen und darauf hin-
wiesen, wie Bourbon's Heer durch die Beschwerlichkeiten schon eines Alpen-
übergangs, durch den angestrengten Dienst während der Belagerung und
durch den Mangel an Lebensmitteln erschöpft sei, wie die italienischen Bundesgenossen Karl's V. den Krieg satt hätten und wie die Kaiserlichen genöthigt
seien, den weiten Umweg durch die westliche Riviera, über Nizza, Alpenga
und Firata in die Grafschaft Montferrat einzuschlagen, während dem Könige
die viel kürzeren Straßen von Avignon, Durance-aufwärts über Briançon
und den Mont-Genevre, an der Arc über Lanslebourg und den Mont-Cenis
offen ständen. Unzweifelhaft werde er dem Feinde zuvorkommen und es ihm
unmöglich machen, den Tessin zu überschreiten. Dann aber gehöre Mailand
der französischen Krone; denn stets hätten die Lombarden sich dem Stärkeren
unterworfen. Wolle man dagegen den Winter vorübergehn lassen, so würde
der Feind inzwischen die Alpenpässe stark befestigen, neue Truppen sammeln
und die Unternehmung vielleicht unmöglich werden. — Diese Gründe schlugen
durch. In den letzten Tagen des September 1524 brach Franz I. von Avignon auf. — „Noch einmal und nicht wieder!" lautete die Devise, welche er auf
die Aermel seiner Leibwache hatte sticken lassen. *)

Mit wetteifernder Eile überstiegen beide Heere die Alpen: Das kaiserliche unter großen Schwierigkeiten. Da die Seestürme verhindert hatten, das
Belagerungsgeschütz einzuschiffen, so zerschlug man die Kanonen und führte
das Metall auf Saumthieren mit; das ging noch an; was den Troß aber
kolossal vermehrte, war der Umstand, daß diese alten Soldaten ihr gesammtes
Gepäck, alle den Kriegserwerb der früheren Jahre mit sich schleppten. Und
geopfert durfte davon nichts werden; denn um dieser Güter willen dienten ja
jene Truppen. Von französischen Streifcorps unter Chabannes und Montmorency im Rücken angegriffen, in der Flanke vom Heere des Königs bedroht,
so begann Pescara seinen Rückzug, dessen gelungene Durchführung ihm einen
dauernden Namen in der Kriegsgeschichte sichert. Nicht selten angegriffen,
aufgehalten und geschlagen, aber beständig geschlossen, erreichte er Nizza und

---

*) Servan: Histoire des guerres des Gaulois et des Français en Italie. Paris 1805.

überstieg nun, zum Theil in Gewaltmärschen, die See-Alpen. Glücklich betrat er bei Alba das Tanarothal. Allerdings war die Einbuße des Heeres bei den Schwierigkeit dieses Marsches sehr groß, sowohl durch Marode als durch die Verluste in täglichen Scharmützeln mit dem Feinde oder beutegierigen Bergbewohnern; die Kavallerie war zu nicht geringem Theil ohne Pferde; nicht Wenige auch des Fußvolks waren um ihre Waffen gekommen; aber immerhin hatte man doch in der kurzen Frist von 25 Tagen den Weg von Marseille bis in die lombardische Ebene zurück gelegt, und seit man sie erreicht, hatte man auch wieder festen Boden unter den Füßen, stand man wieder in Verbindung mit alten kaiserlichen Landen und durfte hoffen, die Dinge zum Besten zu wenden.

Unterdeß zog König Franz mit seinem frischen, glänzenden und noch sehr wesentlich verstärkten Heere von Briançon über den Mont Genèvre nach Pinerolo und unaufhaltsam sofort in die lombardischen Ebenen. Ein Legat des Papstes, der Cardinal von Capua, kam ihm entgegen und wollte durch Friedensvorschläge seinen Marsch aufhalten; Franz aber wies ihn, was einer Ablehnung gleichkam, nach Avignon, an die während der Abwesenheit des Königs mit der Regentschaft betraute Louise von Savoyen.*) Er hoffte, der kaiserlichen Armee noch zuvorzukommen, und in der That, als er Vercelli an der Sesia erreicht hatte, stand Pescara mit der kaiserlichen Reiterei und dem spanischen Fußvolk erst bei Alba am Tanaro und Bourbon mit den deutschen Fußknechten noch einen Marsch weiter rückwärts bei Cherasco. Nun galt es, den Kaiserlichen am Tessin zuvorzukommen; aber Pescara vereitelte dieses Streben, indem er, wie berichtet wird, mit einem Theil der Infanterie an einem einzigen Tage die 10 Meilen von Alba bis Voghera zurücklegte. Eine mailändische Chronik versichert, beide Heere seien an demselben Tage über den Tessin gegangen, die kaiserliche in der Nähe von Pavia, die französische bei Abbiato-grasso.

In Pavia stieß der Vicekönig von Neapel, Lannoy, mit der schweren Reiterei, welche er ursprünglich dem Heere nach Frankreich hatte nachführen sollen, zu den erschöpften Truppen Bourbon's und Pescara's. In einem Kriegsrathe erwog man die Lage und erkannte einstimmig an, daß man zu schwach sei, den Franzosen im Felde entgegenzutreten; wollte man aber die sämmtlichen mailändischen Plätze mit hinreichenden Besatzungen versehen, so hätte dies das ganze Heer absorbirt und man beschloß demnach, nur in Pavia eine starke Garnison zu lassen, den Rest der Armee jedoch nach Mailand zu führen. Die Citadelle von Novara wurde geschleift. — Aber auch die Vertheidigung von Mailand erwies sich als unausführbar. Denn der

---

*) P. G. Daniel: Histoire de France. Vol. V. Paris 1722.

Herzog Sforza entfloh zu den Franzosen; sein Kanzler wirkte bei der Bürgerschaft zu des Königs Gunsten, und überdies herrschte die Pest in der Stadt.
Lannoy begnügte sich, 700 Spanier in die starke Citadelle zu werfen und
räumte Mailand. — Die gewaltige Kriegsmacht, die noch vor wenig Monden
den Kaiser zum Herrn der Welt machen zu wollen schien, war plötzlich aus
dem Felde verschwunden. Pasquino, der bekannte Witzbold in Rom, der den
„Pasquillen" den Namen gegeben, ließ sich vernehmen: Es sei ein kaiserliches Heer in den Alpen verloren gegangen: der ehrliche Finder werde gebeten, es gegen eine gute Belohnung zu Madrid abzugeben.

Die einzige Quelle für ein neues Heer, aus der man schöpfen konnte,
war Deutschland; der Mann, mit dessen Beistand man gewiß sein durfte,
bald eine bedeutende Macht ins Feld stellen zu können, war Georg
von Frundsberg. — Noch während des Rückzuges sandte daher der Vicekönig
seinen Hofmeister, Cornelius von der Spangen, nach Oestreich zum Erzherzoge
Ferdinand, dem Bruder des Kaisers, und zu Frundsberg, der kriegesmüde still
auf seinem Schlosse Mindelheim in Schwaben hauste.

Pescara war indessen mit der Hauptmacht der von ihm zurückgeführten
Armee nach Lodi, Trezzo und Como marschirt, um sich hinter der Adda, die
schon so oftmals weichenden Heeren Schutz gewährt, zu sammeln. Bourbon
und Lannoy standen mit der Reiterei am Oglio bei Soncino. In Pizzig-
hettone befand sich der Herzog Sforza. Eine starke Truppenabtheilung
wurde nach Cremona gelegt. Dadurch waren die rückwärtigen Straßen, auf
welchen Verstärkungen aus Deutschland kommen sollten, vollkommen gedeckt.
Franz I. besetzte Mailand und ernannte den Marschall Tremouille zu seinem
dortigen Statthalter. Dieser alte erfahrene Krieger rieth, mit ungeschwächter
Kraft dem weichenden Feinde auf den Leib zu rücken, ihn zur Schlacht zu
zwingen und auf diese Art den Krystallisationskern einer künftigen kaiserlichen
Armee im Po-Gebiete von vornherein zu vernichten; wenn das gelungen sei,
so würden die festen Plätze, jeder Hoffnung auf Hilfe beraubt, von selbst
fallen. Viel wichtiger als der Besitz Pavias sei jedenfalls der von Lodi und
Como; denn mit Lodi würde die Addalinie gewonnen, Mailand gegen jede
Unternehmung der Kaiserlichen gedeckt und die Belagerung der dortigen
Citadelle gesichert; die Einnahme Comos aber würde die nächste Verbindung
mit der Schweiz eröffnen. — Der König vermochte sich der Richtigkeit dieser
Ansicht nicht ganz zu verschließen; sein Sinn stand jedoch, vielleicht aus persönlichen Rücksichten, auf dem Angriffe von Pavia, und die Höflinge in seinem
Lager, deren Wortführer Bonnivet war, bestätigten ihn in der Ansicht, daß
es vor allem gelte, keine Gegner im Rücken zu behalten, und daß es nicht
schicklich sei für einen König von Frankreich, in der Ferne nach Feinden zu
suchen, solange man deren noch in der Nähe habe. — Während Franz noch

mehre Tage in Mailand verweilte, wurde schon am 28. October sein Hauptquartier in die Abtei San Lanfranco bei Pavia verlegt. Dem Generallieutenant La Tremouille blieb die Bezwingung des Kastells von Mailand überlassen.

Pescara war beinahe schon willens gewesen, auch Lodi aufzugeben, als die Meldung kam, daß das feindliche Heer, statt dem schwachen Rest der Kaiserlichen zu folgen, sich nach Pavia gewendet habe. Da rief der Marchese fröhlich: „Wir, die wir besiegt waren, haben nun gesiegt, da sich der Feind an die Deutschen macht und uns in Ruhe läßt."

Die Besatzung von Pavia bestand nämlich meist aus Deutschen: 200 Reisige, 500 Spanier und 6000 Landsknechte. Kommandant war der Spanier Antonio de Leyva, ein kriegserfahrener und von jeher durch die glänzendste Tapferkeit ausgezeichneter Offizier. — Pavia war für das kaiserliche Heer von hoher Wichtigkeit, nicht nur an und für sich, als Hauptübergangspunkt des Tessin, sondern auch deshalb, weil bei dem eiligen Rückzuge der größte Theil des Heergeräthes und der Rest des Geschützes dort in Sicherheit gebracht worden war. Daher hatte man auch Befehlshaber und Garnison mit so vorzüglicher Sorgfalt ausgewählt. ·

Man sagt übrigens, daß nicht sowohl Bonnivet's Gründe den Ausschlag für die Belagerung Pavias gegeben hätten, als die Hoffnung, daß es gelingen werde, die Deutschen, welche wie gesagt die Hauptmasse der Besatzung dieser Stadt bildeten, zum Abfall zu bewegen. Diese Hoffnung ist begreiflich, wenn man bedenkt, wie es doch eben nur das Geld, der sichere Soldgewinn war, der dem Könige in seiner schwarzen Bande trotz der Acht des Kaisers seine besten Truppen aus Deutschland zugeführt hatte. Sangen diese deutschen Söldner doch ganz aufrichtig:

Wohlauf, ihr Landsknecht alle,
Seid fröhlich guter Ding,
Wir wollen Gott den Herren,
Dazu den edlen König!
Er legt uns einen gewaltigen Haufen ins Feld;
Es soll kein Landsknecht trauern um Geld;
Er will uns ehrlich lohnen
Mit Stüvern und Sonnenkronen.

Beim Bauern muß ich dreschen
Und essen saure Milch;
Beim König trag ich volle Fleschen,
Beim Bauern einen groben Zwilch;
Beim König tret' ich ganz tapfer ins Feld,

14

> Zieh daher als ein freier Held,
> Zerhauen und zerschnitten
> Nach adelichen Sitten. *)

Franz I. hoffte also, daß die in Pavia eingeschlossenen deutschen Knechte gleicher Gesinnung sein würden. Allein man sollte sie anders kennen lernen. Die beiden Obersten Zollern und Lodron, waren dem Hause Oesterreich mannigfach und treu verpflichtet und auch die Hauptleute hatten sich schon unter kaiserlichen Fahnen eingelebt. Ihre Namen verdienen wohl genannt zu werden. Es waren Martin Pfaff, Graf Christoph von Lupfen, Michael Alting, Eiteleck von Reischach, Heinrich von Castelalt, Conradi Glüres, Michael Mertel und Caspar Schweiger — man sieht, es ist eine Mischung abliger und bürgerlicher Elemente in diesem Offiziercorps, wie sie ganz ähnlich heutzutage stattfinden. Außer den 6000 Deutschen Landsknechten standen dem Kommandanten von Pavia, Don Antonio de Leyva, noch 200 Lanzen und 500 spanische Arcabuseros zur Verfügung. Das ghibelinische Pavia wäre übrigens nicht geeignet gewesen, Gedanken an Verrath zu wecken. Denn hier sah man selbst vornehme Damen, wie die Gräfin Hyppolita von Malaspina an der Schanzarbeit theilnehmen; auf eigene Kosten hatte der reichste Stadtbürger, Matteo Beccaria, aus seinem Anhange ein Fähnlein gebildet, und er gab wohl den Hauptleuten selbst dann noch, als man übrigens schon Mangel spürte, ein prächtiges Gastmahl und spendirte auch den Gemeinen so lange es anging nach besten Kräften weißes Brod und kühlen Wein.

Pavia, der uralte Sitz der Longobardenkönige, liegt am linken Ufer des Tessin auf einem Hügelabhange. Ein Nebenarm des Tessin, der Gravellone, bildet hier eine Insel, welche die Vorstadt St. Antonio trägt und der Südseite der Stadt vorliegt. Diese war nach alter Weise durch Graben und Mauern befestigt, auf denen in großer Zahl Thürme zur Ueberhöhung und Seitenvertheidigung standen, oft nur 60—100 Schritt von einander entfernt. Auf der Nordfront trat die Citadelle, das Schloß, mit vier mächtigen Eckthürmen aus der Stadtmauer vor und deckte das Thor, das in den angrenzenden Thiergarten führte. Dieser Park von Certosa hatte vier deutsche Meilen im Umfange, war von einer starken Backsteinmauer umgeben und stellte sich als ein höchst anmuthiges Gelände mit wechselnder Scenerie dar, in dessen Mitte ein zierliches Jagdschloß, Mirabello, lag. Hier hatte sich der Herzog v. Alençon, welcher die französische Vorhut befehligte, behaglich eingerichtet; mit ihm viele Personen von Rang, die als Diplomaten oder Hofchargen beim Heere weilten, und hier war auch der Markt des Lagers aufgeschlagen. Das Hauptlager streckte südlich vom Park seine Zeltreihen aus, und um die

---

*) d. h. mit aufgeschlitzten Wämsern und Hosen.

Verbindung zu erhalten, waren drei weite Mauerlücken in die Umfassung des Thiergartens gebrochen. Zwischen Park und Tessin breiteten sich Weinhügel und lagen fünf reiche Klöster, in deren einem König Franz seinen Hof aufgeschlagen hatte. — Das Belagerungsheer zählte anfangs fast 36,000 Mann, nämlich 1700 französische Lanzen (d. h. nahezu 10,000 Reiter) und an Fußvolk 8000 Franzosen, 8000 Deutsche, 6000 Schweizer und 4000 Italiener. Franz versuchte es zuerst mit einem brusken Angriff auf Pavia. Er ließ in den Hauptthurm des Schlosses Bresche legen; doch der 13 mal versuchte Sturm mißglückte total. Leyva hatte hinter der Bresche Abschnitte einrichten und die ihr benachbarten Häuser creneliren lassen. Das Feuer, welches die Stürmenden empfing, war so gewaltig, der Gegenstoß, den die Landsknechte unter Sebast. Schärtlin und Caspar Frundsberg, des alten Georgs tapfrem Sohn gegen die Weichenden ausführten, war so nachdrücklich, daß sich der König zur förmlichen Belagerung entschloß. Nun wurde Pavia von allen Seiten mit Circumvallations- und Contravallationslinien eingeschlossen.*) So eng als möglich umspannen die Stadt Schanzen und Laufgräben, und zugleich ward der Versuch gemacht, den Hauptarm des Tessinstromes in den Gravellone, den südlichen Nebenarm, abzuleiten, um die Stadt von dieser, fortifikatorisch schwächsten Seite anzugreifen, indem die hier nur ganz einfache Umschließungsmauer durch zahlreiche Batterien niedergelegt und der Sturm in dem wasserfreien Flußbett versucht werden sollte.

Die italienischen Fürsten waren der Meinung, daß mit dem Fall von Pavia des Kaisers Sache in der Halbinsel verloren sein werde, und da die damalige Lage sehr hoffnungsvoll für Franz schien, so näherten sie sich ihm augenscheinlich. Papst Clemens VII. war der erste, welcher die Partei Karl's V. verließ.

Das außerordentliche Unternehmen der Stromableitung hatte indessen bereits eine wochenlange Arbeit gekostet; Tausende von Landleuten hatten Tag und Nacht an den ungeheueren Dämmen geschanzt, welche den Tessin oberhalb der Stadt sperren sollten, ebensoviele waren mit der Erweiterung des Gravellone beschäftigt, als der unaufhörlich vom Himmel strömende Herbstregen den Fluß so stark anschwellte, daß alle bisher ausgeführten Werke in sehr kurzer Zeit wieder verschwemmt und vernichtet wurden. Es blieb nichts übrig, als zum langsamen Sappen- und Minenkriege überzugehn und die Schrecken des Hungers wirken zu lassen. Auf jener Seite der Stadt, wo der Angriff schon früher gescheitert war, wurden auch die Laufgrabenarbeiten aufs neue aufgenommen und thätig fortgesetzt. — Ebenso rührig wie die Franzosen war aber die Besatzung, deren Häupter der Spanier Leyva und der deutsche Oberst, Graf Eitel Friedrich von Hohenzollern, an Ausdauer und

---

*) Paulus Jovius: Istorie del suo tempo, liv. XXII.

Energie wetteiferten. Leyva galt für einen Mann, der maurisches Blut in den Adern habe, ungeachtet seiner durch zwanzigjährige Kriegsstrapazen äußerst geschwächten Gesundheit, war er von unvergleichlicher Hingebung an den Dienst. Obgleich er gänzlich gekrümmt war und am schmerzlichsten Podagra litt, so daß er nicht zu Pferde steigen konnte, versäumte er doch keine Runde, ließ sich im Sessel um die Wälle tragen und entwickelte eine Thätigkeit und Energie, welche Veranlassung zu der Sage wurden, daß ihm ein Geist der Hölle zu Diensten sei. Dabei war er (abgesehen von seinem brennenden Ehrgeiz) von großer Uneigennützigkeit. Als in seiner Gegenwart deutsche Knechte ihren Hauptmann um Sold drängten, nahm Leyva seine goldene Ehrenkette vom Halse und ließ Ducaten daraus prägen, um jene zu befriedigen. Zu gleichem Zwecke gab er auch sein eigenes Tafelgeschirr her und entnahm als gezwungene Anleihe alles Silber der Kirchen. — (Die geschlagenen Münzen trugen die Inschrift: Caesariana Papiae obsessi. MDXXIV.) Einmal wurden auch 3000 Ducaten durch eine Kriegslist eingeschmuggelt, indem sie in Weinfässern in das französische Lager geschafft und hier durch einen verabredeten und geschickt durchgeführten Ausfall Antonios weggenommen wurden. — Neben de Leyva stand der Hohenzoller. Graf Eitelfritz hatte den höchsten Einfluß auf die Deutschen und scheint durch fortifikatorische Gegenarbeiten, wahrscheinlich auf der schwachen Südfront, den Angriff wesentlich aufgehalten zu haben. Das berühmte Landsknechtslied von der „Schlacht bei Pavia" erwähnt das ausdrücklich.*) Da heißt es:

> Wir hatten kürzlich einen rat;
> einer sagt der andern:
> nun zeugt der König nimmer ab,
> zur stat stet sein verlangen.
> Nennt sich einer mit Namen Graf Eitelfritz:
> Die stat wöll wir nicht aufgeben;
> wir pauen zwei polwerk, die sein fest,
> es kost recht leib und leben!
> Sie sein mit mancher Hand gemacht,
> Zwei polwerk wol erbauen;
> wir liegen die winterlange Nacht
> zu Pavia auf der mauern . . . .
> und schreiben dem Fürsten auch Österrich
> er sol nicht ausbeleiben,
> sol pringen manchen Landsknecht frisch,
> den könig zu vertreiben.

---

*) Ein schönes Lied von der schlacht vor Pavia geschehen, Gedicht vnd erstlich gesungen durch Hansen von Würtzburg in einem newen thon. (Soltau: Einhundert historische Volkslieder. Zweite Ausgabe. Leipzig 1845.)

Bei den nothwendigen Ingenieur-Arbeiten kamen den Deutschen zuweilen ihre bergmännischen Fertigkeiten zu Gute. Carpesanus schreibt das Sprengen einer Brücke den „Germanis, ingeniosis viris" zu, und Jägius rühmt beson= ders den Hauptmann Glürn, der dieselbe „instrumentis ferreis mirabili arte in medio rescindit."[*])

Aber leider bot das Leben der Besatzung keineswegs nur erfreuliche Seiten dar. Es war nicht nur das äußere Elend, der selten strenge Winter, der bis zur Hungersnoth gesteigerte Mangel[**]); schlimmer war der nationale Gegen= satz zwischen den Besatzungstruppen. — Jenes treuherzige Landsknechtslied meldet freilich nichts von den tiefen Spaltungen, welche innerhalb der Gar= nison, namentlich zwischen Leyva und Hohenzollern bestanden. Der Spanier war Kommandant, aber die weitüberwiegende Truppenmacht stand unter dem deutschen Obersten. Wie nun Geldmangel, ansteckende Krankheiten und Hungersnoth immer drängender auftraten und Plünderung und Kirchenraub täglich im Gefolge hatten, da verschärften sich Eifersucht und Meinungsver= schiedenheit zum furchtbarsten Haß, dem Graf Eitelfritz endlich zum Opfer fiel. Allerdings brachen unter den Deutschen Meutereien aus, welche nur mit Mühe durch die Hauptleute beschwichtigt wurden; ja es sollen sogar An= schläge entdeckt worden sein, um dem Feinde die Thore zu öffnen, und diese Umstände benutzte Don Antonio, um den verhaßten Eitel Friedrich zu ver= derben. Er streute die Verläumdung aus, der Graf habe um jene Verrätherei gewußt und hielt sich nun zur heimtückischen Gewaltthat für berechtigt. Der Spanier Sandoval in seiner Geschichte Karl's V. versichert, der Hohenzoller sei von Leyva an dessen eigener Tafel vergiftet worden; Leyva behauptete, der Graf habe sich todtgetrunken. Vielleicht war das Gift ein grimmiger Aerger, der durch nachfolgendes Zechen tödtlich wurde. Wie dem auch sei, gewiß ist, daß die Zustände in Pavia während der viermonatlichen Belagerung durch Entbehrung und Zwiespalt gleich furchtbar wurden und daß die zähe Energie des spanischen Kommandanten wie die schlagfertige Tüchtigkeit der deutschen Besatzung gleich respectabel sind. Leyva rühmte besonders den jungen Caspar Frundsberg, der sich hier zum Hauptmann aufschwang; der habe ihn selbst guten Muths erhalten. — Wiederholte Ausfälle hielten die Garnison frisch. So überraschte Leyva die in der westlichen Vorstadt lagernden Schwei= zer, die den Sicherheitsdienst nachlässig versahen. Sie wurden überrumpelt, in die Flucht getrieben und ein Theil derselben gefangen. Ebenso erging es bald darauf den Graubündnern, die sogar 2 Kanonen, alle ihre Fahnen und ihr ganzes Gepäck verloren. — Auch das Heer bei Lodi gab Ende November

---

[*]) Jaegius: De obsidiae Jicensis. Pavia 1525.
[**]) Ein Ei galt 20 Kreuzer, ein Huhn 3 Ducaten, ein Pfund Pferde= oder Eselfleisch 7 Kreuzer, ein Pfund Schmalz 1 Ducaten.

ein Lebenszeichen von sich, indem der den Franzosen zunächst stehende Pescara das zwischen Cassano und Mailand gelegene Städtchen Melzo überfiel, und fast gleichzeitig trafen 18 Fahnen Tiroler und Vorderösterreicher unter Jacob von Wernau an der Adda ein und lagerten sich in Carravaggio.

Die politische Lage gestaltete sich jedoch während der Belagerung, wenn man von dem Abfall Savoyens absieht, immer günstiger für Frankreich; der Papst versöhnte sich mit ihm; in Süditalien regten sich die Anhänger des Hauses Anjou; Ferrara, Florenz, Lucca, und Siena erklärten sich neutral oder traten über zur französischen Partei, und um diese Interessen wahrzunehmen sonderte König Franz, dessen Selbstvertrauen unter diesen Umständen mächtig wuchs und der beständig die Eroberung Neapels im Auge hatte, 200 Lanzen, 600 leichte Reiter und 4 Tausend Mann zu Fuß nebst 12 Kanonen unter John Stuart, Herzoge von Albany, ab und ließ sie im Januar 1525 eine Diversion im mittleren und unteren Italien versuchen.*) In gleichem Sinne entsandte er den Markgrafen von Saluzzo mit einem Heerestheile, um eine Unternehmung Doria's auf Genua zu unterstützen. Beide Detachirungen waren aber für ihren Zweck nicht stark genug und schwächten doch das Haupt-heer in fühlbarer Weise.

Goethe's Tagebuch 1779.**)

[Den 1. Januar. Die Posse mit dem Neujahrs-Wunsch vollführt. Zu ⊙ gegessen. Bey Hofe. Mit den Leuten gut.]

[Den 2. Januar aufgeräumt und mancherley alte Papiere überdacht. Plan für dies Jahr. Mit dem Herzog ausreiten ums Webicht. Volgst.***) Uechtr. Zu Hause gegessen. Aufräumen. Abends um die Hügel, Felsen genannt. Herrlicher Aufgang des Monds; gezeichnet. Bis gegen eilf spazie-reub. Reiner Schnee und hoher Mond.]

[Den 4. Januar auf dem Eis. Bergwerks-Conferenz. Auf dem Eis bis Monds Aufgang mit Corona nach Hanse, sehr müde.]

Den 5. Januar. Conseil der Kriegskommission übertragen.†) [Aufs Eis. Nach Tisch kam Cr. nach den Aepfeln gelaufen um Preiße. Abends

---

*) Guicciardini: Storia d' Italia 1499—1532.
**) Vergleiche Einleitung und die früheren Tagebücher in den Grenzboten 1874.
***) Gemeint sind der Kriegsrath C. A. v. Volgstedt und Herr v. Uechtritz.
†) Ueber die Goethe'sche Thätigkeit in der Kriegskommission wird sich schwerlich etwas Erschöpfendes bieten lassen, da sämmtliche Acten der Kriegskommission untergegangen sind.

zu ☉ sehr lieb und viel geschwatzt. War ich sehr heiter und ruhig im Gemüthe die ganze Zeit her bis auf Weniges.]

Den 6. Januar bis 10. Januar. Mit Militair Oekonomie beschäftigt. Wenig Baukunst. Viel auf dem Eis. War ☉ sehr lieb. War ich
sehr in mir.

[Den 9. Januar Abends bei Seckendorf. Musick. Schweigen. 10 Uhr
früh die Officiers und meine künftigen Subalternen.] Ueber das Geschäft
mich in der Stille bearbeitet.*) Immer bild ich mir ein, wenn einer mensch-
lichere Leidenschaften hätte. Ich bin zu abgezogen; um die rechten Verhältnisse die meist Lumperei und Armuth Geists und Beutels sind, zu finden
und zu benutzen, doch muß es gehen, da ich viel klärer bin und sehr vorsichtig, oft zu mißtrauisch, das aber nichts schadet.

[Den 10. Abends nach dem Concert eine radicale Erklärung mit dem
Herzog über Corona. Meine Vermuthung von bisher theils bestätigt, theils
vernichtet. Endets gut für uns alle, Ihr, die ihr uns am Gängelbande
führt!]

Den 13. Januar die Kriegskommission übernommen. Erste Session.
Fest und eifrig in meinem Sinne und scharf. Allein dies Geschäfte diese Tage
her. Mich drinn gebadet und gute Hoffnung und Gewißheit des Ausharrens.
Der Druck der Geschäfte ist sehr schön in der Seele, wenn sie entladen ist,
spielt sie freyer und genießt des Lebens. Elender ist nichts als der behagliche
Mensch ohne Arbeit, das schönste der Gaben wird ihm eckele (sic.) Schwierigkeit irdische Maschinen in Gang zu setzen, auch zu erhalten. Lehrbuch und
Geschichte sind gleich lächerlich dem Handelnden, aber auch kein stolzer Gebet
als um Weisheit, denn diese haben die Götter ein für allemal den Menschen
versagt. Klugheit theilen sie auch dem Stier nach seinen Hörnern und der
Katze nach ihren Klauen, sie haben alle Geschöpfe bewaffnet.

[Daß ich nur die Hälfte Wein trinke ist mir sehr nützlich, seit ich den
Kaffee gelassen die heilsamste Diät.]

Vom 14—25. Januar.**) In Acten gekramt, die unordentliche Repositur durchgestört, es fängt drinn an, helle zu werden. Das Geschäft mir
ganz allein angelegen. Wenig auf dem Eis. Beunruhigt das Amt Großen
Rudestädt durch die Preußen. [Wiederkunft Reinbabens, fatale Propositionen.
Zwischen zwei Uebeln im wehrlosen Zustand. Wir haben noch einige Steine
zu ziehen; dann sind wir matt. Den Courier an den König, in dessen Erwartung Frist. Meist mit der Kriegskommission beschäftigt, wenig auf dem
Eis, geritten.]

---

*) Riemer II. 79.
**) Riemer II. 81 in bearbeiteter doch nicht alle Momente berührender Form.

[Den 30. Januar, auf dem Erfurter Weg gestürzt. Aerger über die Pferdewirthschaft. Knebel krank, mit Reisebeschreibungen sich labend.]

[Den 1. Februar. Conseil. Dumme Luft drinne. Fataler Humor von Fr.*) Der Herzog zu viel gesprochen. Das Thauwetter war mir in den Gliedern und die Stube warm. Mit dem Herzog gegessen, nach Tisch einige Erklärung über: zu viel Reden, fallen lassen, sich vergeben, seine Ausdrücke mäßigen, Sachen in der Hitze zur Sprache bringen, die nicht geredt werden sollten. Auch über die militairischen Macaroni's. Der Herzog steht noch immer an der Form stille.**) Falsche Anwendung auf seinen Zustand, was man bey andern gut und groß findet. Verblendung am äußerlichen Ueber-tünchen.] Ich habe eben die Fehler beim Bauwesen gemacht. Die Kriegs-kommission werde ich gut versehen, weil ich bey dem Geschäft gar keine Ima-gination habe; gar nichts hervor bringen will, nur das was da ist recht ken-nen und ordentlich haben will. So auch mit dem Wegbau.***) So†) schwer ist der Punct: wenn einem ein Dritter etwas räth oder einen Mangel ent-deckt und die Mittel anzeigt, wo dieses gehoben werden könnte, weil so oft der Eigennuß der Menschen ins Spiel kommt, die nur neue Etats machen wollen, um bey der Gelegenheit sich und den Ihrigen eine Zulage zuzuschieben, neue Einrichtungen, um sichs bequemer zu machen, Leute in Versorgung zu schieben u. s. w. Durch diese wiederholten Erfahrungen wird man so miß-trauisch, daß man sich fast zuletzt scheut, den Staub abwischen zu lassen. In keine Lässigkeit oder Unthätigkeit zu fallen, ist deswegen schwer.

[Den 2. Februar Brief von Kraft.]

[Den 14. Februar früh Iphigenia angefangen zu dictiren. Spazieren in dem Thal. Nach Tische im Garten Bäume und Sträucher durchstört.]

Diese Zeit her hab ich meist gesucht mich in Geschäften aufrecht zu er-halten und bei allen Vorfällen fest zu seyn und ruhig.]

[Den 12. März. Von Allstedt ab mit Castrop nach Weimar. Stein-bruch, unterwegs gedacht.]

[Den 13. März. Alles durchgesehen, leidlich gefunden. Abends vorgelesen die drei ersten Acte von Iphigenie. Der Herzog und Knebel bleiben da, essen.]

[Den 28. März früh Denstedt]. Abends Iphigenie geendigt.

[Den 29. März ein toller Tag, aus einem ins andere, von früh fün-

---

*) v. Fritsch.

**) Dieser Passus zwar bei Riemer benutzt, aber Riemer hütet sich wohl, diese Stelle für Goethe's und des Herzogs Verhältnisse zu verwerthen. Riemer sagt daher lieber: daß man noch immer an der Form still stehe!

***) Ueber Goethe's Thätigkeit für den Wegbau bedarf es noch einer besondern Darstellung.

†) Das folgende bei Riemer benutzt, aber wieder in eine ganz andere nicht zulässige Ver-bindung gebracht; denn alles dies bezieht sich eben speciell auf die Kriegs- und Wegbau-kommission.

fen. Lichtb. mit Kl. in Tiefurt. Iphigenie vorgelesen u. s. w. aus dem Kleinen ins Große, aus dem Großen ins Kleine.] War diese Zeit her wie das Wetter klar, rein fröhlich.

[Den 1. April. Eierfest den Kindern im Garten.]

Den 6. April Iphigenie gespielt. Gar gute Wirkung davon, besonders auf den reinen Menschen.

[Den 8. April. Bey Herzogin Amalie gegessen.] Nachklänge des Stücks. Man thut Unrecht an dem Empfindens- und Erkennens-Vermögen der Menschen zu zweifeln; da kann man ihnen viel zutrauen, nur auf ihre Handlungen muß man nicht hoffen.

Den 12. April. Iphigenie wiederholt.

[Den 20. April Luise, ☉ und die Waldner*) aßen im Kloster.]

[Den 21. April nach Kahla, gegessen daselbst mit dem Herzog Herder und Wedel; waren guten Humors. Abends nach Jena.]

[Den 23. April über Cunitz nach Dornburg; dort gut und fröhlich gelebt. Abends nach Jena zurück.]

[Den 8. Mai. Anfang am neuen Theater und Redoutensaal.]

[Den 9.—25. Mai. Eridon in Ettersburg gespielt. Nähe zu ☉. Mit dem Gedanken über Land und Leute, Steuererlaß ꝛc. war ich die Zeit sehr beschäftigt.]

[Den 26. Mai meist auf der Kriegs-Commission. Die Reposituren der Ordnung näher gebracht.]

Den 3. Juni. Jahrmarkt von Plundersweiler in Ettersburg gegeben.

[Den 4.—12. Juni. Stille für mich und viel Acten-Kramerey, auch Gedanken über wichtige Veränderungen. Mercks Wirkung auf mich, daß er das alles frisch sah, was ich lange in Rechnungsausgabe geschrieben habe.]**)

Den 13. Juni.***) Le Medecin malgré lui und Proserpina und Ettersburg. Der Herzog ist bald über die große Krisis weg und giebt mir schöne Hoffnung, daß er auch auf diesen Fels hinauf kommen und eine Weile in der Ebene wandeln wird. Viel Hoffnung mit Batty.†)

Den 15. Juni. Nach Tisch viel mit dem Herzog über sein Wachsen in der Vorstellung der Dinge.

[Den 27. Juni nach Buttstedt geritten mit Rath. R††) über die Steuersachen zu sprechen.]

---

*) Hofdame der Herzogin.

**) Riemer II. 87 also nicht chronologisch eingereiht.

***) Riemer hat den 17. Juni. Vgl. meine Abhandlungen in den Grenzboten 1875 III 13 wo ich nach Rechnungen den 10. Juni angegeben und schon damals den 17. Juni bekämpft. Schöll stützt sich auf Riemer.

†) Bei Riemer S. 87—88 unchronologisch benutzt wie auch die Bemerkung unter dem 15. Juni.

††) Wahrscheinlich G. G. Reise s. s. Rath zu Buttstedt. Uebrigens ist der Buchstabe undeutlich.

[Den 11. Juli. Dem Herzog macht es Vergnügen die Rolle des Py-
lades zu lernen.*) Er nimmt sich außerordentlich zusammen und an innerer
Kraft, Fassung, Ausdehnung. Begriff. Resolution fast täglich zu.]

Den 12. Juli. Iphigenie in Ettersburg gespielt.

Den 13. Juli ging Merck früh fort. Gute Wirkung seiner Gegenwart
auf mich.

Sie hat mir nichts verschoben, nur wenige dürre Schalen abgestreift und
in allem Guten mich befestigt, durch Erinnerungen des Vergangenen und in
seiner Vorstellungsart mir meine Handlungen in einem wunderbaren Spiegel
gezeigt. Da es der einzige Mensch ist, der ganz erkennt, was ich thue und
wie ichs thue und es doch wieder anders sieht, wie ich, von anderm Staub-
ort, so giebt das schöne Gewißheit. Auch denk' ich, sey mein Stand mit
Corona fester und besser.

Aber auch außer dem Herzog ist Niemand im Werden, die andern sind
alle fertig, wie Drechselpuppen, wo höchstens noch der Anstrich fehlt.

Den 14. Juli. Abendessen und gute Unterredung mit Batty über
seine letzte Excursion. Wills Gott, daß mir Acker und Wiese noch werden
und ich für diesen simpelsten Erwerb der Menschen Sinn kriege.

Gedanken über den Instinkt zu irgend einer Sache. Jedes Werk, was
der Mensch treibt, hat, möcht' ich sagen einen Geruch. Wie im groben Sinn
der Reiter nach Pferden riecht, der Buchladen nach leichtem Moder und um
den Jäger nach Hunden, so ist's auch im Feinerem. Die Materie, woraus
einer formt, die Werkzeuge die einer braucht, die Glieder, die er dazu an-
strengt, das alles giebt eine gewisse Häuslichkeit und Ehstand dem Künstler
mit seinem Instrument. Diese Nähe zu allen Saiten der Harfe, die Gewißheit und Sicherheit, womit er sie rührt, mag den Meister anzeigen in jeder
Art. Er geht wenn er bemerken soll grad auf das los, wie Batty auf einem
Landgut, er träumt nicht, wie unser einer, ehemals um bildende Kunst. Wenn
er haudeln soll, greift er gerade das an was erst nöthig ist. Gar schön ist
der Feldbau, weil alles so rein antwortet, wenn ich was dumm oder was
gut mache und Glück und Unglück die primas vias der Menschheit trifft.
Aber ich spüre zum Voraus, es ist auch nicht für mich. Ich darf nicht von
dem mir vorgeschriebenen Weg abgehn, mein Dasein ist nun einmal nicht
einfach, nur wünsche ich, daß nach und nach alles anmaßliche verstiegen, mir
aber schöne Kraft übrig bleibe, die wahren Röhren nebeneinander in gleicher
Höhe aufzuplumpen. Man beneidet jeden Menschen, den man auf seine
Töpferscheibe gebannt sieht, wenn vor einem unter seinen Händen bald ein
Krug, bald eine Schaale nach seinem Willen hervorkommt. Den Punkt der

---

*) Meine Abhandlung in den Grenzboten 1873. III. 13. Also hat Schöll Recht.

Vereinigung des Mannigfaltigen zu finden, bleibt immer ein Geheimniß, weil die Individualität eines Jeden darin besonders zu Rathe gehen muß und niemanden anhören darf.

[Den 21. Juli. War ich still in mir mancherlei Gedanken.] Plane, Eintheilung der Zeit auf die nächste Woche; mit Battys Relationen beschäftigt. [Wollte Sonntags den 25. auf Bürgel]. in der Nacht war ein gewaltsam Feuer zu Apolda, ich früh' da ich es erst erfuhr hin und ward den ganzen Tag gebraten und gesotten. Der Herzog war auswärts in Bendeleben und Erfurt. Verbrannten nun auch meine Plane, Gedanken, Eintheilung der Zeit zum Theil mit. So geht das Leben durch bis ans Ende, so werdens andere nach uns leben. Ich danke nur Gott, daß ich in Feuer und Wasser den Kopf oben habe, doch erwart' ich sittsam noch starke Prüfungen, vielleicht binnen vier Wochen.*)

Das Elend wird mir nach und nach so prosaisch wie ein Kamin Feuer. Aber ich lasse doch nicht ab von meinem Gedanken und ringe, mit dem unerkannten Engel, sollt' ich mir die Hüfte ausrenken. Es weiß kein Mensch, was ich thue und mit wie viel Feinden ich kämpfe, um das Wenige hervorzubringen. Bei meinem Streben und Streiten und Bemühen bitt ich Euch nicht zu lachen, zuschauende Götter. Allenfalls lächeln mögt ihr und mir beystehen.

[Den 26. Juli ließ ich mich versprochener Maßen] von Mayer malen und bat Wielanden mir dabei seinen Oberon zu lesen, er thats zur Hälfte. Es ist ein schätzbares Werk für Kinder und Kenner, so was macht ihm niemand nach. Es ist große Kunst in dem Ganzen, so weit ich's gehört habe und im Einzelnen. Es setzt eine unsägliche Uebung voraus und ist mit einem großen Dichterverstand, Wahrheit der Charactere, der Empfindungen, der Beschreibungen, der Folge der Dinge und (Lüge)**) der Formen, Begebenheiten, Mährchen, Frazzen und Plattheiten zusammengewoben, daß es an ihm nicht liegt, wenn es nicht unterhält und vergnügt. Nur wehe dem Stück, wenns einer außer Laune und Lage oder einer, der für dies Wesen taub ist, hört, so einer, der frag à quoi bon?

Diese letzten Tage des Monats wurden mir viele Wünsche und Ahndungen erfüllt.

[Den 29. Juli Unterredung mit dem Herzog über Fr.***]

[Den 30. Juli. Dessen Brief an Schnauß wegen Burgsdorf und seine Entlassung. Auch dies hat nun das Schicksal schön eingeleitet, durch

---

*) Hier ist Riemer um wenige Zeilen reicher.
**) Lücke in unserer Abschrift.
***) v. Fritsch.

feine letzte Abwesenheit sind wir geprüft und er fällt ab wie ein überreifer Apfel.]

[Neue Conduite fürs Künftige. Vorsicht mit dem Herzog. Von einem gewissen Gang nicht abzuweichen und im Anfang nichts zu rühren.

War wieder Streit mit dem Herzog und s. Fr. Die leidige Undankbarkeit drückt ihn sehr und daß man ihn so scheußlich verkennt. Den Herzog abzuhalten, daß er nur nichts für sich thut, denn er ist noch sehr unerfahren, besonders mit Fremden und hat wenig Gefühl zu anfangs, wie neue Menschen mit ihm stehen.]

[Den 1. August. Den ganzen Tag allein mit dem Herzog und umgeworfen den künftigen Zustand.] Die Reise nach Frankfurt [und wie Merck herbeizuführen. Abends nach Belvedere zu Fuß.]

[Den 2. August. Merkwürdig! Früh reine aufgestanden. Der Herzog hatte versprochen um 8 Uhr zu kommen. Da er ausblieb setzte ich meine Gedanken von gestern weiter fort, machte mein Absteigequartierchen richtig. Schickte W—.*) Kam um 10 Uhr der Herzog. Sprachen wir unaussprechliche Dinge durch, er hatte gestern schon angefangen über unser inneres Regiments-Verhältniß das äußere, meine Ideen, meine Reise, die ich vornehmen müsse, wie die Weinhändler auf ihre Art. Von dem Hof, der Frau, den andern Leuten von Menschenkennen. Erklärte ihm, warum ihm dies und das so schwer würde, warum er nicht so sehr im Kleinen eingreifen solle. Er erklärte sich dagegen und] es war eine große interessante Unterredung**) [Zu ☉ zu Tische. Nach Tisch zu Sch., der über die Resolution erschüttert war. Ich schlug in dem Modo eine Auskunft vor. Dann mit dem Herzog lange Unterredung über eben das. Nachher allein. Propria qui curat neminis arma timet.]

[Vom 3. zum 6. August anhaltend in stiller innerer Arbeit und schöne reine Blicke. Auf der Kriegs-Commission der letzten Ordnung der Repositur näher. In Tiefurt groß Souper den 5.]

[Den 6. August Abends nach Apolda.]

Den 7. August***) zu Hause aufgeräumt, meine Papiere durchgesehen und alle alte Schaalen verbrannt. Andere Zeiten, andere Sorgen. Stiller Rückblick aufs Leben, auf die Verworrenheit, auf die Betriebsamkeit. Wißbegierde der Jugend wie sie überall herumschweift, um etwas Befriedigendes zu finden. Wie ich besonders in Geheimnissen, dunklen Imaginationen, Verhältnissen eine Wollust gefunden habe, wie ich alles Wissenschaftliche nur

---

*) Ein dunkles Zeichen, wahrscheinlich ist Wedel gemeint.
**) Deren Gegenstände Riemer, so interessant es für das Verhältniß beider sind — übersetzt S. 93.
***) Riemer II. 93.

halb angegriffen und bald wieder habe fahren laffen, wie eine Art von de-
müthiger Selbstgefälligkeit durch alles geht, was ich damals schrieb. Wie
kurzsinnig in menschlichen und göttlichen Dingen ich mich umgedreht habe.
Wie des Thuns auch des zweckmäßigen Denkens und Dichtens so wenig wie
in zeitverderbender Empfindung und Schatten-Leidenschaft gar viel Tage ver-
than, wie wenig mir davon zu Nutz kommen und da die Hälfte des Lebens
nun vorüber ist, wie mir kein Weg zurückgelegt, sondern vielmehr ich nur
dastehe, wie einer der sich aus dem Waffer rettet und den die Sonne anfängt,
wohlthätig abzutrocknen. Die Zeit, daß ich im Treiben der Welt bin, seit
15. October getrau ich noch nicht zu übersehen. Gott helfe weiter und gebe
Lichter, daß wir uns nicht selbst so viel im Wege stehen. Laffe uns vom
Morgen bis Abend das Gehörige thun und gebe uns klare Begriffe von den
Folgen der Dinge, daß man nicht sei, wie Menschen, die den ganzen Tag
über Kopfweh klagen und gegen Kopfweh brauchen und alle Abende zu viel
Wein zu sich nehmen. Möge die Idee des Reinen, die sich bis auf den Biffen
erstreckt, den ich in den Mund nehme, immer lichter in mir werden.

[Vom 15.— 21. August. Die ganze Woche mehr gewatet als ge-
schwommen. Freytags fatalen Druck, daß Batty mir die mancherley Saue-
reyen denen nicht gleich abzuhelfen ist, lebendig machte. Sonst mit Corona
gut gelebt und einiges mit Liebe gezeichnet, wenn's nur anhielte. Auf dem
Troistedter Jagen den 18. einen vergnügten Tag mit Wedeln.]

[Den 22. August Nachmittag nach Kochberg. Rein und gut da gelebt.
Das erste Mal, daß mir's da wohl war, doch kann ich mich noch nicht mit dem
Ort noch der Gegend befreunden. Was es ist weiß ich nicht; ob die fatalen
Erinnerungen? Abends nach Weimar, fand den Herzog, Knebel, Herder und
Grothuisen auf der Wiese. Er ist ein schöner braver Mensch und es thut
einem wohl, ihn zu sehen, sein Landstreicherwesen hat einen guten Schnitt.]

[Den 26. August ward mir eine Erscheinung über die Conduite der Pits,
womit ich gleich den Anfang zu machen beschloß. Abends kam mit den Fräulein Wöllwarth*) auf die Wiese und Knebel und ich gingen mit, es ward gut
geschwätzt.]

[Den 27. August. Es geht, nur muß frisch gewirthschaftet werden.
Die Pefanteur der Leute drückt einen gleich nieder. Ich wills auf den Weg
eine Weile forttreiben. Früh alles abgethan. Mittags zu Lauen. Dann
zu Herdern, dem vorgestern Nacht ein Knabe geboren war. Dann zur Fräulein Schardt. Dann mit Boden auf die Tabacks Aecker.]

[Den 31. August früh sechs spazieren nach Tiefurt, viele Gedanken
über die bevorstehende Reise. Sonst muthig und gut. Bewegung ist mir
ewig nöthig.]

*) Hofdame der Herzogin Louise.

Den 2. September. Wie durch ein Wunder seit meinem Geburtstag in eine frische Gegenwart der Dinge versetzt und nur den Wunsch, daß es halten möge. Eine offene Fröhlichkeit und das Lumpige ohne Einfluß auf meinen Humor*). [Auch war das Wetter besonders herrlich.]

[Den 3. September halb 7 Uhr holte ich den Herzog ab, gingen nach Ettersburg, Knebel begleitete uns eine Strecke. Fanden sie oben leidlich vergnügt] und trieben unter uns, nachdem die Damen retirirt waren, viel Thorheiten.**) [Einsiedel sprach vernünftig über Boden.]

[Den 4. September früh 7 Uhr weg geritten nach Weimar, fand im Garten manches Sonnabend-Geschäfte, auf die Kriegs-Commission, zu Corona gegessen. Nachmittags allein. Abends ums Webicht gelaufen. Dann halb 9 zu Schnauß, über die nächsten Politica. Der Besuch der schönen Gotter dauert noch immer fort, auch das reine Wetter.]

Den 6. September kriegt ich das Decret als Geheimerath.***) Der Wirbel der irdischen Dinge und allerlei anstoßende persönliche Gefühle griffen mich an.†)

Es ziemt sich nicht diese innere Bewegung aufzuschreiben.

[Bemerkung eines politischen Fehlers, den ich an mir habe, der auch schwer zu tilgen ist.††)]

C. A. H. Burkhardt.

Das neue und das alte Leipzig.

I.

Es gewährt immer ein bedeutendes Interesse, irgend einen der Mittelpunkte modernen Kulturlebens in verschiedenen Perioden und Phasen seiner Entwickelung zu beobachten und zu vergleichen, sei es, daß sein äußeres und inneres Wachsthum ein rasches und überraschendes war und daher sein Sonst zu seinem Jetzt einen frappanten Gegensatz bildet, sei es, daß in früherer wie

---

*) Bei Riemer II 96.

**) Bei Riemer II. 98. wo man dies schwer in der Verbindung auf den Ettersburger Aufenthalt beziehen kann.

***) Das Decret datirt vom 5. September 1779.

†) Bei Riemer II 96.

††) Hier bricht das Tagebuch vom Jahr 1779 ab.

in neuerer Zeit seine Physiognomie gleichermaßen Züge starker Expansivität und Productivität zeigt, nur je nach dem allgemeinen Geiste einer jeden dieser Perioden, dort andere als hier.

Leipzig hält zwischen diesen beiden Arten von Kulturcentren gewissermaßen die Mitte. Um Jahrhunderte zurück bekundet es in den verschiedensten Zeitlagen immer einen ziemlich hohen Grad von innerer Lebensfähigkeit, materieller und geistiger Triebkraft, obschon es andererseits wiederum zu den Städten gehört, welche die ausgiebige Entwickelung gerade des modernsten Kulturfortschritts mit am Besten zu verwerthen und dadurch gerade in jüngster Zeit zu hervorragender Bedeutung sich emporzuschwingen verstanden.

Zwar der Bevölkerung nach nur die siebente oder achte Stadt im deutschen Reiche, zählt Leipzig doch in mehr als einer Beziehung unter den ersten Pflanz- und Pflegstätten nationalen Lebens und nationaler Kultur. Seine Universität hat, was den Zudrang von Schülern betrifft, selbst die berühmte Hochschule der Reichshauptstadt überflügelt und steht ihr an Glanz und Fülle der lehrenden Kräfte zum mindesten nicht nach. Sein Handel, weniger eigengeartet und von weniger erd- und meerumspannenden Dimensionen, als der Hamburgs oder Bremens, bildet doch — Dank der alten und sich immer wieder verjüngenden Zugkraft seiner Messen, so wie der unermüdlich strebsamen, dabei soliden Rührigkeit seiner Bevölkerung — ein werthvolles Glied in dem großen Gesammtverkehr Deutschlands. Schon jetzt Sitz des obersten Handelsgerichts im Reiche, darf es kühn nach dem noch Höheren streben, auch Sitz der vereinten höchsten Gerichtsbarkeit des Reichs zu werden, weil es bereit und in der Lage ist, einen solchen edelsten Gewinn nicht mühelos zu empfangen, sondern durch Darbietung gewichtiger materieller und geistiger Gegenleistungen wenigstens einigermaßen zu verdienen. Und kaum eine ist von den mannigfaltigen Bewegungen und Gestaltungen unseres modernen Kulturlebens — auf wissenschaftlichem, wirthschaftlichem, socialem, humanitärem, commerciellem oder politischem Gebiete — die nicht entweder von Leipzig aus ihren Anfang genommen oder doch kräftige Impulse und lebhaft fördernde Mitwirkung empfangen, oder die nicht in ihrer Verkörperung in Vereinen, Congressen, Wanderversammlungen aller Art vorzugsweise gern und oft Leipzig aufgesucht und in seinen Räumen sich heimisch gefühlt hätte.

Leipzig ist nicht die Hauptstadt Sachsens, aber es ist, wie ein unvergeßliches Wort aus königlichem Munde noch unlängst ihr bezeugt hat, in gewichtiger Hinsicht eine Art von Neu-Vorstadt, in mannigfachen Richtungen führend und tonangebend selbst über die Grenzen des kleinen Landes hinaus. Und es ist dies Alles, wie derselbe erlauchte Gewährsmann rühmend bekundete, vor Allem durch den regen kräftigen Sinn seiner Bürger und durch den bewährten Geist seiner communalen Selbstverwaltung. Sogar in einem Blatte, dem, obwohl es den Namen Leipzigs an der Stirn trägt, doch eine Voreingenommenheit für diese oder gegen die Schwesterstadt an der Elbe Niemand schuldgeben wird, ward mit anerkennenswerther Unbefangenheit als die Signatur Leipzigs das kräftig schöpferische Jünglings- und Mannesthum, als die Dresdens mehr die harmlos genießende Kindheit und das beschauliche Alter bezeichnet.

Mancherlei Vorzüge, theilweise selbst erworben, theilweise durch die Gunst der Verhältnisse und die umsichtige Fürsorge der Regierung ihm zugewendet, treffen in Leipzig zusammen: die vortheilhafte Lage als ein Kreuzungspunkt zwischen dem Norden und dem Süden, dem Osten und dem Westen Deutschlands, ein altbegründetes Handelswesen und ein ebenso altbegründeter Ruf als Ausgangs- und Mittelpunkt vielseitiger, fruchtbarer wissenschaftlicher, literarischer und künstlerischer Bestrebungen durch seine Hochschule, seinen weithin beherrschenden Buchhandel, seine berühmten Institute für Musik.

So ward Leipzig früh eine kosmopolitische Stadt, vielleicht die am meisten kosmopolitische in Deutschland, während es zugleich in neuerer Zeit eine der am zweifellosesten nationale im ganzen Reiche ist.

In die Vergangenheit einer solchen Stadt zurückzugehen, zu sehen, was früher anders war und wie aus dem Damals das Jetzt sich entwickelt hat, muß sicherlich ein hohes kulturgeschichtliches Interesse bieten. Versuchen wir es denn, soweit der Umfang quellenmäßiger Nachrichten es ermöglicht und der freilich beschränkte Raum eines Artikels in diesen Blättern es gestattet!

Beginnen wir mit der äußeren Physiognomie der Stadt! Wir brauchen nicht allzuweit zurückzugehen, um uns anschaulichst zu überzeugen, welche bedeutende Fortschritte im Laufe der letzten Jahrzehnte in Bezug auf Bauten und Anlagen Leipzig gemacht hat. Wählen wir einen einzelnen Punkt, allerdings den Glanzpunkt der Stadt, den Augustusplatz, der mit seinen vielen stattlichen, zum Theil prächtigen Gebäuden und seinen großen, regelmäßigen Raumverhältnissen fast jedem öffentlichen Platze in jeder deutschen Stadt sich an die Seite setzen darf, die meisten davon, selbst in vielen der größten Städte, hinter sich läßt. Wie sah er vor etwa anderthalb Menschenaltern, etwa im Jahre 1830 aus? Da, wo jetzt die Grimmaische Straße frei und offen auf den Platz mündet, streckte sich damals, die Aussicht verschließend und den Verkehr beengend, das alte düstere Thor weit hinaus, rechts und links von tiefen Stadtgräben flankirt, die sich rechts an und um die Erste Bürgerschule bis zum Petersthor, und weiter (wie noch heut) an die Pleißenburg, links zum Georgenhause hinzogen. Wo heut das glänzende Café Felsche (beiläufig gesagt, glänzender in seinem Innern als irgend eines in Dresden und selbst in Berlin) in seine Räume oder unter seine Veranda einladet, stand damals der finstere Tetzelthurm, ein interessantes Denkmal allerdings einer hochwichtigen Zeit; neben ihm die noch nicht renovirte, kahl und hinfällig ausschauende Paulinerkirche, von ihr rechtshin bis zur Bürgerschule, die nebst dem Teubner'schen Hause der einzige ansehnliche Bau war, der damals den Platz schmückte, an Stelle des heutigen, wenn nicht besonders architektonisch schönen, doch imposanten Augusteums nur die partie honteuse des damaligen quartier latin, eine lange, öde Mauer mit darüber hervorragenden Carcern, von wo aus eine muthwillige akademische Jugend den Verlust ihrer Freiheit sich damit zu versüßen suchte, daß sie mit allerhand losen Reden, Rufen, auch Gesängen und mit sonstiger Kurzweil den Platz darunter unsicher machte; weiterhin Gartenmauern von gleich unscheinbarer Außenseite.

Dasselbe wenig ästhetische Schauspiel wiederholte sich links gegenüber, wo der ganze Raum zwischen Poststraße und Grimmaischem Steinweg, den jetzt das prächtige Reichspostgebäude einnimmt, durch eine lange Mauer ausgefüllt wurde, an deren Ende ein kleines ärmliches Gasthaus, der weiße Schwan, sich befand, eine Unzierde des selbst damals immerhin ansehnlichen Platzes, deren Beseitigung lange an der Hartnäckigkeit der bejahrten Eigenthümerin des Hauses scheiterte.

Nur in Einem hatte der damalige „Grimmaische Platz" einen Vorzug vor dem heutigen Augustusplatz — in den Augen des Freundes der Natur wenigstens und des Menschenfreundes, — darin nämlich, daß statt der weiten, wüsten Sandfläche, die heut den Schönheitssinn und bei grellem Sonnenschein auch den äußern Sinn des Auges verletzt, bei Windeswehen Staubwolken aufwirbelt und damit die Lungen gesundheitsgefährlich anfüllt, damals wohlthuendes Grün von Bäumen und von Rasen theils ganz nahe an den Platz heran, theils stellenweise über diesen selbst hin sich erstreckte.

Noch ein Jahrzehnt weiter zurück, in den 20er Jahren, zog sich jenseits des Stadtgrabens in weitem Gürtel um die Stadt, auch nach Westen hin, noch der enge „Zwinger", den untern Theil der Häuser von der Außenwelt absperrend und den freien Zutritt der Luft hemmend.

Ganz anders freilich noch ist der Abstand, wenn wir uns mit einem starken Sprunge etwa um anderthalb Jahrhunderte oder etwas darüber rückwärts versetzen — in die Zeit, wo Leipzig nach den furchtbaren Verheerungen und Drangsalen des 30-jährigen Krieges wieder gleichsam Athem zu schöpfen und neue Kraft zu neuem Aufstreben zu sammeln begann. Leipzig war damals noch, was in früherer Zeit alle Städte, zumal alle größeren, waren — entsprechend ihrer ursprünglichen Bestimmung und Entstehungsweise — ein nach allen Seiten befestigter, für die damaligen Verhältnisse der Kriegsführung vertheidigungsfähiger Ort. So erscheint es uns auf den alten Bildern der Stadt aus dem 17. und der ersten Hälfte des 18. Jahrhunderts, starrend von Ringmauern und Bastionen oder Basteien, rings umgeben von wassergefüllten Gräben, über welche nur einzelne hölzerne, leicht abtragbare Brücken den Zu-

gang in die innere Stadt durch die entsprechenden Thore oder „Pförtchen“ ver-
mittelten. Zwei solcher „Basteien“ ragten besonders hervor, die „Moritzbastei“, auf deren Grund heut die Erste Bürgerschule ruht, und die am
Ranstädter Thore, welche 1766 dem damals neuen, jetzt alten Theater weichen
mußte; zwischen beiden die eigentliche alte Festung, die Pleißenburg, damals
— mit ihren Gräben ringsum und ihren von allen Seiten unnahbaren
Bastionen — ein wirkliches Bedürfniß für die zur Abwehr nach außen ge-
rüstete Stadt, jetzt — man weiß nicht recht, ob ein „Zwing-Leipzig“ oder
nur ein Product und Denkmal von allerlei „Mißverständnissen“, jedenfalls
ein sehr unbequemer Anachronismus.

Leipzig blieb Festung bis nach dem 7-jährigen Kriege. Da erst überzeugte man sich, daß bei der fortgeschrittenen Entwickelung des Kriegswesens
und namentlich der Angriffswaffen, der Nutzen solcher Befestigungen, so weit
sie nicht als wirklich feste Plätze einer größern Truppenmacht zum Stützpunkt
dienten, nur sehr zweifelhaft, deren Nachtheil für die darin eingeengte und
dadurch selbst zu einem Kampfesobjecte gemachte Stadt ein unverhältnißmäßig
großer sei. So begann man allmälig mit Abtragung der Festungswerke,
Ausfüllung der Gräben, kurz, Verwandlung der Stadt in einen offenen, an
seiner freien Entfaltung nach außen und seiner Verschönerung nicht mehr
gehinderten Ort. Schon 1766 ward die Ranstädter Bastei abgebrochen, um,
wie erwähnt, das Theater dorthin zu bauen; das gleiche Schicksal hatte um
wenig Jahre später, 1772, die Moritzbastei. Planmäßiger ging die Abtragung
der Wälle und die Ebnung des Bodens, der sich dann bald mit Anlagen,
„Promenaden“, bedeckte, seit dem Jahre 1771 vor sich. Es scheint, als habe
die Zeit furchtbarer Theuerung, die damals durch Mißernte über Sachsen
hereinbrach, den Rath der Stadt Leipzig veranlaßt, mit der Verschönerung
der Stadt zugleich ein humanitäres Werk zu vollziehen und den hungernden
Arbeitern Brod zu schaffen. Bis zum Jahre 1777 war ein großer Theil der
Wälle in die Gräben geworfen und so der Zugang zwischen Stadt und Vorstadt geebnet.

An seiner innern Verschönerung hatte Leipzig indeß schon viel früher,
trotz des noch vorhandenen hemmenden Festungsgürtels, rührig zu arbeiten
begonnen.

Wenig mehr als ein Menschenalter hatte genügt, um in dem durch den
30-jährigen Krieg direct und indirect so schwer heimgesuchten Leipzig den
lange darnieder liegenden Handelsgeist und Gewerbfleiß aufs neue zu
beleben und damit auch den gesunkenen Wohlstand wieder zu heben. Was
von Sachsen im Allgemeinen oftmals gerühmt worden ist: „wenn man es
auch ruiniren wollte, würde man es doch nicht können,“ das gilt von Leipzig
insbesondere in vollem Maße. Nur etwa dreißig Jahre seit dem Ende des

furchtbaren Krieges und der Wiederherstellung des verkehrbelebenden Friedens waren verflossen, so sehen wir in Leipzig die Baulust in großem Style sich regen, immer ein Anzeichen, daß eine Stadt über die erste Nothdurft hinaus zu dem Gefühle des Behagens und eines gewissen Ueberflusses gelangt ist.

Schon im 16. Jahrhundert hatte Leipzig sich mit mehreren großen und stattlichen Bauten geschmückt. 1556 war das Rathhaus, schon ein Jahr früher die Alte Waage, 1575 das Fürstenhaus entstanden — nicht zu vergessen den bereits 1530 gebauten klassischen „Auerbachs Hof". Der letzte bedeutende Bau aus jener Zeit, kurz vor dem 30jährigen Krieg (1616) vollendet, war „Stieglitzens Hof". Dann kam eine lange Zeit der schweren Noth, wo Muth und Kraft zu solchen Unternehmungen versagten. Aber schon 1680 baut sich die Leipziger Kaufmannschaft ihre „Börse" (auf dem Naschmarkt) für jene Zeit gewiß ein luxuriöser und jedenfalls — wenn auch bei nur bescheidenen Dimensionen — ein geschmackvoller Bau in dem damals auch im Norden heimisch gewordenen italienischen Styl. Die beschädigten Kirchen werden restaurirt, ja die seit der Reformation zu weltlichen Zwecken verwendete Neukirche wird „auf das Anerbieten der Kaufmannschaft" und mit Hülfe ihrer Beiträge 1699 dem Gottesdienste zurückgegeben. Im Jahre 1700 erhebt sich dann das „zur Zucht und Pflege" bestimmte „Georgenhaus", von damaligen Chronisten als ein „gar stattliches" Gebäude gepriesen und als ein solches in der That selbst noch in die neueste Zeit hereinragend, ein Denkmal früherer Wohlhabenheit und zugleich Mildthätigkeit, dessen Verschwinden wir beklagen müßten, wenn nicht seine Stelle abermals durch einen stattlichen Bau, freilich in anderem, modernem Style ausgefüllt, sein wohlmeinender Zweck auf eine jetzt zeitgemäßere Weise erreicht würde. Auch zwei andere Wohlthätigkeitsanstalten, das Jacobs- und Johannishospital, wurden (1680 und 1744) theils erweitert, theils ausgebaut, beide heutzutage in vergrößerter und verschönerter Gestalt abermals umgeschaffen. Auch das Petersthor, das letzte der Leipziger Thore, welches dem modernen Freiheits- und Ausbreitungsdrange zum Opfer fiel, entstand 1719 und wurde 1723 zu der stattlicheren Gestalt ausgebaut, in der viele der Jetztlebenden es noch gesehen haben.

Während so die wiedererwachte Unternehmungslust und der mit dem verjüngten Wohlstande würdig schaltende Gemeinsinn für allgemeine Zwecke des Verkehrs, der Kirchlichkeit, der Wohlthätigkeit — nicht minder der Wissenschaft und der Kunst (durch den in dem alten Gewandhaus 1747 erbauten großen Bibliotheksaal und später, 1781, den schönen Concertsaal mit Oeser's trefflichen Deckengemälden) zu sorgen bemüht war, trieb es auch die reicheren Privaten, in geschmackvollen und zum Theil großartigen Bauten den Sinn eines edleren Luxus zu entfalten. Im Laufe von 50—60 Jahren entstand eine Anzahl bürgerlicher Wohnhäuser und größerer, zugleich für Zwecke des

Handels bestimmter Häusercomplexe (sog. „Höfe"), von denen nicht wenige mit manchem adlichen, ja fürstlichen Pallast an Größe und auch wohl an Reichthum der Architektonik sich messen konnten.

Leipzig gehört nicht zu den bevorzugten deutschen Städten, die, wie Nürnberg, Augsburg, Danzig, Hildesheim, Braunschweig, gleichsam Depositäre jener ältern ächtdeutschen Baukunst sind, die man früher die gothische nannte, jetzt richtiger die germanische nennt. Dagegen mag es wenige Städte in Deutschland geben, wo die Periode der spätern, allerdings schon meist zu dem sog. Rococo verbildeten, immerhin aber in großen, zum Theil prächtigen Stylverhältnissen sich bewegenden Renaissance so viele und reiche Spuren hinterlassen hat, und das in einfachen Privatgebäuden! Besonders ausgezeichnet durch solche Bauten war und ist noch heut, nächst dem Markt, die Katharinenstraße, die eigentliche Aristokratin unter den Straßen Leipzigs, aber auch Neumarkt, Petersstraße, Klostergasse u. a. zeigen sporadische Denkmäler jener nach dem Großen und Glänzenden strebenden Baulust des vorigen Jahrhunderts.

Der Zeit seiner Entstehung nach das erste von jenen Gebäuden ist die 1691 begonnene, 1711 vollends ausgebaute „Feuerkugel"; dem Geschmack und Reichthum der Architektonik nach das hervorragendste, das von dem damaligen Bürgermeister Romanus gebaute und lange Zeit nach ihm benannte Haus an der Ecke der Katharinenstraße und des Brühl. Dieses letztere freilich zugleich ein warnendes Denkmal, wie schon damals theilweise (was leider heut im Allgemeinen keine Seltenheit, doch aber gerade in Leipzig glücklicherweise verhältnißmäßig eine solche ist) wirklicher Wohlstand und nachhaltiges Vermögen zu solidem Luxus mit aufgeblähtem Schein und schwindelhafter Ueberhebung sich nahe berührten. 1704 ward jenes stattliche Haus fertig; schon im Januar 1705 aber wanderte Romanus auf den Königstein, mehrfacher Schwindeleien und selbst der Veruntreuung öffentlicher Gelder angeklagt und schuldig befunden. Schou während der Prachtbau emporstieg, bezeichnete ein dunkles Gerücht den Grund, worauf er ruhte, den Wohlstand seines Erbauers, als schwankend. Ein Nachbar des hoffärtigen Bürgermeisters, ein dürftiger magister Lipsiensis, der mit mäßigen Mitteln sich ein bescheidenes Häuschen gegenüber dem Romanus'schen Pallaste gebaut, schrieb damals eine kleine lateinische Schrift mit dem witzig zweideutigen Titel: de stultitia Romanorum in aedificandis palatiis. Damit nicht zufrieden, brachte er auf einem Vorsprung seines Häuschens das Standbild eines Männchens an, wahrscheinlich sein eignes, welches warnend mit aufgehobenem Finger nach dem stolzen Bau hinüberdroht. Noch heut steht das Warnungszeichen da oben, von Wenigen wohl bemerkt, von noch Wenigeren nach seiner Bedeutung und Entstehung gekannt. Zunächst an das Romanus'sche Haus nach ihren Größenverhältnissen und der

Mannigfaltigkeit ihres architektonischen Schmuckes prangen die beiden Homann'-
schen Häuser, das eine, in der Petersstraße (1726 gebaut), noch heut den
Namen seines Erbauers tragend, das andere, am Markt (schon 1709 entstanden), jetzt unter dem Namen des Aeckerlein'schen bekannt; dann Kochs
Hof (1737), Quandts Hof (1748), das „Kloster" (1740), der „Kurprinz"
(1710 begonnen, aber erst 1754 ausgebaut), der „Silberne Bär" (1764), die
beiden schönen Häuser rechts und links von der Mündung des Böttcher-
gäßchens in die Katharinenstraße (beide aus den 80er Jahren), u. a. m.

Alle diese Gebäude zeichnen sich aus durch einen mehr oder minder reichen
Decorationsschmuck von Säulen und Pilastern, Laubgewinden oder Muschel-
werk, allegorischen Figuren, Vasen u. dgl., meist in gefälligen Formen und
in harmonischer Gliederung und Verbindung unter sich und mit dem Gebäude
selbst. Viel weniger ist dies der Fall bei späteren Bauarten in ähnlichem
Styl, z. B. dem 1793 entstandenen Place de répos. Hier erscheint das
decorative Element vielmehr nur äußerlich angeflickt und sie gemahnen fast
wie herausgeputzte Parvenus gegenüber dem soliden Wohlstande eines Mannes,
welcher diesen in behäbiger und geschmackvoller Weise zur Schau trägt.

Die Lust an heitrer Pracht und durch Geschmack veredeltem Lebensgenuß,
die sich damals in Leipzig regte — die natürliche Folge eines durch rührigen
Erwerb entstandenen und stetig wachsenden Wohlstandes — fand sich indeß
durch die eleganten Häuser und deren ebenmäßig glanzvolle innere Ausstattung innerhalb der Stadt nicht begnügt: es drängte sie auch hinaus aus
der Straßen quetschender Enge, aus dem düstern Bann der Luft und Licht
absperrenden Festungsmauern. Um dieselbe Zeit, wo Leipzig sich innerhalb
seiner Wälle mit schönen Bauwerken schmückte, entstanden auch rings um die
innere Stadt eine ganze Reihe von Gärten, in denen Kunst und Natur
einander die Hand reichten. Die letztere freilich meist nach dem damals herrschenden französischen Geschmack zur Unnatur verkünstelt in steifen Hecken,
langen, grablinigen Gängen, verschnörkelten Boskets u. dgl. m., dazwischen
Statuen nach antiken Mustern, gewöhnlich von sehr mäßigem Kunstwerth,
aber auch Treib- und Gewächshäuser mit manchen seltenen Pflanzen und
fremden Baumarten, daneben wohl noch Kunst- und Naturaliensammlungen,
als Anzeichen des regen Kunst- und Natursinnes, wie er gerade den Trägern
eifrigen materiellen Erwerbes, den vielgescholtenen „Geldprotzen", erfreulicher
Weise so häufig eigen zu sein pflegt.

Alle diese Gärten, die seitdem lange Zeit in weitem Gürtel einen großen
Theil der innern Stadt umspannten, ihr den Zugang der freien Luft sicherten
und, da sie großentheils mit dankenswerther Liberalität auch unbekannten
Besuchern offenstanden, der Bevölkerung die angenehme Abwechselung des
Anblicks eines Stückchens frischer Natur gewährten — alle diese Gärten, von

Bosens, Rudolfs, Reichels, Lehmanns, Reichenbachs, dann Gerhards bis zu
Löhrs Garten, sind einer nach dem andern dem unaufhaltsamen Expansions-
triebe der Stadt und der mit diesem wuchernden Speculation zum Opfer gefallen; von allen diesen „Lungen" besitzt Leipzig nicht eine mehr, und als ein
immerhin zweifelhafter Ersatz mag lediglich das begrüßt werden, daß an ihrer
Stelle zumeist luftige und schöne Straßen entstanden sind.

Aber noch viel weiter hinaus ging der Eroberungszug, den gleichsam der
immerfort wachsende Wohlstand Leipzigs und das damit zugleich sich steigernde
Selbstgefühl der Leipziger begann. Und hier treffen wir auf eine Erscheinung
von mehr als blos ästhetischer oder socialer, von zugleich tiefgreifend politischer
Bedeutung. In früherer Zeit hatten rings um Leipzig her, wie im Umkreis
der meisten Städte, Familien des landsässigen Adels Jahrhunderte lang auf
angestammtem Erbe gesessen. Namentlich die Herren von Dieskau, von Pflug,
von Lüttichau waren bis ins 18. Jahrhundert herein hier reich begütert.
Theils die Noth der Zeit, theils eignes Verschulden zwang aber viele dieser
Adligen, ihrem Erbe den Rücken zu kehren, weil sie den übernommenen Besitz
nicht zu behaupten vermochten. Manche davon zogen es vor, an den glänzenden Hof August's des Starken sich zu drängen und im rasenden Wettlauf
mit heimischen und fremden Standesgenossen um den Preis des Luxus und
der Verschwendung den Erlös aus dem väterlichen Gute zu vergeuden; oder,
durch glänzende und kostspielige Hofämter an den Hof gebannt, setzten sie
ihr Vermögen zu, und mußten dann wohl oder übel ihren Besitz in andere
Hände übergehen sehen. Als auf dem alten sächsischen Landtag zum ersten
Mal der schüchterne Antrag auftauchte, daß doch gestattet werden möchte
(was damals noch verboten war), adlige Güter auch an Bürgerliche zu verkaufen, da bäumte sich der adlige Stolz auf gegen diese Gedanken. Aber
nicht lange, so bat man selbst die Regierung um Beseitigung des Verbots,
weil nur die Concurrenz der reichgewordenen Städter dem verarmten Adel
eine leidliche Verwerthung seiner Güter verhieß.

So sehen wir denn auch in der nächsten Umgegend Leipzigs einen merkwürdigen Wechsel in dem Besitze der daselbst gelegenen Rittergüter sich vollziehen. Wir besitzen aus der ersten Hälfte des vorigen Jahrhunderts eine
interessante Statistik der Rittergüter in einem ziemlich weiten Umkreis um
Leipzig mit Bezug auf ihren Uebergang aus adligen in bürgerliche Hände.
Da ist zuerst eine Liste von 46 solchen ehemals adligen Gütern, die bereits
1726 in die Hände theils von Privaten — Rathsherren, Kaufleuten, Gelehrten —
theils der Stadt Leipzig oder der Universität gekommen waren. Der Geh.
Hofrath Gruner, der 1774 starb, besaß nicht weniger als fünf Rittergüter in
der Nähe der Stadt. Homann, früher ein simpler Landfuhrmann, später
Kaufmann in Leipzig, kaufte ein Dutzend Rittergüter in der Nachbarschaft

zusammen. Eine zweite Liste führt 20 Rittergüter auf der südlichen Seite von Leipzig auf, welche 1744 größtentheils Bürgerlichen gehörten. Dieser Kreis bürgerlichen Großgrundbesitzes, dessen Mittelpunkt Leipzig ist, hat sich seitdem noch bedeutend erweitert und schließt jetzt die umfangreichsten und werthvollsten Güter, nicht blos dieser Pflege, sondern nahezu des ganzen Landes, wie Breitenfeld, Salis, Belgershain, Pomsen u. s. w., in sich.

Die Thorheit, daß einzelne solcher self-made men durch redlichen bürgerlichen Erwerb wohlhabend gewordene Geschäftsleute, sich adeln ließen, kam freilich schon damals vor.

Kehren wir von dieser Abschweifung in die Umgegend Leipzigs in die innere Stadt zurück, so nehmen wir mit Genugthuung wahr, wie mit der Bau- und Verschönerungslust der Privaten die Sorge für Verbesserung, beziehentlich Einführung solcher Einrichtungen Hand in Hand geht, die dem allgemeinen Nutzen, der Bequemlichkeit aller Bewohner, der Sauberkeit und Annehmlichkeit der Stadt dienen. Eine der wichtigsten dieser Einrichtungen war die Beleuchtung der Straßen und Plätze. Wir begreifen es heutzutage schwer, wie man ohne eine solche sich so lange hatte behelfen können. Allein selbst in viel größeren Städten, wie London, ward eine allgemeine Straßenbeleuchtung erst im letzten Jahrzehnt des 17. Jahrhunderts (1690) eingeführt. Wien und Berlin erhielten eine wenigstens partielle ohngefähr um dieselbe Zeit, Hamburg etwas früher. Den übrigen deutschen Städten ging Leipzig mit dem Beispiel einer Straßenbeleuchtung, und zwar einer für damals ziemlich glänzenden, voraus (1701). Die Residenz Dresden folgte erst 1704, Frankfurt a. M. 1711; Kassel und Darmstadt, obschon auch Residenzen, mußten bis in die 60er Jahre warten. Wir dürfen uns daher nicht wundern, wenn ein für jene Zeit so gewaltiger Fortschritt, als er ins Leben trat, ganz Leipzig in eine freudige Aufregung versetzte, es mit Stolz auf diesen Vorzug und mit Dank gegen den Stadtrath, dessen väterlicher Fürsorge man ihn verdankte, erfüllte.

Eine 1728 erschienene Schrift: „Verbesserungen Leipzigs" spricht sich mit wahrer Verzückung so aus: „Gegen Abend um 8 Uhr obgedachten Tages ließ E. Hoch Edler Rath zu sonderbahren Wohlstand, wie auch Verhütung vieles Ungemachs und Unglückes, so bei finsterer Nacht sonst geschehen können, auff dem Markte und in allen Gaffen und Straßen die aufgesetzten Oellampen in denen auff eigenen Pfählern postirten Laternen, derer 700 gezählet werden, das erste mahl anbrennen. Diese anzuzünden, auszuleschen, mit Oel zu versehen und stets rein und sauber zu halten, wurden 18 Personen dazu verpflichtet und angenommen, auch ihnen eine besondere Ordnung vorgeschrieben, zu welcher Zeit sie die Lampen anbrennen, putzen und wieder auslöschen sollten. Und hat man von Anno 1701 den 24. December als heiligem Christ-

Abende an, da sie zum erstenmahle durch die ganze Stadt angezündet und gleichsam der Stadt als eine Christgeschenke (wie die Kinder zu reden pflegen) bescheeret wurden, nicht so viel Unglücke erfahren, als vor dieser Zeit, da im Finstern viele Bosheit kunte ausgeübet werden. Durch diese hochlöbliche Anstalt wurden nicht allein die Gassen illuminiret, und kunte man der Windlichter und Privatlaternen solcher Gestalt entrathen, sondern auch viele Sünden, sonderlich wieder das fünfte, sechste und siebende Geboth, merklich gesteuert und kräftiglich verwehret."

Noch viel emphatischer äußerte sich gleich damals (1701) eine Leipziger Stimme so:

„Deine Klugen Väter haben Nacht-Laternen auffetzen lassen.

Wer tadtelt diese Anstalt?

Deine Schönheit muß auch in der Nacht gesehen werden,

Es muß bei dir auch in der Finsterniß Licht sein,

Die Kinder der Finsterniß scheuen dieses Licht.

Sie können dabei ihre bösen Werke nicht ausüben,

Dieses Feuer kann manches Liebesfeuer löschen.

Dieses Licht verfinstert die Wege der Diebe,

Ein unlebhaftes Ding kann alle Schläger von der Gassen treiben,

Diese Laternen sind die besten Nachtwächter.

Ich muß mehr sagen:

Itzt präsentiret sich bey dir der Himmel auf Erden,

Diese Sterne leuchten heller als die Sterne des Firmaments.

Jene sind in der Nähe, diese in der Ferne;

So viel kann die Sorgfalt Kluger Regenten ausrichten,

Es klage Niemand über die Unkosten!

Der Profit übertrifft dieselben.

Beglücktes Leipzig!

Steige immer höher in deinem Glanze!"

Es waren 700 Laternen auf Pfählen, welche durch die Stadt vertheilt angezündet wurden. Die Vorstädte scheinen damals noch leer ausgegangen zu sein, denn es findet sich eine Verordnung aus jener Zeit gegen das Fackeltragen in den Vorstädten als feuergefährlich. Man mußte sich in den Vorstädten mit Laternen heißen oder in der Finsterniß sich weitertappen — auf die Gefahr hin, in Pfützen zu fallen oder auf den ungeebneten Straßen seine gesunden Gliedmaßen zu riskiren.

Nicht weniger Anklang fand eine andere Anstalt, welche der Stadtrath bald darauf (1703) ins Leben rief und von der heut nur noch schwache Spuren existiren, die Sänften. Auch darüber hören wir eine zeitgenössische Stimme sich begeistert so äußern:

„So hat auch um diese Zeit ein hochlöblicher Magistrat die nützliche Anstalt gemachet, daß man um ein gewisses Trinkgeld von einem Ort zum andern, beides in der Stadt als Vorstädten, hat können getragen werden. Zu welchem Ende Hochermeldeter Senat gewisse Senfften verfertigen und hierzu gewisse starke Leute zu tragen bestellen lassen. Welches Senfftentragen den 29. Septembris dieses Jahres (1703) seinen Anfang genommen hat und bis dato, weil man dessen Nutzen, sonderlich die Befreyung von Winde, Regen und Schnee, Abreißung der Schuhe, Abhelffung der Müdigkeit und Erspahrung der Carreten und Abwendung anderer Verdrüßlichkeiten, sehr merklich empfindet, continuiret wird, und bedienen sich derselben nicht allein die Staats- sondern auch gemeine Leute."

Gegenüber diesen beiden wichtigen Verbesserungen mochte es als ein minder bedeutsames, obschon gewiß nicht unbemerkt gebliebenes Ereigniß erscheinen, daß 1701 die Nachtwächter in Leipzig die Hörner, mit denen sie bis dahin ihre Warn- und Wachrufe begleitet, in Schnurren verwandelten.

Seit länger schon besaß Leipzig außerhalb seiner Wälle, auf dem sog. Glaeis, eine schöne Allee von Maulbeerbäumen und Linden, welche die innere Stadt von der Vorstadt trennte. Nach Niederreißung der Wälle und Ausfüllung der Gräben wurde jene Allee verbreitert und vergrößert. Bereits damals pflegte der Leipziger, wie aus zeitgenössischen Quellen zu ersehen, „um das Thor" zu gehen. Aber auch damals schon fiel es den Fremden seltsam auf, daß die feinere Welt und insbesondere die Damen fast ausschließlich nur einen verhältnißmäßig kleinen Theil dieser Promenade zu jenen Spaziergängen benutzten, wo sie spectatum veniunt, veniunt, spectentur ut ipsae, nämlich den Abschnitt zwischen dem Barfuß- oder Thomaspförtchen und dem Petersthore — eine Sitte, die sich bis vor wenig Jahrzehnten erhalten hat. Als eine große Annehmlichkeit ward es empfunden, daß der allzeit auf das Wohl seiner Bürger bedachte Stadtrath 1725 auf diesem Theil der Promenade Bänke zum Ausruhen anbringen ließ. „Die ums Thor gesetzten Bänke," rühmte wiederum jene Stimme, „worauf die Spaziergehenden nach Gelegenheit sich setzen und unter den schattenreichen Linden erquicken können, geben abermals die Liebe E. Hochedlen Raths gegen eine getreue Bürgerschaft sattsam zu erkennen."

Schon 1663 hatte der Rath für die Summe von 15,000 Thaler das schöne große Gehölz unweit der Stadt, das „Rosenthal", käuflich erworben. 1704 ward der erhöhte Weg gen Gohlis hin angelegt, der noch heut der Hauptspaziergang für die zahlreichen Besucher des Rosenthals ist. Etwas später wurden in den Wald, der damals auch noch die große Wiese bedeckte, jene sternförmigen Durchsichten ausgehauen, die jetzt leider etwas verwachsen sind, und, um diese Durchsichten besser genießbar zu machen, ward in der Mitte ein ziemlich hohes Gerüste errichtet, (es sollte ein Lusthaus darauf gesetzt werden, welches aber nicht zu Stande gekommen zu sein scheint), auf welchem man (wie es in einem Aufsatz aus dem Jahre 1728 heißt) „rundherum durch die Alleen, deren jede einen besonderen Ort im Prospecte hat, sehen kann: „Durch die eine die Stadt Leipzig um die Gegend der Festung Pleißenburg; durch eine andere den sogenannten Kuhthurm, wo E. Hochedlen Raths Oberförster wohnt, und also weiter Lindenau, Leutzsch, Golis, Euteritsch, Pfaffendorf u. s. w., wodurch die Gemüther derer um diese Gegend Spazirengehenden ungemein erlustiret werden."

Auch noch in anderen Beziehungen bewährte schon in jener frühen Zeit Leipzig den rühmlichen Ehrgeiz, anderen Städten möglichst voranzugehen, mindestens nicht dahinten zu bleiben. Schon 1704 begann man hier mit Anlegung eines Schleußensystems, welches dann in längeren Zwischenräumen (1722, 1744) weiter ausgebildet, endlich 1784 vollendet ward, so daß es die ganze Stadt durchzog. Reisende rühmten daher die Reinlichkeit Leipzigs namentlich auch im Vergleich zu Berlin. Eine regelmäßige Pflasterung finden wir seit 1740; ja auch für ein ordentlich eingerichtetes Flußbad — um den häufigen Unglücksfällen beim Baden in den Flüssen abzuhelfen — sorgte der Rath im Jahre 1774.

Eine Bequemlichkeit, die man heutzutage kaum mehr schätzt oder überhaupt beachtet, weil man sie für selbstverständlich ansieht, erhielt gleichwohl Leipzig (wie wahrscheinlich auch andere Städte) erst ziemlich spät, gegen Ende des vor. Jahrhunderts, nämlich die regelmäßige Bezeichnung der Häuser durch Nummern. Leipzig als lebhafter Handelsplatz, mußte, namentlich in den Messen, wohl schon früher das Bedürfniß empfinden, Fremden das Auffinden der Häuser, wo sie Geschäfte zu besorgen hatten, zu erleichtern. Daher die Sitte, auch Privathäuser durch Namen, auch wohl durch entsprechende Embleme zu bezeichnen, eine Sitte, die namentlich auf dem Brühl, wo früher der Hauptmeßverkehr stattfand, sehr häufig war und die sich bis heut in einer Anzahl solcher Namen, wie die drei Schwanen, die Tanne, der goldene und der silberne Bär u. s. w. erhalten hat.

Kann man es den Leipzigern verdenken, wenn sie schon damals stolz auf ihre Stadt und voll großer Anhänglichkeit an dieselbe waren? Sie hatten das erhebende Gefühl, durch eigne Kraft, durch Emsigkeit und Betriebsamkeit für dieselbe mehr als selbst in viel größern Städten bis dahin geschehen war, zur Verschönerung gethan, und auch der umgebenden Natur, die Leipzig in mancher Hinsicht stiefmütterlich behandelt, das Menschenmögliche abgewonnen zu haben. Man ward in diesem Selbstgefühl bestärkt durch die vielen Fremden, welche bei längerem oder kürzerem Aufenthalt in der Stadt ihr Behagen daran nicht verbargen und Leipzigs Vorzüge im übrigen Deutschland und selbst im Ausland ausbreiteten. Ward doch Leipzig im vorigen Jahrhundert während seiner Messen nicht blos von Handeltreibenden aus allen Ländern (denn es war damals noch die Vermittlerin zwischen dem Osten und Westen, zwischen dem Orient und Frankreich und England), sondern auch von Leuten von Stande, Fürsten, Grafen und Edelleuten, vielfach besucht. Es war lange Zeit förmlich Mode, daß hier die vornehme Welt sich Rendezvous gab. August der Starke insbesondere pflegte regelmäßig mit großem Hofstaat wenigstens während einer oder der anderen Messe in Leipzig zu verweilen und andere Fürstlichkeiten entweder als seine Gäste oder durch sein Beispiel dahin zu ziehen. — Herr v. Köllnitz in seinen Memoiren erzählt, er habe im Jahre 1709 zur Neujahrmesse gleichzeitig in Leipzig den König Friedrich I. von Preußen, den König und die Königin von Polen (August den Starken und seine Gemahlin) und 44 Prinzen und Prinzessinnen aus regierenden Häusern gesehen. Die königlichen Majestäten waren in dem Apel'schen Hause (auf der Poststraße) einlogirt gewesen, wo August der Starke jedesmal wohnte, wenn er in Leipzig war.

Die Leipziger hatten von diesen fürstlichen Besuchern mancherlei Kurzweil. Da gab es alle Abende italienische Opern mit fremden Künstlern, z. B. der berühmten Labella, daneben französische Comödie in den drei Schwanen, (letztere von 2—4 Uhr, erstere um 5 Uhr Nachmittags), auch „Wiener Comödianten" mit ihrem famosen Hanswurst, später eine einheimische Gruppe unter Direction der bekannten Neuberin — zur Abwechselung bisweilen sogar eine Bärenhetze in umschlossenem Raum auf dem Brühl, woran August der Starke besonderen Geschmack fand. Für den Charakter der Leipziger war dieser häufig wiederkehrende Verkehr von Fürstlichkeiten in ihrer Stadt weniger günstig: es zeigt sich in dem damaligen Leipzig ab und zu etwas von jener Unterthänigkeit gegen Fremde und heimische Vornehme, jenem zitternden Respect vor Rang und Macht, jener Titel- und Stellensucht, womit in Residenzen so leicht das Bürgerthum angekränkelt wird und womit namentlich auch Dresden unter den polnischen Augusten leider nur zu tief inficirt ward. In Leipzig, der immer kräftiger aufblühenden Handelsstadt, war dies indeß nur ein fremder Tropfen im Blut, den es glücklicherweise bald wieder ausstieß. Zu wirklicher Servilität ließ es das wohlberechtigte Selbstgefühl eines wohlhabenden, der eignen Kraft vertrauenden Bürgerthums wenigstens nachhaltig nicht kommen. Der damalige Rath der Stadt Leipzig erfreute sich infolge von allerhand Verträgen mit der Regierung in Dresden dieser gegenüber einer Unabhängigkeit, fast möchte man sagen Selbstherrlichkeit, die in jenen Zeiten eines fast unbeschränkten Absolutismus, wo das fürstliche

Tel est notre plaisir alles galt, doppelt verwundernswerth ist. Leider nur machte eben diese Selbstherrlichkeit sich auch der Bürgerschaft gegenüber oft in ziemlich schroffer Weise geltend, weil sie auf Privilegien ruhte, die nach der einen wie nach der andern Seite ihre unantastbare Geltung hatten, während heut Unabhängigkeit und freie Bewegung der städtischen Selbstverwaltung zwar vielleicht eine weniger juristisch fest verbriefte Form, dafür aber eine desto breitere moralische Grundlage hat in der freien Uebereinstimmung einer mündigen Bürgerschaft mit ihrem Gebaren.

Doch wir sind von unserem Thema einigermaßen abgekommen. Wir wollten hier zunächst nur schildern, wie der Leipziger schon im vorigen Jahrhundert sich mit der ganzen äußeren Einrichtung seiner Stadt zufrieden, auf deren Vorzüge stolz und für das, was nach dieser Seite geschah, und dessen war allerdings viel, dem Rathe, von dem allein damals alles dieses ausging, erkenntlich bezeigte. Einzelne derartige Kundgebungen, gleichsam Aufschreie des Entzückens über einzelne Verbesserungen der Stadt, haben wir oben schon mitgetheilt: zum Schluß mögen hier noch ein paar allgemeine Schilderungen Leipzigs folgen. Sie gehören beide der zweiten Hälfte des vorigen Jahrhunderts an, wobei bemerkt sein mag, daß für die erste Hälfte, ja schon für das erste Drittel des Jahrhunderts rühmliche Ereignisse für die den Fremden auffallende schmucke und wohlhäbige Physiognomie Leipzigs vorhanden sind in den schon erwähnten Memoiren des Herrn von Köllnitz (aus dem Jahre 1734), wie der poetischen Schilderung, die Zachariä in seinem „Renommisten" (1744) von Leipzig giebt. Die hier angeführten Aussprüche rühren augenscheinlich von eingeborenen Leipzigern her. In einer Schrift: „Die Geschichte der Stadt Leipzig" aus dem Jahre 1778 heißt es mit einer fast komischen Emphase: „Leipzig lgehört Europa an, liegt im Lande Meißen unter dem himmlischen Zeichen des Stiers, in einem ebenen, flachen Felde, an einem schönen, lustigen, fruchtbaren Orte, ist viereckig und hält im Umfang 8954 Ellen. Die Stadt hat 4 Thore und 3 Pförtchen; in der Ringmauer sind zu finden 945 Häuser und 36 Gassen, groß und klein." Viel breiter ergeht sich im Lobe der Stadt nach ihrer Lage und Beschaffenheit eine andere Schrift: „Beschreibung Leipzigs" (1784). Diese läßt sich darüber so aus: „Ueberhaupt ist Leipzig auch schon seiner Lage wegen, eine der schönsten Städte von Deutschland, und hätte ihr die Natur noch Berge gegeben, — aber dieser Wunsch ist zu poetisch, — so würde sie sich über alle ihre Schwestern erheben. Man wird an keinem Orte so viele Abwechselungen in nahen und fernen Spaziergängen, und eine so große Anzahl von prächtigen und reizenden Gärten antreffen, welche sehr oft den Reisenden länger in dieser Stadt halten, als er sichs vorher vorgesetzt hat. Rings umher liegen die anmuthigsten Dörfer, welche fast alle mit einer Anzahl von schönen und den Geschmack der Stadt verkündigenden Sommerhäusern versehen sind, wo sich die reichere Klasse der Einwohner die mildere Jahreszeit über aufzuhalten pflegt. — Und daß eine schöne Gegend einen großen Einfluß auf den Character seiner Bewohner hat, davon giebt Leipzig den stärksten Beweis, und so ist sie auch schon von dieser Seite würdig, ein Tempel der Musen zu sein. Winkelmann sagt von ihr, daß unter allen Universitäten Deutschlands Leipzig noch die einzige sei, welche sich einer schönen und bequemen Lage freuen könnte. Ich sage hier nicht mehr von meiner schönen Vaterstadt, als was schon vor fast vierhundert Jahren Papst Alexander IV. von ihr sagte, als er ihre Universität bestätigte. Leipzig ist eine große und volkreiche Stadt, die in einer fruchtbaren Gegend und unter einem gemäßigten Himmelsstriche liegt, für eine große Menge Einwohner Nahrungsmittel zur Genüge hat und mit allem, gleichsam als ein Acker, den Gott vorzüglich gesegnet, versehen ist, deren Bürger und Einwohner höfliche und wohlgesittete Leute sind; auch ist die Stadt ringsherum mit reizenden und angenehmen Gegenden umgeben. Zu allem diesem kam noch die Kunst und umpflanzte die Stadt mit Linden-allee und Maulbeerbäumen, welche den vorzüglichsten Spaziergang der Ein-wohner ausmachen. Ueberhaupt scheint die ganze Gegend umher sich zu einem Garten zu vereinigen und Leipzig das Lusthaus darinnen zu sein." So viel über die äußere Physiognomie des „alten Leipzig." Von seinen innern, namentlich den socialen und sittlichen Zuständen in jener früheren Zeit vielleicht ein anders Mal! **K. B.**

Zu den kirchlichen Fragen in Preußen.

Bei der Wichtigkeit, die nicht nur für Preußen, sondern auch für die Fortentwicklung der evangelischen Kirche in ganz Deutschland der bald dort zusammentretenden Generalsynode beizumessen ist, können wir nur dank-bar das Unternehmen zweier Bonner Professoren begrüßen, die mit warmem Herzen und praktischem Geschick sich der Erörterung der auf ihr zu lösenden Fragen unterzogen haben. Das erste Heft der von ihnen herausgegebenen „Synodalfragen"*) beginnt mit einem Aufsatze von Prof. v. d. Goltz, der nachzuweisen sucht, daß die beabsichtigte gemeinliche Organisation der evangelischen Landeskirche in Preußen trotz der ungünstigen politischen und kirchlichen Lage gerade jetzt eine unabweisbare Nothwendigkeit sei; daß sie trotz der in der Kirche existirenden Spaltungen und Gegensätze für die zunächst-liegende Aufgabe ein erreichbares Ziel sei. Dazu thue aber Noth, daß die bevorstehende Generalsynode sich auf die ihr zunächst gestellte Aufgabe beschränke, die Fragen über Bekenntniß und Union, Lehrnorm und Kirchen-zucht ꝛc. bei Seite lasse, und nur ein definitives Organ für die Landes-kirche schaffe und seine Competenz nach der Seite der Provinzialgemeinde wie gegenüber der Kirchenregierung richtig abgrenze.

In einem zweiten Aufsatze behandelt dann Dr. Wach „die rechtliche Stellung der außerordentlichen Generalsynode" und weist nach, daß dieselbe nicht nur eine berathende, ein Gutachten abgebende Versammlung sein dürfe, sondern daß sie eine durch die Mitwirkung des Kirchenregiments beschränkte constituirende Gewalt haben müsse; außerdem wird das richtige Verhältniß der Provinzialsynoden zur Generalsynode klar gelegt.

Endlich führt uns in einem dritten Aufsatz Prov. Dr. Beyschlag mit der ihm eignen Gewandtheit den Entwicklungsgang der deutsch-evangeli-schen Kirchenverfassung von 1817—1873 vor — es ist dieses unge-mein anziehende Geschichtsbild also nicht auf Preußen beschränkt, sondern um-faßt alle Ereignisse im Verfassungsleben der einzelnen deutschen Landes-kirchen. Auch wer dem diese Darstellung begleitenden Urtheil nicht überall beistimmt, wird für die geschichtlich klare Entwicklung und Zusammenstellung dem Verfasser dankbar sein.

Wir behalten uns vor, auf die weiteren Hefte dieses neuen, durchaus unparteilichen und in freiester Form erscheinenden Unternehmens zurückzukom-men, empfehlen dasselbe inzwischen aber dringend der aufmerksamen Beachtung unserer Leser. **— g.**

*) Synodalfragen. Zur Orientirung über die bevorstehende Generalsynode. Heraus-gegeben von Dr. H. Freih. von der Goltz und Dr. A. Wach. Erstes Heft. Bielefeld und Leipzig. Verlag von Velhagen & Klasing. (Preis: 12 Sgr.)

Verantwortlicher Redakteur: Dr. **Hans Blum.**
Verlag von F. L. Herbig. — Druck von Güthel & Legler in Leipzig.

XXXIII. Jahrgang. **II. Semester.**

Die

Grenzboten.

Zeitschrift

für

Politik, Literatur und Kunst.

№ 28.

Ausgegeben am 10. Juli 1874.

Inhalt:

Leipzig, 1874.

Friedrich Ludwig Herbig.

(Fr. Wilh. Grunow.)

Man abonnirt bei allen Buchhandlungen und Postämtern des In= und Auslandes.

Italienische Reisebilder
von Karl Stieler.

1. Venedig.

Mitternacht ist vorüber. Durch die engen Kanäle streicht eine Barke, wie ein schwarzer Schatten erscheint die Gestalt des Gondoliers, wie ein Grabeslaut tönt der Ruf gia è, gia è, so oft die Gondel um die Ecke schießt.

Wohl stand der Mond am Himmel, aber er reichte nicht in diese schmalen feuchten Gassen, nur wenige flimmernde Sterne blinken zwischen den thurmhohen Häusern, nur ab und zu glimmt noch ein spätes Licht an den vergitterten Fenstern. Horch, wer ist dort? — Hinter der halbgeöffneten Thüre, die fast an den Spiegel des Wassers reicht, späht ein Mädchen hervor und huscht zurück, denn das ist nicht die Gondel, die sie erwartet. Dort auf den steinernen Stufen, die von der Pforte zum Wasser führen, liegen die Schläfer; nur manchmal noch streift eine Gondel an uns vorbei, so dicht, daß sich die Flanken beinahe berühren, mit geheimnißvollem Zeichen grüßen die Schiffer und mit wachsamen Augen schauen wir die vermummten Gestalten an, die drüben in den Kissen lehnen. Dann ist es wieder stille, nur das Wasser hört man, das am Kiel vorüberrauscht, nur den Ruderschlag, bis auch dieser manchmal inne hält.

Wir horchen auf und nun bringen wunderbare Laute an unser Ohr; weit drüben über dem Lido rauscht das Meer, in das der Doge einst den goldenen Ring zum Zeichen seiner Vermählung warf, es ist die Zeit der Fluth, die langsam über die Lagunen steigt bis hinein in den Canal Grande, wo die Palläste der alten stolzen Geschlechter stehen:

> Alles still, stumm, (schweigt) — das Meer nur athmet,
> Und mit tiefem Klagelaut
> Pocht an der Palläste Pforten
> Die verwaiste Dogenbraut.   (K. St.)

Wahrhaftig das ist es, was wir zu hören glauben, wir fühlen die bannende Macht des Meeres, aber wir sehen es nicht, wir sind gefangen in einem Labyrinthe enger Wasserstraßen, die sich endlos kreuzen und verwirren, wir wissen nimmermehr — Wohin?

So etwa prägt sich der erste Eindruck aus, den wir empfangen, wenn wir zur Nacht mit dem Schnellzuge von Mestre kommen und von der Stazione in die Stadt fahren. Kein Pferd, kein Wagen ist ringsum sichtbar, nur das dunkle Gewühl der Gondeln, die sich mit schlangenartiger Behendigkeit auseinander wirren; aller feste Boden schwindet unter den Füßen, nur die finstere schmiegsame Fluth ist da, aus der die verwitterten Häuser senkrecht emporsteigen. Der trübe dunkelfarbige Ton, den sie sogar am hellen Tage zeigen, steigert sich Nachts zur finstersten Oede, und die lange verworrene Fahrt hat wirklich etwas stygisch Beklommenes. Denn die Enttäuschung macht stumm.

Wir fuhren in der Barke der „Luna", wo wir Wohnung nehmen wollten und das Bild jenes dunklen Weges bleibt mir in unvergeßlicher Erinnerung. Wir waren seltsam gemischt: ein deutscher Professor mit langem vernünftigem Gesicht, und eine mühsame alte Dame, die aus der italienischen Provinz kam, dazu ein junges Ehepaar, das wohl auf seiner Hochzeitsreise war. Im Anfang ging das Geplauder ganz vergnüglich, aber je länger die Minuten und je enger die Gassen wurden, um so mehr ward der Druck des Unbehagens fühlbar. Unverwandt sah ich der jungen holden Frau ins Angesicht, um das die goldenen Locken fielen, aber nur dann und wann glitt ein Lichtstrahl aus dem nahen Fenster über ihre Gestalt. Welche wundersamen Züge, so schön und edel, wie das Antlitz einer Madonna, und doch noch ganz übergossen von dem ersten ahnungslosen Zauber der Kinderseele. Dichter zog sie den Mantel an sich und enger schmiegte sie sich an den Gatten, die großen glänzenden Augen machten schüchtern die Runde.

„Warum ist Alles hier so schwarz", frug sie mit halblauter Stimme, „die Mauern und die Gondeln und die Fluth; sieh nur die langen Koffern an, dort, unter dem Tuche, sie sehen wahrhaftig aus als wären es Särge."

Lächelnd beruhigte sie der Gemahl und löste die kleine weiße Hand, mit der sie ihn faßte, man sah es, wie ihre Finger sich unruhig bewegten.

Und von neuem spähte sie ringsumher, an den Mauern empor und in die Fluth hinab. „Nicht wahr, Fiesko und der Mohr, die waren in Genua, aber es gibt doch auch einen Mohren von Venedig und der Bravo, der mit dem Dolch hinter der Thüre steht ......

Der Professor lächelte grinsend; „ich glaube gar Du fürchtest Dich", sprach der Gatte mit unerschütterlicher Ruhe „aber Maria!"

Auch der wälschen Matrone aus der Provinz begann es zu grauen, denn Furcht steckt an, sie rollte bedenklich die schwarzen Augen, es wäre doch fast besser gewesen, wenn jetzt ihr Mann, den sie sonst gern entbehrte, zur Stelle gewesen wäre. Und indem sie das letztgesprochene Wort erhaschte, sprach sie mit leisem Nicken des Kopfes nach: Ave Maria.

Endlich ward die Umgebung freier und leichter, ein voller Lichtstrahl floß uns aus der Thüre entgegen, die Barke hielt vor albergo di luna.

Mit der herkulischen Hast, wie sie den italienischen Facchini's eigen ist, wurden die „Särge" ausgeladen, wir stiegen die schönen Treppen empor, die mit grünen Topfgewächsen geschmückt sind, ohne daß der Bravo hinter der Thüre stand, kurz es war alles wieder gut; selbst die Matrona war froh, daß ihr Gatte doch nicht dabei war. „Felice notte" rief sie dem jungen Paare nach.

Die volle Maiensonne floß hernieder, als wir am folgenden Tag den Markusplatz betraten. Wer hätte ihn nie empfunden, diesen Zauber jener Sonnenstrahlen, die zugleich den Frühling und den Morgen athmen, jenes Licht, das uns mit weckender Gewalt ins Innerste der Seele dringt.

Nun war der schwarze Schleier gelüftet, der gestern über Venedig lag, nun blaute das Meer und die alten grauen Quadern aus denen die Palläste gefügt sind, glänzten so hart und markig, die zierlichen durchbrochenen Façaden glitzerten und blinkten, sie lebt noch die todte, schweigsame Dogenstadt. Mit vollen Händen schüttete sie ihre Schätze vor uns aus, mit staunenden Augen messen wir die herrliche Gestalt, San Marco aber steht in ihrem Herzen.

Von allen vier Seiten ist der Markusplatz geschlossen, wenn auch nord-östlich die Piazzetta sich anschließt; die Einheit des Bildes wird dadurch nicht zerstückt. Zur Rechten und Linken dehnt sich der Riesenbau der Procurazien, unten mit offenen Bogengängen, in denen die Menschenmenge fluthet und oben mit glänzenden Säulenhallen, in deren Gliederung sich Kraft und Anmuth streitet. Während die Procuratien durch einen Zwischenflügel (ala nuova) verbunden sind, der im Westen den Platz schließt, liegt vor uns die Markus-kirche mit ihren gewaltigen Kuppeln und Hallen, mit ihren marmornen Spitzen und ihren mythischen Bildern, das Wunder Venedigs. Dicht davor die riesigen Flaggenstangen, von denen einst das Banner besiegter König-reiche herniederfloß und der Campanile, in dem die Glocken des hl. Marcus tönen.

Hier kommt uns zum erstenmale die weltgebietende Macht Venedigs zum ergreifenden Bewußtsein, hier faßt uns das Ahnen jener Märchengestalt unter den Städten, die nicht aus der Erde, sondern aus dem Meere heraufstieg, noch umflossen von dem Zauber des Morgenlandes und doch mit einemmal auf der Höhe abendländischer Culturkraft, so reich in Kunst und Waffen, in Haß und Liebe! Venedig ist eine Sphynx, deren Räthsel wir niemals er-gründen; es ist vergeblich, daß wir uns mühen ein Bild zu finden für ihr geheimnißvolles Wesen, denn das Einzige duldet keinen Vergleich. Wie das alte, so drängt sich noch das heutige Leben zusammen auf dem Markusplatz, (wenn es auch nur die Schatten von damals sind); hier versammeln sich in sonniger Morgenstunde die Fremden, hier lungern die Ciceroni und an der Piazzetta die Gondoliere. Verkäufer aller Art drängen sich zwischen den Stühlen durch, die vor den Cafés in den offenen Arkaden stehen. Aber der prunkhafte Glanz tritt doch erst mit der Nacht hervor, wenn aus den erzgetriebenen Kandelabern hunderte von Flammen sprühen, wenn das Gold hinter den Spiegelscheiben der giojellieri funkelt und der Klang der rauschenden Musik über den Platz hin wogt. Dann kommen sie von allen Seiten, die Nobili mit ihren Frauen, an der Piazzetta drängen sich die Gondeln, und die Straße Merceria wird zu enge für dies Gewühl. Aber der Markusplatz scheint fast zu wachsen in dem blauen dehnenden Mondlicht, das in den Strahlenflimmer hineinlugt und sich schüchtern hinter den Säulen der Procurazien birgt. Fast scheint es, als hätte sein Hauch auch das Antlitz der schönen Frauen gestreift, deren holde Bläſſe (morbidezza) berühmt iſt; die mit rauschender Schleppe über den Marmorboden wallen, nachläſſig in den Arm des Gatten gelehnt, während die heißen Blicke über den ſchwarzen Fächer ins Weite schießen.

Bis tief in die Nacht hinein regt sich der Lärm und die Leidenschaft, die das öffentliche Leben Italiens durchdringt, dann verstummt allmälig das letzte heftige Wort der Männer; noch einen verstohlenen Blick senden die schönen Frauen, und der Glückliche, den sie grüßen, versteht ihr Lebewohl. Um die Stufen der Piazetta, die ganz von weißem Marmor sind, damit man sie auch des Nachts nicht verfehle, drängen sich wieder die Gondeln und nach allen Seiten vertheilt sich ihr Weg durch die dunklen todtesstillen Wasserstraßen. Auf dem Markusplatze aber werden die großen Kandelaber gelöscht, die Musik ist abgezogen und an das Kapital der Säulen haben sich schon die Lazzaroni zum Schlafe hingestreckt. Immer tiefer hinein in die Mitte des Platzes rückt das lauschende Mondlicht, der letzte hallende Schritt verliert sich in San Moise und dann ist es lautlos in dem ungeheuern Raum.

Und wieder hören wir es rauschen drüben über dem Lido; nun ist Venedig die Gebieterin des Meeres allein in ihrer ganzen Schönheit und Verlaſſenheit. All ihre Kinder sind eingeschlafen, betäubt vom lärmenden Spiel und frohem Geplauder, sie aber steht wie eine sinnende Witwe die sorgenvoll über die schaukelnde Wiege hinwegschaut. Was ist das heutige Geschlecht — es sind die jüngsten ihrer Söhne, die keine Ahnung mehr haben von dem einstigen Glanz des Hauses, von der Schönheit ihrer Mutter, von der Leidenschaft, die dieß Herz durchwühlt, als noch die Großen der Erde um die Gunst Venedigs warben! Es sind Kinder, die sich arglos in der zerfallenen Pracht ihres Elternhauses tummeln.

So stand die Stadt vor meiner Seele in jener einsamen Nacht; wie eine Ampel, die herabhängt in das matt erleuchtete Schlafgemach, hing der sinkende Mond am Himmel, die schaukelnde Wiege ist das Meer und in den Lüften bebte es leise: das waren die Seufzer der schönen Witwe.

Aber der Nacht folgt der Morgen; in früher Stunde, da Alles wieder voll Sonne und Leben war, traten wir unter das Thor der Markuskirche, die einzig dasteht unter allen Kirchen der Welt. Obwohl das Alter und die rauhe Luft auch ihren Schleier um diese Mauern legten, so brechen doch die leuchtenden Farben und die gewaltigen Formen durch alles Grau der Vergangenheit hindurch. Die ehernen Rosse, die über dem Portale stehen, bäumen sich auf; Kuppeln und Bogen wölben sich mit spannender Kraft; jedes Glied in dem ungeheuern Bau ist lebendig, aber im Ganzen liegt unerschütterlich jene tiefe prächtige Ruhe, die dem Gotteshause allein zu eigen ist.

Es ist schwer, sich von dem herrlichen Gesammteindruck zu lösen und an die Fülle reicher Einzelheiten heranzutreten, die sich hier vor uns erschließen, fast jede von tiefer geschichtlicher Bedeutung, fast jede von tiefer vollendeter Schönheit. Es sind jetzt genau 800 Jahre, daß der Bau von San Marco vollendet ward. Seine kirchliche Weihe ward ihm durch die Reliquien des großen Evangelisten gegeben, seine geschichtliche Weihe liegt darin, daß er mit den Ereignissen der Stadt und ihrer Herrscher aufs innigste verknüpft ist. Er war der Schauplatz ihrer Triumphe und die Zufluchtsstätte ihrer Sorgen. Alles was es gethan und gelitten, that Venedig unter dem schützenden Flügel San Marco's.

Wer der Hauptfaçade entgegentritt, wird überwältigt von den Massen, die der Reichthum der Stadt und der Reichthum ihrer Schöpferkraft hier aufgethürmt. Fünf mächtige Bogen, durch fürstliche Säulen getragen, bilden den Eingang zur vordern Halle und die ehernen Thüren, die von hier in das Innere geleiten, die Mosaiken auf goldenem Gruude, der farbige Marmor, — das Alles ergreift uns so geheimnißvoll, daß wir stille stehen und staunend emporschauen.

Jedes für sich ist ein Wunder.

Wie bekannt stammt das berühmte Viergespann, das über dem Hauptportale steht, aus der römischen Antike-Zeit und war lange in Byzanz, der Hauptstadt des Ostreichs geborgen. Als Greis von 95 Jahren führte der Doge Dandolo (1203) die Venezianer zum Sturme auf Konstantinopel; er war fast erblindet, aber das Feuer des Lebens glühte ihm noch in allen Abern, sein Name bezeichnet den Höhepunkt der kriegerischen Macht Venedigs; sein Denkmal sind die herrlichsten Bauten der Stadt. Aus allen Theilen der Welt trägt die Markuskirche Trophäen, jeder Stein ist historisch. Jene beiden gewaltigen Pfeiler an der Thür des Baptisteriums stammen aus der

Beute von Acri, die ehernen Flügelthüren waren einst in der Sophienkirche zu Stambul, die Marmorsäulen, die rechts und links am Hauptportale stehen, sollen aus dem Tempel von Jerusalem genommen sein. Die breiten Quadern aber, auf denen wir stehen, — drei rothe Marmorsteine — erzählen uns noch, wie Barbarossa einst vor Papst Alexander zu Boden sank, halb von Begeisterung gebeugt und halb vom Stolze emporgehoben: „Non tibi sed Petro" — „Et Petro et mihi."

Wenn wir die Mosaiken betrachten, die das Deckengewölbe füllen, so stehen wir mitten im alten Testamente vor Formen, die bei aller Härte doch etwas inniges und bei aller byzantinischen Steifheit doch einen würdevollen Ernst besitzen. Das Paradies — die erste Seligkeit und die ersten Schmerzen der Menschheit sind ihr Gegenstand.

Dann aber eilen wir durch das Portal ins Innere, in dessen Dämmerung die tiefere Farbe vorherrscht. Alles ist mit Mosaiken bedeckt und mit dunklem Marmor verkleidet, auf der Brüstung, die den Chor und das Schiff der Kirche trennt, stehen schwarze eherne Apostel, und über dem Hochaltar, wo die Gebeine des hl. Markus ruhen, wölbt sich ein Baldachin auf gewundenen Säulen. Wie wunderbar wirkt das zusammen, wenn nun der Sonnenstrahl sich durch die Fenster drängt, wenn der rauschende Orgelton den letzten Winkel erfüllt, mit seinen unsichtbaren fluthenden Wellen, wenn die Inbrunst all der Geschlechter lebendig wird, die hier auf den Knien lagen — mit ihren Bitten und ihrem Dank, so ganz von anderem Geist getragen, aber im Herzen so ganz wie unser Herz.

Was San Marco für die Verherrlichung des religiösen Geistes bedeutet, das ist der Dogenpallast für die weltliche Macht Venedigs, er hat in Italien selbst kaum seines Gleichen. So wie er heute vor uns steht, ward der Dogenpallast im 14. Jahrhundert begonnen und im 15. vollendet; denn der frühere Bau, der schon in die Zeit der Karolinger fiel, wurde ein Raub der Flammen.

Zwei gewaltige Säulenreihen, die übereinanderliegen, tragen den breiten massigen Oberbau: eine ungeheure hellgehaltene Fläche, deren ruhige Einheit nur durch die gothischen Bogenfenster unterbrochen wird, die das Licht in die herrlichen Säle leiten.

Hier ist jede Linie klassisch. Schon die Lage allein, die den Palast gleichsam in ideale Verbindung mit der Markuskirche setzt, die mit der einen Front gebieterisch auf die Piazzetta hinaustritt und mit der andern gegen das Meer, weist auf die innere Bedeutung des Baues hin — es ist der Grundstein, der Eckstein aller venezianischen Herrlichkeit.

Selbst der Hof, in den die Porta della Carta führt, entfaltet sich fürstlich und hat etwas Gigantisches, längst ehe wir die Scala di Giganti sahen, jene Marmortreppe mit den Riesengestalten des Mars und Neptun, auf deren oberster Stufe die Dogen die Krone nahmen.

Und nun empor — zur scala d'oro, zu den hallenden, goldbelasteten Sälen, wo der „Große Rath" seine Sitzungen hielt, wo die Statuen der großen Männer stehen, die aus der Republik hervorgegangen und die Bilder der Dogen, die sie beherrscht. Aber immer noch streift über den Glanz ein leichter Schatten und an das Entzücken ein leises Grauen; denn an den Händen Venedigs klebt Blut, viel edles Blut, das sie der Leidenschaft geopfert. Da war die Bocca di leone, wo der Neid seine heimlichen Anklagen niederlegte, wir gehen an der Thüre vorüber, die zu den Kerkern und zur Seufzerbrücke führt, wir sehen in der Reihe der Dogen die schwarze Stelle, wo Marino Falieri's Bild getilgt ward, als sein Haupt unter dem Beil des Henkers fiel.

In der Sala del Maggior Consiglio hielt der große Rath seine Versammlungen, Alle waren in Scharlach gekleidet, hier fielen die Würfel über Krieg und Frieden, über Schmach und Ehre, und der Stolz, der damals die Herzen hob, ist gleichsam verkörpert in den Meisterwerken, welche Wand und Decke schmücken. Ueberall Sieg und Krönung, überall Gott und Götter, ja Bintoretto, der in diesem Raum das größte Gemälde schuf, welches die Kunstgeschichte kennt, nahm keinen geringeren Gegenstand, als die Welt der Seligen! Venedig träumte nur vom Paradies.

Durch eine lange Reihe von Sälen schreiten wir weiter; hier ward durch die Nobili der Stadt der Doge gewählt und dort empfing er die Gesandten ferner Länder; hier war sein Schlafgemach und hier schritten die Garden auf und nieder, die das Kleinod Venedigs, sein Leben, behüteten. Der Siegesbogen, durch den wir eben getreten sind, ward für Morosini errichtet, für den Helden, der Morea eroberte, für den Barbaren, dessen Geschoße das Parthenon zertrümmerten, der hunderte von Athenern unter dem herrlichsten Schutt begrub, den jemals die Erde sah. Auch eine kleine Kapelle begegnet uns auf dem Weg, dort pflegte der Doge allmorgentlich des Gebetes, vom Rathe der Zehn begleitet und in dem letzten Saal, den wir jetzt betreten, hielt dieser Rath sein blutiges Gericht.

Consiglio dei Dieci, das war der Schreckensname für alle Bürger der Stadt und was auch die Sorgfalt seiner Vertheidiger dagegen vorbringen möge, so frei die Republik in anderen Dingen war, hier hatte sie ein Gericht geschaffen, das nur in der Allmacht Robespierre's und in dem Blutdurst Marat's seines Gleichen fand. Alle Verbrechen gegen die Sicherheit des Staates (und damit alle) waren dem Urtheil dieser Behörde unterworfen, der Doge selbst stand unter ihrer geheimen Vehme, in tiefster Stille wurden die Zeugen vernommen, in tiefster Stille das Urtheil vollstreckt. Und, damit das Verfahren vereinfacht werde, waren noch überdies drei Inquisitoren ernannt, von denen Niemand wissen durfte, wer sie waren und wo sie tagten: aber sie waren da und ihre unsichtbare Allgegenwart lag wie ein dunkler Bann auf den Gemüthern.

Nicht in dem hochgewölbten Pallaste des Dogen, wo das Gold die Decke füllt, wo eine freie Kunst ihre Schätze schuf, lernen wir die letzte Wahrheit über Venedig kennen.

Wir müssen tiefer herunter steigen bis hinab in die pozzi, in die Kerker, die unter dem Wasserspiegel liegen oder empor in die heißen bleiernen Kammern — dann ahnen wir den heimlichen Wurm, der diese Schönheit benagte, dann fühlen wir mit unsagbarem Grauen den Schatten, der auf dem Gewissen der stolzen Meereskönigin Venedig lastet. Und auch dieser Schatten gehört zum vollen Bilde.

Wer wüßte es nicht, wovon die Seufzerbrücke ihren Namen trägt; jener wunderbare schmuckvolle Bogen, welcher über den Rio del Palazzo führt aus der herrlichsten Schönheit in den tiefsten Jammer!

Und wer hätte unbewegt die furchtbaren piompi gesehen?

Es war ein wunderbarer Morgen im Mai als wir dort oben standen, zuerst in den Gefängnißzellen und dann in der Folterkammer, an deren Decke noch der Hacken hängt, daran man die Unglücklichen emporzog, deren Boden mit glatten Steinen bedeckt ist, damit das Blut sich leicht verwische. Man schaudert.

Ich dachte zurück an jene Zeit der Dandolo und Morosini, an die letzte Nacht derjenigen, die hier zum Tode verurtheilt waren, und an die Qualen derer, denen man hier ihr Schuldig abgepreßt. Der Markusplatz liegt fast zu Füßen; man hört des Abends die rauschende Musik und die schwärmenden Maskenzüge — es wird ein Fest gefeiert und droben unter den bleiernen Dächern liegt brütend ein Mann, den morgen der Henker weckt. Vielleicht ist auch er im fröhlichen Gewühle, der Freund, der ihn verrathen, und der Mond, dessen Licht nur durch die Ritzen glimmt, leuchtet der Gondel, in der sein schönes Weib um fremde Minne wirbt. Er stöhnt, er stößt sich mit der Hand vor die Stirne —

> nessun' maggior dolore
> che ricordarsi del tempo felice
> nella miseria
> (Dante V. 41.)

Auch das ist Venedig — mit einem Gefühl der Erlösung treten wir wieder hinaus ins Freie, auf die herrliche Piazzetta, wo der Odem des Meeres weht, wo La Zecca ihre Säulenhallen öffnet, jene uralte Münzstätte, die schon 1280 goldene Zecchinen prägte. Und welches Gewühl von Gondeln, von allen Seiten schallt es: La barca signore? Commanda la barca? Das

Ruder in der Linken, die Rechte zu leichtem Gruß erhoben, empfängt uns der Gondolier, aus dem blauen Gewand, das mit rothem Gürtel umschlungen ist, schaut die offene Brust hervor, und offen blickt uns das wettergebräunte Gesicht entgegen. Nur einen Augenblick, dann ist die schöne sehnige Gestalt in voller Bewegung, tief in die Fluth hinab taucht sich das Ruder und wie ein Pfeil schießt die Barke über den Canal Grande.

Es ist die größte jener 400 Wasserstraßen, welche Venedig durchziehen, fast eine Stunde lang zieht sich der breite Strom von Santa Chiara bis zum Canal della Giudecca, hier stehen die herrlichsten Palläste jener alten großen Familien, die im „goldenen Buche“ der Republik verzeichnet waren, in jenem Buche, das 1797 auf offenem Markte verbrannt ward, als die Sturmfluth von Westen auch über Venedig hereinbrach. Es war ein Orkan, wie ihn selbst die Kinder des Meeres noch nicht gesehen — sein Name war: „Egalité“.

Auf dem spitzen Landstrich der zur Linken vorspringt und der uns von den Stufen der Piazzetta schräg gegenüberliegt, liegt die Dogana di Mare, und das Seminar des Patriarchen, beide hoch überragt von der herrlichen Kirche Maria della Salute. Sie wurde zur Zeit der Pest von den Venezianern votirt, nachdem mehr als 40,000 Menschen der Seuche zum Opfer gefallen und ist beinahe ein Wahrzeichen der Stadt geworden, mit ihrer riesigen Kuppel und ihren weißen Massen, die im Morgenbufte verschwimmen. Fast auf allen Bildern Venedigs steht Maria della Salute. Wir fahren vorüber bis wir zum Palazzo Contarini Fasan gekommen, dort hält der Führer das Ruder ein. Es ist eine der herrlichsten Façaden, die Venedig besitzt, schlank wie aus dem edelsten Metall gefeilt sind die Marmorbalkone, schmal und hoch die Bogenfenster mit ihren Säulen, durch die man hinaustritt auf den offenen Altan und dennoch in all dieser Anmuth eine Kraft, die uns glauben läßt, daß eine mächtige Zeit und mächtige Menschen hier walteten!

Nun drängen sich die großen Namen, hier steht Palazzo Cornèr und dort das Haus der Foscari, der Balbi und Mocenigo, Grimani und Coredan. Ueberall vor dem herrlichen Thor die weißen Marmorstufen, die tief hinab ins Wasser reichen, und die mächtigen schwarzen Pfähle, die den Gondeln zur Landung dienen, es fehlt nur eines, um dies Leben der Blüthe aufzuwecken — die Menschen jener Zeit. Aber diese sind entschwunden für ewig.

Die Fahrt geht weiter; ein mächtiger Bogen setzt plötzlich über den Canal Grande: das ist die Rialto-Brücke, lange Zeit die einzige und noch heute die interessanteste, die Venedig jemals besaß. Fluthendes Leben drängt sich dort zusammen, es ist der Mittelpunkt für den kleinen Handel, hier sitzen die Fischer zu Markt, hier wurden die Gesetze der alten Republik veröffentlicht an einer Säule, die den Namen Gobbo di Rialto trägt, und auf der Brücke selber stehen zu beiden Seiten die kleinen botteghe, Kramläden die aus Marmor gebaut und mit Blei bedeckt sind. Wie die Sage geht, entstanden die ersten derselben, weil man Besorgniß hegte, daß die Brücke sich senken möchte und Da Ponte, den man um Rath befragte, rieth sterbend, man möge die beiden Enden des Bogens auf solche Weise belasten.

So gewann der Rialto den bunten Ueberbau, der ihm jetzt beinahe etwas Wohnliches gibt und ihm ganz die imposante Kühnheit nimmt, die der freie Bogen ehemals besaß. Seine Weite mißt nahe an 150 Fuß, der Unterbau, der im Wasser steht, ruht auf einem Roste von 12,000 Pfählen.

Auf diese Weise (das ist bekannt) sind ja fast sämmtliche Häuser und Palläste Venedigs dem Meere entstiegen; die Stadt an sich ist der kolossalste Pfahlbau, den jemals die Welt gesehen. Um die ungeheuere Last zu tragen, konnte man nur die mächtigsten Stämme und das edelste Holz gebrauchen, das durch den immensen Seeverkehr aus fernen Ländern importirt ward, und noch im vorigen Jahrhundert geschah es, daß eine vornehme Familie beschloß, ihren herrlichen Pallast am Canal Grande einzureißen, um die kostbaren Cedernstämme, worauf derselbe gebaut ist, heraus zu nehmen. So wollte sie sich aus der entsetzlichen Verschuldung retten; aber die Republik versagte das verzweifelte Beginnen.

Unter den Pallästen des Canal Grande haben zwei eine internationale Bedeutung, d. h. sie zeigen uns nicht bloß den Zauberglanz und die Fülle, zu der das heimische Leben Venedigs emporstieg, sondern den Weltverkehr, der damals die Lagunenstadt beherrschte. Der Fondaco dei Tedeschi, dicht an der Rialtobrücke gelegen, war das gastliche Haus, in welchem die deutschen Kaufleute ihren Sammelpunkt und der deutsche Handel sein Centrum fand; über Venedig ging der ganze Verkehr aus der Levante nach Norden. Und ebenso wie die Deutschen hatten die Türken ihr nationales Haus am Canal Grande, den Fondaco dei Turchi, auch er ward von der Republik erworben und der freien Gastfreundschaft überwiesen, hier ward der Koran gelesen und Allah gepriesen, es war der Mittelpunkt orientalischer Sitte. Zwar ist der Bau noch ziemlich erhalten, aber er theilt das Schicksal, das alle Palläste am Canal Grande traf, er ist in fremden ungeweihten Händen.

„Allah braucht nicht mehr zu schaffer
Wir erschaffen seine Welt."
(Goethe).

Noch begegnen uns einige der herrlichsten Palläste, wenn die Gondel unter der Rialtobrücke hindurchglitt, Ca' doro mit seiner wunderbaren gold-geschmückten Façade und Pesaro mit seinen wuchtigen Mauern, aber schöner als alle anderen steht Vendramin-Kalergis vor unseren Blicken.

Kaum hörbar schmiegt sich die Gondel an die steinernen Treppen, wir treten durch das kolossale Thor, und im legitimsten Französisch weist uns der Portier über die Treppen. Es ist der Pallast der Herzogin von Berry, jetzt dem Grafen Chambord zu eigen, dessen Spur wir allerwärts begegnen. Kein anderer Prachtbau Venedigs von den vielen, die ich besucht, zeigt so tief die Schmerzen des Verfalls, diese Mischung von herrlicher Vergangenheit und sterbender Gegenwart. Wir schritten hindurch über Gänge und Säle, vorbei an herrlichen Statuen und verhüllten Gemälden, aber hier war ein Spiegel zersprungen und dort der gelbe Damast zernagt und der Führer selbst sah so grollend und verfallen drein, als stürbe ihm selber diese Herrlichkeit.

Auf der goldenen Wiege, an der wir vorübergingen, prangten die Lilien, und dennoch steht das alte Geschlecht der Besitzer verwaist, allerlei Hausgeräth liegt in der Capelle, aber keine Glocke tönt und keine Kerze leuchtet; eine Ohnmacht spricht uns an aus dieser Pracht, die wir mit Grauen empfinden.

Es wäre thöricht, aus dem Preis der Dinge auf den Werth zu schließen, allein für den tiefen Verfall, in den Venedig hinabsank, giebt es kaum ein beredteres Zeichen, als die Ziffern des Palazzo Vendramin. Derselbe Pallast der vor dreihundert Jahren um 60,000 Dukaten verkauft ward, kam vor wenigen Jahrzehnten um 6000 Dukaten in den Besitz der Herzogin von Berry.

So eilen wir durch die lange Reihe der Palläste dahin, bis an die Mündung des Canal Grande, bis zur Insel Santa Chiara, wo die Lagune sich öffnet und die Einsamkeit des Meeres beginnt. Rothe Tonnen, die den Schiffen zur Warnung dienen, schaukeln sich auf der Fluth und bis hinüber, wo die terra firma in Duft verschwimmt, reichen die Bogen der riesigen Brücke. Es ist die größte Brücke der Welt, denn sie mißt fast 12,000 Fuß in der Länge und zählt mehr als 200 Joche; den Gedanken des Xerxes, der den Hellespont überbrücken wollte, hat die Gegenwart an Venedig erfüllt; denn auf eisernen Schienen rollen wir über die Fluth hinweg ins Innere der Stadt.

Fast alle Wege, die wir bisher gegangen, zeigen uns nur die Spuren todter Größe, fürstliche Bauten, die in geräuschloser Stille verfallen und fürstliche Geschlechter, die das Schicksal ihrer Palläste theilten, wir gingen durch eine ausgestorbene Welt, deren Puls seit Menschenaltern erloschen ist, wo sich das Leben kaum mehr wehrt wider das Sterben.

Ganz anders blickt uns Venedig an, wenn wir uns nun vom Markusplatze, der stets den Ausgang bildet, in die Handelsstraßen der Stadt vertiefen. Man geht durch den „Uhrthurm", der für die nördliche Façade des Platzes so charakteristisch ist und dessen Schlagwerk zwei eherne Männer regieren, in die Merceria, die auf den Ponte Rialto führt, dann stehen wir mitten in der Gegenwart mit ihren stürmischen Forderungen und ihrer ganzen

Haft. Nicht das Sein sondern das Haben ist hier die Losung, nicht die Würde, sondern die Klugheit der alten Venezianer waltet hier. Es ist ja bekannt genug, daß die Ideen des großen Geldverkehrs aus Italien ihren Ursprung nahmen, wie dieß noch heute die Namen sagen, aber auch hier war Venedig allen übrigen voraus. Es hatte die älteste Bank in Europa, die bis in die Zeiten Barbarossa's zurückreicht und deren Entwicklung in den Gesetzen der Stadt einen wichtigen Faktor bildet; alle Verfügungen, welche auf sie Bezug nahmen, wurden von den Stufen des Rialto verkündet. Hier war die Börse, hier ward der große Handel über die Schätze des Orients gepflogen; hier tauschte Venedig den Reichthum seiner Industrie gegen den Reichthum der Natur, ehe England und Holland seines Handels Meister wurden.

Nicht weit vom Rialto liegt auch die älteste Kirche Venedigs, S. Giacomo, deren Erbauung in das VI. Jahrhundert fällt, wenn wir einer Inschrift über der Thüre Glauben schenken. Fast die sämmtlichen Kirchen Venedigs (und man zählt deren 102) sind reich an Schätzen der Kunst, wenn es uns hier auch nur vergönnt ist, wenige derselben hervorzuheben. Schon durch den weiten herrlichen Raum, der sie umgiebt, und durch ihre mächtigen Dimensionen wirkt die Kirche dei Frari bedeutend; ihr Inneres aber birgt das stolze Grabmal des Tizian und die imposante Pyramide, unter der Canova ruht. Der Orden, dem sie gehört, sind die Franziscaner. Den Dominikanern war die Kirche S. Giovanni e Paolo (oder wie sie im Volke genannt wird Zanipolo) geweiht, auch sie hat wie S. Marco und Frari einen officiellen Charakter. Denn der Sieg, den Venedig gegen Cypern gewonnen, wurde alljährlich hier gefeiert, für alle Dogen ward hier die Todtenmesse gehalten und manche wählten die Kirche selbst zu ihrer letzten Ruhestatt. Wir erinnern an Morosini und Mocenigo, an Giustiniani und Coredan, am herrlichsten von allen aber prangt das Grabmal des Andrea Vendramin.

In einer riesigen hoch überwölbten Säulennische, von Adlern getragen, erhebt sich der Sarkophag, schlafend ruht hier das steinerne Bild des gewaltigen Dogen und die Tugenden deren Gestalten ihn umgeben, wie sie im Leben ihn umgaben, beschirmen seinen ewigen Frieden.

Von den übrigen Kirchen nennen wir San Rocco mit seiner berühmten Schule, auf der Giudecca steht il Gedentore ein Meisterwerk Palladio's und derselbe hat auch S. Giorgio Maggiore gebaut. Wo es möglich ist, umgibt die Kirchen ein freier Platz, andere aber stehen mitten im engsten Gewinkel der Gassen, ja hinter Scalzi dehnt sich sogar der Ghetto aus. Es mögen wohl 700 Jahre sein, seit er mit seinen jetzigen Bewohnern bevölkert ward, denn früher waren sämmtliche Juden auf die Insel Giudecca verbannt und noch zu Zeiten Karl's V. wurden sie genöthigt sich durch ein rothes Abzeichen auf dem Hute zu unterscheiden. Nun ist ihr Treiben ziemlich ungestört. Dichte plaudernde Gruppen umlagern die enge Ghetto-Straße, die an den großen Festtagen Israels in einen grünen Garten verwandelt wird; von einem Fenster zum andern reichen die Laubgehänge und rothe Teppiche schmücken den Balkon, aber noch mancher Shylok wandelt unter den kichernden Mädchen.

So reich indessen Venedig an Schönheit ist, eines mangelt der Stadt doch ganz, das ist die Natur. Wer hier genießen will, muß flüchten, in die giardini puplici auf den Lido oder an die kleinen Inseln von Chioggia und Vorcello, wo die Schifferhütten stehen, aus dem Gebälk zersplitterter Schiffe gezimmert. Die öffentlichen Gärten Venedigs sind eine Schöpfung Napoleon's, der hunderte von Mauern, ja selbst geweihte Mauern niederriß, um Venedig diesen Tummelplatz zu schaffen, das seltenste Geschenk, das er bieten konnte: ein mächtiges Stück festes Land, eine Wanderung im Grünen. Man geht der Riva dei Schiavoni entlang, die von der piazetta gegen den Lido führt, ein stattlicher Quai mit breiten Quadern, auf denen das Volk sich tummelt und vor dem in langer Reihe die Schiffe ankern. Die einen hissen die Flägge auf, das Sternenbanner der Union oder die stolzen Farben des deutschen Reiches, an anderen werden die Flanken neu betheert; die Matrosen aber, die müßig sind, liegen schlafend auf dem sonnigen Verdeck. Immer wieder kommen wir an Brücken vorüber mit flachen breiten Stufen, die die Kanäle überschneiden, zur Linken steht das Arsenal mit seinen ungeheueren Werften und Magazinen, von den beiden steinernen Löwen gehütet, die Morosini einst aus Athen entführte. Jahrhundertelang genoß dasselbe einen europäischen Ruhm und kein anderes der Erde schien mit ihm vergleichbar, die Aufsicht war drei „Patronen" anvertraut, die aus dem Kreise der Nobili gewählt wurden und jede Nacht mit der Prüfung der Wachen wechselten. Der ammiraglio del arsenale hatte den palazzo ducale zu beschützen, während die Wahl eines neuen Dogen stattfand, er befehligte den Bucentaur, wenn der Gewählte hinausfuhr ins Meer um den Ring in die Fluth zu werfen, ein Heer von Arbeitern stand unter seinem Befehle. Zur Zeit da die Republik am mächtigsten war, lagen ohne Unterlaß 10,000 der herrlichsten Eichenstämme im Wasser um dem Schiffsbau zu dienen; jedes Seil und jede Eisenrolle hatte ihr geheimes Erkennungszeichen und schon der Diebstahl eines Nagels war mit fünfjähriger Galeere bedroht. Hier lag auch der weltberühmte Bucentaurus vor Anker, das prunkende Fahrzeug der Dogen, das ganz mit Gold und rothem Sammt überlastet, in dem selbst der Boden mit Ebenholz und Perlmutter gedeckt war. 84 goldene Ruder bewegten die Barke über die blaue Fluth und das Jauchzen einer stolzen Menge gab ihr das Geleite! Hohen Ruhm genoß auch ehedem die Waffensammlung, welche sich im Arsenal befindet, denn sie bot den reichsten historischen Ueberblick, aber bewaffnete Hände griffen allzeit gerne in diese Kostbarkeiten und jeder Sieger nahm aus ihr seine Trophäen.

Es währt nur kurze Zeit, so treten wir aus diesem eisernen Kreise in das Grün der Gärten, die uns vor allem durch das herrliche Gesammtbild fesseln, das sie vor uns entfalten. Von hier aus müssen wir den Blick auf die Giebel und Thürme der wunderbaren Meerstadt werfen, wenn das Abendlicht sie vergoldet oder wenn die Dämmerung ihren Schleier um Maria della Salute legt, hier werden die Lagunen breit und mächtig, oft mit schäumenden Wogen gekrönt und die Gestalten, die uns auf langsamer Wanderung auf den breiten Fußwegen begegnen, haben noch manchmal etwas vom stolzen Adel der alten Nobili.

In ganz Venedig findet man kein Pferd, nur hier auf dem weichen Pfade der neben der Hauptstraße entlang führt, zeigt sich ab und zu ein Reiter und verblüfft schauen die spielenden ragazzi dem Wunderthiere nach.

Die Giardini publici liegen auf der äußersten Spitze Venedigs, auf jenem Dreieck, das hart in die Lagunen hineinragt. Wer mit der Barke noch weiter fährt, der kommt an den lido, auf die langgestreckte Düne, welche die Lagunen von dem offenen Meere trennt und dann an die murazzi, jene furchtbaren Wälle, die die Stadt vor der Adria beschützen.

Hier gewinnt man am besten das Bild der wunderbaren Lage Venedigs, wie zwischen das feste Land und das offene Meer sich jene seichte Fluth hineingedrängt, die man laguna viva und morta nennt und aus deren Fläche die geheimnißvollste Stadt der Welt emporstieg. Vom festen Lande, wie vom fluthenden Meere ist die lockere Masse der Lagunen durch Dünen wie durch gigantische Bauten getrennt, aber ins Meer hinaus sind ihr mächtige Thore geöffnet, auf welchen die Schiffe aus dieser Niederung die offene See gewinnen. Porto di lido, Malamocco, Porto dei tre Porti ist ihr Name.

Der Flächenraum, den die Lagune bedeckt, mißt über 170 Quadratmeilen, die murazzi allein, die bei Palestrina gegen das Meer errichtet sind, haben eine Länge von mehr als 18,000 Fuß und sind Mauern, die über 40 Fuß Dicke und 30 Fuß Höhe besitzen.

Am Porto di lido ist die Düne weich, niederes Gestrüpp wuchert auf den welligen Dämmen und zitternde Gräser säumen den Meeresstrand, den die Wogen verlangend überströmen. Die Fluth ist dunkel wie blauer Stahl, der mächtige Dampfer verschwindet am dämmernden Horizont, flatternd im Winde kehrt das leichte Segel der Barke heim.

Wir schauen hinaus in die endlose Weite, fern kreist die Möve mit weißem Flügel, dann verschwindet auch sie in der Unendlichkeit des Meeres.

Vor der kleinen Osteria aber, die auf dem lido steht, unter dem Grün der Akazien, beim Scheine buntfarbiger Lampen, ist es bis tief in die Nacht lebendig. Da zecht das fröhliche Volk der Schiffer, bis die letzte Barke vom Ufer stößt und durch die schwellenden Lagunen heimzieht, die während der Fluth fast um Manneshöhe steigen.

Ein ferner aber zauberischer Gesang empfängt uns, wenn wir spät an der Plazzetta landen, es sind die Gondoliere die den Canal grande hinaufziehend ihre alten Lieder singen, Lieder, die noch niemals in fremde Hand gekommen, aber die in ihrer Seele, in ihrem Gedächtniß ewig weiter leben.

Endlich aber naht die Stunde des Scheidens — der letzte Gang, wie der erste führt uns zum gleichen Ziel, noch einmal auf die Piazza San Marco. Vor der goldbelasteten Kirche steht der stolze Campanile, der Glockenthurm, auf dessen kühne Gallerien wir in steiler Windung steigen. Aus dem niederen Gemach des Thürmers, aus dem Dachwerk, wo die Glocken hängen, über deren Gebrauch der Doge allein gebot, treten wir hinaus ins Freie und wie aus einem mächtigen Zauberwort steigt nun das Meer und die terra firma meilenweit vor uns empor. Die Berge Verona's und der ferne Duft der Adria, die Spitzen der Palläste und die Spitzen der Masten liegen vor uns, ein Meer von Häusern und von Wogen! Und wieder ist es Zeit der Fluth. Während sie langsam steigt, sieht es sich an als sänke die Stadt hinab in die wachsenden Wellen, es wird uns zu Muth, als müßte sie sinken immer tiefer und tiefer bis hinab ins Grab.

> Verloren und gewonnen —
> Sinkt jetzt Venedig wie es einst begonnen —
> Jahrhunderte des Ruhms im Schlamm ertränkt. — (Byron.)

Die Schlacht von Pavia am 24. Februar 1525
das „Sedan" des 16. Jahrhunderts
von
Max Jähns.
II.

Zur selben Zeit als der französische König seine Armee durch Detachirungen schwächte, waren die kaiserlichen Feldherren aufs Eifrigste bemüht, ihre eigene Streitmacht zu verstärken. Karl von Bourbon, heimlich vom Herzoge von Savoyen mit Geld unterstützt, eilte persönlich nach Deutschland, um die Rüstungen zu betreiben. Das Volkslied schildert die Anstrengungen des Erzherzogs von Oesterreich für Aufstellung des Entsatzheeres:

Der Fürst hat kürzlich einen rat
mit seinen Fürsten und Herren;
wie bald er nach Herr Jürgen (Frundsberg) schrieb!
er war im nicht zu ferren.
Marx Sittich von Embs desselben gleich,
er ruft sie an in treuen,
sie sollen im treulich beistan,
den König zu vertreiben.

Im Laufe des Januar zogen ansehnliche Schaaren deutscher Krieger über
die tiroler und die tridentinischen Alpen an die Abda. Die Obersten Graf
Niclas von Salm und Marx Sittich von Embs führten die 200 Leibgarden
und 2000 Mann österreichischer Infanterie heran. Georg von Frundsberg
hatte sich endlich auch bereit finden lassen, die Feldobersten-Stelle über das
gesammte deutsche Fußvolk anzunehmen, sodaß Wernau nun sein Locotenent
ward. Um Geld zu schaffen verpfändete der wackere „Landsknechtsvater"
seine Herrschaft Mindelsheim, ebenso wie Lannoy die Einkünfte des Königreichs Neapel oder Bourbon seine Juwelen, und bei dem Zauber, den
Frundsberg's Name auf die Deutschen übte, hatte er schon im December
11 Fahnen schwäbischer Knechte aufgerichtet und sie zu Meran gemustert. Es
waren darunter gar stolze Namen reichsfreien Adels, deren Ahnen es sich
zum Schimpf angerechnet haben würden, anders als hoch zu Roß ins Feld
zu ziehn, die aber jetzt, um den Doppelsold von 8 Gulden, freiwillig den
Spieß auf die Schulter nahmen und mit dem Regimente Frundsberg's zogen.
Da war Graf Alexander von Ortenburg, ein Bruder dessen, der unter des
Feindes schwarzer Fahne focht, da waren die Grafen zum Haag und zu
Virneburg und der Herr zu Losenstein. Da waren von anderen edlen Geschlechtern: Franz von Breisach, zwei von Landeck, Ferd. von Embs, Albr.
von Freiberg, Kaspar von Waldsee, Georg Stral, Hans von Stamm, Daniel
von Werth, Hans von Bibrach, Veit Vehinger — meist Sprossen jetzt aus-
gestorbener Familien. An der Spitze dieser weiblichen Schaar zog Frundsberg über Trient und Roveredo und durch das venetianische Gebiet nach
Lodi. Hier vereinigte er sich mit Embs und Wernau und übernahm den
Oberbefehl über alle deutschen Truppen. Auf dem nämlichen Wege stießen
dann noch 600 burgundische Reiter zum Heere, und ihnen folgten zuletzt die
6000 Landsknechte, welche der Herzog von Bourbon in Deutschland geworben
hatte. Dieser selbst traf jedoch erst im Februar in der Lombardei ein. Die
Zahl der deutschen Verstärkungstruppen betrug jetzt 12,000 Mann, und die
kaiserlichen Streitkräfte kamen nun den vom Tessin bis gegen die Abda aufgestellten französischen Truppen so ziemlich gleich. Aber großer Mangel
herrschte in den kaiserlichen Kassen. Die meisten Knechte hatten bisher

nichts als das Laufgeld erhalten und weigerten sich, vor Auszahlung des rückständigen Soldes gegen den Feind zu marschieren. Da galt es, Ueber-redungskünste zu versuchen! Die Spanier besänftigte Pescara durch Schmeichel-worte und durch einen Wagen Geldes, den er für erbeutet ausgab, den er jedoch insgeheim bei den Hauptleuten zusammengeborgt; Lannoy sprach den Wappnern zu, und Frundsberg ließ die Deutschen im Ringe zusammentreten und hielt ihnen unter Hinweis auf des Kaisers Ehre und auf die in Pavia eingeschlossenen deutschen Brüder eine so herzbewegende Rede, daß sie am Ende alle die Hände aufwarfen und schrieen: Herr Jörg sei ihrer Aller Vater; sie wollten Leib und Leben bei ihm aufsetzen! — Das Heer ver-pflichtete sich, noch einen Monat lang ohne Sold weiter zu dienen.

Nun hielt man Kriegsrath zu Lodi, und beinahe hätte die listige Sprache des päpstlichen Legaten aufs Neue den Angriff in Frage gestellt. Denn dieser redete dem Vicekönige zu, eilends nach Neapel abzuziehn, das durch die fran-zösische Detachirung unter dem Duc d'Albany ernstlichst bedroht sei. Lannoy schwankte; aber seine Mitfeldherren nahmen ihn in die Mitte und sprachen feurig für schnellen Angriff. Sehr weise bemerkte Pescara: Nie sei's im Kriege möglich, Alles zu erhalten; des wahren Feldherrn Augenmerk sei des mindesten Uebels Wahl; Theilung jedoch sei immer verderblich. Hier mit ganzer Macht müsse man wider Frankreich streiten; siege man hier, so sei Neapel ohnehin gerettet und wenn auch der Kaiser vom ganzen Königreiche keinen Thurm mehr besäße. Dem pflichtete Georg von Frundsberg bei, und da der Legat gar nicht zum Schweigen zu bringen war, trieb er ihn endlich mit dem Schwertknaufe zum Zelte hinaus.*)

Am 24. Januar 1525 ging dann endlich das Heer über die Adda: voran 500 Stradioten, d. h. leichtbewaffnete Albanesen, auf schnellen Pferden unter der Führung des Don Fernando Castriota, Marquis von St. Angelo, des letzten Nachkommen des berühmten Skanderbeg. Den Hauptzug eröffnete der Oberfeldherr, welchem Wappenkönige und Trompeter vorausritten. Dann kamen unter Bourbon's und Salm's Befehl die geharnischten Reisigen: 1000 deutsche, burgundische und spanische Edelleute. Den Wappnern folgte der Marchese di Pescara mit 4000 Spaniern und 1000 Italienern zu Fuß und endlich, das Vordertreffen schließend, die gesammte Artillerie. — Das zweite Treffen bildete Frundsberg mit der Hauptmacht des Heeres, den 12,000 deutschen Landsknechten in 2 wohlgeordneten, mit allen Aemtern gut versehenen Regimentern. Es war eine stattliche Armee. Sehr schwach nur stand es mit der Artillerie — war sie doch bei dem unglücklichen Zuge in die

---

*) Adam Reißner: Historia Herren Georgen Vnd Herren Casparn von Frundsberg Vatters und Sohnes ... Kriegsthaten. Frankfurt am Meyn. 1568.

8

Provence fast ganz verloren gegangen; nur 4 bronzene und 2 ganz schlechte
eiserne Kanonen marschierten als einzige Geschütze des Heeres mit dem Fußvolke. — Ganz eigenthümlich lagen die Befehlsverhältnisse. Nomineller Oberbefehlshaber in militärischen Dingen war allerdings der Generallieutenant
des Kaisers, der Herzog von Bourbon. Aber als Frember, als Franzose,
genoß er kein rechtes Vertrauen beim Heer, und es war ihm überhaupt unmöglich, die großen Operationen maaßgebend zu bestimmen, weil die politische
Kriegsleitung, welche doch unzertrennlich ist von der strategischen, in den
Händen des Vicekönigs von Neapel lag. Dieser, Carl von Lannoy, ein
flandrischer Edelmann, war nun in der That weit mehr diplomatisch als
militärisch begabt; doch nicht bei Bourbon, dem Franzosen, dem Rivalen
suchte er Ersatz der ihm fehlenden Eigenschaften, sondern bei dem Spanier
Pescara und dem Deutschen Frundsberg. Und so erscheinen denn diese als
die eigentlich leitenden Männer: zwei höchst verschiedene Naturen, die einander
jedoch vortrefflich ergänzten. „Aus Pescara's unruhigem Geiste lockten die
Umstände den Gedankenblitz kühner Pläne; der Funke, den er dann in
Frundsberg's besonnene Seele warf, wurde zur That."*)

Bei der Nachricht von dem Anmarsche der Kaiserlichen berief Franz I.
einen Kriegsrath. Er hatte die Wintermonate im Kreise seiner Lieblinge
mit unnützen Spielen und im Rausch des Vergnügens zugebracht und viel
Verachtung des bei Lodi unthätig lagernden Feindes gezeigt. „Wo sind nun"
hatte er Bonnivet spöttisch gefragt „diese gerühmten Löwen?" — „Sire, ihr
Erwachen wird sie kenntlich machen!" hatte der durch seine traurige Erfahrung
gewitzigte Admiral geantwortet; jetzt zogen sie in der That heran. König
Franz langweilte sich, und der Gedanke einer Schlacht war ihm willkommen.
In seinem Rathe jedoch standen sich zwei Parteien gegenüber: die alten
Führer und die jungen Günstlinge. Seine alten kriegsgewohnten Feldherren,
deren Ruhm zum Theil unter dreien Königen erwachsen war und die durch
Erfolg und Unglück erzogen waren, wie namentlich La Palice, La Tremouille
und Genouillac, ja selbst jüngere Männer: Theodoro Triulcio und de Foix,
machten den König darauf aufmerksam, wie gefährlich es sei, mit einer durch
Krankheit, Entsendungen und andere Verluste geschwächten Armee und ein-
geengt zwischen eine feindliche Stadt, die 5000 Mann ausgesuchter Truppen
enthielte, und einem Heere, die Schlacht zu wagen; sie schlugen ihm vor, die
Belagerung aufzuheben und den Krieg in gut gewählten Stellungen, deren
das durchschnittene Land so viele biete, in die Länge zu ziehn. Der Kriegs-
zweck: die Eroberung des Herzogthums Mailand, könne sehr wohl ohne

*) F. W. Barthold: George von Frundsberg oder das deutsche Kriegshandwerk zur Zeit
der Reformation. Hamburg 1833.

Schlacht erreicht werden, ja das Vermeiden einer solchen werde die größte Widerwärtigkeit sein, welche dem Feinde begegnen könne. Das königliche Heer möge hinter dem Naviglio di Pavia bei Binasco oder Certosa eine Defensivstellung beziehn oder gar, unter Räumung Mailands, jenseits des Tessin Winterquartiere nehmen, Verstärkungen aus Frankreich und der Schweiz an sich ziehn, um dann im Frühjahr als einziger und alleingebietender Machthaber im Po-Gebiete dazustehn. Denn das kaiserliche Heer sei mittellos; der Kommandant von Pavia habe jedoch seiner Garnison vorgespiegelt, das Entsatzheer bringe reichlich Geld mit, um alle ihre Ansprüche zu befriedigen, ebenso sei das Feldheer auf die Summen vertröstet, die im französischen Lager erbeutet werden würden; erwiese sich nun diese Verheißung als trügerisch, so könne man gewiß sein, daß sich die Garnison von Pavia sofort, die Truppen des Entsatzheeres aber binnen kurzer Frist verlaufen würden. — Eine solche Speculation war jedoch ganz und gar nicht nach dem Geschmack des Roi gentilhomme, welcher wiederholt prahlerisch ausgesprochen und geschrieben hatte, daß er Pavia nehmen oder unter dessen Mauern sterben werde. Weit besser als die alten Herren verstand sich auf die Stimmung Franz I., des Königs Liebling, der Admiral von Bonnivet, den wir von dem unglücklichen Rückzuge bei Gattinana her kennen. Dieser Herr, der liebenswürdigste Cavalier des Hofes, der aber wahrscheinlich ein besserer Ceremonienmeister als Feldherr war, erklärte sich entschieden für die Fortsetzung der Belagerung und Annahme der Schlacht vor Pavia, weil da, wo die königliche Würde Gefahr laufe, compromittirt zu werden, alle anderen Rücksichten zu weichen hätten. Wie! An der Spitze des ganzen Adels von Frankreich sollte der König vor dem Verräther Bourbon fliehen!? La Palice wollte entgegen, aber er ward von Montmorency, St. Marsault und Brion zum Schweigen gebracht, und der Admiral warf ihm sogar vor, er habe bei seinem Rathe mehr sein hohes Alter als sein großes Herz befragt. Franz I. blieb nach dieser Debatte bei seiner ursprünglichen, der Schlacht geneigten Ansicht stehen und hatte sicherlich Recht, es zu thun: Nicht aus dem Grunde, den Bonnivet geltend machte, sondern weil die Sachlage an sich aufforderte, den Kampf anzunehmen. Franz war der Stärkere, war vortrefflich verschanzt; seine Verbindungen rückwärts konnten vom Feinde unter keinen Umständen gefährdet werden, und wenn die Calculation der alten Herren, welche auf das Auseinanderlaufen des Feindes rechneten, auch richtig sein mochte, so hatte der König doch ein natürliches Gefühl dafür, daß ein Sieg mehr werth sei, als ein solches gewissermaßen negatives Resultat. Allerdings geht ja auch der Sieg aus der Vernichtung oder dem Niederwerfen des Gegners hervor; aber er hat auch an sich einen positiven Werth; er gewährt einen großartigen Ab-

ſchluß, und der moraliſche Eindruck, den er hervorbringt, iſt in ſeiner Bedeutung unberechenbar und unſchätzbar.

Es handelte ſich nun darum, wo, wie und wann man ſich ſchlagen
wollte. La Tremouille beſtand darauf, den Angriff des Feindes keinenfalls
im Lager abzuwarten, ſondern ihm im Sinne altfranzöſiſcher Kampfesweiſe
entſchloſſen entgegenzurücken. Dazu aber mangelte nun wieder dem Könige
wie Bonnivet die Sicherheit des Willens. Man blieb dabei ſtehn, den Angriff im wohlbefeſtigten Lager, welches alle Zugänge nach Pavia ſperrte,
abzuwarten, und während der König fortfuhr, ſeine Zeit wie bisher in
müſſigen Spielen zu vertändeln, traf Bonnivet, in Ermangelung des fehlenden
Connetable, alle Vorkehrungen zum nahenden Schlachttage.

Faſſen wir nun noch einmal das Gelände um Pavia ins Auge und vergegenwärtigen uns namentlich die Veränderungen, welche während der Belagerung in der Wegſamkeit und innern Verbindung des Terrains vorgenommen worden waren. Ueber den Teſſin und ſeine ſüdlichen Arme, den
Gravellone und den ſog. „todten Teſſin" hatte man Brückenübergänge hergeſtellt. Der eine Teſſin-Uebergang lag ober-, der andere unterhalb der Stadt.
Was den nördlich von Pavia liegenden Park von Certoſa betrifft, ſo ſcheint
nicht das ganze bedeutende Terrain dieſes Parks mit Holz beſtanden geweſen
zu ſein; namentlich in der Nähe des Jagdſchloſſes Mirabella war der Wald-
beſtand ſehr dünn, und bis zur Oſtmauer dehnte ſich eine bedeutende Lichtung.
Durch dieſe Lichtung floß in nordſüdlicher Richtung das im Parke ent-
ſpringende Flüßchen Vernavola oder Vernacula in ziemlich tief eingeſchnittenem
Rinnſal, der Oſtmauer des Thiergartens faſt parallel, um außerhalb deſſelben
bei St. Pietra in den Teſſin zu münden. Die Südmauer des Parks war,
wie ſchon erwähnt, während der Belagerung an mehreren Stellen durchbrochen
worden, um bequeme Verbindungen zwiſchen den im Thiergarten ſtehenden
Truppen und den die Stadt von der Oſtſeite her umlagernden Corps her-
zuſtellen.

Bisher hatte die franzöſiſche Armee in abgeſonderten Lagern vor Pavia
gelegen; angeſichts des Anmarſches der Kaiſerlichen wurde aber das ganze
Heer im Oſten der Stadt, Front gegen Mailand à cheval der Straße von
Lodi, welche der Feind marſchierte, in ein Lager zuſammengezogen, das auf
Bonnivet's Anordnung ſtark befeſtigt ward. Gegen die Stadt wurden Schanzen
aufgeworfen, um etwaigen Ausfällen Leyva's zu begegnen; die Südſeite
ſicherte der Strom; nach Oſten wurden bis an den Park Wall und Graben
mit vorſpringenden Baſteien hergeſtellt und mit 55 Geſchützen beſetzt, von
denen wahrſcheinlich 32 Stück zur Belagerungsartillerie gehörten. Weiter
nach Norden bildete die ſtarke Parkmauer ein ſehr bedeutendes Annäherungs-

hinderniß.*) Auf der Insel blieb nur eine von Graf Clermont befehligte Abtheilung zur Bewachung der Vorstadt St. Antonio zurück.

Die Armee, welche in diesem Lager stand, zählte ungefähr 39,000 Mann, war also der Kaiserlichen numerisch um ein mehr als ein Drittel überlegen. Die Reiterei, 7000 Pferde stark, bestand meist aus Franzosen und Italienern; das Fußvolk war derart zusammengesetzt, daß auf 13 Franzosen und Italiener je 19 Deutsche oder Schweizer kamen; es bestand nämlich aus 7000 Franzosen, 6000 Italienern, 14,000 Schweizern und Graubündtnern und 5000 Deutschen. Die Fremden überwogen also in der Infanterie die Franzosen an Zahl, noch mehr aber an Tüchtigkeit.

Das französische Fußvolk ist als das schlechteste Element des Heeres zu bezeichnen: es stand (ganz abgesehen von seiner militärischen Tüchtigkeit) hinter dem deutschen, italienischen und schweizerischen auch insofern weit zurück, als es erst im Jahr 1523 die Armbrust durch das Feuergewehr ersetzt und in der Handhabung dieser Waffe noch wenig Fertigkeit besaß, somit sich in einem Uebergangsstadium befand, welches seine Leistungsfähigkeit wesentlich beeinträchtigte. Als das vornehmste Fußvolk im Heere galten noch immer (aber, wie wir sehn werden, schon nicht mehr mit Recht) die Schweizer, welche Gevattern des Königs hießen, weil er vor drei Jahren bei der Taufe seines dritten Sohnes sämmtliche Kantone als Pathen eingeladen hatte.

Das deutsche Fußvolk bildete in Fähnlein zu 400 Knechten den sogenannten „schwarzen Haufen“ (bande noire), eine Schaar Landsknechte, welche seit 1512 zu wiederholten Malen auf Seite der Franzosen mitgekämpft hatten. Die meisten Männer, die unter diesen schwarzen Fahnen fochten, waren Geächtete, und Vornehm und Gering mischte sich in ihren Reihen. Da stand ein Herzog von Würtemberg, der Bruder des vertriebenen Landesherrn, da standen die Grafen Wolf von Lupfen, von Nassau und von Ortenburg, ein Freiherr von Fleckenstein aus dem Elsaß, Dietrich von Schomburg und zwei Herren von Bünau aus Sachsen, Georg Langenmantel aus einem reichen augsburgischen Patriziergeschlecht, dessen Vater wiederholt Hauptmann des schwäbischen Bundes gewesen war, und endlich der angesehenste der Hauptleute, der rothbärtige Hans von Brandeck. — Als Führer der ganzen Schaar fungirte der Herzog Richard von Suffolk, der vor Heinrich VIII. geflohene Thronprätendent der weißen Rose von York. Ihm zur Seite stand der junge Herzog von Lothringen.

Die Kampfweise des italienischen und schweizerischen Fußvolks war nicht wesentlich verschieden weder von der der „Schwarzen“, noch von der

---

*) Duc de Savoie: Relation du siége de Pavie en 1655. Pavia. 1655. Man findet auf dem dieser Relation beigegebenen Plan die Parkmauer noch in der Verfassung, in welcher sie sich auch 1525 befunden haben muß.

der feindlichen Infanterie, und es hatte also gegenüber der letzteren nur eine numerische Ueberlegenheit statt.

Die Reiterei bestand zum großen Theil aus der Gensd'armerie, die zwar die alte Kampfweise (en haye) noch beibehalten hatte, aber den kaiserlichen Reisigen an Zahl und vielleicht auch an ritterlicher Uebung überlegen war. Es waren 1500 volle Lanzen, die Blüte der französischen Chevallerie. Die leichte Reiterei, meist berittene Arkebusiere, unter der Benennung „Argoulets", war der deutschen und spanischen weder in der Reitfertigkeit noch im Schießen gleich zu stellen.

Ein ganz entschiedenes Uebergewicht ist der französischen Artillerie beizumessen, theils wegen ihrer bessern Laffetirung und Bespannung, welcher sie die größere Beweglichkeit verdankte, theils wegen ihrer vorzüglichern Schießfertigkeit. In beiden genannten Beziehungen war das Meiste schon unter Karl VIII. veranlaßt und von Louis XII. und Franz I. auf der vorgefundenen guten Grundlage nur fortgebaut worden. In Folge der Verbesserungen und Vereinfachungen unter diesen beiden Regierungen befanden sich zur Zeit der Schlacht bei Pavia in der französischen Artillerie folgende Geschützarten: grand basilisque (80 Pf.), double canon (42 Pf.), canon serpentin (24 Pf.), grande couleuvrine (15 Pf.), couleuvrine batarde (7 Pf.), couleuvrine moyenne (2 Pf.), faucon (1 Pf.), fauconneaux (14 Lth.).*)

Wenn eine Armee wie die französische, die ihren Feinden um ein Drittel an Zahl überlegen ist, die in einer festen, reich mit Geschütz besetzten Stellung steht und unter ihres Königs unmittelbarem Oberbefehl ficht, von hohem Selbstvertrauen erfüllt ist, so muß das ganz natürlich erscheinen; ein Zeichen großer Kühnheit ist es dagegen sicherlich, wenn der schwächere Gegner sie anzugreifen wagt, und zwar mit einem Heer, das eigentlich keinen wahren Oberbefehlshaber hat und das fast gar keine Artillerie besitzt. — Die kaiserlichen Generale hatten beschlossen, sich auf dem Vormarsche von Marignano her Mailand zu nähern, indem sie erwarteten, dadurch einen jener Fälle herbeizuführen, die es ermöglichen, unter begünstigenden Umständen zu schlagen. Sie hofften nämlich, den das Castell belagernden Generallieutenant La Tremouille abzuhalten, mit seinem Corps nach Pavia zu eilen, oder den König zu verleiten, die Belagerung von Pavia aufzuheben, um Mailand zu Hilfe zu ziehn — oder endlich gar zu bewirken, daß Franz seine Hauptmacht theile und ein Corps vor Pavia stehen lasse, mit dem andern gegen Mailand ziehe.**) — Daß die letzteren Eventualitäten nicht eintrafen, hat uns schon der Ausgang der Berathungen im französischen Kriegsrath gezeigt; doch auch die Absicht,

---

*) Nach J. v. H. Anleitung zum Studium der Kriegsgeschichte.
**) Vergl. Major Schels: die Feldzüge der Kaiserlichen in Ober-Italien und Südfrankreich 1524 und 1525. (Beiträge zur Kriegsgeschichte. II. Sammlung 5. Band. Wien 1832.)

La Tremouille von der Vereinigung mit dem Könige zurückzuhalten, schlug fehl; denn sobald sich das kaiserliche Heer aus der Umgegend von Mailand entfernt hatte, brach La Tremouille auf, ließ nur 2000 Mann unter Theodor Tripulzio in Mailand zurück und stieß mit seiner Hauptmacht zu dem vor Pavia lagernden Heere.

Die Kaiserlichen erschienen am 3. Februar vor der französischen Stellung. *) Sie kündeten der Besatzung von Pavia die nahe Hilfe durch eine Generalsalve aus allen Geschützen und Gewehren an, der aus der Stadt sogleich durch Salutschüsse und Glockengeläute freudig geantwortet wurde. **) — Einige leichte Reiterschaaren der Franzosen recognoscirten, ließen sich jedoch auf kein Gefecht ein, und da der Abend sank, schlug der Vicekönig das Lager auf und zwar so nahe den französischen Linien, daß die vordersten Wachtposten mit einander sprechen mochten und die Kanonenkugeln beider Theile die Zeltposten des Gegners erreichen konnten. ***) Die Front der Kaiserlichen folgte nahezu dem Laufe der Vernacula von ihrer Mündung aufwärts und wandte sich dann etwas nordöstlich auf Casa della Terra; sie wurde sofort befestigt und der Tessin östlich der Vernaculamündung überbrückt.

Wenn man bedenkt, wie es für die Kaiserlichen auf schnelle Entscheidung ankam, wie das Heer bei der Mittellosigkeit seiner Führer mit jedem verlorenen Tage an innerem Halt einbüßen mußte, wie das abscheuliche Winterwetter den Aufenthalt in der öden, holzarmen Gegend, in der die Franzosen schon jeden Obstbaum und jede Rebe verbrannt, widerwärtig machte, so erstaunt man über die Art, in welcher die kaiserliche Generalität d. h. der sie leitende Pescara, die Dinge angriff. Die berechnende Vorsicht seines, ja des spanischen Charakters überhaupt spricht sich deutlich in diesem Vorgehn aus. Zuerst versuchte er den König durch alle möglichen Mittel zu reizen, aus seinem festen Lager hervor zu kommen. Das waren jedoch vergebliche Anstrengungen obgleich einzelne Camisaden glückten. †) Franz dachte nicht daran, die starke und bequeme Stellung zu verlassen; man hatte sich da ganz behaglich eingerichtet, gebot über eine Menge von Lebensmitteln, und gerade der König der als Angegriffener bei Marignano so glänzend gesiegt hatte, während bald darauf den Seinen die Offensive so übel ausgeschlagen war, der mußte wohl eine natürliche Vorliebe für die Vertheidigung haben. — Beinahe drei Wochen währten die lebhaften Schaarmützel fort und die Garnison von Pavia machte zugleich zahlreiche Ausfälle. Die Kaiserlichen strengten sich an, festen Fuß

---

*) Paulus Jovius und Guiccardini a. a. O.
**) Sandoval: Historia del emperador Carlos V., lib. XII.
***) Ebda.

†) d. h. Ueberfälle, von „camisa" = Hemd, das bei solchen Unternehmungen als Erkennungszeichen über den Harnisch gezogen wurde.

auf dem rechten (weſtlichen) Ufer der Vernacula zu faſſen; die Franzoſen ver-
theidigten das Flüßchen mit Geſchick und Muth. Die tiefe Einſenkung desſelben unterſtützte ſie dabei. Zwölf Tage ward faſt ununterbrochen das
Kanonenfeuer fortgeſetzt. Wiederholt rückten beide Heere aus und ſchienen an
den Kämpfen ihrer Avantgarden theilnehmen zu wollen; doch kam es nie zur
eigentlichen Schlacht, weil die Kaiſerlichen immer noch zur rechten Zeit das
Gefecht, obgleich ſie in demſelben meiſt die Oberhand behielten, abzubrechen
wußten. Uebrigens waren jene Camiſaden blutig genug; bei einer derſelben
wurde Giovanni Medici gefährlich verwundet und ſeine Schaar zerſtreute ſich
nach der Abreiſe dieſes geſchickten Reiterführers. *) Bei einem andern Ueberfall vertrieb Pescara mit den ſpaniſchen Büchſenſchützen die ſchwarze Bande
aus ihrem bisherigen Lager; bei einem dritten drang Jacob von Wernau mit
ſieben Fähnlein deutſcher Knechte in das Quartier der Schweizer, die dadurch
doch ſo wenig gewitzigt wurden, daß ſie in der Nacht vom 18. zum 19. Februar aufs Neue von Pescara und del Guaſto überfallen und von den ſpaniſchen Büchſenſchützen derart mitgenommen wurden, daß über 1000 Mann
auf dem Platze blieben. — Während dieſer Gefechte fuhren beide Heere fort,
ihre Verſchanzungen zu erweitern und zu verſtärken. Das Quartier des Königs
war in der Front und der rechten Flanke mit großen, grabenumgebenden
Wällen geſchützt, welche von Baſteien vertheidigt wurden; die linke Flanke
lehnte ſich an die Mauer des Parks. Das kaiſerliche Lager war ganz ähnlich
fortifizirt, und beide näherten ſich allmählich derart, daß ſie nur noch 40
Schritt von einander entfernt blieben und das Arkebuſenfeuer der ſpaniſchen
Soldaten, welche in einem vorgeſchobenen Schützengraben lagen, den Franzoſen höchſt unbequem wurde.**) Wichtiger aber war es, daß Pescara die
täglichen Kämpfe dazu benutzte, um im Vereine mit Frundsberg die Standpunkte der verſchiedenen Truppentheile ſowohl, als deren kriegeriſche Tüchtigkeit zu prüfen und zugleich die Gegend auf das genaueſte auszuforſchen.***)
So erlangte er nach und nach die zuverläſſigſte Kenntniß von Allem, was
ihm wiſſenswerth zum Angriff der feindlichen Stellung erſcheinen konnte, und
ſetzte ſich in ganz genauen Rapport mit der Garniſon von Pavia†), die es
ihm gelang, auch wieder mit etwas Munition zu verſehen, indem ſich auf
Frundsberg's Anſchlag 50 Reiter, jeder mit einem Sack voll Kraut und Loth

---

*) Paulus Jovius, Reißner und Mémoires du Messire Martin du Bellay, Seigneur de
Langey, Paris 1785.

**) Vergl. Favé: Histoire et Tactique des trois armes. Paris 1845.

***) Jovius, Guiccardini, Reißner, Sandoval und Capella: De bello Mediolanensi ab
anno 1521. Argentorati 1553.

†) Reißner.

auf der Krupe, zur Nachtzeit von der mailänder Straße her in die Stadt zu stehlen wußten.*)

Auch Franz I. waren die vielen kleinen Kämpfe, welche die Nähe der Kaiserlichen herbeiführte, sehr erwünscht. Er wollte die spanischen Löwen, wie Bonnivet seit Gattinara Pescara's Leute beständig nannte, kennen lernen, und die geringsten Vortheile über sie erfochten, erschienen ihm sichere Vorboten eines unzweifelhaften Sieges. Wiederholt betheiligte er sich persönlich an derartigen Kämpfen**), und die beständigen Allarmirungen und Angriffe der leichten spanischen Truppen machten die Franzosen täglich kecker aber auch sorgloser. Oft griffen sie nicht einmal mehr zu den Waffen, sondern begnügten sich die anprellenden Feinde, „das Mohrengesindel", wie sie sie nannten, mit Schimpfreden zu begrüßen.***)

Allmählich wurde aber doch die Lage beider Heere bedenklich. Man stand sich jetzt drei Wochen lang ohne namhaftes Resultat gegenüber. Auch die verlängerte Frist unbesoldeten Dienstes, zu welcher sich die Truppen auf ihrer Führer Zureden verstanden hatten, näherte sich nun ihrem Ende. Was half es, daß man die Deutschen auf das Lösegeld der drei Könige im französischen Lager vertröstete, nämlich auf Franz I. selbst, auf den König von Navarra und auf den Grafen Suffolk, der als Prätendent von England galt. Die Landsknechte meinten, man solle des Bären Fell nicht verkaufen, bevor man ihn erlegt. Ihre Forderungen wurden täglich ungestümer, ihre Plünderungen in der Umgegend täglich weiter ausgedehnt, und die Noth in Pavia stieg aufs Aeußerste. In Franz I. Heer offenbarte sich nach den täglichen Kämpfen ein bedeutender Abgang an Leuten. Ueberdies war ein in seinem Dienste stehender sehr tüchtiger italienischer Condottiere, Pallavicini, bei einer Unternehmung auf Cremona geschlagen und gefangen†), und eine heranrückende Verstärkung von 17 italienischen Fähnlein überfallen und zersprengt worden.††) Empfindlicher war jedoch ein anderer Verlust: unter Dietegen von Salis waren nämlich 6000 Graubündtner in ihre Heimath zurückgekehrt, weil ein abenteuernder Edelmann im Einverständnisse mit Erzherzog Ferdinand die Pässe des Veltlin gesperrt hatte.†††) Und damit nicht genug! Grobe Betrüge-

---

*) Guicciardini.
**) Paul. Jovius und Reißner.
***) Sandoval.
†) Guicciardini, Capella und du Bellay.
††) Guicciardini, Paul. Jovius und Reißner.
†††) Hottinger: Geschichte der schweizer Kirchentrennung. Bd. 1. Zürich 1825, du Bellay und Capella. — Jener Edelmann war Medequin, Marquis von Marignano, Geheimschreiber des Herzogs von Mailand. Dieser hatte ihn mit einem Uriasbriefe an den Stadthauptmann von Musca am Comersee gesandt; Medequin aber hatte das Schreiben eröffnet, sein Todesurtheil gelesen, sich durch Bestechung Muscas und Chiavennas bemächtigt und sich durch den Besitz dieses wichtigen Platzes des kaiserlichen Schutzes versichert.

reien einzelner Bandenchefs, die bedeutend mehr Leute in ihren Listen geführt, als wirklich vorhanden waren, traten nach und nach ans Licht — zugleich brückte auch Franz Geldmangel; selbst die Lebensmittel fingen an, seltener zu werden. Alles das stimmte den König mehr wie je zur Schlacht, während seine alten Heerführer ihre Vorstellungen erneuten und auf den Abzug drangen. Er hörte so wenig auf sie als auf die Botschaft des Papstes, der ihm rathen ließ, sein Glück in Italien nicht an eine Schlacht mit den grimmigen Deut-schen zu wagen.*) Er zog sein Heer noch enger zusammen; sogar die Schaar, welche bisher unter Anne de Montmorency die Gravellone-Insel besetzt ge-halten, rückte größtentheils in das Lager ein, welches nun durchaus vorbereitet war auf die Schlacht.

Die täglich stärker und heftiger werdenden Anläufe der Spanier und Deutschen schienen diese vorzubereiten. Und sie waren auch wirklich das Vor-spiel zur blutigen Entscheidung. Pescara hatte nämlich in einem Kriegsrathe Bourbon und den furchtsamen Lannoy zu einem raschen Angriff gestimmt. „Gott gebe mir" sagte Pescara „hundert Jahre Krieg und nicht einen Schlacht-tag! Aber heute ist kein Ausweg." — Es war nicht eine jener glänzenden Feldschlachten zu erwarten, in denen wohl sonst zwei Ritterschaften um den Preis der Ehre schlugen: eine geldbedürftige, Mangel leidende Söldnerschaar sollte das reiche Lager des Feindes erbeuten, ihre Waffenbrüder entsetzen, das so oft eroberte Land endlich einmal sichern.**)

An eine solche Aufgabe mußte man auch unter den ungünstigsten Um-ständen gehen. „Entweder" so schrieb Pescara dem Kaiser „muß Euer Ma-jestät den erwünschten Sieg erlangen, oder wir erfüllen mit unserem Tode die Pflicht, Ihnen zu dienen."

Das wolbefestigte Lager im Frontalangriff zu stürmen, hatte sich bei den bisherigen Vorkämpfen als unausführbar herausgestellt. Pescara wollte es daher mit einer Flankenbewegung versuchen. Seinem Plane gemäß hatte der Hauptangriff noch in der Dunkelheit und zwar auf Mirabella zu geschehen, um von hier aus im günstigsten Fall die Tessinbrücken zu zerstören und den jedes Rückzugs beraubten Feind in dem Winkel zwischen Tessin und Po zu vernichten, im minder günstigen Fall doch bis Pavia durchzubringen. Der Angriff sollte durch einen gleichzeitigen Ausfall der Garnison unterstützt wer-den. — Mirabella, das, wie wir wissen, im Park lag, bildete eine Art Re-duit des feindlichen linken Flügels. Sein Besitz mußte den König zwingen, die Schlacht außerhalb seiner Verschanzung und unter örtlichen Verhältnissen an-zunehmen, die seiner mächtigen Gendarmerie nicht ungünstig waren***), ja er

---

*) Sandoval und du Bellay.
**) Ranke.
***) P. Jovius und Sandoval.

gab vielleicht die Möglichkeit, die ganze feindliche Front der Länge nach auf-
zurollen und dem französischen Heere in Gemeinschaft mit der Besatzung von
Pavia den Rückzug nach Mailand abzuschneiden. — Durch die Wegnahme
von Mirabella umging man die starke Frontal-Stellung, turnirte den linken
Flügel des Feindes, oder zwang ihn doch, unter den Angriffen des kaiserlichen
Heeres zu manövriren. Dies durfte sich zugleich der Hülfe der Garnison von
Pavia vergewissert halten; denn offenbar mußte der König, um einem Angriff
in seiner linken Flanke zu begegnen, die Aufstellung gegen die Stadt aufs
Aeußerste schwächen. In und um Mirabella lag die Vorhut des französischen
Heeres unter des Königs Schwager, dem Herzoge von Alençon. Man wußte,
daß der leichtlebige Herr nicht eben auf strengen Dienst hielt und daß überhaupt das bunte Treiben, welches auf jenem Flügel herrschte, eine Ueber-
rumpelung begünstigte; denn auch der Markt des Lagers wurde hier gehalten,
und was von Legaten und Diplomaten, Pfennigmeistern, Kaufleuten, Krämern
und Marketendern im Lager war, wohnte hier. Pescara rechnete unter diesen
Umständen darauf, unbemerkt in den Park zu bringen und Mirabella im
ersten Anlauf wegzunehmen. — Alle diese Erwägungen sind begründet und
motiviren den Entschluß Pescara's sehr wohl. Er selbst wußte im Kriegsrathe, unterstützt von Frundsberg, seine Ideen mit feuriger Beredsamkeit geltend zu machen, sodaß Bourbon und Lannoy darauf eingingen und dem Marchese
die Leitung des Unternehmens übertrugen. — Für dessen Gelingen war es
vor allen Dingen nöthig, daß die Garnison von dem Vorhaben benachrichtigt
wurde, und in der That gelang es einem kühnen Reiterhauptmann, Arnio,
in die Stadt zu kommen und das Einverständniß herbeizuführen. Bald verkündete ein verabredetes Zeichen mit der Fackel auf dem Thurme den kaiserlichen Feldherren, daß Alles in Ordnung sei*). — Ferner war es nothwendig,
den Park so rasch als möglich und ohne Aufsehen zu besetzen. Der mindeste
Argwohn würde die Franzosen an die Mauer gerufen haben, und es ist sehr
wahrscheinlich, daß sie diese alsdann auch mit Ausdauer und Muth vertheidigt haben würden. Pescara gab daher einem gewandten und zuverlässigen
Spanier, Salseda, dem Anführer der Guastadores (Schanzknechte), den Befehl,
sich um Mitternacht zwischen dem 23. und 24. Februar an die unbewachten
Stellen der Mauer zu schleichen und diese durch ein möglichst wenig Geräusch
verursachendes Verfahren umzustürzen und einen breiten Zugang zum Park
zu verschaffen. Es wurden deshalb keine Geschütze zur Breschelegung angewendet, sondern Sturmbalken und Kriegswidder, wie sie vor Einführung
der Feuerwaffen allgemein jenem Zwecke gedient.**)

---

*) Sandoval und Reißner.

**) Jovius, Reißner und Sandoval. Teglio: La vera Narratione del assedio di Pavia,
Pavia 1655 spricht mit Bestimmtheit von drei Breschen; doch ist die Sache nicht wesentlich.

Vom Donnerstage zum Freitage war eine stürmische monblose Nacht, und das Brausen des Windes begünstigte das Geheimhalten der Arbeit der Guastadoren*), die übrigens so beschwerlich war, daß erst gegen Morgen des 24. Februars, des Geburtstags des Kaisers, der überhaupt als sein Glücks- tag galt, eine Mauerlücke von 60 bis 80 Schritt Breite gangbar war. Die Arbeiten wurden von den Franzosen nicht bemerkt, theils, weil ihr Sicherheits- dienst sehr lässig betrieben wurde, theils, weil Pescara ihre Aufmerksamkeit durch geräuschvolle Angriffe auf andere Punkte der französischen Stellung ab- lenkte. Besonders wurde dem Quartier der schwarzen Knechte, die man am meisten fürchtete, eine Abtheilung entgegengestellt, welche sich möglichst be- merkbar und einen neuen Ueberfall wahrscheinlich machen sollte.**) — Im kaiserlichen Lager dagegen verbreitete man geflissentlich die Nachricht, daß man an den Abzug denke, damit dies Gerücht den Franzosen zugetragen werde; und um diesen Anschein zu verstärken, wurde das Gepäck unter der Bedeckung leichter Reiterei thatsächlich nach Lodi instradirt. Aber als das Heer den Marsch antrat und erfuhr, daß es gegen den Feind gehe, war es voll Freude. Pescara begab sich in die Mitte seiner Spanier und stellte ihnen vor, daß kein Fußbreit Landes ihnen angehöre, kein Stück Brod da sei, um morgen davon zu leben. „Aber vor euch, Ihr Herren und Söhne!" so rief er, „vor Euch ist das Lager wo man Brod vollauf hat und Fleisch und Wein und Karpfen vom Gardasee für den morgenden Fasttag. Wir müssen es haben; wir müssen den Feind hinausjagen. Wir wollen den Tag des heiligen Matthäus berühmt machen!"***) — Auch Georg Frundsberg redete seine Deutschen ähnlich an, und mit erhobenen Händen versprachen sie ihm, es mit dem prächtigen Feinde aufzunehmen und ihre Brüder in Pavia zu er- ledigen. Es wurde wieder befohlen, daß alle Krieger zu Fuß als Erkennungs- zeichen das Hemd über die Kleider ziehn sollten, ein Befehl, der viele Lands- knechte, die kein Hemd hatten, in Verlegenheit setzte. Weißes Papier mußte, so weit es zu beschaffen war, dem Mangel abhelfen. Sobald man das Lager verlassen hatte, wurde es angezündet, um der Vorstellung vom Abzuge der Kaiserlichen durch dies Schauspiel neue Nahrung zu geben.

---

*) Sandoval. ·

**) Sandoval, Jovius, Reißner.

***) „Dedidit sors super Mathiam!" (Acta Apost. I. 66) soll die Königin Isabella pro- phetisch ausgerufen haben, als ihr ihres Enkels Geburt gemeldet wurde.

Die Gazeta Narodowa und der „Verfall der Menschheit".

Die „Gazeta Narodowa" vom 16. Juni d. J. enthält eine Betrachtung unter der Ueberschrift „der Verfall der Menschheit und unsere von Preußen annectirten Landestheile". Der Artikel ist ein echt polnisches Machwerk. Er bezeichnet die eigentliche Herzensmeinung heißblütiger polnischer Patrioten, die da, wo Rücksichten des Interesses oder der Furcht zum Schweigen gebracht sind, ihrem Gefühl über die Illusionen, diesem National-Eigenthum der Polen, sich zügellos überlassen. Der Artikel ist so charakteristisch für den Unverstand und die Leidenschaft des unglücklichen Volkes, daß eine weitere Verbreitung desselben sich wohl verlohnt. Die politische Stellung unseres Blattes sollte jeden Verdacht, als könnten wir durch die Veröffentlichung der Uebersetzung den darin geäußerten Ansichten Gunst erweisen wollen, von vornherein zurückweisen; gleichwohl sind einzelne Stellen von der Art, daß wir Anstand nehmen, sie wiederzugeben, obwohl eine Weglassung oder eine Milderung im Ausdruck nicht dazu beitragen kann, in unsern Lesern eine ganz treue Vorstellung von den Gedanken und Tendenzen des polnischen Elaborats zu erwecken; darum deuten wir die Lücken an, die wir lassen müssen, um nicht mit unsern Gesetzen in Collision zu gerathen. So lautet denn der Artikel des „Narodowa" folgendermaßen:

„Noch nie ist die Menschheit so tief gefallen als heut.

Am sichtbarsten ist dieser fast allgemeine Verfall an dem verzweiflungsvollen Ringen der Parteien in Frankreich, — an der Fluth von Schmähungen in der Journalistik, — den unaufhörlichen Intriguen der Regierung und dem Auftreten der Abgeordneten, welche in Stockschlägen, Straßenscandalen und in der polizeilichen Hülfe überzeugende Beweise und den Triumph für ihre Sache suchen.

Wenn indeß die französischen Schmutzereien widerwärtig sind und das Vorgefühl einer neuen Katastrophe in diesem Lande vollständig begründet erscheint, so kann man Alles, was dort geschieht, gewissermaßen durch den Eindruck der vor einigen Jahren erlittenen Niederlage erklären, — einer Niederlage, die fürchterlich, — unvorhergesehen war, die die Verhältnisse und Kräfte Frankreichs vollständig zersetzt hat. Die Politik des Besiegten pflegt die schlimmste zu sein und nicht wenige Erfahrungen wird Frankreich noch durchmachen müssen, bevor sich dort die Leidenschaften beruhigen und die Verhältnisse sich wieder ihrer friedlichen Entwickelung zuwenden.

Ein schlimmerer Beweis des Verfalls der Menschheit als die Zersetzung Frankreichs ist das Verfahren der deutschen Regierung und der deutschen Volksvertretung. Dieses Verfahren liefert den Beweis von einer Fäulniß,

deren Pesthauch (sic!) sich von Berlin aus über alle Länder verbreitet, ganz
Europa erfüllt und Alles, was noch gesund ist, paralysirt. Die Wissenschaft
ist auf Abwege gerathen und hat die Bahnen des Materialismus beschritten;
die gesellschaftlichen Zustände sind so weit gelockert, daß alle Bande auf-
gelöst sind. Das Mißtrauen zwischen den einzelnen Ländern hat die Budgets
mit ungeheuren Summen belastet, welche die jetzigen, bisher nicht dagewesenen
Rüstungen erfordern. In finanziellen Kreisen ist das Mißtrauen eben so
groß, wie zwischen den Staaten. Diebstähle und Betrügereien sind an der
Tagesordnung. Die Habgier ist abscheulicher als jemals, die Ausschweifung
größer als zu den Zeiten der Römer, und nachdem Alles, was dem Gefühl
entspringt, wie Glaube, Liebe, Aufopferung, Poesie verhöhnt worden, werden
aus allen Städten Europas Nachrichten von beständigen Selbstmorden gemeldet. In unserm Lemberg sind im Verlauf einer Woche sieben Selbstmorde
vorgekommen, — in andern Städten ereignen sich so viele alle Tage. —

Es sind dies Anzeichen der Erniedrigung und des Verfalls, welchen die
Geschichte als Folge der Siege Deutschlands, die es zur ersten militairischen
und politischen Macht erhoben haben, verzeichnen wird.

Als Frankreich gesiegt hatte und sein Volk in Europa den Ton angab,
durchwehte ein gesunder Hauch alle Verhältnisse. Die Menschheit hob sich
moralisch, wissenschaftlich, social — und die Geschichte verzeichnete einen allgemeinen Fortschritt.

Dieser Unterschied der Einflüsse der Siege zweier Nationen ist ein Faktum,
welches über den Werth der Franzosen und der Deutschen entscheiden wird.

Dieser Werth tritt noch greller in Hinsicht der politischen Verhältnisse
hervor. Die Franzosen, obschon sie nichts Erfolgreiches für Polen gethan
haben, streckten ihm gleichwohl die hülfreiche Hand entgegen, — zeigten für
die Opfer dieser wichtigsten und heiligsten Sache in Europa Mitgefühl und
Anerkennung. Die siegreichen Deutschen haben diese Sache in nichtswürdiger
Weise verhöhnt, ihre Regierung dagegen hat den Glauben, die Sprache und
die Interessen Polens grausam verfolgt.

Die Gesetze, womit man die Kirche in Fesseln geschmiedet und durch
welche man die Katholiken zersprengt, — diese rücksichtslosen, der Toleranz
widerstrebenden Gesetze werden unerbittlich in den von Polen abgerissenen
Landestheilen zur Ausführung gebracht: am Rhein und in andern von
Katholiken bewohnten deutschen Gegenden wendet man sie bei Weitem
gelinder an. Der Erzbischof von Posen und Gnesen ist in Haft und in
rechtswidriger Weise (sic!) seines erzbischöflichen Amtes entsetzt; das Kirchen-
vermögen wird sequestrirt, das Capitel ist auseinander getrieben, die Verwaltung der Diöcese ist einem protestantischen Civil-Beamten übertragen, die
Seminarien sind geschlossen, eine Menge Geistlicher eingekerkert — und die

polnische Bevölkerung .... muß für sich allein ohne geistliche Leitung im Glauben Stärkung suchen.

Es ist dies eine wahrhafte Mission, welche gewiß in Kurzem in unseren von den Deutschen uns entrissenen Landestheilen verkündet werden wird.

Was die polnische Sprache anbelangt, so verfährt das Berliner Ministerium, d. h. Herr Falk, (hier folgt eine Schmähung) vollständig diktatorisch. Die Königlichen Verordnungen, die Landtagsbeschlüsse beseitigt er durch einen einfachen Befehl. Nichts bedeuten bei ihm pädagogische Rücksichten, nichts der Umstand, daß die polnischen Kinder die deutsche Sprache nicht verstehn. Derselbe hat den Unterricht in der polnischen Sprache aus den Elementarschulen und neuerdings durch Verordnung vom 23. Mai d. J. auch aus den untern Klassen der katholischen Gymnasien ausgeschlossen. Er ahmt in Allem die Anordnungen Murawiew's des .... nach und verfolgt mit gleichem .... die Sprache unserer Väter und die katholische Religion in allen geweihten Stätten, welche dem Einfluß der Regierung unterliegen, — und sogar weiter, denn selbst im Hause ist es nicht gestattet, den Kindern den polnischen Katechismus und die polnische Sprache zu lehren. — Während jedoch Murawiew nach einem Aufstande, zur Zeit eines Belagerungszustandes, bei suspendirten Gesetzen und in einem autokratisch regierten Lande so verfuhr, verfährt der Minister Falk wie ein .... in einem Reiche, welches sich rühmt die Gesetze zu hüten, — verfolgt er in einem constitutionell regierten Lande ohne Grund eine Bevölkerung, welche alle, auch ihr verhaßte Staatspflichten erfüllt hat. Wir bekennen daher auch laut, daß das .... Verfahren Rußlands uns weniger .... vorkommt, als das Verfahren der deutschen Regierung, und daß die letztere Angesichts der Geschichte eine größere Verantwortlichkeit sich zuzieht, als das erstere.

Aber es ist nicht unsere Sache, als Orakel für die Geschichte aufzutreten. Wir haben das Verfahren Deutschlands gegen uns in den annectirten Landestheilen als grellsten Beweis der Erniedrigung und des Verfalls der Menschheit, — als das Symptom einer moralischen Erstickung hervorgehoben, an welcher namentlich die Deutschen leiden und welche entweder den Tod oder einen neuen Zustand zur Folge haben muß.

Jedenfalls dürfen unsere Landsleute, welche in den von Preußen annectirten Landestheilen für unsre Sache thätig sind, sich nicht durch den herrschenden Druck und die Ausbreitung der Deutschen abschrecken lassen. Jemehr wir durch die von Bismarck und Falk gegen unsern Glauben und die polnische Nationalität verübten Gewaltthaten zu leiden haben, desto reger müssen wir uns aneinanderschließen und desto energischer uns vertheidigen, — in Allem uns selbst genügen und den Glauben an einen bessern Stern bewahren, — als Streiter uns um jeden von den Germanen bedrohten Punkt sammeln, unsere Kräfte nicht zersplittern, uns nicht gegenseitig reizen, sondern in Eintracht durch Arbeit und Selbstaufopferung den Feind bekämpfen. Dies ist in der That eine große Aufgabe, deren Erfüllung der größte Dienst ist, welchen wir der Menschheit und Polen zu leisten haben.

Die andern Provinzen unseres Vaterlandes müssen fleißig ihr Augenmerk auf die Vorgänge im Posen'schen, in Ost- und Westpreußen und in Oberschlesien richten und unseren Landsleuten, welche dort den Andrang der Deutschen abzuwehren haben, so viel wie möglich hülfreiche Hand leisten.

Ausdauer, Vertrauen und Eintracht in der Abwehr! — und wir werden die Deutschen bereinst zurückdrängen; ihre Fürsorge aber um uns, welche sie verwenden, wird deren Gewissen mit Vorwürfen belasten."

Unverkennbar ist es nicht Religiosität, was dem Verfasser und seinen Gesinnungsgenossen in dem Kulturkampf den Platz anweist; in der Machtstellung der römischen Hierarchie sieht der Pole vor Allem den letzten Halt seiner nationalen Hoffnungen bedroht; so erklärt es sich denn auch, daß polnische Protestanten, wie Herr von Kureatowski vor dem katholischen Klerus in die Kniee sinken und den Nacken beugen!

Briefe aus der Kaiserstadt.

Berlin, 5. Juli.

Nun ist auch der letzte maßgebende Factor unseres politischen Lebens, der Bundesrath, in alle Winde zerstreut und die Zeit der sauern Gurken ist mit ihrem ganzen Jammer über uns hereingebrochen. "Mit ihrem ganzen Jammer"; freilich nur über jene Beklagenswerthen, die dem aufregungs- und amusementsbedürftigen Publikum in den öffentlichen Blättern Tag für Tag etwas Neues bieten sollen. Was Wunder, daß unter solchen Umständen das Geschlecht der politischen Euten gar trefflich gedeiht? Die Friedensschalmei, welche angesichts der Fuldaer Bischofsconferenz so vielfach angestimmt oder wenigstens probirt wurde, ist deß Zeugniß. Welch ein herrlicher Zustand wäre es doch, wenn unsere Zeitungen, wenigstens die großen, in der dürren Sommerzeit, gleichzeitig einen oder zwei Monate Ferien machten und nur das Allernothwendigste, etwa die "telegraphischen Depeschen" und die wichtigsten Localnachrichten, auf den Markt brächten! Aber es verlohnt nicht der Mühe, diesen Gedanken weiter zu erörtern; nicht an der lieben

Concurrenz und dem unbändigen Erwerbstrieb allein, mehr noch an den Gewohnheiten des Publikums würde er unfehlbar scheitern müssen. Wohl wäre es eine schöne Aufgabe für die politische Presse, in der „stillen Jahreszeit" ihren Raumüberfluß zu einer allseitigeren und gründlicheren Beleuchtung der vorhandenen Resultate und der zukünftigen Aufgaben der Gesetzgebung auszunutzen, als dieselbe im Drange der eigentlichen Saison möglich ist. Aber wieviel Zeitungsleser sind vorhanden, die in den Hundstagen Lust haben, sich über staatsrechtliche und volkswirthschaftliche Probleme den Kopf zu zerbrechen? Und, was das Schlimmere ist, wieviel Publicisten giebt es, die bei 28—30 Grad Réaumur im Schatten den Heroismus besäßen, sich der nichts weniger als leichten Aufgabe zu unterziehen? Ist doch ein Zeitungsschreiber so zu sagen auch ein Mensch! Und so mag denn getrost für die saison morte die Regel bleiben, daß die Journalisten heute widerrufen, was sie gestern erfunden, und übermorgen sich darüber lustig machen, daß die Erfindung nur irgendwo ernst genommen werden konnte. Der biedere Staatsbürger ist ja ohnehin gewohnt, die Zeitungen in diesen heißen Monaten mehr als je ausschließlich zu seiner Unterhaltung, und nicht zu seiner Belehrung zu lesen.

Möge indeß der Leser gestatten, daß ich für diese etwas schwermüthige Betrachtung demüthigst um Verzeihung bitte. Um so mehr als auf denjenigen Gebieten, welche die Briefe gewöhnlich berührt haben, über trostlose Einöde bisher keineswegs zu klagen ist. Nehmen wir zum Exempel das Reich der dramatischen Muse. Die königlichen Theater freilich sind längst geschlossen; aber weder auf das höhere Drama, noch selbst auf die große Oper haben wir deshalb verzichten müssen. Seit dem 1. Juni ist die Posse bei Kroll durch die ernste Musik, bei Wallner durch den Kothurn verdrängt. Ein wenig seltsam allerdings muthet es uns immer an, wenn wir uns in dem weltbekannten „Etablissement" am Königsplatz aus den duftigen Laubengängen mit den plätschernden Springbrunnen und den rauschenden Roben schmachtender Schönen plötzlich in das ernste Haus der unglücklichen Jüdin und ihres glaubensstarren Vaters Eleazar oder in Florestan's schaurige Kerkergruft versetzt sehen. Aber wenn die Hauptrollen von einer wirklich genialen Künstlerin wiedergegeben werden, dann vergißt man leicht Zeit und Ort und selbst die vielfältigen Mängel, die sich bei der Aufführung größerer Opern aus der Beschränktheit der Räume und der für die Gesammtwirkung zu Gebote stehenden Kräfte von selbst ergeben. Eine solche Künstlerin ist Fräulein Pappenheim. In ihr ist musikalische Tüchtigkeit mit einem seltenen dramatischen Talent verbunden; ihre glänzende Bühnenerscheinung und die edle Plastik ihrer Bewegungen erhöht noch die Wirkung ihres Spiels. Vor Allem ist ihr Fidelio eine Gestalt voll tiefer Empfindung und dramatischer Leben-

10

digkeit. Wenn es der noch jungen Dame gelingt, im Gesang einzelne Un-
ebenheiten und Manirirtheiten abzustreifen und im Spiel die zuweilen ein
wenig übersprudelnde Leidenschaft besser im Zaume zu halten, so mag ihr
leicht beschieden sein, bis zum Gipfel künstlerischer Vollendung emporzusteigen.
Schade nur, daß sie Berlin so rasch wieder verlassen hat.

Weit sonderbarer noch, als die große Oper bei Kroll, muß im ersten
Augenblick der Gedanke berühren, daß in den sonst so lustigen Räumen des
Wallnertheaters die hehre Tragödie ihren Einzug gehalten. Und doch ist es
keine Geringere, als Clara Ziegler, die seit Mitte vorigen Monats vor den
Brettern Helmerding's eine zahlreiche und andächtige Gemeinde versammelt.
Thut es noch noth, das Lob dieser gottbegnadeten Künstlerin zu singen? Sie
hat uns von ihren Glanzrollen bisher Medea, Iphigenie und Deborah vorgeführt, und ich denke, unter denen die sie gesehen, werden nur Wenige sein,
die nicht gleich mir der Ueberzeugung wären, daß sie unter den heutigen
deutschen Tragödinnen die bedeutendste ist. Die schwere Krankheit, welche
Fräulein Ziegler erst vor Kurzem überstanden, scheint eher von nützlicher, als
von schädlicher Wirkung für sie gewesen zu sein. Der wunderbare Wohllaut
ihrer Stimme hat nichts eingebüßt, wohl aber bewahrt sie jetzt auch in dem
Augenblicke des höchsten Affects jenes schöne Ebenmaß, welches allein dem
dramatischen Spiel das Wahrzeichen vollendeter Kunst aufprägt. Leider ist
es aber eine bei schauspielerischen Größen immer zu oft wiederkehrende Erscheinung, daß sie die Grenzen ihrer Befähigung nicht zu erkennen vermögen.
Fräulein Ziegler ist nicht allein durch ihre ganze Geistesrichtung, sondern
schon durch ihre äußere Erscheinung in den Rahmen der hohen Tragödie gebannt. Aber es scheint einen dämonischen Reiz für sie zu haben, sich auch
auf dem Boden des Lustspiels bewundern zu lassen. Ohne Zweifel ist sie
auch dort im Stande, die Talente des gewöhnlichen Schlages zu übertreffen.
Aber ihre Absicht kann doch nur sein, das Höchste zu leisten, und das ist ihr
von der Natur versagt. Höchstens in Stücken wie Moreto's „Donna Diana"
darf sie auf vollen Erfolg hoffen. Auch an ihrer Donna Diana freilich hat
man hier zu großen Ernst und Schwerfälligkeit der Sprache wie der Bewegung getadelt; meines Erachtens mit Unrecht. Donna Diana kann mit
mehr Grazie und Humor gespielt werden; aber weder Geist noch Sprache des
Stückes verbieten, daß die Darstellerin in erster Linie die Grandezza hervor-
kehre. — Versäumen wir übrigens bei dieser Gelegenheit nicht, dem vortrefflichen „Perin" unsere Reverenz zu machen, den der Director des Wallnertheaters, Herr Lebrun, bei der Aufführung von „Donna Diana" zum
Besten gab.

Auf dem Gebiete der komischen Operette behauptet auch zu dieser schönen
Sommerszeit das Friedrich-Wilhelmstädtische Theater seinen bewährten Rang.

Die Offenbachiaden und Lecoq's „Mammsell Angot" sind neuerdings — eine recht erfreuliche Erscheinung — durch zwei Operetten in den Hintergrund gedrängt worden, die, in der Handlung harmlos lustig, sich durch eine Musik von durchweg anmuthiger Frische und Natürlichkeit, stellenweise sogar von wirklicher Schönheit auszeichnen, nämlich durch „Der Carneval in Rom" von Johann Strauß, und „Die Pilger" von Max Wolf (Text von R. Genée). In welchem Style das Werk des berühmten Walzercomponisten gehalten ist, bedarf kaum einer Erwähnung; bei Licht besehen, ist es eine bunte Kette melodischer Tanzweisen, die eine immer noch gefälliger, als die andere. So war es ihm leicht, den Beifall eines nicht gerade anspruchsvollen und im Voraus captivirten Publikums zu gewinnen. Auch kamen ihm in der Handlung mehrere pikante Momente, u. A. eine recht drastische Parodie auf den römischen Reliquienhandel, zu Statten. Von derartigen tendenziösen Beimischungen ist das zweitgenannte Stück allerdings vollkommen frei. Sein Titel läßt wohl Aehnliches vermuthen, aber in Wirklichkeit handelt es sich um ein zu Maskenbällen verwandtes Mönchsgewand, welches von einem jungen Manne, der in demselben eine große Summe Geldes eingenäht glaubt, drei Akte hindurch gesucht wird. Die Handlung ist voll drolliger Situationen und trotz ihrer Einfachheit niemals langweilig. Das Beste aber hat der Componist gethan. Seine Musik ähnelt vielfach dem Strauß'schen Genre, im Allgemeinen aber trägt sie einen etwas polyphoneren Charakter und in verschiedenen Pieren gewahrt man deutlich den Anflug eines höheren Styls. Die „Pilger" sind die erste größere Composition Max Wolf's, die hier gehört wurde. Vielleicht erhebt sich der Componist in künftigen Schöpfungen ganz auf das Niveau der klassischen Spieloper.

Während in der Friedrich-Wilhelmsstadt die Wiener Operettencomponisten Triumphe feiern, wird uns im Victoriatheater die Wiener Posse, resp. das Wiener Volksstück von Nationalwienern, nämlich von den Mitgliedern des Strampfertheaters, geboten. Die Gesellschaft war von ihrem Auftreten vor zwei Jahren her hier im besten Andenken. Was sie uns aber heuer bisher Gutes geboten hat, waren eben nur wieder die alten Sachen; mit dem Neuen hat sie, trotz ihrer zum Theil ganz vorzüglichen Kräfte, kein Glück gehabt. Doch warten wir Weiteres ab!

Die politische Presse im Groß-Herzogthum Luxemburg.

In allen civilisirten Ländern der Welt findet man eine bessere politische Presse, die es sich zur Aufgabe gestellt hat, das Volk politisch zu bilden und die Massen aufzuklären und zu immer größerm Lichte und größerer Freiheit zu führen. Diese bessere Presse darf sich mit vollem Rechte die liberale nennen. Dagegen darf man jene Parteipresse, die stets nur das persönliche, resp. das Interesse der Partei im Auge hat und auf dasselbe hinwirkt, nicht mit dem Namen liberal bezeichnen, so schöne Phrasen sie auch immer mache, und so laut sie auf die Grundsätze des Liberalismus, als auf scheinbar die ihrigen, pochen möge. Frankreich, das sich so lange als die „große Nation" par excellence selbst vergötterte und anbetete, selbst dann noch, als es schon, von seinen vielen Parteien in sich selbst zerrissen, unter sich selbst herabgesunken war, besitzt heute eine wirkliche liberale Presse nicht mehr. Der wirkliche Patriotismus ist dort erstorben, verdrängt und zertreten von den Parteien und ihrem rücksichtslosen Egoismus. Wie aber soll eine wahrhaft liberale Presse da gedeihen, wo niemand derselben das geringste Opfer bringt? Muß sie hier nicht verkümmern und in gänzlicher Erschöpfung, wegen Mangels am nöthigen Lebensstoff ersterben? — Dem wirklichen Liberalismus am nächsten steht in Frankreich noch das Organ von Thiers. Aber auch dieses wird durch die Verhältnisse gezwungen, mehr der Partei, als dem Vaterland zu dienen. Wo Alles Partei ist, da ist ein ganz unparteiisches Zeitungsorgan unmöglich. Die republicanischen Zeitungen von radicalerer Färbung, so hoch sie auch das Banner zu tragen scheinen, worauf die Männer von 93 die hohlen aber volltönenden Worte: „Freiheit, Gleichheit, Brüderlichkeit" geschrieben haben, sind ebensowenig liberal im wahren Sinne des Wortes, als die ultramontanlegitimistischen. Auch sie opfern das Vaterland ihrer Partei, und das Gemeinwohl ihren egoistischen Schrullen. Ja! wenn es in Frankreich wirkliche Republikaner gäbe. Aber eben an denen fehlt's am meisten. Nicht der Name macht die Sache. — Temps und Journal des debats, die sich noch am längsten auf einer gewissen politischen Höhe hielten, haben, seit dem unseligen Kriege, in welchem Frankreich sein ganzes Prestige verlor, ohne an diesen Verlust glauben zu wollen, den rechten Pfad unter den Füßen verloren, und tappen heute in der Irre und im Dunkeln herum, und können sich nicht mehr zurechtfinden. — Ach die Revanche! die Revanche! — sie läßt in Frankreich keinen wahren Liberalismus und somit eine wirklich liberale Presse nicht aufkommen. — Und wie sieht es bei uns aus, bei uns, die wir stets so gern und so willig den Franzosen nachahmten und ihr Wesen zu dem unsrigen machten!

Ach! leider müssen wir eingestehen, bei uns hat es von jeher mit der politischen Presse eine verdrießliche Bewandtniß gehabt. — So sehr und so laut wir auch auf unsere Selbständigkeit und Unabhängigkeit zu pochen pflegen, wo es darauf ankommt, Front gegen Deutschland zu machen so wenig wissen wir im Grunde, was man unter wirklicher Selbständigkeit und Unabhängigkeit zu verstehen hat. Am Allerwenigsten aber dürfte unsere politische Presse hiervon wissen. — Unsere politischen Blätter, alle ohne Ausnahme, verdanken der Partei ihr Dasein, so wie ihren Fortbestand, ob nun diese Blätter unter schwarzer, rother, weißer oder blaurothweißer Maske erscheinen mögen. Ihr Name und ihr Wesen sind verschieden wie Wahrheit und Humbug. Ihr Wahlspruch heißt: „Mundus vult decipi, ergo decipiatur." Alle unsere Tagesblätter haben das (und noch Manches Andere) miteinander gemein, daß ein jedes seinen Strohmann an der Spitze hat, hinter dem sich die wirklichen Patrone und Leiter verborgen halten. Diese Strohmänner (sie sind dafür bezahlt) haften für Alles, und — bedingen nichts. Das „Wort für Wahrheit und Recht" hat seinen Abbé Breisdorf, die „Luxemburger Zeitung ihren Herrn Gottlieb, und die „Indépendance Luxembourgeoise" ihren Herrn Joris, die für alle Unwahrheiten und Verläumdungen, allen Unsinn, alles Hetzen und Wühlen, kurz für den ganzen Schwindel einzustehen haben. Sie haben deßgleichen die Anzüglichkeiten und Handgreiflichkeiten gelassen hinzunehmen, welche sie sich untereinander appliciren müssen, zur Unterhaltung des Publikums, gerade wie die Clowns auf den Jahrmärkten. Unterdessen schleichen sich schlaue und fingerfertige pick-pockets im Gedränge umher und fegen dem gaffenden und johlenden Publicum in die Taschen, soweit sie hineinreichen. Was sie ihm nicht nehmen, das trägt es nachher selbst in die Gauklerbuden, und übergiebt es den Compères der pick-pockets. Ist die Posse dann vorbei, dann theilen sich alle die schlauen Gesellen in die Beute. — Wer sind aber aber nun die Patrone, die Leiter des Schwindels? — Das wissen unter hundert kaum zwei. Nur den wenigen Eingeweihten ist ein Blick hinter den dunkeln, schwarzen Vorhang vergönnt. Wie würde sich so mancher, der sich voll Selbstgefälligkeit zu den Schlauen und Klugen zählt, zu schieben glaubt, wo er geschoben wird, verwundern, wenn er nun plötzlich hinter den geheimnißvollen Vorhang treten könnte, und hier die besagten Patrone und Leiter, die sich in der politischen Presse, wie in der Kammer und überall, wo es die Gelegenheit erlaubt, und die Augen der Menge auf sie gerichtet sind, so weidlich bekämpfen und herumschlagen, hier so friedlich und gemüthlich beim reichen Mahl und vollen Pokal zusammensitzen sähe. Doch leider sehen das die Allerwenigsten, und von denen, die es sehen, setzen sich die Meisten sofort an den Tisch und schmauchen und singen im Chore mit. Und so wird sich denn der Leser auch nicht weiter wundern, wenn wir ihm sagen, daß sich unsere politischen Strohmänner aus besten Kräften in die Hände arbeiten, oder besser, ihren Patronen und Brodgebern in die Hände arbeiten. Sie haben sich einfach in die Rollen der Posse getheilt. Herr Breisdorf spielt den Grobian und Polterer zum Verwundern; spricht den Bauern, dem „Stimmvieh", ganz nach dem Munde; liest seinen Collegen, den Herren Gottlieb und Joris den Text ex cathedra, ersterem, dem die liberale Rolle zugetheilt ist, am meisten; hetzt wider den „Preuß"; raisonnirt auf den „Hund" Bismarck, und bewirft mit seinem Haß die hiesigen Correspondenten der nationalen deutschen Presse. Was Herr Breisdorf den Bauern, das ist Herr Joris der haute volée, unsern Fransquillons. Diesen, die kein Hochdeutsch verstehen, oder sich doch den Schein geben möchten, als verstehen sie keins, kaut Herr Joris die ultramontanen Brocken des Herrn Breisdorf auf Kauderwälsch, er freilich nennt's Französisch. Dann macht auch Herr Joris die Reclame für unser französisches Theater, und spendet den fremden französisch sprechenden und singenden Truppen reiches Lob, und zwar so reich, daß diese sich dadurch schadlos gehalten finden, wenn — unsere Theaterdirektion ihre Rechnung nicht bei der Sache findet und Schulden über Schulden macht, die doch am Ende die Stadt bezahlen muß. So wird hier für die schönen Künste gewirkt und eingetreten. Herr Gottlieb, der Strohmann der „Luxemburger Zeitung", ist ein Deutscher vom Wirbel bis zur Zehe, ein „geborner Preuß", wie wir sagen. Wie Schade, daß ihm hier die Rolle des Gimpels im Busche geworden, und er nur nachsingt, was ihm vorgepfiffen wird. Herr Gottlieb ist von den Patronen gedungen, den Leuten liberalen Humbug vorzumachen, und sich dafür tagtäglich von Herrn Breisdorf und Herrn Joris, seinen guten Freunden und Collegen, die Leviten lesen zu lassen. Früher, als wir noch nicht mit Deutschland liebäugelten, um ihm insgeheim eine Nase zu drehen, schwatzte die „Luxemburger Zeitung" Französisch und hieß „Courrier". Um dem „Wort für Wahrheit und Recht" Platz zu machen im Lande, mußte der gute „Courrier" solch horrende liberalatheistische Artikel bringen, daß er nothgedrungen von unserm hochwürdigen Herrn Bischof in den Kirchenbann gethan werden mußte. So ging er ein, der gute „Courrier", das vielgelesene liberale Blatt! und machte dem „Preußenblatt" der „Luxemburger Zeitung" für Wahrheit und Recht Platz. Das „Wort" gewann bei dieser Gelegenheit vielleicht einige hundert Abonnenten, und die Patrone und Leiter hinter der Scene rieben sich schmunzelnd die Hände. —

Es ist früher, nach 1848, mehrmals bei uns der Versuch gemacht worden, ein wirklich deutsches, wirklich liberales Blatt ins Leben zu rufen. So gründeten gleich nach 1848 verschiedene hiesige liberale Männer und Vaterlandsfreunde den „Volksfreund", ein so liberales und unparteiisches Blatt, wie noch keines bei uns erschienen. Diesem machte der „hochliberale französische

„Courrier", mit dem ultramontanen „Wort" im geheimen Bunde, bald den Garaus. Wider zwei Gegner wie diese, die in jenen Tagen allmächtig hier waren, war nicht aufzukommen. — Später wurde ein zweiter Versuch gemacht. Dieselben liberalen Männer und Vaterlandsfreunde gründeten den „Patriot". Aber auch dieser durfte nicht leben. Er erlag sehr bald den vereinten Angriffen und Kräften der dunklen Gegner. — Seitdem ist kein weiterer Versuch gemacht worden. Wozu auch? Unsere Dunkelmänner waren und blieben allmächtig, wenn auch nicht immer in der Regierung, so doch in der Kammer und im Lande. Hier wuchs ihre Macht mit jedem Tage, Dank den unablässigen Bemühungen unserer Jesuiten und unserer Pastöre, ihrer Creaturen. — Daß die Helfershelfer unter den liberalen Masken es an kräftiger und nachhaltiger Unterstützung nicht fehlen ließen, weiß der Leser der „Grenzboten" bereits. — Und so begreift er denn auch, daß unter solchen Verhältnissen eine wirklich liberale, unabhängige, wahrhaft patriotische Zeitung hier nicht aufkommen, nicht gedeihen konnte. Die Jesuiten hatten das Monopol, und so ward es ihnen immer leichter, dasselbe zu behaupten. Das „Wort", insgeheim von der ganzen Sippe gestützt und gehoben, ward endlich zum gelesensten Blatt, zur Hauptzeitung des Landes. Das Ziel, das man hartnäckig Jahre und Jahre hindurch verfolgte, war erreicht. Das Volk, die großen Massen, wie der höhere Pöbel, der immer mehr zu Kreuze kroch vor der allmächtigen „Wort"-Partei, gehörten durch die Presse dem Jesuitismus, und steuerten im ultramontanen Fahrwasser lustig und sorglos dahin. Und warum auch nicht? Das Verdienst, das bei den Jesuiten belohnt, und allein belobt wird, ist blinde Unterwürfigkeit und unbedingter Gehorsam. Nicht Würde, wohl aber Würden, nicht Ehre, nur Ehren, nicht streben, nur genießen — das sind die Prinzipien, die hier maßgebend sind, und denen gehuldigt wird. — Wohin diese Grundsätze ein Volk bringen können, wissen wir aus bitterer Erfahrung. Zur Versumpfung und Verdumpfung, zum blanken Kretinismus, wie weiland das „Avenir", das Organ der Ostbahngesellschaft, (d. h. Frankreichs) uns vordocirte, wobei es freilich verstand, wenn wir nicht bald an ein anderes, großes, intelligentes Land kämen, worunter natürlich Frankreich, die „große Nation", zu verstehen war. Daß das „Avenir" hochliberal war, und dabei journal catholique par excellense, versteht sich von selbst. Das gute Blatt kannte nämlich nur einen Hirten, den Chef des Ultramontanismus, nur eine Heerde, die katholische Christenheit, und nur einen Schafstall, Frankreich. Auch wir gehörten zu der Heerde des „Avenir" und sollten in seinen Schafstall hinein. Darauf arbeitete das hochliberale katholische Blatt aus allen Kräften und mit allen Mitteln, die Frankreich zu Gebote standen, hin. Wir sollten um jeden Preis heraus aus unserer Versumpfung und Verdumpfung und unserem heillosen Kretinismus.

Wie hochherzig von dem „Avenir"! Und doch gab es bei uns „Crétins",
welche diese Hochherzigkeit nicht zu schätzen wußten. Auch unser Bruder, der
deutsche Michel, schien dieser Meinung zu sein. Er verbat sich 1867 ein für
allemal die französische Entsumpfung in einem deutschen Lande und bei einem
deutschen Brudervolke und — so sitzen wir noch bis zum heutigen Tag, wo
wir 67 saßen, und das, Dank unserer wackern Zeitungspresse, oder besser,
den Patronen und Leitern hinter der Scene, die da, aus eitel Rache gegen
den „Preuß", der uns 1867 nicht wollte, französisch werden lassen, uns
Andern, die doch am Uebel keine Schuld tragen, blenden möchten durch „Sand
in die Augen" den die Strohmänner ihrer Organe ausstreuen, und uns mit
ihrem Haß und ihrer Rache verfolgen, da uns die Augen nach wie vor hell-
sichtig offen stehen.   N. Steffen.

Ein Kuriosum aus Weimar's vorclassischer Zeit.

Von Gottes Gnaden Ernst August Herzog zu Sachsen, Jülich, Cleve
und Berg auch Engern und Westphalen. — Unsern gnädigsten Gruß zuvor,
Würdige, Beste Liebe Andächtige und Getreue! Wir lassen Euch hiermit
ohnverhalten, was maßen in vorigen Zeiten zur Gewohnheit gediehen, daß
von den getreuen Städten bei jedesmaliger Verwilligung denen zeitigen
Präsidenten, Kanzler und andern ohne Vorbewußt und Genehmhaltung des
Landesherrn, durch Hülfe einiger Landes Städte ein Präsent, oder wohl
gar eine jährliche Besoldung ausgesetzt worden. Gleichwie Wir nun aber als
Landesherr dergleichen üble eingeführte Gewohnheit gänzlich abgeschafft wissen
wollen, maßen Wir selbst nicht verlangen, daß Uns bei jetzigen Geldklemmen
Zeiten ein don gratuit verwilligt werde, da Wir doch Tag und Nacht in
Unruhe und Mühe zum Besten des Landes Unsere Zeit zu bringen; Also
ist Unser gnädigstes Bezehren, Ihr wollet fürs künftige Euch dergleichen der
Landeshoheit nachtheiligen Freiheit gänzlich entäußern, und keinen Menschen,
er sey wer er wolle, ohne Unsere gnädigste Genehmhaltung ein Präsent ver-
willigen, noch weniger eine jährliche Bestallung setzen, um so mehr, da Uns
als Landesfürsten die Disposition der Landes-Einkünfte zustehet, und Wir
Uns von keinem Minister, Rath oder Dames maitrisiren lassen, und obwohl
die Frau Ober-Hof-Meisterin, welche Euch in Ansehung ihrer und anderer
dieserhalb einige Proposition thun lassen, eine kluge weiterfahrene Hofdame
ist, so hegt sie doch principia imperantia, und mischet Sich in alles, welches
Wir aber bey Unserm Leben nicht dulden werden, noch daß die Frauenzimmer-
Seuche nach Unserem Todte einwurzeln, welches Wir einer getreuen Landschaft ernstlich verbiethen, allermaßen bekannt ist, daß die meiste Höfe durch
die Reif-Röcke die größten und geheimsten Affairen dem Fürsten zum
Schaden und zum Verderb Land und Leute zu dirigiren gesuchet, wenn zumal
die Diener von deren Befehl dependiren oder dependirt haben.
    Wie Wir nun das gnädigste Vertrauen hegen, Ihr werdet diese Unsere
Willens-Meinung in allem befolgen und dieses Rescript zu denen Landschafts
Akten heften solt lassen, also bleiben Wir Euch mit landesherrlicher Huld
und Gnade wohl beygethan.
Gegeben Weimar zur Wilhelmsburg den 24. Novbr. 1738.
                    Ernst August Hz. S.

Verantwortlicher Redakteur: Dr. Hans Blum.
Verlag von J. L. Herbig. — Druck von Güthel & Legler in Leipzig.

XXXIII. Jahrgang.   II. Semester.

Die

 Grenzboten.

Zeitschrift

für

Politik, Literatur und Kunst.

No. 29.

Ausgegeben am 17. Juli 1874.

Inhalt:

Leipzig, 1874.

Friedrich Ludwig Herbig.

(Fr. Wilh. Grunow.)

Man abonnirt bei allen Buchhandlungen und Postämtern des In- und Auslandes.
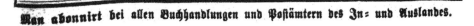

Zu Petrarca's Gedächtnißfeier.*)

Am 16. Juni oder am 18. Juli d. J. ist ein halbes Jahrtausend verflossen seit dem Tode Petrarca's, des zweiten der Zeit nach in dem großen italienischen Dichter-Dreigestirn, welches das vierzehnte Jahrhundert, eine Zeit wilder Kämpfe, entsetzlicher Zerrüttung und tiefen Verfalles mit seinen hellen Strahlen erleuchtet und wie der Vorbote eines neuen Weltalters die düsteren Nebel des sinkenden Mittelalters durchbricht. Die Lebensquellen des Mittelalters waren vertrocknet, seine schöpferische Kraft erstorben; die großen welterschütternden und weltbeherrschenden Ideen, welche zu gewaltigen Mächten verkörpert, dem Mittelalter sein universales, alle Besonderheiten der Nationalität, der Sprache, der Sitte überwucherndes und einer gemeinsamen Denk- und Empfindungsweise unterordnendes Gepräge verliehen hatten, waren erblaßt, der Glaube an sie schwand mehr und mehr dahin. Das Schwert der weltlichen Universalmacht hatte sich abgestumpft im Kampfe mit der geistlichen Weltmacht, die, um dem gewaltigen Gegner Widerstand zu leisten, selbst die lange unterdrückten individuellen Triebe auf dem Gebiete des Staats- und Völkerlebens entfesselt, damit aber auch die Grundlagen ihrer eignen Weltherrschaft erschüttert hatte. Der Papst hatte die ewige Stadt verlassen und sich ins Exil begeben nach Avignon unter den drückenden Schutz des fränkischen Staats, zu dem die kluge und folgerichtige Politik eines erblichen, auch seine Grundsätze vom Vater auf den Sohn vererbenden, rücksichtslose Gewalt mit geschmeidiger Feinheit und berechnendem Verstande paarenden Königthums einen Stein nach dem andern herbeitrug. Das Kaiserthum hielt zwar noch an seinen weltumfassenden Ansprüchen fest, aber es hatte seit Heinrich VII. selbst den Glauben an sie verloren; die Würde des höchsten Amtes in der Christenheit wurde den Nachfolgern der Ottonen und Hohenstaufen mehr und mehr ein Mittel, um in einer gewaltigen Hausmacht ein neues Staatengebilde nach dem Muster Frankreichs und Englands zu gründen. So waren die beiden Säulen, auf denen die mittelalterliche Welt ruhte, morsch geworden, des Vertrauens auf ihre Führer beraubt, wurde die abendländische Christenheit an ihrem eignen Dasein, an ihrer Lebensfähigkeit irre.

---

*) Petrarca. Von Ludwig Geiger. Leipzig, Verlag von Duncker & Humblot. 1874.

Die Zeit, in welcher die beiden großen Mächte des Mittelalters, nicht
zufrieden, sich in die Weltherrschaft zu theilen, in dem Kampf um den Alleinbesitz derselben ihre Kräfte erschöpften, war von wenigen aber unwiderstehlich
wirkenden, die Gemüther lenkenden, die Einbildungskraft hinreißenden Ideen
bewegt gewesen. Der Glanz der Universalmonarchie blendete die Augen,
aber gewaltiger noch bewegte die Gemüther die stetig wachsende Macht der
Kirche. In der so wirksamen Hoheit und Pracht der äußeren Erscheinung
that sie es der weltlichen Macht noch zuvor, der Papst hatte den Vortritt vor
Kaisern und Königen. Sie war außerdem fast im Alleinbesitz der Bildung
des Zeitalters; kein Fürst konnte der geistlichen Kanzler und Räthe entbehren, die Diener der Kirche beherrschten die Politik der Höfe, Diener der
Kirche lenkten im Beichtstuhl die Gewissen der Herrscher, Diener der Kirche
spendeten dem Volke Trost und Schutz wider die Gewaltthaten weltlicher
Unterdrücker. Die Religion war der einzige Mittel- und Stützpunkt des
Daseins. Ein Gedanke trieb die Christenheit in den Orient zur Befreiung
des heiligen Grabes; und demselben Gedanken entsproßte die Blüthe des
Ritterthums. Auch der Frauencultus, die ritterliche Poesie schöpften ur-
sprünglich ihre Antriebe aus denselben Quellen.

Aber mit dem Falle der Hohenstaufen, mit dem vollständigen Triumphe
des Papstthums war die schöpferische Thätigkeit der Zeit zum großen Theil
versiegt. Was an Lebenskraft noch übrig war, suchte nach neuen Wegen,
nach neuen Antrieben. An die Stelle des universalen entwickelte sich das von
den Päpsten im Kampfe gegen das Kaiserthum nach dem Grundsatze divide
et impera selbst gepflegte corporative Element. Der gewaltige Aufschwung
des Städtewesens in Deutschland (in Italien hatte dasselbe sich schon längst
mächtig entwickelt) war eine glänzende Nachblüthe des Mittelalters; aber die
Entwickelung der Städte vermochte ebensowenig wie die Ausbildung des fürstlichen Territorialsystems dem Verfalle Schranken zu setzen; im Gegentheil, sie
wirkte zersetzend und zerstörend. Die Concentration aller Lebenskraft in
kleinen Gemeinschaften, wie Treffliches sie auch geleistet hat, war im Grunde
doch ein ungesunder Zustand; ein wirklich schöpferisches Princip konnte sich
zunächst aus ihr nicht entwickeln.

Es war eine trostlose Zeit geistiger Oede und sittlicher Verderbniß. Die
Natur selbst schien dem menschlichen Geschlechte zu zürnen: neue Krankheiten,
welche der Charlatanerie der Aerzte spotteten, entkräfteten und vergifteten
ganze Generationen, furchtbare Epidemien entvölkerten Europa und entfesselten einerseits die häßlichsten Leidenschaften, andererseits entfachten sie
einen religiösen Fanatismus, der sich vielfach zu einem epidemischen Wahnsinn
steigerte, und der so furchtbare Erscheinungen zur Folge hatte, daß die Kirche
selbst mit den strengsten Strafen gegen ihn einzuschreiten sich genöthigt sah.

Der Gedanke an den Weltuntergang lag der Menschheit nahe zu einer Zeit, wo alle Säulen, auf denen die Gesellschaft sich gestützt hatte, morsch geworden, wo mit dem Glauben an die Mächte, welche einst die Welt beherrscht und dem Einzelnen Schutz und Trost gewährt und ihm das Ziel und den Zweck des Daseins bestimmt hatten, auch die Hoffnung auf Rettung und Genesung verschwunden war.

In dieser Periode erschienen die drei genannten italienischen Dichter als Propheten und Pfadfinder einer neuen Welt. Dante, der älteste von ihnen, faßt alle Herrlichkeit und alle Schranken, alle Ideen und Bestrebungen des blühenden Mittelalters in seinem wunderbaren Gedichte zusammen; aber er hat vielleicht, ohne sich selbst dessen klar bewußt zu sein, seinen Standpunkt bereits außer ihnen genommen, er steht ihnen objectiv gegenüber, er zieht sie vor seinen dichterischen und prophetischen Richterstuhl. Wohl hofft er, der begeisterte Ghibelline, der verbannte Sohn des guelfischen Florenz auf eine Wiederbelebung des Kaiserthums, dessen höchstes Richteramt allein ihm die Weltordnung zu verbürgen scheint. Nichtsdestoweniger flüchtet auch er schon sich aus seiner Zeit in die Vergangenheit, tritt er an die Quelle des Alterthums, jener Zeit, wo Italien einig um seinen Mittelpunkt, die ewige Roma sich drehend, die Welt beherrschte; der Kaiser ist noch der Nachfolger der Cäsaren; Dante hat die Ideen des Mittelalters, mit gewaltiger Energie in ihrer tiefsten Bedeutung verfaßt. Aber da er ahnt, daß seine Zeit im Verfalle begriffen ist, wendet er den Blick zurück in die ferne Vergangenheit, um aus ihr, die an Größe und Herrlichkeit, an Kunst und Wissenschaft, in fest gefügter Ordnung die Gegenwart so weit überragte, Hoffnung für die Zukunft zu schöpfen.

Was in Dante eine noch unklare Ahnung war, tritt in Petrarca scharf und bestimmt hervor. An Schwung des Gedankens, Tiefe der Ideen, Größe und Erhabenheit der Anschauungen hinter Dante zurückstehend, übertrifft er ihn an Vielseitigkeit der Bestrebungen, Erkenntniß der Zeitströmungen und dem klaren Bewußtsein der anzustrebenden Ziele. Petrarca ist nicht nur Dichter und italienischer Patriot, wie Dante, er ist zugleich mit vollem Bewußtsein Humanist, Alterthumsforscher und Philologe. Was bei Dante verschlossene Knospe war, entfaltete sich in ihm zur vollen Blüthe, dergestalt, daß seine bescheidene wissenschaftliche Thätigkeit an Bedeutung seinem dichterischen Schaffen, das seinen Ruhm rasch durch alle Länder trug und seinen Namen mit einem unvergänglichen Zauberglanz verklärt hat, wenig nachsteht.

Das treffliche Buch von Ludwig Geiger, welches ausdrücklich der Erinnerung an die fünfte Säcularfeier Petrarca's am 18. Juli 1874 gewidmet ist, hebt die vielseitige Bedeutung des großen Dichters und Humanisten klar und scharf hervor. Der Herr Verfasser spricht sich in der Vorrede sehr beſcheiden über ſeine Arbeit aus; er beanſprucht nicht, eine wiſſenſchaftliche Arbeit über Petrarca zu liefern, ſondern er verſucht nur, „durch dieſe Blätter die Erinnerung an einen Mann aufzufriſchen, der in Deutſchland nicht ſeiner Bedeutung gemäß gewürdigt zu werden pflegt.“ Letztere Behauptung ſcheint uns ſo allgemein ausgeſprochen, beiläufig bemerkt, zu weit zu gehn. Der Dichter Petrarca iſt in Deutſchland wie überall gefeiert, und es dürfte nicht ſchwer fallen, ſeinen unmittelbaren Einfluß auf die Entwickelung gewiſſer Gattungen deutſcher Lyrik nachzuweiſen; die glänzende Ausbildung des Sonetts in unſerer dichteriſchen Litteratur iſt um von Anderen zu ſchweigen, ſchon ein vollgültiges Zeugniß für die mächtige Einwirkung des großen italieniſchen Liebesſängers auf unſere Poeſie. Der großen Bedeutung des Gelehrten und Humaniſten wird dagegen — gerade weil Petrarca's Dichterruhm, ſein Liebesglück und Liebesleid, die Gemüther der Mitlebenden und Nachlebenden zu ausſchließlich gefeſſelt hat — im Allgemeinen allerdings nicht genügend anerkannt. Wer denkt, wenn er die von dem ſchimmernden Zauber der höchſten Liebesromantik umſtrahlten Namen Petrarca und Laura ausſprechen hört, an die ſtillen Arbeiten des gelehrten Forſchers, an den raſtloſen Eifer, mit welchem derſelbe alle Klöſter nach alten Pergamenten durchſuchte, an das Entzücken, mit welchem ihn jeder Fund erfüllte, an die ununterbrochenen Kämpfe, die er gegen die Verknöcherung aller Wiſſenſchaften führte, gegen die Charlatanerie der Aerzte, gegen die trockene, alles hiſtoriſchen Sinnes baare, rabuliſtiſche Gelehrſamkeit der Juriſten, gegen die ſpitzfindige Scholaſtik der Theologen, wider die ſein tiefes religiöſes Gefühl ſich empörte! Und doch iſt gerade die Kenntniß dieſer Thätigkeit des Gelehrten unerläßlich für Jeden, der die Bedeutung Petrarca's vollkommen würdigen will.

Herr Geiger hat ſich ein großes Verdienſt erworben, indem er den Gebildeten unſeres Volkes in kurzen kräftigen Zügen ein Bild der Geſammtindividualität des großen Dichters, des begeiſterten Patrioten, des muthigen Vorkämpfers für Aufklärung und Bildung entwirft. Der Verfaſſer verzichtet, wie geſagt darauf, neue Forſchungen und wiſſenſchaftliches Detail zu bieten. Nichtsdeſtoweniger aber beruht ſein Werk auf einem umfaſſenden und ſehr ſorgfältigen Quellenſtudium. Das vorhandene reiche Material iſt gründlich durchgearbeitet; vor Allem tritt ein genaues Studium der Werke des Dichters, namentlich ſeines ausgebreiteten Briefwechſels, auf jeder Seite hervor. Einzelne Streitfragen, wie über die Perſönlichkeit der Laura und das Verhältniß des Dichters zu der gefeierten Geliebten, ſind einer erneuten Prüfung unterzogen und dadurch ihrer Löſung näher geführt. Vor Allem wird die Unhaltbarkeit der Anſicht des Abbé de Sade, daß Laura eine geborene de Noves, an einen Herru de Sade verheirathet und Mutter von 11 Kindern geweſen ſei, mit beweiskräftigen Gründen nachgewieſen. Die anſpruchsloſe Schrift

Herrn Geiger's ist daher als ein sehr werthvoller Beitrag zur Kenntniß Petrarca's und als eine würdige Gabe zur Jubelfeier desselben zu begrüßen. Sie giebt in einfacher allgemeinverständlicher, aber edler Darstellung ein ebenso treues, wie lebensvolles Bild des Dichters, den Italien, das seine großen Todten zu ehren weiß, wie vielleicht kein anderes Volk die seinigen, als seinen ersten Lyriker feiert und dessen Gesammtthätigkeit in ihrer mächtigen Bedeutung für die Culturgeschichte vielleicht kein Volk in gleichem Maße, wie das deutsche zu würdigen versteht. Es war nicht der Zweck des Verfassers, eine zusammenhängende Biographie des Dichters zu geben; es kam ihm nur darauf an, die drei Richtungen, in denen seine Thätigkeit sich entfaltete, zu schildern, ihn darzustellen: als Humanisten, d. h. als Schöpfer einer neuen, aus der Wiederbelebung des classischen Alterthums gewonnenen Bildung, als Patriot, und als Liebender, d. h. als Dichter; denn die Liebe ist die Muse seines melodischen Gesanges in seiner weichen, wohllautreichen Muttersprache, die er selbst doch nur gering achtete im Vergleich zu seinem geliebten Latein, wie er denn auch auf seine lateinischen Dichtungen seine Ansprüche auf den Dichterlorbeer begründete. Die Nachwelt hat anders geurtheilt; sein „Africa" ist längst vergessen; seine zahlreichen lateinischen Briefe, die Hauptquelle für die Kenntniß seines Lebens und seiner mannigfaltigen Bestrebungen sind weniger bekannt, als sie es verdienen; seine Liebesgesänge aber, in denen er seiner Leidenschaft für die Geliebte den weichsten und zartesten Ausdruck giebt, werden stets eine der ersten Stellen in der erotischen Poesie aller Völker und aller Zeiten behaupten.

Wir haben schon darauf hingewiesen, daß Petrarca sich im schärfsten, bewußten Gegensatz zu der todten Gelehrsamkeit und dem unfruchtbaren Wissenskram seiner Zeit befand. Dem juristischen Studium widmete er sich nur aus Gehorsam gegen den Willen seines Vaters. Aber in Montpellier wie in Bologna, nahmen ihn seine Römer, besonders Cicero, den er nebst Virgil vor Allen hoch hielt, bei weitem mehr als die langweiligen Vorträge der berühmtesten Rechtsgelehrten in Anspruch, die „von der göttlichen Redekunst ihm bloßen Vollstopfen mit Wissen, von wahrer Gelehrsamkeit zur Geschwätzigkeit und Unwissenheit herabgesunken" waren; wie er denn auch nach des Vaters frühem Tode der Juristerei den Abschied gab (nur einmal ist er als Advocat aufgetreten), aber nicht um eine andere Facultät zu wählen, sondern um sich ganz dem Studium seiner geliebten Alten, oder bestimmter gesagt der alten Römer, hinzugeben: denn das griechische Alterthum blieb ihm ziemlich fremd; Homer, den er in einer Uebersetzung kennen lernte, bewunderte er zwar, aber ein nahes Verhältniß gewann er nur zu den Römern, als deren Landsmann er sich fühlte. Sein begeisterter Bildungstrieb ist mit seinem italienischen oder besser gesagt mit seinem römischen Patriotismus so eng verbunden, daß beide sich auch in der Betrachtung schwer von einander trennen lassen. Petrarca erkannte die allgemeine weit über Italiens Grenzen sich erstreckende Bedeutung des Alterthumsstudiums sehr wohl, und das weltbürgerliche, auf Neugestaltung der ganzen mittelalterlichen Gesellschaft zielende Element des Humanismus ist ihm so wenig, wie seinem jüngeren Zeitgenossen Boccaccio fremd. Aber Rom, das Rom der Triumphatoren und das Rom des Knechtes der Knechte Gottes, ist diesem älteren Humanisten eben der Mittelpunkt der neu zu gestaltenden Gesellschaft, die rechtmäßige Erbin einer doppelten Weltherrschaft. Der Mittelpunkt ist erstarrt; es gilt ihn neu zu beleben, neue Fruchtkeime in ihn zu senken. Rom ist von seinen Häuptern, dem Papst, dem schlechten Hirten und dem Kaiser, der über seinem Walten im barbarischen Norden seines höchsten Amtes vergißt, verlassen; es gilt, die Flüchtigen wieder einzufangen und der vereinsamten Königin der Welt wieder zuzuführen. Petrarca erschöpft die Fülle seiner Beredsamkeit, um den Päpsten Avignon, das arge Babel, die Stadt der Sünde und Verderbniß, die er selbst in seiner Jugendzeit allzugenau hatte kennen lernen, zu verleiden; er schildert Karl IV. in leuchtenden Farben die Herrlichkeit der ewigen Stadt, die Macht der alten Imperatoren, die Erhabenheit ihres Weltherrscherberufs. Aber wie wohlwollend Karl auch die kühnen Worte des begeisterten Dichters aufnahm, in seiner kühl berechnenden Staatskunst, die ganz andere Bahnen verfolgte, ließ er sich durch die glänzenden Bilder, die Petrarca vor ihm aufrollte, nicht irre machen. Eben so wenig aber ließ sich Petrarca durch die vielen Enttäuschungen, die er erfuhr, seine Hoffnungen zerstören. Mit glühendem Eifer trat er für Cola Rienzi's schwärmerische Entwürfe ein. Er beglückwünscht den verwegenen Tribunen, daß er ein solches Volk, das Volk, daß es einen solchen Helden gefunden habe. Die alte Mauer, heißt es in der herrlichen an Cola gerichteten Canzone, die noch Trutz und Zierde der Welt ist, die erzittert beim Gedanken

An die Vergangenheit, denkt sie der Sage:
Und Grüfte, wohin die Gebeine sanken
Von Männern, die beseelt von Ruhmbegierde,
Erst enden an dem Ende aller Tage;
Und die Zerrüttung unsrer ganzen Lage,
Sie sehn auf dich, als ihren Retter nieder.
Euch herrliche Scipionen, wie willkommen!
Dir, treuer Brutus, wenn auch ihr vernommen,
Daß wohl bestellt des Staates Haupt und Glieder!
Wie blickte freundlich wieder
Fabricius, vernimmt er diese Töne,
Und sagt: Mein Rom bleibt fortan noch das Schöne!

So entzündet die Vertiefung in das Alterthum, der Blick auf die vergangene Herrlichkeit die nationalen Ideen, zu deren ersten Aposteln er gehört. Wenn er den Kaiser feiert, so betrachtet er ihn doch nur vor allen als Haupt Italiens, das unter seinem Scepter geeinigt berufen ist, der Welt seine Gesetze vorzuschreiben. Wo Zwiespalt herrscht, mahnt er zur Einigkeit; wiederholt, aber allerdings selten mit besonderem Erfolge, tritt er als Friedensstifter auf, zwischen den habernden Städten und Fürsten, so vor Allem in den furchtbaren Kämpfen der beiden seemächtigen Republiken Venedig und Genua. In seiner berühmten Canzone „an Italien" tritt sein Nationalgefühl in besonders ergreifender Weise hervor. Die Mächtigen werden in ernsten, strafenden Worten dafür verantwortlich gemacht, daß sie durch ihren Zwist die Fremden ins Land ziehen.

„O, die ihr von dem Glücke seid zu Leitern
Des schönen Lands geschaffen,
Dem ihr kein Mitleid scheinet einzuräumen,
Was sollen hier so viele fremde Waffen?
Vielleicht, daß diese heiteren
Gefilde von Barbarenblute schäumen?
Euch schmeichelt eitles Träumen:
Ihr schauet falsch und wähnet recht zu schauen,
In Söldnern Lieb und Treue zu erbeuten,
Wer mehr besitzt an Leuten,
Wird seinen Feinden sich zumeist vertrauen.
Seht jene fremden Auen
Emporgeschwollnen Wogen,
Um unser schönes Land zu überschwemmen!
Wenn sie uns zugezogen
Die eignen Hände, wer wird uns sie hemmen?

Aber man muß auch die Uebermächtigen mit Milde und Schonung behandeln, muß sie zu gewinnen suchen. So heißt es zum Schluß

„Ich warne dich, Canzone,
Mit deiner Meinung schonend zu verfahren:
Denn unter Stolzen sollst du dich enthüllen:
Und die Gemüther füllen
Sich mit Gewohnheit, schlecht und wie vor Jahren:
Dem ewgen Feind des Wahren.
Versuche Heil bei jenen
An Großmuth Seltnen, Redlichen hienieden;
„Wer schützt mich?" — sprich zu denen, —
„Ich komm und rufe: Frieden, Frieden, Frieden!" —

Und grade in diesem warmen Eintreten für die nationale Idee liegt ein guter Theil der geschichtlichen Bedeutung jener ältesten italienischen Humanisten. Wie weltbürgerlich civilisirend ihre humanistischen Bestrebungen an

sich auch sind, so haben sie andrerseits doch auch die Idee des Vaterlandes
aus langem Schlummer wieder zum Leben erweckt. Als besonders bemerkenswerth möchte ich hier nur noch hervorheben, daß sowohl Dante wie Petrarca,
die man in gewissem Sinne als die beiden ersten italienischen Patrioten bezeichnen kann, Ghibelinen, treue Anhänger des Kaiserthums sind. Der
hierin liegende Widerspruch ist indessen nur scheinbar. Sie sind kaiserlich im
Gegensatze zum Papstthum, das seinen nationalitätenfeindlichen Charakter
auch dann nicht verleugnen mag, wo es sich gelegentlich in diesem oder jenem
Volke einen Verbündeten gegen den Kaiser sucht. Die Begründung starker
Nationalstaaten ist niemals das Ziel der geistlichen Gewalt gewesen; in ihren
Vortheilen lag es vielmehr im Allgemeinen — zahlreiche Ausnahmen kamen
natürlich vor, da die Kurie es stets verstanden hat, mit zeitweiliger Hinten-
ansetzung der Pricipien nach den Umständen zu handeln — in den einzelnen
Ländern die centrifugalen Elemente zu pflegen. Vor Allem aber stand die
Idee des Nationalstaats mit ihrem Princip im Widerspruch. Mögen einzelne
politisch bedeutende Päpste, die ein größeres Gewicht auf ihre weltliche, als
auf ihre universalmonarchische geistliche Stellung legten, daran gedacht haben,
Italien unter der päpstlichen Hegemonie zu einigen, im Ganzen war das
Papstthum der Idee des italienischen Nationalstaats feindlich; und daher ist
es erklärlich, daß das Guelfenthum seine Stütze in dem Widerstreit der italienischen Fürsten und Städte suchte. Diesen sich in beständigen Kämpfen zer-
fleischenden Elementen gegenüber erschien der Kaiser als Friedensstifter, als
Einiger und somit mittelbar als Förderer der Nationalidee. Und hieraus eben
erklärt sich die Hinneigung der italienischen Patrioten zum Ghibellinismus.

Es ist dies eine der merkwürdigsten, hier nur kurz anzudeutenden Thatsachen, daß der Einfluß der humanistischen Studien auch auf die nationale
Idee belebend und befruchtend wirkte, obwohl der Humanismus seinem
Princip nach vielmehr weltbürgerlich als patriotisch war. Aber die Einkehr
in eine Zeit, welcher der Staat das höchste gesellschaftliche Princip war,
mußte politische Ideen zeitigen, die in der Zeit des großen weltgeschichtlichen Kampfes zwischen der geistlichen und weltlichen Gewalt erblaßt und
fast aus dem Bewußtsein der Menschheit entschwunden waren. Darin lag
aber zum großen Theil die weltbewegende Kraft des Humanismus, daß unter
seinem mächtigen Einflusse die Völker wieder anfingen, sich auf sich selbst zu
besinnen und aus ihrer Eigenart die Antriebe zu anderem neuem selbständigem
Dasein zu schöpfen. Lag es an sich in dem Wesen des Humanismus, das
Individuum aus den Fesseln einer verknöcherten Ueberlieferung zu befreien
und dem Einzelnen eine von den ihrer schöpferischen Kraft beraubten Mächten,
welche bis dahin dem Denken, wie dem Handeln ihre Gesetze vorgeschrieben
hatten, unabhängige Entwickelung zu sichern und die Verantwortlichkeit für

sein Thun und Laſſen in ſeine Bruſt zu legen, ſo mußte dieſe Richtung auf Freiheit und Selbſtändigkeit auch in den Völkerindividualitäten zum Durchbruch kommen: nicht als ob der Humanismus an ſich ein ſtaatenbildendes Princip wäre, ſondern deshalb, weil das Volk, deſſen Bildung er als Reformprincip der Gegenwart überlieferte, in der Pflege der Staats- und Rechtsidee ſeinen höchſten weltgeſchichtlichen Beruf erfüllt hatte.

Es iſt aber dem Gelehrten und Dichter nicht gegeben, unmittelbar Nationen zu einigen und Staaten zu gründen. Seine Wirkung iſt nur mittelbar; er arbeitet dem Staatsmann vor, indem er in die Maſſen die Keime der Bildung ſenkt, dem Volksthum einen geiſtigen Gehalt bietet, das Bewußtſein der idealen Einheit weckt und nährt, welche die feſte Grundlage der politiſchen Einheit iſt. Die Gemeinſamkeit der Volksſprache allein iſt kein genügender Schutz des Volksthums; die Volksſprache geht in Mundarten auseinander, die ſich immer weiter von einander entfernen, wenn nicht eine gebildete, in literariſchen Schöpfungen ſtetig ſich entwickelnde Schriftſprache ſich als einigendes Band um die Dialekte ſchlingt, ihrer Mißbildung zu ſelbſtſtändigen Idiomen Schranken ſetzt und durch ihre Vermittlung einen gemeinſamen Gedankengehalt, ein eigenthümliches Geiſtesleben in der Nation ſchafft. Das iſt in den Zeiten politiſcher Zerrüttung die nationale Aufgabe vor Allem des Dichters und durch die glänzende Löſung dieſer Aufgabe haben ſich die drei großen italieniſchen Dichter des 14. Jahrhunderts um ihr Vaterland ein unſterbliches Verdienſt erworben.

Und vielleicht nimmt unter den dreien, ſoweit es ſich um die nationale Bedeutung handelt, Petrarca als Schöpfer der italieniſchen Lyrik, der er das eigenthümliche Gepräge ſeines Genius aufgedrückt hat, die erſte Stelle ein. Dante ſteht unnahbar auf einſamer ſteiler Höhe; ſein unſterbliches Werk iſt ſo durchaus eigenthümlich, ſo einzig in ſeiner Art, es iſt ſo dunkel, es nimmt für ſein Verſtändniß ein ſo tiefes Studium in Anſpruch, daß es weder der Ausgangspunkt für eine neue dichteriſche Entwickelung werden, noch über die Kreiſe der Höchſtgebildeten hinaus, als Eigenthum in Fleiſch und Blut des Volkes übergehen konnte. Dante hat ein unvergängliches Kunſtwerk, aber keine neue Kunſtform geſchaffen, wie Petrarca, der es verſtand, ſeinen Empfindungen und Gefühlen einen Ausdruck zu geben, der für alle ſeine Nachfolger auf dem Gebiete der Lyrik, auch wenn ſie nicht Nachahmer waren, vorbildlich geworden iſt. Er hat der italieniſchen Lyrik, und wir können wohl allgemeiner ſagen, der italieniſchen Poeſie die Richtung vorgeſchrieben, gewiſſermaßen die Geſetze ihrer Entwickelung gegeben. Erkennen wir doch auch in den großen Epikern des 16. Jahrhunderts ohne Mühe und auf den erſten Blick die nahe Verwandtſchaft mit dem Liebesſänger des XIV. Jahrhunderts,

freilich auch mit Boccaccio, dem Schöpfer der italienischen Prosa, der ja in
vieler Beziehung recht eigentlich als die Ergänzung Petrarca's zu betrachten
ist. Schon in der äußern Form zeigt sich Petrarca's Einfluß unverkennbar.
Die prachtvolle achtzeilige Stanze ist ganz demselben Boden entsprossen, wie
das Sonett und die schwungvolle Canzone. In ihr wie im Sonett ist das
musikalische Element des Wohllauts das bindende gewissermaßen abrundende
Princip. Sie trägt daher auch in das Epos ein stark entwickeltes lyrisches
Element. Schon die relative Selbständigkeit der Strophe, die für die Architektonik des Epos bestimmend ist, fordert zur lyrischen Ausgestaltung des er-
zählten thatsächlichen Inhalts heraus. Denn die größere Strophe bedingt
ein längeres Verweilen bei demselben Gedanken, sie begünstigt das malerische
wie das betrachtende Element. Dazu kommt der außerordentliche, das Ohr
bestrickende Wohllaut des Reimes, der im Sonett vor Allem seinen höchsten
Triumph feiert. Es ist nicht zu leugnen, daß, wie in allen kunstvollen
Strophen, so vor Allem im Sonett die Form oft den Inhalt beherrscht und
eine ganz bestimmte stets wiederkehrende Gliederung des poetischen Grund-
gedankens zur Folge hat. Die ersten acht Zeilen des Sonetts entwickeln den
Grundgedanken in verhältnißmäßiger Breite und doppelter Gliederung und
ohne ihn zum Abschluß zu bringen, aber sie spannen die Aufmerksamkeit und
Phantasie auf den Abschluß, der in den sechs Schlußreihen bald als Folgerung
oder um einen sehr prosaischen Ausdruck zu gebrauchen, gleichsam als Nutzanwendung, die aus der Exposition gezogen wird, erscheint, bald als
Steigerung und Verschärfung der einleitenden Gedankenreihen, bald zu ihr in
einem überraschenden und dadurch um so wirksameren Gegensatze steht. Eine
Lyrik, die sich mit Vorliebe in einer so kunstvoll verschlungenen Form bewegt,
in einer Form, die auch von dem Gedanken und der Empfindung eine kunstvolle, gleichsam rhythmisch gegliederte, nach bestimmten Gesetzen melodisch aus-
lautende Entwickelung heischt, die darauf berechnet ist, bald geistreich mit dem
Gefühl zu spielen, bald dasselbe in kunstvoll gegliederter, streng abgerundeter
Durcharbeitung zum Ausdruck zu bringen, die aber immer auch in der Darstellung der glühendsten Leidenschaft den Dichter an ein überaus strenges
Gesetz bindet, — in einer solchen Lyrik wird natürlich stets der kunstgemäße
Charakter vorherrschen, und die kunstvolle Grazie ist denn auch das Erbtheil
der italienischen Poesie geblieben. Der reichen Anmuth der Sprache entspricht
die Anmuth der Dichtung, die auch im Affect der rhythmischen Gliederung
des Gedankens und dem melodischen Wohlklange der äußeren Form nicht zu
entsagen vermag.

Als der wahre Schöpfer dieser kunstvollen Lyrik muß man Petrarca betrachten, und es thut seinem Ruhm keinen Eintrag, daß die Sprache selbst

seinem dichterischen Genius den Weg gewiesen, den er eingeschlagen. Denn wenn die Sprache ihm die Richtung seiner Kunst vorschrieb, so ist es andrerseits doch ein unvergängliches Verdienst, welches er nur mit Dante, und für die Prosa mit Boccaccio theilt, die Volkssprache zum geschmeidigen Werkzeug der künstlerischen Darstellung ausgebildet zu haben. Den vor ihnen lebenden, längst der Vergessenheit anheimgefallenen Dichtern, war dies nicht gelungen; und mit Recht werden Dante, Petrarca, Boccaccio stets als die Gründer der italienischen Literatur genannt werden, die zugleich in ihnen einen Höhepunkt erreicht hat, dem bald eine Zeit des Verfalles folgte und den auch die neuere Literatur noch nicht wieder erreicht hat. Die drei großen Dichter des 14. Jahrhunderts bleiben die Leitsterne für die italienische Poesie, die, so oft sie sich neu erfrischen will, zu ihnen als den ewig fließenden lauteren Quellen zurückkehrt und aus ihnen den Trank der Wiederbelebung und Wiedergenesung schöpft.

Italien erfüllt daher nur eine nationale Pflicht, wenn es den Gedächtnißtag des Dichters, der wie wenig andere an seiner geistigen Wiedergeburt vorbereitet hat, feiert; und es unterliegt keinem Zweifel, daß es ihn würdig feiern wird. Aber auch wir haben alle Ursache, des rüstigen muthigen Vorkämpfers für Bildung und Menschenwürde, der rastlos thätig gewesen ist, die Quellen der Wiederbelebung zu eröffnen, aus denen auch unsere großen Humanisten und Reformatoren geschöpft haben, dankbar zu gedenken. Und auch den Einfluß des Dichters auf die Entwickelung unserer Poesie dürfen wir nicht gering anschlagen. Unsere Sprache mit ihrer unvergleichlichen Aneignungsgabe, hat der italienischen Kunstform volles Bürgerrecht gewährt, und auch in den härteren Stoff unsres Idioms hat das Sonett, haben Canzone und Octone den Zauber ihres Wohllauts nicht eingebüßt. Möge die treffliche Schrift Ludwig Geiger's dazu beitragen, die Theilnahme für den Ehrentag unserer Verbündeten von 1866 in möglichst weiten Kreisen zu erwecken. Italien aber möge, wenn es seinen zartesten Dichter feiert, wohl bedenken, daß in Petrarca mit der vollendeten Anmuth sich die Kraft paarte, und daß die Huld der Musen nur dem Volke dauernd zu Theil wird, das seine Freiheit und Selbständigkeit gegen jeden Feind und Neider mit dem Schwerte zu schützen jeder Zeit bereit und gerüstet ist.

Georg Zelle.

Die Schlacht von Pavia am 24. Februar 1525

das „Sedan" des 16. Jahrhunderts

von

Max Jähns.

III.

Die Vorhut: 2000 Landsknechte in 10 Fähnlein vom Frundsbergischen und vom Embsischen Regiment, sowie 2000 spanische Arquebuseros, nebst 400 albanesischen Reitern, stand unter dem Befehl Alfonso's d'Avalos, Marcheses von Guasto, des Neffen und Erben Pescara's. Dieser hatte ihm warm zugesprochen: „Du sollst dich befleißen, vor Allem nach Mirabell zu kommen! Fürchte die Feinde nicht, die wir zuvor stets überwunden; bist du aber zu schwach — da Gott vor sei — so sollst du ehrlich sterben, daß wir den Sieg erhalten." Guasto antwortete fröhlichen Muthes: „Ich will mich nicht sparen und mit Gottes Hilfe heute Ehre einlegen, ich bleibe lebendig oder todt!"[*]) Und so sprengte er in seinem himmelblau angelaufenen mit Gold verzierten Harnisch, den Helm von weißen und fleischfarbenen Federn überwallt, munter voran. — Unbegreiflicherweise hatte die Feldwache, welche unter dem Genueser Giustiniani in angemessener Entfernung vor Mirabella lag und das Breschelegen doch gehört haben mußte, weder Kundschaft eingezogen noch Meldung geschickt. Jetzt wurde sie im ersten Laufe von den Strabioten über den Haufen geritten und der Weg nach dem Jagdschlosse war frei.

Nunmehr zog das Fußvolk, die Deutschen und die Spanier, durch die Mauerlücke und besetzte eine Anhöhe im Thiergarten, um das Debouchiren zu decken, und gleich darauf sprengten die Albanesen unter dem Marquis Sant Angelo, gegen Mirabella, vor dem sie urplötzlich und überraschend auftauchten. Ein Theil der Arquebuseros schloß sich ihnen an, und mit dem lauten Geschrei: Aqui sta el Marques con sus Arcabuseros Espanoles! („Hier sind der Marquese und seine spanischen Schützen!") drangen sie ein und räumten fürchterlich auf unter den Schläfern und Träumern im Schlosse oder in den dasselbe umgebenden Hütten und Zelten. Unmittelbar darauf ging es aber weiter voran, und schon befand sich Guasto vor den Mauern von Pavia, als der vom Schreck fast gelähmte Herzog von Alençon unter Brion eine Entsendung machte, welcher es gelang, die Spanier von der Stadt abzuhalten. Nun ließ Pescara die mit der Garnison von Pavia verabredeten drei Alarmschüsse — „Kreydschüsse" nennt sie Frundsberg — abgeben und den Vormarsch des Heeres beginnen, das nun allmählich durch die Mauerlücke defilirte. Der Vorhut zunächst folgte der Rest der spanischen Infanterie

---

[*]) Jovius und Reißner.

(1000 Mann) und 2000 deutsche Landsknechte unter den Hauptleuten Ulrich von Hörkheim und Egloff Scheller *) mit einigen Reitern, und zwar unter dem unmittelbaren Befehl Pescara's, der nicht im Harnisch, sondern in Fußvolksbekleidung und Bewaffnung sogar in Schuhen erschienen war. Er trug ein rothes Wams und darüber ein Hembde mit Gold und Perlen gestickt, war auf einem Schecken vortrefflich beritten und von seinen Edelleuten und Wachen begleitet, sodaß er weithin erkennbar war. Als eine Art Generalstabschef fungirte bei Pescara Don Juan d'Urbina, ein ausgezeichneter Führer. Hinter den Schaaren Pescara's kam der Vice-König im Harnisch von polirtem Stahl mit Gold ausgelegt; Goldstoff und Purpur bildeten seinen Waffenrock wie die Decke seines Rapphengstes. Vor ihm, als dem Stellvertreter Karl's V. schritten sechs Trompeter und die kaiserliche Fahne; unmittelbar hinter ihm 50 riesenhafte Hellebardirer. Gegen Lannoy's Pracht stach die Einfachheit Bourbon's außerordentlich ab. Er trug nur einen schlichten Panzer ohne Helmkleinod oder Devise; denn er wußte wol, daß alle Lanzen der französischen Ritterschaft ihm seiner Felonie wegen den Tod geschworen hatten und daß es deshalb gut sein würde, unerkannt zu bleiben. **) — An das Gefolge der Heerführer schlossen sich unmittelbar die Geschwader der Reisigen, d. h. der schweren ritterlichen Reiterei. Die burgundischen Reiter unter dem Grafen Salm, so wie das von Ferdinand geschickte deutsche Fußvolk unter Marx Sittich von Embs folgten den Reisigen. Diesen wieder reihten sich die Landsknechte unter Georg Frundsberg's Führung an. Er, der begeisterte Anhänger Luther's, trug doch über der Rüstung eine Franziskaner-Kapuze ***), um dadurch anzudeuten, daß er gern bereit sei, der Sache, für die er kämpfe, sein Leben zu opfern. Derselbe Glaube, der manchen Ritter bewog, auf dem Sterbebette eine Kutte anzulegen, leitete an diesem ernsten Schlachttage den Vater der Landsknechte.†) Galt es für ihn doch, seinen wackeren Sohn zu befreien. Die Landsknechte stellten, so bald sie die Mauerlücke durchschritten und es vermochten, ihre gevierte Schlachtordnung wieder her. „Es war ein in Wahrheit stattlicher Hause.“ ††) — Die Nachhut des Heeres bildeten Papapoda und Cessaro von Neapel mit den Italienern und drei Fähnlein Spaniern, welche sich bis zum letzten Augenblicke lärmend und demonstrirend vor der französischen Front tummelten.†††) — Außerhalb des Thiergartens blieb allein

---

*) Reißner.
**) Die Costüm-Mittheilungen verdankt man dem Lanzenpagen Alfonso's del Guasto (paje de lança del Marques del Vasto) Juan de Caravajal, welchen Sandoval citirt.
***) Sandoval.
†) Barthold.
††) Sandoval.
†††) Ebda.

die adelige Leibcompagnie des Vicekönigs unter dem Marquis van Beeren, welchem streng befohlen war, nur auf Lannoy's bestimmten Befehl mit in die Schlacht einzugreifen.*)

Durch das Verbrennen des kaiserlichen Lagers wären die Franzosen in der That vollkommen getäuscht worden; sie hatten wirklich an den Abzug der Feinde geglaubt und einige italienische und spanische Fähnchen, die sich vor der Schanzenfront frech genug seit mehreren Stunden tummelten, für deren Nachhut genommen. Während man noch überlegte, ob es rathsam sei, zur Verfolgung vorzubrechen, langten die Flüchtigen aus Mirabella an und berichteten athemlos, was ihnen begegnet und wie das ganze feindliche Heer im Anmarsch sei durch den Park. — Es war unterdessen Tag geworden und man konnte aus dem hochgelegenen Quartier des Königs die Kolonnen der Kaiserlichen unterscheiden, wie sie durch die Bresche zogen. Franz I. benahm sich in diesem Augenblick vortrefflich. So unerwartet auch Angriffspunkt und Angriffsmoment waren: er traf sofort sachgemäße Dispositionen.

Er ließ die nothwendigste Anzahl von Truppen und zwar die französische Infanterie, Gascogner und Bretonen, unter dem Grafen Bussy v. Amboise im Lager zurück, um dies zu sichern und zu bewachen; eine andere kleinere Abtheilung, nämlich die Italiener, stellte er der Citadelle, also der Nordspitze von Pavia gegenüber auf, um etwaige Ausfallversuche zurückzuweisen.**) Alle übrigen Truppen rückten unter seiner persönlichen Oberleitung durch die drei früher erwähnten Mauerlücken der Südumfassung des Parkes in diesen selbst ein. Voran, ganz im Charakter einer Avantgarde, die Artillerie, nämlich, die Falconets ungerechnet, 30 schwere Kanonen unter dem alten Grand-arba-létrier, Jacques de Galliot, Seneschall von Genouillac. Dann folgte einige leichte Reiterei unter dem Prinzen von Bozzola zur unmittelbaren Bedeckung der Geschütze; hierauf kamen die hellen Haufen der Schweizer und der Schwarzen und endlich mit dem Könige selbst unter La Paliee und La Tre-mouille die glänzende Gensdarmerie der Franzosen. Vor ihren Reihen leuchtete Franz weithin erkennbar auf einem Fuchshengste in funkelnder Rüstung. Sein Helmkleinod stellte einen Salamander im Feuer dar. Lange weiße Schwungfedern wehten ihm tief über die Schultern herab als er sich im Sattel hob, um den Aufmarsch seiner Armée zu überblicken. Diese große Bewegung — eine Frontveränderung rückwärts, unter schwierigen taktischen Verhältnissen — scheint schnell und gut ausgeführt worden zu sein.***) Besonders verdient die Artillerie gerühmt zu werden, die sich mit Entschlossenheit, Einsicht und großer Schnelle gegen den Mauerbruch bewegte, durch welchen

*) P. Jovius.
**) Paul. Jovius.
***) Heinrich v. Brandt: Geschichte des Kriegswesens. Berlin 1835.

die Kaiserlichen defilirten. Galliot hatte schon bei Marignano die Artillerie
Franz I. geführt, deren furchtbare Wirkung damals die tollkühn anstürmenden
Schweizer so schmerzlich kennen gelernt; jetzt erging es den Truppen Frunds=
berg's ebenso.

> „An sant Matheys tag, da der tag herbrach,
> da fieng wir an zu ziehen ...
> da zugen wir in tiergarten hinein,
> darnach stund unser verlangen,
> sie hießen uns all gottwillkummen sein
> aus kartaunen und mit schlangen."

So heißt es in dem alten Landsknechtsliede von der Schlacht von Pavia,
und so war's in der That.

Die französische Avantgarde hatte sich nämlich der Mauerlücke auf gute
Schußweite genähert, als eben die Queue des kaiserlichen Heeres defilirte,
welche, wie bekannt, aus denjenigen Fähnlein bestand, die bis zuletzt vor der
Schanzenfront des französischen Lagers ihre Demonstrationen ausgeführt
hatten und die zugleich beauftragt waren, das ungemein langsam marschierende
Geschütz zu geleiten; denn die kümmerliche Artillerie der Verbündeten, welche
zum Theil mit Ochsen bespannt war, und ihre mit Munition beladenen
Saumthiere kamen gar nicht von der Stelle.*) Auf diese ermüdeten Truppen
und auf die letzten Fähnlein von Frundsberg's Knechten fiel nun der Angriff
Galliot's: eine artilleristische Offensive, wie die Kriegsgeschichte eine solche bis
dahin wol nur einmal, nämlich in der Sporenschlacht, und auch diese in sehr
viel bescheidnerem Umfang aufzuweisen hat. Du Bellay sagt: „Galliot hatte
seine Artillerie so vortheilhaft placirt, daß der Feind gezwungen war, beim
Durchmarsch der Armee durch die Mauerlücke, Einer hinter dem andern vor=
beizulaufen, um ein kleines Thal zu erreichen und sich dort gegen die genannte
Artillerie zu decken; denn diese öffnete Schuß für Schuß Breschen in ihren
Bataillons, so daß man nur Arme und Köpfe fliegen sah.**) In unglaublich
kurzer Zeit verloren die Verbündeten über 1000 Mann; ein Theil der Lands=
knechte gab die ursprüngliche Direction auf Mirabella auf und warf sich mit
den spanischen und italienischen Fähnlein der Nachhut in das Deckung ge=
währende Thal der Vernavola. Die Spanier staunten über die Geschicklich=

---

*) Sandoval. — Don Juan Antonio de Vera y Figueroa behauptet, daß der Weg vom
Lager zum Thiergarten und die Passage durch die Bresche so schlecht gewesen seien, daß aus
diesem Grunde nicht mehr als 3 Geschütze hätten mitgenommen werden können. (Epitome de la
Vitay hechos del Emperador Carlos V, Madrid 1622, französisch Valence 1625.)

**) Aehnlich drücken sich andere Quellen aus: „Mais avant de choquer l'artillerie de roy
fist si très grant abondance, de couptz qu'elle tiroit que l'on veoit voler en l'air les
harnois des ennemys, testes, bras des gens de cheval et de pyé que on eust dist que c'est-
tait la foudre qui eust passé. (La prinse et délivrance de François I, extrait du M. S.
9902 de la Bibliothèque royale bei Louis Napoléon: Le passé et l'avenir de l'artillerie.)

keit und Schnelligkeit, mit der die französische Artillerie bedient ward. Sandoval sagt in seiner Geschichte Kaiser Karl's V.: „Sie bewegten die Geschütze
mit solcher Kunst, daß sie, ohne dasselbe von den Pferden zu trennen, die es
zogen, blos die Mündung vorwärts kehrten, mit Hülfe eines in der Laffete
angebrachten starken Bügels, der den Rückstoß aufhielt; auf solche Weise
konnten sie nicht nur mit jedem Geschütz feuern, sondern auch dasselbe
überallhin richten, wohin der Artillerist verlangte." Diese Darstellung ist
allerdings nichts weniger als klar; sie deutet aber jedenfalls auf große
Manövrirfähigkeit und auf technische Detaileinrichtungen hin, die auf recht ein-
gehendes Studium der Waffe schließen lassen.

Die Zugthiere der kaiserlichen Artillerie scheinen sogleich durch das französische Feuer ereilt worden zu sein, und noch ehe die wenigen Geschütze überhaupt zum Schuß gekommen, waren sie auch schon von der leichten Reiterei
des Prinzen von Bozzola genommen.*) Es dürfte nicht viel an ihnen verloren gewesen sein.

Während dieses Gefechtes der französischen Avantgarde mit der kaiserlichen
Nachhut, bei welchem die Artillerie beider Heere so sehr verschiedene Rollen
spielte, nahmen die Armeen Stellung zu einander. Das kaiserliche Heer
mußte von seinem ursprünglichen Plane, direct auf Pavia zu marschieren,
abgehn und dem Feinde eine Front entgegenstellen **); empfindlich von dem
Flankenfeuer Galliot's betroffen, schwenkte es links ein und stand nun mit
dem rechten Flügel an Mirabell, mit dem linken an die Parkmauer gelehnt,
Front nach Süden. Den äußersten rechten Flügel nahm Pescara mit den
spanischen Schützen ein; im Centrum stand die schwere Reiterei, nämlich die
Deutschen unter dem Grafen Salm, die Spanier unter Hugo Cardonius.
Dann folgten nach dem linken Flügel zu die hellen Haufen der deutschen
Landsknechte unter Frundsberg und endlich auf dem linken Flügel ein Ge-
schwader neapolitanischer Reiter unter Castaldo, Markgrafen von Piadena.
Während der Formirung wurden die kaiserlichen Schaaren beständig von der
trefflich bedienten französischen Artillerie beschossen, so daß selbst vornehme
Krieger, unter ihnen der Vicekönig in einer Weise Deckung suchten, welche
kein gutes Beispiel gab.***) — Das Heer Franz' I. marschierte dagegen unter
dem Schutz seiner Artillerie auf, welche gewissermaßen ein vorgeschobenes
Echelon des rechten Flügels bildete. Der König selbst mit der Gensdarmerie
sammt deren Anhang an Archers, Coustiliers u. s. w., nahm die Mitte des
Haupttreffens ein; zu seiner Rechten standen die Schweizer, deren Flügel durch

*) Sandoval.
**) P. Jovius.
***) Jovius und Reißner.

die Reiterei Bozzola's gedeckt waren; seine Linke vertraute er den schwarzen Fahnen an. Auch sie waren durch leichte Reiterei auf dem Flügel gedeckt. Er hatte also die Schweizer ihren verhaßten Nebenbuhlern, den deutschen Lands-knechten, die schwarzen Banden den Spaniern entgegengesetzt. Die 400 Ge-harnischten des Herzogs von Alençon, welche zuerst überfallen worden waren, sich jetzt aber wieder gesammelt hatten, bildeten eine allgemeine Reserve.

Pescara ging von Mirabell her mit seinen Arcabuseros entschlossen zum Angriff gegen die schwarze Bande vor; aber so muthig und kampffreudig die Spanier auch angetreten waren; sie wichen doch bald dem verheerenden Ar-tilleriefeuer der Franzosen. Unter eben diesem Feuer litt auch das Centrum gewaltig; es gerieth in nicht unbedenkliche Schwankungen, und jener Augen-blick war für das kaiserliche Heer der mißlichste des ganzen Tages. Auf einem im Bereiche der feindlichen Artillerie unternommenen Flankenmarsche angegriffen, nach den ersten Erfolgen in seiner Spitze aufgehalten, das Cen-trum in Unordnung, die Nachhut zersprengt — so schien es gleich unmöglich, nach Pavia durchzudringen wie das Feld zu behaupten oder endlich durch die Bresche wieder aus dem Park hinauszukommen.*) Lannoy drang schon da-rauf, sich jeden weiteren Angriff zu versagen, vielmehr um Mirabell eine Vertheidigungsstellung zu beziehn und von dort durch die dichteren Theile des Parks in der Richtung auf Certosa den gedeckten Abmarsch zu versuchen.**) Pescara widersprach dem noch sehr lebhaft; aber auch er wurde bedenklich, als ein kühner Angriff, den der Graf von Salm mit seinen burgundischen Reitern gegen die schwarze Bande Suffolks unternommen, blutig abgewiesen wurde und die zurückgeworfenen Reiter Unordnung und Verwirrung in die Landsknechte Sittichs von Embs trugen. Es war 10 Uhr vormittags und die Schlacht schien für die Kaiserlichen verloren. In diesem Augenblick tritt eine Wendung ein, welche ihren Grund lediglich in einem Entschluß des Königs Franz findet und welche ganz außerordentlich an jene Scenen chevalle-resker Unbesonnenheit erinnert, wie sie ganz ähnlich die französische Kriegs-geschichte so oft, namentlich bei Crecy, Maupertuis und Agincourt aufzu-weisen hat.***)

---

*) v. Schwartzenau.

**) Sandoval.

***) „Galiot fut grand maitre de l'Artillerie, pour entendre cet art aussi bien qu'homme de France: et si le roy François l'eust volu croire, possible n'eust il pas perdu la bataille de Pavie (ainsi le disoit-on alors); car il faisait si bien joüer son Artillerie, que l'ennemy s'en sentit fort endommage; mais elle ne joüa pas à demy, que le roy bouillant de courage et d'ardeur de combattre, alla couvrir son Artillerie de telle façon, qu'elle ne peut plus joüer, dont M. Galiot, cuyda desesperer. Le roy cogneut bien sa faute, et le dict puis aprés; dont pour recompenser ledict M. Galiot, le fit grand escuyer, et luy donna la pacel du grand escyer Sansurin, qui mourut en ceste bataille. (Brantôme: Oleuvres complètes. Paris 1822, t. II.

13

Der Roi gentilhomme nämlich, als er den Verlauf der so gut eingeleiteten und sieghaft begonnenen Schlacht wahrnahm, ließ sich zu einer ganz
unzeitigen Bewegung hinreißen, die zwar auch glücklich begann, doch verhängnißvoll enden sollte. Voll inneren Verdrusses, daß der Artillerie, dieser
Handwerkerwaffe, die Ehre des Tages zufallen könnte und besorgt, die Schlacht
möchte gewonnen werden, ohne daß er selbst eine Lanze gebrochen habe, vermag er seine Kampflust nicht länger zu zügeln. Er giebt dem Mitteltreffen
Befehl zum Angriff. Fanfaren schmettern; alle Banner kommen in Bewegung,
und da die Lanzen nach dem Range ihrer Befehlshaber geordnet waren, so
bricht der alte La Palize, Marschall von Chabannes, zuerst vor. Ihm folgen, fast augenblicklich, die übrigen Schaaren; allen voran der König mit
eingelegter Lanze. Er leitet den Stoß auf die Berührungsstelle zwischen den
kaiserlichen Reisigen und dem deutschen Fußvolke, wohin ihn die durch das
heftige Kanonenfeuer herbeigeführte Unordnung und der übereilte Marsch
einiger Fahnen Landsknechte, die sich rottenweise nach der Vernavola zurückgezogen, zum Siege einzuladen schien. Obschon von heftigem Verlust erschüttert, nimmt die kaiserliche Reiterei doch muthig den Kampf an. Dem
Schlachtrufe France! France! antwortete nicht minder laut das Feldgeschrei
San Jago y España! Die spanischen Reisigen Cardonas werden gesprengt,
zwei baierische Reitergeschwader Salms aufgerieben und Salm selbst zurück-
geworfen. Es war ein Fehler, daß die Kaiserlichen keine leichten Pferde zur
Hand hatten; von den drei Haufen derselben, welche die Armee besaß, hatte
Guasto den ersten auf Mirabell und dann auf Pavia zu geführt; er befand
sich jetzt auf dem äußersten linken Flügel, ja zum Theil hinter der feindlichen
Stellung. Der andere Haufen war gleich anfänglich bei dem Geschütz in die
Flucht getrieben; der dritte endlich, die Leibwache Lannois, hielt ungeduldig,
des Befehls zum Eingreifen gewärtig, außerhalb der Bresche; aber der Vicekönig hatte ihn vergessen. — So war es denn recht eigentlich ein Ritterkampf
nach alter Art, der die ganze Mitte des Schlachtfeldes füllte, und in ihm
glänzte der König selbst als ein unübertrefflicher Vorfechter. Mehre der berühmtesten Ritter, so der Enkel Skanderbeg's, der Marques von Sant Angel,
Don Hugo de Cardona, der Fahnenträger von Pescara's Compagnie, und
noch mehrere Andere fielen von des Königs Lanze. Er hielt inne, um die
Pferde ein wenig verschnaufen zu lassen, und wandte sich zu einem seiner Begleiter mit dem Zuruf: „Heut nenne mich Herr von Mailand!" Vergebens
aber spähte er nach Bourbon aus, den persönlich zu besiegen, der heißeste
Wunsch seines Herzens war. Der Drang, ihn zu finden, führte den König
immer weiter vorwärts; er war ganz und gar nur Ritter; so geschickt er sich
bei der Disposition zur Schlacht benommen hatte, so wenig bewahrte er sich
jetzt irgendwelchen Einfluß auf die Weiterleitung derselben. Er bemerkte

nichts davon, daß er mit seinen Hommes d'armes die eigene Artillerie
maskire; wohl aber bemerkte das Pescara und zögerte nicht, diesen glücklichen Umstand schnell, entschlossen und geschickt auszubeuten. Er eilte zu
seinen Arquebuseros*), ließ von den 500 Musketieren, welche sich dabei befanden**), 200 Scharfschützen aus den Reihen vortreten***) und warf sie, Busch und
Hügel wohl benutzend, der feindlichen Gensdarmerie in die Flanke. Es waren
meist Biscayer und Navarresen, ihrer Waffe sicher, gewandt im Einzelgefecht
und von dem Hauptmann Pero Fernandes de Quisada vortrefflich geführt.
Ihr Eingreifen änderte plötzlich die ganze Lage der Schlacht. Jeder Schuß
traf; und obgleich die spanische Muskete kein großes Kaliber hatte, vielmehr
20 Kugeln aufs Pfund gingen, so schlugen die Geschosse doch durch Panzer
und Decken. Roß auf Roß stürzte; Sattel auf Sattel ward leer. Wohl
wendete sich ein Theil der französischen Ritterschaft gegen die lästigen Schützen;
doch vergeblich. Hinter Gebüsch am Boden liegend, hinter den Stämmen
der dicht stehenden Bäume gedeckt, in Knäuel formirt und abwechselnd feuernd,
so leisteten die Musketiere den Schwergeharnischten höchst erfolgreichen Widerstand. Fruchtlos hetzten sich die Reiter mit dem unerreichbaren Feinde herum,
und wie langsam auch das Laden mit dem Pulvermaße ging, wie umständ-
lich es auch war, das Pulver auf die Pfanne zu schütten und es mit der
Lunte zu entzünden — die Musketiere verstanden vortrefflich, Haus zu
halten mit dem Feuer bis zum rechten Augenblick und sich unter einander zu
sichern. Schuß auf Schuß krachte tödtlich in die schimmernden Geschwader.†)
— Der König meinte den kaum sichtbaren Feinden weniger Beute zu geben,
wenn er die geschlossene Reihe seiner Gensdarmes weiter ausbreite; aber das
Uebel wurde dadurch noch ärger: die Basken mischten sich nun geradezu in

---

*) Jovius. — Nach der in mehren Punkten wesentlich abweichenden „Vera Narratione
del Teglio" hatte Pescara seine sämmtlichen Arcabuseros in Pelotons von 20—30 Mann
zwischen seine Reitergeschwader vertheilt. („Partiti in vinticinque o trenta per squa-
dra.) Diese irrthümliche Angabe ist bisher von allen französischen Schriftstellern mit Eifer
nachgeschrieben worden. Es kam ihnen darauf an, nur durch eine ganz neue, unerhörte
Formation besiegt worden zu sein. Folard bringt daher dieselbe Angabe, ebensogut wie Roc-
quancourt im Cours élémentaire d'art et d' histoire militaire, und späterhin nicht minder
Napoleon III. in seinem Werke über die Artillerie. — Gewöhnlich beziehen sich übrigens die
Franzosen bei ihren Angaben über jene Waffenmischung nicht auf Teglio, sondern auf du
Bellay. Aber das erste Buch dieses Schriftstellers hat keinerlei Erwähnung derselben, und im
2. Buche wird nur ganz kurz gesagt, daß les impériaux, ayant esbandé deux ou trois mille
arcbouziers parmi leur gendarmerie, sich aufs Neue gegen den König gewendet hätten — ein
Satz, der keineswegs nöthigt, eine tactische Formation anzunehmen, welche von vornherein
beabsichtigt worden wäre.

**) „Cominciarono cinquecento archebusieri ch'erano istati in mezzo a gli huomini
d'arme imperiali molto avedutamente posto gli loro archebusi scoccare." (Rotta e pri-
gionia di Francesco I. Tom. I.)

***) „Docientos arcabuseros bien aderezados" sagt Sandoval.

†) Sandoval.

die Reihen der Hommes d'armes, wählten ihre Opfer und nahmen immer die ausgezeichnetsten Häupter zum Ziele. — Als Pescara den großen Effect bemerkte, welchen die 200 Musketiere hervorbrachten, warf er noch 400 Schützen in das Reitergefecht.*) Secundirt von diesem Feuer, faßt die kaiserliche Ritterschaft festen Fuß; nach und nach geht sie wieder zum Angriff vor, und endlich rafft sie sich der wankenden Gensdarmerie gegenüber zu einem gewaltigen Vorstoß zusammen. „Es ist keine Hilfe als bei Gott!" ruft der Vicekönig, „Ihr Herren macht es wie ich!" bezeichnet sich mit dem Kreuz, gibt seinem Rosse die Sporen und bricht in den Feind. Der Choc ist so energisch, daß die Gensdarmerie über den Haufen geritten und in voller Flucht auf die eigene Artillerie geworfen wird. Mit ihr zugleich dringen von der einen Seite die kaiserlichen Reisigen, von der andern der Marchese von Guasto mit den albanesischen Reitern ein, und der größte Theil jener Artillerie, die so Außerordentliches geleistet, fällt in die Hände von Lannoy's Wappnern und Pescara's Hakenschützen.

Mit diesem Einbruch in die Artilleriestellung der Franzosen war ihnen die Basis ihrer bisherigen großen Erfolge unter den Füßen fortgezogen. Dennoch standen die Dinge nun eigentlich erst gleich; denn die Kaiserlichen hatten ja über gar keine Artillerie zu verfügen. So gut wie Lannoy's geworfene Reiter sich zu einem siegreichen Gegenstoß erholt, so gut konnte das auch die Gensdarmerie der Franzosen, die noch dazu unter ihres Königs unmittelbarer Führung focht. Aber freilich, auch die kaiserlichen Reisigen hatten zu ihrer Wiederherstellung einer Unterstützung durch Infanterie bedurft. Es frug sich nun, ob das der geworfenen Gensdarmerie zunächst stehende Fußvolk derart war, daß von ihr dieselbe Unterstützung erwartet werden konnte wie die kaiserliche Reiterei sie von den spanischen Arquebuseros empfangen. Jene Infanterie waren der schwarze Haufe der Deutschen auf dem linken Flügel, auf dem rechten die Schweizer. Der alte Ruf der Schweizer hätte es wohl erwarten lassen, daß sie mannhaft und ohne Wanken Widerstand leisteten, um so mehr, als ihnen zunächst kein ebenbürtiger Gegner entgegentreten konnte, weil die ihnen unmittelbar gegenüberstehenden Gewalthaufen der deutschen Landsknechte noch durch das Getümmel der Reiterschlacht gehindert waren, zum Angriff überzugehn, und also fürs Erste nur die vereinzelt vorbrechenden Schaaren leichter spanischer Infanterie zu fürchten waren. Doch schon seit Marignano hatten die Schweizer, wie Guicciardini mit Recht hervorhebt,

---

†) Les gestes ensemble, la vie de noble chevalier Bayard, escript à Lyon et 15 jour de sept. 1525 chap. VII sprechen gar von 4000 „harquebutiers", was wohl auf einem Schreibfehler beruhen dürfte. Paulus Jovius redet von 800 Hakenschützen, ebenso die Chronik von du Tillet, Paris 1587. Francesco da Carpi drückt sich im 43. Capitel des X. Buchs seiner „Commentaria suorum temporum" folgendermaßen aus: „600 Sclopetariis ac pari numero arcubusariis."

nicht mehr dieselbe Hingebung für Frankreich wie früher, und seit dem Gefechte von Bicocca hatten sie zu sich selbst auch nicht mehr das volle Vertrauen. Nun zeigte es sich, daß der Menschenhandel der Cantone, welcher zwang, in immer schlechtere Kreise hinabzusteigen, immer weniger wählerisch zu werden, bereits der militairischen Brauchbarkeit empfindlichen Schaden gethan. Wenn schon bei Marignano und Biccoca die ganze Leistung der Schweizer nur noch in einem verzweifelten Drauflosgehn bestanden, so vermochten sie bei Pavia nun auch das nicht mehr. Obgleich doch nur ein Theil von Pescara's Infanterie, der sich quer über das ganze Schlachtfeld durch den Reiterkampf gegen sie herübergezogen hatte, auf sie eindrang und nur durch einen geringen Theil der Reisigen unmittelbar unterstützt wurde, so zeigten sich doch die Haufen der Schweizer von Anfang an schwankend. Nur ihre Führer, zumal der wackere Johann von Dießbach, bewähren noch den alten Ruhm. Sie treten vor, um die laue Haltung der „verlorenen Knechte" zu erwärmen; sie sterben muthig; aber ihr Tod, statt zur Rache aufzufordern, erschüttert die Mannszucht noch mehr, und als nun das spanische und italienische Fußvolk Pescara's sowie die deutschen Knechte der Vorhut den Schützen mit großer Schnelligkeit nachfolgen und zugleich sich die irrthümliche Nachricht verbreitet, Frundsberg, der Leutfresser mit den deutschen Landsknechten rücke ebenfalls an, da reißen alle Bande der Ehre und Pflicht, und in regelloser Flucht verschwindet der eine der beiden Gewalthaufen der Schweizer vom Schlachtfelde. Vergeblich wirft sich ihnen Fleuranges in den Weg und erbietet sich, mit seinen Reisigen abzusitzen und in ihrem ersten Gliede zu Fuß zu fechten — sie hören ihn nicht und fliehen durch den Thiergarten auf ihr Lager und die untere Tessinbrücke zu — ohne zu ahnen, daß sie dort erst recht dem Verderben entgegen gehn. — Die rechts und links der Schweizer stehende leichte Reiterei des rechten französischen Flügels und ebenso der starke Kavallerierückhalt des Herzogs von Alençon wurden von derselben Panique ergriffen; oder sie gaben gar, wie andere Schriftsteller versichern, sobald sie von den Kugeln der Arquebuseros erreicht wurden, den Schweizern selbst das Beispiel der Flucht. Vergeblich stellte der Herr la Roche du Maine, des Herzogs Lieutenant, diesem vor, was Pflicht und Ehre geböten; Alençon verließ ohne Schwertschlag das Schlachtfeld und brach hinter sich sogar die Tessinbrücke unterhalb der Stadt ab, den wichtigsten Rettungsweg für das französische Heer im Fall der Niederlage. Das war derselbe Alençon, dem zu Ehre man einst in Picardie zuerst den Herzog von Bourbon tödtlich beleidigt, indem man ihm die dem Connetable zustehende Führung der Avantgarde übertrug. Wie unähnlich war er seinem Ahnherrn, welcher in der Schlacht von Agincourt durch das dichteste Gedränge den König Heinrich erreichte und ihm mit dem Ausruf: „Ich bin der Graf von Alençon!" einen Theil der

Krone vom Haupte schlug.*) Wahrlich, hier bei Pavia schlug des Herzogs Flucht dem eigenen Könige einen Theil seiner Krone vom Haupt. Der ganze rechte Flügel wälzte sich in tumultuarischer Unordnung dem Ticino zu und riß Alles mit sich fort, was ihm in den Weg zu treten versuchte.

So schlimm stand es freilich im Centrum noch nicht. Der größere Gewalthaufe der Schweizer, welcher diesem zunächst stand, war noch geschlossen; aber freilich nur in stumpfsinnigem Aushalten, nicht in muthvoller Festigkeit. Die Gensdarmerie hatte sich wieder gefaßt; sie machte dem Feinde gegenüber aufs Neue Front; aber sie war so eng und dicht mit den kaiserlichen Reisigen vermischt, daß an ein Herausziehn derselben aus dem Gefechte nicht zu denken war. So blieben denn zur Wiederherstellung der Schlacht dem Könige von Frankreich nur noch die geächteten schwarzen Fahnen der deutschen Knechte übrig, welche links der Gensdarmerie standen und, weit entfernt gleich den Schweizern das Feld zu räumen, unerschütterlich standhielten. Zu ihrer wirklich großen Tüchtigkeit und alten Anhänglichkeit an die französische Krone kam noch der Umstand, daß ihnen die Acht, in der sie standen, nur die Wahl ließ zwischen Sieg oder Tod, wenn sie nicht von vorneherein schimpflich fliehen wollten. — Es waren noch immer 5000 Mann lothringischer und geldernscher Knechte, von Kopf bis Fuß schwarz geharnischt, vortrefflich bewaffnet und in ausgezeichneter Mannszucht.

Gegen diese gefürchtete Schaaren rückte nun Pescara mit seinen Spaniern, die ihnen von Anfang, wie wir gesehen, gegenüber gestanden, an. Der eine Gewalthaufe der Schweizer, welcher nicht geflohen, aber doch langsam in südwestlicher Richtung zurückgewichen war, stieß in diesem Augenblicke mit der schwarzen Bande zusammen und vereinigte sich mit ihr zu einem furchtbaren Haufen. Beide Theile kämpften hier, ihres wohlerworbenen Ruhmes würdig, geraume Zeit. Doch endlich schien die überwiegende Anzahl der Streiter in jenem Schlachthaufen den Spaniern verderblich werden zu müssen, zumal sich an den Kern des schwarzen Haufens immer neue Theile der auseinander-getriebenen Fahnen der Schweizer und Franzosen anhingen. Denn schon focht die deutsche Reiterei zum Theil im Rücken der Schwarzen und erschwerte die Flucht auch denen, die fliehen wollten. So wuchs der widerstehende Fußvolkshaufe nach und nach auf 15,000 Mann an, und es scheint, daß sich diese Masse mit der linken Flanke an den Canal von Pavia stützte und zuletzt, halbrechts angriffsweise vorgehend, die spanischen und italienischen Truppen Pescara's, welche immer schneller wichen, vor sich hertrieb. — Nun aber griff auch von kaiserlicher Seite das deutsche Fußvolk Frundsberg's ein. Lange Zeit hatte dies im furchtbarsten Artilleriefeuer gestanden, ohne etwas

---

*) v. Schwarzenau.

leisten zu können; aber unter Führern wie die Grafen von Ortenburg, Hag und Birneburg, wie die Herren von Losenstein, Fleckenstein und Marx Sittich von Embs war es trotz seiner großen Verluste nicht auseinandergekommen. Sandoval, der gern der Deutschen Verdienst übersieht und das der Spanier überschätzt, erzählt, wie der Micer Jorge, das ist Georg von Frundsberg, noch ehe er mit seinen wackeren Knechten selbst zum Angriff gekommen, die Lücken geschlossen, welche die Kanonenkugeln gerissen, und die Versprengten, gleichgiltig ob es Deutsche oder Spanier, mit dem Ausruf: Fermi, fermi! — beim Aermel in seinen Haufen gezogen.*) So hatte der biedere Landsknechtsvater die Seinen zusammengehalten; aber er vergaß über solchen Einzeleingriffen keineswegs das große Ganze. Sobald der Reiterkampf, der längere Zeit im Centrum getobt und die jähe tumultuarische Flucht der ihm gegenüberstehenden Schweizer den Blick nach dem rechten Flügel der Kaiserlichen nicht mehr verhinderten, erkannte Frundsberg, daß dort die Entscheidung läge und setzte sich sofort schräg über das Schlachtfeld in Bewegung. Er kam grade zu rechter Zeit. Sobald die schwarzen Knechte des Heranzuges der Deutschen ansichtig wurden, ließen sie vom ferneren Nachsetzen der Spanier ab, lösten sich von den Schweizern und ordneten sich aufs Neue, um den Kampf mit ihren gefürchteten Gegnern anzunehmen. Diese, ihrer Gewohnheit gemäß, ließen sich zuvor aufs Knie nieder, beteten zu Gott um Sieg, und schritten dann zum Angriff vor.**) Ihnen war der tapfere Pescara entgegengeeilt, sie mit kräftigen Worten zu Ausdauer und zum Muth anfeuernd.***) Er mahnte sie, jetzt nicht abzulassen und nur immer nachzudrücken; er rühmte, wie Frundsberg seither in allen Kriegen große Ehre eingelegt und wie er jetzt die allergrößte Victoria erlangen und ein glücklich Ende machen könne. — Auch Bourbon schloß sich dem deutschen Haufen an. — Es war eine unheimliche Stille; kein Schlachtruf erscholl, kein lautes „Her! Her!", womit die Landsknechte sonst stets den Angriff begleiteten; stumm und geschlossen gingen sich die beiden von gefällten Speeren starrenden Massen entgegen. Als man einander auf Büchsenschuß-Weite genaht, trat Georg Langenmantel hervor und forderte Herrn Georg von Frundsberg oder Herrn Marx von Embs zum Zweikampf heraus. Doch noch ehe er Antwort erhalten, streckten ihn als einen Landverräther schon die Kugeln der Hakenschützen nieder; die Knechte hieben ihm den Arm mit der Schiene und den goldenen Fingerreisen ab und führten ihn als Siegeszeichen mit. Nun ging es gegen den hellen Haufen der Schwarzen an. Deutsche standen hier gegen Deutsche,

---

*) Sandoval.

**) Sandoval und Sepulveda: Historia de Bello in Italia per annos XV. et confecto ab Aegidio Albornatio. Bonon 1559.

***) P. Jovius.

wie ja seither so unendlich oft in der Kriegsgeschichte; beide Theile fochten mit hohem Muthe als ihres Vaterlandes ächte Söhne. Lange schwankte der Sieg. Die Bewegung des einen deutschen Regiments unter Marx Sittich von Embs, welche dieser auf Frundsberg's Anordnung ausführte und durch welche die Schwarzen in die Mitte genommen wurden, entschied endlich die blutige Tagesfahrt. Alte Schlachtberichte sagen, Frundsberg habe die Schwarzen „wie mit einer Zange" angepackt.*) — Das Volkslied von der Schlacht von Pavia verweilt begreiflicherweise bei diesem Kampf zwischen den deutschen Knechten mit besonderem Nachdruck. Die Schilderung ist interessant namentlich auch wegen der Wichtigkeit, die sie dem „Geschütz" d. h. den Hakenschützen beimißt.

> Baltein Kopp war auch darpei
> mit manchem guten schützen,
> darzu mancher frummer landsknecht,
> nach, eren tat er's nutzen.
> Das Handgeschütz hat er gar bei im
> mit samt seinen knechten:
> schießt drein, schießt drein, ir frumen Landsknecht,
> gar ritterlich wöll wir fechten! —
>
> Herr Jörg (Frundsberg) schrei Baltein Koppen an,
> sol im das geschütz her pringen.
> Velte Kop tat wie ein erlich man
> und sich nit lang besinnen;
> er fürts daher mit ganzer macht,
> ganz wol tet er sich rüsten.
> Wir schussen all zu halben man,**)
> ward den Franzosen verdrießen.
>
> Herr Jörg, ein edler ritter fest,
> stand da mit seiner helleparten.
> er sprach: es kummen uns fremde gest,
> derselben wöll wir warten!
> Gegen im zog der Langemantel daher:
> Herr Jörg, versich dich eben,
> du mußt hie mein gfangner sein,
> ob du will fristen dein leben!
>
> Herr Jörg sprach: muß ich dein gfangner sein,
> oder kost es mich mein leben,
> so hab ich getrunken des küten wein,
> mein leib will ich dir nicht aufgeben.

---

*) Reißner.
**) d. h. „Wir richteten die Büchsen auf halbe Mannshöhe."

ich hab so manichen landsknecht frisch,
sten da in iren halben hosen.
stecht drein, stecht drein, ir frnmen Landsknecht,
das seind die rechten Franzosen!

Seiten wohl ist eine Entscheidung blutiger gefallen. Mit dem Anführer, dem
Grafen von Suffolk, waren der junge Franz von Lothringen, die Grafen
von Schomberg, Nassau, die Herren von Bünau und fünfzig deutsche Edel-
leute geblieben. Fast der ganze Haufen der Schwarzen erlag mit ihnen dem
Schwerte der Sieger. Nur wenige entgingen dem Tode und geriethen in
Gefangenschaft.*) So ging eine der ältesten und berühmtesten Kriegsbanden
zu Grunde und deckte mit ihren noch im Tode trotzig scheinenden Leibern die
Wahlstatt. Pescara wurde bei diesem Kampfe verwundet; kaum noch athmend
zog man ihn unter dem Pferde hervor; eine Kugel war ihm durch den
Harnisch in die Brust gedrungen, doch mit so abgeschwächter Kraft, daß die
Haut sie festgehalten hatte; sobald als irgend möglich, nahm er wieder Theil
an der Schlacht.**) Diese wurde jetzt, namentlich für die nun mit allen ihren
Haufen fliehenden Schweizer, fürchterlich. Denn sobald Leyva, der von seinem
Krankensessel auf dem Wall der Citadelle aus dem Gange der Schlacht aufmerksam gefolgt war***), den beginnenden Rückzug der französischen Flügel
erkannt, hatte er aus der Porta nuova und dem Thor der Citadelle gleichzeitig sehr lebhafte Ausfälle gemacht,†) die ihn beengenden Schanzen gestürmt
Buffy d'Amboise über den Haufen geworfen und war in den Park gedrungen.
Kaspar von Frundsberg, Graf Lodron und Sebastian Schärtlin standen im
ersten Gliede der avancirenden Landsknechte, welche die Franzosen nun dem
von Norden her vorrückenden Landsknechtshaufen des siegreichen Georg
von Frundsberg entgegentrieben.††) Ein Detachement hatte Leyva auch gegen
die von den Franzosen oberhalb der Stadt angelegte Ticinobrücke gesendet
und sie zerstören lassen; bald hatten die Fliehenden nur noch die Wahl,
wessen Gnade sie anrufen sollten, die des hochgeschwollenen Tessins,†††) oder
die der Garnison von Pavia; denn auf diese, durch monatelange Entbehrungen
bis zur Wuth gereizten deutschen Truppen stießen überall die fliehenden
Schaaren der Schweizer und der Argoulets — kann man sich wundern, daß
ein fürchterliches Blutbad unter ihnen angerichtet wurde und daß das Würgen

*) Es ist kainer davongekommen,
Erschlagen oder gefangen genummen." (Lied von Pavia.)
**) Sandoval.
***) Sandoval.
†) Jovius.
††) Guicciardini, Reißner und Lebensbeschreibung des berühmten Ritters Sebast. Schärtlein
von Burtenbach. Frankfurt 1770.
†††) Sandoval.

und Morden erst spät am Nachmittag sein Ende fand!? Leyva selbst leitete
den Ausfall von einer Tragbahre aus und wurde auf dieser verwundet.
Gegen 5000 Schweizer und Franzosen waren schon im Strome und auf der
Flucht umgekommen, als die Spanier und Frundsberg's Knechte das französische Lager erreichten, wo ihnen Leyva's Truppen nur wenig Beute übrig
gelassen.*) Gesättigt von Blutvergießen verkündeten sie jetzt „guten Krieg",
und es ist ein schöner Zug deutschen Sinnes, den der schweizer Geschichtsschreiber Stettler aufbewahrt hat, daß die Knechte Frundsberg's den besiegten
Eidgenossen „ein entzündetes Feuerlein natürlicher Zuneigung blicken ließen",
d. h. ihnen landsmannschaftlich Frieden und Lebenszusicherung zuschrieen. In
den Liedern von der Schlacht von Pavia haben sie ihnen freilich auch manches
Hohnwort nachgerufen, das nicht eben säuberlich klingt, doch gewiß recht von
Herzen kam:

> Schweizer, du sch . . ßt ein dreck auf d'nas
> und fünfzehn in knebelparte;
> ich mein, wir haben dich bar bezalt
> zu Pavia im tiergarten!
> du sprichst, ich berüm mich eigener schand,
> das ist warlich erlogen.
> du hast den Franzos verloren leut und land
> pist schendlich von im geflochen!

Aber auch dies Lied endet bescheiden und versöhnlich mit dem Ausruf
> Allein Got die er!

Zur innern Wiedergewinnung Elsaß-Lothringens.

Aus dem Elsaß. Anfang Juli.

Elsaß-Lothringen ist dem deutschen Reich einverleibt mit Gewalt
und wider den Willen seiner Bewohner. Darüber hat man sich in
Deutschland im Ernst niemals Täuschungen hingegeben. Und auch das hat
man von Anfang an eingesehen, daß der politische Proceß, der die „innere
Wiedergewinnung" herbeiführen wird, nach Lage der Dinge nur langsam
vorwärtsgehen kann. Es ist deshalb auch im Grunde eine unnütze Mühe,
sich den etwaigen Gang dieses Processes vor Augen zu malen und annähernd
auszurechnen, von welchem Zeitpunkt an er als gewonnen betrachtet werden

---

*) Frundsberg's Schlachtbericht. (Hormayr: Taschenbuch für die vaterländische Ge-
schichte. 1850.)

darf. Gleichwohl wird es erlaubt sein, dies zu thun, wenn nur eine derartige Vorausbeschreibung künftiger innerer politischer Entwicklungen nicht im Gewande der Unfehlbarkeit auftritt, sondern sich damit bescheidet, lediglich auf die bloße Wahrscheinlichkeit ihrer Anschauung Gewicht zu legen. Stützt sie sich dabei noch auf eine den Zeitgenossen bekannte geschichtliche Analogie, wie wir es in den folgenden Zeilen thun wollen, so wird man ihr zum wenigsten nicht absprechen, einigermaßen anregend gewirkt zu haben.

Der Schreiber dieser Zeilen ist Süddeutscher, ja noch mehr, seine Wiege stand unter dem Scepter der Wittelsbacher, das sich ja gerade über denjenigen Theil Süddeutschlands erstreckt, der von jeher, und aus Gründen, die nicht blos in der Dynastie zu suchen sind, der Einigung Deutschlands unter Preußen am spröbesten gegenüberstand. Es bedurfte der Erschütterung des Jahres 1870 und des Zusammenwirkens außerordentlicher Ursachen, um Batern wenigstens so weit zu bringen, als wir es jetzt haben, und mindestens e i n e Generation muß dort noch aussterben, ehe der Reichsgedanke wahrhaftig in Fleisch und Blut des gesammten Volkslebens übergegangen ist. Aber was ist denn so Außerordentliches geschehen, daß ein derartiges Sicheingewöhnen in neue Verhältnisse nöthig ist? War Batern nicht auch vor 1870 und 1866 deutsches Land und hat man nicht auch dort das „deutsche Lied“ und den deutschen „Schützen- und Turnerbruder“ gefeiert, so gut wie im übrigen Deutschland? Was soll also die Analogie mit dem Elsaß, auf die das Ganze hinaus will, die Analogie mit einem Lande, das seit zweihundert Jahren auch von dem „politischen Begriff“ Deutschland getrennt war und, wenn es in Festpatriotismus machte, doch nur der „belle France“ gedachte als seiner zweiten und wahren Mutter? .

Dieser Einwand erschreckt uns nicht. Unsere Analogie sitzt tiefer, ist aber darum nicht weniger wahr. Wir finden sie darin: Süddeutschland überhaupt und Batern ganz besonders befanden sich vor 1866—70 u n t e r e i n e r F r e m d h e r r s c h a f t o h n e e s z u w i s s e n , ähnlich wie das Elsaß; nur daß diese Fremdherrschaft dort Oesterreich, und hier Frankreich hieß.

Man versetze sich im Geist in die Zeit zurück, da die deutsche Frage noch flüssig und namentlich die „preußische Spitze“ in Süddeutschland ein Dogma war, das zu bekennen einigen Muth, ja — gestehen wir es nur — auch einige Selbstüberwindung erforderte. Die wenigen Vertreter des „Kleindeutschthums“ hatten damals im Süden nicht nur die von mannigfachen, namentlich religiösen Abneigungen beeinflußte „Volksseele“, nicht nur die Phrasen der „reinen“ Demokratie und das blühende Blauweißschwarzgelbthum am Hof, im Heer, bei den Beamten, sondern auch etwas im eignen Herzen gegen sich. Sie waren kleindeutsch aus politischer Vernunft, in Folge einer Gedankenoperation, die ihnen das Ergebniß geliefert hatte, daß nur Preußen

die deutſche Frage löſen könne; aber ihr Gemüth war ſüddeutſch geblieben
und im Grunde dem eigenartig „preußiſchen Weſen“ ebenſo abgeneigt, als
von der öſterreichiſchen „Gemüthlichkeit“ angezogen. Ebendeßhalb traf ſie auch
kein Vorwurf ihrer Gegner empfindlicher als der, daß es doch geradezu ſchänd-
lich ſei, die braven, liebenswürdigen Deutſchöſterreicher von der deutſchen Einheit ausſchließen und ſie zu „Schmerzenskindern“ machen zu wollen. Und
während dem gegenüber die „Bettelpreußen“ — das war der Ehrentitel der
ſüddeutſchen Preußenfreunde — aufs eifrigſte betonten, daß man ja die Deutſchöſterreicher ganz gern mit „ins Reich“ hereinließe, wenn man ſie nur nicht
in der Geſellſchaft der Magyaren, Kroaten ꝛc. ſähe, umfaßte im Gegentheil
die große Maſſe des ſüddeutſchen Volks das „Siebenzigmillionenreich“ und beſonders die zwanzig Millionen, die davon nicht deutſch redeten, mit ſchwär-
meriſcher Inbrunſt. Ich ſelbſt erinnere mich, als halberwachſener Jüngling
im Jahr 1859, als das Corps Clam Gallas durch Baiern und Tirol nach
Italien fuhr, auf einer fränkiſchen Eiſenbahnſtation einen ungariſchen Grenadier mit hellen Thränen der Rührung als „Bruder meiniges“ umarmt zu
haben! Elf Jahre ſpäter habe ich auf derſelben Station vielen braven bran-
benburgiſchen Jungen, die „nach Paris“ fuhren, die Hand gedrückt — „tempora
mutantur et nos mutamur in illis!“ — Aber wir ſind noch nicht ſo weit,
wir weilen im Geiſte noch in der Vergangenheit vor 1866.

Der öſterreichiſche Einfluß in Süddeutſchland und namentlich in Baiern
war damals ungeheuer. Wäre Max II. in den Händen der Jeſuiten geweſen, ſo würde Baiern geradezu eine öſterreichiſche Provinz geworden ſein.
Das Alte „Lieber bairiſch ſterben, als öſterreichiſch verderben“ war längſt zur
Mythe geworden. Man ſagte dafür eher: „Lieber öſterreichiſch ſterben, als
preußiſch verderben“, und als man dann 1866 wirklich öſterreichiſch nicht
zwar ſtarb, aber verdarb, da ging durch tauſend bairiſche Herzen ein tiefer
Schmerz, als hätte die Vorſehung einen Frevel begangen, und erſt allmählich
brach ſich die Erkenntniß Bahn, daß man von einer Art Fremdherrſchaft, die
man unbewußt getragen, befreit worden ſei. Dieſer Proceß wurde durch die
Begeiſterung des Jahres 1870 beſchleunigt, und wenn er heute hier und dort
rückläufige Bewegungen zu machen ſcheint, ſo iſt das lediglich dem Ultramon-
taniſmus zuzuſchreiben, der das Siebenzigmillionenreich nicht vergeſſen kann,
in welchem ihm das Staatsruder zugefallen wäre. Gleichwohl wird Niemand
im Ernſte behaupten, daß die Steine, welche die Wegelagerer der Kurie
und die Heckenreiter des Particulariſmus dem Reichswagen in den Weg
werfen, auch wirklich im Staude ſein werden, denſelben weſentlich aufzuhalten
oder gar umzuwerfen. Gerade ihr Geſchrei, daß Baiern jetzt „preußiſche
Provinz“ geworden ſei und daß der bairiſche Landtag fortan nichts beſſeres
thun könne, als die „preußiſche Provincialordnung“ zu ſtudiren — wie Ehren-

Donau - Zeitung meint —, gerade dieses Halbspott-Halbzorngeschrei der „Patrioten" ist der beste Beweis, daß die „Fremdherrschaft", auf die sie ihre Hoffnung gesetzt hatten, unwiderruflich gebrochen ist. Ein so klar und deutlich zu Ende geführter geschichtlicher Proceß, wie die Einigung Deutschlands unter Preußen, zieht die Vernunft, sodann die Gewohnheit und schließlich die Anhänglichkeit auch der großen Massen unwiderstehlich nach sich. Man braucht nicht gerade „christogermanisch" zu sein, um in dem, was wir erlebt haben, eine providentielle Entwicklung zu erblicken und die Ausrede des Ultramontanismus, daß das Alles Teufelswerk sei, muß vor dem Bestande des Geschehenen zuletzt verstummen oder dem Fluche der Lächerlichkeit anheimfallen.

Ziehen wir nun im Folgenden eine Art Parallele zwischen diesen Stimmungen und Verhältnissen in Süddeutschland vor 1866 — 70, sammt ihren Nachwirkungen und den Stimmungen und Verhältnissen im Elsaß und einigen Gegenden Lothringens — nach 1870, so liegt auf der Hand, daß von einer völligen Gleichheit nicht die Rede sein kann. Das braucht uns aber nicht abzuhalten, jene Analogie, von der wir sprachen, aufzufinden und aus ihr Hoffnung für eine uns günstige Entwicklung der „Volksseele" auch in den neuen Reichsprovinzen zu schöpfen.

Zunächst und im Allgemeinen sagen wir: Was für die Süddeutschen Oesterreich, war für die Elsässer Frankreich. Daß die letzteren nicht auch das „großdeutsche" Ideal der deutschen Einheit anbeteten, thut nichts zur Sache. Das tertium comparationis für uns liegt nur darin, daß beide, Süddeutsche wie Elsässer eine Fremdherrschaft ertrugen, gleichsam ohne es zu wissen, oder sich schlecht dabei zu befinden, daß beide durch außerordentliche Ereignisse aus der süßen Gewohnheit des Daseins aufgeschreckt und in eine Lage versetzt wurden, wo sie ihre alten Anschauungen aufgeben und ihr Herz dem Kopf unterordnen müssen, um zuletzt durch die Ueberzeugung des Verstandes auch wieder den Weg zum Herzen zu finden.

Was die Süddeutschen, besonders die Baiern an Oesterreich band, war, abgesehen von der Stammesverwandtschaft mit den dortigen Deutschen, in erster Linie die Religion. Dasselbe war und ist im Elsaß Frankreich gegenüber der Fall. Der gesammte katholische Klerus ist französisch gesinnt, denn Frankreich ist die älteste Tochter der Kirche und Deutschland, wenigstens das jetzige, der natürliche Gegner des Romanismus. Stände Oestreich an seiner Spitze, hätte Benedeck bei Wörth und Sedan gesiegt, das „katholische" Elsaß würde ohne große Schmerzen zu seinen deutschen Stammverwandten zurückgekehrt sein. Ja, die Million elsaß-lothringischer Katholiken hätte sich mit dem Siebenzigmillionenreich in majorem dei gloriam vielleicht sogar freudig vereinigt. So aber stehen sie Preußen-Deutschland genau so abgeneigt, ja feindselig gegenüber, wie seiner Zeit das „katholische" Süddeutschland dem deutschen, dem preußischen Norden.

Was die Elsässer ferner an Frankreich band und bindet, ist die „französische Liebenswürdigkeit". Sehen wir von der mangelnden Stammesverwandschaft ab, so liegt auch hier eine Aehnlichkeit mit den süddeutschen Sympathien für Oesterreich vor. Der Preuße war dem Süddeutschen gleichsam die persönliche Unliebenswürdigkeit, ein steifes, zugeknöpftes, manchmal anmaßendes und leider auch — wie man widerwillig zugab — vielfach überlegenes Geschöpf. Wie ganz anders der Oesterreicher! Welch gutmüthiger, treuherziger, offner, beweglicher Geselle, man mußte ihn „gern haben"! Verstand er nicht Deutsch, d. h. war er Czeche, Ungar oder sonst etwas, so trug er doch wenigstens den weißen Rock, und ein ungarischer Grenadier war ein tausendmal schöneres Menschenkind als der Sohn der Mark mit Pickelhaube und „Tulpenhosen"! Gerade so hängt der Elsässer an den Franzosen. Ist doch der einzelne Franzose in der That ein liebenswürdiger Mensch, so sehr man auch in Deutschland vielfach geneigt ist, die ganze Nation nach den Pariser Gamins zu beurtheilen oder über den Cassagnac'schen Leisten zu schlagen. Je schwerfälliger und vierschrötiger im Allgemeinen gerade die Natur des alemannischen Stammes ist, um so liebens- und nachahmungsvoller erscheint ihm das leichte gefällige Wesen der „Welschen", die er bei allem Gefühl der Fremdartigkeit immer noch gleichsam als Angehörige einer höheren und besseren Kaste betrachtet. Eine französische Uniform vollends wäre noch heute die größte Augenweide für tausend elsässische Augen, selbst wenn der schwärzeste Turko Algeriens darin stäke! Es würden sich unter Umständen sogar „Damen" bereit finden, ihm ähnliche Huldigungen darzubringen, wie anno 59 in Baiern gar manchem „gebräunten" Grenzer des Corps Clam Gallas erwiesen wurden!

Es giebt aber im Elsaß nicht blos Ultramontane oder blind in Frankreich verliebte Leute, sondern auch „Republikaner" in allen Schattirungen, vom selbstverständlichen Liberalen an bis zum fortgeschrittenen Radicalen, der von den vereinigten Staaten Europas träumt. Und auch sie alle hängen an der Brust Frankreichs, die eben je nach dem Geschmack ihrer Kinder und Adoptivsäuglinge sowohl die „Milch frommer ultramontaner Denkart", als „gährend Drachengift" revolutionärer Ideen, und zwar beides in unverfälschter Güte, zu bieten vermag. Dies war nun bei Oesterreich, was die letzteren anlangt, allerdings nur wenig der Fall. Der habsburgische Staat ist immer viel mehr das klassische Land der Reaction, als der Revolution gewesen. Aber nichtsdestoweniger hat die süddeutsche Demokratie der alten Schule, deren schäbige Reste wir noch heute in der sogenannten „Volkspartei" bewundern, von jeher einen inneren Zug des Herzens zu Oesterreich gespürt. Einmal fand sie dort, wenigstens in den Städten, eine nicht unbeträchtliche radicale Partei, wie sie überall im Gegensatz zum herrschenden Ultramontanismus entsteht, und dann schien ihr das Großdeutschthum mit seinen föderativen Gedanken jedenfalls eine bessere Grundlage der zukünftigen deutschen Föderativrepublik zu sein, als der kleindeutsche Bundesstaat mit dem monarchischen preußischen Staat und Volk an der Spitze. Auch ihr war deshalb der Spruch: „Lieber österreichisch sterben, als preußisch verderben" d. h. lieber für die Freiheit und Einheit Deutschlands nichts erlangen, als in Folge „der preußischen Spitze" auf die Parteiideale verzichten müssen, aus der Seele geredet.

Kurz, wenn man sich die Zustände in Deutschland vor 1866 ungeschminkt vergegenwärtigt, so wird man sagen müssen, daß für eine friedliche organische Entwicklung des Kleindeutschthums die Aktien noch äußerst niedrig standen und daß ohne das revolutionäre Eingreifen der Jahre 1866—70 das Wann der Lösung der deutschen Frage durchaus unbestimmbar gewesen wäre.

Daraus folgt nun, wie es scheint, daß heute im Elsaß die Lage ähnlich ist, wie damals in Süddeutschland, daß im „Reichslande" Preußen-Deutschland den Katholicismus, die Demokratie, und die ganze Volksstimmung gegen sich hat, die nämlichen Feinde also, die Preußen allein früher in Süddeutschland hatte, nur daß sie sich hier blau-weiß-roth anstatt schwarzgelb drapiren.

Aber wir halten diesen Schluß nicht für richtig. Er ist beides, zu optimistisch und zu pessimistisch, je nachdem man ihn ansieht. Zu optimistisch: denn wo ist denn in Elsaß-Lothringen eine deutsch-nationale Partei, die doch in Süddeutschland vorhanden war? Die disjecta membra entschiedener elsässischer Deutschfreunde, einige Dichter, Schriftsteller, protestantische Pfarrer, oder die junge, aber auch noch höchst unklare „elsässische" Partei sind doch erst sehr schwache Ansätze einer Entwicklung in deutschnationaler Richtung. Höhnend könnte uns ein Franzose oder Herr Sonnemann zurufen: „Wenn Ihr im Elsaß, ganz abgesehen davon, daß französische Sympathieen denn doch einen Grad schlimmer sind, als österreichische, wenn Ihr im Elsaß schon so weit wärt, wie Süddeutschland für Euch vor 1866 war, so könntet ihr allerdings Victoria blasen. So aber müßt Ihr noch lange warten, ehe ihr nur „Nationvereinler" bekommt. Ja, ihr werdet sie nie bekommen!"

Darauf entgegnen wir nun wieder: „Gemach! Ihr hättet vollständig Recht, wenn Elsaß-Lothringen noch französisch wäre, gerade wie Eure Macht, ihr Demokraten 2c., noch gänzlich ungebrochen sein würde, wenn 1866 nicht gekommen wäre. 1870 war aber für Elsaß-Lothringen etwas Aehnliches wie 1866 für Euch, und der auf religiösem Gebiet verwerfliche Satz: „cujus regio, ejus religio" hat eben cum grano salis auf politische Umwälzungen angewandt, eine unbestreitbare Wahrheit. Darum ist der obige Schluß, auch pessimistisch betrachtet, unrichtig. Er bedarf eines Zusatzes, um die wirkliche Sachlage abzuspiegeln. Was er sagt, daß nämlich Preußen-Deutschland in

Elſaß-Lothringen gegenwärtig ganz ähnliche Widerſacher habe, wie vor 1866 Preußen allein in Süddeutſchland hatte, iſt an ſich ja zutreffend, und auch das iſt richtig, daß franzöſiſche Sympathieen ſchwerer zu überwinden ſind als öſterreichiſche; aber andererſeits leuchtet auch ein, daß beides durch den bereits erlangten Beſitz des Landes nahezu aufgewogen wird. Die Lage der Dinge in Elſaß-Lothringen iſt daher ähnlich, wie ſie in Süddeutſchland geweſen wäre, wenn Preußen 1866 oder noch früher nach einem glücklichen Feldzug die ſüddeutſchen Fürſten abgeſetzt und ihre Länder ſich ein- verleibt hätte. Es würde das einerſeits zwar die preußenfeindlichen Ele- mente daſelbſt für den Anfang namhaft verſtärkt, andererſeits aber auch natur- gemäß einen unaufhaltſamen Verſchmelzungsproceß herbeigeführt haben. Darum ſprechen auch die Franzoſen und ihre Freunde in Elſaß-Lothringen freilich in ganz anderem Sinn, als ſie wollen, eine Wahrheit aus, wenn ſie ſo gerne die „annektirten“ Hannoveraner ꝛc. als ihre „Leidensgefährten“ be- zeichnen. Die einmal vollbrachte Thatſache der Einverleibung eines durch Natur und Sprache zum nationalen Staat gehörigen Stammes zieht trotz allen Widerſtrebens künſtlich großgezogener antinationaler Sympathieen zuletzt unwiderſtehlich auch die Herzen nach ſich, ohne daß ein Wunder nöthig wäre, um den Saulus zum Paulus zu machen.

So ſind auch die Elſaß-Lothringer gezwungen, mit uns in Gemeinſchaft zu treten. Ihre Iſolirung wird von Jahr zu Jahr unhaltbarer und ſchwä- cher. Ihre Kinder werden in den Schulen deutſch erzogen, ihre Söhne tragen des deutſchen Kaiſers Rock; das flache Land, die niederen Klaſſen in den Städten, die noch nicht verwälſcht ſind, werden das Gefühl, daß die Deut- ſchen Fremde ſeien, mehr und mehr verlieren und die höheren Stände zuletzt nur die Wahl haben, entweder in der ſie umgebenden „germaniſchen“ Fluth unter zu gehen oder eine Art Inſulanerleben zu führen, ein Leben der Frem- de in der eigenen Heimath, ihr Volk nicht mehr verſtehend und von ihm nicht mehr verſtanden, ein Leben, das eben deshalb zu unausbleiblichem Ster- ben, ohne Hoffnung der Auferſtehung, verurtheilt wäre! —

Das iſt der Proceß, der ſich, von den franzöſiſch redenden Theilen des Reichslands abgeſehen, ohne Zweifel vollziehen wird. Freilich wird er länger dauern, als er in Hannover ꝛc. gedauert hat und in Süddeutſchland im Fall einer gewaltſamen Einverleibung gedauert hätte. Aber vollziehen wird er ſich, und je nachdem ſich die Dinge in Frankreich geſtalten, vielleicht ſogar raſcher, als es jetzt den Anſchein hat. Eine bonapartiſtiſche Reſtauration z. B. würde uns hier um mindeſtens zehn Jahre vorwärts bringen.

Ja ſelbſt das räumen wir offen ein, daß vielleicht dem 1866, das gleich- ſam Elſaß-Lothringen im Jahr 1870 an ſich erlebt hat, noch ein beſonderes 1870 fehlt, um dieſen Proceß zu beſchleunigen. Wie Süddeutſchland in der

Begeisterung des Kriegs gegen Frankreich den Groll über den „Bruderkrieg"
von 1866 vergessen hat und jubelnd in das „kleindeutsche" und doch so große
neue deutsche Reich eingezogen ist, ähnlich würde Elsaß-Lothringen durch eine
nochmalige Besiegung Frankreichs auch innerlich rascher und durchgreifender
für Deutschland gewonnen werden. Es selbst freilich stände in diesem Krieg
in dem uns günstigsten Fall nur mit getheilten Sympathieen da, aber was
für Süddeutschland 1870 die Begeisterung that, würde bei ihm nach entschiedener Sache die politische Vernunft thun, da dann die Vereinigung mit
Deutschland auch dem optimistischen Freunde Frankreichs als durchaus unwiderruflich gelten müßte. Oft möchte man darum auch wirklich in verdros-
seneu Stunden, wenn man vergißt, daß die Weltgeschichte nicht für uns
Eintagsfliegen malt, oft möchte man darum auch wünschen, daß die „revanche"
bald käme, und sich an den Vogesen den Kopf zerschellte; denn es ist zu
klar, daß alsdann ein zweites Mal Elsaß-Lothringen der Siegespreis wäre
d. h. der bereits vollzogenen äußeren Eroberung würde alsdann rascher
als sonst auch die innere folgen. Aber nöthig zur Erreichung dieses Ziels
sind doch die Schrecken eines neuen Krieges Gottlob! nicht. Wie die heute
noch centrifugalen Elemente in Süddeutschland und anderwärts naturgemäß
zum Absterben und Aussterben prädestinirt sind, gerade so tragen die in der
Negation gegen Preußen-Deutschland ihnen verbundenen reichsfeindlichen
Massen Elsaß-Lothringens bereits den Todeskeim in sich. Ohne Zweifel
wird das Reichsland zuletzt von allen deutschen Stammgruppen und Staaten-
bildungen ganz und rückhaltlos in dem Reichsgedanken aufgehen; aber wir
können bei dem Charakter gerade seiner Bewohner uns auch der Hoffnung
hingeben, daß sich alsdann das Wort an ihnen bewähren wird: „Die
Letzten werden die Ersten sein." Und es ist erfreulich, daß der Weg zu
diesem Ziel nicht unbedingt noch einmal durch blutige Schlachtfelder führen
muß.   *△.*

Italienische Briefe.

III.

Ich berichte diesmal weder über einen berühmten Namen noch über eine
Erscheinung, welche besonderes Aufsehen erregt hätte, sondern über ein fast
anonymes Buch, welches soeben in Mailand erschienen, und welches nach meiner
Meinung besonderer Beachtung werth ist; es sind dies die „Saggi di

componimenti delle alunne della civica scuola superiore di Milano," pubblicati dal professore Giovanni Rizzi a beneficio delle scuole per i rachitici. (Milano, 1874). Es ist nicht der Wohlthätig-keitszweck, welcher mich so sehr für das Buch einnimmt; ich weiß wohl, daß man oft Schmuggeleien durch eine respectable Flagge zu decken sucht, und daß wenig gelesene, wenig geachtete und gesuchte Schriftsteller, welche sich doch gerne gedruckt sähen, häufig dadurch sich bei dem Publicum einzuschleichen suchen, daß sie Wohlthätigkeitsabsichten zum Aushängeschild für ihr Buch gebrauchen. Aber in dem vorliegenden Falle braucht man keine nur vorge-schobene Philantropie zu befürchten; man mache sich nur ein wenig bekannt mit den jungen Damen, deren Ausarbeitungen uns hier vorgeführt werden, und mit ihrem würdigen Lehrer Professor Rizzi, und man wird sich leicht überzeugen, daß nur die edelste Absicht sie alle bewogen hat, ohne irgendwelche Prätentionen, jedem materiellen Nutzen zu Gunsten der armen Scrofelkranken, welchen sie zweifelsohne aufrichtige Theilnahme schenken, zu entsagen. Das Buch selbst ist eine wahre Wohlthat; und es wird gewiß beruhigen und trösten und erheben. Man wird durch dasselbe in die Mitte einer Jugend versetzt, die ebenso sinnig und mitfühlend als ernst und gebildet ist. Man fühlt das Leben der neueren italienischen Generation in ihr pulsiren, speciell den Puls-schlag des lombardischen Lebens, das ja vor allem das natürlichste das reichste und kräftigste ist. Der Ausländer überblickt Italien gewöhnlich nicht in seiner Gesammtheit, und es entgehen ihm characteristische Provincialzüge, welche ein so originelles Gepräge bei uns tragen. Wenn der Ausländer nach Ita-lien herabsteigt, will er nach Florenz, Rom und Neapel, wo ihn die großen historischen Namen, die Wunderwerke der Kunst und die landschaftliche Pracht blenden. Und dies zu bewundern ist ja allerdings der Mühe werth. Und doch möchte ich den Fremdling bitten, sich ein wenig in Oberitalien aufzu-halten. Denn dies hat jetzt die größte Zukunft für sich. Man arbeitet und denkt dort am meisten. Wenn man Italien herzlich zugethan ist, muß man wünschen es in seiner lebendigen Thätigkeit kennen zu lernen, die Italiener nicht nur als Hüter eines prachtvollen Begräbnißplatzes betrachten.

In Oberitalien ist Alles — mit alleiniger Ausnahme Venedigs, welches, wie durch einen Schicksalsschlag getroffen, sich nicht wieder erheben zu können scheint — in Gährung. Alles verspricht und zeitigt Früchte. Aber besonders in der Lombardei und in Mailand tritt diese Thätigkeit im besten Sinne selbstbewußt und durch sich selbst sympathisch auf; wer in die so frische Strö-mung hineingerathen ist, wird schwerlich gegen den Reiz unempfindlich bleiben, den sie ausübt. Und so wetteifert in dieser lombardischen Welt Alles, Alles nimmt Antheil unter einander, hält fest aneinander um sich vorwärts zu helfen. Man nennt Mailand die moralische Hauptstadt Italiens, und nicht

ohne Recht hat es diesen Ruf. Mailand ist diejenige Stadt, welche die meisten literarischen Erzeugnisse hervorbringt und gebraucht und welche am reinsten
auf die öffentliche Meinung tonangebend wirkt. Wenn der Piemontese ernster
und beharrlicher ist als der Lombarde, so ist der Lombarde zugänglicher, von
schnellerem Verständnisse, und er weiß sich leichter mitzutheilen. So ist auch
die lombardische Literatur die populärste Italiens. Sie ist am verständigsten
und heitersten zugleich; man denkt dort ehe man spricht, und macht es nicht umgekehrt, wie es wohl in Toskana häufig genug vorkommt. Was die Größe Manzoni's
ausmacht — die auch der Ausländer schwerlich verkennen wird — ist, daß
er alle Vorzüge eines lombardischen Schriftstellers in sich vereint; man kann
sagen, daß Manzoni ebensoviel von der Lombardei empfangen hat, als er
ihr gab; und wenn man jetzt diese geistreiche Biederkeit die zugleich von
gutem Humor und Gemüth erfüllte Art bezeichnen wollte, welche den Reiz
einer guten Anzahl mailändischer Schriftsteller ausmacht, so könnte man gleich
richtig sagen, daß sie lombardisch und daß sie manzonisch sei.

Aber bisher schien an der Begünstigung dieser lombardischen oder, wie
man also sagen könnte, manzonischen Schreibweise nur unser Geschlecht Theil
zu haben; das weibliche Geschlecht nahm nicht daran Theil. Wenn eine Frau
zu schreiben versuchte, so schläferte sie uns ein — mit wenigen Ausnahmen
— durch Abgeschmacktheiten, Albernheiten, die Schwerfälligkeit ihrer Phrasen,
durch den Mangel an Zartgefühl, welches sonst ihr Geschlecht schmückt. Man
bot uns kindische Gespräche oder Erzählungen an, die geeignet waren, nicht
nur aufgeweckte Kinder, sondern die Puppen selbst einzuschläfern, oder man
verwickelte uns in Discussionen über die Religion, die Moral, die Bestimmung,
die Rechte, die Pflichten des Weibes, um uns zum tausendsten Male, nur in
platteren Phrasen, ohne jeden Reiz im Stil und ohne Geist, das zu sagen,
was uns besser und ohne Prätensionen, wenn auch gleichfalls sehr überflüssiger
Weise, schon Andere zuvor gesagt hatten. In den Mädchenschulen unter-
richtete man gewöhnlich nach einer sehr empirischen Methode, indem man
ganz äußerlich kleine unbegriffene Abhandlungen auswendig lernen ließ, damit
die Mädchen im Examen wie kleine Papageien sie vor den über solches Wissen
erstaunten Schulbehörden, vorsagen konnten. Aber man hätte die Hefte der
Wunderkinder vor der Revision durch die Schulvorsteherin einsehen sollen, um
sich von ihrem wahren Culturzustande überzeugen zu können. Eine nur zu große
Anzahl weiblicher Erziehungsanstalten in Italien bietet ein gleiches Bild;
viel äußerlicher Schein, und kein wirklicher und andauernder Werth, der im
späteren Leben nachwirken könnte.

Unter solchen Umständen muß man sich doppelt freuen, wenn man eine
öffentliche italienische Schule kennen lernt, die wirklich vortreffliche Resultate
erzielt, wie man dies der höheren weiblichen Gemeindeschule Mailands nach-

rühmen kann, was die italienische Literatur anbelangt, in welcher der Professor Giovanni Rizzi unterrichtet; sein Name ist außerhalb Mailands fast unbekannt, aber er verdiente unter der Zahl derer genannt zu werden, welche den wohlthätigsten Einfluß auf das Gedeihen des öffentlichen Unterrichts in Italien ausgeübt haben.

Die „Civica Scuola Superiore femminile" ist 1861 zu Mailand eröffnet worden; der Cursus ist auf vier Jahre festgestellt. Die Unterrichtsfächer sind: Moral, italienische Sprache und Literatur, Geographie und Geschichte, französische Sprache und Literatur, Hygieine und die Naturwissenschaften, Physik, Arithmetik, Zeichnen, Schönschreiben, weibliche Arbeiten und Gymnastik. Für die Aufnahme in die erste Classe wird ein Alter von wenigstens 12, höchstens 16 Jahren verlangt. Die „Componimenti" sind von den Ausarbeitungen der älteren Mädchen ausgewählt worden, und nur in 20 Exemplaren für die Wiener Weltausstellung auf Kosten der Stadt Mailand hergestellt worden. In Wien wurde dem Bande die Medaille für „Fortschritt" ertheilt. Diese verdiente Auszeichnung ermuthigte die freigebige und intelligente Philantropie einiger Leute, die Mittel zusammenzubringen, welche zum Drucke des Bandes nöthig waren, um es zum Besten der Scrophelkranken auf den Markt zu bringen. So kann jetzt Jedermann von den schönen Fortschritten Einsicht nehmen, welche, Dank einer ausgezeichneten Direction, die Schülerinnen der höheren Töchterschule zu Mailand gemacht haben. Der größte Theil der Arbeiten würde kundigen Schriftstellern Ehre machen, wenn ihre Frische nicht auf die glückliche Jugend der Verfasser schließen ließe. Sie haben alle eine Familienähnlichkeit, man sieht, daß sie alle aus einer Schule hervorgegangen sind und daß die Schule ausgezeichnet ist. Kein Pedantismus ist da (wenn man eine einzige etwas zu wichtige und prätentiöse Arbeit über das moderne Theater ausnimmt), nichts Banales; dagegen eine Fülle von Begeisterung, von Geist, Gemüth, Einbildungskraft und Poesie. Die jungen Mädchen schreiben sämmtlich hübsch, in ganz correctem und feinem Italienisch; immerhin freilich wie junge Mädchen, mit den kleinen Malicen, Illusionen, Verzweiflungsanwandlungen und frühreifen Urtheilen ihrer Jahre, wenn sie wirklich gefühlvoll und intelligent sind. Wir haben die Ausarbeitungen von 28 jungen Mädchen vor uns, von 13—18 Jahren. Es sind Ferien-Tagebücher, Sittenzeichnungen, zarte Phantasien, Bekenntnisse, Characterzeichnungen, illustrirte Sprüchwörter; Alles von bester Art, geschmackvoll und voll jugendlicher Frische, die in der That anziehend ist. Ich glaube nicht, daß man das lombardische junge Mädchen von heute auf einem andern Wege besser lernen könnte, als durch dies Buch, und ich bin überzeugt, daß wenn ein deutscher Verleger sich entschließen könnte, eine Uebersetzung zu unternehmen, er für die nächste Weihnacht den deutschen jungen Mädchen kein besseres Buch bieten könnte, da diese sicherlich begierig wären zu wissen, wie ihre italienischen Schwestern denken und schreiben. Das Buch ist instructiv ebensowohl als amüsant und wie ich denke, daß es der neuen lombardischen Generation und deren Lehrern Ehre macht, so würde es mich auch freuen, wenn es seinen Weg jenseits der Alpen fände. Ich kann mich leider nicht weiter über diese Publication auslassen; wenn ich aber meinen deutschen Lesern eine volle Uebersetzung des Buches geben könnte, so bin ich überzeugt, würde ich sie schnell zu meiner Ueberzeugung bringen. Ein einziges kleines Fragment — Maria B. signirt — will ich jedoch, seiner Kürze halber wiedergeben. Es ist „Il ritorno delle rondini" (die Wiederkehr der Schwalben) betitelt. Eine Mutter spricht. Es ist nicht in Rythmen, aber es fehlt wenig, daß es wirklich Verse wären.

„Alles kehrt wieder, sagen sie; die Blumen, die Sterne, die Schwalben — und du kehrst nie zurück. Die Schwalben sind wieder da, die Du so sehr geliebt hast, mein Kind. Sie haben Dir von einem schönen herrlichen Himmel erzählt, der ganz von Glanz erfüllt ist, und Du hast dich gesehnt, ihn auch zu schauen. Und als sie davon flogen, bist du ihnen gefolgt. Mit ihnen bist Du hinweggezogen, mein Kind; warum kommst Du nicht mit ihnen zurück? Und Ihr Schwalben, die Ihr sie mir entführt habt, warum wollt Ihr sie mir nicht wiederbringen? Ihr waret um sie, und zusammen habt Ihr eine mildere Sonne, ein schöneres Land gesucht. Wie Ihr, wollte sie einen besseren Ort suchen, aber das Laub, dahin meine Tochter zog, ist ein geheimnißvolles Land, von welchem niemand zurückkehrt. . . . Und wäre es eine Mutter, welche riefe — es kehrt niemand zurück!"

Man hat den jungen Mädchen ein poetisches und tiefes Gefühl für die Natur einzuflößen gewußt, das Sehnsuchtsvolle der germanischen Poesie. Sie kennen und lieben Euren Goethe und Schiller, und in solcher Gesellschaft muß sich der Geist erhaben fühlen. Ich hoffe aufrichtig, daß Professor Rizzi uns noch ähnliche Bände als Früchte seines Unterrichts bieten wird, und zwar einerseits deshalb, weil unsere Literatur hieraus Gewinn schöpfen würde, und sodann weil es mir scheint, daß die jungen Mädchen, welche so schöne Beweise ihres guten Geschmackes geben, in Zukunft treffliche Mütter und liebenswürdige Gattinnen sein werden, die werth sind, ein glückliches Leben zu leben. Und ein solches wird ihnen jeder Leser des von mir empfohlenen Buches mit mir wünschen.

Angelo De Gubernatis.

Das Hans Sachs-Denkmal zu Nürnberg.

Hans Sachs wurde am 5. November 1494 als Sohn des Schneiders Jörg Sachs zu Nürnberg geboren, besuchte, wie er selbst in seinem Gedichte „Valete" erzählt, zunächst die lateinische Schule seiner Vaterstadt, wo er u. A. „Grammatica und Musica" lernte, und begann, fünfzehn Jahre alt, die Erlernung des Schuhmacher-Handwerks. Nach Vollendung seiner zweijährigen Lehrzeit begab er sich auf die Wanderschaft, durchzog Franken, Bayern und die Gegenden des Rheins, bildete sich überall, neben seinem Handwerke vor Allem im Meistergesang aus. Im Jahre 1516 nach Nürnberg zurückgekehrt, machte er sein Meisterstück und lebte fortan daselbst der Ausübung seines Handwerks und der Dichtkunst. Er verheirathete sich mit Kunigunde Crenzer, mit der er 41 Jahre lang in sehr glücklicher Ehe lebte. Seine sieben Kinder starben jedoch sämmtlich vor ihm. Als im Jahre 1560 auch seine Frau gestorben war, vermählte er sich, 66 Jahre alt, zum zweiten Male und zwar mit Barbara Hascher, deren Lob er voll Begeisterung gesungen hat. Hans Sachs starb, nachdem er seine reiche Begabung stets zur Belehrung und Verbesserung seiner Mitmenschen verwerthet hatte, von seinen Mitbürgern hoch geehrt, 81 Jahre alt, am 20. Januar 1576 und wurde auf dem Johannis-Kirchhofe begraben.

Die Bedeutung des Hans Sachs liegt weniger in seinen Meistergesängen, welche er auch nicht in die Sammlung seiner Werke aufnahm, sondern in seinen außerhalb der Meisterschule entstandenen Dichtungen, mit welchen er alle anderen Dichter seiner Zeit weit überragt. Die ersteren kamen eben nur der Nürnberger Meisterschule zu gut; mit den letzteren aber wirkte er auf alle seine Mitbürger, ja auf die ganze deutsche Nation ein: Hans Sachs war ein musterhafter Bürger und durch und durch ein ächt deutscher Mann; in ihm vereinigte sich der Gelehrte mit dem Manne des Volks in glücklichster Weise. Er kannte nicht nur die deutsche Heldensage, sondern auch die Geschichte und die Mythologie des klassischen Alterthums und verstand es vortrefflich, den reichen Schatz seines Wissens für das Volk nutzbar zu machen. Hans Sachs war überhaupt ein hochgebildeter Mann, stand den Besten seiner Zeit gleich. Der durch Luther angeregten Bewegung schloß er sich mit vollem Verständniß und aus tiefer Ueberzeugung an. Luther's Auftreten begrüßte er im Jahre 1523 durch ein Gedicht „Die Wittenbergische Nachtigall, die man jetzt höret überall". Dasselbe machte den Dichter zuerst in weiteren Kreisen bekannt und trug nicht wenig zur Förderung der Reformation in Nürnberg bei. Als Dichter war Hans Sachs überaus fruchtbar. Die Zahl seiner Gedichte, welche er in 54 Jahren verfaßt, beträgt über sechstausend. In seinen alten Tagen faßte er oft den Vorsatz, nun aufzuhören; und doch dichtete er noch immer mehr. Alle seine Gedichte sind ebensosehr ausgezeichnet durch den Inhalt und die glückliche Behandlung desselben, als durch die Mannigfaltigkeit ihrer Formen. Sie erschienen während seines Lebens als Flugblätter, wurden dann aber noch von dem Dichter selbst gesammelt. Es waren drei Bände mit 792 Stück, dazu nach seinem Tode noch zwei Bände mit 642 kamen.

Hans Sachs lebte zu einer Zeit, als Nürnberg auf der höchsten Stufe seines Ansehens stand, als es durch politische Macht, Handel, Kunst und Wissenschaft allen anderen deutschen Städten voranleuchtete, als die Augen aller gebildeten Deutschen nach Nürnberg hin gerichtet waren. Mit ihm lebten in Nürnberg Wilibald Pirkheimer, Christoph Scheurl, Albrecht Dürer, Peter Bischer, Veit-Stoß, Adam Krafft, Wenzel Somitzer und viele andere sehr ausgezeichnete Männer.

So großen Einfluß Hans Sachs auch auf die Zeitgenossen ausgeübt hatte, so wurde sein Werth beim Aufkommen der Gelehrten-Dichtung im siebenzehnten Jahrhundert doch verkannt und er selbst schließlich vergessen. Man hatte lange Zeit nur Spott für den dichtenden Schuster. Es ist Goethe's Verdienst im Jahre 1774 zuerst auf den hohen Werth seiner Gedichte wieder aufmerksam gemacht zu haben.

Jetzt endlich hat Deutschland seine Ehrenschuld an den Dichter abgetragen, indem es ihm in seiner Vaterstadt Nürnberg ein würdiges Ehren-Denkmal errichtet hat, das sein Andenken den kommenden Geschlechtern erhalten wird. Es ist dies eine Bronce-Statue in sitzender Stellung, welche auf dem Spitalplatze, in der Nähe des Hauses, in welchem Hans Sachs gewohnt, auf einem mit kurzer Inschrift versehenen Sockel aus grauem Granit sich erhebt, und am 24. Juni d. J. feierlich enthüllt wurde. Der Dichter ist sinnend dargestellt; er hält in der Linken ein Buch und hat die Rechte mit dem Griffel erhoben, als wenn er die Silben abzählte. Das Modell zu dieser Statue wurde von dem kürzlich verstorbenen Nürnberger Bildhauer Krauße gefertigt. Die Ausführung desselben in Bronce geschah in der berühmten Erzgießerei des Professors Ch. Lenz in Nürnberg.

Der Tag der Enthüllung war durch das schönste Wetter begünstigt, ein Festtag im besten Sinne des Wortes. Aus allen Gauen Deutschlands waren Fremde, besonders Schuhmacher, aber auch Gelehrte und Männer jedes Standes herbeigeeilt, um an dem Feste Theil zu nehmen. Schon am Vorabende fand ein Concert im großen Saale des Rathhauses statt, woselbst Professor Dr. A. Westermayer auch eine Festrede*) hielt, in welcher er Hans Sachs in seiner großen Bedeutung für das deutsche Volk und besonders als „Vorkämpfer der neuen Zeit" schilderte. Am Morgen des 24. Juni bewegte sich ein langer, langer Zug, das Denkmal-Comité, der Erzgießer mit seinen Gehülfen, Vertreter der Civil- und Militairbehörden der Stadt, die Universität Erlangen, dann die verschiedenen Gewerke, unter Vortritt der Schuhmacher, mit ihren Fahnen und Emblemen, verschiedene Vereine und Gesellschaften, die Turner, die Feuerwehr 2c. 2c. nebst verschiedenen Musikchören durch einige Hauptstraßen der Stadt nach dem mit Flaggen, Kränzen 2c. reich 'geschmückten Festplatze. Dort hielt der Vorsitzende des Denkmal-Comités, Lützelberger, eine Rede. Dann folgten Gesang, Musik, Uebergabe des Denkmals an die Stadt, Dank dafür von Seiten des ersten Bürgermeisters 2c. Zum Schluß widmeten die deutschen Schuhmacher dem Denkmal einen silbernen Eichenkranz, welcher später dem Germanischen Museum zur

*) Gedruckt erschienen im Verlage von S. Soldan in Nürnberg.
Gelegentlich dieses Festes erschien auch: Lützelberger, Hans Sachs. Sein Leben und seine Dichtung. (Verlag von H. Ballhorn in Nürnberg.)

Aufbewahrung übergeben wurde. Darauf wurde auf dem Hauptmarkt der Stadt nach alter Sitte ein Reistanz durch Büttner gehalten und ein Schwank von Hans Sachs, „das Narren-Schneiden" aufgeführt. Nachmittag Festessen, Musik, Abends festliche Beleuchtung 2c. Das ganze Fest verlief in trefflicher Weise und zu allgemeiner Befriedigung.

R. Bergau.

Die neuesten Nachrichten.
(Fritz Reuter's Tod und das Kissinger Attentat.)

Fast in der gleichen Stunde hat Deutschland die Nachricht von zwei schmerzlichsten Ereignissen erhalten.

Am 12. Juli Abends ist Fritz Reuter plötzlich, infolge eines Schlagflusses, aus der Welt geschieden.

Am 13. Juli Mittags, am vierten Jahrestage des glorreichen Tages von Ems, da die Majestät König Wilhelm's die frechen Zumuthungen des französischen Gesandten heldenhaft zurückwies, hat die gütige Vorsehung, die über Deutschland waltet, die zweite mörderische Kugel, die dem theuren Haupte des Deutschen Kanzlers galt, machtlos abprallen lassen von dem Ziele, das die verruchte Hand eines fanatisirten Römlings sich wählte. —

Niemals wird dem Herausgeber einer Wochenschrift und ihren Lesern die große Schwerfälligkeit des einmaligen wöchentlichen Erscheinens, im Vergleich zur Tagespresse, so fühlbar, als in dem Drang und Zusammenwirken so mächtiger verschiedenartiger Ereignisse. Nur die Aussicht und der ernste Vorsatz, die großen Thatsachen später eingehender und ruhiger, als die Tagespresse dieß vermag, zu schildern und zusammenzufassen, kann einen Ersatz gewähren für die Unmittelbarkeit der Mittheilung von dem augenblicklich Geschehenen, über welche eine Wochenschrift nicht gebietet.

So mögen denn unsre Leser auch in diesen bewegten Stunden an dem Versprechen sich genügen lassen, daß die beiden neuesten Nachrichten, die der Telegraph uns meldet, in diesen Blättern noch eingehende Würdigung erfahren werden.

Heute läßt sich ohnehin die Tragweite mindestens des zweiten dieser Ereignisse kaum ermessen.

Was uns Fritz Reuter war, werden wir stets lebhafter empfinden nun, da er nicht mehr unter uns lebt, und seiner beglückenden Arbeit für immer ein Ziel gesetzt ist.

Was uns der Kanzler des deutschen Reiches ist, wie tief er in das Herz seines Volkes gewachsen, wie unersetzlich zur Stunde wie für lange Jahre er in der kleinsten Function seines amtlichen Wirkens geworden, das wird dem Blödesten klar, wenn er schaudernd die Möglichkeit sich vorhält, daß die Kugel des Mörders ihr Ziel erreicht hätte.

In Eisenach schließt sich unter dem innigsten Beileid und der schmerzlichsten Theilnahme des ganzen Volkes die Erde über dem Grab eines der edelsten, gemüthsreichsten deutschen Menschen und Dichter.

In Kissingen ist die böse Saat der schwarzen Todfeinde des deutschen Reiches in giftige Halme geschossen und einmüthig wird das ganze deutsche Volk sich erheben, das Unkraut auszutilgen!

Den 14. Juli. H. B.

Verantwortlicher Redakteur: Dr. **Hans Blum.**
Verlag von **F. B. Herbig.** — Druck von **Güthel & Legler** in Leipzig.

Zeitschrift

für

Politik, Literatur und Kunst.

—

No. 30.

Ausgegeben am 24. Juli 1874.

—

Inhalt:

—

Leipzig, 1874.

Friedrich Ludwig Herbig.

(Fr. Wilh. Grunow.)

Die rechtliche Stellung der Altkatholiken.

Das Nachstehende ist die Antwort auf eine von der „Germania" in Berlin in ihrer Nr. 119 vom 29. Mai 1874 aufgeworfene Frage. Diese Frage, in welcher der Ultramontanismus eine seiner stärksten Waffen zu schwingen glaubt, lautet wörtlich dahin: „wie kann und darf der preußische Cultusminister ohne Mentalrestriction die im §. 15 der preußischen Verfassung gebrauchte Bezeichnung „römisch-katholisch" auf die Altkatholiken beziehen und den mit §. 15 der beschworenen preußischen Verfassung der „römisch-katholischen" Kirche garantirten Besitz und Genuß auch den Altkatholiken, die nicht mehr „römisch-katholisch" sein wollen, zuwenden?

Stellen wir zuerst Sinn und Interesse der Frage klar, um die es sich handelt. Beides liegt nicht, wie die Germania mit jesuitisch-schlauer Dialektik die Frage stellt, darin, mit welchem Rechte der Cultusminister die Bezeichnung „römisch-katholisch" auf die Altkatholiken beziehen und ihnen die Rechte der „Römisch-Katholischen" in Preußen gewähren dürfe, während sie selbst nicht mehr „römisch-katholisch" sein wollen, sondern die allein ins Gewicht fallende Frage ist, wie der §. 15 der preußischen Verfassung die Bezeichnung „römisch-katholisch" verstanden, d. h. welchen Umfang und Inhalt damals die Bezeichnung „römisch-katholisch" gehabt, oder wer damals unter dem Namen „römisch-katholisch" begriffen worden sei, und wem danach die preußische Verfassung die Rechte garantirt, und somit der Cultusminister, sofern er die Verfassung beschworen, auch zu gewähren habe. Das ist die Frage.

Wenn sich nun ergeben sollte, daß der §. 15 der Verfassung mit der Bezeichnung „römisch-katholisch" einen andern Umfang und Inhalt verbunden hat, so folgt zuerst, daß das Hauptargument, welches die „Germania" aus der Bezeichnung „römisch-katholisch" nimmt, hinfällig wird, weil es der Bezeichnung einen andern Sinn unterschiebt, als der §. 15 der Verfassung damit verbindet, es folgt aber auch weiter, daß der Cultusminister im Sinne des §. 15 zu handeln hat, und nicht in dem Sinne, welchen die „Germania" der Verfassung unterlegt.

Offenbar rechnet nun der Cultusminister die Altkatholiken zu denen, welchen durch §. 15 die Rechte „der römisch-katholischen Kirche" im preußischen Staate garantirt, die also unter der Bezeichnung „römisch-katholisch" mitbegriffen sind, während die „Germania" die Bezeichnung „römisch-katholisch" in §. 15 so versteht, oder so zu verstehen sich den Anschein gibt, daß die Altkatholiken durch die Bezeichnung „römisch-katholisch" bei Aufrichtung der Verfassung schon von der römisch-katholischen Kirche und ihren Rechten ausgeschlossen wären.

Nun haben aber zweifellos vor dem vaticanischen Concil 1870 die beiden Gegensätze, welche durch das vaticanische Concil auseinander und in offenen Kampf getreten sind, noch zugleich innerhalb der römisch-katholischen Kirche gelegen, als das sog. Episcopal- und das sog. Papalsystem, d. h. während allmählich (die altbrittische Kirche unterwarf sich Rom erst in England 1072 in Irland 1074, in Schottland 1176) das christliche Abendland den Papst als Oberhaupt anerkannte, war und blieb doch die Ansicht über die Stellung und Rechte der Papstgewalt, und zwar nach der Reformation, wie vor ihr, sehr verschieden.

Die Einen, die Episcopalisten, haben dem Papste überall nur einen primatus honoris zugestanden, so daß der Papst nicht einmal in disciplina (der ganzen äußeren Einrichtung der Kirche) autonom, geschweige in fide infallibel sei, sondern immer nur secundum canones der Concilien zu entscheiden habe, mit voller Wahrung der Rechte und Bedeutung der Bischöfe und Concilien, also ohne Kränkung, geschweige Vernichtung ihrer Rechte.

Die andere Seite, die Curialisten, haben dagegen allerdings, den Wünschen des römischen Hofes gemäß, und nach der Reformation unter Leitung der Jesuiten und im Gegensatze zu den Protestanten mit steigendem Erfolge dem Papste die Stellung und Rechte zugesprochen, zu deren theoretischer tiefster Begründung durch die Infallibilität sich erst das vaticanische Concil hergegeben hat. Denn wenn auch die römische Curie je nach den Verhältnissen vielfach autonom verfahren war, so ist doch nie das Curialsystem, geschweige die Infallibilität fides declarata gewesen.

Wenn aber nun der ganze Standpunkt, den die Altkatholiken vertreten, vor dem vaticanischen Concil von 1870 noch in der römisch-katholischen Kirche lag, und die Katholiken dieses Glaubens doch zur römisch-katholischen Kirche gehörten, insofern auch sie in dem Papste den Einheitspunkt und das Oberhaupt der Kirche sahen (denn das haben auch die Episcopalisten gethan), so sind sie natürlich von der preußischen Verfassung in §. 15 mit begriffen worden, und der Ausdruck „römisch-katholisch" hat in §. 15 und somit in der preußischen Verfassung einen ganz anderen Sinn, als ihn die „Germania" in sie hineinlegt, und wie man ihn, nach der realen Entwicklung, jetzt „in dem augenfälligen Sinne" damit verbinden kann, nur mit dem kleinen Irrthum der „Germania", daß „die ganze civilisirte Welt und sämmtliche preußische Staatsverträge mit Rom und die Urheber der Constitution" diesen Sinn damit verbunden hätten.

Wer giebt also der Germania das Recht, ihre einseitige Fassung der Bezeichnung „römisch-katholisch", die nur die eine Seite des Katholicismus, wie dieser zur Zeit der Aufrichtung der preußischen Verfassung bestand, begreift, als die richtige hinzustellen, und die Fassung des römischen Katholicismus, wie er beide Gegensätze in sich fassend bis zum vaticanischen Concil ganz zweifellos bestanden hat, für unkatholisch und nicht im §. 15 der preußischen Verfassung begriffen zu erklären?

Somit kann es sich nur darum fragen, ob wirklich der Standpunkt der Altkatholiken, d. h. Läugnung der Infallibilität und des primatus jurisdictionis, mit Zugeständniß nur eines primatus honoris, und der Entscheidung nur secundum canones, also mit Wahrung der Rechte der Bischöfe und Concilien, in der römisch-katholischen Kirche bis zum vaticanischen Concil thatsächlich vorhanden, und zwar — da er factisch zeitweise die römisch-katholische Kirche beherrscht hat — als zweifellos zur römisch-katholischen Kirche vor 1870 gehörend nothwendig in §. 15 begriffen ist?

Dafür treten wir mit Folgendem den Beweis an.

Ohne hier weiter urgiren zu wollen, daß die Bedeutung der Stelle Matth. 16, 19, wenn sie überhaupt im Sinne Roms zu verstehen ist, zweifellos durch Matth. 18, 18 und Joh. 20, 23 genauer im Sinne des Episcopalsystems erklärt wird, und ohne die Fragen hier weiter behandeln zu wollen, ob Petrus überhaupt in Rom war, ob er, wenn er hinkam, Bischof dort war, und ob, wenn er Bischof in Rom war, seine Rechte auf seine Nachfolger übergegangen sind und übergehen konnten, zeigt die Entschiedenheit, mit welcher die Anmaßungen der römischen Bischöfe, Victor's 196 im Anfang des Osterstreites, und Stephan's über die Ketzertaufe 256, von den Bischöfen des Morgen- und Abendlandes, zurückgewiesen werden, daß die Bischöfe des Morgen- und Abendlandes namentlich Cyprian trotz seiner Schrift de unitate ecclesiae, dem römischen Bischofe vor dem Concil von Nicäa überhaupt kein Vorrecht, geschweige jurisdictionis oder gar der Infallibilität zugestanden. Zu Nicäa wurden den drei großen Bischöfen von Antiochien, Alexandrien und Rom als Mutterkirchen ihre Stellung und Rechte über die von ihnen gestifteten und dadurch abhängigen Kirchen und kirchliche Kreise bestätigt, aber alle 3 gleichgestellt, und zum Zeugniß dessen keiner der 3 großen Bischöfe, sondern ein spanischer Bischof vom Kaiser zum Präsidenten des Concils ernannt. Seit Nicäa aber beginnt nun die Rivalität der großen Bischöfe, und besonders das Streben Roms, sich über die anderen Bischöfe zu erheben. Die dem römischen Bischof zu Sardica 347 und durch das decretum Gratiani 378

für ganz specielle historische Verhältnisse und jedem Bischof darum nur persönlich zugesprochnen Rechte werden dann zu Constantinopel von dem 2. öcumenischen Concil wieder förmlich cassirt; weil aber dort dem Bischof von
Constantinopel als dem der neuen Hauptstadt (Neu-Rom) die gleichen Rechte
mit den drei anderen großen Bischöfen gegeben werden, wird dem Bischof von
Rom als Bischof der (alten und eigentlichen) Hauptstadt (wohlzumerken als
Bischof der Hauptstadt, nicht als Nachfolger Petri) ein Ehrenvorrang zugestanden, aber auch dieser, als das oströmische Reich durch die Theilung 395
selbständig geworden war, dem römischen Bischof von dem 4. öcumenischen
Concil zu Chalcedon 451 wieder abgesprochen, und mit Hinzunahme des Bischofs von Jerusalem werden die 5 großen Bischöfe von Antiochien, Alexandrien, Rom, Constantinopel und Jerusalem mit dem neuen Namen „Patriarchen"
sich in Ehre und Rechten ganz gleichgestellt.   Freilich suchen nun die römischen
Bischöfe ihre Rechte zu erweitern zur Jurisdiction, aber die Concilien von
Carthago 416 und 418 verbieten die appellationes transmarinas, und das
von Leo dem Großen erschlichene Decretum Valentiniani III. 445 wird so wenig
im Abendlande, als im Morgenlande anerkannt (erst als das Argument der
Hauptstadt durch den gleichen Charakter Constantinopels seine Kraft verloren
hatte, stellen die römischen Bischöfe die cathedra Petri in den Vordergrund),
und als der Patriarch von Constantinopel Johannes Jejunator sich auf einem
Concil 587 den Titel „Allgemeiner Bischof" beilegte, da protestirten noch die
römischen Bischöfe Pelagius II. und Gregor der Große; dieser nannte sich
servus servorum und erklärte jeden Bischof für den Antichrist, der sich über
die anderen Bischöfe erheben wolle (erklärte also damit den infallibeln Papst
für den Teufel selbst).   Dagegen verschaffte sich sein Nachfolger Bonifacius III.
durch Anerkennung des Mörders und Thronräubers Phocas in Constantinopel
606 den Titel „Pabst".   Das ist der Ursprung dieses Namens.

Aber obgleich Gregor der Große (590—604) die Unterwerfung von England eingeleitet hatte (nur nicht der altbrittischen Kirche), so ging doch durch
die politischen Verhältnisse (germanische Völker, Jslam) Ansehen und Macht
der römischen Bischöfe so zurück, daß ihre Macht 714 beschränkt war auf
den Stadtsprengel von Rom, Unteritalien, Sicilien, Corsica und die angel-
sächsische Kirche, und 730 wurde ihnen auch noch Unteritalien durch den
griechischen Kaiser Leo Jsaurus entrissen.

War danach der römische Bischof bis 730 nicht der Einheitspunkt der
Christenheit, so war er noch weniger das infallible Oberhaupt.   Denn 680
wurde von dem 6. öcumenischen Concil zu Constantinopel der römische Bischof
Honorius ausdrücklich als Ketzer, 692 aber ebendaselbst (quinisextum)
die ganze römische Kirche für ketzerisch erklärt und ausdrücklich wieder der
Bischof von Constantinopel dem römischen gleichgestellt.

Eine neue Entwickelung trat aber durch Bonifacius und die politische Veränderung im fränkischen Reiche ein. Bonifacius bekehrte nach seiner angelsächsischen Anschauung Deutschland gleich für Rom, und er wies Pipin für die kirchliche Sanction seines Treubruchs an Rom, und so erkaufte sich der römische Bischof wiederum durch Sanction eines Treubruchs und der Revolution den Schutz der fränkischen Könige. Zwar sträubten sich die fränkischen Bischöfe lange, sich Rom zu unterwerfen (Bonifacius meldet nach Rom: promisso non steterunt), zwar wollte Bonifacius selbst dem römischen Bischof nur die Patriarchenrechte, Entscheidung secundum canones, gewähren, und sagt ausdrücklich, es sei dem römischen Bischofe nur so lange zu gehorchen, als er selbst nicht vom Glauben abfalle (a nemine judicandus, nisi forte deprehendatur a fide devius), hat also ganz entschieden die Unfehlbarkeit verworfen, zwar hat Karl der Große nicht daran gedacht, den römischen Bischof zum souveränen Herrn des Kirchenstaates zu machen (er sollte sein Vasall bleiben), geschweige ihn als Oberhaupt der ganzen Kirche anzuerkennen (er stellte ihn als den Apostolicus nur als den ersten Metropoliten des Reichs hin, alle mit ihm auf gleicher Linie, ließ aus der Sammlung der Kirchengesetze für die fränkische Kirche die canones von Sardica weg, nach denen jeder an den Bischof von Rom appelliren konnte, und nahm dagegen die canones der Concilien von 416 und 418, Verbot der Appellation nach Rom, auf), zwar protestirten noch 833 und 844 die fränkischen Bischöfe gegen jede jurisdictio von Rom, mit der Drohung, den römischen Bischof zu excommuniciren, zwar protestirten noch ganz besonders 864 die Erzbischöfe von Cöln und Trier gegen jede Jurisdiction von Rom (Streit Lothar's mit Nicolaus I.), aber Karl der Große hatte dadurch, daß er die abendländische Kaiserkrone von Leo II. annahm, das abendländische Kaiserthum in eine solche Verbindung mit dem römischen Bischofe gebracht, daß der Wahn sich festsetzte, daß das abendländische Kaiserthum von der Krönung vom römischen Bischof abhänge, und nun das abendländische Kaiserthum und das Papstthum als die beiden feindlichen Brüder nicht ohne einander und nicht mit einander leben können, bis das Papstthum durch die Fehler der weltlichen Macht unter der Guust der Verhältnisse das Kaiserthum in den Staub tritt (zu Canossa 1077).

Diese Erhebung und Ueberhebung des Papstthums vollzog sich aber nach ihren für die Entwicklung wichtigsten Factoren und Momenten in folgender Weise.

Der Druck der Arianer hatte schon früher (490—526) die abendländischen Bischöfe dazu gedrängt, sich an den römischen Bischof zu wenden, um durch seine Fürsprache Schutz und Hülfe bei dem ebenfalls arianischen mächtigsten Fürsten der Zeit Theodorich dem Großen (488—526) zu finden. Dionysius

Exiguus (498—556) aber hatte durch die Aufnahme der römischen litterae decretales (ursprünglich nur Gutachten, responsa, welche die römischen Bischöfe in Gemeinschaft des ganzen römischen Klerus auf Anfragen erließen, mit der steigenden Macht Roms zu Decreten, Befehlen werdend) in die Sammlung der Kirchengesetze den Wahn erzeugt, daß die römischen Bischöfe Gesetze für die ganze Kirche geben könnten, und so der jurisdictio den Weg gebahnt, während die römischen Bischöfe selbst, allerdings oft die Wahrheit und Gerechtigkeit schützend (Nicolaus I. gegen Lothar ꝛc.) und so von der Meinung der Zeit getragen und unterstützt, nun mit steigender Entschiedenheit die cathedra Petri in den Vordergrund stellen, auf diesem Grunde immer entschiedener den suprematus jurisdictionis an- und aussprechen, mit kluger Benutzung der menschlichen Schwächen, theils durch Ernennung von Bischöfen in fernen Ländern zu ihren Vicaren (Jllyricum, Gallien, Spanien, Deutschland), theils durch Verleihung von Rang und Ehren (Erhebung einzelner Bischöfe über andere, Pallium ꝛc.) thatsächlich ihren Sprengel erweitern und ihr Patriarchat, indem sie das von Karl dem Großen auf ihr Werk gedrückte Staatssiegel mit ihrer Umschrift versehen und auslegen, zum Papstthum in späterem Sinne erheben.

So wird es möglich, daß mit Hülfe der in Mainz von 790—843 fabricirten pseudisidorischen Decretalen nach der tiefsten Erniedrigung des Papstthums durch das Hurenregiment 882—963 das abendländische Kaiserthum selbst, Heinrich III., nachdem er drei Päpste abgesetzt (Synode zu Sutri 1046), dem Papste (Leo IX.) die Reform und Ordnung der Kirche übergibt, und so selbst den pseudisidorischen Betrug zur Wahrheit macht, worauf das Papstthum durch die Klugheit Gregor's VII. (1073—1085) seinen Culminationspunkt erklimmt und unter Innocenz III. 1215 die Tage seines höchsten Glanzes feiert.

Aber mit dem steigenden Bedürfnisse der Reformation erscheint als Hülfe der Kirche gegen das Verderben des Papstthums und durch das Papstthum das Episcopalsystem, oder der eigentliche alte ächte Katholicismus.

Wie wenig die Bischöfe vor der Erhebung der römischen Bischöfe zum eigentlichen Papstthum und vor der dann folgenden Ueberhebung des Papstthums daran gedacht haben, in dem Papste ihren Richter, geschweige das unfehlbare Oberhaupt der Kirche für Glauben und Regierung der Kirche anzuerkennen, beweisen, nach den oben schon genannten, die Synoden: zu Rom 963 unter Otto I., welche den Papst Johann XII. verurtheilte und absetzte als des Mordes, der Gotteslästerung, der Unzucht überwiesen, zu Rheims 991, welche unter Leitung Gerbert's, des nachherigen Papstes Sylvester II., in der Sache Arnulph's von Rheims gegen die Entscheidung des Papstes

Johann XV. erklärte, der Papst hätte gar nicht gefragt werden sollen, weil ihm gar keine Herrschaft über die fränkische Kirche zustehe, zu Worms 1076, welche noch den gewaltigsten Papst Gregor VII. selbst absetzte. Dabei ist natürlich ganz gleichgültig, ob und mit welchem Erfolge diese Synoden und Bischöfe gegen das übermächtig werdende Papstthum ankämpfen, die Thatsache bleibt bestehen, daß die Synoden und Bischöfe nicht daran denken, in dem Papste ihren Richter, geschweige das unfehlbare Oberhaupt, und zwar im Sinne der Encyclica und des Syllabus, das unfehlbare Oberhaupt für die Ordnung und Regierung von Staat und Kirche anzuerkennen.

Aber wie treten nun die Bischöfe auf, als das Verderben der Kirche und vor Allem des Papstthums und das Verderbniß der Kirche durch dasselbe den Ruf „Reformation an Haupt und Gliedern" allgemein gemacht hatte!

Das Concil zu Pisa 1409, bestehend aus 22 Cardinälen, 4 Patriarchen, 12 wirklichen und 14 repräsentirten Erzbischöfen, 80 Bischöfen und 102 bischöflichen Vertretern, einer Anzahl von Aebten, hohen Geistlichen, den Abgeordneten von 20 Universitäten und vielen europäischen, namentlich deutschen Fürsten, mehr als 300 Doctoren der Theologie und des kanonischen Rechts, — setzte zwei Päpste ab, als „Meineidige, Störer des Kirchenfriedens und als Ketzer."

Wir fragen die „Germania": hatte dieses Concil, eine ganz andere Repräsentation der katholischen Kirche als das vaticanische von 1870, hatten seine Bischöfe und Theilnehmer den Standpunkt und Glauben des neuen vaticanischen Concils, der Unfehlbarkeit, und nicht vielmehr den Standpunkt des Altkatholismus? waren sie „römisch-katholisch" oder nicht? erkannten sie den Papst als ihren Richter an, oder richteten sie umgekehrt den Papst?

Das noch größere Concil zu Costnitz 1415—1418 aber setzte sogar drei Päpste ab, und zwar außer Benedict XIII. und Gregor XII. noch den Papst Johann XXIII. ausdrücklich als überwiesen des Mordes, der Simonie, des Unglaubens, ja der Ketzerei und aller denkbaren Unzucht. Und dieses Concil bestand außer dem Kaiser aus 4 Patriarchen, 30 Cardinälen, 33 Erzbischöfen, 150 Bischöfen, 124 Aebten, 4 Churfürsten, 24 Herzogen, einer Menge andrer Fürsten in Person oder ihren Abgeordneten, 1800 Priestern, einer Unzahl von Doctoren der Theologie und des kanonischen Rechts, den Deputirten der Universitäten u. s. w. Wir fragen die „Germania": waren diese allesammt katholisch, oder nicht? waren sie nicht römisch-katholisch? — In Wahrheit war es eine solche Repräsentation der ganzen römisch-katholischen Kirche, daß, wenn sie nicht katholisch, und zwar nicht römisch-katholisch waren, niemand als römisch-katholisch übrig war, als der Papst selbst. Das war die ganze abendländische katholische Christenheit, ergo ist der Altkatholicismus der alleinige wahre ächte Katholicismus!

Und ebenso erklärte ja wieder das ebenso große Concil zu Basel 1431 — 1443 den Pabst Eugen IV. 1439 für einen Störer des Kirchenfriedens und Ketzer, weil er den Grundsatz nicht anerkannte, daß ein Concil über dem Papste stehe, und setzte ihn ab.

Hielten alle diese Bischöfe den Pabst für unfehlbar? oder standen sie nicht vielmehr auf dem Standpunkte des Altkatholicismus? Sind darnach die Altkatholiken keine Katholiken?

Erst die Reformation verrückt den Standpunkt und gibt der Bezeichnung „römisch-katholisch" im Gegensatz zu den Protestanten einen engeren Sinn: die Jesuiten verdächtigen seitdem jeden Episcopalisten als Protestanten und Ketzer. Und doch ist es nur Lug und Trug, daß das Concilium Tridentinum die bischöflichen Rechte aufgegeben, d. h. den Papst für autonom ohne ein allgemeines Concil und ohne die Bischöfe, oder gar für infallibel erklärt habe.

Wahr ist nur, daß, nachdem einmal die Frage de jure divino residentiae episcoporum aufgeworfen war, in welcher das ganze Recht der Bischöfe (Episcopalsystem) lag und liegt, man von Rom aus Alles daran setzte, um eine ausdrückliche Erklärung des Concils im Sinne des Episcopalsystems zu hindern, und daß das soweit durch die italienischen Creaturen des Papstes gelang, aber umgekehrt ließen die Bischöfe keinen Ausdruck passiren, der irgendwie gegen das Episcopalsystem gedeutet werden könnte, während materiell, der Wirklichkeit nach, die Bischöfe gegen die Autonomie, also auch gegen die Unfehlbarkeit des Papstes waren, ergo das Vaticanische Concil von 1870 in der Sache und dem kirchlichen Interesse schlechthin dem Tridentinischen Concil widerspricht. Das ist nach den Quellen und den geheimen Acten des Concils von Trident, wie sie nach und nach an den Tag gekommen sind, auch bald von Sarpi so nachgewiesen, unwiderspechlich: — möglich freilich, daß die „Germania" und ihre Gelehrten das nicht wissen.

Und dieser ächte Katholicismus fand dann auch in Veranlassung der unchristlichen jesuitischen Moral durch den Jansenistischen Streit (1640—1713) seinen formalen Ausdruck und seine reale Verkörperung in den holländischen Diöcesen: Utrecht, Harlem und Deventer, officiell von der holländischen Regierung als die alte katholische Kirche (im Gegensatz zu den „Romschen") anerkannt, und Altkatholicismus genannt, so daß daher der Name stammt.

Aber kaum hatten sich durch den Westphälischen Frieden die kirchlichen Verhältnisse fester geordnet, den Protestanten gegenüber, so erscheint das Episcopalsystem wieder (ja schon 1611 durch Edmund Richer gegen Bellarmin), in hervorragender Weise in den 4 articuli ecclesiae gallicanae 1682, welche schlechthin nichts als der Altkatholicismus sind, dann in der Josephinischen und Leopoldinischen Gesetzgebung (1781 — 1790).

Daß und wie aber bald darauf oder vielmehr im Zusammenhang mit der Stimmung der Zeit die deutschen Erzbischöfe auf Grund des Buches Febronius (1763—1778, von J. Nic. von Hontheim, Weihbisch. von Trier) in der Bad-Emser-Punctation 1786 den Standpunkt des Episcopal-systems eingenommen haben, bis dahin, daß nach dem Aschaffenburger Con-cordate (1447) die dem Papste zugestandene Kirchengewalt immer nur auf 5 Jahre gelten solle, mit Zurückweisung des päpstlichen Nuntius ist zu bekannt, als daß es weiterer Nachweisung bedürfte.

Und daß dieser Standpunkt von den eifrigsten Katholiken behauptet worden ist bis auf die neueste Zeit, ebenso von Lehrern des Kirchenrechts (Droste-Hülshoff 2c.), von den katholisch-theologischen Facultäten (Gießen 2c.), als von deutschen Bischöfen (v. Wessenberg 2c.) ist Alles so entschieden, daß nur Unwissenheit oder böser Wille das leugnen kann.

Danach ist, der christlichen Morgenländischen Kirche gar nicht zu gedenken, auch für das christliche Abendland der Altkatholicismus die allein ächte katholische Lehre bis zum Vaticanischen Concil 1870.

Natürlich hat die preußische Verfassung in §. 15 nicht daran denken können, den so durch die ganze Kirchengeschichte bezeugten und bei der Auf-richtung der Verfassung factisch vorhandenen, nur von den Curialisten be-kämpften, Standpunkt, der ebenso entschieden von den größten öcumenischen Concilen durch Wort und That declarirt ist, als die Infallibilität vor 1870 nie declarirt war, auszuschließen; wenn die Verfassung auch keine Entscheidung über die Gegensätze gegeben hat, mit der Verfassung hat der Cultusminister seine Verpflichtung beschworen, beiden Parteien ihre Rechte zu wahren und zu gewähren.

So verlangt Eid und Pflicht des Cultusministers, den Anspruch der Altkatholiken auf Besitz und Genuß der katholischen „Anstalten, Stiftungen und Fonts" vollständig zu wahren.

Ja das strenge Recht verlangt eigentlich, daß die Altkatholiken allein noch Anspruch haben auf die vom Staate in der Verfassung gewährten Rechte: weil sie den Standpunkt, den katholischen Glauben, auf dessen Grund der „römisch-katholischen" Kirche ihre Rechte in Preußen gewährt worden sind, nicht verlassen haben, während die Gegenpartei der Neukatholiken das gethan hat.

Sind nun die Altkatholiken durch das Vaticanische Concil und den un-verständigen Eifer der Jesuiten und Neukatholiken dazu gedrängt worden, sich vom Papstthum loszusagen, so ist das nicht Schuld der preußischen Regierung, sondern der jesuitischen Partei, kann aber die preußische Regierung nicht veranlassen, den Altkatholiken die ihnen in §. 15 gewährleisteten Rechte zu entziehen.

Denn, wie schon bemerkt, das Kirchengut gehört nach strengem Rechte nur den Altkatholiken, weil die römisch-jesuitische Partei den früheren Standpunkt des römisch-katholischen Glaubens und damit die Voraussetzung und Bedingung verändert hat, auf deren Grund der römisch-katholischen Kirche ihre Rechte im Preußischen Staate gewährleistet sind, — und nicht aus rechtlichen, sondern nur aus politischen Gründen ist es zu entschuldigen, wenn der preußische Staat noch den Anspruch der römisch-jesuitischen Partei auf den Genuß der in §. 15 gewährleisteten Rechte zuläßt.

Zum Schlusse richten wir nun umgekehrt an die „Germania" die Fragen:

1) Waren alle oben angeführten Concilien und Bischöfe, welche die Päpste für Ketzer erklärten und absetzten, noch römisch-katholisch? waren namentlich auch die deutschen Erzbischöfe von Cöln, Trier 2c. 1786 noch römisch-katholisch, als sie dem Papste immer nur auf 5 Jahre Rechte in der deutschen katholischen Kirche gewähren wollten, und so ihm nicht einmal eine jurisdictio, geschweige kirchliche Autonomie oder gar Infallibilität zugestanden? Hatten sie einen andern Standpunkt als die heutigen Altkatholiken?

2) War Bonifacius noch römisch-katholisch, indem er dem Papste nur die Patriarchenrechte secundum canones zugestand, die Infallibilität aber auf das Entschiedenste mit den Worten verwarf: a nemine est judicandus, nisi forte deprehendatur a fide devius? Der heilige Bonifacius war also ein ächter Altkatholik, und ist schwerlich sehr erbaut, wenn die von seinem Glauben abgefallenen deutschen Bischöfe an seinem Grabe erscheinen.

Das widmen wir dem Centrum des deutschen Reichstags.

Gießen.   Dr. Eduard Köllner.

Die Schlacht von Pavia am 24. Februar 1525
das „Sedan" des 16. Jahrhunderts
von
Max Jähns.
IV. (Schluß.)

Auf beiden Flügeln war der Sieg entschieden, im Centrum kaum noch zweifelhaft. Hier tummelte noch immer der tapfere König, obwohl auch um ihn her die Hakenschützen gewaltig wirkten, sein Streitroß. Als er endlich einmal um sich sah, erblickte er rechts und links sein Heer in voller Flucht. „Um Gott, was ist das?" rief er aus; er hoffte wenigstens die Schweizer noch zum Stehn zu bringen und eilte ihnen mit seinem persönlichen Gefolge nach. Aber das war schon längst nicht mehr möglich; vielmehr ward er selbst in die rückgängige Bewegung mit fortgezogen. Da fiel sein Blick auf die Stickerei seines Aermels, die ihm in guten Tagen in Frankreich eine Dame gegeben, die er liebte und der er dagegen gelobt hatte, unter keinen Umständen vor dem Feinde zurückzuweichen. Als er dessen gedachte, riß er sein Roß mit aller Macht herum und bot aufs Neue dem Gegner die Stirn. Von allen Seiten umringt blieb ihm jetzt kaum eine andere Wahl als Tod oder Gefangenschaft; aber er zog das Loos mit der höchsten Würde. Nachdem der König sein Heer verloren und aufgehört hatte, Feldherr zu sein, erfüllte er doch noch alle Pflichten eines tapferen, entschlossenen Ritters. Nun begann der Todeskampf der Chevallerie. Wer von den französischen Edlen an anderen Orten dem Tode entgangen war, oder sich der schimpflichen Flucht zu entziehen vermocht, der brach sich jetzt Bahn zum Banner des Lehnsherrn, ohne Hoffnung zum Sieg, aber fest im Entschluß mit Ehren zu sterben. Um sich her sah der König hochgeehrte und vielgeliebte Häupter fallen; da sank La Palice, der greise Marschall von Chabannes, der seit Fornuovo in allen Schlachten Frankreichs gestritten; da fielen Louis d'Ars, Imbrecourt und La Tremouille; da sank der alte Grand-Escuyer Galeaz de S. Severin, der dem Könige in der Schlacht das Reichsschwert vorgetragen, todwund vom Rosse; da stürzte sich der Admiral Bonnivet, außer sich darüber, daß er dem Könige zur Schlacht gerathen, in die Spieße der Landsknechte. Gleichsam berauscht von heroischer Trunkenheit starb der großmüthige Adel von Frankreich mit Freuden und wetteifernd um seinen Herrscher.[*]) — Auf dem linken Flügel beklagte sich der alte Baron von Trans, der unter Alençon's Befehl gefochten, über das Schicksal, welches ihm die Gelegenheit zur Auszeichnung vorenthielt. Sein einziger Sohn, glücklicher nach des Vaters Meinung, focht in der Mitte. Der junge Mensch hatte muthig gekämpft; endlich den Anstrengungen und gänzlicher Erschöpfung erliegend, wurde er im Gedränge gegen den linken Flügel geführt und glaubte sich zu seinem Vater begeben zu dürfen. Der rief ihn unwillig an: „Wo ist der König?" „Ich weiß es nicht." „Geh und erfahre es; es ist dir schimpflich, es nicht zu wissen!" Und der junge Herr kehrt in die Schlacht zurück, dringt bis zum Könige und fällt unter dessen Augen.[**]) Ariost hat diesen Kämpfen eine der schönsten Strophen seines „Orlando furioso" gewidmet[***]):

---

[*]) Gaillard: Histoire de Francois I. 4 Tom. Paris 1766.
[**]) v. Schwartzenau.
[***]) 33. Gesang. 52. Strophe. Uebersetzung von Gries.

Seht, wie von Frankreichs edelsten Vasallen
Die Blüthe, hingerafft, im Felde liegt!
Sucht, wie viel Schwerter, wieviel Speer' umwallen
Den muth'gen König, der so tapfer kriegt!
Seht, schon ist unter ihm sein Roß gefallen;
Doch weicht er nicht, und nennt sich nicht besiegt,
Sucht gleich der Feinde Schwarm nur ihn zu fassen,
Dringt nur auf ihn, den jeder Schutz verlassen! —

Endlich ereilte auch den König das Geschick. Im Gesicht verwundet, einen Schenkel durchbohrt, den Harnisch von vielen Kugeln eingebogen, war er gegen eine kleine Brücke über die Vernacula gedrängt worden. Da ersticht ihm Graf Salm seinen Hengst, der, schon einmal verwundet, nun mit ihm zu-sammensinkt.*) Doch schon unter seinem Roß liegend, vertheidigt sich der König noch mit männlicher Entschlossenheit und sticht den Grafen Salm durch den Schenkel. Ein Wälscher, der ihn am Helmbusch ergreift, behält diesen und den Aermel des Königs in der Hand.**) Endlich dringt ein Spanier von gewaltiger Größe und Körperstärke auf ihn ein, setzt ihm dort, wo Brust- und Rückenharnisch eine Blöße bilden, die Lanze ein und droht, ihn zu er-stechen, wenn er sich nicht ergäbe. Da widersteht der König nicht länger seinem feindseligen Geschick und ruft: „Das Leben! Ich bin der König und des Kaisers Gefangener!"***) — Von nun an ging es dem Könige hier, wie König Johann auf dem Schlachtfelde von Poitiers: er gelangt aus einer Hand in die andere, und wird mit einer Art Ehrfurcht geplündert, nicht ohne Gefahr, dabei das Leben zu verlieren. Der Lärm um seine Person lockt endlich den Ritter La Motte aus dem Gefolge Bourbon's herbei, der sich vor ihm niederwirft und ihn knieend bittet, sich dem Herzoge von Bourbon zu ergeben. „Ich kenne keinen Herzog von Bourbon", ist Franzens stolze Antwort „denn mich selbst!" und zugleich fügte er die Weisung hinzu, den Vice-König von Neapel zu suchen. Während La Motte ging, um diesem Befehl zu genügen, fuhren die in Masse herbeiströmenden Spanier fort, den König seiner Kleidung sowohl, wie einzelner Theile seiner Rüstung, stückweise zu berauben. Als Diego de Avila ihm den Helm vom Haupte genommen, damit Franz sich von Blut und Schweiß reinigen könne, griffen andere zu und rissen sich um Federn und Helmdecke; diese faßten den Waffenrock und schnitten ihn in Stücke; jene nahmen Schärpe und Sporen und Handschuh.

In wenig Minuten stand der König so ziemlich allen Waffenschmuckes ent-blößt da. In der Art und Weise, wie man seine Kleider in hundert Stücke

---

*) Ein graf genannt aus teutschem land
   mit namen der von Salmen,
   der griff den könig selber an. (Lied von Pavia).
**) Reißner.
***) Sandoval.

zerschnitt und sie als Reliquien vertheilte, mochte er einen Ersatz für die schweren Momente finden, die er in dieser peinlichen Lage verlebte; und er lächelte wirklich über einige Soldatenwitze, mit welchen ihm die Unbescheidenen, halb gutmüthig, halb ironisch tröstend, die Zeit vertrieben*); aber die Erinnerung an diese Augenblicke dürfte ihn schwerlich je verlassen haben. Nach langem Umhersuchen war man endlich zum Vicekönige gelangt, der sich thränenden Auges und ehrerbietig dem Könige nahte. Franz, noch immer fürchtend, in des Connetables Gewalt zu gerathen, ergab sich schnell dem Vice-König, und reichte ihm, nachdem dieser ihm ritterliche Haft angelobt, sein Schwert, wogegen er den Degen Lannoy's in Empfang nahm. Von zahlreichen Rittern, Offizieren und der ganzen Masse Neugieriger umgeben, verweilte der König noch geraume Zeit auf dem Schlachtfelde, nicht ohne manch bitteres Wort zu hören; aber eifrig bestrebt, sein Betragen nach den Vorschriften einzurichten, welche die Ritterromane dem in ehrlichen Kampfe niedergeworfenen Cavalier auferlegen. Nur eine Bitte um Schonung seiner treuen Streitgenossen wagte er, welche diesen jedoch wenig half, da Pescara „mala guerra" zur Losung gegeben und nur die Deutschen milderen Sinnes geworden waren.

Außer König Franz von Frankreich war indessen auch Heinrich d'Albert, der König von Navarra, gefangen genommen worden.**) Ihnen näherte sich nun Pescara, beugte vor Franz I. das Knie und bat um den Vorzug, ihm die Hand küssen zu dürfen, indem er bedeutungsvoll die Großmuth hervorhob, welche das ritterliche Spanien stets gegen Ueberwundene ausübe.

Zu Alfons del Guasto, der die Seelengröße des Kaisers rühmte, äußerte Franz, daß es stets sein Wunsch gewesen, so einen gepriesenen Herrn persönlich kennen zu lernen, aber daß er nie daran gedacht, seinen Wunsch auf diese Art in Erfüllung gehen zu sehen. Dabei fügte er Worte des Bedauerns hinzu, nicht mit seinen Rittern habe sterben zu können, und pries sich unglücklich, diesen Tag überleben zu müssen. Doch der gefürchtetste Gegner und Feind war dem Könige noch nicht begegnet — der Connetable Bourbon. Dieser hatte racheschnaubend auf dem ganzen Schlachtfelde nach seinem Feinde Bonnivet gespäht: Allen seinen Leuten hatte er gemessenen Befehl ertheilt, diesen vor allen Dingen lebendig zu fangen und zu ihm zu bringen. Doch Bonnivet weilte, wie wir wissen, schon nicht mehr unter den Lebenden. Als Bourbon endlich zu dessen Leiche geführt ward, so soll er schmerzlich ausgerufen haben: „Du Unglücklicher bist Schuld an Frankreichs und an meinem Unglück!" Mit gezücktem Schwerdt, das Hemde über dem Panzer ganz mit

---

*) Sandoval.
**) Ihn rettete später die Hingebung und List seines Pagen François de Rochefort aus der Gefangenschaft.

Blut beſpritzt, ſo ſah man ſich Bourbon der Gruppe nähern, die Franz I.
umſtand. Franz, ihn von ferne erkennend, und blutige Vergeltung fürchtend,
trat bei deſſen Erſcheinen, merkbar beunruhigt, ſo nahe wie möglich an Pescara heran. Dieſer, des Königs Bewegung errathend, bat Bourbon, ſich des
Schwertes zu entledigen, ſich dem Könige vorzuſtellen und ihn zu begrüßen. Der Herzog kam Pescara's Bitte ſofort nach, ſchlug das Biſir auf,
näherte ſich mit unverkennbaren Zeichen einer tiefen Seelenerſchütterung dem
Könige, beugte das Knie und wollte ihm die Hand küſſen. Bittren Unmuths
voll wendete ſich der König von ihm. Da rief der Connetable in losbrechen-
dem Schmerze: „Wenn Euer Majeſtät in manchen Dingen meinen Rath befolgt
hätten, ſo würde heute nicht das Blut des franzöſiſchen Adels Italiens Boden düngen.“ Tief aufſeufzend ſoll der König erwiedert haben: „Dem Glück
fehlt die Geduld.“*)

Noch viele edle und vornehme Herrn wurden als Gefangene eingebracht;
aber faſt alle jene alten Feldhauptleute, welche noch die Zeiten Louis' XI.
Charles' VIII., und Louis' XII. geſehen und der burgundiſchen Kriege und des
Beginns der italieniſchen gedenken konnten, hatten heute ihr Leben gelaſſen.
Die jüngere Generation ſcheint „die ſchöne Gewohnheit des Daſeins“ höher-
geſchätzt zu haben, und mit Ausnahme Bonnivet's fehlte als gefangen dem
Könige „aus dem Kreiſe ſeiner Lieben faſt kein theueres Haupt“. Sie konnten ihrem Herrn einen ſtattlichen Hofſtaat bilden. Glücklich für ihn, hätte
er an dieſem Beiſpiel gelernt, wahrhaft ergebene Diener von bloßen Höflin-
gen zu unterſcheiden. **) — Uebrigens war der Geſammtverluſt für jene Zeit
enorm. Mehr als 10,000 Mann des franzöſiſchen Heeres deckten das Schlachtfeld; der Verluſt der Kaiſerlichen betrug kaum den fünften Theil. ***)

Das franzöſiſche Lager, alles Geſchütz, darunter 32 vom ſchwerſten Kaliber, das ganze Gepäck fiel in die Hände der Kaiſerlichen, und die Beute war
überaus reich, da im franzöſiſchen Heere und namentlich in des Königs Hofſtaat großer Luxus geherrſcht. Die Zahl der Gefangenen ſoll an 20,000 betragen haben.†)

Man ritt nun nach Certoſa, weil der König lebhaft dagegen proteſtirte,
als Gefangener nach Pavia gebracht zu werden, was ihm in der That eine
unbeſchreiblich demüthigende Empfindung hätte bereiten müſſen. Bald nach
dem Abreiten ſtieß man auf Frundsberg's Landsknechte, welche ihrer Freude „durch
eine ſehr ſchöne Salve“ Luſt machten. Rings umher lagen die Leichen der

---

*) „Paciencia pues ventura fatta“ (Sandoval).
**) v. Schwarzenau.
***) Nach vielen Briefen Gleichzeitiger ſogar nur 700 Mann, was jedoch kaum glaublich
erſcheint.
†) Lettre de Pierre Martyr d'Anglerie: Relation envoyée à l'empereur par les géné-
raux de l'armée d'Italie.

schwarzen Bande, und in der Aufrichtigkeit des Schmerzes rief der König jammernd aus: „Wenn alle meine Soldaten ihre Pflicht gethan hätten wie diese Fremden — das Schicksal des heutigen Tages würde anders sein!"

Als Franz in der Karthause angelangt war, galt sein erster Gang der Klosterkirche, und sogleich fiel sein Auge auf eine Tafel mit der Inschrift: „Bonum mihi, quia humiliasti me, ut discam justificationes tuas. (Es ist mir gut, daß du mich gedemüthiget hast, auf daß ich deine Rechte erkennen lerne. Pf. 119. v. 71.)

Dem verhängnißvollen Kampfe folgte ein glänzendes Gastmahl in der Abtei, an dem der leichtverwundete König, ruhigen Gemüths, Theil nahm. Der Herzog von Bourbon erfüllte die jedenfalls traurige Pflicht, vor dem Könige zu erscheinen, überreichte ihm der Sitte gemäß die Serviette und ward zum Handkusse zugelassen. Franz empfing ihn würdig und äußerte: „Herzog von Bourbon, wir haben uns beide große Fehler vorzuwerfen; die meinigen sind bestraft; ich wünsche, daß die Ihrigen es nie werden mögen." — Als Pescara eintrat, um das Unglück zu ehren im einfachen schwarzen Gewande, umarmte ihn der König, überhäufte ihn mit Lob und schrieb seinen Anordnungen den Sieg zu.[*)]

Obwohl Bourbon zugegen blieb, gewann das Gespräch sehr bald eine heitere Wendung. Der König selbst gab seine Pläne und Anordnungen für die Schlacht und äußerte sogar, vielleicht von etwas Eigenliebe verblendet, daß er unter denselben Verhältnissen eben wieder so handeln würde. Den Verlust der Schlacht selbst schrieb er den falschen Berichten der Hauptleute über die Stärke ihrer Truppen, der voreiligen Flucht Alençon's vom Schlachtfelde, und endlich der Feigheit der Schweizer zu, die so schimpflich gewichen.[**)]

Besonderen Nachdruck legten die Zeitgenossen auf die irrthümliche Anschauung des Königs von der Stärke seines Heeres. Ariost sagt in dieser Beziehung[***)]:

> Doch sie, die mit uns spielt, wie mit dem Staube
> Der Wind, der ihn im Kreise jagt umher,
> Ihn bis zum Himmel hebt und dann zum Raube
> Dem Boden gibt, dem er ihn nahm vorher:
> Macht, daß der König bei Pavia glaube,
> Er habe Hunderttausend um sich her,
> Indem er nur, was er gezahlt betrachtet,
> Nicht auf des Heers Zuwachs und Mindrung achtet.

[*)] So sagt auch Antonio de Bera y Figueroa: „Niemand leugnete es, daß die Ehre dieses Tages den spanischen Schützen gebühre" „a los arcabuseros espanoles.

[**)] Ganz ebenso hat der König sich dem Paulus Jovius gegenüber ausgesprochen.

[***)] Orlando furioso. 33. Gesang. Str. 50 und 51. Uebersetzung von Gries.

So, durch des Königs übergroß Vertrauen,
Durch seiner Diener Geiz und Schlechtigkeit,
Sind Wenige bei den Fahnen nur zu schauen,
Als nun das Lager „Zu den Waffen!" schreit,
Mit Schrecken überrascht bei nächt'gen Grauen
Vom klugen Spanier, der, im Heergeleit
Der zwei Avalo's *) wol es würde wagen,
Zu Höll' und Himmel sich hindurch zu schlagen.

Unter den Gefangenen befand sich ein Herr v. Montpezat, Gendarme aus
der Compagnie des Marschalls de Foix. Dieser leistete dem Könige am Abende
die Kammerdiener-Hilfen, und dieser gewann ihn so lieb, daß er ihn loskaufte
und ihn später zum Marschall von Frankreich erhob.

Noch vor Nacht sandte Franz den bekannten Brief an seine Mutter, die
Regentin, in welchem gestanden haben soll: „Madame! Tout est perdu fors
l'honneur! — ein Schlagwort, dessen Echtheit neuere Historiker zwar ernstlich
bezweifeln, dessen Glanz jedoch in den Augen der Franzosen alles Unheil von
Pavia reichlich aufwiegt, und das im Grunde genommen das Einzige ist,
was die meisten Mitglieder der großen Nation wissen, von jenem weltgeschichtlichen Tage. **)

Von dem ganzen glänzenden Adelsgefolge entkam nur der Herzog von
Alençon mit einem Theile seines Corps und der Graf Clermont mit den in der
Vorstadt San Antonio und auf der Insel des Gravelone gestandenen Truppen. Die Besatzung von Mailand unter Trivulzio räumte die Stadt, überschritt den Teffin und gelangte glücklich nach Frankreich, ebenso der Markgraf von Saluzzo, welcher auf dem Rückmarsche von Genua begriffen war.
Wenige Tage nach der Schlacht von Pavia war die Lombardei vollständig von den Franzosen geräumt. Die kaiserlichen Truppen folgten denselben
auf ihrem Rückzuge durch Piemont und bemächtigten sich hier mehrer fester
Plätze. — John Stuart Duc d'Albany war auf seinem Marsch gegen Neapel
erst bis Velletri gelangt, als er die Nachricht von dem Verlust der Haupt-
schlacht erhielt. Von der Orsinis begünstigt, von den Colonnas verfolgt, gelang es ihm mühsam, Civita vecchia zu erreichen, wo er sich unter dem Schutze
Doria's und La Fayette's auf der französischen Flotte nach Frankreich ein-
schiffte.

Fassen wir den Feldzug von Pavia vom militärischen Gesichtspunkte zusammen, so erscheint es höchst interessant, wie sich der großartige Erfolg aus
einem vollkommenen Fehlschlage entwickelt. — Der verfehlte Zug nach Frankreich, die erfolglose Belagerung von Marseille unter Bourbon's Auspicien

---

*) Pescara und Basto.
**) Die Nachricht von diesem Briefe findet sich zuerst bei de Bera a. a. O.

gehn ihm voraus. Von dem Augenblick an, daß die Leitung den Händen dieses
französischen Magnaten entgleitet und auf den Marchese von Pescara über-
geht, zeigt sich kühne Energie und kraftvolle Entschlossenheit. Auf einer kürzeren Straße, der Sehne des Bogens, welchen Pescara zieht, marschiert der
überlegene Feind nach Oberitalien; aber doch gelingt es den Kaiserlichen, den
Schnittpunkt ihrer Rückzugslinie mit der Operationslinie des Gegners vor
diesem zu erreichen, und nun verfällt König Franz bei Pavia genau in denselben Fehler wie die Verbündeten früher vor Marseille: in langwieriger, ver-
geblicher Belagerung vergeudet er Zeit und Kraft. Als er diesen Fehler zu
erkennen beginnt, versucht er ihn in abermals fehlerhafter Weise gut zu machen,
nämlich durch die Detachirungen nach Neapel und Genua. Es ist Pescara's
und Frundsberg's Verdienst, sich durch diese Diversionen nicht haben verführen
zu lassen, vielmehr alle Kräfte zu geschlossenem Angriff vereint gehalten zu
haben. Die Art dieses Angriffs, sowohl die langwierige Vorbereitung als
die endliche Ausführung, sind freilich nicht eben zu loben. Unerhört in der
Kriegsgeschichte, beispiellos in Vor- und Folgezeit erscheint es namentlich, wie
hier eine ganze Armee angesichts des Feindes und so daß ihm die Flanke geboten wird, durch eine Mauerlücke zieht; und man bemerkt, wie sich das auch
sofort bestraft. Eigenthümlich ist ferner das kreuzweise Schlagen, quer über
das Schlachtfeld hin, welches auch dadurch mit motivirt ist, daß beide Heere
in ihrer Ordre de Bataille auffallenderweise die Reiterei, die eingliedrig en
haye rangirte Ritterschaft, in die Mitte stellen, während die Massen des Fußvolks
auf den Flügeln stehn. — Die für die Taktik interessanteste Seite der Schlacht
ist jedoch die Waffenwirkung. Auf französischer Seite sind Kavallerie und
Artillerie denselben Waffen im kaiserlichen Heere unbedingt überlegen; ihr Erfolg war daher auch sehr groß, ja er wäre wol entscheidend gewesen, wenn die
Kavallerie sich begnügt hätte, die von der Artillerie geschüttelten Früchte
aufzulesen, statt deren selbst brechen zu wollen. Die damals eigentliche Schlachten-
infanterie, die Pikeniere, galt auf beiden Seiten vor der Schlacht als gleich-
werthig; denn hier standen Deutsche und Spanier, dort Deutsche und Schweizer.
Aber abgesehn davon, daß sich die letzteren als depravirt erweisen, versteht es
Frundsberg, durch eine Art Deployement seinem Gewalthaufen eine erhöhte
Beweglichkeit zu geben, die im entscheidenden Augenblicke von großer Wir-
kung ist, versteht es Pescara endlich, — und dies ist wol der bedeutendste
Moment der Schlacht — seine Musketiere in einer ganz neuen selbständigen
Weise zu verwenden, über deren Erfolg nur Eine Stimme bei den Zeitge-
nossen ist. — Zuletzt darf man auch die moralischen Elemente nicht aus den
Augen lassen: auf französischer Seite die chevalereske Unbesonnenheit des
Königs, die Unselbständigkeit der Unterführer, die Feigheit Alençon's, die Un-
zuverlässigkeit der Schweizer; auf kaiserlicher Seite die hohe Selbständigkeit

von Männern wie Pescara und Frundsberg, die gemüthlichen Strömungen in den Reihen der deutschen Landsknechte, die ihre Brüder zu Pavia erledigen wollten, der allgemeine Wunsch der Truppen, zu ihrem Solde zu kommen, und endlich der patriotische Wille, den kaiserlichen Namen Frankreich gegenüber mit neuer Glorie zu umgeben.

Der Erfolg von Pavia mahnt an den von Sedan. Aber der deutsche Kaiser war bei Pavia nicht wie bei Sedan selbst zur Stelle. Er saß fern zu Madrid und sprach mit seiner Umgebung von dem Gang der Dinge in Italien, den er für sehr gefährlich hielt, als ein Courier vom Heere eintraf. Ohne vorher etwas von seinem Auftrage verlauten zu lassen, trat er ein: „Sire!" hub er an: „bei Pavia ist es zur Schlacht gekommen, Euer Majestät Truppen haben den Sieg davon getragen; die französische Armee ist vernichtet; der König selbst ist gefangen und befindet sich in der Gewalt Euer Majestät." — Es war als ob das Blut in Karl's Adern still stehe; lange starrte er den Boten schweigend an, und wie in Bestürzung wiederholte er endlich langsam die Worte des Hauptmanns: „Die französische Armee ist geschlagen und König Franz ist mein Gefangener." — Stumm ging er in ein Nebengemach und warf sich vor dem Bilde der Jungfrau nieder.*)

Karl V. hat seinen Sieg schlecht benutzt. Mit Recht riethen ihm seine Räthe, sofort aufs Neue in Frankreich einzudringen und die Zerrüttung, welche dort in Folge der Gefangennahme des Königs herrschte, zu benutzen. Charles von Bourbon und Erzherzog Ferdinand waren gleicher Meinung. Der Letztere erbot sich, in Burgund einzufallen, sobald das kaiserliche Heer von Italien her wieder in die Provence vorrücke. Schon versammelten sich auch im Elsaß 15,000 deutsche Bauern, um über die Vogesen in Frankreich einzubrechen.**) Aber Karl V. war weit entfernt von jener Energie, welche die deutschen Heere von 1870/71 von Sedan nach Paris, Rouen, Le Mans, Dijon und Orleans geführt. Er dachte Alles durch Unterhandlungen mit dem gefangenen Könige Franz ohne weiteren Schwertstreich zu erreichen.

Man brachte den hohen Gefangenen auf das an der Abda gelegene feste Schloß Pizzighetone in die Obhut Alarcon's, dessen Treue man versichert war. In seiner Einsamkeit ging noch einmal Alles durch die Seele des Königs, was er besessen, was er eingebüßt; noch einmal durchlebte er alle Aufregungen der Schlacht: Eine Ballade, welche er zu Pizzighetone gedichtet und welche wol an seine geliebte Schwester, die Königin Margarethe von Navarra gerichtet ist, läßt das deutlich erkennen. Ihre erste Strophe lautet:

Triste penser en prison trop obscure
L'honneur, le soing, le debvoir et la cure

---

*) Nach Ranke.
**) Vergl. Boell: Der Bauernkrieg um Weißenburg Anno 1525. Weißenburg 1874.

Que je sautiens des malheureux souldarts
Devant mes yeulx desquels j'ai la figure,
Qui par raison et aussi par nature
Debvoient mourir entre picques et dards,
Plustost que veoyr fuir leurs estandards,
Me font perdre de raison l'attrempance,
Quand de te veoyr j'ai perdu l'esperance!

Die Schlußzeile wiederholt sich als Refrain durch alle Strophen. *) — In Pizzighetone erschien Herr v. Büren mit den Friedensvorschlägen Karl's V. bei dem Könige: es waren im Wesentlichen die Zielpunkte des ursprünglichen Bündnisses zwischen dem Kaiser, dem Könige von England und dem Herzoge von Bourbon: Verzicht Frankreichs auf Flandern und Italien, Rückgabe Burgunds an Spanien-Oesterreich, verschiedene Vortheile für England und Einsetzung Bourbons in sein Erbe, sowie Belehnung desselben mit der Provence. Franz lehnte alle diese Vorschläge ab, indem er sehr richtig erklärte, daß man zwar im Besitze seiner Person, aber keines einzigen Dorfes von Frankreich sei.

Offenbar standen langwierige Verhandlungen bevor; offenbar hatte man einen großen Fehler begangen, als man den günstigen Moment versäumte, in Frankreich einzufallen. Der war aber vorüber. Das kaiserliche Heer in Italien, unbezahlt und nur kurze Zeit durch die Beute zufrieden gestellt, war schon bald nach der Schlacht unruhig geworden, und die Anführer hatten bei den Fürsten und Städten des Landes beträchtliche Anleihen machen müssen, um die Truppen zu befriedigen. Aber die aufgebrachten Summen genügten nicht lange, und binnen Kurzem hatte man sich genöthigt gesehn, die deutschen und italienischen Söldner zu entlassen. Ein Theil der Spanier verließ die Fahnen, um die reiche Beute nach Hause zu bringen. — Als Franz I. nun die Friedensanträge des Kaisers abwies, verfügte man über kein kriegsfähiges Heer mehr, und zu diesem Uebel gesellte sich sofort ein zweites: der Abfall der Bundesgenossen, welche Karl V. um seinen Sieg beneideten. Heinrich VIII. von England schloß im August 1525 ein Vertheidigungsbündniß mit Frankreich; die Staaten der italischen Halbinsel traten großentheil zu einem Bunde zusammen, als dessen Generalkapitän der franzosenfreundliche Giovanni Medici fungirte, derselbe, welcher in den Vorgefechten von Pavia verwundet worden war. Unter solchen Umständen schien eine lang andauernde Gefangenhaltung Franzens in Oberitalien gefährlich und es gelang der Gewandtheit Lannoy's, des Vicekönigs von Neapel, gegen den Willen Pescara's und Bourbon's, den Gefangenen nach Spanien zu entführen.

Zu Madrid kam dann am 14. Januar 1526 der Friede zu Stande,

---

*) Vergl. Poesies du Roi François I etc. par Champollion Figeac. Paris 1847.

deſſen Bedingungen von faſt allen Schriftſtellern als unbillig, ungroßmüthig und maßlos verſchrieen worden ſind. Mit Recht tritt der Freiherr von Schwartzenau in ſeinem Werke über Bourbon dieſem landläufigen Urtheil entgegen. „Franz gab Burgund zurück, eine Provinz, auf welche der Kaiſer die gerechteſten Anſprüche hatte; er entſagte der Lehnsherrlichkeit über Flandern und Artois, d. h. bei dem Machtverhältniſſe des Lehnsherrn (Franz) zum Lehnsträger (Karl) einer bloßen Förmlichkeit; er gab ſeine zweifelhaften Anſprüche auf Mailand auf, das ſich thatſächlich ja ſchon in des Kaiſers Hand befand; er reſtituirte dem Herzoge von Bourbon ſeine Stammlande, ohne ihn bezüglich der Anſprüche auf die Provence zu befriedigen. Wo zeugen ſo mäßige Bedingungen von übermäßiger Härte?“ Außerdem wurde ein Bündniß zwiſchen Spanien und Frankreich geſchloſſen; Bourbon entſagte der Hand der ihm verlobten Königin-Wittwe Eleonore von Portugal, welche der Kaiſer dem Könige Franz vermählte und ihr, abgeſehn von der Ausſteuer, ſeine Anſprüche auf Macon, Auxerre und Bar für Seine mitgab.

Am 18. März 1526 wurde Franz I. auf der Bidaſſoabrücke zu Fuenterabia gegen ſeine beiden, zu Geißeln beſtimmten Söhne ausgewechſelt. Sobald er das franzöſiſche Ufer betrat, warf er ſich auf ein bereitſtehendes türkiſches Pferd und brach fortſprengend in den jubelnden Ruf aus: „Je suis le Roy! Je suis le Roy!*) — Der große Ringkampf zwiſchen Spanien und Frankreich ſchien beendet. Aber es ſchien nur ſo! Einige Stunden vor Unterzeichnung des Madrider Friedens hatte König Franz in Gegenwart der anweſenden franzöſiſchen Großen die notarielle Erklärung niedergelegt: „daß er den Tractat gegen ſeinen Willen und nur zum Scheine annehme, daß er ihn als erzwungen und nichtig betrachte und entſchloſſen ſei, ihn nicht zu erfüllen.“ — Unmittelbar darauf ſchwur er dem Kaiſer, „wieder als Kriegsgefangener nach Spanien zurückzukehren, wenn binnen ſechs Wochen die Uebergabe Burgunds und binnen vier Monaten die völlige Ratification der Friedensbedingungen nicht erfolgt ſei.“ Der Roi gentilhomme brach dieſen Eid ohne Zögern. Die allgemeinen politiſchen Verhältniſſe ermuthigten ihn dazu, und der Neu-Ausbruch des Krieges in Italien lehrte, daß die Gefangennahme eines Souverains nur dann Werth hat, wenn man auch Herr ſeines Reiches iſt, daß ein Sieg nur dann Früchte trägt, wenn man ihn verfolgt, und namentlich uns Deutſchen zeigt dies Schauſpiel im Spiegel der Vergangenheit anſchaulich und klar, wie wohl König Wilhelm that, als er nach Sedan keinen voreiligen Frieden mit Frankreich ſchloß.

---

*) Sandoval.

Italienische Reisebilder

von Karl Stieler.

2. Mailand.

Nicht in seiner äußern Erscheinung, aber seinem innern Werthe nach zählt Mailand zu den bedeutendsten Charakteren Italiens; es ist mehr als Phrase, wenn man es die „moralische Hauptstadt" des Landes nennt. Was mußte nicht Alles geschehen in Thaten und Leiden, bis endlich das Vaterland geeinigt war, und wenn auch die Begeisterung für diesen Wunsch das ganze Volk durchfluthete, der Löwenantheil an der Arbeit fiel doch dem Norden zu. Hier vor Allem, in Piemont und bei den Lombarden, war jener nüchterne strenge Geist, der zum Wollen auch die That fügt, den keine Noth des Erduldens schreckt, und im Erdulden wenigstens ist keine andere Stadt mit Mailand vergleichbar. 48 mal ist es belagert worden, und 28 mal ward es erstürmt, so oft die Wogen des Krieges sich über die Lombardische Ebene ergossen, schlugen sie brandend an seine Mauern, wie ein Fels aus dem Meere ragt Mailand aus der stürmischen Geschichte des Mittelalters. Aber neben all dieser Kampfeslust, neben jenem männlichen Trotz, der recht eigentlich die Signatur der Stadt war, blühte doch immer in unerschöpflicher Fülle Kunst und Wissenschaft, Reichthum und Minnedienst, ja es entstand sogar im Scherz die Sage, der Name Mailand sei die „Stadt der Maiden".

So gingen 2 Jahrtausende im Sturm über dies kühne Haupt der Lombarden hin und wir glauben es kaum, daß dieselbe Stadt, in der wir die weißen Soldaten Radetzky's sahen, die 1859 begeistert rief: „Vittorio Emmanuele" zweihundert Jahre vor Christus schon von den Römern belagert ward, daß Theodosius hier Hof hielt und Attila hier sengte. Furchtbarer aber, als sie Alle, war das Strafgericht Barbarossa's, dessen Gattin hier so tiefe Schmach erduldet, daß er schwur die Stadt dem Boden gleich zu machen. Mit eisernen Hacken wurden damals die Gebäude niedergerissen und Feuer an ihr Gebälk gelegt; erst auf den Trümmern Mailands sah der Kaiser seine Sühne. Zwei Jahrhunderte später finden wir die Viscontis im Vollbesitze der Stadt, die Mittel, mit welchen sie ihre Herrschaft befestigten, waren dieselben, die jeder Gebieter Italiens damals übte, dieselben wie sie Macchiavell im Principe berühmt gemacht; nur daß sie der eine kühner als der andere zu gebrauchen wußte.

Grausame Zeiten, voll Blut und Gewaltthat mußten vergehen, ehe das Geschlecht der Sforza das Herzogthum gewann. Sie kamen aus niedrigem, ja bäuerlichem Stamme, aber der Gründer ihrer Würde besaß doch wenigstens persönlichen Muth und zeigte, was der Glaube an einen hohen Beruf vermag, bis seine Enkel wieder in den Fluch der alten Tradition versanken.

Der volle Zwang des Despotismus indessen kam über Mailand erst als
Karl V. es in die Hände Spaniens übergab, denen es bis zu Beginn des
XVIII. Jahrhunderts verblieb. Wie man über die Herrschaft Oesterreichs
dachte, die darauf folgte, ist allen Zeitgenossen bekannt; vergeblich berief man
deutsche Gelehrte und Künstler, um der Stadt neuen Nimbus zu geben —
aber Mailand wollte nicht deutsch sein, es wollte nichts sein als ein Theil
des einigen Italien! Entsetzliche Jahre vergingen, bis der Friede von
Villafranca kam und der König im brausenden Jubel in Mailand einzog.

Es ist wunderbar genug, daß eine Stadt, die so unwandelbar im Kreise
nationaler Entwicklung stand, doch äußerlich so wenig nationale Charakteristik
zeigt. Denn Jeder, der Italien unbefangen durchzieht, wird sich gestehen, daß
das italische Element in Mailand am wenigsten zu Tage tritt, das Leben,
die ganze Physiognomie der Stadt hat vielmehr einen kosmopolitischen Zug,
wie er jeder Großstadt eigen ist und gar manche Straßen könnten ebensogut
in Paris sein.

Am ehesten besitzen noch die neuen Wege (vor allem die Gallerie Victor
Emmanuel's) ein südliches Gepräge; dieß Bedürfniß nach hohen glänzenden
Räumen, wie es hier zum Ausdruck kommt, ist doch das eigentliche Wahrzeichen der Italiener, deren ganzes Leben nach Außen drängt. Man muß
des Nachts in die lombardische Hauptstadt kommen, an einem Festtag,
wo Alles erleuchtet ist, und dann durch diese Hallen gehn, in denen Tausende
von Menschen fluthen und Tausende von Flammen strahlen, dann wird man
inne, was für Italien die Nacht bedeutet und daß es wirklich Italien ist, in
dem wir weilen.

Der Grundstein zu diesem glänzenden Bau, der schwerlich seines Gleichen
hat, ward am 4. März 1865 gelegt, der Meister desselben stammt aus
Bologna. Im Mittelpunkt des ungeheueren Kreuzes, das zum Grundriß
diente, erhebt sich eine Kuppel, reich mit Fresken und Karyatiden geschmückt,
in dem Achteck aber, das die Kuppel überwölbt, stehen die Statuen der berühmtesten Italiener. Rafael und Dante sind hier; stürmisch schaut Savo-
narola hernieder und Arnold von Brescia, der große Erreger des Volkes!
Hier ist es auch, wo Macchiavell sein Denkmal fand und ebenbürtig an
politischer Weisheit, überlegen an politischer Freiheit steht Cavour ihm gegenüber.

Die ganze Halle, zu deren Erleuchtung 1200 Gasflammen dienen, zeigt
uns das Leben eines südlichen Bazars. 96 der prächtigsten Magazine breiten
uns hier ihre Schätze aus, funkelnden Schmuck und schwere Teppiche, Statuen
und Bilder. In den Cafés sind die Flügelthüren geöffnet, daß man die
rothen Sammetkissen und die riesigen Spiegel sieht, unablässig drängen sich
die Zeitungsverkäufer heran an die plaudernden Gruppen und singen ihre
bekannte Weise „Perseveranza" „Fanfulla", „Nazione" — 5 centesimi.

So wirkt Alles zusammen, um die Galleria zum glanzvollen Mittelpunkt des öffentlichen Lebens zu machen: die massige Pracht des Baues und die leichte Schwungkraft des Verkehrs, emsiger Fleiß und vornehmer Müssiggang. In den Giebelfeldern stehen die Bilder der Welt, Europa, Asien u. s. w., aber der feste Grund, auf dem wir wandeln, aus dem dies Meisterstück emporstieg, ist das uralte Mailand; hier eint sich wie in keiner anderen Stadt Italiens der Bürgerstolz mit kosmopolitischem Geiste.

Im Corso und in der Galleria begegnet sich zumeist der gesellige Verkehr, wenn die strenge nach innen gekehrte Arbeit zu Ende ist und Alles athemholend ins Freie eilt. Hier allein werden wir sofort in die italienische Welt versetzt, an die uns weder der Bau der Stadt, noch die Haltung der Bürger sonderlich gemahnt; nur die Gesellschaft ist jenes Zauberwort, welches das innere Wesen des Italieners mit plötzlicher Macht erweckt, und ihm Alles entlockt, was er an Geist, an Liebenswürdigkeit und Schönheit besitzt. Wer in Mailand nur die großen Comptoirs oder die Stätten geistiger Arbeit betritt, der wird ernste emsige Menschen finden, die fast mit nordischer Strenge ihre Pflichten üben; erst wenn wir des Abends auf den Corso kommen, wandelt sich das Bild, nun erst sind die Mailänder in vollem Sinne Italiener! Mit doppelter Raschheit fließt jetzt die Rede, in prächtigen Falten fällt den Frauen der Schleier über die Schulter, duftig und zart blinkt die helle Seide, in die man sich seit Ostern kleidet. Denn in der That, selbst in den Frauen lebt jener energische Geist, der an allen öffentlichen Dingen Antheil nimmt und Aleardi hat ihnen aus der Seele gesprochen mit seinem Gedicht le donne milanesi alle donne veneziani. Mailand war damals schon dem einigen Italien verbunden, aber Benedig schmachtete noch in fremder Hand; und mit lauten Jammerrufen klingt sein Lied. Der Grundton, der durch alles Leben in Mailand geht, ist modern; so reich auch die Erinnerungen an eine große Vergangenheit uns umgeben, die Kraft der Gegenwart bleibt doch — allmächtig!

Selbst da, wo ihr vergangene Formen zum Ausdruck dienen, tritt sie uns siegreich entgegen. An der Piazza dei Mercanti, aus deren geschlossenen Räumen einst die drakonischen Gesetze des Podestà verkündet wurden, hallt jetzt der Lärm der beweglichen Börse, und in den Loggien, wo einst theologischer Streit erklang, sitzt die Handelskammer zu Rathe. Und so alt auch die Stiftung des Ospedale Maggiore ist, die großartige Entwicklung seines Zweckes, diese Gleichheit Aller, die der Kummer gleichgestellt, bleibt doch immer das geistige Eigenthum der Neuzeit. Man konnte solches ahnen in früheren Jahrhunderten, aber verwirklicht mit voller bewußter Freiheit hat es erst die Gegenwart.

Etwa im Jahre 1784 wurden sämmtliche wohlthätige Stiftungen, welche
Mailand besaß, zu einem einzigen Fond vereinigt, auf welchen alle Bedürftigen Anspruch haben, von der verarmten Wittwe fürstlicher Geschlechter bis
zur Bettlerin, die sorgenvoll ihr Kind auf dem Schoße wiegt.

Neben dieser Armenspende aber sind etwa 3000 Betten für Kranke ver-
fügbar und diese riesigen Mittel werden verwaltet im Sinne edelster Menschlichkeit; unter ständiger Aufsicht der Protektoren, im ständigen Gedanken der
edlen Geber, deren Bildnisse alle zwei Jahre in den Hallen des Hauses zur
Ausstellung gelangen.

Welchen Umfang übrigens die Anstalt gewonnen hat, mag man daraus
erkennen, daß die Aktiven derselben bereits über 47 Millionen betragen, daß
etwa 21,000 Kranke im Jahre verpflegt und 10,000 kleine Kinder (meist auf
dem Lande) von ihr verpflegt werden.

Werfen wir einen kurzen Blick auf das politische Gebiet, so weisen zahl-
lose Reminiscenzen auf das Geschlecht der Bonaparte hin, aber auch das ist
ja ein tief moderner Zug, wenn auch die Geschichte nun zum zweiten mal
diesen Namen entthront hat. Denn mit keiner anderen Stadt hatten die
Napoleons so tiefe persönliche Beziehungen als gerade mit Mailand. Hier
war es ja, wo einst der Mann, der mit fliegender Fahne auf der Brücke von
Arcole stand, die eiserne Krone aufs Haupt nahm, wo der Vicekönig Eugen
verschwenderisch Hof hielt, wo Napoleon III. nach Magenta seinen Einzug
hielt und sich als Retter Italiens huldigen ließ. Solche Erinnerungen behalten mindestens für jene Generation, die sie erlebte, eine unbeschreibliche Macht,
denn die Thatsache, nicht die Reflexion ist es, womit die Massen rechnen, woran sie denken, so oft sie zum stolzen Arco della Pace emporschauen. Dazu kommt, wenigstens bei denen, die edler fühlen, ein gewisses Gefühl der
Dankbarkeit, denn nichts ist falscher als diesen schönen Zug dem italienischen
Charakter zu bestreiten; sie wissen es wohl, daß sie den letzten Ausbau ihres
einigen Vaterlandes Deutschland verdanken, aber den Grundstein ihrer Einheit legte doch der Kaiser von Frankreich zu einer Zeit, da Niemand ihn legen
konnte, als er. Dieß mag den Cult Napoleon's entschuldigen, wie wir ihn
bisweilen in Wort und Bild begegnen, er hatte vielleicht etwas Verletzendes,
solange er dem allmächtigen Cäsar galt, aber das ist gemildert, seit er der
Erinnerung an eine gefallene Größe gilt.

Mit welcher Wärme übrigens die Italiener an jedem Namen hängen, der
fördernd in die Geschichte ihres Landes eingriff, wie lebendig das Andenken
an alle Männer genährt wird, die zum Ruhme Italiens das Ihre beigetragen,
dafür finden wir auch anderwärts hundertfältige Belege.

In jeder größeren Stadt sind die Plätze und Straßen nach ihren besten
Bürgern genannt, vor den Denkmalen, die ihnen die Nachwelt setzte, spielen

die Kinder, und lernen spielend den Stolz, den sie als Männer hegen. Ueberall wird der Zusammenhang mit den Heroen der Nation in begeisterter Weise gepflegt und fast immer durch den Anblick des Schönen vermittelt; wir nennen statt Aller nur den großen Cavour! Auch in Mailand steht ein herrliches Denkmal, aber selbst bis in die kleinsten Kleinigkeiten steigt diese Popularität hinab; auf jeder Banknote, die dem Bürger durch die Hände läuft, ist das Bildniß des berühmten Mannes, der so staatsmännisch klug durch die Brille schaut; die beliebteste Cigarre, die der Kutscher raucht und der Gentleman nicht verachtet, heißt Cavour. Kurz es ist beispiellos, welche Viel-seitigkeit, welche Eindringlichkeit die Italiener einem Gedanken zu geben wissen, der einmal in ihrem Herzen das Bürgerrecht gewann.

Wir schlendern weiter durch die Contrada di Brera und treten in einen hohen Säulenhof mit prächtigen Statuen: hier sind die wissenschaftlichen Schätze Mailand's vereinigt und auch die Gemälde-Gallerte, die hier verwahrt wird, bietet Perlen der alten Meister. Wer, der es jemals sah, vergäße wieder Raphael's Sposalizio; wer vermöchte es zu beschreiben, so wie er es sah? Wir fühlen wohl, daß diese Schilderungen gerade der Kunst am meisten schul-dig bleiben, denn, mit wenigen Worten ein volles Urtheil zu sprechen, wäre verwegen und mit jener Hingebung darauf einzugehen, die allein ihrer würdig ist, fordert Bände statt der Seiten.

Mehr als jeder andere ist gerade der Künstler und der Forscher der Kunst auf die eigene Anschauung verwiesen, ihm kann die Schilderung am wenigsten Italien — ersetzen!

Auf dem Weg nach der Porta Ticinese, einem der 12 stolzen Thore, hält uns ein seltsamer Anblick fest; ein Bild, das uns mitten aus dieser modernen Welt zurückführt in die Antike. Es sind die colonne di San Lo-renzo, sechszehn korinthische Säulen von weißem Marmor und wunder-barer Schönheit, die aus römischen Thermen stammen und schon in den Ge-dichten des Ausonius genannt sind. So ruhen die Schöpfungen aller Zeiten vereint im Bannkreis unserer Stadt, aber sie alle sind klein vor jenem einen Werke, das wie ein weißer Demant vom dunklen Ringe dieser Mauern um-schlossen wird.

Das ist der Dom, das heilige Signum der Stadt, mit seiner marmor-bleichen tausendfältigen Gliederung, mit seinen kühlen dämmertiefen Hallen, mit seinen weltgeschichtlichen Erinnerungen.

Lange Zeit waren die schmutzigen niederen Häuser bis dicht an seine Marmorwände gerückt, so daß jede freie Entwicklung und jeder volle Anblick des Bildes fehlte, jetzt aber hat man für eine würdige Umgebung gesorgt und weithin freien mächtigen Raum geschaffen.

Feenhaft steigt aus demselben jetzt der ungeheure Bau empor, riesig in seiner Gesammtheit und doch fast duftig leicht in allen einzelnen Theilen. Ueberall ist die breite Fläche durchbrochen, überall tritt der Drang hervor, die schweren Massen zu entlasten und in luftige Höhen emporzusteigen; es ist eine Mischung von Weihe und Phantasie, von versteinerter Kraft und flüchtigem Spiele, wie sie kein anderes Bauwerk der Welt besitzt.

Stumm und staunend standen wir an der Via Capellari, bis mich ein Italiener, der uns lange zugesehen, beim Arm ergriff und mit schwungvoller Geberde sprach: „Ecco ciò, che poteva il 1386."

Damals nämlich wurde der Dom von Mailand durch Johann Galeazzo Visconti begonnen und, wenn es auch noch vieler Jahre, ja der Jahrhunderte bedurfte, bis er vollendet war, wenn auch die Hände aller Nationen an diesem Meisterstück der Menschheit mitgewirkt, der Ruhm des Gedankens gebührt doch jener fernen Zeit.

Mit innerer Spannung steigen wir über die breiten Marmorstufen empor, die sich vor den fünf Portalen der Façade ausbreiten. Ein Blinder auf den Pfeiler gelehnt, murmelt mit dumpfer Stimme „misericordia per un cieco", verwahrloste Kinder, die auf den Treppen lungern, spielen, rufen uns zu „un' soldo, signor, un' soldo" und strecken die Hände aus; mit listiger Miene tritt ein Führer heran, der uns schon seit der Ecke gefolgt war, und raunt uns ins Ohr: „La cattedrale, signor, un guida per la cattedrale"!

Das sind die Hindernisse, die in Italien jede Schwelle belagern; doch mit einigen centesimi und mit beredten Fingern befreit man sich leicht, man darf nur nicht viele Worte verlieren, sonst hat man verlornes Spiel.

Das Mittelportal wird nicht durch eine knarrende Thüre, sondern durch einen ungeheuren Vorhang von der Straße getrennt, man schiebt ihn langsam bei Seite und nun umfängt uns die gigantische Halle mit ihrer heiligen Dämmerung, mit ihren himmelhohen Säulen, mit jenen geheimnißvollen Lauten, die sich fast ebenso wundersam brechen und dämpfen wie das Licht.

An einem fernen Seitenaltar tönt die feine silberne Klingel, die zur Wandlung ruft, und mit verhülltem Antlitz sinkt die Matrone ins Knie, der Priester im Chorhemd, der eben aus der Sakristei getreten, von 2 Knaben gefolgt, hält stille und pocht sich an die Brust. Dort in der Nische, vor dem vergitterten Beichtstuhl, kniet ein Mädchen im schwarzen Gewand, das Antlitz glühend wie Scharlach und die leuchtenden Augen emporgerichtet; sie ist der Welt entrückt, sie sieht und hört nicht mehr, daß sie fast laut ihre Sünden bekennt, die Sünden der schönen Franceska da Rimini! „Al tempo dei dolci sospiri .... "[*)]

[*)] Dante divina Commedia V, 40.

Lautlosen Schrittes ging ich weiter, sie hatte mich nicht gesehen, sie hatte die Glocken nicht gehört, die oben zu läuten begannen, sie trug nur einen Gedanken in der Seele und auf den gerungenen Händen: — Misericordia! Im nächsten Kirchenstuhle saß ein altes Mütterlein, der das graue Haar unter dem Schleier hervorsah; auch sie war versunken in eine Welt, auch sie hatte ihr Herzeleid. Nur mit einem einzigen Blicke streifte ich das schöne kummervolle Gesicht, aber ich verstand die Geschichte, die in demselben stand. Es war die Geschichte vom verlornen Sohn, für ihn flüstert sie hier seit Jahren ihr tägliches Gebet — misericordia!

Eine wunderbare Gewalt ruht über diesen Hallen, ein Zauber, der selbst den Fremden, selbst den Gottentwöhnten in seine Kreise zieht. Es ist nicht bloß die Macht, die der ungeheure Raum und das schöne Maß seiner Theilung auf die Sinne übt, es ist nicht Luft und Licht allein, was uns mit mystischer Gewalt umschwebt, sondern es ist etwas Geistiges, etwas Innerliches, in dessen mächtiger Strömung wir hier stehen, ja etwas Seelisches, das so zur Seele spricht. In dem **Herzensgeheimniß** der Millionen, die hier beteten und weinten, liegt die **geheimnißvolle Kraft**, in der **Ergriffenheit** der Tausende, die hier vor unseren Augen knien und vor Jahrhunderten hier knieten, liegt das **Ergreifende** dieser Stätte.

Das ist ihre eigentliche Weihe, das ist ihr unsichtbarer wunderthätiger Schatz, der uns mehr fesselt, als alle silbernen Ampeln und goldenen Gefäße. Er ist's, der in den wunderbaren Orgeltönen fluthend lebendig wird.

Der Grundriß des Domes zeigt uns ein Kreuz, dessen innere Länge nahezu 450 Fuß beträgt und in fünf Schiffe zergliedert ist, die ganze Grundfläche umfaßt mehr als 110,000 Quadratfuß. So ist es wohl ein weiter Weg, all diese Räume zu durchwandern.

Schon früher stand an der Stelle des jetzigen Domes eine uralte Kirche, aus deren Abbruch indessen keine Ueberreste in den neuen Tempel verwendet wurden. Denn der Marmor, der aus den Brüchen von Candoglio kam, war unerschöpflich, und die Gaben, die für das prächtige Denkmal flossen, waren im Anfange überreich. Galeazzo Visconti selbst opferte einen großen Theil seiner Beute und seiner Juwelen, Marco Carelli bot ein Geschenk von 35,000 Dukaten und Papst Bonifaz IX. versprach allen Lombarden, daß sie dieselben Ablässe, wie für eine Pilgerfahrt nach Rom gewinnen könnten, wenn sie nach Mailand pilgerten und ein Drittel der dadurch ersparten Summe für den Tempelbau zur Verfügung stellten.

Sicher war derselbe anfänglich viel einfacher, als ihn die spätere Zeit gestaltete, man hatte zwar die fünf großen Thore und die 52 achteckigen Säulen schon damals aufgenommen, aber man wollte nach Ambrosianischem Ritus nur einen einzigen Altar errichten. Alle Seitenaltäre, die jetzt in der

Kirche stehen, kamen erst zur Zeit des hl. Karl Borromäus dorthin und sind größtentheils von Pellegrini entworfen, der auch den unterirdischen Gang nach dem Pallaste des Erzbischofes baute.

Wenn wir eingetreten sind zwischen zwei Säulen aus rothem Granit, die dem Hauptportal ihre kolossale Verzierung leihen, schreiten wir alsbald über den Meridian hinweg, der hier durch die Kirche läuft und im Jahre 1786 in den Marmorboden gelegt ward. Dann treten uns die stolzen Denkmäler entgegen, wie sie die Päpste und ihre Nepoten damals in den Kirchen Italiens errichteten; Statuen und Bilder drängen sich an jedem Altare, darunter auch jener widerlich-anatomische Bartholomäus, der seine eigene Haut über dem Rücken trägt. Und zu dieser ästhetischen Unthat fügte der „Künstler" noch die überflüssige Inschrift, daß dies Standbild nicht von Praxiteles, sondern von ihm, von Marcus Agrates stamme.

Weltberühmt ist der siebenarmige Leuchter, der seit der Mitte des XVI. Jahrhunderts dem Dom von Mailand gehört und dessen Ursprung noch heute ein Räthsel ist. Wie die verschlungenen Aeste eines Baumes winden sich die dunklen Arme aus dem mächtigen Stamm, den kämpfende Thiergestalten umklammern; daneben erhebt sich die Statue Madonna del albero und zu ihren Füßen schläft Cardinal Borromeo, den Manzoni in den „Promessi Sposi" verherrlichte. Das Grabmal seines großen Ahnherrn, des hl. Carl selbst befindet sich unter dem Chore, den Sarg, in dem sein Leichnam bestattet ist, hat König Philipp IV. von Spanien gespendet. Er ist von lauterem Golde, und wenn Ignazio Cantu uns recht berichtet, umschließt die Cappella di San Carlo einen Werth von mehr als 4 Millionen Francs.

Doch so erhaben auch das Innere des Domes ist, fast noch gewaltiger gestaltet sich der Eindruck, wenn wir nun die vielen hundert Stufen emporsteigen und ins Freie treten auf das Dach des unermeßlichen Baues. Feenhaft nehmen uns hier die Marmorbilder gefangen, die tausendfältig die spitzen Pfeiler überragen, feenhaft wirkt die blaue Kette der Alpen, aus deren Tiefen schimmernd der Montblanc taucht, in deren endlosen Reihen die großen Pässe liegen, die der Weltverkehr sich auserwählt, Mont-Cenis und Splügen, Gotthart und Stilfser Joch.

Die Anzahl der Statuen wird auf 2000 geschätzt, und der Ursprung derselben vertheilt sich auf 5 Jahrhunderte; weltberühmt ist das Bild der Eva, auch Canova hat dem Dom drei Meisterwerke gespendet. Rebekka, St. Dasius und Napoleon I. Der letztere ist ohne Zweifel der prächtigste, hoch über Mannesgröße und kühn wie die Bilder der antiken Helden, steht der Cäsar unseres Jahrhunderts dort; in geballter Faust die Lanze haltend, womit er Europa niederwarf. So sieht er herab, regungslos und marmorkalt, auf die Stadt, die er einst beherrschte, in der sein Sohn Eugen glänzenden

Hof hielt. Aber noch eine feine ironische Symbolik kommt hinzu; denn vierzehn Blitzableiter schützen das Dach des Baues gegen Wetterschläge und um den künstlerischen Eindruck nicht zu stören, hat man als Träger derselben jene Krieger erwählt, die mit Lanze und Speer bewaffnet sind, unter ihnen den großen Corsen. Er der seine gewaffneten Blitze über die Erde zucken ließ und Länder mit ihnen versengte, ist nun das stumme Werkzeug geworden um den Blitz zu entwaffnen, der machtlos durch seine Hände gleitet. Ob sich wohl Mailand rächen wollte, das er 1800 im Sturm nahm, ob es nur eine Fügung wundersamen Zufalls ist?

Stundenlang kann man auf der breiten Plattform des Daches, in diesem Wald von Marmorthürmen wandeln und immer bieten sich neue Gestalten dar; verschlungene Blumen und Blätterwerk, Drachenhäupter, aus deren Schlund das Wasser herabschießt, wenn die lange Regenzeit beginnt, alles aus blendendem Gestein, alles so stumm und doch so beredtsam!

An den Wänden stehen tausende von Kritzeleien, in allen Sprachen der Welt, und wenn es auch häufig nur schlechtgeschriebene Namen sind, so verräth uns doch mancher Satz die heimliche Ergriffenheit, die an solcher Stätte wach wird! „Vale carissima" schreibt ein Priester am Tag seiner Weihe, Sprüche aus Byron und Dante, aus Rousseau und Goethe sind keine Seltenheit; in schwärmerischer Wallung wacht die Vaterlandsliebe auf, wie die tausendfachen Evviva's für das einige Italien bekunden. Ja wahrhaftig, es herrscht eine wundersame Gehobenheit in dieser luftigen Höhe. — Und doch wie nahe liegt der Weihe das Handwerk; in der rauchenden Pfanne da drüben sieden sie flüssiges Blei, mit dem die Ritzen ausgegossen werden und wenn eine Stunde der Rast kommt, dann rücken die sonnverbrannten Gesellen zusammen und ziehen die Würfel aus dem Sack und die kupfernen soldi. — So sah ich sie sitzen mit übergeschlagenen Beinen und funkelnden Augen — cinque — sei — dieci; „accidente" (treff Dich der Schlag) schrie Jener, der verloren hatte. Lange, lange lehnt' ich über der weißen Brüstung und sah hinaus an die Alpen und hinab auf die braunen Dächer der Stadt, es lag etwas schwelgerisches in dieser unermeßlichen Ferne!

Von den übrigen Kirchen Mailands verdient vor allem die Basilika des heiligen Ambrosius Erwähnung, die noch ins IV. Jahrhundert reicht und ihre Entstehung dem großen Kirchenvater verdankt, für dessen erhabene Einfachheit der ambrosische Ritus das beste Zeugniß gibt. Und diesen Charakter trägt auch der ganze Bau, soviel immer die spätere Zeit daran geändert hat; ohne besondere Schönheit wohnt ihm doch die tiefste Würde inne und jener Ernst, den jede große Vergangenheit zurückläßt.

Hier vor dem Hochaltar fand die Bekehrung des heiligen Augustin und die Krönung der italischen Könige statt, Berengar's und Otto des Großen, und jener beiden, die dann der römische Bannstrahl traf: Heinrich's IV. und Ludwig's des Baiern. Goldene Schätze und werthvolle Alterthümer füllen auch hier die Kirche, aber ihr höchster Schatz bleibt doch — ihre Geschichte.

Der Ruhm, den Maria delle Grazie besitzt, ruht in dem berühmten Abendmahl des Leonardo da Vinci, das sich indessen nicht in der Kirche selbst, sondern in den dazu gehörigen Klosterräumen befindet. Die wundersame Leidensgeschichte des Bildes und die erhabenen Gestalten desselben sind heutzutage Allen bekannt, auch denen, die niemals Italien besucht, aber trotz aller Verwüstung ist der Eindruck, den das Original gewährt, noch immer unerreichbar.

Im Waffenrock und in der Kutte zog die barbarische Zeit dagegen zu Felde, aber soviel sie auch davon hinweggetilgt, die Spur geweihter Größe vermochte sie nicht zu tilgen, und diese wird übrig bleiben, so lange noch eine Linie sichtbar ist.

Am Abend, wenn durch ganz Italien hin ein lärmendes Treiben erwacht — da pochen auch in Mailand die Pulse des Lebens schneller. Dann kommt überall ein großes Wort zu Recht, das wir bisher noch kaum genannt und das doch für Italien die höchste Bedeutung hat, wir meinen das Theater. Freilich ist es weit weniger ein Kunstgenuß, dem man andächtig lauscht, sondern der Zauber der Geselligkeit, dem man sich lärmend hingibt, aber wie dem auch sei, der Schauspieler und Sänger bleibt doch in diesem Lande ein unentbehrliches Element. Und das fühlen sie auch selbst viel mehr, als die vornehme Gleichgültigkeit, womit das Publikum ihre Leistungen überplaudert, ihr Stolz liegt nicht darin, daß man sie andächtig anhört, sondern darin, daß man sie nie vermissen kann. Als Venedig allein noch ausgeschlossen aus der Italia una war, da stand sein berühmtes Teatro Fenice still und dieß Schweigen war der beredteste Protest gegen den Gang der Weltgeschichte.

Dieß Selbstbewußtsein geht durch alle Kreise der italienischen Bühne und selbst der letzte Statist nimmt einen Theil von jener Bedeutung in Anspruch, welche die ersten Künstler für Italien besitzen. Es ist mir unvergeßlich, wie ich auf dem Bahnhof einer kleinen Stadt zwei Gestalten begegnete, die pathetisch auf und niederschritten und durch ihr Mienenspiel die Neugier fesselten. Noch schmutziger und zerrissener als die Kleider des Mannes waren die seiner Frau, der die grauen Locken ungekämmt in die Stirne hingen; stark an Hekuba gemahnend. „Ihr seid wohl Bänkelsänger," wollte ich eben fragen (die Hand schon in der Tasche), aber der Mann kam mit der Antwort zuvor: „Siamo artisti dramatici." Und dabei machte er eine Geberde, wie sie Talma nie kühner machte; Hekuba aber maß mich mit einem Blicke, wie ich kaum an der Ristori gesehen.

Das Eldorado aber aller italischen Künstler, die hohe Schule ihres

Erfolges, ist und bleibt die Scala in Mailand; wer hier seine Lorbeeren gewonnen, der ist willkommen auf jeder fremden Bühne; wer in diesen unermeßlichen Räumen mit mächtiger Stimme durchdrang, der ist des Sieges
überall gewiß. Unbestritten gilt die Scala für die erste Oper Italiens; auch
in dieser Beziehung bleibt Mailand die — moralische Hauptstadt!

Der seltsame Name „Scala" stammt von einer Marien-Kirche, auf deren
Trümmern das jetzige Gebäude errichtet ward, neben San Carlo das größte,
welches Europa besitzt. Fünffach thürmen sich die Logenreihen empor, die
mit dem Parket beinahe 4000 Zuschauer fassen, alles ist so kostbar und verschwenderisch, wie es nur vor Beginn der französischen Revolution und dann
unter dem Kaiserreiche der Brauch war. Napoleon und Josesine, Eugen und
seine Marschälle saßen hier mit ihrem glänzenden Hofstaat, es war eine Zeit
des schweren Druckes für Italien, aber der Schein des Glanzes und des
Glückes ward ihr abgetrotzt — denn das ist der Wille aller Cäsaren.

Dießmal war es ein andres Bild, vor dem wir standen; wieder wie damals war das Haus mit tausend Flammen erleuchtet und die sammetrothen
Logen strahlten von Seide und Diamanten, es war théatre paré, aber der
Ehrengast, dem es galt, war ein deutscher Prinz, der mit soldatischem Schritt
in die Loge trat, das eiserne Kreuz von 1870 auf die Brust geheftet. Man gab die
„Sonombula", dieß schaurig-schöne Bild von Bellini; vor dem letzten Akte
kam das Ballet, in dem der ganze Zauber weiblicher Schönheit verschwendet
wird, und doch war dieß Alles nicht der Mittelpunkt jenes Abends.

Was seine wahre Bedeutung war, das trat in jenem Augenblick zu Tage,
als der Führer der II. Armee, der die furchtbaren Schlachten vor Metz geschlagen, in die Loge trat, als Alles sich von den Sitzen erhob und die Hymne
erscholl: „Heil Dir im Siegeskranz."

Es war eine Stunde der Versöhnung zwischen zwei gewaltigen Nationen, die zur gleichen Zeit die Erfüllung ihrer Sehnsucht gefunden; die sich
lange hassen mußten, eh' sie sich endlich lieben durften. Das war der Gedanke, der in den leuchtenden Augen aller Männer, und in der wogenden
Brust der Frauen lebte; in dem tausendjährigen Kampf zwischen Deutschland
und Welschland ist endlich Friede geschlossen!

Längst war Mitternacht vorbei, als das Theater der Scala geschlossen
ward; aber noch war es auf allen Gassen lebendig, noch war die „Galleria"
festlich beleuchtet und die zahllosen Gruppen, die vor den Cafés politisirten,
sprachen vom einigen Deutschland und vom einigen Italien.

So wogten die Menschenmassen und die Gedanken bis an den grauen-
den Morgen. Es war ein ergreifendes Bild jene Nacht in Mailand und
doch beschlich mich eine heimliche Sehnsucht, die mich forttrieb aus der ge-

waltigen Stadt — die Sehnsucht nach der Natur! Morgen soll es von hinnen gehn und wenn es Abend wird, ist es stille ringsum; nicht mehr das wogende Volk sondern die wogende Fluth rauscht dann um uns am lago maggiore und der fesselnde Lärm einer Weltstadt wird zur unvermerkt mondbeglänzten Idylle.

Fritz Reuter.

Mit Tücherwehen und Freudenrufen zogen oder fuhren bisher die zahllosen Verehrer Fritz Reuter's an seiner lieblichen Villa am Eingange des Marienthales vorüber, wenn sie Eisenach besuchten. Selbst der an Eisenach vorbeifliegende „gebildete" Eisenbahnreisende versäumte nie, den Mitpassagieren, mit richtiger oder unrichtiger Armdeutung zuzurufen: „Hier wohnt Fritz Reuter!" Nun ruht Fritz Reuter in thüringischer Erde.

Kaum zwanzig Jahre sind vergangen, seitdem die ersten Dichtungen Fritz Reuter's im Druck erschienen. Und Jahre lang wurden die „Läuschen un Rimels" nur von den plattdeutschen Landsleuten des Dichters gelesen. Auch „Kein Hüsung", „Hanne Nüte", „Schurr Murr" u. s. w., auf welche heute die deutsche Literatur mit Recht stolz ist, sind außerhalb der plattdeutschen Sprachgrenze allgemein gelesen und gewürdigt worden, erst nachdem das brillante erzählende Talent, der einzige Humor des Dichters in den „Ollen Kamellen" sich entfaltet, und die Aufmerksamkeit aller Länder, in denen die deutsche Zunge klingt, auf den bis dahin nur der Polizei der „Demagogenriecher" bekannten Namen Fritz Reuter gelenkt hatte.

In dem kurzen Zeitraum, der seit der Ausbreitung seines Ruhmes bis zu seinem Tode verflossen, ist es Fritz Reuter gelungen, sich zum Lieblingserzähler des deutschen Volkes zu machen. Dieser ungeheure Erfolg ist um so wunderbarer, als Reuter Dialektschriftsteller, und obendrein plattdeutscher Dialektschriftsteller war, d. h. einen Dialekt schrieb, der von allen deutschen Dialekten die geringste Verbreitung besitzt, und selbst in der norddeutschen Ebene wenig Meilen von seinem Sitze schwer verstanden wird, geschweige denn im süddeutschen Gebirgsland, in den Gauen der fränkischen, schwäbischen und allemannischen Zunge. Und dennoch trauert heute der ganze deutsche Süden, mit derselben Innigkeit und Wehmuth um Reuter's Heimgang, wie der Norden und seine mecklenburgische Heimat.

Der Grund dieses außerordentlichen Erfolges ist einfach: Fritz Reuter war ein echter Dichter, von unvergleichlicher Innigkeit des Gemüthes, von einer humoristischen Begabung, die so urwüchsig, lauter, und formlos in der Literatur aller Völker und Zeiten ihres Gleichen suchen dürfte, und die um so bedeutendere Wirkung hervorbringen mußte, als der Humor bei Reuter hervordrang aus einer in ihrem innersten Grunde ernsten und tiefen Seele. Keinem modernen deutschen Schriftsteller ist es so gelungen, wie ihm in „Kein Hüsung" und am Anfang der „Stromtid" die ganze Größe des menschlichen Elendes und menschlichen Kummers so ergreifend zu schildern, in wenigen, scheinbar durchaus realistischen Strichen, die aber die innersten Herzenswinkel der Unglücklichen uns bloslegen. Und mit keinem Andern als mit ihm können wir mit solchem Behagen andauernd heiter sein, und immer von neuem wieder in die heiterste Stimmung gerathen, so oft wir seine Dichtungen von neuem lesen. Das sind die Erfolge eines gottbegnadeten Dichters, dessen Name und Nachwirkung in den Herzen unsres Volkes nie erlöschen werden.

Sie werden nie erlöschen, vor Allem weil die Dichtung und der Humor Reuter's von einer nationalen Bedeutung sind, die bisher von Allen empfunden oder geahnt, von Wenigen mit Bewußtsein erkannt wurde.

Nichts scheint dieser Annahme mehr zu widersprechen, als der Dialekt Fritz Reuter's, die Wahl der Stoffe und des Schauplatzes seiner Dichtungen. Ueberall scheinbar die engste Grenze des Horizontes, namentlich des politischen, bei allen handelnden Personen. Der Dialekt schon bietet ein gewaltiges Hemmniß für die Erweiterung des Gesichtskreises denjenigen, die auf den Dialekt als einzige Form der Mittheilung angewiesen sind. In geistvoller Weise hat Julian Schmidt in seiner Abhandlung über Fritz Reuter*) diese Eigenthümlichkeit der Dialektsprache dargethan. Denn wie eine seit Jahrhunderten gewordene, aber auch durch Jahrhunderte unveränderte Insel steht der Dialekt inmitten des lebendigen Stroms der Schriftsprache des gesammten Volkes. Abgeschlossen für immer in längstvergangenen Tagen, unberührt von dem gewaltigen literarischen Schaffen auf dem Boden der allgemeinen Schrift- und Volkssprache, steht die Gausprache der Heimathsgenossen, die wir Dialekt nennen. Das ist so unleugbar richtig, daß auch Fritz Reuter, der in höherem Maße noch als Hebel und Jeremias Gotthelf seinem mecklenburgischen und vorpommerschen Platt-Deutsch die innigsten Naturlaute der deutschen Volksseele abzugewinnen wußte, doch jedesmal gezwungen ist, zum Hochdeutschen zu greifen, wenn er oder seine Helden die bewegenden Ideen der modernen Zeit vortragen. Es ist daher auch keine willkürliche Laune des Dichters, sondern echt poetische Intuition dieses Verhältnisses, daß die meisten Mecklenburger, die er uns vorführt, auch dann gleichsam die Scholle ihres Landes an den Stiefeln mit sich tragen, und keineswegs aus ihrem heimischen Gesichts-

---

*) Neue Bilder aus dem geistigen Leben, 1873 Duncker und Humblot.

kreis herauszutreten vermögen, wenn sie Reisen unternehmen, um Berlin, das übrige Deutschland oder noch entlegenere Gegenden aufzusuchen. —

Und trotzalledem ist Fritz Reuter's Dichtung vom edelsten nationalen Geiste getränkt, von der größten nationalen Bedeutung.

Man kann dieses Lob auf jede seiner Dichtungen anwenden, seine nationale Tendenz bei Allem, was er schrieb, schrittweise, wie es zu Papier und zum Druck kam, verfolgen. Hier soll, mit Rücksicht auf den Raum, nur an einigen, auch solchen dem nationalen Gedanken scheinbar entlegensten seiner Werke, die Richtigkeit dieser Behauptung erwiesen werden.

Es ist zweifellos, daß Fritz Reuter, bei seiner grundbescheidenen, der öffentlichen Meinung und Kritik gegenüber fast zaghaften Natur, bei den ersten Werken, die er veröffentlichte, lediglich auf den Beifall seiner engeren Landsleute hoffte. Er mochte diese Hoffnung mit Grund darauf bauen, daß er die wahrhaft trostlosen socialen und im weiteren Sinne auch politischen Zustände seiner Heimat durchaus wahrheitsgetreu und deßhalb eben so ergreifend zu schildern unternommen hatte. Aber wir würden seiner poetischen Anlage und Gerechtigkeitsliebe Unrecht thun, wenn wir annehmen wollten, daß diese desolate Schilderung, wie sie z. B. in „Kein Hüsung" uns entgegentritt, ihm Selbstzweck gewesen sei. Die poetische Versöhnung und Gerechtigkeit ist vielmehr darin zu finden, daß Reuter sich über den tiefen Schatten der heimatlichen Gegenwart, die er darstellte, lebendig und mächtig wirkend dachte jenes gewaltige und herrliche Licht der Einheit des ganzen deutschen Vaterlandes, der er in preußischen und mecklenburgischen Kerkern sieben Jahre seines Lebens zum Opfer gebracht hatte, und die mit einem Male aufräumen würde mit jenen Thorheiten, gegen die in Mecklenburg allein die Götter selbst vergebens gekämpft haben würden. Daß diese Hoffnung seiner besten Jahre ihn nicht betrogen, hat der Abend seines Lebens ihn gelehrt. —

Ebenso verhält es sich mit den Stoffen, mit der Absicht seiner größeren Romane. Bei der „Franzosentid" ist die patriotische Tendenz mit Händen zu greifen. Und es ist kein Zufall, daß dieses Werk Reuter's zuerst seinem Ruhm in ganz Deutschland Bahn brach. Man wird unter den Schriften, die in volksthümlicher Weise sich auf die Mittheilung der eigenen Erinnerungen der Verfasser an die Franzosenzeit beschränken, nicht viele finden, die von so guter deutscher Gesinnung getragen sind, wie Reuter's Buch. Dasselbe gilt von „Ut mine Festungstid". Es gehörte schon Reuter's Genius dazu, sich überhaupt an diesen Stoff zu wagen, dem Leser das höchste Interesse abzugewinnen für einen Gegenstand, der scheinbar nur die Negation aller Abwechslung und Unterhaltung bietet. Aber in dieser meisterhaften künstlerischen Beherrschung und Belebung eines scheinbar völlig unpoetischen Stoffes liegt nicht der höchste Werth dieser Dichtung, sondern dieser besteht hier, wie bei so manchem andern

Werke Reuter's — z. B. auch in „Dörchläuchting" — in der vollendeten
Kunst des Dichters, und das ideale Gegenbild der verkehrten Wirklichkeit
gerade dadurch besonders nahe zu führen, daß die Wirklichkeit in ihren
kleinsten Details mit einer grabezu lächerlichen Greifbarkeit und Deutlichkeit
vorgestellt wird. Das ideale Gegenbild jener Mikrokosmen aber, deren
Schilderung Reuter scheinbar seinen ganzen liebevollen Fleiß und sein größtes
Behagen zuwendet, ist eben nichts anderes als die nationale Idee. Aus der
ganzen „Festungstid", im Roman, wie in der häßlichen Wirklichkeit jener unseligen Tage der „Demagogenriecherei" erhebt sich von selbst auf jedem Blatte,
an jedem Tage der ganzen Epoche, die schmerzerfüllte Frage: was hatten
diese Jünglinge andres verbrochen, als daß sie ihr Vaterland zu lieb hatten?
Daß sie den Traum der Einheit und Freiheit Deutschlands, für welchen die
deutsche Jugend in den Freiheitskriegen geblutet, wachend weiter träumten,
als die deutschen Dynasten seiner längst vergessen hatten? Man kann den
furchtbaren Druck jener Tage, die heiße Sehnsucht nach tiefgreifender Wandlung,
die in allen edeln Naturen sich regte, so daß jedes Opfer im Dienste der
nationalen Sache gering erschien, nicht ergreifender ausdrücken, als Reuter
selbst in dem Bilde am Schlusse der „Festungstid", wo er, der gereiste Mann
aus dem Kerker tritt, in einem Alter, wo alle Genossen seiner Jugend längst
in Amt und Würden sind, und er zu eigen nichts besitzt als einen „lütten"
Hund, den er auffordert, ihm am Scheideweg der Heimath und der Zukunft
den Weg zu zeigen. — Auch die „Stromtid", unstreitig Reuter's bedeutendste
Schöpfung, ist erfüllt von nationalem Geiste. Jeder wird hier zunächst daran
denken, daß das Jahr 1848, das „tolle", das große Jahr unsrer Väter, eine
so bedeutende Rolle in der „Stromtid" spielt, so entscheidend auch auf den
Gang der Handlung und die Schicksalswendung der Helden einwirkt. Aber
des Dichters wahre patriotische Meinung ist durch die Einführung und den
Verlauf der großen deutschen Erhebung im Jahre 1848 doch nicht dargelegt.
Sonst müßte die Idee jenes Jahres, die Einheit durch die Volkssouveränität,
im Stande sein, auch alle Conflicte des Romans zu lösen und das befriedete
Ende der Erzählung herbeiführen. Das ist aber so wenig der Fall, daß
Reuter im Gegentheil vorzugsweise die komischen Seiten des tollen Jahres
in der „Stromtid" schildert, namentlich die unendliche Komik der damaligen
„Volksredner" gewöhnlichen Schlages, die mit ebenso großer Grandezza als
Plattheit und politischer Unreife die Verwaltung der höchsten Güter Europas
antraten. Das Debüt Unkel Bräsig's auf diesem Gebiete über das Thema:
„die allgemeine Armuth kommt von der allgemeinen Poverté" darf hierfür als
mustergültiges Paradigma gelten. Die wahre Tendenz des Romans in politischer Hinsicht ist vielmehr unzweifelhaft darin zu suchen, daß Reuter die
Helden seiner „Stromtid" nicht verkümmern läßt bei dem Niedergang aller

nationalen Hoffnungen, der zu Ende der revolutionären Erhebung unsres Volkes eintrat, sondern in ihnen Menschen schildert, die warten und werben können um die große Erfüllung der Verheißungen seines deutschen Jugendtraumes, die ihm die letzten Jahre seines Lebens, nach Goethe's schönem Wort, in Fülle bescheerten. —

Was der Deutsche leiden konnte in den Jahren der tiefsten Erniedrigung unsres nationalen Lebens, hat Reuter gelitten. Was der deutsche Mann hoffen und erstreben konnte als das edelste Ziel der Zukunft, hat er in seinen Thaten und Werken als sein Ziel bekannt. Was der deutsche Patriot an Erfüllung seiner Jugendhoffnungen im letzten Jahrzehnt verwirklicht sehen konnte in der einigen Größe, Unabhängigkeit und Freiheit seines Vaterlandes, hat Fritz Reuter noch geschaut vor seinem Ende.

So möge ihm die thüringische Erde leicht sein, über die sein Fuß in den glücklichsten Tagen seines Lebens gewandelt ist! Hans Blum.

Briefe aus der Kaiserstadt.

Berlin, 19. Juli.

Welch' ein Sommer! Sengend heiß lag seit Wochen der Sonnenbrand über den breiten, staubigen Straßen der Hauptstadt und aus der Tiefe stieg der unholde Pesthauch, der den Unglückseligen, die an diese Scholle gebannt sind, den Athem benimmt. Schmachtend harrten wir der sternklaren Nachtzeit, um im luftigen Garten bei kühlem Trank der beschaulichen Ruhe zu pflegen. In dem frohen Bewußtsein, daß die hohe Politik bei uns ihren Sommerschlaf begonnen, erging sich die Seele in behaglichen Träumen. Ohne sonderliche Erregung betrachteten wir die Händel der Franzosen; kaum daß wir die wechselnden Gerüchte über eine Begegnung zwischen unserm Kaiser und dem König von Baiern mit einigem Interesse verfolgten. Da traf wie eine Bombe in unser Stillleben die Kunde von dem Kissinger Verbrechen. Im Nu hatte sich das Antlitz Berlins verändert. In den Kaffee- und Bierhäusern, an den öffentlichen Plätzen drängte man sich, das Neueste zu erfahren, Schreck und Freude zugleich malten sich auf allen Gesichtern, unter den Linden, in der Kaisergalerie, überall wurde mit einer Lebhaftigkeit politisirt, als ständen wir auf dem Höhepunkte der politischen Saison. Heute ist die erste Aufregung gewichen, aber die volle Ruhe der Gemüther kehrt in diesem Sommer schwerlich zurück. Zu tief ist die öffentliche Meinung von der Ueberzeugung durchdrungen, daß das Ereigniß von Kissingen in seinen Folgen eine entscheidungsvolle Bedeutung gewinnen muß. Der 13. Juli ist ein

Wendepunkt. Vorwiegend in die Hand der katholischen Bevölkerung ist es gegeben, ob eine Wendung zum Guten oder zum Bösen, ob eine Verschärfung oder eine allmähliche Abschwächung des kirchlich-politischen Kampfes von ihm ausgehen soll. Zu welchem Ergebniß auch die Untersuchung führen möge, die bis jetzt erhärteten Thatsachen lassen keinen Zweifel darüber, daß der Mordanschlag gegen den Reichskanzler eine Frucht der gewissenlosen ultramontanen Aufwiegelung gewesen ist. Und diese Thatsache ist von den maßgebenden Organen des Ultramontanismus in Deutschland nicht einmal geleugnet, vielmehr als eine ganz natürliche Erscheinung dargestellt worden; ja nach der Erklärung der „Germania" würde es gar nicht zu verwundern sein, wenn Kullmann demnächst so lange Nachahmer fände, bis das Ziel erreicht wäre. Dahin also sind wir bereits gelangt, daß die Schildknappen der römischen Hierarchie in Deutschland den leitenden Staatsmännern mit der Kugel des Meuchelmörders drohen dürfen, kurz, daß sie dem Staate „im Namen des katholischen Volkes" die Alternative stellen: entweder Unterwerfung unter unsere Herrschgelüste oder Krieg bis aufs Messer! Und das katholische Volk Deutschlands, dasselbe Volk, welches vor vier Jahren im Kampfe gegen Frankreich die schönsten Hoffnungen des Jesuitismus so tapfer vereiteln half, es sollte sich heute zu Gunsten derselben Hoffnungen zur Auflehnung wider die eigene Staatsgewalt, ja — man täusche sich über die römischen Endabsichten nicht! — bis zum Bürgerkriege wider die eigenen Stammesgenossen treiben lassen? Wohl wissen wir, daß eine große Zahl gebildeter Katholiken diese Möglichkeit mit Abscheu zurückweist. Aber damit ist nicht geholfen. Vor fünf Jahren hätte kein gebildeter Katholik in Deutschland die Erklärung der Unfehlbarkeit für möglich gehalten; jetzt ist sie bereits vier Jahre lang recipirtes Dogma. Vor einem Jahre noch wäre vielleicht jedem Gebildeten die Besorgniß vor einem Religionskriege in dem neuen Deutschen Reiche lächerlich erschienen; heute sehen wir den furchtbaren Abgrund vor Augen, welchem die ultramontane Taktik zutreibt. Wahrhaftig kein Augenblick ist mehr zu verlieren! Tausende und aber Tausende einsichtsvoller Katholiken, die den gesetzgeberischen Arbeiten der letzten Jahre mit Verständniß gefolgt sind, wissen, daß der Staat sich nirgends auch nur den leisesten Eingriff in das Gebiet des katholischen Glaubens erlaubt, sondern daß er nur berechtigte Nothwehr geübt hat gegenüber den Anmaßungen einer herrschsüchtigen Priesterkaste. An ihnen ist es, nun endlich aus ihrer bequemen Zurückhaltung herauszutreten und ihren irregeleiteten Confessionsgenossen die Augen zu öffnen. Eine furchtbar schwere Verantwortung wird ihnen von der Geschichte auf die Schultern gelegt; mögen sie derselben gerecht zu werden verstehen! Uns Allen aber liegt es ob, wachsamer und opfermüthiger als je zuvor in dem großen Kampfe der Gegenwart auf unserm Platze zu sein und eifriger als je unter den Mitbürgern für die gute Sache zu werben. Die Auspicien sind günstig. War es doch ein hochbedeutsames Zusammentreffen, daß in dem Augenblicke, da die Vorsehung den gegen den vornehmsten Begründer des Deutschen Reichs gerichteten schwarzen Plan vereitelte, in München sich wirklich jene Begegnung vollzog, die, als nicht mißzuverstehende Antwort auf die reichsfeindlichen Machinationen der bairischen Ultramontanen, ein leuchtendes Zeugniß gab für die Festigkeit unserer nationalen Einigung! Gehen wir unter diesen ermunternden Zeichen neugestärkten Muthes an die Arbeit! Alsdann wird — wir hoffen es sicher — der 13. Juli 1874 in unserer Geschichte als der Tag verzeichnet werden, an dem sich die Wendung zum Guten vollzog. — —

Von dem düstern, sturmbewegten Meere der Politik in das sonnige Land der Kunst ist ein weiter Sprung. Beschränken wir uns, dem Ernst der Stimmung gemäß, für heute auf die Tragödie. Neben Iphigenie, Medea und Deborah ist im Wallnertheater nun auch „Maria Stuart" über die Bretter gegangen. Es ist auf den deutschen Bühnen Sitte, die unglückliche Schattenkönigin von der „sentimentalen Liebhaberin" darstellen zu lassen. Clara Ziegler hat diese Mode durchbrochen; das Mannweib Elisabeth, für welches sie wie geschaffen erscheint, verschmäht sie, um sich in die Rolle der duldenden, gebrochenen Maria zu versenken. Wohl Mancher ist mit einigen Bedenken über dies Unternehmen vor den Vorhang getreten; aber die gefeierte Künstlerin hat alle Zweifler glänzend beschämt. Gerade die echt weibliche Seite des Charakters gelangte zu schönster Geltung. Ihre volle Genialität entfaltete Frl. Ziegler im dritten Act. Die mühsame Selbstbezwingung Angesichts der Feindin, dann die stärker und stärker aufwallende Leidenschaft, schließlich der ungeheure, niederschmetternde Zorn — wie malte sich dieser seelische Prozeß in jeder Miene, wie klang er aus jedem Worte mit packender Wahrheit heraus! Noch bedeutender aber war der Anfang des Actes. Da ward die unbändige Sehnsucht nach Freiheit mit einer Tiefe und Unmittelbarkeit des Gefühls zum Ausdruck gebracht, daß man ganz vergaß, es nur mit einem „Spiel" zu thun zu haben. Auch der dämonische Jubel, als die gehaßte Elisabeth besiegt das Feld geräumt, war von unwiderstehlicher Gewalt. Wem könnte es beifallen, Angesichts einer so gewaltigen Wirkung noch an Kleinigkeiten mäkeln zu wollen! Der Thor, er würde sich nur die eigene Freude an einer Leistung verderben, die, wie er selbst gestehen muß, im Ganzen unübertrefflich war! — Mit Anerkennung muß übrigens bemerkt werden, daß die übrigen Mitspielenden, die mit nur zwei Ausnahmen dem sonst nur auf dem Soccus bewanderten Personal des Wallnertheaters angehörten, sich recht wacker aus der Affaire zogen; namentlich Frl. Carlsen repräsentirte die Elisabeth in durchaus achtungswerther Weise.

Die Feuerwaffen und die Taktik.

Wir besitzen eine Fülle von Schriften, welche uns berichten, wie allmählich seit Erfindung des Schießpulvers die Feuerwaffen alle Angriffs- und Vertheidigungsmittel des Mittelalters verdrängen, und dadurch auch den gesammten Organismus der mittelalterlichen Wehrkraft von Grund aus umgestalten. Besondere Berücksichtigung hat in diesen Werken die fortschreitende Ausbreitung, Verwendung und Beschaffenheit der Feuerwaffen erfahren! Aber das eigentlich wichtigste Problem ist bisher auch in denjenigen Arbeiten dieser Gattung, welche von den gefeiertsten Namen getragen werden, unberührt geblieben. Der Einfluß der Feuerwaffen auf die Taktik, der Causal zusammenhang zwischen der Verwerthung des Schießpulvers und der Verwendung und Gruppirung der Streitkräfte im Felde, in der Schlacht, war bisher einer sachverständigen Erörterung noch vorbehalten. Jetzt liegt auch diese Untersuchung abgeschlossen vor uns.*) Die Grenzboten haben schon einmal in kurzen Worten die Wichtigkeit dieser Schrift hervorgehoben.**) Sie kommen heute ausführlicher auf dieselbe zurück.

Kleine Besprechungen.

Bei Kramer und Baum in Elberfeld hat Herr L. F. Seyffardt, der bekannte Vorgänger des Herrn August Reichensperger für den Crefelder Reichstagswahlkreis im Deutschen Reichstag und Mitglied des preußischen Hauses der Abgeordneten ein Schriftchen über die Reform des Armenwesens herausgegeben, das wohl geeignet ist, die Aufmerksamkeit aller Volkswirthe und praktischen Armenpfleger, namentlich aber aller Gemeinden zu verdienen. Herr Seyffardt steht in Crefeld als Stadtverordneter an der Spitze der städtischen Armendeputation. Er ist also Mitglied der Gemeindeverwaltung einer Stadt, welche den Schattenseiten der Freizügigkeit dem Charakter ihrer Hauptthätigkeit und ihrer Hauptbevölkerung gemäß besonders zugänglich ist, und für welche daher die Organisation einer vernünftigen Armenpolitik im eigentlichsten Sinne des Wortes eine Lebensfrage ist. Außerdem hat Seyffardt eine zehnjährige praktische Erfahrung für diejenigen Principien aufzuweisen, welche die Stadt Crefeld bei Ausübung ihrer Armenpflege zu üben gewohnt

---

*) Ueber den Einfluß der Feuerwaffen auf die Taktik. Historisch-kritische Untersuchungen von einem höheren Offizier. Berlin, 1873. E. S. Mittler und Sohn.
**) Grenzboten, 1873. II. Quartal. S. 40.

gewesen ist. Diese Grundsätze lassen sich kurz dahin zusammenfassen, daß die Armenpflege der Stadt Crefeld beruht auf Individualisirung der Armenpflege und Theilung der Arbeit auf der Grundlage bürgerlicher Selbstverwaltung. Die Resultate dieses neuen, im besten Sinne modernen Princips lassen sich freilich, wie der Verfasser und seine Genossen im Armen-Ausschuß bereitwillig zugeben, nach einer nur zehnjährigen Praxis kaum für die Folgezeit als maßgebend betrachten. Aber immerhin liefert dieses Decennium durch die sorgfältigen und klaren statistischen Uebersichten, welche die Schrift zieren, den klaren Beweis, daß die Armenpflege der Stadt Crefeld den beiden Hauptgesichtspunkten, welche auf diesem Gebiete der bürgerlichen Verwaltung maßgebend sein müssen, der sparsamen Verwendung der durch die Steuerkraft der Mitbürger aufzubringenden Mittel und die Festhaltung idealer Ziele in der Fürsorge der Stadt für ihre Pflegbefohlenen, nach den vorhandenen Kräften in gleichem Maße Rechnung getragen hat. So möge denn die kurze, sehr belehrende, und dem Selfgovernment der Gemeinden in der Armenpflege durchaus günstige Schrift recht viel Leser und recht viel Beherzigung im deutschen Reiche finden! B.

Deutscher Zeitschriften-Katalog 1874. Leipzig, J. J. Weber; verfaßt von Eduard Baldamus setzen wir hinzu, da weder auf dem Umschlag noch Titelblatt der Name des Verfassers zu erfahren ist. Er steht bescheiden unter dem Vorwort. Ist das der richtige Platz für den intellectuellen Urheber des Buchs, oder ist der Verleger der intellectuelle Urheber? Der deutsche Zeitschriften-Katalog ist auch 1874 so hübsch ausgestattet wie alle Verlagswerke J. J. Weber's, und es soll auch nicht in Abrede gestellt werden, daß die Ausgabe eines solchen Kataloges ein tiefgefühltes Bedürfniß ist. Die Frage ist nur die, ob der von Herrn Baldamus verfaßte Zeitschriften-Katalog des Herrn J. J. Weber diesem tiefgefühlten Bedürfnisse abhilft? Und diese Frage ist nach unserer Ansicht zu verneinen, solange dieser Katalog sich nicht entschließt, die Auflagestärke und die Inseratpreise der darin aufgezählten Zeitschriften anzugeben. Denn so mannigfaltig und stellenweise ethisch die Zwecke sein mögen, welche Verfasser und Verleger mit diesem Werke verfolgen, die größte Zahl der Abnehmer, Leser und Usufructuare dieses Werkes wird dasselbe doch nur aus dem schnöden Motiv aufsuchen, um zu erfahren, welcher Zeitschrift irgend eine Annonce mit der größten Hoffnung auf Erfolg bei billigstem Preise anzuvertrauen wäre. Und diesem tiefgefühlten Bedürfniß trägt dieser Rudolf Mosse in Katalogform gar nicht Rechnung. Thäte er es, so könnte er sein Jahrhundert in die Schranken fordern. Vielleicht finden diese wohlmeinenden Bemerkungen schon nächstes Jahr Berücksichtigung. B.

Verantwortlicher Redakteur: Dr. Hans Blum.
Verlag von F. L. Herbig. — Druck von Güthel & Legler in Leipzig.

XXXIII. Jahrgang.   II. Semester.

Die
Grenzboten.

Zeitschrift

für

Politik, Literatur und Kunst.

№ 31.

Ausgegeben am 31. Juli 1874.

Inhalt:

Leipzig, 1874.

Friedrich Ludwig Herbig.

(Fr. Wilh. Grunow.)

Kanäle für das deutsche Reich!

Von Ferd. Worthmann.

Bis in die neueste Zeit hat man bei uns die Wasserstraßen behandelt wie eine jener alten „legitimen“ Herrscherfamilien, die zu ihrer Zeit einmal ganz respectable Dienste geleistet haben mögen, für die Gegenwart aber nichts nütze sind und somit in einem Antiquitätenkabinet beigesetzt zu werden verdienen. Wenn Graf Itzenplitz freilich als preußischer Handelsminister auf die Interpellation, was er für unsere Kanäle zu thun gedenke, erwiderte: „Wir haben ja die Eisenbahnen!“ — dann konnte man ihm dasselbe sagen, was Byron im Don Juan vom Bischof Berkeley sagt:

When Bishop Berkeley said there was no matter,
It was no matter what he said.

Aber auch Leute, von denen man etwas Besseres hätte erwarten sollen, unsere Handelswelt, unsere Fabrikanten huldigten so ausschließlich der aufgehenden Sonne, der Eisenbahn, daß sie darob den alten langjährigen Vertrauten, den Wasserweg, völlig gering achteten. Die neue glänzende Erscheinung blendete so sehr, daß man eine Zeit lang für die Vorgänge des Wassertransports kein Auge hatte.

Frühere Zeiten hatten ihn wohl zu schätzen gewußt. Der Franzose Colbert, die Russin Katharina II., in Preußen der geniale Kurfürst und der geniale König bauten durch Kanäle und kanalisirte Flüsse ein weitgespanntes Netz von Wasserstraßen aus. Alle Staatsmänner von großem Blicke: in absolut regierten Ländern nur diese! Denn der neue Kanal rentirt sich spät. Allerdings siedeln sich an seinen Ufern Fabriken an, weil sie Bau-, Brenn- und Rohstoffe dort auf die einfachste, leichteste und billigste Weise jederzeit beziehen können; allein dies geschieht doch erst im Laufe vieler Jahre. In absolut regierten Staaten aber gewinnen nur große Staatsmänner dem Luxus des Hofes die Summen zu so kostspieligen Anlagen ab, deren Rentabilität in weiter Ferne liegt. In freieren Ländern hat es so starker Triebkraft Einzelner selten bedurft, um sie durchzuführen. England nahm 1759 sein wundervolles Kanalnetz in Angriff; Amerika begann zu Anfang dieses Jahrhunderts den Erie- und den Champlain-Kanal zu bauen.

Deutschland ist dabei hinter fast allen übrigen Kulturländern in einer unglaublichen Weise zurückgeblieben. Man ist anfänglich ganz bestürzt und verdutzt, wenn man Zahlen liest wie folgende: Während England beinahe 1000, Frankreich 562 deutsche Meilen Kanäle gebaut hat, besitzt Preußen — 47! Die künstlichen Wasserstraßen von England, Frankreich, Belgien und Holland betragen im Verhältniß 15 mal so viel wie die preußischen. Und nicht etwa daß Preußen jenen Ländern gegenüber in einem Ueberschuß an natürlichen Wasserwegen einen Ersatz fände: die Straßen dieser Gattung, welche England, Frankreich, Belgien und Holland besitzen, verhalten sich durchschnittlich zu den preußischen wie 17 : 16. — Wir haben hier eine der vielen traurigen Folgen vor uns von der Armuth, der Unfreiheit und der Zersplitterung, in denen wir Jahrhunderte lang gelebt haben. Die Armuth hat die großen Hohenzollern verhindert, mehr zu thun, und die Unfreiheit und die Zersplitterung waren die Ursachen, daß unter mittelmäßigen Regenten nichts von alledem gefördert wurde, was jene bedeutenden Staatsmänner un- vollendet lassen mußten.

Lange Zeit haben wir unsern Mangel an Kanälen kaum empfunden. Als seit den dreißiger Jahren Handel und Industrie den Flug begannen, den sie jetzt bei uns glücklicherweise nehmen, da kamen bald darauf die Eisen- bahnen und monopolisirten das Interesse der Geschäftswelt. Waren sie doch so schnell, so pünktlich, so unabhängig von Wind und Frost! Den Wasser- transport sah man daneben über die Achseln an.

Wenn das seitdem anders und besser geworden ist, so sind wir den Dank dafür unseren Volkswirthen schuldig. Seit 1869 hat der damals von Faucher gegründete „Verein zur Hebung der deutschen Kanal- und Flußschiff- fahrt" einen Umschwung in den landläufigen Ansichten herbeizuführen begon- nen. Ihm danken wir es, daß die Ueberzeugung von der Nothwen- digkeit eines Kanalnetzes wieder in das Volksbewußtsein eindringt. Einen Maßstab für das Interesse, welches sich in den letzten Jahren stetig wachsend dieser wichtigen Seite unserer wirthschaftlichen Ent- wicklung zugewandt hat, giebt die bedeutende Anzahl der Bücher, Flugschrif- ten, Abhandlungen und Vorträge, welche dem Gegenstand ganz oder theilweise gewidmet wurden.*) Diese Schriften behandeln die Frage zum Theil aus verschiedenen Gesichtspunkten: Meitzen und Inspektor Michaelis gehen mehr auf das Technische ein, Wiß hat vorzugsweise die amerikanischen Verhält- nisse im Auge, Karl Müller in Halle empfiehlt die Pflege der Wälder und

---

*) U. a. drei Aufsätze in Faucher's Vierteljahrschrift, von Perrot, Wasserbauinspector Michaelis und C. Wiß; ein Essay von Perrot, in dessen „Deutscher Monatsschrift für Handel, Schifffahrt und Verkehrswesen"; ein anderer in Perrot's „Zur Geschichte des Verkehrswesens"; ein Aufsatz von Karl Müller in Halle in „Die Natur"; Broschüren von Geheimrath Meitzen und Emil Meyer.

der Bruchländereien, ohne welche das erforderliche Maß und die wünschens-
werthe Stetigkeit der Zuflüsse nicht zu beschaffen sind. Allein darin stimmen
sie alle überein, daß sich in Bezug auf die Binnenschifffahrt eine Reihe von
volkswirthschaftlichen Gesetzen herausgestellt hat, von deren treuer Beachtung
die Wohlfahrt Deutschlands in nicht geringem Grade abhängig ist, und die
zu dem Satze hinleiten: „Das deutsche Reich muß ein großartig
durchgeführtes Kanalnetz haben."

Jene Gesetze lauten:

1. Trotz der Eisenbahnen bleiben die Wasserstraßen für Handel, Industrie
und Volksbedürfnisse unersetzlich.

2. Denn zwischen Eisenbahnen und Wasserstraßen findet eine Theilung
der Arbeit statt, in der Weise, daß der Wasserstraße naturgemäß der
Transport der Rohstoffe und derjenigen Fabrikate zufällt, die bei verhältnißmäßig geringem Werthe ein starkes Volumen oder ein großes Gewicht besitzen, oder die aus besonderen Gründen, z. B. wegen ihrer Zerbrechlichkeit
oder Feuergefährlichkeit, sich für den Eisenbahntransport weniger eignen, —
während alle übrigen, namentlich die werthvolleren Güter, vorzugsweise auf
die Eisenbahn angewiesen sind.

3. Ueberdies bleiben die Wasserwege in Zeiten anschwellender Transportmenge ein erwünschtes Ausgangsthor für die lebhaftere Handelsbewegung.

4. Der Hauptvorzug des Wassertransports, der der größeren Wohlfeilheit, beruht nicht auf zufälligen, vorübergehenden, sondern auf inhärenten,
Dauer versprechenden Verhältnissen.

5. Wo die natürlichen Wasserstraßen nicht ausreichen, müssen künstliche
angelegt werden.

6. Anfänglich haben die Eisenbahnen das Geschäft der Kanäle beein-
trächtigt, dann aber hat es sich, infolge der großartigen Entwicklung des
Handels und Gewerbfleißes, wieder stetig gehoben. Auch „im Zeitalter der
Eisenbahnen" sind die Kanäle rentabel, vorausgesetzt, daß sie gewisse Bedingungen erfüllen.

7. Diese Bedingungen sind: Nicht zu viele Schleusen und möglichst
leichte und rasche Schleusen-Durchfahrt; vor allem aber: großartige Anlage,
d. h. hinlängliche Breite, Tiefe und Länge; endlich: ein billiger Tarif. — —

Zu 1. Der Behauptung, die Eisenbahnen hätten die Wasserstraßen überflüssig gemacht, hat Faucher den Satz gegenübergestellt: „Umgekehrt! Je mehr
Eisenbahnen ein Land hat, desto mehr Wasserstraßen muß es haben." Wie
das zugeht *), hat Faucher an einem Beispiel sehr hübsch gezeigt. Eine

---

*) Und wie zugleich durch die Eisenbahnen die Landstraßen vermehrt wurden; auch diesen
sollten ja die Schienenwege den Garaus machen, während sie doch gegenwärtig weit mehr
Fuhrleute unterhalten, als sie anfänglich ruinirt haben.

Graupenmühle wird gebaut. Die Ziegel müssen zu Waſſer, die Mahlſtoffe können per Achſe, die Graupen füglich durch die Eiſenbahn transportirt werden. Für die Ziegel bedarf es alſo eines Fluſſes oder Kanals, für die Mahlſtoffe einer guten Landſtraße.*) — Ferner: Wie ſich gegenwärtig, gelockt von Handel und Gewerbfleiß, die Bevölkerung nach den Städten drängt, dieſe aber nur da raſch zu wachſen pflegen, wo es Eiſenbahnen giebt, ſo ruft umgekehrt das Wachsthum der Städte neue Eiſenbahnen ins Leben, die abermals zur Vermehrung der ſtädtiſchen Bevölkerung führen. So erfolgt denn die ſehr ſtarke Concentration in unſeren Metropolen, deren Zeugen wir jetzt ſind. Dieſe Hunderttauſende bedürfen nun aber für Neubauten, für Brennſtoffe u. dgl. eine ungeheuere Menge von Rohmaterial, das in dem näheren Umkreis immer weniger zu beſchaffen iſt, das alſo großentheils nur aus der Ferne bezogen werden kann, während es doch nur die Koſten des billigſten Transports bezahlt macht, m. a. W. während es auf die Waſſerſtraße angewieſen iſt.

2. Denn — und dies iſt das große wirthſchaftliche Geſetz, das die ganze Frage beherrſcht — es giebt Waaren, bei deren Transport es vor Allem ankommt auf die größtmögliche Billigkeit. Dies ſind vor Allem die Rohſtoffe und diejenigen Fabrikate, die im Verhältniß zu ihrem Werthe ſehr voluminös oder ſehr ſchwer ſind. Zu ſolchen Rohſtoffen gehören: Bau- und Brennſtoffe aller Art, wie Bauholz, Ziegel, Pflaſter-, Trottoir- und Bauſteine, Dachſchiefer, Kalk und Erde u. ſ. w.; Kohle, Brennholz und Torf. Ferner viele Erzeugniſſe der Landwirthſchaft: Getreide, Kartoffeln, Obſt, Heu, Stroh u. ſ. w. Dann die techniſchen, chemiſchen und Hüttenprodukte, als da ſind: Roheiſen, Schmiedeeiſen, Salz, Soda, Pottaſche, Schwefel, Phosphor und Dungmittel aller Art. — In dieſelbe Kategorie fallen feinere Waaren, die wegen ihrer Zerbrechlichkeit oder Feuergefährlichkeit den Transport per Eiſenbahn gerne meiden: Möbel, Glas- und Thonwaaren, Säuren, Petroleum, Solaröl, Pulver u. ſ. w.

Wenn alle dieſe Güter ſich am beſten für den Waſſerweg eignen, ſo kommt doch bei der „Theilung der Arbeit“, von der wir ſprachen, die Eiſenbahn keineswegs zu kurz. Eine ganze Reihe von Waaren wird ihr verbleiben: diejenigen nämlich, welche vor Allem ſchnelle und pünktliche Beförderung ſuchen und, ſolchergeſtalt in den Stand geſetzt, eine günſtige Konjunctur zu benutzen, vermöge ihres höheren Preiſes den Eiſenbahntransport unſchwer

---

*) Den Laien in der Volkswirthſchaft wird dies Beiſpiel erſt durch die auf dieſen Blättern folgende Entwickelung vollkommen einleuchtend. Die Mahlſtoffe repräſentiren einen Werth, der es verträgt, daß man den koſtſpieligeren Transport per Achſe darauf verwendet; die Graupen, auf die noch mehr Arbeit verwandt wurde, die ſich bezahlt machen kann, vertragen den Transport per Bahn; dagegen müſſen Ziegel vor Allem, um Abnahme zu finden, billig transportirt werden — und das billigſte Transportmittel iſt eben das Waſſer.

bezahlt machen. Und es trifft sich, daß gerade diese Frachtstücke den Eisenbahnen die liebsten sind. Dazu gehören die meisten Fabrikate, insbesondere
die Luxuswaaren und diejenigen Artikel, welche leicht und von geringem
Umfang sind. Endlich alle schnellerem Verderb ausgesetzten Waaren: unter
den Erzeugnissen der Landwirthschaft Butter, Eier, Milch ꝛc.; — ohne Eisenbahnen und Seedampfer wäre es z. B. dem holländischen Bauer nicht möglich,
den Londoner Markt mit derartigen Produkten zu versorgen, und könnten die
Schweizer nicht daran denken, sobald sie ihre Bahnen im Berner Oberland
bis an die Gletscher geführt haben werden, ihre Alpenmilch in Eis verpackt
nach Paris zu schicken.

Fehlt es an Wasserstraßen und ist man daher für billige Waaren auf
Transportmittel angewiesen, welche sie unverhältnißmäßig vertheuern,
so treten die erheblichsten Nachtheile ein. Der Unbemittelte kann den erhöhten Preis seiner Feuerung kaum mehr erschwingen; es kommt vor, daß
angefangene Bauten feiern, daß ganze Industriezweige verkümmern; der Landwirthschaft geschieht großer Abbruch. Einige Beispiele mögen dies erläutern:

Es will noch nicht viel bedeuten, daß z. B. Hamburg ohne die Elbe nicht
in der Lage gewesen wäre, zu seinen Schönbauten den Sandstein zu verwenden, den man in der Sächsischen Schweiz, bei Pirna und in der Umgegend, bricht. Aber in Berlin mußten 1864 aus Mangel an wohlfeilem
Material große Bauten völlig eingestellt werden. Dort sollten damals etwa
tausend Miethkasernen erstehen. Die Ziegel bezogen die Unternehmer von
der unteren Havel auf dem Finow-Kanal aus Brandenburg. Allein der ungeheure Verbrauch trieb bald das Tausend von 7 Thalern auf 16, und die
Unternehmer konnten nicht daran denken, die Bauten alle auszuführen.
Warum aber entnahmen sie die Ziegel nicht aus der Provinz Sachsen, z. B.
aus Bitterfeld, wo sie unverhältnißmäßig billiger waren? Weil man sie von
da nicht zu Wasser, sondern auf der Eisenbahn hätte transportiren müssen:
das war der einzige Grund, warum diese wohlfeilen Ziegel für die Hauptstadt unerreichbar blieben, die ihrer so sehr bedurfte.

Wie sehr die Kohlen vertheuert werden, wenn ihnen die Wasserstraße
abgeschnitten ist, dafür Ein Beispiel. „Wir wohnen", sagt Karl Müller in
Halle, „in einer Gegend, die reich an Braunkohlenlagern ist; dennoch sind
Gründe vorhanden, die es uns vortheilhafter erscheinen lassen, daß wir uns
böhmische Braunkohle verschaffen. Davon kostete die Lowry in Halle gegen
41 Thaler zu einer Zeit, wo sie in Böhmen selbst nur auf 12 Thaler zu
stehen kam. Wieviel billiger würde die böhmische Braunkohle sein, wenn wir
sie per Wasser beziehen könnten! Und wie wohlthätig würde die Concurrenz
auf unsre eigne Braunkohlenproduction zurückwirken! — Und welcher Vortheil
für Berlin, das in so großartigem Maßstab anwächst, dabei nicht im ent-

ferntesten im Staube ist, seinen Bedarf an Brennmaterial aus der Nähe zu
decken, und darum von Jahr zu Jahr mehr dahin gedrängt wird, wohin wir
selbst in Halle zu kommen scheinen, nämlich nach Böhmen."

Da ist aber auch der D ü n g e r. Was auf B a u m a t e r i a l i e n und
B r e n n s t o f f e paßt, gilt auch von ihm. Die Landwirthschaft muß ihn
auf dem billigsten Wege beziehen, d. h. auf dem Wasserwege. Wie es ihr
ergeht, wenn sie dieses Weges beraubt ist, dafür bringt Karl Müller ebenfalls ein Beispiel, das schwerlich vereinzelt dastehen wird. „In Halle hat es
unsere städtische Landwirthschaft, mit ihrem großartigen Rüben-, Cichorien-
und Getreidebau nicht schwer, Meisterstücke zu verrichten. Das ändert sich
aber schon in geringer Entfernung von unserer Stadt. Dort würden die
Landwirthe den Dünger, den wir hier vergeuden können oder um höchst
geringen Preis erlangen, herzlich gern entsprechend bezahlen, wenn er nur zu
haben wäre. Dazu bedürfte es aber einer Niederlage solchen Düngers an
einem Orte, von wo er zu Wasser auf das billigste verführt werden könnte."

Ein sehr wichtiger Rohstoff ist das K o c h s a l z. Es ist vorgekommen,
daß ein preußischer Minister es vortheilhaft fand, für unsere Provinzen an
der Ostsee das Salz aus England zu beziehen, statt es aus den unerschöpflichen
Salzbergwerken und Salinen des eignen Mittellandes dahin zu führen. Das
that der Minister, obschon das Salz Gegenstand eines Staatsmonopols war.
— Klar ist nun sofort, daß a l l e I n d u s t r i e n, die auf das K o c h s a l z
a n g e w i e s e n sind, nur an den P u n k t e n g e d e i h e n können, wo
d a s S a l z z u W a s s e r bezogen werden kann. Daher kommt es, daß
noch immer die englische Sodafabrikation der deutschen überlegen ist: die letztere bezieht zu theures Rohmaterial. Wo die Verhältnisse günstiger liegen,
sehen wir sofort die deutsche Soda gedeihen: so rentirt sich z. B. eine Soda-
fabrik in Trotha bei Halle außerordentlich, weil sie die Hallische Saline in
nächster Nähe hat, von der sie das Salz auf der Saale von der Saline bis
zur Fabrik zu beziehen vermag.

3. „In Zeiten anschwellender Transportmenge bilden die Wasserstraßen
ein erwünschtes Ausgangsthor." So unmittelbar nach Beendigung des
Krieges von 1870—71. Damals, als Handel und Industrie urplötzlich einen
so schnellkräftigen Aufschwung nahmen, als die Bahnen zuerst Wochen lang
vom Militär monopolisirt waren, und dann, freigegeben, den Transport der
aufgestauten, massenhaft zuströmenden Waaren nicht zu bewältigen vermochten,
als die Kohlen des Ruhrbeckens in hohen Haufen aufgestapelt vergebens der
Bahnzüge harrten, die sie den hart bedrängten Fabrikanten zuführen sollten:
was hätte damals ein Rhein-Weser-Elbe-Kanal für ausgezeichnete Dienste
geleistet!

4. Bei unserer Lobrede auf die Wasserstraßen haben wir bisher immer

stillschweigend vorausgesetzt, daß sie vor allen Transportmitteln den Vorzug der größeren Billigkeit besitzen. Geh.-Rath Meitzen, der Chef des Statistischen Bureau im Deutschen Reich, geht so weit, ihnen diesen Vorzug, und damit ein besseres Anrecht auf die Güter, welche vor Allem auf billigen Transport sehen müssen, in alle Ewigkeit zuzusprechen. „Es ist", sagt er, „ein unum-stößliches Gesetz der Physik der Erde, daß für den Massentransport kein Hülfsmittel die Concurrenz mit dem Wasser aushalten kann...... Welche bewegende Kraft auch durch welche Combination immer aufgefunden werden sollte, jede wird, auf das Wasser angewendet, den Vortheil gewinnen, daß ihr dasselbe durchschnittlich die halbe, oft die ganze Last abnimmt, und daß zugleich die Verschiebbarkeit der Unterlage die Reibung bis auf ein Minimum uafhebt. Vermag man also zugleich die Strömung zu beseitigen und, wie dies die Kettenschleppschifffahrt auf den Kanälen ermöglicht, einen festen Anhaltspunkt für den Zug zu gewinnen, so läßt sich überall, wo nicht be-sondere Schnelligkeit, sondern nur Massenbewegung in Betracht kommt, eine wirksamere, also auch eine billigere Einrichtung nicht denken." So speculativ wollen wir nun die Frage nicht auffassen, so apodiktisch nicht urtheilen; wir lassen es vielmehr dahingestellt, ob es dem menschlichen Geiste, welchem in seiner Beherrschung der Natur auf die Dauer nur das Widersinnige un-möglich zu sein scheint, in Zukunft gelingen kann oder nicht, ein noch billigeres Transportmittel als den Wasserweg ausfindig zu machen. Uns genügt es zu zeigen, daß unter allen gegenwärtig bekannten Transportmitteln das Wasser bei weitem das billigste ist.

Das ist leicht zu beweisen. Der Bau einer Meile Eisenbahn kostet durch-schnittlich ½ Million Thaler; ihr Unterhalt durchschnittlich 20,000 Thaler im Jahr; dagegen giebt E. Meyer, in der oben angeführten Schrift, die Baukosten der Kanalmeile im Durchschnitt auf 200,000 Thaler und die jähr-lichen Unterhaltungskosten auf 2000 — 4000 Thaler an. Ferner sind die Kähne viel billiger als die Eisenbahnwagen, weil das Verhältniß zwischen Brutto und Tara für jene weit günstiger ist. Ein Beispiel wird dies deut-lich machen. Man kann 8000 Ctr. Güter recht wohl auf zwei Elbkähnen verschiffen, die zusammen 2400 Ctr. wiegen. Dagegen bedarf man dazu 40 Eisenbahnwagen, deren todtes Gewicht, sammt Tender und Locomo-tive, 9240 Ctr. beträgt. Die 40 Wagen mit der Lokomotive kosten ferner 40,000 Thlr., die Elbkähne 3000. Endlich nutzen sich die Schiffe, wegen der weit geringeren Reibung, weniger ab als die Eisenbahnwagen.

5. Durch die bisherige Darlegung dürfen wir nun wohl den Beweis, daß Wasserstraßen, trotz aller Eisenbahnen, ein wahres Lebensbedürfniß für die mittleren und unteren Volksschichten, für Handel und Gewerbfleiß sind, als geführt betrachten. Hätte Deutschland eine ausreichende Menge von

natürlichen Wasserwegen, so bedürfte es der künstlichen nicht. Allein in dieser beneidenswerthen Lage befindet sich schwerlich irgend ein Land der Welt, gewiß nicht das unsere. Im Gegentheil, es ist in Deutschland mit der Flußschifffahrt, sogar mit der Transportfähigkeit unserer großen Ströme herzlich schlecht bestellt. Geh.-Rath Meitzen constatirt, daß unsere natürlichen Wasserläufe selbst da, wo sie überhaupt schiffbar sind, die Schifffahrt doch während des größten Theiles des Jahres unmöglich machen, und daß, mit nur theilweiser Ausnahme des Rheins, auf allen deutschen Strömen sich die Schifffahrt, wenn sie nur wenig den untersten, schon träge zum Meere gehenden Lauf überschreiten soll, in sehr trauriger Verfassung befindet. Hat man auch durch Regulirung des Flußbettes, Buhnenbauten u. dgl. den Wasserstand auf den wichtigsten Stromstrecken zu verbessern gesucht, so sind doch bis jetzt trotz großer Anstrengungen die Erfolge sehr ungenügend geblieben. „Einen dauernd gesicherten, gleichmäßigen, nur durch den Winter unterbrochenen Schiffverkehr auf diesem Wege zu ermöglichen, dahin gehen auch die am weitesten gespannten Hoffnungen nicht." (Meitzen a. a. O.) Unterhalb Basel ist die Strömung des Rheins so reißend, daß so gut wie gar keine Segelschiffe von Basel gen Straßburg fahren, und die Dampfschiffahrt, die man versucht hat, wieder eingestellt wurde: der schöne Fluß, schon ziemlich breit und tief, ist auf dieser Strecke ganz verödet. Zwischen Straßburg und Mannheim sind nach der Rückeroberung des Elsaß Dampfer gelaufen, doch machte im Sommer 1873 der niedrige Wasserstand dem Experiment vorläufig ein Ende, das seit 1. Mai d. J. wieder aufgenommen wurde (seit 20. Mai täglich einmal zu Berg und zu Thal.) Aber noch unterhalb Mannheim ist es nichts Unerhörtes, daß Dampfschiffe auf versandeten Stellen sich festfahren. Nachgewiesenermaßen lassen die drei Ströme Weser, Elbe und Oder ganz deutlich eine Abnahme ihrer Wassermenge und eine steigende Versandung ihres Flußbettes wahrnehmen. Es ist berechnet worden, daß die Elbe, wenn die Abnahme des Wassers so fortschreitet wie gegenwärtig, in Zukunft für schwer beladene Schiffe unfahrbar sein wird. Zwischen Dresden und der böhmischen Grenze haben die vor einigen Jahren eingeführten Schleppdampfer wieder entfernt werden müssen, weil sie zu viel Havarie erlitten, und die noch zurückgebliebenen Transportdampfer können ihren Weg nur mit größter Vorsicht zurücklegen. Bei der Oder ist es nicht anders: in dem allerdings sehr trocknen Jahre 1858 gab es nur 11 Tage, an denen die Beschiffung der schlesischen Oder mit voller Kraft möglich war. Die Weser besitzt an sich die geringste Wasserkraft unter den dreien. Die erste Generalversammlung des erwähnten Centralvereins für die deutsche Kanal und Flußschifffahrt erklärte am 29. und 30. October 1869: „An der Krankheit, an welcher die deutsche Schifffahrt dahin siecht, tragen nicht die hohen Flußzölle und Abgaben, von denen sämmtliche deutsche Ströme jetzt befreit sind (die Elbe zuletzt, seit 1. Juli 1870), die größte Schuld, eben so wenig ist die Concurrenz der Eisenbahnen a l l e i n dafür verantwortlich zu machen: sondern der trostlose Zustand der Ströme selbst, ihre zunehmende Versandung und die Verflachung des Fahrwassers haben am meisten dazu beigetragen." — Der einen Hauptursache für diese Erscheinung, der Entholzung der Höhen, welche sich an dem Laufe des Stromes hinziehen, tritt die Regierung neuerdings zwar entgegen, allein mehr als dies hat die Unvollkommenheit der jetzt üblichen Flußregulirung diese so schwer wiegende Thatsache geschaffen. Die durch Buhnenbau beabsichtigte Geradlegung des so tausendfach gekrümmten Schlangenlaufes der Ströme hat vielfach das Gegentheil der beabsichtigten Wirkung zur Folge gehabt, nämlich das Wasser zu schnell abfließen, die Versandung der Ströme zunehmen, das verengte Fahrwasser aber nicht tiefer werden lassen. (E. Meyer, a. a. O.)

„Diese Sachlage", folgert Meitzen, „weist also unbedingt auf Kanalbauten, d. h. Kanalisirung der Flüsse hin. Offenbar können die an sich günstig gelegenen Stromlinien nur durch dieses Mittel praktisch völlig brauchbar gemacht werden. Gut gebaute Kanäle sind unbestritten das radicale Heilmittel für die vorhandenen Uebelstände: denn die Kanalisirung vermag mit wenig Wasser dauernd gleichmäßige Wasserstände von hinreichender Tiefe zu schaffen. Ein Kanal hebt den durch das Gefälle bedingten Abfluß fast ganz auf; sein Wasserverlust durch Verdunstung, Durchsickerung u. dgl. ist verhältnißmäßig gering, und in Deutschland vermögen bei der sommerlichen Regenmenge von etwa 215 Cmtr. (86 Zoll), obwohl zwei Drittel davon verdunsten, selbst sehr kleine Gewässer die Ansprüche der Kanäle zu befriedigen. Jeder unserer Ströme kann so bis nahe an seine Quellen schiffbar gemacht werden, und es giebt genügende Punkte, über welche sich nach den Hauptrichtungen auch in den süddeutschen Gebirgen die kanalisirten Ströme zu zusammenhängenden Kanalsystemen, ähnlich den französischen, verbinden lassen würden." Fügen wir noch hinzu, daß die Technik des Kanalbaues auf sehr hoher Stufe steht: wer in Frankreich oder in der Schweiz gereist hat, dem wird das Schauspiel, einen Kanal über den andern hinweg spazieren zu sehen, nichts Neues mehr sein.

6. Den ungemeinen Nutzen der Kanäle glauben wir somit in ein so helles Licht gesetzt zu haben, daß der Schluß gerechtfertigt erscheint: Angenommen die Kanalanlagen wären an sich nicht rentabel, so würde es im öffentlichen Interesse geboten erscheinen, Staatsmittel à fond perdu auf sie zu verwenden. Allein es läßt sich zeigen, daß die Eisenbahnen die Rentabilität der Kanäle a u f d i e D a u e r nicht aufgehoben haben.

E. Wiß, der 14 Jahre in den Vereinigten Staaten gelebt hat und später als Conful dieses Landes in Rotterdam vortreffliche Gelegenheit hatte, sich offizielle Ausweise zu verschaffen, theilt in Faucher's Vierteljahrschrift interessante Zahlen über die amerikanischen Bahnen und Kanäle mit. Im Angesicht der Concurrenz der Eisenbahnen beschloß der Staat New-York die Erweiterung des Erie-Kanals. Von 1849—53 war der Werth der auf diesem wichtigen Kanal verfrachteten Güter von 31,793,400 auf 94,230,720 Dollars gestiegen. In den Jahren 1853 und 1854 vereinigten sich die Eisenbahnen jener Gegend zu einer einzigen Organisation, um so das Frachtgeschäft erfolgreicher betreiben zu können. Von 1853 ab fällt nun auch der Werthbetrag des Güterverkehrs auf dem Eriekanal von Jahr zu Jahr bis 1858, wo er sich auf 27,680.400 Dollars beziffert. Von da ab jedoch wächst er wieder bis 1860, und hat in dem letzteren Jahre 43,085,520 Dollars erreicht; und obgleich der Bürgerkrieg ihn 1861 auf 18,886,320 herabgedrückt, so hat er sich doch schon in dem zweiten Jahre desselben (1862) wieder auf 25,574,040 Dollars gehoben. Eine ähnliche Bewegung zeigen die Transportmengen des Champlain-Kanals. Dabei laufen am Eriekanal wie am Rhein, an beiden Ufern der Wasserstraße Eisenbahnen hin. — Obgleich sich das auswärtige Geschäft der rheinischen Eisenbahnen von Holland aus in den Jahren 1860—63 von 15,844¼ auf 46,133½ Last gehoben hat, so betrug dennoch während derselben Zeit die Ausfuhr von Rotterdam nach Deutschland auf dem Rhein in jedem Jahre etwas über 100,0000 Last (1860: 101,028 Last, 1861: 103.967, 1862: 107,569, 1863: 103,822). Seit einigen Jahren beträgt der Waarenverkehr auf dem Rhein 120 — 121 Mill. Centner. Mannheim, der bedeutendste Stapelplatz am Oberrhein, war „vor einer wirksamen Zu- und Abfuhr per Eisenbahnen" an der Gesammtbewegung auf dem Rhein nur mit 1,737,517, heute mit über 8 Millionen Ctr. betheiligt. (Badischer Geh.-Hofrath Beck, „Badische Heimathskunde" S. 31.)

7. Wiß berechnet, daß die größten amerikanischen Kanäle durchschnittlich 9⅓ Proc. eintragen. Da wo sich amerikanische Kanäle nicht rentabel gezeigt haben, wie die von Maryland und Virginien, sucht Wiß die Ursache in dem Umstand, daß sie nicht hinlänglich ausgebaut, oder nicht zureichend erweitert wurden. M. a. W. sie haben die Bedingungen nicht erfüllt, von denen die Rentabilität der Kanäle abhängt. Unter diesen stehen die drei folgenden obenan.

1) Die Kanäle müssen tief und breit genug sein, um einem regen Verkehr zu genügen. Mit Recht erweiterte daher der Staat New-York den Eriekanal.

2) Sie müssen auf langen Strecken die Mittelpunkte des Kanals und der Industrie verbinden, sie müssen das Land mit einem Kanalnetz überziehen. Der Kaufmann vermeidet gern das Umladen der Güter, um größere Scho-

nung derselben zu erzielen und um an Spesen zu sparen: bei allen Fahrten auf ausgedehnten Wasserstrecken bleiben die Löschungs- und Verladekosten dieselben und nur die Reisekosten fallen verschiedentlich, je nach Meilenzahl, Schleußengebühren u. s. w., auf die Fracht.

3) Die dritte Hauptbedingung, die unerläßlichste von allen, ist die größtmögliche Wohlfeilheit. In den Vereinigten Staaten ist die Kanalfracht fünfmal billiger als der Eisenbahntarif. Nach den Untersuchungen von Michaelis und von v. Puttkamer würden die Kanäle in Deutschland bei einem Satz von ⅓ Pfennig pro Ctr. und Meile reichlich bestehn können — ein Tarif, der für die Eisenbahnen viel zu niedrig wäre.

Ueber die Hauptrichtungen, welche die deutschen Kanäle zu nehmen hätten, müssen hier wenige Andeutungen genügen. Dem Nordostseekanal ist eine große Gunst der öffentlichen Meinung entgegen gekommen. Man hat ihn einen zweiten Suez-Kanal genannt. Sogar einen Theil des russischen Asiens und der Wolga-Länder würde er in den Verkehr hineinziehen. Der jetzige Seeweg zwischen Nord- und Ostsee ist ermüdend lang, ganz außer Verhältniß zu der Entfernung beider Meere; außerdem ist er sehr gefährlich. Die Fahrt durch den Sund mißt gegenwärtig 350 Seemeilen: der Nordseekanal würde ihn auf 65 deutsche Meilen abkürzen.*) Nun ist aber für tiefgehende Schiffe, wegen des schlechten Fahrwassers in dem Großen und Kleinen Belt, die Sundpassage unerläßlich. Wie gefährlich sie ist, deutet der unheimliche Name an, den die Seefahrer der Spitze von Skagen gegeben habe: sie nennen sie den den „Kirchhof der Schiffe". Also Zeit, Geld, Menschenleben und Güter würden durch den Nordostseekanal erspart werden.

Ein zweites Kanalprojekt würde das große westphälische Kohlenbecken für Deutschland erst recht nutzbar und der englischen Steinkohle in unseren östlichen Provinzen Concurrenz machen. In der westphälischen Steinkohle würden die deutschen Schiffe einen wichtigen Ausfuhrartikel nach jenen östlichen Gegenden gewinnen, von denen sie zwar jetzt Holz und Getreide in Rückfracht nehmen, aber als Ausfracht englische Steinkohle einzunehmen genöthigt sind. Diese Ausfracht nach allen Welttheilen sichert der englischen Rhederei große Vortheile, die auch für Deutschland möglich sind. Das Flöz der Ruhr ist dreimal mächtiger als das von Lüttich, nämlich 54 Meter.

Wir haben zwar im Jahre 1862 an 114 Millionen Centner gefördert, also 38 mal so viel als im Jahre 1810; allein die Nachfrage ist noch immer

---

*) Andere berechnen die Zeitersparniß auf 274 Seemeilen.

weit größer als das Angebot. Verzehrt doch eine einzige Dampffregatte täglich 2000 englische Centner Kohlen. [*)]

Ein drittes Projekt ist der **Rhein-Weser-Elbe-Kanal**. Er müßte südwärts durch Thüringen dem Main-Donau-Kanal zugeführt werden, um Nord- und Süddeutschland zu verbinden.

Ein **Elbe-Spree-Kanal** wird Berlin mit Böhmen in Verbindung setzen. Wenn dann die obere Havel bei Spandau mit der untern Elbe und mit Harburg verbunden würde, dann erwüchse Berlin zur Seestadt, durch Binnen-Seeschiffe, die man in Nordamerika so großartig kennt, die dort den Lorenzstrom hinauf durch Canada nach dem Niagara und nach Chicago fahren und Europa mit dem Innern Amerikas in den unmittelbarsten Zusammenhang bringen.

Von der Oder nach der March und der Donau würde ein Kanal zu leiten sein, um Deutschland mit dem Schwarzen Meer und dem großen russischen Stromnetz in Berührung zu bringen. Zwischen Oder und Weichsel besteht diese Verbindung bereits.

Auf die Frage: Wer uns die Kanäle zu bauen habe? giebt E. Wiß die Antwort: „Der Staat." In England haben auch Privatgesellschaften Kanäle gebaut; dort sind freilich zur Zeit Initiative und Kapital noch stärker als bei uns, aber kleinere Strecken, Vicinal-Wasserstraßen, so zu sagen, werden Provinzen, Kreise, Gemeinden und Aktien-Gesellschaften doch auch bei uns zu Stande bringen. In den Vereinigten Staaten sind die Entfernungen zu kolossal, als daß man dort, bei allem Unternehmungsgeist, der Staatshülfe hätte entrathen mögen.

Wenn das Wenige, was die beiden großen Hohenzollernfürsten für die Kanäle Preußens zu thun vermochten, so schöne Frucht getragen hat; wenn diese wenigen Meilen sehr viel dazu beigetragen haben, Berlin seine gegenwärtige Bedeutung für den Handel zu geben, indem ihm die Wasserstraßen aus dem Süden der Elb- und Oderländer eine Masse von Rohmaterial und Produkten zuführten; wenn die Zahl der Schiffe, welche 1868 in der Nähe unserer Hauptstadt durch die Schleusen gingen, auf 46,000, im folgenden Jahre schon auf 60,000 geschätzt werden konnte[**)], so ist die Losung berechtigt:

Das Deutsche Reich muß ein großartig durchgeführtes Kanalnetz haben!
Basel, im Juli 1874.

[*)] Der Great Eastern gebrauchte auf der Fahrt nach Australien 100,000 Ctr. Kohlen und die Peninsular and Oriental Navigation Company versendet 500 Segelschiffe zu 500 Tonnen, um ihre überseeischen Stationen mit Kohlen zu versorgen — die Matrosen auf diesen Schiffen würden zur Bemannung einer ganzen Kriegsflotte hinreichen.

[**)] von Faucher.

Eine Reise nach Madeira.
Aus der Erinnerung aufgeschrieben.

Am 24. September um 12 Uhr sollte das Schiff von Liverpool nach Madeira abgehen. Die Plätze hatte ich schon von Lübeck aus durch die Vermittelung der Herren St. u. Sons genommen. Meine Kiste, welche zu spät abgesandt war, konnte ich nicht aus dem Customhouse erhalten, da ca. 500 Cigarren und etwas Taback drin waren. Sie konnte also erst mit dem am 24. Oct. abgehenden Steamer expedirt werden. Da man auf Madeira wegen des Tabackmonopols der Regierung alle Sorten Taback nur schmuggeln kann, so waren deshalb die mitgenommenen für mich verloren. Die Sorge dafür nahm mir jedoch schon die englische Zollverwaltung ab, da sie den Taback 2c. nur gegen Entrichtung des vollen Zolles, obgleich die Waaren transito gingen, herausgeben wollte. Zu dieser Ausgabe, da die Kosten der eigentlich werthlosen Kiste schon sehr hoch sich beliefen, konnte ich mich nicht verstehen. — Um 12 Uhr praec. verließ der Tender den Hafen um die Passagiere an das entfernter liegende Dampfschiff zu bringen. Beim Anlegen an dasselbe fiel ein Matrose, der das Seil befestigen wollte, über Bord; die Fluth trieb ihn unter das Rad des Tenders, welches in langsamem Gange erhalten wurde, um das Schiff gegen die Fluth zu halten, wie auch der Armenian seine Schraube mit viertel Kraft bewegte. Die Maschine stoppte sogleich und der Mensch kam, glücklich am Rade sich haltend, an der andern Seite desselben wieder zum Vorschein und wurde gerettet. Wenige nur sahen diesen Vorgang, da die Meisten mit ihrem Gepäck beschäftigt waren; auf mich machte derselbe, bei der schon ernsten Stimmung einen großen Eindruck. Jeder von den Passagieren suchte sich in seiner Cajüte einzurichten, wohin man nach dem Reglement nur kleinere Gepäckstücke nehmen durfte. Uns wurde möglichst nach der Mitte des Schiffes zu eine Cajüte mit 2 Betten zu Theil. Die Plätze der ersten Cajüte waren fast alle besetzt: Engländer, Amerikaner, Afrikaner und mehre Deutsche, von denen uns nur zwei dem Namen nach bekannt waren. Die Meisten waren Gäste für Madeira. Das Schiff verließ mit der Ebbe die Rhede von Liverpool ca. um 2 Uhr. Um 3 Uhr versammelte uns Alle das erste gemeinschaftliche Mittagessen, bei dem aber doch schon einige fehlten und einzelne sich bald entfernten. Die See war ziemlich ruhig; jedoch war trotz Sonnenscheins die Luft nicht ganz klar und der Horizont trübe. Die Küste war uns bald entschwunden. Nach dem Essen konnten wir noch eine Zeit lang auf Deck sein, doch kühlte der Wind schon ziemlich stark, so daß Patienten bald in den Salon mußten. Derselbe war ziemlich geräumig, zu beiden Seiten von Cabinen umgeben, die für je

2, 4 oder 6 Personen eingerichtet waren. Für das wahre Bedürfniß von
Brustleidenden, die Madeira aufsuchen, ist weder dieser Armenian noch die
anderen Schiffe derselben Linie, die allmonatlich von England bis nach
Fernando Po an der Westküste Afrika's gehen, eingerichtet. Das Schiff hält
1040 Tons ist aber zugleich auf Cargo berechnet, wodurch der Raum für die
Passagiere beengt wird. Die Cajüte ist niedrig und bei stürmischem Wetter,
wo das Skylight geschlossen werden muß, beklommen. Höchstens 30 Personen
haben an dem Tische zum Essen bequem Platz; doch lautet die zulässige
Anzahl der Passagiere auf eine größere Menge, da im Nothfalle im Salon
die Sophas zu Betten eingerichtet werden. Das einförmige Schiffsleben wird
durch die vier regelmäßigen Mahlzeiten, zu denen man zufolge der zehrenden
Seeluft einen guten Appetit mitbringt, auf angenehme Weise unterbrochen.
Die übrigen Stunden füllen Unterhaltung und Lektüre aus; ein gesunder
Schlaf, auch eine Folge der Seeluft und des eintönigen Lebens hilft leicht
über die langen Nächte hin. Wind und Wetter wurden der Fahrt bald un-
günstig; dennoch machte das gute Schiff durchschnittlich 10 Knoten. Auf
der Höhe des Kanals wurden die Stürme recht bemerkbar. Die See ging
oft über Bord und hinderte die freie Passage nach der 2. Cajüte. Die
Passagiere hielten sich daher zumeist auf dem Quarterdeck auf, da sie des
Wassers wegen nur bei geschlossenen Thüren in ihrer Cajüte sein konnten.
Es befanden sich zwei junge Missionare darunter, ein Würtemberger E. und ein
Schweizer Pf. aus Zürich, die beide in Basel ordinirt, für Aura an der West-
afrikanischen Küste bestimmt waren. Sie waren Beide erfüllt von ihrem
Berufe und gingen mit festem Glaubensmuthe an ihr großes schweres Werk.
Ich wage nicht nach so oberflächlicher Bekanntschaft ein Urtheil über sie zu
fällen, bekenne nur, daß Ersterer mich mehr anzog mit seinem kindlich deh-
müthigen Sinn, mit dem er in seinem Berufe vielleicht eben so Großes leisten
wird, wie der Andere mit einem kampfbereiten Gemüthe. Dieser, weit entfernt
die augenscheinlich spöttischen Reden junger katholischer Deutschen, worunter
ein stud. med. aus Köln, ein Vorarlberger mit seinem fast übermüthigen
Begleiter, zu melden, suchte sie vielmehr auf, und schien schon hier ein Be-
kehrungswerk beginnen zu wollen. Darin soll kein Tadel ausgesprochen sein,
sondern nur der Eindruck meiner Beobachtung und bin ich begierig, ob durch
etwaige Nachrichten, die man durch Baseler Berichte erhalten könnte, eine
Bestätigung derselben mir wird. Unvergeßlich wird mir die Ausdrucksweise
bleiben mit der E. den Abschied von den Seinigen schilderte; mit welcher
reinen Freude er trotz der schweren Trennung des Abschiedes gedachte. Was
man zuweilen liest und im Kleinglauben für erdichtet hält, sah und erlebte
ich hier in Wirklichkeit, daß der Mensch mit Freudigkeit um des Herrn willen
das Liebste auf Erden hinter sich lassen kann. Bei ihm war diese Freudigkeit

so ungeheuchelt und wahr, daß auch nicht der leiseste Zweifel aufkommen konnte, ob sie das Flackerfeuer schwärmerischer Erregung sei; dazu war er sammt seinem Begleiter zu nüchtern. Wenn meine Erzählung bei diesen beiden Menschen etwas länger verweilt, so kommt es, weil sie mir die anziehendsten und bei aller Unscheinbarkeit die hervorragendsten waren. Wäre die Fahrt eine angenehmere gewesen, würden wir wohl manche trauliche Unterhaltung mehr gehabt haben. Leider wurde der Sturm in der Biscayischen See immer heftiger; einen Tag lang war es unmöglich auf dem Deck zu sein, da die See selbst über das Quaterdeck ging und man genöthigt war, zwei Steuerleute, da einer es nicht regieren konnte, beim Ruder festzubinden, damit sie nicht über Bord gespült wurden. Der Capitän erzählte uns, er habe sich schon 5 mal trocken angezogen; dabei blieb er aber immer guter Dinge und war namentlich sehr liebenswürdig gegen die Damen. Für mich war das Sein in der Cajüte sehr unangenehm; die fortwährend gewaltsame Bewegung, der man in keiner Lage entgehen konnte, die Unfähigkeit selbst zum Lesen, die beklommene Luft brachten mich auf einen hohen Grad nervöser Erregtheit, in welchem ich auch vielleicht mehr Gefahr für uns sah, als wirklich der Fall war. Selbst mit dem Schlafe des Nachts wollte es nicht recht glücken, da an eine ruhige Lage im Bette nicht zu denken war. Glücklicher Weise war die Seekrankheit schon auf der Reise nach England abgemacht. Luise war in Allem viel glücklicher daran als ich; sie konnte lesen und vortrefflich schlafen und war in Bezug auf das Schiff und etwaige Gefahr ganz unbefangen. Von unsern Reisegefährten litten Manche heftig an der Seekrankheit. Wir Uebrigen hatten durch ihre Abwesenheit bei den Mahlzeiten wenigstens hinreichend Platz, was wünschenswerth war, da die Speisen wiederholt über den Tisch den Gästen in den Schooß fielen, ein Unglück, welches mich ganz besonders betraf. Einmal fiel sogar unser Capitain, welcher bei Tische präsidirte, mit seinem Stuhle um. Auch wurden wir Gäste um Nachsicht wegen der Speisen, die übrigens sehr reichlich und gut waren, gebeten, da der Koch sich durch das heftige Schwanken mit heißem Wasser begossen habe. Als der Sturm eines Nachmittags etwas nachließ, und man der See wegen wieder auf Deck konnte, war es ein schauerlich schöner Anblick, das bewegte Meer zu sehen. Solche Wogen hatte ich nie gesehen. Man konnte nur an Tauen sich haltend auf dem Deck zubringen. Ab und an gab es noch etwas Spritzwasser. Die unglücklichen Bewohner der zweiten Cajüte waren aber gänzlich in die erste geflüchtet, da ihre Thüren dem Wasserdrange nicht mehr Stand hielten und sie genöthigt waren mit aller Körperkraft sich gegenzustemmen, wodurch sie natürlich um ihre Nachtruhe gekommen waren. Auch das Essen hatte man ihnen sehr unregelmäßig und schlecht gereicht. Was sie aber aufs Höchste empörte war der Umstand, daß man Ferkel, die in ihrer Behausung nicht sein konnten, in einer Ecke ihres Eßzimmers eingepfercht hatte. Um dieser brutalen Behandlung willen verwandten wir Alle uns beim Capitain, der auch gestattete, daß jene Passagiere in der ersten Cajüte schliefen und aßen. — So näherten wir uns denn unsrem Ziele und schon glaubten wir sagen zu können, morgen sind wir da, als leider die Luft sich wieder verfinsterte und starker Nebel mit Regen eintrat. Der Capitain ließ die Maschine stoppen und zog alle Segel ein, da der Wind ungünstig wurde und obgleich nur etwa 60 Meilen von Madeira entfernt, mußten wir uns von Wind und Wellen westwärts treiben lassen, da bei solchem Nebel die Fahrt auf die Insel zu gefährlich war.

Einen Tag lang trieben wir und erst Abends um 6 Uhr fühlte man wieder das unangenehme und doch so erwünschte Arbeiten der Schraube unter sich. Das Wetter hatte sich wieder aufgehellt und man sah einzelne Sterne am Himmel. Wir legten uns schlafen in der festen Hoffnung beim Erwachen die Insel vor uns zu sehen. Und unsere Hoffnung und das Wort des Capitains hatten uns nicht betrogen. Als ich früher als gewöhnlich auf Deck kam, sah ich die kahlen Felsmassen in der Ferne vor mir liegen. Wir gingen um die Ostseite der Insel herum; links blieb uns Porto Santo und später die Desertas liegen; zur Rechten erkannte man mehr und mehr von Madeira Anfangs kahles zerklüftetes wildes Gestein, gegen welches die Wogen anbrandeten; dann, je mehr wir um die Ostspitze nach der Südseite herumsteuerten, wurden die Wände der Insel bewachsener und bewohnter. Man unterschied das Grün der Bäume und Felder und sah kleine Hütten mit Strohdächern, auch steinerne Häuser und Alles im klarsten milden Sonnenglanze. Die See war ruhiger und wurde es mehr und mehr, bis das Schiff fast eben hinglitt. Nach einigen Stunden erblickte man endlich Funchal mit seinen weißen Häusern und Kirchen wie hingelagert in einem sonnigen Thalgrund.

Die Unbequemlichkeiten der vergangenen Tage waren bei solchem Anblick vergessen; die Gegenwart mußte ihr Recht geltend machen und höchstens das ungewisse Gefühl, wie die Zukunft sich auf diesem unbekannten, so fremden Eiland gestalten würde, vermochte den innern Jubel zu dämpfen. Das Schiff hatte jetzt das letzte Cap passirt und näherte sich den ersten Häusern der weitläufig gebauten Stadt, die längs dem Strande und gegen die Abhänge ohne sichtbare Grenzen sich ausdehnte. Ein Passagier, der schon dort gewesen, zeigte uns verschiedene boarding houses, namentlich das von Hollway, welches hochgelegen deutlich erkennbar war und den Meisten empfohlen war. Gegen 11 Uhr warf das Schiff Anker und löste 1 Kanonenschuß um die sog. Visite an Bord zu laden, vor deren Eintreffen Niemand das Schiff verlassen oder Niemand vom Lande das Schiff betreten durfte. Eine Menge größerer und kleinerer Boote näherten sich dem Schiffe und man sah noch immer neue den

Strand verlassen. Die Meisten wollten die Passagiere ausschiffen, brachten aber auch Neugierige mit, welche nach Nachrichten von Europa begierig waren oder Bekannte zu treffen hofften; oder es kamen Hotel-Besitzer, die ihre Häuser empfehlen wollten; kleinere Boote hatten Früchte und Korbwaaren, die sie zum Verkauf auszubieten suchten. Nachdem die Visite ihr kurzes Geschäft besorgt, die Postsäcke in Empfang genommen und abgefahren war, stürzten die übrigen Boote an die Treppe und es erhob sich nun ein Geschrei der Bootführer und ein Getümmel um und auf dem Schiff, wie ich es nie gehört. Unsere Bagage hatte ich früh zu einander gestellt und mit Hülfe des jungen H., an den ich mich wandte, wurden wir sammt dem Gepäck ins Boot gebracht und ruderten eilig dem Ufer zu. Wir waren schon durch Bekannte auf die eigenthümliche Landung vorbereitet, daß sie etwas Beunruhigendes aber nichts Gefährliches habe, besonders bei stillem Wasser. Dicht vorm Ufer wenden die Ruderer das Boot mit dem Hintertheil gegen das Land, geben dem Boot eine gerade Richtung gegen dasselbe und lassen es nun mit der Welle aufs Wasser setzen, wobei sie mit den Rudern nachhelfen. Rasch springt einer derselben ab, ein hinten befestigtes Tau ergreifend; die nächste Welle kommt und hebt das Boot, am Lande stehen 2 Ochsen bereit an deren Joch schnell das Tau befestigt wird und sie und das Wasser befördern das Boot so weit, daß die Passagiere mit schnellem Sprung das Trockene erreichen können. Leicht wird nun das Fahrzeug mit Hülfe von Menschen und Vieh vollends aufs Ufer gezogen, um das Gepäcke herauszubringen, welches auf eine Schleife geladen nach dem Zollgebäude gefahren wird. Der Gasthof lag nahe am Ufer, wir erhielten schöne große kühle Zimmer und eilig machte ich die Effekten vom Zoll frei, um mit der Erfrischung eines Bades und mit dem völligen Wechsel der Kleidung den Schiffsgeruch und alle trüben Erinnerungen von dort gänzlich loszuwerden. Vom Zollgebäude zurückkehrend, fand ich die Dr. G. mit ihrer Tochter bei Louise, welche einen Monat vor uns abgereist waren. Auch sie empfahlen uns das Haus von Mr. Hollway, wo sie selbst wohnten und wo noch die meisten Zimmer frei waren. Wir verabredeten am nächsten Tag zu kommen um die Wohnung zu besehen. Das Haus, in dem wir vorläufig abgetreten waren, gehörte ebenfalls Mr. Hollway und diente mehr als Absteigequartier für Passanten, wenn man auch dort sich für die Saison einmiethen konnte. Es war aber an Tagen, wenn Dampfschiffe ankamen, sehr unruhig und lebhaft dort, wie z. B. am Tage unserer Ankunft, wo die Meisten, selbst die weiterreisenden Passagiere es vorziehen, am Lande zu essen und zu verkehren. Da unsere Ankunft sich verzögert hatte, wollte der Capitain selbigen Abends wieder abfahren und so sammelten sich auch andere Gäste von der Insel im Hotel, welche mit dem Schiffe weiter zu fahren beschlossen hatten. Es waren meistens Engländer und die Conversation bei Tische englisch.

Wir fühlten uns nicht sehr heimisch in dem großen Trubel und zogen uns bald nach Tische in unsere comfortablen Zimmer zurück, wo wir uns mit Briefen nach Hause beschäftigten, da am andern Tage schon das von der Küste nach England zurückkehrende Schiff erwartet wurde: Abends nach Sonnenuntergang konnte ich mir es aber doch nicht versagen auch der Bewegung halber auszugehen, aber es war so dunkel in den Straßen, daß man Wenig erkennen konnte. Ich ging demnach nur zu G's., um ihnen einige aus Lübeck mitgebrachte Sachen zu übergeben, und konnte bei dem hoch- und freigelegenen Hause beim klaren Sternenhimmel erkennen, daß das Haus eine prachtvolle Lage haben müsse. Deßhalb beeilten wir uns am andern Morgen dort ein Logis zu finden, welches denn auch zu unserer Zufriedenheit glückte.

Ehe ich von unserer Wohnung und dem dortigen Leben spreche, wäre es hier wohl am Orte eine kürzere Angabe von der Lage der Stadt zu geben, wodurch sich am besten die Lage unseres Hauses erkennen läßt.

Das Terrain, auf welchem Funchal gebaut ist, wird nach dem Meere zu von zwei bedeutenden Vorgebirgen, gegen Westen vom Cabo Girão, dem größten, gegen Osten vom Cabo Carajão, begrenzt. Beide sind in einer Entfernung von ca. 9 englischen Meilen von einander als die Ausläufer der im Halbkreise zurücktretenden Bergkette zu betrachten. Nirgend auf der ganzen Insel hat die Bergformation den Menschen eine so günstige Gelegenheit zum Anbau geboten. Es concentrirt sich daher auch auf diesen verhältnißmäßig kleinen Raum eine anscheinend unverhältnißmäßig große Anzahl der Bewohner der Insel. Nicht allein haben dieselben sich hier in der nicht unbedeutenden Stadt Funchal angesiedelt, für dessen Verkehr zur See sich an dieser Stelle die größte Strecke offenen Strandes bot, während mit geringen Ausnahmen rund um die Insel die Felsen schroff ins Meer treten, sondern auch so weit das Auge reicht, erblickt man die Hütten der Landbewohner inmitten des üppigen Grüns ihrer Zuckerrohrfelder, oder die Quintas der Reicheren, welche mit der wärmeren Jahreszeit sich in die höheren Regionen zurückzuziehen pflegen. Das hervorragendste Gebäude, welches in einer Höhe von 1800' über dem Meere belegen, von fast allen Punkten des fraglichen Terrains gesehen werden konnte, war die Kirche Cossa Señao del Monte, ein blendend weißes mit zwei stattlichen Thürmen versehenes Bauwerk, welches zuweilen an Festtagen selbst Abends durch eine von Außen angebrachte Illumination wie ein leuchtendes Meteor erschien.

Man darf sich diese vom Meere nicht sehr allmählich aufsteigende lebhaft angebaute Landschaft nicht als ein ununterbrochenes Terrain denken, sondern viele größere und kleinere Ravinen verliehen dieser üppigen Gegend einen neuen Reiz durch die schönen Formen des Basalts, durch den Wechsel an Schatten und Licht und zu Zeiten durch das in ihnen hinabströmende Wasser.

Diese tiefen Bergeinklüftungen hatten auf die Bauart der Stadt Funchal und namentlich auf die Verkehrswege bedeutsam Einfluß geübt. Nur in dem untern Theile der Stadt, wo sie nahe dem Ufer einen ebeneren Charakter hatte, konnte man auf Brücken über das Flußbett leicht von einer Seite der Ravine zur andern kommen. In höheren Regionen mußte man den zwar schönen aber oft gefahrvollen jedenfalls sehr beschwerlichen Weg hinab und wieder hinauf machen, der nur für Fußgänger oder gute Pferde passirbar war. Durch dieses Umgehen der Ravinen wurde natürlich die Entfernung sehr vergrößert. Als Beförderungsmittel bedient man sich außer den schon genannten guten Pferden spanischer Race, der Hängematte (Hammock) oder des Polankin, in welchem der Beförderte eine mehr sitzende Stellung einnimmt, außerdem aber sehr häufig eines höchst eigenthümlichen wohl nur der Stadt Funchal eigenen Fahrzeuges: Quarro genannt, eines von zwei Ochsen gezogenen Schlittens, in welchem zur Noth 4 Personen Platz nehmen können, die je zwei und zwei wie in einem Kutschkasten gegenüber sitzen. Die wiegende durch das oft ruckweise Anziehen der Ochsen unregelmäßige Bewegung hatte für mich etwas sehr Unbequemes und oft Einschläferndes.

Der Hauptführer geht neben dem Schlitten, um ihn namentlich an den Ecken zu lenken; er führt einen großen mit Stachel versehenen Stecken, den er zum Antreiben oder zum Lenken des Schlittens benutzt, indem er ihn bei Abhängen zuweilen unter den Schlitten schiebt, wodurch eine neue unangenehme Bewegung entsteht. Vor den Ochsen geht ein Knabe, dem die wohleingefahrenen Thiere folgen; ohne einen solchen gehen sie sehr unregelmäßig. — Führer und Knabe lassen es nicht an einem unaufhörlichen monotonen Geschrei fehlen. Auf steileren Wegen, deren es in der Stadt mehre giebt, sind diese Quarros fast unbrauchbar, namentlich wenn es geregnet hat, da die Ochsen dann fortwährend auf den kleinen eng aneinander gefügten Steinen ausgleiten. Bergaufwärts muß man sich dann seinen Füßen oder den andern Beförderungsmitteln vertrauen; bergabwärts hat man jedoch aus den höheren Punkten namentlich von der Kirche N. S. d. M. wiederum Schlitten zur Verfügung, die von zwei Menschen geschoben, mit unglaublicher Schnelligkeit die Strecken zurücklegen. Diese Beförderungsart hat etwas sehr Anziehendes und bedient man sich ihrer vorzugsweise, wenn man von weiteren Excursionen kommend, solche Schlittenstationen antrifft. Manche reiten wohl den Berg hinan, um sich das Vergnügen dieser Schlittenfahrt hinab zu machen.

Für die Absicht, so viel wie möglich in historischer Folge die Beobachtung und Erlebnisse aufzuzeichnen, habe ich hier schon etwas weit vorgegriffen bei Gelegenheit der Aufzählung der verschiedenen Beförderungsmittel, wir kehren also wieder zurück zu der Anschauung der Landschaft, in welcher Funchal liegt. Wir haben oben erfahren, daß die Bergeinklüftungen Einfluß auf F's. Bauart und auf die Verkehrswege gehabt. Nahe dem Ufer ist die Stadt eben und demgemäß sind auch die Straßen und Plätze; dort concentrirt sich der meiste Verkehr. Von den Straßen, die in ihrer Verlängerung Hauptverkehrswege mit der umliegenden Landschaft werden, sind außer den nach Osten und Westen am Meere fortlaufenden Wegen etwa 4 Hauptwege zu nennen, welche die frequentesten sind. Nordwestlich zieht sich die Straße nach dem Kirchspiele San Antonio und S. Roque; in der Mitte der Stadt die Straße nach der Kirche S. N. d. Monte etwas östlich durch ein Hauptrevier, der kleine Curral genannt, geschieden, der Caminho do Meio, noch östlicher die Straße nach dem Palheiro, einer Bergkuppe, auf welcher der größte Grundbesitzer der Insel, der Graf Calvagae sein Schloß und seinen Park besitzt. Alle diese Wege werden bei den späteren Excursionen erwähnt werden; vorerst interessirt uns nur der Caminho do Meio, zu Deutsch der „mittlere Weg" (so genannt, weil er der mittelste der 3 letztgenannten Wege ist), da an demselben die Pension von Mr. Hollway liegt. Die Straße führt bald sehr steil aufwärts und etwa in der Höhe von 180' über dem Meere gelangt man zu dem ziemlich weitläufigen Etablissement von Hollway, bestehend aus einem Haupthause, welches an der südlichen Fronte außer dem rez de chaussée 2 Etagen, an der nördlichen Fronte nur eine Etage hat, woraus bei der nicht großen Tiefe des Hauses die starke Neigung des Berges hervorgeht. Zur weiteren Aufnahme von Gästen dienen noch 4 kleine selbständige Gebäude in der Nähe des Hauses, welche mit Ausnahme des einen, höchstens je 2 Personen aufnehmen können. Eines dieser kleinen Gebäude wählten wir zu unserm Logis; es lag an der ersten Terrasse in gleicher Höhe mit dem rez de chaussée des Haupthauses. Es bestand aus einem großen Zimmer, welches in halber Höhe durch eine feste spanische Wand getheilt, Schlaf- und Wohnzimmer enthielt. Die Hauptfronte war nach der Terrasse gegen Westen, doch hatte es einen Balkon gegen Süden, von dem man die schönste Aussicht über die unten liegende Stadt, die westlichen Berge und das Meer genoß. Die Wohnung war für zwei Personen etwas beschränkt aber äußerst comfortabel und bei dem milden Himmel Madeiras konnte man ja viel im Freien verkehren. Im Laufe der nächsten Zeit wurden fast alle Räume des Etablissements vermiethet, so daß wir ungefähr 30 Personen dort waren, Engländer und Deutsche. — Das Leben in einer Pension, namentlich an einem Kurorte wie Madeira, hat etwas sehr Einförmiges. Die 3 Mahlzeiten, um 9 Uhr, 2 Uhr und 7 Uhr, versammeln regelmäßig die Gäste; doch hatten mehre Engländer ihrer Gewohnheit gemäß einen späten Mittagtisch arrangirt und vereinigten sich erst nach demselben mit den übrigen Gästen im Gesellschaftszimmer, welches, da die Abendluft das Ausgehen verbietet, stets Alle versammelt sah. Tags über fand man sich auf den Terrassen des Gartens zusammen, in welchem der

Besitzer ein nicht unbeträchtliches Areal für Weinbau conservirt hatte, obgleich sonst auf der Insel der Weinstock meistens verschwunden war und dem Zuckerrohr Platz gemacht hatte. Für die Kultur seiner Weinstöcke opferte Mr. Hollway wirklich nicht unbedeutend, da er noch immer die Hoffnung hegte, daß die Krankheit der Reben verschwinden werde. Die Stöcke werden im Herbst beschnitten; der Boden tief umgewühlt, denn auf Madeira kennt man nur die Hacken zum Bearbeiten des Bodens; dann wird stark gedüngt und gegen Frühjahr wird das ganze Areal des Weinbergs mit kreuzweise über einander gebundenen Latten oder starken Rohrstäben auf halber Manneshöhe wie mit einem Netz von groben Maschen überzogen, woran später die jungen Schößlinge angebunden werden. Sobald die Reben anfangen zu treiben, werden die jungen Blätter und Blüthen geschwefelt, um sie vor dem Pilze, der Krankheit zu bewahren. Trotzdem zeigte sich im April schon der weiße pilzartige Ueberzug über den Blättern.

Für die sonstige Verschönerung seines Gartens that Mr. Hollway Nichts; er war nicht einmal zu bewegen schattige Sitze anzubringen, so leicht es auf den Terrassen durch die Weinstöcke oder Kürbispflanzen herzustellen gewesen wäre oder im Winter durch ein leichtes Wetterdach. Uebrigens herrschte im Hause, was die Verpflegung oder den Comfort betraf, eine lobens- und anerkennungswerthe Freigebigkeit; man konnte jeder Zeit außer den Mahlzeiten Erfrischungen selbst für Besuchende erhalten, ohne besonders dafür zu bezahlen. Ein Umstand war es aber besonders, der diese Pension vor Allem auszeichnete. Mr. Hollway besaß nicht allein außer dem hier beschriebenen Etablissement, das schon obengenannte Stadthôtel, sondern in Camuha, einem ca. 2000′ hochgelegenen Dorfe noch ein drittes Wohnhaus, für Gäste eingerichtet, wo man den Sommer zuzubringen pflegte. Jeder seiner Gäste hatte die Wahl, in einem dieser Häuser sich aufzuhalten oder wenn es ihm paßte, die eine oder andere Mahlzeit einzunehmen, wozu man bei Ankunft von Schiffen in der Stadt oder auf Excursionen in Camecha leicht geneigt sein konnte. — Bald nach dem ersten Frühstück pflegten die meisten Gäste in die untere Stadt nach den Prazas hinabzugehen, wo man sich zur Unterhaltung und zum gemeinschaftlichen Umherwandeln traf; oder die commercial rooms waren das Ziel, wo man außer der Unterhaltung mit Bekannten, portugiesische, englische und von den deutschen Zeitungen die Kölnische und Augsb. Allgemeine fand. Die Räumlichkeiten bestanden aus einem ziemlich großen Zimmer und daran stoßender Terrasse, welche in ihrer ganzen Länge und Breite mit einem Wetterdache bedeckt war, so daß man gegen Sonne und Regen geschützt blieb. Diese Terrasse war ein sehr beliebter Aufenthalt hart am Ufer gelegen, gegen Süden offen und daher warm und geschützt. Passirende, ankommende, abgehende oder ankernde Schiffe konnten von dort mittelst guten

Teleskops beobachtet werden; auch führte daneben die Hauptallee an das Ufer und den Landungsplatz, so daß hier der meiste Verkehr sich concentrirte. —

Ich ging jedoch selten nach diesen Versammlungsplätzen, wo wie überall, wenn die Kranken sich zusammenfanden, meistens Krankenberichte ausgetauscht oder modificirt wurden. Statt dessen las ich mit L. oder beschäftigte mich mit meinen Blumen oder suchte neue. Nach Tische wurden gewöhnlich größere Spaziergänge von mir unternommen und den Abend pflegten wir durch Schachspiel oder Lektüre auszufüllen.

In solchem stetem Einerlei wäre selbst in dieser schönen Natur der Aufenthalt bald unerträglich geworden, wenn man sich nicht durch weite Ausflüge in die Umgegend oder auf die Berge das Herz erquickt und den Muth zur Ausdauer gestählt hätte.

Ich will nun in Folgendem versuchen, einzelne solcher Ausflüge zu schildern, wodurch der geneigte Leser denn auch einigen Ueberblick über die Insel gewinnen wird. Die nächste Veranlassung zu einer Excursion gab mir die Einladung des dänischen Consuls S., an welchen ich adressirt war. Derselbe wohnte während der Sommermonate mit seinen beiden Schwestern auf dem Berge nahe bei der Kirche N. S. d. Monte. Der Bergvorsprung, auf welchem die Kirche gebaut ist, wird vom Caminho de Meio durch eine tiefe Schlucht, der kleine Curral genannt, getrennt. Man muß also entweder durch die untere Stadt und dann auf direktem Wege hinauf, welcher jedoch zwischen Mauern wenig Aussicht zur Seite bietet, oder man kann den Caminho do Meio verfolgend später durch die Schlucht die andere Höhe erreichen. Letzteren Weg wählte ich und wurde von einem muthigen Schimmel, dem der Arriero folgte, schnell den steilen Weg hinaufgetragen. Anfangs liegen Häuser zu beiden Seiten, zwar weitläufig auseinander gebaut, aber doch eine Straße bildend, zuweilen ein größerer Grundbesitz dazwischen mit terrassenförmig angelegtem Garten. Wenn man den letzten derartigen zur Linken passirt ist, theilt sich der Weg; die bequemere neue Straße führt links und schneidet dann in mehren Windungen die alte steil und gerade aufwärts gehende Straße, welche nur von Fußgängern und den herabkommenden Schlitten benutzt wird. Die Aussicht wird jetzt frei und überraschend. Erst geht's an den Abhang der Schlucht, an dessen jenseitigem Abhang die Kirche N. S. d. M.; unten in der Ravine rauscht das Bergwasser, welches durch kleine Wasserfälle neue Nahrung erhält. Der Abhang, an welchem der Weg sich hinzieht, wird bewachsener; Kastanien und Fichten wechseln und lassen doch einen üppigen Unterwuchs von Sträuchern und Blumen gedeihen, unter denen Hortensien und Belladonna vor Allem das Auge auf sich ziehen. Bei einer neuen Schwingung des Weges hat man jetzt die östlich gelegenen Abhänge vor sich; rechts unten Funchal in seiner ganzen Ausdehnung aus der Vogelperspektive.

Obwohl es ein heißer Tag war und der Himmel klar, zog doch hin und wieder eine Wolke längs den Berg, die sich durch merkbare Abkühlung der Temperatur ankündigte. Immer höher noch geht's, über die Höhe der jenseitigen Kirche hinaus, bis das Pferd von der Hauptstraße in einen kleinen Seitenpfad einlenken muß, der durch Wald und Gesträpp links abwärts an die Schlucht führt. Dieselbe ist aber nicht als ein mit einem Blick von Oben zu übersehender Kessel zu denken, sondern hier hat sich ein längeres, dort ein kürzeres Grat bei der Formation der Berge in dieses Thal hineingeschoben und indem man auf schmalem Pfade abwärts dieselben umreiten muß, passirt man verschiedene größere und kleinere Schluchten, trifft auch an weiter hervorragenden Bergestheilen Menschenwohnungen und bebaute Felder, wie in den Biegungen der einzelnen Ravinen, wo die Wasser sich sammeln, Mühlen, welche durch diese Triebkraft in Bewegung gesetzt werden. Die Vegetation ist übrigens sehr dürftig; Bäume sind selten und in Folge der Sommerdürre ist die Flora erstorben. Zur Bewässerung der Gärtchen muß hier wie überall auf der Südseite der Insel das Wasser in Leitungen herbeigeführt werden. Wenn man das Hauptfelsgrat umritten, erblickt man zur Linken am Ende der Ravine Funchal im Rahmen der beiden Felswände und dahinter das unermeßliche Meer; sonst umgiebt Einen tiefe Einöde, unfruchtbarer Fels und schwindelnder Abgrund, zwischen denen der schmale Pfad hinläuft. An der letzten Biegung geht es wieder aufwärts und schnellen Schrittes führt das sichere Pferd dem Berge zu, auf welchem die Kirche liegt. Hier angelangt, entließ ich den Arriero mit seinem Pferde, um mich erst noch des überraschenden Blickes vom Altan der Kirche zu freuen, welcher von dort das ganze Terrain zwischen dem Cap Girão und Carajão beherrscht. Daselbst gesellte sich ein Mann zu mir, der mir seine Dienste für die Schlittenbeförderung anbot, die ich erst für den Abend annahm. Vorerst mußte er mich in den Garten eines Mr. Gordon führen, der zwar sehr verwildert, aber durch seine Lage und einzelne Partieen viel Interesse für mich hatte. In einem auf vorspringendem Felsen erbauten Pavillon, erkannte ich ein Gebäude, welches ich von unserer Pension Hollway oft bemerkt hatte. Durch ein gutes Fernrohr, welches daselbst stand, erkannte ich manche unserer Hausgenossen, welche auf dem wohlbekannten Platze vorm Hause saßen. Von hier brachte der Führer mich zu Mr. Selby's Wohnung, doch schon unterwegs begegnete mein Wirth mir mit einem andern deutschen Gaste, einem Hamburger Herrn B., dessen Bekanntschaft ich hier machte und in dem ich zu meiner Freude einen Freund der Botanik sogleich erkannte. Ich schloß mich den Herren an und machte mit ihnen nach einem anderthalbstündigen Spaziergang, auf welchem unser Wirth uns Aussichten auf Thäler und Schluchten zeigte, welche man vom Altan der Kirche nicht sehen kann, namentlich Partien aus den Kirchspielen St. Roque

und St. Antonio, welche sich nordwestlich von Funchal an den Bergen hinauf-
ziehen. Nach dem kleinen aber sehr heimelig gelegenen Landsitz zurückgekehrt,
empfingen die Damen uns und wir wurden mit einem Lunch regalirt, welches
ganz den Charakter eines Diner hatte, nur daß es statt um 6 oder 7 Uhr,
um 2 Uhr eingenommen wurde. Ein Mahl zu 5 Personen, wo eine allgemeine Unterhaltung geführt werden kann, hat leicht einen gemüthlichen Anstrich; trotz der englischen Conversation und der gänzlichen Unbekanntschaft
mit den Personen und den Sitten fühlte man sich comfortabel und ich darf
nicht vergessen zu bemerken, daß ich vielleicht zum ersten Mal in meinem
Leben einen Madeira-Wein kostete, der wirklich echt und unverfälscht war, aber
auch köstlich mundete. Nach dem Lunch eine Cigarre im Freien bei einer
Tasse Caffee erhöhte die behagliche Stimmung wo möglich noch mehr. Ein
Gleiches mochte wohl mein Mitgast empfinden, der gar keine Anstalten zum
Aufbrechen machte, während die Gewohnheit bei solchen Einladungen zum
Lunch doch einen frühen Aufbruch rechtfertigte. Ein leichter Regen, der in
den Bergen nicht selten ist und den man in Funchal selbst gewiß nicht hatte,
trieb uns ins Haus und nachdem er vorüber, schickten wir uns zum Aufbruch
an, von unserm Wirthe bis zur Schlittenstation neben der Kirche begleitet.
Ein Korbschlitten für 2 Personen nahm uns auf und wurde von 2 Männern
geschoben, die uns denn auch mit Windeseile hinabbeförderten.

Herr Br. und ich machten zum ersten Male solche Fahrt, hatten aber
beide ein kindliches Vergnügen daran; kaum unten angelangt, trat schon die
Nacht ein und da unsere Wege sich gleich trennten und ich mich in den unbekannten Straßen nicht gleich orientiren konnte, so verlief ich mich anfangs,
getäuscht durch das Licht vom Hollway'schen Hause, welches ich von ferne
erkannte. Bei unbedecktem Himmel sind die Abende und Nächte nicht sehr
dunkel auf Madeira, aber Dämmerung giebt es dort nicht am Morgen oder
Abend, sondern sobald die Sonne untergegangen wird es dunkel, wie es
dunkel bleibt, bis die Sonne aufgegangen ist. Ich fand mich jedoch bald zurecht, indem ich in die Hauptstraße gerieth, von welcher ich leicht den Weg
nach Hollway's Hotel fand.

Gegen solches Irregehen giebt es natürlich kein besseres Mittel als sich
rechtzeitig zu orientiren und dazu benutzte ich denn auch gern die Nachmittage,
welche diejenige Tageszeit waren, in welcher ich am wenigsten zu anhaltenden
Beschäftigungen aufgelegt war. Auch kürzere Ritte in die Umgegend mit
einem Bekannten aus der Pension H., welcher schon ein Jahr auf Madeira
zugebracht hatte, führten uns durch die verschiedenen Theile der Stadt, in
welcher bei einiger Bekanntschaft mit derselben kein Irregehen möglich ist.
Wir Beide machten, da er ein guter Fußgänger war, vieles gemeinschaftlich;
eine Zeitlang gingen wir regelmäßig Sonntags und Donnerstags Nachmittags

zur Musik nach der Praza, wo sich die schöne Welt Funchals versammelte; oft machten wir auch weitere Wege längs der See nach Osten oder Westen, namentlich auf den Camintro Nuovo, einer neuen 3—4 engl. Meilen langen ebenen Straße, wo an jedem Nachmittage die englischen Gäste beiderlei Geschlechts ihre Reitkünste übten. Dieser Weg war es auch, der mich eines Tages in Begleitung zweier andrer Bekannten nach dem Cap Girão führte. Der genannte Weg ist mit großem Kostenaufwand hergerichtet, da stellenweise bedeutende Ueberbrückungen über die Flußbetten stattfinden mußten. Für den Verkehr der Eingeborenen ist er in seiner gegenwärtigen Beschaffenheit als fester Sandweg kaum benutzbar, da die Zugthiere die Schlitten oder Schleifen nur mit Mühe darauf fortbringen. Mit der Zeit werden sich also wohl Wagen in Funchal einbürgern, deren man nur wenige einzelnen Fremden gehörige hier trifft. Die Transportmittel sind hier aber gerade sehr wichtig, da der Weg an der einen oft an beiden Seiten große Zuckerrohrfelder durchschneidet, welches im Frühjahr jedes zweiten Jahres geschnitten wird. Das Rohr in großen Bündeln zusammengebunden, wird in die Zuckermühlen verfahren, wo es nach Gewicht abgeschätzt wird.

Klassische Findlinge.
Acht ungedruckte Briefe Goethe's.
mitgetheilt von
C. A. H. Burkhardt.

1. Goethe an den Hauptmann de Castrop.

P. P.*)

Aus beygehender Copia gnädigsten Rescr. werden der Herr Hauptmann ersehen, was für eine Einrichtung beym Wegbau Serenissimus für die Zukunft zu treffen geruhet. Ich erwarte also die vorläufig mir ausgebetene Verzeichnisse mit Verlangen und wünsche Sie Morgen Früh bey mir zu sehn, um über das nothwendigste uns besprechen zu können.

Weimar den 1. Februar. 1779.   Goethe.

---

*) Eigenhändiger Brief in den Acten der Bezirksdirection Apolda. Die fragliche Copie vom 19. Jan. 1779 enthält die Ernennung Goethe's als Director der Wegbau-Commission. Der bekannte Hauptmann von Castrop, der sich unter v. Kalb's bisheriger Leitung des Wegebauwesens nicht ganz wohl befinden mochte, antwortet in einem ganz gehorsamsten pro Memoria: Tandem bona causa triumphat, was ich längstens sehnlichst gewünscht geschiehet.

2. An Eckardt.*)

Ich laffe mir gern Ihre Vorfchläge wegen der Conferenz-Punkte gefallen, wollen Sie die Güte haben, nach denfelben die Inftruction und den darauf bezüglichen Bericht auffetzen.**)

Freylich wünfcht ich, daß wir nur im äußerften Fall wegen des zwanzigften und des Münzvertrags nachgäben.***)

Wegen einiger in der Behandlung nötigen Vorfichten habe die Ehre Ew. Wohlgeboren nächftens zu fprechen und wünfche Sie auf das baldigfte wiederhergeftellt.

Den 5. Juni 1781.   G.

3. An Eckardt.

Geftern Abend vergaß ich zu fragen, wie es noch mit dem feparaten Protokoll gegangen und ob folches dem Herrn v. Fr. zugeftellt worden.

Ich bitte um ein Wort Nachricht und wünfche wohl zu leben.

G.

prs. Ilmenau den 2. Juli 1781.)

4. An Eckardt.

Ich follte dafür halten, wenn der Müller†) einen bündigen Revers ausgeftellt, daß er Graben und Ort, fobald das Ilm-Bergwerk ihn benötigt räumen wolle, fo find wir nicht gefährdet.

Doch müßte er folches felbft in Gotha anzeigen und man müßte von daher eine Art von Garantie erhalten.

Den Modum und die Stricke und Bänder, womit er zu vinculiren, überlaffe ich Ihrer bekannten Klugheit. Und Wünfche nochmals wohl zu leben.

G.

Den (sic!) Herrn Geheimden Legations-Rath ftatte ich hierdurch mit lebhafter Freude den aller gehorfamften Dank ab für die mir gütigft ertheilte fröhliche Nachricht. Hier anfchlüffig habe die Ehre die anverlangten Verzeichniffe uno refp. Specificationes das Wegebau-Gefchäffte betr., fo erft diefen Nachmittag fertig worden zu überfenden. Morgen frühe werde aufzuwarten nicht ermangeln.

Weimar den 1. Februar 1779.   b. C.

In genanntem Archive finden fich noch mancherlei Concepte, welche die Goethe'fche Thätigkeit beleuchten. Sie ftammen indeß nicht von Goethe, fondern find nur von ihm fignirt. Einzelne enthalten kleine Correcturen von Goethe's Hand. Aus diefen Acten geht hervor, daß Caftrop am 5. Febr. 1779 auch an Goethe fchrieb, daß von Alters her der Bau des Weimarifchen Stadtpflafters mit dem Wegebau verbunden gewefen fei und gab ihm anheim, Wege einzufchlagen, damit auch diefe Bau-Angelegenheit unter einer Direction wie bisher bleiben könne. Goethe muß in diefer Richtung Schritte gethan haben, da ein Refcript Carl Auguft's vom 23. Febr. 1779 in dem Caftrop'fchen Sinne verfügte, und Goethe nun auch das Weimarifche Stadtpflafter beauffichtigte.

*) Nach b. Orig. Eckardt war Hof- und Regierungsrath, auch Geh. Archivar.

**) Erfolgte am 6. Juni.

***) d. h. gegen Churfachfen und Gotha.

†) Joh. Heinrich Ackermann wegen feines Mühlbaues im Manebacher Grunde.

5. Goethe an Hofrath Eckardt. (1781)

Mit Ew. Wohlgeboren bin ich völlig einverstanden was den Modum betrifft. Die Angelegenheit selbst, glaub ich, wird sich durch ein gutes Benehmen gar leicht endigen lassen; indem die Leute sich doch meist willig erklärt haben im Fall eine neue Gewerckschafft zusammen käme und der Bergbau betrieben würde, die quaest. Grundstücke wieder herauszugeben und ihr ganzer Widerstand nur auf die Befreyung vom Pachte gerichtet zu seyn scheint*). Morgen Nachmittag wünsche Ew. Wohlgeboren noch auf wenige Worte zu sprechen.   G.

prst. den 14. Juli 1781.

6. An Eckardt.**)

Serenissimus haben auf vorläufigen unterthänigsten Vortrag des 3. Punktes unseres Berichts gnädigst resolviret, daß, ob sie gleich den Ersatz derjenigen Aufwände, welche sie zu Wiedererhebung des ilmenauer Werks neuerlich gemacht und noch zu machen genöthigt seyn würden, von einer künftigen Gewerkschaft oder mit noch mehrerem Fuge nach den Regeln der Gemeinschaft von den übrigen Theilhabern verlangen und erwarten könnten; so wollten Sie doch aus ganz besonderen Rücksichten auf den Fall, wenn man sich jenseits in allen übrigen Punkten nachgiebig erzeigen würde, auch diese Angaben über sich nehmen und einer neuen Gewerkschaft ein ganz reines Werk anbieten, welches denn auch denen übrigen Herren Theilhabern in Absicht der künftig zu erlangenden Zehnden von unausbleiblichen Vortheil seyn würde.

Wollten Sie in dieser (sic) Maße einen Brief an Herrn von Taubenheim in unserer beider Namen aufsetzen***) und die sonst noch versprochenen Beylagen gefällig besorgen.

Was die Versicherung einer reellen Erkenntlichkeit betrifft, so traue ich theils wegen des mir noch unbekannten Charakters dieses Mannes nicht völlig und fürchte mich, ihn, wenn er redlich gesinnt seyn sollte zu beleidigen, theils ist auch unsere Sache so über und über gut, daß es Sünde wäre, noch irgend ein argumentum ad crumenam hinzuzufügen.

Ich empfehle mich Ihnen übrigens bestens und hoffe das Vergnügen zu haben sie bald zu sprechen.

Weimar den 14. Juli 1781.   Goethe.

---

*) Nach den Orig. Sammlungen des Geh. Staatsarchivs Weimar No. 114.

**) Ganz v. Philipp Seidel's Hand incl. der Unterschrift; bekanntlich ist Seidel's Hand der Goethe'schen sehr nachgeahmt.

***) Das geschah unter dem 14. Juli von Eckardt's Hand. v. Taubenheim war Oberaufseher in Schleusingen.

7. Goethe an Karl August. *)

(Unterthänigstes Pro Memoria)

Jemehr ich mir das Geschäft der Zerschlagung des Gutes Burgau bekannt mache, von besto größerer Wichtigkeit finde ich es, sowohl an sich, als in Absicht auf den Einfluß, welchen es in manche andere Angelegenheiten haben wird. Es kommen dabey verschiedene politische, juristische und ökonomische Betrachtungen vor, welche wohl zu erwägen sind, damit man, wenn das Geschäft angefangen oder gar beendigt worden, nicht alsdann erst Bedenklichkeiten zu haben und Hindernisse aus dem Wege zu räumen habe. Deswegen hat man um solches vorzubereiten allerlei gethan, und unter andern auch nach Darmstadt an den Kammerath Martini geschrieben, welcher in dieser Art Geschäften sehr bewandert ist und solche seit dreyzehn Jahren in der dortigen Landgrafschaft betreibt.

Es hat auch derselbige vor einigen Tagen eine Antwort hierher erlassen welche nicht weniger als genugthuend ist, vielmehr hat man Noth solchen zu verstehen und muß den Zusammenhang nur errathen und die eigentliche Meinung herausklauben. Ein Brief den ich zu gleicher Zeit von einem guten Freund dorther erhielte, versichert mir, daß von gedachtem Kammerath Martini nur auf der Stelle Nutzen zu ziehen seyn möchte, indem derselbe als bey der Feder nicht hergekommen, das Schreiben so viel als möglich vermeide und sich nicht glücklich ausdrücke.

Da nun ferner aus obgedachtem Martinischen Brief zu ersehen gewesen, daß dorten die herrschaftlichen Güter weder erb noch eigenthümlich an einzelne verlassen noch auf einen Erbbestand, das heißt Stammvätern und ihren Familien ausgegeben worden, sondern daß man die Art vorgezogen habe, die zu zerschlagende Güter auf lebenslängliche Lehen für Mann und Frau auszuthun, welche letztere Art in hiesigen Gegenden ganz unbekannt ist; so wird man es nur um besto nöthiger finden, sich nach der dortigen Einrichtung auf das genaueste zu erkundigen.

Es wäre deswegen zu wünschen, daß man die ältere Art wie man dorten zerschlagen, zuerst genau in Erfahrung bringen könnte, alsdann die neuere und warum man diese jener vorgezogen, die Folgen die beyde gehabt und noch haben und was sonst noch bey diesem Gegenstande vorkommen möchte.

Es könnte diese Absicht wohl nicht besser erreicht werden, als wenn man jemand dorthin absendete, der sich die Akten vorlegen lasse, die nöthigen Extrakte daraus fertigte, sich mündlich nach allem befragte und die Gegenstände

---

*) Als Beleg für die Vielseitigkeit Goethe's nach einer von Philipp Seidel's Hand gefertigten Reinschrift, unter die Goethe Namen und Datum setzte, mitgetheilt aus dem Weim. Staatsarchive Rep. E. Tit. 18. No. 56.

selber in der Natur kennen lernte; es würde dieses durch einen geschickten Mann gar leicht und in kurzer Zeit vollbracht werden können.

Man weiß iezo niemand besser als den Kammerkonsulent Schwabhäußer vorzuschlagen. Seine Sajacität und Leichtigkeit im Arbeiten sind bekannt und er möchte wohl derjenige seyn, der in der kürzesten Zeit die neuesten und sichersten Nachrichten einzusammeln fähig seyn möchte.

Nicht weniger würde er, da es seine Pflicht ist, in dergleichen Gelegenheiten fürstlicher Kammer mit Rath an Hauben zu gehen, solches in der Folge desto sicherer und standhafter zu thun in den Staub gesetzt werden.

Da man mit Einleitung des Geschäftes keine Zeit zu verlieren hat, sondern sobald als möglich die Absicht öffentlich bekannt zu machen wünscht, so würde derselbe auf das baldigste abzuschicken seyn.

Wegen seiner übrigen ihm aufliegenden Geschäfte würde er wohl solche Einrichtungen treffen können, daß ihn solche nicht hinderten eine kurze Zeit abwesend zu seyn. Was die Unkosten betrifft, welche auf diese Absendung zu verwenden seyn möchten, diese kommen bey einem so wichtigen und weit aussehenden Geschäft in wenigen Betracht.

Uebrigens ist man überzeugt, daß gedachter Kammerkonsulent in mehr als einer Rücksicht dieses Geschäft mit der besten Sorgfalt auszuführen sich angelegen sein lassen werde. Ist es vollbracht, so wird man alsdann davon Gelegenheit nehmen ihn Serenissimo zu weiteren Gnaden zu empfehlen, indem er für seine viele Arbeit etwas mehreres als er bisher genossen auf alle Weise verdient und seine fleißigere Würkung bei fürstlicher Kammer sich immer nothwendiger macht.

So überzeugt man übrigens von der Nützlichkeit und Nothwendigkeit oberwähnter Absendung seyn mag; so hat man doch dazu keine Anstalten machen können, ohne von den Gesinnungen Serenissimi und Höchst ihro geheimen Consilii vorher unterrichtet zu seyn.

Der ich mich in Erwartung gnädigster Befehle in unbegränzter Ehrerbietung unterzeichne

Ew. Hochfürstlichen Durchl.

Weimar den 15. März   unterthänigst treugehorsamst
1785.   J. W. Goethe.

8. Goethe*) an Macco in Frankfurt a/M.

Gar vielfach angenehm war die durch Herrn Canzler von Müller überbrachte Sendung. Sie gedenken meiner wie sonst mit Neigung und geben mir ein Zeugniß unveränderter Thätigkeit. Das beweglichste Lied führen Sie uns im lebhaftesten Bilde vor; man erschrickt, so oft man die Tafel aufs

---

*) Nach einer fast gleichzeitigen Abschrift. Der Brief enthält eben Goethe's Aeußerung über das Bild von Auguste Jacoby aus Pempelfort.

neue anſichtig wird, wie das erſte mal. Die geordnete Unruhe ladet ſodann zur Aufmerkſamkeit und man entziffert ſich gern den Totaleindruck aus einer ſo wohl überdachten Mannigfaltigkeit und kehrt mit Antheil zu der ſeltſamen Erſcheinung zurück, die uns immer wieder aufreizt und befriedigt.

Haben ſie tauſend Dank! Erhalten Sie mir ein gemüthliches Andenken und empfehlen mich dem theueren Gräflich Reinhartiſchen Hauſe.

Hochachtungsvoll
ergebenſt.

-Weimar den 15. Juny 1824.   J. W. Goethe.

Zur nordſchleswigſchen Frage.

Dieſe Ueberſchrift iſt eigentlich nicht richtig: es giebt keine nordſchleswigſche Frage. Nicht einmal in dem Sinne wie etwa eine ſociale Frage, auf welche bis jetzt bekanntlich niemand eine genügende ſociale Antwort bereit hat. Nein, die nordſchleswigſche Frage gehört heutzutage nur noch in das Gebiet jener gemüthlichen Seeſchlangen, die in unendlichen Windungen auftauchen, wenn das bevorzugte Gewächs der deutſchen Tropenhitze, die ſaure Gurke, in ihr Recht tritt. Dieſe Seeſchlangen ſind anſtändige Raubthiere, denn ſie erwürgen und tödten nichts als die unendliche Zeit der gelangweilten Menſchen. Weiter haben ſie keinen Zweck. In dieſem Sinne kann man das in dieſe heißen Tage fallende Erſcheinen einer Schrift über die nordſchleswigſche Frage*) mit Freuden ein zeitgemäßes Unternehmen nennen. Der Verfaſſer hat ſein Opus bereits zu einer Zeit abgeſchloſſen, wo der Beſuch des deutſchen Kronprinzen in Kopenhagen, des däniſchen Kronprinzen in Berlin als Novum und Noviſſimum nur noch in kleinen erſtaunten Noten am Fuße des Textes Berückſichtigung finden, und die Erlebniſſe der jüngſten Reichstagswahlen kurzweg als ſtörende Eingriffe in die weit früher abgeſchloſſenen Gedankencirkel des Verfaſſers vornehm abgewieſen werden konnten. Das Manuſcript muß alſo bereits zu Anfang dieſes Jahres druckfertig geweſen ſein. Allein mit einer die Bedürfniſſe der Leſer während des Hochſommers außerordentlich richtig taxirenden Menſchenkenntniß, und in ebenſo tactvoller Würdigung des Stoffes, hat die Verlagshandlung ſich beeilt, die Schrift gerade zur haute saison der Seeſchlangen fertig zu ſtellen. Ja, aus der Bemerkung auf dem Umſchlag: der „Verfaſſer behält ſich das Ueberſetzungsrecht vor", darf auf die

---

*) Zur nordſchleswigſchen Frage. Hiſtoriſch-politiſche Skizze von Chevalier A. C. Wollheim da Fonseca. Dr. — Leipzig, Hartknoch 1874.

freundliche Bereitwilligkeit desselben geschlossen werden, auch andere Nationen mit diesem prickelnden Erfrischungsmittel für die todten Monate zu versorgen.

Daß der Verfasser seinerseits weit davon entfernt ist, sich als Lückenbüßer für die Hundstage zu betrachten, darf als ausgemacht betrachtet werden; Seine Auffassung der nordschleswigschen Frage ist diejenige, welche vor etwas länger als fünf Jahren wenige deutsche und viele französische und österreichische Zeitungen einnahmen. Damals gab es für unsere Feinde und unsere Memmen keinen besseren Popanz als den Art. V. des Prager Friedens d. h. eben diese sog. nordschleswigsche Frage, um dem erstarkenden Deutschland „graulich zu machen", wenn es wieder einen Schritt vorwärts thun wollte. Dem Verfasser wird heute noch graulich davor und er giebt sich die größte Mühe, uns in diese bängliche Stimmung zu verflechten. Als Motto wählt er sich die Verse Schiller's:

> Weil des Liedes Stimmen schweigen,
> Von dem überwundnen Mann,
> So will ich für Hector zeugen,
> Hub der Sohn des Tydeus an.

Es wäre gerecht gewesen, die Strophe ganz zu citiren. Der „Sohn des Tydeus" rühmt nämlich von dem erschlagenen Hector:

> Der für seine Hausaltäre
> Kämpfend, ein Beschirmer, fiel —
> Krönt den Sieger größre Ehre,
> Ehret ihn das schönre Ziel.

Der Herr Verfasser würde vermuthlich in einiger Verlegenheit sich befinden, wenn er uns auf die Frage antworten sollte wo, die Dänen bei Missunde auf Düppel, Alsen und am Sundewitt autochthon-dänische „Hausaltäre" in nennenswerther Zahl besessen, oder wo sie sich weiter nördlich für wirklich dänische Hausaltäre geschlagen haben. Nicht minder sauer würde dem Verfasser (der sich, wie wir sehen werden, bei jeder Gelegenheit für einen begeisterten deutschen Patrioten ausgiebt) die Antwort auf die andere Frage werden: warum denn die Deutschen im Kriege gegen Dänemark durch ein minder „schönes Ziel geehrt" werden als ihre Feinde! Doch das sind Nebensachen. Man mag immerhin mit dem Verfasser die Unterstellung entrüstet zurückweisen, seine Wiederbelebung der nordschleswigschen Frage verfolge denselben Zweck wie jene dreißigjährigen Anekdoten, die jetzt wieder die Runde durch alle Zeitungen machen. Dann regt sich aber die Frage: wie kommt der Mann dazu, gerade über diese Frage zu schreiben. Denn wer heute über Art. V. des Prager Friedens schreibt, bedarf in der That einer besonderen Legitimation. Das erkennt auch der Verfasser an, indem er vor Eintritt in die Verhandlungen seine Vollmacht vorzeigt. Diese ist allerdings in den Augen deutscher Kritik etwas seltsam beschaffen. Hören wir ihn darüber selbst, mit dem Vorbehalte: legitimatio fit judici. Der Verfasser hat nämlich zunächst bereits zweimal über das Verhältniß Deutschlands zu Dänemark geschrieben, 1857 deutsch, 1863 französisch (!) unter dem Titel „la question danoise". Diese letztere Schrift verschaffte ihm „nicht nur die Zustimmung des damals im österreichischen Ministerium des Auswärtigen mit den norddeutschen und dänischen Angelegenheiten betrauten Geh.-Raths v. Biegeleben, sondern dieser Staatsmann forderte auch den Verfasser, als Herr Thiers im Jahre 1863 in Wien war und die dänische Frage aufs Tapet brachte, auf, denselben zu besuchen, und ihm die Verhältnisse auseinanderzusetzen." An einer späteren Stelle der Schrift erfahren wir übrigens weiter, daß der Herr von Biegeleben den Verfasser auch mit Abfassung eines Memoires über die dänische Frage betraut habe, um in diesem „einerseits die freundschaftlichen Gesinnungen für Dänemark, andererseits den ahnungsvollen Ernst der k. k. Regierung in dieser Sache zu urgiren", und daß dieses Memoire eben die im Jahre 1863 erschienene französische Broschüre des deutschen Patrioten und Chevaliers ist! Erschienen ist diese Broschüre übrigens kurz bevor der patriotische Verfasser „im August desselben Jahres, gleichfalls auf Wunsch des Herrn von Biegeleben mit zu dem sogenannten Fürstentage in Frankfurt gereist war!" „Später im Jahre 1865, als der Verfasser in Paris lebte, ersuchte ihn Herr Drouin de L'huys, damals Minister der Auswärtigen Angelegenheiten, der von dänischer (!) und augustenburgischer (!) Seite um französische, wenn auch nur diplomatische Unterstützung angegangen wurde, ein Memoire über diese Angelegenheit anzufertigen und billigte gleichfalls seine Vorschläge" — das kann man dem Verfasser unbedenklich glauben. „Seit der Zeit hat sich Vieles verändert", aber der Verfasser hält nach wie vor seine Vergleichsbedingungen von 1863 heute noch Deutschlands würdig! — jene Bedingungen, welche die Zustimmung des von Dänemark und dem Augustenburger Friedrich dem Sachsen gleichzeitig um Beistand ersuchten, französ. Premiers gefunden haben, die wie er selbst gesteht, „in quasi-offiziöser Weise auf das Mißbehagen des österreichischen Gouvernements hindeuten" sollten. Er sagt S. 2 ganz offen: „das Mittel, die Versöhnung zwischen Deutschland und Dänemark herbeizuführen, soll diese Schrift suchen; das Mittel ist kein anderes, als das bereits in der „question danoise" angegebene. Die Spannung zwischen Dänemark und Deutschland ist, namentlich auf letzterer Seite, dieselbe geblieben. Dänemark erhebt zu weit gehende Ansprüche" — die der Verfasser später aber so weit als sie nicht blos von der dänisch-chauvinistischen Presse, sondern von wirklichen Politikern Dänemarks irgend erhoben werden, billigt. — Deutschland will auch die gerechten ‚nicht anerkennen, daß nämlich Schleswig (!) wenigstens (!) im Norden durch und durch dänisch ist." Es ist wirklich empfindlich, daß der biedere

Chevalier A. E. Wollheim da Fonseca, Dr., der mit einer so naiven Um-
ständlichkeit uns erzählt, wer bisher Alles bei ihm Gutachten und Schrift-
werke über die dänische Frage bestellt und zur höchsten Befriedigung anch erhalten habe, es ist schmerzlich sagen wir, daß dieser unabhängige Geist nicht
auch bekennt, auf wessen Wunsch das vorliegende Product seiner innersten
Ueberzeugung entflossen ist. Wir sind nicht so indiscret, in dieser Hinsicht die
vom Verfasser geübte edle Zurückhaltung zu durchbrechen. Aber es ist wohl
gestattet, mit „ahnungsvollem Ernst“ darauf hinzuweisen, daß große Menschen
das ritorn’ al segno so häufig in ihrem Leben befolgen, und daß der Herr
Chevalier uns S. 41 selbst eingesteht, daß er „trotz seiner patriotischen Gesinnungen, doch in Erinnerung an frühere glückliche, in der unmittelbarsten
Nähe Sr. weiland Majestät Friedrich's VI. verlebte Zeiten und an die
Gnadenbezeigungen, mit denen dieser edle Monarch ihn überhäuft hatte, von
lebhaften Sympathieen für Dänemark (!) beseelt war“, und wohl noch ist,
da bei einem so vorzüglichen Charakter, wie unserm Chevalier, die Länge der
Zeit, welche seit Verleihung der Decorationen verflossen ist, keineswegs das
Dankgefühl gegen den edeln Geber oder dessen Nachfolger abschwächt. Dieser
Vermuthung, daß der Verfasser dießmal geschrieben habe infolge von Wünschen,
welche aus Dänemark an ihn ergangen wären, steht nur die Erwägung entgegen,
daß die Dänen bisher sich nicht der Maske deutscher Patrioten bedienten, um
ihre Sache zu führen, und noch weniger Politiker von der eminenten Unge-
schicklichkeit des Herrn Chevalier sich anwünschten. Die ganze Methode der
Geschichtsschreibung und Gruppirung der Thatsachen, das Vorwalten der
elegischen Stimmung bei dem Rückblick auf die Entwickelung der deutschen
Frage von 1864 bis 1866, die moralische Indignation über jene Berliner
„Diplomatie“, die sich bisher den Andern so rücksichtslos überlegen gezeigt
hat, endlich die absolute Impotenz des Verfassers an fruchtbaren politischen
Gedanken, alle diese Momente weisen der vorliegenden Broschüre vielmehr
eine intime Verwandtschaft mit dem System Beust zu, obschon der Verfasser
glaubhaft versichert, daß er „in keinem Verhältnisse mehr zur k. k. Regierung
stehe“. Das thut ja Herr v. Beust in gewissem Sinne auch nicht mehr. Auch
er wird nur noch passiv conjugirt. Aber das platonische Verhältniß, welches
Herr v. Beust an den Ufern der Themse zur k. k. Regierungsleitung unterhält, läßt ihm auch Zeit genug übrig, hie und da ein bischen deutschfeindliche
Politik zu inspiriren oder selbst zu treiben.

Für die angeführten Eigenthümlichkeiten der vorliegenden Schrift sollen,
so weit es der Raum gestattet, authentische Belege beigebracht werden. S. 48.
bekennt sich der Verfasser zu dem naiven Glauben, daß wenn Oesterreich
1864 Preußen allein die Action gegen Dänemark überlassen hätte, „das Mißtrauen zwischen den beiden Großmächten durch einen geschickten Zug beseitigt

gewesen, der Flecken Sadowa keine historische Berühmtheit erlangt, und Oesterreich wahrscheinlich heute noch die deutsche Vormacht gewesen wäre." Man wird uns zugeben, daß dieser brutal ideenlose Standpunkt so wenig Ahnung für die gesammte Entwickelung der preußischen Politik und der nationalen Idee während der letzten sechzig Jahre verräth, wie eben nur die unbelehrbare Perversität des Herrn v. Beust in nationalen Dingen. S. 50 führt dann der Verfasser liebkosend das Schooßkind des weil. Sächs. Ministers in den Jahren 1864 und 1865 ein, jenes „Compromiß, infolge dessen die beiden Herzogthümer als selbständiger Staat unter einem deutschen, zunächst der schleswig-holsteinischen Herzogsfamilie entstammenden Fürsten in den deutschen Bund treten." Diesem Standpunkt entsprechend, gestaltet sich das Urtheil des Verfassers über die preußische Diplomatie in der dänischen Frage und im Allgemeinen. „Für die Diplomatie gibt es — oder soll es wenigstens geben — kein anderes als das Recht, welches die Vernunft und die dem Menschen angeborene lebhafte Empfindung für das Wahre und Edle lehrt, und das uns die Vernünftigen, Edelen und Gerechten" — z. B. der Verfasser — „aufgeschrieben und gelehrt haben. Leider ist die Diplomatie, diesen edeln Beruf verkennend, von der hohen Stufe, auf der sie stehen muß, herabgestiegen, indem sie ihr Recht in dem Unrecht gegen Andere, ihre Lorbeeren auf Dorngesträppen sucht, indem sie Klugheit mit Hinterlist verwechselt und Mißtrauen säet und erntet, statt durch weise Vorsicht bei edler Geradheit Vertrauen zu zeigen und zu erwecken." Schließlich droht der Verfasser, „die Vorzüge und die großen Eigenschaften dieses Berufes in seinem Lehrbuch des Völkerrechts weiter auseinander zu setzen, da hier nicht der geeignete Ort dazu ist." Wir sind auf das Curiosum gespannt, empfehlen dem Verfasser inzwischen aber das lehrreiche Nachdenken, ob denn nicht gerade die preußische Diplomatie unter Bismarck die ehrliche muthige Offenheit und die Reinheit des Strebens, ohne Kränkung irgendwelcher internationalen Interessen, auf eine bis dahin ungeahnte Höhe und Strenge gehoben hat? Es soll dem Verfasser nicht vorgeworfen werden, daß er den deutschen Kanzler so blind haßt, wie etwa Herr Sonnemann oder Herr Ewald. Der Verfasser ist gerechter. Er nennt Bismarck einen „durch Geist und Energie einzelne Menschen und Dinge klar übersehenden Minister", womit er sicherlich die Fähigkeiten und Leistungen des deutschen Kanzlers in ebenso geistvoller als erschöpfender Weise ausdrückt. Aber Bismarck ist leider nicht unfehlbar. Er läßt sich, führt der Verfasser des Breiteren aus, von der sogenannten öffentlichen Meinung und namentlich von der bösen nationalliberalen Mehrheit der parlamentarischen Körperschaften in Preußen und im Reiche verblenden. Diese Mehrheit ist in hohem Grade unvernünftig und dreiste. Sie kann immer nicht genug bekommen und besitzt die falsche Scham, nichts von dem hergeben zu wollen, was Deutschland ein-

mal erworben hat. Diese „Politik kleinlicher Rancune" verfolge der heillose
Parlamentarismus auch Dänemark gegenüber. Und da Bismarck bekanntlich
so zaghaft und unentschlossen der öffentlichen Meinung gegenübersteht, und
ihr in keiner Weise zu widersprechen wagt, „so mußte er das Opferlamm
sein, welches den fremden Völkern gegenüber tollit peccata Germaniae."
Armes Opferlamm! Geistvoller Kenner der jüngsten Zeitgeschichte!

Als Hauptautorität für diese geniale Auffassung des Verhältnisses der
öffentlichen Meinung zur Politik Bismarck's führt uns der Verfasser eine
Broschüre des bekannten dänischen Chauvinisten Steen Bille an. Der Chevalier hätte sich, allerdings weniger genial aber bei weitem solider und wahr-
haftiger aus den Verhandlungen des Norddeutschen Reichstages von 1867
und 1870 über dieses Verhältniß unterrichten können. Ja, es giebt Leute,
welche behaupten, daß ein seltener Grad von Unbefangenheit dazu gehört,
vor einem deutschen Publikum unter der Maske eines deutschen Patrioten über
den Artikel V. des Prager Friedens zu schreiben und hierbei die Privatar-
beiten der Feinde Deutschlands als lauterste Quelle zu citiren, während die
offiziellen Reden im deutschen Parlamente dem Leser mit keiner Silbe vorgeführt werden. Diese Unterlassung kann nur auf zwei Ursachen zurückgeführt
werden. Entweder der Verfasser kennt diese Quellen nicht, dann ist sein Unter-
fangen über die norddeutsche Frage zu schreiben, maßlos dreist. Oder er
kennt diese Quellen, dann ist ihre Verbergung vor dem Leser eine bewußte
Fälschung des geschichtlichen und politischen Thatbestandes. Wir lassen dem
Herrn Chevalier die Wahl. Doch läßt die beneidenswerthe Unbefangenheit,
mit welcher der Verfasser uns die gesammten Folgerungen der Steen Bille'schen
Broschüre als unantastbare Weisheit empfiehlt, darauf schließen, daß die
hier einschlagenden Verhandlungen des norddeutschen Reichstags dem Verfasser bisher absolut unbekannt geblieben sind. Zu derselben Annahme führt
der eigentliche Kern seiner Schrift: Deutschland sei bisher, obwohl „bound
honour", allein schuld an der Nichtausführung des Prager Tractats; für
Dänemark sei die Abtretung der nördlichsten Districte Schleswigs eine Lebensfrage; die Grenze müsse die Sprachgrenze sein, und diese sei leicht zu ziehen;
für Deutschland sei die Erfüllung des Art. V. ein Gebot der Pflicht, der
politischen Klugheit, wichtiger Bundesgenossenschaft.

Verfolgen wir, gegenüber diesen im Brustton der Ueberzeugung vorge-
tragenen Behauptungen, die nordschleswigsche Frage einmal nach deutschen
Quellen. Stellen wir die authentischen Aussprüche unserer Abgeordneten und
Staatsmänner über Art. V. des Prager Friedens zusammen. Das erste
Mal sprach sich Bismarck über diese Friedensbestimmung aus im constituiren-
den Reichstag, am 16. März 1867, provocirt durch ein „Amendement" des
Dänen Kryger zur norddeutschen Bundesverfassung, welches lautete „zum Bun-

desgebiete gehören nicht die Districte von Schleswig, denen das Recht der freien Abstimmung über ihre Zugehörigkeit vertragsmäßig gewährt ist". Bismarck erklärte damals: „die Grenze in Nordschleswig wird und muß gezogen werden durch das preußische" (jetzt gesammtdeutsche) „Interesse an seiner militairischen Sicherheit. Eine Grenze nach jener Richtung, die uns in die Verlegenheit setzen könnte, das uns mit schwerem Blute gewonnene Düppel nochmals zu nehmen, würden wir unter keinen Umständen anerkennen, dazu sind wir aber auch nicht verpflichtet." (Bravo!) „Es ist nicht gesagt im Friedensinstrument „der nördliche District von Schleswig"; es ist nicht gesagt „ein sprachlich abgegrenzter District", es ist der Ausdruck gebraucht „die nördlichen Districte", also solche Districte, deren es mehrere, vielleicht viele in Schleswig gibt — man kann sich deren Maß sehr klein und sehr groß denken, so groß, wie es in Kopenhagen vorschwebt, wird es aber, glaube ich, nicht ausfallen (Heiterkeit)." Soviel sagte Bismarck damals über die Auslegung des Art. V. des Prager Friedens. Ueber die Ausführbarkeit desselben äußerte er sich aber eben damals folgendermaßen: „Die Deutschen, die etwa mit abgetreten würden, müßten durch ganz andere Bürgschaften als dieß früher geschehen, vollkommen geschützt werden gegen dänische Eingriffe in ihre Rechtsgleichheit oder Nationalität. Zudem frage es sich, ob nicht die Feststellung der Grenzlinie in Gemeinschaft mit Oesterreich erfolgen müsse. Endlich aber kämen 29 Millionen Thaler dänische Schulden auf die Herzogthümer, d. h. über 60 Thlr. auf den Kopf der Bevölkerung, die Dänemark antheilig übernehmen müsse." Es ist kein Geheimniß, daß diese Schwierigkeiten in der Ausführbarkeit des Art. V. heute noch in demselben Grade fortbestehen, wie im Frühjahr 1867. Es ist ebensowenig ein Geheimniß, daß die dänischen Politiker und Diplomaten insofern die alleinige Schuld an der Nichtausführung des Art. V. tragen, als sie bisher weder die Preußische Auslegung des Artikels, wie sie Bismarck nach dem obigen Citat formulirte, noch die von Bismarck hervorgehobenen Ausführungsbedingungen irgendwie als Verhandlungsbasis anerkennen wollten. Der Herr Chevalier Wollheim da Fonseca, der treffliche deutsche Patriot, stimmt darin Dänemark vollkommen bei. Er erklärt die Zweifel in der Auslegung des Art. V. für etwas, was auf unsere Angen genau so zu wirken bestimmt ist, wie preußischer Wind; die Bedenken der Ausführbarkeit aber bezeichnet er als „Politik kleinlicher Rancune". Er will die Tausende deutscher Bewohner der nordschleswig'schen Districte bedingungslos an Dänemark ausliefern; er hält die Stipulirung der Nichtwiederkehr solcher Barbareien, wie sie die Deutschen Holsteins und Schleswigs bis 1863 unter dänischer Herrschaft täglich erfuhren, für eine Beleidigung Dänemarks. Er geht über den außerordentlich wichtigen finanziellen Punkt der Repartirung der dänischen Staatsschuld auf die Herzogthümer und ihre Tilgung mit über 60 Thlr. pro Kopf der an Dänemark zurückzugebenden Bevölkerung mit jener chevaleresken Gleichgültigkeit hinweg, welche durch längere Abhängigkeit vom k. k. Preßbureau und die gemüthliche Erfahrung, welche Summen dort für nichts verschwendet wurden, gewonnen wird. Er ist mit keinem Worte behülflich, uns das von ihm selbst aufgestellte Räthsel zu lösen: wie einerseits die Rückerwerbung nordschleswigscher Districte eine Lebensfrage für Dänemark sein soll und warum andrerseits zur Lösung dieser Lebensfrage Dänemark nicht das geringste Opfer, ja nicht die geringste Concession an die unzweifelhaft logische und rechtmäßige Auslegung und Erfüllungsbasis Bismarck's zu bieten bereit ist. —

Schon im Herbst 1867 hatte der norddeutsche Reichstag zum zweiten Male Gelegenheit, den Kanzler über die nordschleswigsche Frage sich äußern zu hören. Dießmal war es der Abg. Prof. Hänel aus Kiel, heute Vicepräsident des preuß. Abgeordnetenhauses, damals noch ein sehr guter Augustenburger, welcher die Adreßdebatte am 20. September sich zur Gelegenheit auserfah, „über das sich auszusprechen, was er auf dem Herzen habe." Er meinte, der Art. V. des Prager Friedens sei der Preis, den Preußen habe zahlen müssen, um Schleswig-Holstein annectiren zu dürfen, und ein Theil von diesem Lande sei nur Preußisch geworden, um Dänisch zu werden. Bismarck erwiederte darauf: „Ich halte eine Herrschaft Deutscher über widerstrebende Nationen, ich will nicht sagen eine Herrschaft, aber ein Zusammenleben Deutscher in demselben Gemeinwesen mit solchen Nationen, welche danach streben, sich von diesem Gemeinwesen zu lösen, nicht für nützlich, mitunter aber ist es nothwendig. In Polen ist es nothwendig, wie ein Blick auf die Karte zeigt. Die Schwierigkeit der vom Vorredner berührten Frage liegt deshalb für uns nicht in der Cession von Dänen, welche dänisch sein wollen, an Dänemark, nicht darin, daß wir ablehnen wollen, Dänemark zu geben was Dänisch, sondern in der Mischung der Bevölkerung, darin, daß wir Dänen nicht an Dänemark zurückgeben können, ohne ihm Deutsche zu geben. Wohnten sämmtliche Dänen in einem an der dänischen Grenze belegenen Landstriche und sämmtliche Deutsche diesseits, so würde ich es für eine falsche Politik halten, diese Sache nicht mit einem Strich zu lösen und den rein dänischen Distrikt an Dänemark zurückzugeben. Ich würde dann die Rückgabe für eine einfache Forderung derselben nationalen Politik halten, welcher wir in Deutschland folgen." Aber der Kanzler constatirt unmittelbar nachher, unter lebhaftem Beifall der Versammlung, daß „sich eben keine Quadratmeile findet, in welcher eine vollständig ungemischte dänische Bevölkerung lebt."

Die nüchterne Klarheit und Energie dieser realpolitischen Erwägungen ist von dänischer Seite nie gewürdigt worden. Die folgenden Jahre hindurch

hörte man bei jeder passenden und unpassenden Gelegenheit z. B. bei der Berathung jedes nordd. Etats-Gesetzes im Reichstag, oder jedes Zollgesetzes,
im Zollparlament, dann beim deutschen Strafgesetzbuch, bei Berathung des
Staatsangehörigkeitsgesetzes u. s. w. den dänischen Abg. Herrn Kryger über
den Art. V. des Prager Friedens Monologe verlesen, welche immer nur durch
das Echo des Herrn Ewald, der Socialisten und Polen im Hause unterstützt
wurden. Auf die Dauer konnten diese puerilen Demonstrationen, die jeweilig im
Bureau der dänischen Gesandtschaft in Berlin vorbereitet und redigirt wurden,
auch in Kopenhagen nicht mehr genügen. Man griff zu einem andern Auskunfts=
mittel, die nordschleswigsche Frage auf die Tagesordnung des Reichstages zu
bringen, von dem man sich wohl sagte, daß es nur deutscher Geduld und Gerechtigkeitsliebe zu bieten sei. Der Herr Abg. Kryger erinnerte sich im Früh-
jahre 1870, zu der Zeit, als die Welt den Friedensbetheuerungen des Ministers Olivier lauschte, die europäische Diplomatie in Paris aber der Berufung
des duc de Gramont an die Spitze der französ. Politik kriegerische Gelüste
gegen Deutschland unterlegte, plötzlich jener Bestimmung der norddeutschen
Bundesverfassung, welche jedem Norddeutschen das unbeschränkte Petitions-
recht an den Reichstag gewährte. Er, der Abgeordnete, forderte in einer
Petition die Ausführung des Art. V. vom Reichstag. Er, der Petent, machte
das Recht des Abgeordneten geltend, den Sitzungen der Petitionscommission
beizuwohnen. Die Kommission ließ ihn ohne Weiteres als Mitglied des Hauses zu der Sitzung zu, in der über seine Petition berathen wurde. Ja, sie
schritt in dem Streben, der kleinsten Minorität im Hause soweit an ihr war,
unverschränkt das Wort zu gestatten, an das äußerste Maß ihrer geschäfts-
ordentlichen Befugnisse. Sie ertheilte dem Abg. Kryger so oft er wollte, in der
Kommission das Wort zur Begründung seiner Petition! Und was that nun
Herr Kryger? Er verleumdete zunächst in den denkbar stärksten Ausdrücken
die preußische Politik, die Stimmung Deutschlands in der nordschleswigschen
Angelegenheit. Und als diese Insinuationen mit der ruhigen Darlegung der bisherigen Verhandlungen in der Sache Seiten der Mitglieder der Kommission
wie Seiten des Regierungsvertreters entkräftet wurden, und demgemäß einfache Tagesordnung empfohlen wurde, da legte sich Herr Kryger auf Drohungen. Er drohte rund heraus mit Napoleon, mit französischen Waffen.
Auch dieser Trumpf war natürlich vorher in der dänischen Gesandtschaft in
Berlin dem Herrn Kryger zugestellt worden. Aber er hatte eine so üble Wirkung für ihn, wie für einen Spieler, der auf dem „Mogeln" ertappt wird.
Graf Frankenberg erwarb sich das Verdienst, den dreisten Menschen sofort in
schneidendster Weise moralisch an die Luft zu setzen. Und was der Reichstag
damals auf Anrathen der Petitionscommission und in voller Uebereinstimmung mit den Vertretern der Regierung beschlossen hat, kann Herr Cheva-

liere da Fonseca in den Verhandlungen nachlesen. Deutsche Leser hieße es
beleidigen, sie daran zu erinnern.

Zum Schlusse hat dem Verfasser noch einmal die böse historische Entwickelung die mühsam aufgezeichneten Cirkel hohnlachend durchkreuzt. Die
Ergebnisse der deutschen Volkszählung von 1867 waren vom Verfasser dazu
ausersehen, die künftige Grenze im Norden Schleswigs zwischen Dänemark
und Deutschland zu ziehen. Und als er seine Brochüre zu schreiben begann,
konnte er noch halbwegs im guten Glauben sagen, daß die Reichstagswahlen
von 1871 die von ihm vorgeschlagene Nationalitätendemarkationslinie einigermaßen bestätigt hätten. Aber schon bevor die kleine Schrift zu Ende gediehen,
war dieser Kernpunkt aller „patriotischen" Erwägungen des Verfassers über
den Haufen geworfen. Im Bezirk Flensburg wurde abermals kein Däne,
sondern ein Nationalliberaler gewählt! Und in der ganzen Provinz Schleswig-Holstein traten diesmal vier von neun Abgeordneten zur nationalliberalen Partei, im Jahre 1871 nur einer. Das geschieht acht Jahre nach
der Annexion, nach dem Prager Frieden, in einem Wahlakt, der alle voll-
jährigen Männer der Bevölkerung mit gleichen Rechten zur Stimmurne führt.

Unter solchen Umständen kann dem Fürsprecher dänischer Prätensionen
wohl nichts so sicher sein in Deutschland als ein kräftiges Gelächter.

Kleine Besprechungen.

Die Ereignisse der letzten vier bis fünf Jahre haben Allen, welche sich
mit öffentlichen Verhältnissen beschäftigen, recht deutlich gezeigt, daß die religiösen Anschauungen ein recht wichtiger Bestandtheil des Lebens einer Nation
sind und daß diejenigen, welche einen entscheidenden Einfluß auf die religiöse
Bildung und vor allem auf die Aeußerungen des religiösen Lebens, das sittliche
Verhalten und Handeln haben, auch im Besitze einer Macht sind, welche selbst
dem kräftigsten Staate die Nothwendigkeit auferlegte, seine Verfassung in einzelnen Punkten zu ändern und sich mit bisher nicht vorhandenen Waffen zu einem
Kampfe auszurüsten, welchen gar viele Alltagspolitiker noch vor 10 Jahren
für gar nicht mehr möglich, für dem „Zeitgeiste" ganz unangemessen betrachteten. Die in einzelnen Kreisen und an einzelnen Punkten vorhandene Aufklärung und Unabhängigkeit der Gemüther von fremden, geistlichen Einflüssen
wurde gerade von der Mehrheit der liberal Gesinnten als allgemein in unserem
Vaterlande herrschend angesehen. Mit Staunen und mit Grauen zugleich sieht
man jetzt, welche Macht die römische Kirche noch heutzutage über die Ihrigen
ausübt. Derjenige aber, welcher sich mit Augen, welche sehen, und Ohren,
welche hören können, in Gegenden mit rein katholischer Bevölkerung umgesehen
hat, und der sich zugleich in die Betrachtung früherer Zeiten vertieft, weiß recht
gut, daß diese Macht nicht von heut und von gestern stammt. Wer es wirklich
für ein Glück hält, daß in einem Staate dem Einzelnen die möglich freieste Bewegung gewährt wird und daß es keinem Stande oder keiner Klasse gesetzlich gestattet ist, die übrigen Staatsangehörigen zu bevormunden oder gar zu beherrschen, der muß es folgerichtig auch mit Freude begrüßen, wenn sich ein
Mittel findet, welches bei aller Schonung der positiven Religion des Volkes
doch dem Einzelnen eine dauernde sittlich-religiöse Grundlage gewährt,
die das Heil seiner Seele von der Gerichtsbarkeit von Menschen emancipirt
und zugleich die unumschränkte Macht eines fremden, nicht deutschen, von

Fremden hauptſächlich berathenen und geleiteten Souverains innerhalb des Vaterlandes beſeitigt. Das einzige bis jetzt wirkſame derartige Mittel hat die Reformation des 16. Jahrh. dargeboten. Vom rein politiſchem Standpunkte aus bleibt es ſtets zu beklagen, daß die faſt ausſchließliche Herrſchaft des Proteſtantismus, wie ſie ſich bis in die zweite Hälfte des 16. Jahrh. gebildet hatte, durch die vom habsburgiſchen Kaiſerhauſe und von Bayern geleitete und den geiſtlichen Fürſten und einem Theil des Reichsadels ſowie von Italien und Spanien unterſtützte Gegenreformation gebrochen worden und dadurch eine Zweitheilung Deutſchlands entſtanden iſt. Deutſchlands großer Staatsmann brauchte dann nicht zu klagen, daß ein großer Theil ſeiner Landsleute ſich lieber vom Auslande ihre Weiſungen als von vaterländiſchem Intereſſe ertheilen läßt. Was die Reformation begründet hatte wieder zu zerſtören, raffte die römiſche Kirche alle ihre Kräfte zuſammen; aus dieſem Beſtreben geht die Reformation und Reorganiſation innerhalb derſelben hervor, welche durch den Bruch mit dem Humanismus, das Tridentiner Concil und die Begründung des Jeſuitenordens ihren Ausdruck fand. Rüſtig, mit Geſchick und Umſicht, hat ſie den Kampf gegen den Proteſtantismus geführt. Den Spruch „Alles iſt Euer“ iſt ihr Wahlſpruch geweſen. Politiſche Händel, Kunſt, Literatur, ſelbſt das Ringen der Völker nach Freiheit und die Vertheidigung derſelben, die Anhänglichkeit an beſtehende Rechtsverhältniſſe und angeſtammte Fürſtenhäuſer ꝛc., kurz alles hat ihrem Zwecke dienen müſſen. Die Anfänge jenes Kampfes gegen den ſchon in beinahe ganz Deutſchland herrſchenden und mit Mühe zu einem geſetzlichen Daſein gelangten Proteſtantismus ſchildert, wie bekannt, Leopold von Ranke in ſeinem Werke „Zur Deutſchen Geſchichte, vom (Augsburger) Religionsfrieden bis zum dreißigjährigen Kriege (1555 bis 1619), das in ſeiner zweiten Auflage den ſiebenten Bd. der 2. Geſammtausgabe ſeiner Werke bildet und vor kurzem erſchienen iſt. Es ſchildert eine Zeit der Gährung, des Ringens verſchiedener Mächte, die mit der Kaiſerwahl von 1619 abſchließt, mit einem Ereigniß, welches den „Mann der katholiſchen Reaction“, den „Freund der Jeſuiten“, den Erzherzog Ferdinand zum Oberhaupte des Reiches machte und den Ausbruch jenes Krieges beſchleunigte, der bei der Kleinlichkeit der damaligen ſtaatlichen Verhältniſſe der deutſchen Proteſtanten, der geringen Kraft des deutſchen proteſtantiſchen Bürgerthums und Städteweſens, die ſich gleich beim Anfange desſelben kund giebt, alſo beim Fehlen eines ſtärkeren proteſtantiſchen Staates, wie er erſt gegen Ende desſelben in Brandenburg erſteht, eine verheerende Wirkung hervorgebracht hat, wie noch keiner. Mögen dieſe Zeilen auf Ranke's Werk aufmerkſam machen; einer Empfehlung bedürfen die Werke des Verfaſſers nicht.   Elſſtr.

Berichtigung.

Die wenigen Zeilen „die Feuerwaffen und die Taktik“ im letzten Heft ſind aus Verſehen in Abweſenheit des Redact. d. Bl. eingeſchoben worden. Das betreffende Manuſcript gehörte, wie der Leſer ſofort erſieht, zu einem größeren Artikel, deſſen Fortſetzung der Verfaſſer ſich behufs Umarbeitung und Berückſichtigung der neueſten Literatur auf dieſem Gebiete hatte zurückgeben laſſen. —

D. Red. der Grenzb.

Verantwortlicher Redakteur: Dr. **Hans Blum.**
Verlag von **F. L. Herbig.** — Druck von **Hüthel & Legler** in Leipzig.

XXXIII. Jahrgang.   II. Semester.

Die
Grenzboten.

Zeitschrift

für

Politik, Literatur und Kunst.

No. 32.

Ausgegeben am 7. August 1874.

Inhalt:

Grenzbotenumschlag: Literarische Anzeigen.
Literarische Beilage von Friedr. Bruckmann's Verlag in München und Berlin.

Leipzig, 1874.

Friedrich Ludwig Herbig.

(Fr. Wilh. Grunow.)

Die preußische Rheinprovinz in den Jahren 1815 bis 1850.

Von den Rheinländern war die unter Blücher stehende schlesische Armee mit Freuden aufgenommen worden. Die tyrannische Herrschaft Napoleon's, seine Präfektenverwaltung, die Continentalsperre, die Vernichtung des Handels, die Stockung des Feldbaues, die Lähmung der Industrie*), die fortwährende Rekrutirung**) waren nicht geeignet gewesen, die deutsche Gesinnung der Rheinländer umzuwandeln. Nicht blos ihre Sprache, ihre Sitte, und ihr Familienleben, sondern auch ihr Charakter, ihre Anschauung und ihre Erinnerung waren deutsch und wohl waren sie sich bewußt, daß die reichen Ufer ihres herrlichen Stromes die Wiege deutscher Größe und deutscher Kunst waren, daß der Wohlstand, der im Mittelalter in ihren Gauen herrschte, sich nur in Verbindung mit Deutschland wieder erneuern konnte und daß sie auch nur in dieser Verbindung politische Bedeutung hatten. „Ihr sollt wissen", — sagte damals der rheinische Merkur — „daß am Rhein ein Volk lebt, welches die Grundzüge seines Charakters in einer älteren, rechtlicheren, frömmeren Zeit empfing, als es die letzte in dem Wuste alles Lasters untergegangene gewesen ist. Es wogt in der Mehrzahl noch viel Liebe für altes Recht und deutsche Treue, die noch unerschüttert auf dem redlichen Sinne und dem sicheren Glauben der Vorzeit ruhen. Wir halten zur deutschen, zur guten Partei!"

Mit Jubel hatten die Rheinländer im Befreiungskriege die preußische Armee empfangen und diese deutsche Gesinnung hat sich auch später im Jahre 1840, wo Krieg mit Frankreich drohte, kundgegeben. Auch hatten die Rhein-

---

*) Vergleiche die Rede von Raynouard in der Sitzung des gesetzgebenden Körpers zu Paris im December 1813. (Politisches Journal vom Jahre 1814 S. 108 bis 140.)

**) In Folge der Rekrutirungen war im Januar 1813 ein nicht ganz unbedeutender Aufstand im Großherzogthum Berg am Niederrhein ausgebrochen. Die Bewohner der Städte und Dörfer des Elberfelder Kreises, welche die Russen und Preußen näher dachten, als wirklich der Fall war, widersetzten sich der Conscription; die Soldaten mußten sich zurückziehen. Der Aufruhr verbreitete sich schnell über die ganze Gegend und selbst Siegen und Dillenburg nahmen daran Theil. In Elberfeld und Barmen versah man sich mit Fahnen. Leider hatten die Massen keinen tüchtigen Anführer und so wurde der Aufstand sehr bald unterdrückt. Strenge Strafen waren die Folge und nicht wenige Theilnehmer, unter ihnen auch der wackere Gastwirth Devaranne und Wald, wurden erschossen.

länder im Jahre 1840 sehr wohl erkannt, daß sie für sich allein nicht bestehen konnten und daß sie der Verbindung mit einem mächtigen, selbständigen Staate bedurften, um erneuerten Angriffen Frankreichs entgegen zu treten. Mit dem Anschlusse an Preußen waren sie daher in den Jahren 1814 und 1815 sehr zufrieden. Keine Geschichte band die Gesammtprovinz an ein Fürstenhaus. Auch konnten sich · ja nur die geistlichen Kurfürstenthümer Trier, Mainz und Köln einer Geschichte rühmen. Die Rückkehr zum Krummstabe aber wurde damals von keiner Seite, selbst nicht einmal vom Klerus gewünscht. Die kleinen Ländchen mit ihren kleinen Fürsten, Reichsgrafen, Reichsrittern, Stiftern und Klöstern hatten keine Geschichte, sondern nur Geschichtchen und Chroniken. Kein Rheinländer sehnte sich nach diesen Zuständen des vergangenen Jahrhunderts zurück. Ihr Hauptwunsch war, zusammen zu bleiben. Wohl mochten noch in Düsseldorf einige Erinnerungen an das Wittelsbacher Fürstenhaus vorherrschen, aber auch Preußen hatte ja durch den Jülich-Cleveschen Erbstreit Besitzungen am Rheine erlangt und es ist bekannt, daß der Name Friedrich's des Großen nirgends so gefeiert wurde, als in den Rheingegenden. Hierzu kam, daß in den Jahren 1814 und 1815 Preußen durch seine freisinnige Gesetzgebung von 1807 bis 1813, durch die großen Männer, welche diese Erhebung bewirkt hatten, durch die energische Tapferkeit der Armee und durch seine Opferwilligkeit, die Sympathien des deutschen Vaterlandes errungen hatte. Einem solchen Volke anzugehören, einen Hauptbestandtheil desselben auszumachen, schien erwünscht. Selbst der rheinische Merkur, der sich in den Rheinprovinzen eine Macht errungen hatte, wie keine andere deutsche Zeitung vor oder nach ihm, suchte diese Vereinigung mit Preußen zu befördern. Er rühmte die wiedergeborene jugendliche Kraft, in der Preußen aufgetreten und das neue verjüngte Leben, welches sich in ihm entzündet hatte. „Es ist nicht mehr", — so sagt er an einer andern Stelle — „das alte Preußen durch fressende Eifersucht und transcendentale Pfiffigkeit der Schrecken aller Nachbarstaaten; es ist, wie das alte Sachsenland, der Sitz der Vaterlandsliebe, deutschen Muths und rechter Kraft und Tüchtigkeit geworden und mit freudigem Stolze blicken alle deutschen Länder zu ihm auf." In Wahrheit gaben sich auch die Rheinländer den freudigen Hoffnungen hin, als in Aachen am 15. Mai 1815 die Huldigung erfolgte. Ihre Hoffnungen stützten sich nicht sowohl auf den Zuruf des Königs vom 5. April 1815, sondern darauf, daß ihnen der freisinnige v. Sack zum Gouverneur gegeben und daß dieser Männer wie Görres, Arndt und Koppe an sich zog und die freie Bewegung und Entwickelung im Sinne der Stein'schen Gesetzgebung unterstützte. Leider wurden die Hoffnungen der Rheinländer sehr bald durch die Reactionspartei, welche in Berlin unter Leitung von Wittgenstein, Herzog Karl von Mecklenburg-Strelitz, Tauenzien, v. Kamptz, Schmalz.

Graf Golz u. ſ. w. hervortrat, zertrümmert. Der rheiniſche Merkur wurde
unterdrückt, Sack nach Pommern verſetzt und die von der Stadt Coblenz und
der Landſchaft übergebene Adreſſe, in welcher um landſtändiſche Verfaſſung
gebeten war, mit Unwillen zurückgewieſen. Görres, der Feind Frankreichs,
mußte, um nicht ungehört in den Spandauer Feſtungsmauern für immer zu
verſtummen, nach Straßburg fliehen und Arndt, der kühne deutſche Patriot,
mußte die ſchönſten Mannesjahre im Ruheſtand verleben, während Mühlenfels,
Procurator in Cöln, ſeinen geſetzlichen Richtern entzogen und nach Berlin in
die Stadtvogtei gebracht wurde. Natürlich entſtand eine allgemeine Verſtim-
mung, welche dadurch noch vermehrt wurde, daß faſt alle höheren Stellen in
der Rheinprovinz mit altpreußiſchen proteſtantiſchen Beamten beſetzt wurden,
von denen nicht wenige durch ihr übermüthiges Weſen und ihr pedantiſches
Zopfthum den unangenehmſten Eindruck machten und zwar umſomehr, als
es ihnen nicht möglich war, ſich in das friſche leichte Leben der Rheinländer
zu finden und ſie daher in abgeſonderter Stellung beharrten. Denſelben
ſchlechten Eindruck machte das Militair. Der Rheinländer konnte ſich nur
ſchwer in das eigenthümliche Weſen der adeligen Offiziere finden. Auch war
die allgemeine Verpflichtung zum Militairdienſt der engherzigen Bourgeoiſie
unangenehm, da ſie gewohnt war, ſich durch Stellvertretung loszukaufen.
Andererſeits wurde bei denen, die freiſinniger und volksthümlicher dachten,
der Mißmuth dadurch vermehrt, daß der Adel und ſelbſt der aus andern
Provinzen abſtammende, begünſtigt, alte Adelsrechte wieder eingeführt, die
Adels-Vereinigungen unterſtützt und mit Privilegien verſehen, und Verſuche
gemacht wurden, ihm aufs Neue einen eximirten Gerichtsſtand zu verſchaffen,
mit einem Worte, daß man ſich in aller Weiſe bemühte, den Feudalismus
zu befördern. Hierzu kam noch die äußere Stellung Preußens. Während in
ſeinem Innern die Reaction von Jahr zu Jahr mehr Oberhand gewonnen
hatte, wurde ſeine äußere Stellung immer mehr zurückgedrängt und dem
Willen Metternich's und Rußlands unterworfen. Gerade was der Rheinländer
ſo ſehr gewünſcht hatte, die ſelbſtändige Bedeutung des Staates, dem er ſich
angeſchloſſen, war nicht erreicht. Viel würde vielleicht die Perſönlichkeit eines
hervorragenden, populären Herrſchers ausgeglichen haben, aber das bürgerliche, zurückgezogene und wortkarge Weſen Friedrich Wilhelm's III. konnte den
friſchen, lebendigen Geiſt der Rheinländer nicht anſprechen. Sie liebten Naturen, wie die des Kronprinzen, friſch, geiſtig und mittheilend.

Wenn nun aber auch der König wenig Sympathien für ſich erweckt
hatte und das politiſche Verhalten der Regierung, die Beförderung des Feudal-
weſens, die reactionairen Maßregeln und das Verfahren der altpreußiſchen
Beamten und Offiziere Antipathien erwecken mußten, ſo wurden dieſe Antipathien doch dadurch verringert, daß die Regierung in den Rheinlanden mehr

als in den übrigen Provinzen, den Wohlstand zu heben und zu befördern bemüht war und Neigungen und Abneigungen eines Volkes meistens von den materiellen Zuständen und der Beförderung seines Wohlstandes abhängen. Von Jahr zu Jahr nahm der Wohlstand in der Rheinprovinz zu, Verkehr und Gewerbe hoben sich und große industrielle Unternehmungen traten ins Leben. Die reichen Produkte des Landes, der industrielle Geist der Bewohner, die Eröffnung des Absatzes und die glückliche Lage machten möglich, daß keine deutsche Provinz dem Rheinlande an Wohlstand vorging, wenige ihm gleichkamen und daß die Rheinprovinz zu einem Flor gelangte, wie ein solcher nicht einmal zur Zeit des Mittelalters, wo der Handel der Rheinstädte in Blüthe war, stattgefunden hatte. — Der Zollvertrag vom Jahre 1833, welcher Baiern, Württemberg, die hessischen Länder, Sachsen, Anhalt und später auch Baden, Nassau und Frankfurt eröffnete, verschaffte den Produkten und Fabrikaten der Rheinprovinz reichen Absatz nach den südlichen und östlichen deutschen Ländern und hatte in den ersten Jahren sogar die Folge, daß durch die in der Rheinprovinz erzeugten Fabrikate die Industrie der süddeutschen Länder fast gänzlich zerstört wurde. Das Meer wurde durch den Rheinschifffahrtsvertrag von 1831 eröffnet und Cöln hatte den besondern Vortheil, daß ihm faktisch der Umschlag blieb, da kein preußischer Schifffahrtszoll für die Waaren zu zahlen war, welche aus dem preußischen Inlande kamen und es somit vortheilhaft erscheinen mußte, die transitirenden Waaren in Cöln umzuladen.

Nicht minder betheiligte sich die Regierung bei dem geistigen Aufschwunge der Provinz. Die Universität Bonn wurde errichtet und zwar mit ungewöhnlicher königlicher Munificenz. Bedeutende Gelehrte wurden hingerufen, die nöthigen Institute mit reichen Mitteln versehen und Alles aufgeboten, um die Universität zu einer der ersten in Deutschland zu machen. Auch das Kunstleben der Rheinprovinz blieb nicht unberücksichtigt. In Düsseldorf, wo schon unter der Herrschaft der pfälzischen Fürsten eine Malerschule bestanden hatte, wurde eine Kunst-Akademie errichtet und keine andere Provinzialanstalt mit so reichlicher Einnahme versehen. Ihr war es daher auch sehr bald gelungen, ein Glanzpunkt deutscher Kunst und der Stolz der Rheinprovinz zu werden. — Durch diese Bemühungen der Regierung hatte die Provinz einen Aufschwung erhalten, welcher die Abneigung beseitigen mußte und zwar umsomehr, als nach der Julirevolution auch der bereits im rheinischen Merkur ausgesprochene Wunsch erfüllt wurde, daß ein Prinz des königlichen Hauses am Rheine den Wohnsitz nehme. Prinz Wilhelm, Bruder Friedrich Wilhelms III., welcher von den Prinzen, mit Ausnahme des Kronprinzen am meisten beliebt war, wurde nach den Rheinprovinzen gesendet und später nahm Prinz Friedrich in Düsseldorf seinen dauernden Wohnsitz. Beide verstanden es, sich die Liebe der Rheinländer zu erringen.

Wenn demungeachtet die feindliche Stimmung gegen die Regierung nicht ganz beseitigt werden konnte, so waren die Hauptgründe: Begünstigung der altpreußischen Beamten, Furcht, daß die französische Gesetzgebung entzogen werden könnte und confessionelle Streitigkeiten. Die letzteren traten anfänglich minder hervor. Der König hatte den Schutz des Glaubens den Rheinländern versprochen. Er hatte ihnen zugerufen: „Eure Religion, das Heiligste, was dem Menschen angehört, werde ich ehren und schätzen, ihre Diener werde ich auch in ihrer äußeren Lage zu verbessern suchen, damit sie die Würde des Amtes behaupten. Ich werde einen bischöflichen Sitz, eine Universität und Bildungsanstalten für Eure Geistlichen und Lehrer unter Euch errichten." Auf dem Wiener Congreß hatte sich auch wirklich der König auf Seite des Papstes gestellt und war Oestreich entgegen getreten, als dieses die Grenzen des Kirchenstaates verrücken wollte. Er hatte ferner mit dem Papste einen Vertrag abgeschlossen, welcher den Katholiken sehr günstig war und hatte durch denselben sein Versprechen nicht blos erfüllt, sondern auch mehr gegeben, indem er zwei Bischofssitze, nämlich zu Cöln einen Erzbischof und zu Trier einen Bischof einsetzte. Endlich machten auch die persönliche Freundschaft des Königs mit dem Erzbischof, Grafen Spiegel, und die Zurückweisung der katholischen Geistlichen, welche für Preußen die Aufhebung des Cölibats verlangten, einen vortheilhaften Eindruck auf die Rheinländer und beruhigten die ängstlichen Gemüther. — Der erste ernstliche Mißmuth, ja sogar Unwille, zeigte sich bei dem Uebertritte der preußischen Kronprinzessin zur protestantischen Religion und wurde darauf hingewiesen, daß ihr Bruder, der damalige Kronprinz Ludwig, eine protestantische Prinzessin zur Gemahlin habe, ohne daß eine Convertirung gefordert worden wäre. Da man nun aber damals zu verbreiten suchte, der Papst habe die Bewilligung ertheilt und da selbst die Geistlichkeit diesen Glauben zu theilen schien, und Graf Spiegel eine Opposition der Geistlichkeit nicht aufkommen ließ, so wurde dieser Uebertritt erst zur Zeit, als am Ende der Lebensjahre Friedrich Wilhelm's III. die Streitigkeiten mit der katholischen Kirche begannen, zum Vorwurf gegen das Hohenzollersche Herrscherhaus und zur Aufregung der preußischen Katholiken benutzt.

Die im Jahre 1837 hervorgetretenen Streitigkeiten waren nicht unvorbereitet eingetreten. Die katholische Kirche, welche in Frankreich, Belgien, Oesterreich und Baiern erstarkt war, hatte Alles aufgeboten, um in Preußen mit Hilfe des mit dem Papste errichteten Vertrages immer mehr Terrain und Macht zu gewinnen. In Westphalen und in der Rheinprovinz hatte sich zum Schutze und zur Kräftigung der katholischen Kirche eine mächtige

Partei gebildet, an deren Spitze geachtete Männer standen, in Coblenz Clemeus Brentano, in Bonn die Professoren Windischmann, Walter, und Klee, in Düsseldorf Binterim und Schulten und in Münster Kistemacker, Kellermann, die Grafen Stollberg und Robiano. Dieselben waren in engster Verbindung mit den Gleichgesinnten des übrigen Deutschlands und namentlich mit Baiern, wo Görres und später der Bischof von Eichstädt, Graf Reisach und der päpstliche Nuntius die Fäden in der Hand hatten.

Dieser streng kirchlichen Partei konnte nicht gleichgültig sein, daß Hermes die alten Grundsätze der Kirche, welche er mit Hilfe der Philosophie stützen wollte, untergraben hatte und sonst nicht minder mußte es der Kirche gefährlich erscheinen, daß in dem Rheinlande und Westphalen die Uebertritte zum Protestantismus durch die vielen Mischehen junger protestantischer Beamten und Offiziere mit reichen Katholikinnen immer häufiger wurden. Gegen Beides waren die ersten Angriffe der katholischen Partei gerichtet und zwar gingen dieselben von dem Haupte der rheinländischen Kirche, dem Erzbischof von Droste Bischering aus. Er war es, welcher die Hermes'sche Lehre gewaltsam unterdrückte und nicht minder energisch und unbeugsam trat er gegen die Mischehen auf. Sie waren schon längst Gegenstand des Streites, allein unterm 19. Juni 1830 war zwischen den preußischen Landesbischöfen und der Regierung eine Verabredung getroffen worden, nach welcher solche Mischehen zwar als ein schweres Verbrechen gegen Gott bezeichnet werden sollten, jedoch als gültig und wahr anerkannt wurden und man sich nur auf Ermahnung der Braut beschränkte, keineswegs aber vom Bräutigam ein Versprechen wegen Erziehung der Kinder forderte. Es war dies die sogenannte milde Auslegung des päpstlichen Breve vom 25. März 1830. Der Erzbischof von Droste-Bischering hatte bei seiner Ernennung versprochen, diese Praxis auch ferner beizuhalten; aber später theilte er der Regierung mit, daß er sein Versprechen nicht halten könne. Dieselbe verlangte in Folge dieser Mittheilung Niederlegung des Amtes und da der Erzbischof nicht darauf einging, so wurde er im November 1837 in Cöln verhaftet und nach der Festung Minden gebracht. Eine allgemeine Aufregung, welche sich in Cöln, Coblenz und Cleve sogar in kleinen, unbedeutenden Aufläufen kund gab, durchlief die ganze Rheinprovinz und die ultramontane Partei war bemüht diese Aufregung noch mehr anzufachen. Man erinnerte das Volk an die Zurücksetzungen, welche die Katholiken erleiden müßten; hervorhebend, daß sich der preußische Staat noch immer als ein rein protestantischer betrachte, daß der Kronprinzessin nicht erlaubt gewesen, bei ihrer angebornen Religion zu beharren, daß fast alle hohen Stellen und alle Ministerien mit Protestanten besetzt würden und den Katholiken nicht einmal der Eintritt in das Leibregiment Garde du Corps gestattet sei. Solche Anreizungen blieben nicht ohne Erfolg und waren um so gefährlicher, als auch von Außen der Zündstoff benutzt wurde. In München war zu derselben Zeit, wo der Erzbischof aus Cöln fortgeführt wurde, das Ministerium Wallerstein gestürzt und Herr v. Abel an die Spitze der Regierung gekommen. Derselbe suchte in Verbindung mit der kirchlich hierarchischen Partei, namentlich mit dem Grafen Reisach und Grafen Seinsheim, so wie Cabinetsrath Grandauer durch eine ultramontane absolutistische Regierung Gewalt im Inneren und Ansehen nach Außen zu erlangen. Zur Erreichung des letzteren trat Baiern bei den Streitigkeiten in der preußischen Rheinprovinz als Vorkämpfer für die katholische Sache auf und so sehr auch sonst die Presse in Baiern geknechtet war, so wurde ihr doch der Angriff gegen Preußen und den Protestantismus ganz frei gegeben. Man ging soweit, den König Ludwig als Haupt der neuen katholischen Liga zu bezeichnen und man benutzte die kirchlichen Wirren, um in den Rheinprovinzen eine feste Stellung zu gewinnen und nicht blos kirchlich, sondern auch politisch auf die Rheinländer einzuwirken. Görres, einst Jacobiner, jetzt der eifrigste Papist und der strengste Absolutist, schleuderte seinen mit dem alten Feuereifer geschriebenen Athanasius in die Welt und eiferte mit glühendem Hasse gegen Preußen und den Protestantismus. Auch wurde ebenso wenig als einst in Belgien die Hilfe der Demokraten verschmäht, und nur darauf hingewiesen, daß sie schnell wieder unterdrückt werden müßten. Schou dachte man an ein selbständiges Reich der Rheinfranken unter Regierung eines baierischen Prinzen, und laut wurde daran erinnert, wie glücklich man in Cöln, Coblenz, Trier und Düsseldorf unter Wittelsbacher Fürsten gewesen wäre. Auch in Belgien war die ultramontane Partei thätig. Offen sprach man von einer Vereinigung der Rheinprovinz mit Belgien, erinnerte an die glücklichen Zustände dieses Landes und die natürliche Verbindung. Der heftigste Angriff erfolgte nun aber von Paris aus in dem Buche: De la Prusse et de sa domination sous les rapports politiques et religieux, specialement dans les nouvelles provinces, welches zu Paris und Leipzig 1842 erschien und welches Cazalès, oder wie Andere sagen, einen polnischen hohen Adligen zum Verfasser gehabt hat. In diesem Buche, welches in Deutschland ein gewaltiges Aufsehen erregte, und mit der erbittertsten Feindschaft gegen Preußen geschrieben ist, jedoch keineswegs der deutschen ultramontanen Partei genehm war, wird Bündniß des Katholicismus mit dem Demokratismus und Vermittelung durch Frankreich angerathen, damit Erlösung aus dem Drucke der Fürsten, des Adels, der Beamten und der anderen sonderrechtlichen Klassen erfolge. Zugleich wird angedeutet, daß eine Vereinigung zwischen den Rheinlanden und Belgien nothwendig sei. Das Buch, welches so viel mir bekannt, niemals übersetzt worden ist, hatte in den Rheinlanden insofern Anklang gefunden, als die Schwächen der preußischen

Regierung darin ohne irgend eine Schonung aufgedeckt wurden, aber die Sympathien für Frankreich und Belgien wurden dadurch nicht vermehrt. Der deutsche Sinn war in den Rheinlanden zu vorherrschend und die Präfektenregierung noch zu lebendig in der Erinnerung. Auch gab eine Vereinigung mit Belgien nicht die Sicherung, welche der preußische Staat gewähren konnte. Hierzu kam, daß Friedrich Wilhelm III. zur Zeit, wo dieses Buch erschien, schon fast 2 Jahre gestorben und Friedrich Wilhelm IV. an die Regierung gekommen war. Dieser hatte bald nach seinem Regierungs- antritte die Freilassung der beiden Erzbischöfe von Cöln und Gnesen aus- gesprochen, hatte dem Ersteren eine Art Ehrenerklärung gegeben und ihm nach dem Uebereinkommen mit dem päpstlichen Stuhle einen Nachfolger ernannt, welcher während des Lebens des Erzbischofs als Coadjutor die Diöcese ver- waltete. Auch hatte er verordnet, daß fortan gegen die katholischen Priester, welche die Einsegnung gemischter Ehen verweigern würden, jede Maßregel eingestellt werden sollte. Die ultramontane Partei hatte somit gesiegt und der Sieg mußte der katholischen Bevölkerung Befriedigung gewähren. Der König ging nun noch weiter. Er gestattete, was selbst in katholischen Ländern nicht der Fall war, den völlig freien Verkehr der katholischen Geist- lichkeit mit Rom. Günstiger konnte die Geistlichkeit nicht gestellt werden und die natürliche Folge war, daß für die nächste Zeit der kirchliche Friede in der Rheinprovinz hergestellt wurde und die Gemüther in religiöser Hinsicht be- ruhigt waren. Hierzu trat die persönliche Zuneigung der Katholiken zu Friedrich Wilhelm IV. In verschiedenen Lebensabschnitten war seine Neigung zum Katholicismus hervorgetreten und den Rheinländern schmeichelte, daß er zur Vollendung der Metropolitankirche Cölns, des wahren Glanzpunktes deutscher Kunst, den thätigsten Antheil nahm und daß ein eifriger Katholik, v. Radowitz, sein nächster Freund war. Auch die Persönlichkeit des Königs war, wie schon erwähnt, den Rheinländern angenehm und lieb und insbeson- dere schien ihnen zu gefallen, daß er schon als Kronprinz in Stolzenfels seinen Sommerwohnsitz wählen wollte. Noch mehr waren sie darüber erfreut, daß er zum ersten Male einen Katholiken zum Minister ernannte und ab- sichtlich dahin strebte, daß jeder Unterschied der Confession im staatlichen Verhältnisse aufhöre.

So war es denn gekommen, daß sich die katholischen Rheinländer trotz der vorausgegangenen kirchlichen Streitigkeiten mit der preußischen Regierung wieder versöhnt hatten; aber ungeachtet dieser Versöhnung und ungeachtet der Beförderung des Wohlstandes durch die Regierung blieb die Rheinprovinz von den übrigen Provinzen abgesondert und verschmähte jede enge Vereinigung mit denselben. Nach wie vor wurde in der Rheinprovinz jeder Altpreuße als

Preuße „καθ᾽ ἐξοχήν" bezeichnet und die dort üblichen Worte: „er ist ein Preuße" enthielten eine fast verächtliche Bezeichnung.

Der Grund dieser Absonderung und Ueberhebung lag vorzugsweise in dem verschiedenen Rechte und Gerichtsverfahren. Recht und Sprache sind es, welche ein Volk äußerlich binden und geistig einen. Das Recht erzeugt nicht blos gleichen Volkscharakter und gleiche Sitte, sondern gewährt auch das Bewußtsein der Zusammengehörigkeit und der Volkseinheit. Dieses Bewußtsein wird beim Volke insbesondere durch die gleiche Gerichtspflege hervorgerufen, denn das materielle Recht ist mehr Eigenthum der Juristen und die Principien desselben sind zum größeren Theile dem Volke verschlossen, während die Gerichtspflege, äußerlich erkennbar, bewußtes Eigenthum des Volkes wird. Von diesem Eigenthume trennt sich dasselbe selbst dann nur ungern, wenn sein Werth allein durch die Gewohnheit geheiligt ist und es nicht mehr im Einklange mit den Anforderungen der Gegenwart steht. Wenn nun aber die Gerichtsverfassung eine solche ist, welche andere Länder als ein Palladium der Freiheit erachten und vergeblich darnach streben, dann wird das Volk alle Kräfte zur Bewahrung derselben anbieten, sich der Vorzüge derselben bewußt sein und mit einem gewissen Stolze auf die Länder herabsehen, welche sie entbehren müssen. So war es bei den Rheinländern. Sie hatten wegen der vielen Reichsritter, die sich alle die hohe Gerichtsbarkeit und das Recht der Gesetzgebung angeeignet hatten, wegen der Vereinigung der Verwaltung mit der Justiz und wegen des Hinschleppens der Processe von Jahrzehnt zu Jahrzehnt schwer gelitten und wenn auch diese Uebelstände in den geistlichen Kurfürstenthümern minder hervortraten, so hatten doch auch dort das Abhängigkeitsverhältniß und die Bestechlichkeit der Richter großen Einfluß auf die Entscheidung der Processe. — Diese schlechte Gerichtsverfassung war durch die französische verdrängt worden, deren Grundprincip die Gleichheit ist. Ein eximirter Gerichtsstand war der französischen Gerichtspflege unbekannt und nicht mehr wurde das Recht im Namen kleiner Herrn, sondern in dem der Krone gesprochen. Schriftlichkeit und Heimlichkeit waren abgeschafft, in allen bedeutenden Straffachen erfolgte der Rechtsspruch vom Volke, und die Strafen, welche die menschliche Gesellschaft entehrten, waren beseitigt. — Welchen Widerstand auch dieses neue Gerichtsverfahren wegen lokaler Bequemlichkeit und Gewohnheit, wegen Feindschaft gegen das Ausland und blinder Liebe zu vaterländischen, verrotteten und verschimmelten Einrichtungen in dem ersten Augenblicke gefunden haben mochte, so war er doch jedenfalls nur vorübergehend und in kürzester Zeit war die fremde Gesetzgebung und das fremde Gerichtsverfahren eingebürgert und in allen Schriften des Volkes wurde der Vorzug vor dem Verfahren der früheren Zeit anerkannt. Als nun die Rheinprovinz mit Preußen vereinigt werden sollte, waren es vornehmlich französisches

Gerichtsverfahren und französisches Recht, welches die Rheinländer bewahren und nicht gegen die altpreußische Gesetzgebung, und noch weniger gegen das preußische Gerichtsverfahren mit seinen Patrimonial-Gerichten, seinem eximirten Gerichtsstande, seiner Schriftlichkeit und Heimlichkeit vertauschen wollten. Diese Anhänglichkeit an die bestehenden ausländischen Institutionen wurde, wie dies gewöhnlich zu sein pflegt, durch Widerstand von der andern Seite verstärkt; denn jedem Lande werden seine Institutionen erst dann recht lieb und theuer, wenn die Gefahr des Verlustes von Außen droht. Eine solche Gefahr schien vorhanden. Nicht blos der feudalen Partei Altpreußens, sondern auch freisinnigen Männern war die Gerichtsverfassung der Rheinländer ein Dorn im Auge und von Stein wurde erklärt: „Die französische Gesetzgebung sei für deutsche Lande eine Schande." Andere gingen noch weiter. Sie hielten dafür „man müsse Alles aufbieten, daß das französische Gift, welches das demokratische Treiben befördere, nicht aufkomme." Noch Andere erklärten „nicht Sitte sei der Besiegten Einrichtungen anzunehmen und nicht dürfe man ihretwegen die alte Gerichtsbarkeit aufgeben und alle Rechte beseitigen." Auch schien die Regierung anfänglich nicht geneigt, den Rheinländern die französische Gesetzgebung zu lassen und versprach bei der Besitzergreifung nur „daß die Rheinländer milden und gerechten Gesetzen unterworfen sein würden." Dieses Patent brachte den ersten Unmuth in den Rheinlanden hervor und wurde derselbe noch dadurch vermehrt, als der König eine Immediatcommission ernannte, welche prüfen sollte, ob französisches Recht und französisches Gerichtsverfahren beizubehalten wären und durch diese Ernennung deutlich zeigte, daß die Entscheidung über diese Frage noch ausgesetzt sei. Das Gutachten dieser Commission fiel zwar nach Wunsch der Rheinländer aus, und blieben ihnen nicht blos Mündlichkeit und Oeffentlichkeit, sondern auch Geschworenengerichte; allein man suchte letztere seit 1821 zu beschränken und wurden demzufolge die Staatsverbrechen und die Verbrechen der Verwaltungs- und Justizbeamten der Beurtheilung der Geschworenengerichte entzogen.

Fast zu gleicher Zeit gab der König bei Gelegenheit des Fonk'schen Processes zu erkennen, wie wenig er von dem rheinländischen Gerichtsverfahren halte. Der Kaufmann Fonk, des Mordes angeklagt und von den Geschwornen verurtheilt, hatte beim König um Begnadigung gebeten. Der Fall war zweifelhaft, die Stimmen über Schuld oder Unschuld waren getheilt. In der Ordnung war, daß der König den Rath gewiegter Juristen, denen er persönliches Vertrauen schenkte, verlangte; aber statt dessen forderte er von dem Kammergerichte zu Berlin, also dem ersten Criminal-Gerichtshofe Alt-Preußens ein Gutachten nach den Grundsätzen des altpreußischen Rechts und in Folge dieses Gutachtens entschied sich der König für die Begnadigung. Deutlich hatte er also zu erkennen gegeben, daß er dem alten Gerichtsverfahren mehr wie dem neuen vertraue. Diese königliche Kundgebung und die Beschränkung der Geschworenengerichte erregten Mißmuth, Besorgniß und Opposition und gewöhnten sich die Rheinländer ihre Gerichtsverfassung als ein Palladium ihrer bürgerlichen Freiheit zu erachten und zwar umsomehr, als nach dem Jahre 1830 in allen deutschen Ländern Oeffentlichkeit und Geschworenengerichte auf das eifrigste und dringendste ersehnt und gefordert wurden. Die verschiedene Gerichtsverfassung blieb daher auch eine Scheidewand zwischen den Rheinlanden und den übrigen Provinzen Preußens*) und die Trennung wurde um so größer, als einerseits kein gemeinschaftliches Interesse einte und andererseits die Rheinländer eben wegen ihres Rechtes und ihrer besseren, den Anforderungen der Zeit entsprechenderen Gerichtsverfassung den Glauben hegten, sie wären in der allgemeinen Volksbildung den übrigen Provinzen, deren Bildungsgrade nach ihrer Ansicht die Prügelstrafen und das heimliche und schriftliche Gerichtsverfahren entsprachen, weit voraus und befänden sich namentlich auf einem höheren politischen Standpunkte. Mit einem Wort, die Rheinländer hielten sich für politisch reifer und gebildeter, als die übrigen Provinzen und betrachteten sich zwar als Theil des preußischen Staates, ohne jedoch dem preußischen Volke angehören zu wollen, mit welchem sie nur die gemeinschaftliche Regierung, nicht aber das gemeinschaftliche Volksbewußtsein theilten.

Ein solcher Zustand hätte im Jahre 1848 gefährlich werden können, wenn nicht zum Glück der vereinigte Landtag vorausgegangen wäre. Welche sonstigen glücklichen Erfolge derselbe auch hatte, der glücklichste war, daß sich die Provinzen näher traten und die Abgeordneten derselben ihre gegenseitige Ebenbürtigkeit erkannten und von dem Bewußtsein durchdrungen wurden, sie gehörten sämmtlich einem Staate an, verfolgten gleiche Zwecke und hätten die gemeinschaftliche Aufgabe, nach der Erfüllung des mit dem Blute von Waterloo besiegelten königlichen Versprechens vom 22. Mai 1815 zu ringen.

Nach dem 18. März 1848 wirkte auf die Stimmung vortheilhaft, daß aus den Rheinlanden Camphausen, Hansemann, Kühlwetter, später Von der Heydt und ein Jahr darauf Simons als Minister berufen wurden. Auch die Nationalversammlung, an welcher selbst der Erzbischof von Cöln theilnahm, trug viel dazu bei, um die bisher getrennten Provinzen näher zu bringen. Nicht minder guten Einfluß hatte die Einführung der Hauptprinzipien des rheinischen Gerichtsverfahrens, welche in Civilsachen schon 1846, in Criminalsachen aber 1849 für alle Provinzen erfolgte. Durch dieses neue Gerichtsverfahren wurden die letzteren auf das Niveau der Rheinprovinzen er-

---

*) Der ostrheinische Theil des Regierungsbezirkes Coblenz, so wie die Kreise Rees und Duisburg hatten nicht die französische Gerichtsverfassung, vielmehr galt dort das gemeine Recht.

hoben und die Hauptbarre, welche diese von den anderen Provinzen getrennt hatte, niedergerissen. Auch begnügte man sich von Seiten der Regierung nicht, mit Einführung der Geschworenengerichte und der anderen neuen Einrichtungen, sondern es wurde in der Verfassung bestimmt, daß das Tribunal und der Cassations- und Revisionshof zu einem Gerichtshof für die Monarchie vereint werden sollten. Endlich diente noch zur Vervollständigung der Einigung, daß ein Rheinländer, welcher in der Rheinprovinz längere Zeit als Generalprokurator fungirt hatte und von welchem später im Ministerium vorzugsweise die rheinischen Angelegenheiten geleitet worden waren, zum Justizminister ernannt wurde, und somit den Rheinländern das bestimmte Zugeständniß der Beibehaltung und Entwickelung ihres Gerichtsverfahrens gegeben wurde.

Vor allem war es nun aber die Verfassung, welche ein festes Band zwischen den Provinzen knüpfte und ihnen das Bewußtsein der Staatseinheit gewährte. Erst von da an kann man die geistige Einigung des ganzen preußischen Staates annehmen. Der Regierung war dadurch ein bedeutender Zuwachs an Macht und äußerem Ansehen entstanden, denn für die Kraft eines Staates, die Fortentwicklung desselben und die Stellung nach Außen ist nichts gefährlicher, als wenn die einzelnen Theile in Rivalität gegen einander wirken und das Bewußtsein der Zusammengehörigkeit mangelt.

Breslau. *Ferdinand Fischer.*

Schweizerischer Ultramontanismus.

Aus dem Aargau, 25. Juli.

Man muß den Ultramontanismus immer auf handhafter That ertappen, sonst folgt er dem Grundsatze si fecisti nega. Man muß immer die Worte und Thaten seiner Mannen rasch und genau aufzeichnen, sonst stellt er die Wahrheit des Vorhalts oder die Bundesgenossenschaft mit dem Getadelten in Abrede, wie es jedesmal der Fall ist, wenn ein Geschichtskenner, der unglücklicherweise nicht gerade eine Bibliothek zur Hand hat, die Jesuitenmoral tadelt.

Die deutsche Presse hat wiederholt die eigenthümliche Solidarität des Ultramontanismus mit der karlistischen Barbarei in Spanien beleuchtet, und ist von den Soldschreibern des Ultramontanismus stets Lügen gestraft worden.

Der Karlismus sei ein Ding für sich, das den Papst und seine Trabanten in der Presse nichts angehe. Nur dem gläubig-katholischen Prätendenten schenke man seine Sympathie ꝛc. Ebensowenig hat der Ultramontanismus natürlich mit dem Kissinger Attentat zu thun, oder solches als intellectueller Urheber auf dem Gewissen. Auch seine Verbündung mit allen Umsturzelementen, mit den geschworenen Feinden Deutschlands und der Schweiz sei eine Verleumdung, sagen die schwarzen Redacteure.

Es ist wirklich recht lehrreich, die Wahrheit und Wahrhaftigkeit dieser Abwehrversuche gegen die allgemeinen Anklagen der in- und ausländischen Presse an einer kleinen schweizer Zeitung nachzumessen, die unter entschieden liberaler, ja radicaler Maske ein sehr verbreitetes Organ des Ultramontanismus am Oberrhein bildet. Es ist dies die in dem behäbigen Städtchen Klingnau (der zweiten Eisenbahnstation zwischen Waldhut und Zürich) erscheinende „Botschaft." Format 4 Seiten Großoctav, Erscheinen dreimal wöchentlich, Alter und Auflage nicht nachweisbar, Verbreitung in den vormals österreichischen Vorlanden längs des Oberrheins, die seit Anfang des Jahrhunderts zwischen Baden und der Schweiz nach dem Rheinlauf getheilt wurden, wie gesagt erheblich. Die liberale Maske des Blattes hat die heute in ihrer großen Mehrzahl altkatholische Bevölkerung dieser Landstriche bis jetzt, trotz der ungeheuchelt ultramontanen Ziele dieser Zeitschrift, als treue Abonnenten erhalten. Vielfach kann man die „Botschaft" in öffentlichen Lesezimmern friedlich neben den „Katholischen Blättern", dem in Olten erscheinenden „Organ des Schweiz. Vereins freisinniger Katholiken" antreffen.

„Die Botschaft" hat bei ihrem minimen Format und ihrem geringen Umfang natürlich — so sollte man wenigstens meinen — an die Welthändel des Auslandes nur wenig Raum zu vergeben. Namentlich können die Kämpfe in Spanien — so sollte man annehmen — bei ihrem den Ideen und Bestrebungen des Schweizervolkes fernabliegenden Interesse, den kostbaren Raum der „Botschaft" nur soweit in Anspruch nehmen, als zur objectiven Aufzählung der spanischen Tagesereignisse erforderlich ist. Indessen wer so urtheilt, schießt weit vom Ziele. Die letzten Nummern der „Botschaft" — von den früheren nicht zu reden, von denen dasselbe gilt — behandeln die spanischen Kämpfe mit einer karlistischen Behaglichkeit, mit einer begeisterten Wärme, als ob sich unter den Fahnen des Bourbonen die Söhne aller Pfarrersköchinnen der Umgegend, und alle jene verlorenen Knechte schlügen, die trotz des schweizerischen Bundesgesetzes, welches das Reislaufen und den Solddienst bei fremden Herren mit dem Verlust des schweizer Bürgerrechts ahndet, der karlistischen Werbung gefolgt sind. Ihre Thaten werden gefeiert, als handle es sich um heilige nationalschweizerische Kriegsfahrten. Ja, etwas noch wunderbareres ist hinzuzufügen. Der „Botschaft" erlauben selbstverständlich ihre Mittel nicht, Originalcorrespondenten im Ausland zu unterhalten. Ueber die Vorgänge im karlistischen Lager jedoch ist sie mit einer Schnelligkeit und Bestimmtheit unterrichtet, welche mit den späten, ungenauen oder unvollständigen Berichten, die sie über deutsche, französische, italienische, österreichische Politik bringt, in seltsamem Gegensatze stehen. Man wäre versucht anzunehmen, daß die frischen und meist sehr auffallenden Mittheilungen der „Botschaft" aus dem Karlistenlager, vielleicht ihren Ursprung in der wohlwollenden Phantasie des Kommandanten der karlistischen Etappe zu Klingnau hätten, wenn nicht dieselben, später meist als erlogen sich herausstellenden Nachrichten, mit derselben Rechtzeitigkeit in allen ultramontanen Blättern Deutschlands und Frankreichs auftauchten. Das läßt nothwendig auf eine gemeinsame römische Quelle der Erfindung und Ueberlieferung schließen. Hier einige Proben dieser Berichte, deren kräftiger Gegensatz zu der freisinnigen Maske der „Botschaft" für sich selbst so komisch wirkt, daß jeder Zusatz überflüssig erscheint.

In ihrer Nro. 86 vom 19. Juli 1874 fängt die „Botschaft mit einem Leitartikel „Spanien" an. Da heißt es: „Es wird in den gesinnungstüchtigen Blättern entsetzlich auf die Karlisten wegen ihrer Grausamkeit bei Anlaß des Kampfes von Estella losgedonnert. Die Karlisten seien durch die Civilisation von Europa gerichtet. Nun dann sind die Preußen(!) auch gerichtet. Jene unnöthigen Erschießungen, die sie an Besiegten (!) im Kriege gegen Frankreich sich haben zu Schulden kommen lassen, sind noch nicht vergessen. Und der Republikaner Concha ist ebenfalls gerichtet u. s. w. Was haben die Karlisten gethan? Sie haben bei Estella unter den Vorposten im Kampfe einen Preußen gefangen genommen und als Spion erschossen. Er will aber nur Berichterstatter gewesen sein. Man glaubte es ihm nicht. Ein bloser Berichterstatter ist doch nicht leicht zuvorderst unter den Kämpfenden. Immerhin konnte (!) er zugleich Spion sein. Daß Bismark spioniren läßt, liegt nahe. Kurz (!) der gefangene Preuße wurde erschossen. Dessen Begnadigung durch König (!) Carlos kam zu spät an (?). Und so sind natürlich die Karlisten keine civilisirten Menschen mehr. Daß die Karlisten durch die Preußen im höchsten Grade erbittert sein müssen ist klar, und der karlistische Soldat (!) will aber auch Genugthuung haben. Die preußischen Offiziere und Kanonen im republikanischen Lager sind hier zu fremdartige Elemente; die wahren Spanier dulden solche Elemente nicht ohne Rächung." —

Zwei Tage später hat „die Botschaft" aus ihrer Quelle über die Spionage Schmidt's authentische Nachrichten erhalten, und ihren andalusisch-kastilischen Stolz in Betreff der angeblichen Verwendung preußischer Geschütze und Offiziere in Spanien, in majorem dei gloriam erheblich herabgemindert. Freilich es handelt sich diesmal um die Frage, ob preußische Kanonen oder Offiziere im Lager der „wahren Spanier" unter „König Carlos" die spanische Ehre zu kränken vermöchten. „Die Botschaft" schreibt darüber in ihrer Nr. 87 vom 21. Juli abermals einen Leitartikel „Spanien", dann in fetter Schrift „die Kanonen". „Nach dem Kampf und Sieg der Karlisten bei Estella ist für sie bis jetzt wohl das wichtigste die Ausschiffung und Behändigung von 27 Kanonen Krupp in Stahl, neustes System, mit einer Tragweite von 23,000 Fuß. Auch die prachtvollen Laveten (!) und die gewaltig großen Kanonen-kugeln fehlten nicht. Die Ausschiffung ging im tiefsten Stillschweigen von statten. Erst als Alles in Sicherheit war, brachen Jubel und Freude los. Es wurde eine Dankmesse gefeiert." Das thun die „wahren Spanier" doch nicht, wenn sie eine That vollbracht haben, welche „ohne Rächung" ihrem Nationalgefühl unerträglich ist. — „Die Botschaft" berichtet dann, wie Königin Margarita landesmütterlich 300 verwundete Republikaner pflegt, und fährt hierauf fort: „Der preußische Hauptmann Schmidt, welcher als Spion erschossen wurde, war des Spionendienstes nicht nur verdächtig, sondern überwiesen (!). Er trug Pläne und Zeichnungen der karlistischen Linien bei sich (?). Von seiner Unschuld kann also keine Rede sein. Vor seinem Tode versprach derselbe den Karlisten eine Anzahl sogenannter Stahlkanonen besor-gen (!) zu wollen, wenn sie ihn beim Leben ließen" — nicht im Jenseits. — „Bei der constanten Verlogenheit der Offiziere (!) welche unter Serrano dienen, wurde aber darauf kein Werth gelegt." Also auch hier kein Schim-mer kastilischen Stolzes der „wahren Spanier" diesem — übrigens völlig erlogenen — Anerbieten eines gefangenen „Spiones" gegenüber. „Durch das Kriegsgericht wurden 200 Mann als der Brandlegung überwiesen ver-urtheilt, aber Don Carlos hat sie auf dem Richtplatze noch begnadigt." Diese Humanität gegen gefangene Krieger wird auch schon am 19. Juli von der „Botschaft" also gepriesen: „Wer wird sich wundern, daß bei solcher Nach-richt (!) der karlistische Soldat (!) die Erschießung aller 120 gefangenen repu-blikanischen Brandstifter und Mörder verlangte. Der General beschwichtigte sie, indem (!) er je den zehnten Mann, nur den zehnten Mann erschie-ßen ließ."

In derselben Nummer beginnt eine „Straßburger Correspondenz" also: „Im Elsaß wird von der Bismark-Regierung mit stets gleicher Brutalität vorgegangen. Das Schicksal der Bildungsanstalten in Kientpheim, Colmar, Lutterbach erneuert sich bald in dieser, bald in jener Ortschaft." Wenige Nummern zuvor ist der geistreiche Scherz zu lesen: „„die Ruinen des Elsaß" mag der bezeichnendste Titel für dieses Land sein."

In denselben Nummern endlich, in denen für die Gottesstreiter des aller-christlichsten Prätendenten das fromme Urrecht in Anspruch genommen wird, gefangene Feinde zu erschießen und auf der Spitze des Schwertes das Recht des

Landes zu tragen, finden sich eingehende Schilderungen über das Martyrium der preußischen Geistlichen, die brutale Gewalt der Kirchengesetze u. f. w. Da heißt es in der Nummer vom 16. Juli unter der Ueberschrift eines Leitartikels „Preußen": „Wie ungerecht ist doch die Welt, heißt es in dem alten Stationenliede und kann auch hier so heißen, was die Einkerkerung unserer (!) Bischöfe betrifft. Der Priester schmachten jetzt mehr als elf hundert im Kerker. Das sind Männer diese 1100 Priester, die ihre Studien gemacht, u. f. w." Es wird ihnen nun ein Loblied gesungen und der Hunger und Durst der armen Schafe geschildert, welche von ihnen geweidet wurden, und die nun ohne Hirten sind. Dann folgt die Schilderung der Zelle, in welcher „ein solcher armer Pfarrer schmachten muß." „Seine Zelle beträgt 15 Quadratfuß, drei Fuß Licht, und dieses Loch muß er noch mit anderen Gefangenen theilen. In dieser engen Zelle müssen drei Betten Platz haben, drei Stühle und ein Tischchen; — zum Gehen kein Raum. Ebenso sind sie jeder Zeitung beraubt. Der Priester, obwohl seit neun Wochen eingesperrt, hat noch nie die heilige Messe lesen dürfen. Besuche nur wenig gestattet. Auf den Tag trifft es eine Stunde, wo der Arme im abgeschlossenen Hof spazieren kann! Der Erzbischof von Posen darf keinen Altardiener haben, wie es sein Stand (!) erfordert, während Bismark für seine Person den ganzen Hof (!) und noch den König von Bayern in Anspruch genommen (!) und zugleich die ganze preußische und deutsche Liberalität ihm dient und den Pantoffel küßt." Schluß des Artikels ein geistvoller Vergleich zwischen Silvio Pellico in den Bleikammern von Venedig und den elfhundert „hartgehaltenen" Priestern in Preußen.

Ueber „Bismarck" heißt es in der Nummer vom 19. Juli: „Bismarck erkennt aber keine Volks- und Confessionsrechte, knechtet das Volk nach roher Willkühr, und scheint sich gar nichts daraus zu machen, daß er von allen freiheitlich gesinnten Männern als Mann der Gewaltthätigkeit und Thyrannei schon jetzt verurtheilt wird und noch viel mehr von einer unparteiischen spätern Geschichte verurtheilt werden muß." Wer die jesuitische Moral kennt, und weiß, daß dem Jesuiten erlaubt ist, den Mann zu tödten, den der Orden für einen „Thyrannen" und einen Mann der Gewaltthätigkeit erklärt, wird nicht begehren, daß wir ihm noch andere Stellen der „Botschaft" citiren, in welchen mit derselben Deutlichkeit der Reichskanzler der Acht und Rache der fanatisirten Jesuitenzöglinge denuncirt wird.

Die Väter dieser Gemeinheiten, dieser virtuosen Vermischung von Molekülen der Wahrheit mit einem Ocean von Lüge und Verläumbung sind der vormalige Schullehrer Schleuniger und der Dekan (!) Rohn zu Klingnau; der letztere heißt im Munde des Volkes „der schwarz Mä". Volkes Stimme, Gottes Stimme!

Aus Schwaben.

Kaum war der Reichstag geschlossen, als der württembergische Landtag seine Thätigkeit begann: nun ist auch dieser nach glücklich vollbrachter Arbeit heimgegangen. So hätten wir denn einen passenden Ruhepunkt, um auf den Gang der politischen Bewegung in Schwaben während des letzten halben Jahres einen Rückblick zu werfen. Da tritt uns natürlich zunächst der Reichstag und seine Thätigkeit aus der diesseitigen Perspective entgegen. Daß unsere Wahlen nicht gerade reichsfeindlich ausgefallen waren, ist bekannt: selbst die 3 Klerikalen, welche Württemberg nach Berlin entsendet hat, sind keine gefährlichen Eiferer, wenn sie auch unbedingt dem Commando der Jesuitenpartei folgen. Während aber Schwaben auf dem letzten Reichstag in der nationalliberalen Partei durch 12, ist es jetzt nur noch durch 8 Mitglieder in derselben vertreten: zur deutschen Reichspartei aber, welche 1870 bis 1873 nur aus nationalgesinnten Elementen bestand, und jetzt seit der Auflösung der liberalen Reichspartei einen particularistisch-gouvernementalen Flügel sich angegliedert hat, stellten Württemberg 4, darunter zwei der letztgenannten Kategorie angehörige Mitglieder Schmid und Sarwey. Der erstere hatte, seit seiner Berufung in den württembergischen Staatsdienst, die nationalliberale Partei, welcher er bis dahin im Reichstag angehört hatte, verlassen. Sarwey aber, der württembergische Staatsrath, hier zu Lande auf allen Landtagen und unter allen Ministerien und als der Gouvernementale um jeden Preis bekannt, war von unsern verschämten Particularisten, welche Herrn v. Mittnacht mit einem gewissen Mißtrauen betrachten, nach Berlin entsendet worden, um über letztern zu vigiliren, insbesondere seine Collegen im Ministerium au fait zu halten. Man will eben die eminente politische Befähigung Mittnacht's, seine Ueberlegenheit und Unentbehrlichkeit nur ungern anerkennen; ihm einen Collegen im Bundesrath zur Seite zu setzen, ging aus verschiedenen Gründen nicht an, und wäre es auch nur, weil jeder sich sagen mußte, daß er der ruhigen, nur mit der Thatsache rechnenden Besonnenheit unseres Premier gegenüber auf dem Berliner Boden keine Rolle spielen könne: so begnügte man sich denn mit der mehr untergeordneten Thätigkeit eines Reporters, der die Weisung erhielt, mit den Herren v. Nostiz, v. Könneritz, Günther, kurz mit Ihren bekannten sächsischen Landsleuten Fühlung zu erhalten. Schwaben und Sachsen bilden demnach zusammen jenes sonderbare Anhängsel der deutschen Reichspartei, das schon auf dem letzten Reichstag — wir erinnern nur an das Militärgesetz und den Völk-Hinschius'schen Antrag — namentlich aber durch die Vorgänge im sächsischen Landtag die große nationalgesinnte Mehrheit jener Partei in auffallender Weise bloßgestellt hat.

Ebendeßhalb folgte man auch bei uns mit besonderem Interesse den Expectorationen des Herrn v. Nostiz und der andern Frondeurs in der sächsischen Kammer: unsere Ultramontanen sammt der Volkspartei wieherten lauten Beifall: im Allgemeinen aber herrschte hier zu Lande ein gewisses Gefühl der Befriedigung, indem wir mit Freude sagen können: solche Vorgänge sind heutzutage — soweit uns sonst die Sachsen voraus sein mögen — in Württemberg unmöglich. Ganz abgesehen von dem Umschwung, der seit einiger Zeit in unseren Hofkreisen sich bemerklich gemacht hat, und von der Haltung unserer Kammermehrheit, wäre den thatsächlichen Verhältnissen im Reich gegenüber keinem unserer Minister, am wenigsten Herrn v. Mittnacht eine so unbesonnene Leidenschaftlichkeit zuzutrauen, wie sie Herr v. Nostiz zum Wohlgefallen Ihrer Particularisten und Fortschrittsmänner an den Tag gelegt hat.

Die Beschlüsse des Reichstags haben bei der großen Mehrheit unserer Bevölkerung die vollste Befriedigung erregt. Hätte auch vielleicht die Mehrzahl der activen Politiker der nationalen Partei unseres Landes die endgiltige Feststellung der Heeresgrößenziffer im Militärgesetz vorgezogen, da man gerade in Schwaben in allen Kreisen die langweilige Agitation gegen das Militärwesen herzlich satt bekommen hat, so erkannte man doch gern vom höheren politischen Standpunkt aus die Vortheile derjenigen Lösung an, welche der Reichstag mit so großer Mehrheit gefunden hat. Auch das Preßgesetz war für Schwaben eine große Errungenschaft, denn wir lebten bisher unter einem Preßgesetz vom Jahre 1817, welches zwar die Preßfreiheit äußerlich an der Stirne trug, im Uebrigen aber die Allmacht der Polizei namentlich auf dem Gebiet der Concessionsertheilung und der Confiscation von Druckschriften im weitesten Umfang anerkannte, sogar die Einführung der Censur für außerordentliche Fälle vorbehalten hatte: was freilich den Herren Sonnemann und Genossen in Folge der milden Praxis der letzten Jahre gänzlich aus der Erinnerung gekommen war. Neuestens hat nun unsere Ständekammer — mit großer Mehrheit übereinstimmend mit der Vorlage der Regierung den bei der dritten Lesung des Preßgesetzes im Reichstag — angeblich mit Rücksicht auf die besonderen Verhältnisse Süddeutschlands! — eliminirten Paragraphen über das Placatwesen nach der in der II. Lesung des Reichstags angenommenen Fassung zum Landesgesetz erhoben.

Der Völk-Hinschius'sche Antrag bezüglich der Civilehe hat wenigstens seinen wichtigsten Zweck erreicht, als Drücker auf die Entschließungen der bayrischen Regierung zu dienen: außerdem hat die Debatte über denselben wesentlich dazu beigetragen, das Vorurtheil unserer Bevölkerung gegen die Civilehe zu beseitigen und das wichtige politische Verständniß für die Beurtheilung dieser Frage anzubahnen. Auch in Württemberg ist nämlich die Einführung der obligatorischen Civilehe, wie jeder Sachkundige angeben muß, das dringendste Bedürfniß: da der heillose Zustand unserer für Protestanten wie Katholiken rein kirchlichen Ehegesetzgebung und Ehegerichtsbarkeit, andererseits die Mangelhaftigkeit der über die Nothcivilehe und die materiellen Collisionsfälle zwischen Staats- und Kirchengesetzgebung geltenden staatlichen Normen täglich neue Nothzustände und für den Richter kaum lösbare Probleme zu Tage fördert, deren Quelle wesentlich in der provocirenden Nichtachtung der Staatsgesetze von Seiten eines Theils der katholischen Kleriker zu suchen ist, an deren Lösung auf dem Boden des Particularrechts aber in den letzten Jahren nicht mehr zu denken war. Ebendeßhalb konnte aber auch der Völk-Hinschius'sche Antrag — von seiner politischen Tendenz abgesehen — nicht befriedigen. Denn soll die bisherige Nothlage beseitigt werden, so bedarf es vor allem neben der gesetzlichen Regelung des Civiltrauungsakts der Erlassung eines Reichsgesetzes über die Voraussetzungen einer staatlich giltigen Ehe, über die Fälle der Scheidung und der Nichtigkeit: und die württembergische Regierung wird sich, nachdem der Völk-Hinschius'sche Initiativantrag mit vollem Recht vom Bundesrath abgelehnt worden, durch ihren Antrag auf Erlassung eines erschöpfenden Civilehegesetzes durch das Reich ein um so größeres Verdienst erwerben, wenn es zugleich gelingen sollte, den in Aussicht gestellten Entwurf schon dem nächsten Reichstag vorzulegen.

Die Zusammensetzung der Kommission für die Ausarbeitung eines deutschen Civilgesetzbuchs berechtigt zu den besten Erwartungen. Aufgefallen ist bei uns die Gleichgiltigkeit, mit welcher die Berliner Presse bisher diese Constituirung aufgenommen hat, und wir glauben nicht fehl zu gehen, wenn wir den Grund hiervon in dem neuerdings in Preußen stärker hervorgetretenen Gegensatz der landrechtlichen Juristen zu den Vertretern des gemeinen Rechts suchen. Daß das landrechtliche Element in der Kommission numerisch so wenig hervortritt, dürfte übrigens manchen ängstlichen Seelen in den Mittel- und Kleinstaaten, welche ein Aufgehen unserer bisherigen Rechtsentwicklung in der landrechtlichen Doctrin mit Gewißheit voraussehen zu müssen glaubten, zur Beruhigung dienen. —

Auf kirchlichem Gebiet hat sich bei uns in den letzten Monaten nur wenig geändert. Hat auch Bischof Hefele erst in den letzten Tagen — indem er dem im Landkapitel Ellwangen mit großer Majorität zum Decan gewählten Stadtpfarrer Dr. Schwarz — bis vor kurzem noch Angehöriger des Jesuitenordens und das Haupt unserer klericalen Ultras — zur großen Verwunderung der Ultramontanen und zur Erleichterung unserer Staatsregierung die Bestätigung versagte, den ernsten Willen an den Tag gelegt, eine ultramontane Nebenregierung nicht zu dulden, so nimmt doch auch bei uns die klericale Agitation in der Presse, welche so eben im Kissinger Attentat ihre reifste Frucht zu Tage gefördert hat, ihren ungestörten Fortgang. Nachdem

das Organ des Bischofs, das deutsche Volksblatt, dessen eigenthümliche Ver-
mittlerrolle wir früher geschildert haben, aus Mangel an Lesern vor einigen
Monaten eingegangen ist, bilden jetzt die Germania und einige kleine ultramontane Winkelblätter die einzige Lectüre für die große Mehrzahl der katholischen Bevölkerung. Um sich der Controle der Staatsbehörde, wie des größeren Publikums möglichst zu entziehen, hat die klericale Partei neuerdings
eigene Druckereien acquirirt und dieselben in kleine Landorte verlegt, wo die
Polizei ausschließlich in den Händen der Gemeindebehörde sich befindet und
bei dem Mangel aller unmittelbaren Organe der Staatsgewalt an solchen
Orten auch kein Auge des Gesetzes wacht. Ohnehin befindet sich unsere
Staatsanwaltschaft wenigstens zu einem erheblichen Theil — Dank dem
Geist, der 1866—70 unsere Staatsverwaltung beherrschte — in den Händen
unbedingter Anhänger der ultramontanen Partei. Neben dieser so zu sagen
offiziellen Presse der letzteren, welche in Ausfällen und Drohungen gegen das
Reich und den Kanzler seither das Unglaublichste leistete und namentlich in der
Form geschmackloser Romane und Novellen die Lüge und Verläumdung auf
die Spitze trieb, steht nun aber als thatsächliches Hauptorgan dieser Partei
der von einem Franz Xaver v. Hasenkamp aus Ostpreußen redigirte Beobachter: derselbe ist das eigentliche Hetzblatt — gemeinsam im Dienste der Klerikalen wie der Volkspartei, welches erst in den letzten Tagen wieder bei Gelegenheit des Kissinger Attentats in schamlosem Cynismus mit dem Münchener Volksboten und dem Mainzer Journal wetteiferte. Es muß unter diesen Umständen im höchsten Grade auffallen, daß dieses Blatt, dessen Leser-
kreis im Volk täglich abnimmt, noch immer in einer großen Anzahl von Exemplaren aus Regierungsmitteln angeschafft und dadurch — wie überhaupt
aus den Kreisen des Beamtenthums die wichtigste Förderung erhält. Bedürfte
es übrigens noch einer weiteren Qualification unserer Volkspartei, so dient
wohl hierzu am besten die neuerdings von dem bekannten Frankfurter Senator Bernus jetzt auf Stift Neuburg bei Heidelberg dem Vorstand des groß-
deutschen Vereins, der sich im Jahre 1852 in seinem Palais unter Assistenz
von Schäffle u. A. constituirt hatte, gegen Julius Hausmann und Gen. bei
dem Kreisgericht Stuttgart erhobene Civilklage. Bernus erklärt darin, (gegenüber dem frechen Dementi in Nro. 204 der Frankfurter Zeitung v. 23.
Juli citiren wir den Wortlaut der Klage des Herrn von Bernus!) „obgleich
er niemals der demokratischen Partei angehört, habe er sich seit 1866 für
deren Bestrebungen interessirt. Als im Jahre 1867 unter Mitwirkung des
Dr. Frese die demokratische Correspondenz, (Schäffle bezog beiläufig bemerkt
s. Z. ein Ehrenexemplar dieser Correspondenz!) „als officielles Organ der demokratischen Partei in Stuttgart gegründet worden, habe er derselben Geldbeiträge für dieses Unternehmen angeboten. Frese, welchem von anderer

Seite" (Hietzing?) „reichliche Mittel zur Verfügung gestellt waren, habe dieselbe jedoch abgelehnt, zugleich aber die Bitte an Bernus gerichtet, derselbe
möge den Herren Julius Hausmann und Carl Mayer in Stuttgart zur Verwendung für deren politische Parteizwecke Gelder zufließen lassen. Dieser
Bitte entsprechend habe Bernus an Hausmann unter der ausdrücklichen Bedingung der Rechnungsablegung im Jahre 1867 1500 Gulden bezahlt. Bei
einem Zusammentreffen in Heidelberg, 1872, habe Hausmann vorgegeben,
800 Gulden für die Zwecke (!) der demokratischen Partei in Württemberg verwendet, die übrigen 700 Gulden an kleinere württembergische Parteiblätter
ausgeliehen zu haben, zugleich aber das Ansinnen an Bernus gestellt, die rest-
lichen 700 Gulden einem von J. Hausmann und L. Sonnemann in
Frankfurt einzurichtenden Reichstagswahlagitationscomite zur Verfügung zu
stellen. Vergebens habe sich Bernus seither um Rechnungsablegung an die
H. Frese, Walesrode, Carl Mayer, Niethammer und andere Stuttgarter Demokraten gewendet u. f. w. und verlange deßhalb nunmehr auf gerichtlichem
Weg eine spezifizirte, mit gehörigen Belegen versehene Aufstellung über die
den Betr. anvertrauten und von diesen 1867—70 für die Zwecke der demokratischen Partei in Württemberg verausgabten Gelder. So wenig Neues diese
Enthüllungen auch für uns enthalten, die wir schon vor Jahren, anch in
den Grenzboten (von 1871) auf den engen Zusammenhang unserer volksparteilichen Agitatoren mit den Hietzinger Kreisen hingewiesen und namentlich das Treiben des Dr. Frese und seiner Freunde und Gesinnungsgenossen Carl
Mayer, Schäffle u. f. w. zur Zeit der Parlamentswahlen und nachher charakterisirt haben, so groß ist der Eindruck, welchen diese Aufklärungen über
unsere demokratische Catonen auf die mit der Politik weniger betrauten Kreise
gemacht haben, zumal gerade in Württemberg die demokratischen Führer sich
mit einem gewissen Heiligenschein zu umgeben bemüht waren.

Vielleicht wird eines Tages auch von Hietzing aus Rechnung verlangt
und die Quelle aufgedeckt werden, welcher die stehenden Artikel über den
Reptilienfonds in unserer volksparteilichen Presse ihre Existenz verdanken. Der
Beobachter hüllt sich vorerst in tiefes Schweigen, druckt aber soeben den
Schandartikel der Frese'schen Tagespresse, in welcher die österreichische Regie-
rung zum Einschreiten gegen das deutsche Reich wegen der Verhaftung des
Pfarrers Hauthaler aufgefordert wird, als eigenen Leitartikel ab.

Wie lange noch, fragen wir billig, wird man in Stuttgart fernerhin
dem Auswurf der deutschen Journalistik in dieser Weise freien Spielraum
gewähren?

Ueber die Thätigkeit des schwäbischen Landtags läßt sich nur wenig berichten, er tritt mehr und mehr — und das ist sein größtes Lob — in die
nach der jetzigen politischen Situation ihm zukommende untergeordnete Stel-

lung zurück. Der Versuch einer Verfassungsrevision nahm ein klägliches Ende, worüber man sich nicht wundern darf: denn zu einer gründlichen Reform, bedingt durch die Einführung des Einkammersystems, ist die Zeit noch nicht gekommen. Mag auch unser Herrenhaus noch so lebensunfähig geworden sein, so fehlt doch unserer friedlichen Zeit der Motor, um den Cadaver zur Seite zu schaffen und so wird nichts übrig bleiben, als ihn an Ort und Stelle vermodern zu lassen, auf die Gefahr hin, daß unsere Abgeordnetenkammer unter dem Zersetzungsproceß Schaden leidet. Von der ganzen Revision kam nichts zu Stande als ein Gesetz, welches den Ständen endlich — bezeichnend genug! — das Recht der Redefreiheit und der Gesetzesinitiative, der Abgeordnetenkammer das Recht ihren Präsidenten ohne königliche Bestätigung selbst zu erwählen einräumt, die Urlaubsberechtigung an Beamte zum Eintritt in die Ständekammer abschafft, dagegen bei Beförderung von Abgeordneten im Staats- oder Reichsdienst die Anordnung einer Neuwahl vorschreibt. Somit bleibt auch fernerhin die mittelalterliche Zusammensetzung unseres Abgeordnetenhauses aus Vertretern der Geistlichkeit, der Ritter, der „guten Städte“ und des übrigen Volks als schwäbische Eigenthümlichkeit erhalten. Damit aber unsere Abgeordnetenkammer die endlich durch das Reich errungene Redefreiheit nicht mißbrauche, hat sie auf das naive Verlangen unseres Herrenhauses in dem neuen Verfassungsgesetz die Verpflichtung übernehmen müssen, „wenn ein Ständemitglied seine Stellung in der Kammer zu einer Beleidigung oder Verläumbung der Regierung, der Stände oder einzelner Personen mißbrauche, diese zu rügen.“

Ob etwa unser Haus der Lords den Thatbestand dieser Vergehen als oberster Richter vor seine Schranken ziehen wird?!

Die übrige Thätigkeit unseres Landtags war eine wesentlich finanzielle. An die Berathung schloß sich die Erhöhung sämmtlicher Beamtengehalte um $\frac{1}{7}$: auch die Civilliste des Königs wurde mit Rücksicht auf die Unterhaltung des Theaters in demselben Verhältnisse erhöht. Die Exigenzen für das Retablissement des württembergischen Armeekorps, für Militärbauten und eine neue Garnisonskirche wurden zum Aergerniß unserer Demokraten ohne Widerspruch verwilligt. Vor allem aber wurde die Erbauung einer Reihe weiterer Staatsbahnen beschlossen. Wir haben seit Jahren auf die schweren Bedenken aufmerksam gemacht, welche ebensosehr mit Rücksicht auf die Corruption des ganzen öffentlichen Lebens als vom finanziellen, volkswirthschaftlichen und commerciellen Standpunkt der fortwährenden Ausdehnung des Staatseisenbahnbaues entgegenstehen: wir haben insbesondere auf die Nothwendigkeit einer wenigstens zeitweisen Pause hingewiesen, um die ganze Ertragsberechnung, welche bisher auf einer, jeder Controlle sich entziehenden Gruppirung der Etats für die vollendeten und die neuen Bahnen beruhte — einer unbefangenen Kritik unter-

werfen zu können: wir hatten namentlich auf den öffentlichen Scandal hingewiesen, welcher in der Thatsache begründet war, daß einzelne Wahlkreise in
der ausgesprochenen Absicht, dadurch gewichtige Stimmen für die Erfüllung
ihrer Eisenbahnwünsche zu gewinnen, die höchsten Eisenbahn und Postbeamten des Staats in die Kammer wählten und diese dadurch in die mißlichsten Collisionen brachten gegenüber den Aussichten, welche sie ihren Wählern
eröffnen mußten und ihren Pflichten als Berather der Regierung.

Selbst dem Handelsblatt des Herrn Sonneman, welches das bisherige
System unserer Verwaltung Jahre lang verherrlicht hatte, scheint endlich ein
Licht über diese Zustände aufgegangen zu sein. Ein scandalöser Auftritt blieb
auch dießmal unserer Abgeordnetenkammer nicht erspart, indem die beiden
Matadore unserer Eisenbahnverwaltung in ihrer Eigenschaft als Abgeordneter
und Regierungsvertreter sich direct in die Haare geriethen, und nur durch
das Dazwischentreten ihres Chefs, des Herrn von Mittnacht eine weitere
Blosstellung des öffentlichen Dienstes vor den Angen des ganzen Landes abgeschnitten wurde.

Um allen Ansinnen gerecht zu werden ging man schließlich nach dem
Grundsatze: eine Hand wäscht die andere, auf die weitestgehenden Eisenbahnwünsche ein. Ein Glück, daß bisher die Contributionsgelder in die Lücken
getreten sind. Die Folgen der neuerdings beschlossenen maßlosen Vermehrung
der Staatsschulden für den Staatscredit und die Steuerlast werden nicht ausbleiben, und doch sind wir erst am Anfang des Endes. Eine neue Serie von
Bahnbauten wird — und zwar mit absoluter Nothwendigkeit in Bälde auszuführen sein, um bei der fehlerhaften Anlage des bisherigen Bahnsystems
durch Herstellung directer Linien die Concurrenz der Nachbarstaaten mit
Erfolg bestehen zu können. Uebrigens läßt sich nicht verkennen, daß seit
Herr v. Mittnacht die Leitung des Verkehrsministerium übernommen hat,
die bisherige kleinlich egoistische Auffassung der Verkehrsinteressen, wo es sich
um den Anschluß an die Nachbarstaaten handelte, ihr Ende erreicht hat;
auch die Einwirkung des Reichs auf die Eisenbahnpolitik der süddeutschen
Staaten machte sich in der letzten Zeit, wenn auch nicht immer formell so,
doch in nicht mißzuverstehenden Winken geltend. Ihr haben wir namentlich
die rasche Verständigung mit Baden nicht nur über die bisher schwebenden
Anschlußfragen, sondern namentlich bezüglich der Kohlentarife zu verdanken,
indem Baden bis in die neueste Zeit seine prächtige territoriale Lage zum
großen Nachtheil der württ. Industrie in der einseitigsten Weise ausgebeutet
hatte und aus freien Stücken kaum zur Nachgiebigkeit zu bewegen gewesen
wäre. Leider gelang es vor dem Schluß des Landtags in e i n e r Richtung
nicht mehr dem Lande die längst erwartete Aufklärung zu verschaffen. Bekanntlich war in Württemberg erst längere Zeit nach dem Abschluß der

Verſailler Verträge auf Grund eines ſpeciellen Vorbehalts in denſelben noch
eine Notenbank conceſſionirt worden, als gelte es im letzten Augenblicke auch
von unſerer Seite noch ein Schärflein zu der Notenmiſere im deutſchen Reiche
beizutragen, oder gar — obgleich nach Lage der Geſetzgebung nichts un-
gerechtfertigter wäre — auf dieſer Baſis bei der künftigen Regulirung der
Notenfrage durch das Reich noch eine Abfindung von letzterem herauszuſchlagen.
Ueber dieſer Conceſſion, welche mehr im Intereſſe einzelner Stuttgarter Familien als des Landes lag — ein Theil der Gründer gehörte direct oder
indirect den Spitzen der Beamtenhierarchie an — ſchwebt zur Zeit ein eigenthümliches Dunkel, herbeigeführt durch die Mittheilungen, welche ſeiner Zeit
der Miniſter von Theurlen über die Conceſſionsbedingungen und die Verhandlungen mit den Gründern zu machen oder vielmehr zu unterdrücken für
gut befunden hatte. Nun war der Bank als ein gewiß mäßiges Aequivalent
für die ihr gewährte Berechtigung zur Emiſſion von über 17 Millionen Gulden
in Banknoten durch das Geſetz die Pflicht auferlegt worden, von dem Reingewinn,
ſoweit derſelbe 5% des eingezahlten Capitals überſteige, 33$\frac{1}{3}$% an den Staat
abzuliefern. Die Bank hielt es nun aber nachträglich für angemeſſen — indem ſie
ſich hierbei auf geheime Abmachungen mit dem vorgenannten Miniſter berief —
gegen den klaren Wortlaut des Geſetzes die Tantiemen der Directions- und
Verwaltungsrathsmitglieder ſowie die Dotation des Reſervefonds zuerſt von
dem nach Abzug obiger 5% verbleibenden Reſt hinwegzunehmen, ehe ſie den
Staat, der hierdurch um viele Tauſende geſchädigt wurde, an dem Gewinn
Theil nehmen ließ. Die Abgeordnetenkammer reclamirte ſchon im vorigen
Jahre die rechtswidrig dem Staat entfremdeten Gelder aber ſeither erfolglos,
was ſich freilich am beſten dadurch erklärt, daß die intereſſirten Aktienbeſitzer
gerade in den höchſten Kreiſen der Verwaltung zu ſuchen ſind. Auch jetzt gelang es wieder, die Erörterung der heiklen Frage bis zum Schluße des Landtags hinaus zu ziehen. Die Sache erregt um ſo mehr Aufſehen, als es ſich
hier um eine wunde Stelle unſerer ganzen Staatsverwaltung handelt. Befindet ſich doch eine nicht geringe Anzahl unſerer in Stuttgart wohnenden
höheren Staatsbeamten als Mitglieder in den Verwaltungsräthen der daſelbſt
domicilirten Aktiengeſellſchaft und betheiligte ſich ſeither unangefochten an
Gründerthum und Agiotage ſo ſehr, daß ſelbſt die Juſtiz von dieſem Uebel
nicht ganz unberührt blieb; ja der Einfluß dieſer Verhältniſſe, der ſich auf
unſere faſt zur Hälfte aus Beamten zuſammengeſetzten Abgeordnetenkammer
erſtreckt, iſt ſo groß, daß es bisher nicht möglich war, eine dem Art. 16 des
Reichsbeamtengeſetzes entſprechende Beſtimmung in das württembergiſche Recht
einzuführen. — —

Der Schluß des Landtags erfolgte in beſonders feierlicher Weiſe. Zum
erſten Male ſeit dem Eintritt Württembergs in das Reich wurde in der vom

Thron gehaltenen Schlußrede „die Herstellung eines durch Kaiser und Reich neu geeinigten Deutschlands als bedeutendste Frucht der nationalen Erfolge" mit Wärme betont, und der Zusammentritt des Landtags nach den Versailler Verträgen als ein „dem Gesammtvaterland unvergeßlicher Zeitpunkt" bezeichnet. Offenbar scheint man auch bei Hof, wie der neuliche Besuch in Straßburg, die wiedererwachte Theilnahme an den militärischen Angelegenheiten, insbesondere das wohlwollende Verhalten gegenüber dem neuen Corpscommandanten beweist, mehr und mehr aus der bisherigen Zurückhaltung heraustreten zu wollen. Die erste Frucht dieser intimeren Beziehungen zum Reich dürfte wohl der endliche Abschluß einer Militärconvention sein, durch welche einerseits die Abschaffung unseres ganz überflüssigen und in seiner Zwecklosigkeit schädlichen Kriegsministeriums herbeigeführt, andererseits den württembergischen Offizieren das Avancement im Reichsheer, von dem sie unter den bisherigen Verhältnissen soviel wie ausgeschlossen waren, eröffnet würde. Thatsächlich scheint denn auch der bisherige Kriegsminister bereits soviel wie abgedankt zu haben, indem er bei den ihn so nahe berührenden Verhandlungen über den Militäretat, insbesondere das Retablissement, im Urlaub abwesend war. Hoffen wir, daß dieser Urlaub ein dauernder werden und damit ein weiterer Differenzpunkt zwischen dem Reich und der Landessouveränität seine befriedigende Lösung finden möge. Das Land wird diesen Verlust mit Freuden begrüßen.   α.

Neue kunstwissenschaftliche Litteratur.

Auf wenigen wissenschaftlichen Gebieten wird gegenwärtig eine so rege Thätigkeit herrschen, wie auf dem Gebiete der zwar noch jungen, aber von Jahr zu Jahr sich mehr fühlenden modernen Kunstwissenschaft. Und diese Thätigkeit muß um so bedeutender erscheinen, je kleiner verhältnißmäßig der Kreis von Forschern zur Stunde noch immer ist, der auf diesem Gebiete berufsmäßig arbeitet. Das hervorragendste Werk, das wir diesmal zu verzeichnen haben, und zugleich eines, das ein Fundamentalwerk unsrer kunstwissenschaftlichen Litteratur sein und bleiben wird, ist jedenfalls die vor Kurzem zu längst gehofftem erfreulichem Abschlusse gediehene „Geschichte der Romanischen Baukunst in Deutschland" von Heinrich Otte. (Leipzig, T. O. Weigel.) Wem der Titel dieses Buches zum ersten Male entgegentritt, der wird wohl zunächst sich erinnern an Lübke's vor etwa anderthalb Jahren erschienene „Geschichte der deutschen Renaissance" und wird

begierig sein zu sehen, in welchem Verhältnisse diese beiden Werke etwa zu
einander stehen. Dies Verhältniß ist nicht ganz einfach zu bestimmen.
Otte's Buch bildet zu dem von Lübke ein Seitenstück, und doch auch wiederum
kein Seitenstück. Beide führen uns in einem selbständigen, abgeschlossenen,
Werke eine wichtige Periode der deutschen Kunstgeschichte vor, Otte allerdings
mit strenger Beschränkung auf die Architektur, während Lübke, namentlich in
dem allgemeinen Theile seiner Darstellung, auch auf die Malerei, die Bild-
hauerei und das Kunstgewerbe reichlich Rücksicht nimmt. Aber welch ein
Unterschied schon, wenn wir weiterhin die Genesis beider Werke ins Auge
fassen! Von allen Perioden der deutschen Kunst ist neben der gothischen
gewiß die romanische die am meisten durchgearbeitete; zahlreiche Kräfte sind
seit langer Zeit beschäftigt gewesen, gerade die mittelalterliche Kunst nach
allen Seiten hin zu durchforschen, und so ist das wissenschaftliche Material
über jene Perioden zu einer Menge angewachsen, die kaum noch zu übersehen
ist und die nur bei hohem wissenschaftlichem Muthe durch jahrelange ausschließliche Vertiefung in den Stoff noch bewältigt werden mag. Anders
verhält es sich mit den folgenden Perioden der deutschen Kunst; diese waren
bis in die jüngste Zeit — und das ist nach dem, was soeben über die beiden
frühesten Perioden bemerkt ist, wunderbar genug — um so schlechter bekannt,
je weiter sie zurücklagen. Während verhältnißmäßig reiches Material vorliegt
über die neudeutsche Kunst seit Carstens und sogar, worauf wir weiter unten
noch zurückkommen, neuerdings von zwei Seiten zu gleicher Zeit wieder einmal eine zusammenhängende Darstellung derselben unternommen worden ist,
hat das 18. Jahrhundert, die Kunst der Barock-, Rococo- und Zopfzeit,
nachdem sie früher geradezu als eine Periode des Verfalls und der Ausartung
mit verächtlichem Stillschweigen übergangen worden war, kaum seit einem
Jahrzehnt etwas mehr Beachtung und unbefangenere Würdigung gefunden,
und für die deutsche Renaissance vollends, die ja bis vor ganz kurzer Zeit
als unentdecktes Land in dem weiten orbis der Kunstgeschichte dastand, und
zwar nicht blos in Laienkreisen, sondern selbst unter den Fachleuten, hat
eigentlich erst Lübke's oben erwähntes Buch Interesse angefacht, allerdings,
wie wir mit Freuden hinzufügen, ein energisches und für die Kunstwissenschaft
voraussichtlich folgenreiches Interesse. In dieser ganzen Sachlage beruht ein
tiefer Unterschied zwischen Lübke's und Otte's Buch. Lübke hat so gut wie
keine Vorarbeiten gehabt, auf die er sich hätte stützen können; was er geschaffen, das ist wesentlich ein bahnbrechendes, zielweisendes Werk; und obwohl er selbst bereits in diesem Werke ein beträchtliches Stück des Weges,
der nach jenem Ziele führt, aus eigner Kraft zurückgelegt hat, so hat er doch
gleichzeitig uns auch vor eine kunstwissenschaftliche Aufgabe gestellt, die
hoffentlich in nächster Zeit von recht vielen Seiten mit vereinten Kräften an-

gefaßt werden wird. Otte's Buch dagegen ist aus dem reichen Material vorausgegangener Einzelforschung hervorgewachsen; es ist, so viel immerhin noch auch auf diesem Gebiete im Einzelnen zu thun übrig sein mag, doch wesentlich ein zusammenfassendes, abschließendes Werk; die Früchte jahrzehnte-langen fremden und eigenen Fleißes sind es, die hier in die Scheuern ge-bracht werden.

Ursprünglich hatte Otte den Plan, eine ausführliche Geschichte der ge-sammten deutschen Baukunst von den Römerzeiten an bis in unsre Tage herein zu schreiben. Die Größe der Aufgabe, die er sich damit gestellt hatte, war jedenfalls von ihm unterschätzt worden. Vierzehn Jahre sind dahin-gegangen, seit das erste Heft des Werkes erschien (1860), und jetzt endlich liegt abgeschlossen vor, was eigentlich nur den ersten Baud eines großen drei-bändigen Werkes bilden sollte. Wer einen Blick gethan hat in die litterarischen Nachweise, die der Verfasser am Ende jedes größeren Abschnittes giebt, der wird sich freilich nicht wundern, daß das Werk so langsam gereift ist. Von der Gründlichkeit, mit der der Verfasser gearbeitet, mag die Thatsache eine Ahnung geben, daß es dieselbe Periode ist, die Lübke in seiner „Geschichte der Architektur" — verhältnißmäßig ausführlich — auf etwa 100 Seiten be-handelt hat, welche hier in Otte's Buch auf weit über 700 Seiten dargestellt ist. Inzwischen ist er, wie er selber klagt, an der „Schwelle des Greisenalters" angelangt, und es ist fraglich, ob ihm Zeit und Kraft beschieden sein wird, um wenigstens noch in einem zweiten Baude die Periode der Gothik, für deren Darstellung es eine noch weit gewaltigere Masse von Material zu be-wältigen gilt, in derselben Weise zu bearbeiten. Freuen wir uns des Erreichten, und hoffen wir von der Zukunft das Günstigste!

Auf Einzelheiten des schönen Werkes einzugehen würde hier nicht am Platze sein. Ein Wort nur über die Gliederung des Ganzen. In einer ziemlich umfänglichen Einleitung behandelt der Verfasser zunächst die aus-gedehnte Bauthätigkeit der Römer auf deutschem Boden, als die Grundlage, von der die Baukunst des deutschen Mittelalters ausging. Innerhalb der romanischen Baukunst selbst macht er dann drei große Abschnitte: der erste reicht bis zum Schlusse des zehnten Jahrhunderts, behandelt also namentlich, wenn wir von den spärlichen Nachrichten über die frühesten Jahrhunderte ab-sehen, die Zeit der carolingischen und sächsischen Kaiser; der zweite umfaßt den specifisch sogenannten „frühromanischen" Stil während des elften Jahr-hunderts, der dritte und umfangreichste endlich, der für sich allein weit über die Hälfte des ganzen Buches einnimmt, ist der eigentlichen Blüthezeit des romanischen Baustils gewidmet, welche in das zwölfte Jahrhundert und den Anfang des dreizehnten, also in das Zeitalter der Kreuzzüge und der Hohenstaufen fällt. Mit außerordentlichem Geschick hat Otte innerhalb jedes

einzelnen Abschnittes nachdem er jedesmal eine vortrefflich geschriebene allgemeine Charakteristik der betreffenden Bauperiode vorausgeschickt hat, die
historische Darstellungsweise mit der topographischen zu verweben gewußt,
wobei er die erstere natürlich in der Regel an die Geschichte der Bauunter-
nehmer — Kaiser, Fürsten, Bischöfe, Klöster —, die letztere an die erhaltenen
Denkmäler selbst anknüpft. Zum ersten Male hat er übrigens, und hierin
liegt ein ganz besonderer Werth des Buches, neben den kirchlichen auch die
Profanbauten der romanischen Zeit — Städtebefestigungen, Burgen, Wohn-
gebäude, Heerstraßen, Brücken- und Wasserbauten — eingehend im Zusammenhange behandelt.

Für die Darstellung ist es ausschlaggebend gewesen, daß Otte von jeher
mehr auf dem Standpunkte des Alterthumsforschers als dem des Kunst-
historikers gestanden hat. Daher die strenge und einigermaßen kühle Objectivität, mit der das ganze Werk geschrieben ist. Otte verschmäht es durchaus
nicht, auf die Schönheit und künstlerische Bedeutung eines Bauwerkes oder
irgend eines einzelnen constructiven oder ornamentalen Baugliedes durch ein
charakteristisches Epitheton aufmerksam zu machen; aber für gewöhnlich begnügt
er sich damit, klar und einfach die Thatsachen zu verzeichnen und diese Thatsachen selber reden zu lassen. Dadurch büßt die Darstellung gewiß nicht das
geringste an wirklichem Interesse ein, im Gegentheil, diese selbstlose Objectivität muß vielleicht, streng genommen, als ein Vorzug gelten; sie gewinnt
aber auch nicht jenen begeisternden und unwillkürlich mit fortreißenden
Zug, welcher Lübke's Geschichte der deutschen Renaissance bei all ihrer Gelehrsamkeit doch zu einem so liebenswürdigen Buche macht. Auch Otte würde
es von niemand verübelt werden, wenn er ein wenig mehr durchblicken ließe,
wie er doch mit ganzem Herzen und voller Begeisterung hinter seiner Sache
steht. — Die Verlagshandlung hat das Werk, wie es nicht anders zu erwarten, mit solidester Eleganz ausgestattet. Ueber dreihundert zum größten
Theil vortreffliche Holzschnitte, klar und kräftig gedruckt, illustriren den Text;
außerdem sind zwei Kupfertafeln mit architektonischen Details, eine litho-
graphische Nachbildung des erhaltenen Bauplanes von St. Gallen aus dem
9. Jahrhundert und eine Terrainzeichnung des ältesten Berlin beigegeben.

An dieses Capitalwerk reihen wir einen kleinen Beitrag zur Dürer-
litteratur: „Untersuchungen über Albrecht Dürer" von Alfred
v. Sallet. (Berlin, Weidmann.) Das höchst splendid ausgestattete
Schriftchen enthält vier verschiedene Aufsätze, von denen die drei letzten —
Bemerkungen zu Dürer's Kupferstichen und Holzschnitten; die Medaillen
Dürer's; Vasari über Dürer — nur für den Kunstwissenschafter und Sammler
bestimmt sind, während dagegen der erste auch das Interesse weiterer Kreise
beanspruchen darf. Sallet versucht es nämlich darin, nochmals eine Lanze

für die angeblichen Dürerzeichnungen in Berlin, Bamberg und Weimar zu brechen. Die Angelegenheit ist ihrer Zeit (1872) auch in diesen Blättern zur Sprache gebracht worden und kann in der Hauptsache als bekannt vorausgesetzt werden. Es handelt sich um die in den öffentlichen Sammlungen der drei genannten Städte befindlichen, früher zusammengehörigen Profilzeichnungen von zusammen über hundert Köpfen, welche, im Contur ausgeschnitten, aufgeklebt und von verschiedenen Händen mit Namensunterschriften versehen, früher jederzeit für echte Dürer'sche Zeichnungen galten, bis Moritz Thausing in Wien, gegenwärtig wohl unser größter Dürerkenner und seit langem mit einer ausführlichen Dürerbiographie beschäftigt, sie im Jahre 1871 aufs entschiedenste für eine Fälschung erklärte. Die Behauptung Thausing's rief eine förmliche kleine Litteratur hervor; Thausing selbst hat alles, was für und gegen ihn in dieser Frage geschrieben worden ist, vorm Jahre zusammengestellt in seinem Nachrufe an Albert von Zahn, im Schlußhefte von Zahn's „Jahrbüchern für Kunstwissenschaft". Seitdem hat die Angelegenheit geruht; alle competenten Stimmen waren schließlich darüber einig, daß zwar „der Anonymus der linkshingewandten Profilköpfe" jedenfalls in Dürer's eigner oder wenigstens nicht viel späterer Zeit gelebt habe, aber daß er eben ein Anonymus sei und wahrscheinlich bleiben werde.

Sallet kommt nun nochmals auf die Angelegenheit zurück und bringt neue, überzeugende Beweise dafür bei, daß die Zeichnungen unmöglich viel später als in Dürer's Zeit entstanden sein können. Wenn er aber auch die Annahme einer gleichzeitigen Fälschung für „absurd" erklärt, weil der Fälscher dann, um Anlaß und Gelegenheit zur Darstellung gewisser Köpfe gehabt zu haben, Dürern nach Aachen, Antwerpen und auf den Augsburger Reichstag hätte nachreisen oder sich nach Dürer's Rückkehr Einsicht in dessen Reisemanuscript verschaffen müssen, so würden wir diesem Einwurfe nur dann einiges Gewicht beimessen können, wenn es sich wirklich von Hause aus um eine Fälschung handelte. Aber von dieser Vorstellung wird man sich jedenfalls ganz loszumachen haben; nicht der die Köpfe zeichnete, sondern erst der, der sie ausschnitt und mit Dürer's Monogramm versah, das war der „Fälscher". Zahn hat unseres Wissens zuerst die Vermuthung ausgesprochen, die Zeichnungen seien Visirungen zu Medaillen gewesen, und Sallet erhebt diese Vermuthung „fast zur Gewißheit". Läge denn nicht die umgekehrte Vermuthung eben so nahe, daß die Köpfe, wenigstens zum Theil, erst nach Medaillen gezeichnet sind? Es wird abzuwarten sein, was Thausing auf die Argumente Sallet's erwiedern wird. Hoffentlich wird er es weniger leidenschaftlich thun als sein Gegner; denn wenn es lediglich „das Streben nach Wahrheit in der Erforschung der Werke unseres herrlichsten deutschen Meisters" gewesen ist, welches Sallet bei Abfassung seiner Schrift geleitet hat, dann war es wohl

überflüssig, einem Manne wie Thausing gegenüber von „subjectivem Kunstge-
schwätz" zu reden und im Gegensatze zu ihm an einen „wirklichen und soliden
Kenner Dürer's" zu appelliren.

Wie schon oben angedeutet, ist neuerdings von zwei Seiten fast zu
gleicher Zeit und unabhängig von einander der Versuch einer zusammenhängenden Darstellung der Kunst des 19. Jahrhunderts gemacht worden. Die
Priorität kann für sich in Anspruch nehmen das Werk von Franz Reber:
Geschichte der neuern deutschen Kunst vom Ende des vorigen Jahrhunderts bis zur Wiener Ausstellung 1873 mit Berücksichtigung der gleichzeitigen Kunstentwicklung in Frankreich, Belgien, Holland, England, Italien
und Rußland (Stuttgart, Meyer & Zeller). Kurz nach dem Erscheinen desselben trat das an zweiter Stelle zu nennende Werk hervor: Geschichte der
deutschen Kunst seit Carstens und Gottfried Schadow von Herman Riegel (Hannover, Rümpler). Von beiden Darstellungen ist bis jetzt nur eine
erste Lieferung ausgegeben (bei Reber S. 1—128, bei Riegel S. 1—80.)

Es ist ganz unmöglich, diese beiden Unternehmungen nicht mit einander
zu vergleichen; wie sie so beide neben einander liegen, fordern sie förmlich den
Vergleich heraus, und die Parallele zwischen ihnen muß gezogen werden, selbst
auf die Gefahr hin, daß eins der beiden Werke dabei den Kürzern ziehen
sollte. Die Nothwendigkeit einer neuen, zusammenfassenden Darstellung der
Kunst des 19. Jahrhunderts wird wohl Niemand in Abrede stellen. Seit
den letzten Versuchen in dieser Richtung — wir erinnern nur an Hagen's
„Deutsche Kunst in unserm Jahrhundert" (Berlin, 1857) — ist ein so langer
Zeitraum verflossen und hat sich das Material auch für frühere Jahrzehnte zu
solcher Fülle angehäuft, daß das Bedürfniß nach einer aufs neue sichtenden
Hand wohl nicht bloß in Laienkreisen empfunden worden sein wird. Schon
die Thatsache, daß eben von zwei Seiten gleichzeitig diesem Bedürfniß entgegen-
gekommen wird, spricht für sein Vorhandensein, und noch mehr der andere
Umstand, daß von der ersten Lieferung von Reber's Buche schon nach wenigen
Monaten sich ein unveränderter zweiter Abdruck nothwendig gemacht hat.
Von den beiden Verfassern hat nun Riegel, da seine Studien sich bisher
zum größten Theile auf dem Gebiete der neuern deutschen Kunst bewegt
haben, offenbar das günstige Vorurtheil auf seiner Seite; dagegen nimmt man
Reber's Buch, da seine wissenschaftliche Thätigkeit bisher ausschließlich der
Antike und dort wiederum vor allem der Architektur gewidmet war, mit
einigem Zögern und einiger Verwunderung zur Hand. Aber die größere Verwunderung kommt hinterher. Sagen wir es gerade heraus: Riegel ist mit
seiner Darstellung weit hinter Reber zurückgeblieben.

Das vorliegende erste Heft des Riegel'schen Buches besteht zu drei Vier-
tein aus einer Einleitung, das vierte Viertel beschäftigt sich mit Carstens.

Da dieses letzte Stück, trotzdem daß es sich auf einem vom Verfasser so zu
sagen gepachteten kunstwissenschaftlichen Gebiete bewegt, schlechterdings nichts
neues enthält, so haben wir es hier lediglich mit der Einleitung zu thun.
In dieser versucht es Riegel, die Wiedergeburt des deutschen Geistes zu schildern, die sich im vorigen Jahrhundert vollzog, und in ihren wesentlichen Erscheinungen vor Angen zu führen. Als die Haupteigenthümlichkeiten dieser
Wiedergeburt bezeichnet er die Rückkehr zur Natur, das Wiederanknüpfen an
die Antike und — den revolutionären Geist, eine seltsame Scheidung, insofern der „revolutionäre Geist" doch jedenfalls das Allgemeinere ist, von
dem die beiden andern nur Aeußerungen oder Symptome sind. Dann folgt
ein Rückblick auf die von Frankreich aus beherrschte Kunst des vorigen Jahrhunderts, welche kurzweg als die der „Unnatur" hingestellt wird, worauf
dann die Apostel und Vorkämpfer der neuen Zeit: Winckelmann und Diderot
unter den Gelehrten, unter den Künstlern Mengs, Greuze, Chodowiecki,
Canova, Flaxman, David u. a. und die mannigfachen Umstände, die die
neue Zeit herausführen halfen, einzeln vorgeführt werden.

Mit dieser letzten Uebersicht kann man sich im Ganzen einverstanden erklären, wenn man auch im Einzelnen manches anders wünschte. Dahin gehört es z. B., daß Lessing auf sieben Zeilen abgethan wird, während Winckelmann sieben volle Seiten gewidmet sind, vier davon allein der Darstellung
seines Lebens, und darunter wieder anderthalb seinem Uebertritt zur katholischen Religion! Was soll das in dieser Einleitung? Für den Kunstwissenschafter hat Riegel nicht geschrieben, dazu ist seine Darstellung zu mager und
farblos und streift zu sehr nur die Höhenpunkte; für einen Laien aber, der
wenig Ansprüche macht, der sich nur einigermaßen orientiren und sich ein paar
Hauptnamen einprägen will, dürfte das Buch genügen.

Nicht ganz so schnell sind wir mit Riegel's Darstellungsweise fertig.
Es ist wunderbar, aber es ist eine Thatsache, daß man bei allem, was
Riegel schreibt, den fatalen Eindruck nicht los wird, als ob er von dem,
worüber er schreibt, selber nicht recht unterrichtet wäre. Die Schuld davon
trägt einerseits der Mangel an Originalität — es klingt bei ihm alles so
angelernt — andrerseits die unglückliche, aber wirklich sehr unglückliche Ausdrucksweise. Es kommt ihm eben nicht, wie man zu sagen pflegt. Vor
allen Dingen entbehrt der Ausdruck aller Schärfe und bewegt sich viel zu sehr
in verschwommenen Allgemeinheiten. Ausdrücke wie die „reine Kunst", die
„wahre Kunst", die „neu belebte Kunst", Epitheta wie „vollkommen, vollendet, bedeutend, hervorragend, nachhaltig, großartig, nie geahnt" u. a.
kehren von Seite zu Seite wieder, ohne daß wir irgendwo eine concrete Vorstellung damit verbinden könnten, und Wendungen wie die, daß im Mittelalter „in Italien die Kunst mit bewundernswerthem Glanze strahlen konnte",

daß man im 18. Jahrhundert „den tiefern Geist der Kunst verloren hatte",
daß die Kunstschätze der Villa Albani „noch heute den empfänglichen Besucher
Roms erfreuen", klingen überhaupt nicht, als ob sie ein Professor der Kunstgeschichte, sondern als ob sie ein Schüler in irgend einem „Deutschen Aufsatze"
geschrieben hätte. Am auffälligsten tritt dieser Mangel an Darstellungstalent da
hervor, wo es sich um die geschichtliche Bedeutung von Persönlichkeiten handelt;
hier ist dem Leser mit allgemeinen Redensarten am wenigsten gedient, hier erwartet
und verlangt er eine scharfe Individualisirung, und gerade daran fehlt es bei
Riegel gänzlich. Ein paar Proben mögen zeigen, was wir meinen. Da heißt
es z. B. von Klopstock: „Er legte den Grund zur künstlerischen Behandlung der
Sprache und ist in Gemeinschaft mit Wieland, Voß und Herder die geschichtliche
Voraussetzung für das leuchtende Dreigestirn unserer klassischen Dichtung: Lessing, Goethe, und Schiller." Wer erinnerte sich nicht aus seiner Gymnasiastenzeit,
als er in Prima das landesübliche Thema „Klopstock als Odendichter" behan-
delte, ganz ähnliche Sätze geleistet zu haben? Von Winckelmann schreibt Riegel,
daß sein Geist noch immer lebendig fortwirke, „durch seine Schriften reine
Begriffe vom Wesen der Kunst und bewährte Grundsätze echter Kunstan-
schauung fördernd", von Chodowiecki, daß er ein „wahrhaft seltenes Talent",
von Canova, daß er ein „verhältnißmäßiges Talent" gehabt habe, von Mengs,
daß einige seiner Portraits „stets auf das Rühmlichste werden anerkannt
werden", von Angelika Kauffmann, daß sie „die Achtung und Neigung aller
Wohlgesinnten" (!) besessen habe, von Graff, daß „die reifsten seiner Werke in
mancher Hinsicht als treffliche Vorbilder stets werden gelten können", und von
Friedrich dem Großen gar, daß er „durch hervorragende (!) Thaten die Begeisterung der Nation erweckte". Wie kann man solche Trivialitäten überhaupt zu
Papiere bringen! Aber noch in anderm Sinne hat Riegel mit seiner Ausdrucksweise entschiedenes Unglück, darin nämlich, daß sie vielfach unbeholfen
und bisweilen geradezu incorrect ist. Sätze wie die: „Wir haben gewiß das
Recht, nicht loben zu brauchen" oder „die schwächliche Leitung Ludwig's XVI.
bewirkte, jedem die Ueberzeugung aufzudrängen" oder „Füger, dessen Compositionen ihm seiner Zeit einen erheblichen Ruf verschafften" (anstatt „dem seine
Compositionen") stehen nicht vereinzelt da und sind doch noch lange nicht das
schlimmste von dem, was uns aufgestoßen ist. Es ist für den Berichterstatter
gewiß eben so unerquicklich wie für den Leser dieser Blätter, derartige Dinge
aufzustechen, aber es muß geschehen, wo ein ganzes Buch von ihnen durchzogen ist. Von einem vereinzelten lapsus calami, der jedem entschlüpfen kann,
wird kein vernünftiger Mensch Aufhebens machen.

„Wie anders wirkt dies Zeichen auf mich ein! — Ich fühl's, du schwebst
um mich, erflehter Geist!" so möchten wir — und zwar mit nachdrücklichster
Betonung des letzten Wortes — mit Faust ausrufen, wenn wir nach Riegel's

Buche nun die ersten Seiten der Reber'schen Darstellung aufschlagen. Was
Reber schildert, ist ja im Allgemeinen dieselbe Periode, die Riegel vorführt;
aber wie viel großartiger ist die Sache hier angefaßt! Erstens greift Reber,
was zum Verständniß des Folgenden durchaus nothwendig ist, viel weiter
zurück und schildert in seiner Einleitung zunächst eingehend den Zustand der
Kunst im 17. Jahrhundert, also den Ausgang der Renaissance; sodann beschränkt er sich nicht auf die deutsche und allenfalls die französische Kunst,
sondern blickt, was eben so wichtig ist, stets auch hinaus nach allen außerdeutschen Stätten der Kunstübung; auch schreibt er wirklich Kunstgeschichte,
was man von Riegel angesichts seiner weitschweifigen Auseinandersetzungen
über das, was „die Weltgeschichte liebt", durchaus nicht sagen kann; endlich
aber ist seine Darstellung so erfüllt von dem reichhaltigsten Detail, und in
diesem Detail offenbart sich so viel überraschende Sachkenntniß, eigenthümliche
Anschauungsweise und selbständiges, treffendes Urtheil, daß man nun erst
ein wirkliches Bild von jener Zeit bekommen zu haben meint, während man
vorher nur ein Schattenbild vor sich hatte. Man könnte fürchten, daß unter
solchem Reichthum des Details — während Riegel kaum dreißig Künstler
vorführt, charakterisirt uns Reber deren fast anderthalbhundert! — die klare
Uebersicht über das Ganze verloren gehe. Dies ist nicht der Fall. Reber ist
so vollständig in seinem Stoffe zu Hause und beherrscht ihn in solchem
Maaße, daß es ihm allerdings gelungen ist, trotz alles Eingehens ins Detail
dennoch eine übersichtlich gruppirte Darstellung in großen Zügen zu geben.
Dazu kommt aber die geist- und schönheitsvolle, überall poetisch angehauchte
Darstellungsweise. Reber ist Meister in der Handhabung der Bilder und
Gleichnisse. Hier und da gefällt er sich vielleicht etwas zu sehr darin; die
Bilder sind dann und wann forcirt und sitzen manchmal so dicht bei ein-
ander, wie die Beeren an der Traube, und dann bekommt der Ausdruck
leicht etwas überladenes; auch billigen wir es nicht, daß seine Bildersprache
sich sogar bis in die Capitelüberschriften — Nacht, Dämmerung, Morgen —
hineingedrängt hat, was sich schwerlich consequent wird durchführen lassen.
Aber vieles andere, wie z. B. die liebenswürdige Schilderung der deutschen
Frührenaissance, die mit einem bei heiterm Spiele in der Stube aufwachsenden
und allmählich ins Freie sich wagenden Knaben verglichen wird, ist aufs
glücklichste inspirirt.

Endlich sind uns zur Anzeige für diesmal noch eingegangen die ersten
vier Lieferungen eines „Illustrirten Archäologischen Wörterbuches
der Kunst des germanischen Alterthums, des Mittelalters sowie der Renaissance"
von Müller und Mothes (Leipzig, Spamer). Wir haben die Besprechung
dieses Opus bis an den Schluß verschoben aus einer — vielleicht unberech-
tigten — Abneigung gegen alles, was nach „Conversationslexicon" aussieht.

Leider ist es ja wahr, daß auch derjenige, dem die reichsten litterarischen
Hilfsmittel zur Verfügung stehen, dann und wann in den ärgerlichen und
beschämenden Fall kommt, einen Band des Conversationslexicons vom Bücher-
brete herablangen zu müssen. Im übrigen aber sollte es unter allen Umständen die letzte litterarische Zuflucht eines gebildeten Menschen sein, das
letzte Noth-, Trost- und Hilfsbüchlein, zu dem er erst dann greifen dürfte,
wenn seine übrigen Quellen sämmtlich versiechen. So lange es noch fast über
alle denkbaren Zweige der Wissenschaft Handbücher giebt, in welchen der einzelne Punkt, über den man Auskunft sucht, sich stets im organischen Zusammenhange des Ganzen behandelt vorfindet, so lange sollte man die spärlichen, aus dem Zusammenhange gerissenen Notizen verschmähen, die nun
einmal bei jeder lexicalischen Anordnung eines wissenschaftlichen Stoffes nur
geboten werden können. Wir meinen: so sollte es sein. In Wahrheit
freilich ist es umgekehrt. Für die meisten Menschen ist das Conversationslexicon nicht die letzte, sondern die erste, ja sogar die einzige Zuflucht, sie sind
glücklich, daß ihnen ein Lexiconartikel so hübsch bequem in sieben, acht Zeilen
ihre Sehnsucht stillt, ohne daß sie nöthig hätten, das Krümelchen Weisheit,
das sie gerade brauchen und mit dem sie auch vollständig zufrieden sind, aus
einem weiteren Zusammenhange sich selber herauszuklauben. Und so ist das
Conversationslexicon, während es für weiter nichts als für ein nothwendiges
Uebel betrachtet werden sollte, geradezu eine Macht geworden und hat der
großen Masse gegenüber sogar eine Art Mission erhalten, die es freilich nur
dann erfüllen kann, wenn die Verfasser es verstanden haben, sich jeden Augenblick auf den Standpunkt der Belehrungsuchenden zu stellen.

Die Herausgeber des vorliegenden „Archäologischen Wörterbuchs“ haben
eingestandenermaßen bei der Abfassung ihres Werkes in erster Linie Dilettanten
im Auge gehabt, nämlich jene Alterthumsvereinler, die es jetzt fast in allen
größern deutschen Provinzialstädten giebt und die sich ohne Zweifel hie und
da um die Localgeschichte ihres Wohnortes mancherlei Verdienste erwerben,
wenn es ihnen auch mitunter passirt, daß sie bei ihren Alterthumsstudien
mehr Material für die Münchner „Fliegenden Blätter“ als für ihr obligates
„Jahrbuch“ zu Tage fördern. Diesen Dilettanten wollten die Herausgeber
„einen Faden in die Hand geben, der sie leiten könnte durch das Labyrinth
der technischen Ausdrücke“. Wir können nun schon gar nicht glauben, daß
jenen Leuten mit einem solchen Wörterbuche viel gedient sein wird. Der
dilettirende Alterthumsforscher wird viel öfter in den Fall kommen, daß er
einen Kunstgegenstand, der ihm in natura vorliegt, nicht mit seinem technischen
Namen bezeichnen kann, als daß er in einem Texte, der ja in der Regel von
Abbildungen begleitet ist und sich auf diese Abbildungen bezieht, einen technischen Ausdruck nicht verstehen sollte. Dann kann ihm aber kein Wörter-

buch helfen, sondern nur ein tüchtiges, reichilluſtrirtes ſyſtematiſches Handbuch der Archäologie und Kunſtlehre. Hätten uns die beiden Herausgeber ein ſolches Buch geſchenkt, welches übrigens, wenn es mit einem genauen Wortregiſter verſehen wäre, die Stelle des Wörterbuchs zugleich mit vertreten hätte, ſo würden ſie ſich ein unbeſtreitbares Verdienſt erworben haben. Mit einem bloßen Wörterbuche wird der Zweck, den die Herausgeber im Auge hatten, nicht erreicht. Dazu kommt aber, daß die Verfaſſer nicht einmal die oben ausgeſprochene Forderung erfüllt und ſich keineswegs immer auf den Standpunkt des Belehrungſuchenden verſetzt haben. Auf der einen Seite enthält ihr Wörterbuch zu viel, auf der andern zu wenig. Als durchaus nicht hergehörig müſſen wir z. B. die platzraubenden ikonographiſchen Artikel bezeichnen, ebenſo die maſſenhaften techniſchen Ausdrücke·aus dem Franzöſiſchen und Engliſchen. Wer ſich ſo eingehend mit kunſtwiſſenſchaftlichen Studien beſchäftigt, daß er engliſche und franzöſiſche Fachjournale lieſt, der ſchöpft ſeine Weisheit wahrlich nicht aus einem „Jlluſtrirten archäologiſchen Wörterbuche“, und wer nur den Alterthumsvereinler ein bischen ſpielt, vor dem haben die engliſchen und franzöſiſchen Fachjournale hoffentlich Ruhe. Was aber die ikonographiſchen Artikel betrifft, ſo begreifen wir nicht, was ſie in einem Wörterbuche ſollen, welches durch „das Labyrinth techniſcher Ausdrücke“ führen ſoll, ganz abgeſehen davon, daß gerade bei dieſen Artikeln ein Mißſtand hervortritt, der ſich zwar auch in den übrigen Partieen zeigt und mehr oder weniger jedem Converſationslexicon anhaftet, der aber hier ſich ganz beſonders fühlbar macht, nämlich der Mangel an gleichmäßiger Durcharbeitung. Die Jkonographie, d. h. die vergleichende Denkmälerkunde, alſo jenes Gebiet der Kunſtwiſſenſchaft, bei der die gegenſtändliche Seite den Hauptgeſichtspunkt der Betrachtung bildet, iſt zwar in der antiken Kunſt, namentlich in einem ihrer Zweige — der Kunſtmythologie — eifrig cultivirt worden, liegt aber in der modernen Kunſt faſt noch ganz unangebaut da. Wo nun den Herausgebern in irgend einer Monographie bequemes Material zur Hand war, da haben ſie ihre Artikel zu ungebührlicher Länge ausgedehnt; wo ihnen dieſes Material fehlte — und das wird ihnen in den nachfolgenden Heften noch manchmal ſo gehen — da ſind die Artikel unverhältnißmäßig mager ausgefallen. Aber mager oder nicht, ſie gehören überhaupt nicht hierher und nehmen nur andern Artikeln den Platz weg, die eingehender behandelt ſein müßten. Die Herausgeber bezeichnen es im Vorworte ſelbſt als ihre Aufgabe, ihre Artikel ſo einzurichten, „daß jeder Nachſchlagende nicht halbe, ſondern volle Kenntniß von dem Weſen des betreffenden Gegenſtandes aus dem aufgeſchlagenen Artikel ſchöpfen könne“. Sieht man ſich aber das Buch näher an, ſo gewahrt man, wie auf jeder Seite dieſer Forderung ins Geſicht geſchlagen iſt. Auf Tritt und Schritt begegnet man ungenügenden Artikeln, an

deren Schluß der Leser zu seiner nähern Belehrung höchst naiv auf Mothes'
„Baulexicon" verwiesen wird. Ja, das ganze Buch ist eigentlich weiter
nichts — und die Herausgeber sprechen das auch ungenirt aus — als eine
Art Absenker von besagtem Mothes'schen Baulexicon. Die Artikel über Baukunst sind excerpirt, die über Ikonographie, Kunstarchäologie und Heraldik
herübergenommen und erweitert, dazwischen dann Artikel aus der Kostüm-
kunde eingeschoben, und siehe da, das „Archäologische Wörterbuch" war fertig.
Eine solche Buchmacherei, bei der das eine Buch bloß fabricirt wird, um das
andere verkaufen zu heißen, sollte man doch nicht für möglich halten.

Ebenso viel wie der Text lassen aber auch die Abbildungen zu wünschen
übrig, nicht in ihrer technischen Herstellung, die bisweilen recht gut, im übrigen
wenigstens genügend ist, wohl aber in ihrer Auswahl. Man braucht die
Hefte nur durchzublättern, um sich zu überzeugen, daß hier nicht nach einer
bestimmten ratio verfahren ist, sondern daß die Verlagshandlung auskramt,
was sie gerade hat. Manches hätte recht gut wegbleiben können, anderes
vermißt man schmerzlich. Auf dem Umschlage hat die Verlagshandlung sich
das kindliche Vergnügen gemacht, die beiden Herausgeber in effigie anzubringen. Herr Baurath Dr. Mothes aus Leipzig und Herr Dr. Müller aus
Bremen, der eine in enganliegenden Beinkleidern und pelzverbrämter Jacke,
in den Händen einen aufgerollten Bauriß, der andere in langem, bis auf den
Fußboden herabreichenden Talare und mit einem Buche unter dem Arme,
erscheinen vor einem pappernen Theaterkaiser, dem sie ihre Reverenz machen,
während im Hintergrunde verschiedene Künstler, unter ihnen einer mit den
Gesichtszügen Dürer's (!), ihrer Kunstthätigkeit obliegen. Hätte die Verlagshandlung anstatt dieses puerilen Umschlages ein paar gute Illustrationen
mehr schneiden lassen, das wäre klüger gewesen.

*   *

Briefe aus der Kaiserstadt.

Berlin, 2. August.

Es bleibt die Signatur dieses Sommers: das Unwahrscheinlichste, hier
wird's Ereigniß. Nach einem eisigen Frühjahr diese sengende Gluth, und
trotz derselben eine politische Erregtheit, wie sie in außerparlamentarischer
Zeit seit dem letzten Kriege nicht wieder bemerkt wurde. Die Brüsseler
Diplomatenversammlung allein freilich — so anziehend immer das Schauspiel
eines Weltcongresses sein mag — würde die heitere Ruhe der Bade- und
Reisesaison nicht stören; sie will dem Veilchen gleich im Verborgenen blühen
und leider mögen jene Pessimisten wohl nicht Unrecht haben, welche der Ansicht
sind, daß das Endergebniß ihrer Berathungen dieses bescheidene Auftreten

nur zu fehr rechtfertigen werde. Aber da nehmen plötzlich die spanischen Wirren eine Gestalt an, welche aus ihnen thatsächlich bereits eine „europäische Frage" gemacht hat. Möglich, daß die gräuliche Barbarei, welche von entmenschten Banden in den baskischen Bergen geübt wird, noch nicht so bald die volle Beachtung des officiellen Europas gefunden hätte, wenn nicht durch die völkerrechtswidrige Ermordung des Hauptmann Schmidt Deutschland mit Gewalt zur Action getrieben wäre. So mag der Tod unseres unglücklichen Landsmannes wenigstens den Anstoß geben, daß die Mächte endlich darauf finnen, wie Gräueln, die unserm Jahrhundert das traurigste Schandmal aufdrücken, ein Ziel zu setzen. Heißblütige Gemüther haben sofort von einer regelrechten deutschen Expedition gegen die Carlisten geträumt. Man hat gemeint, da die Madrider Regierung offenbar nicht im Stande sei, Deutschland für die Unthat ihrer rebellischen Unterthanen Genugthuung zu verschaffen, so sei es vollauf berechtigt, sie sich selbst zu holen. Ueber die völkerrechtliche Zulässigkeit eines derartigen Vorgehens würde sich indeß mindestens streiten lassen, und politisch klug wäre es auf keinen Fall. Denn daß ein einseitiges Fußfassen Deutschlands auf der iberischen Halbinsel für unsere Beziehungen zu den übrigen Mächten nicht ohne bedenkliche Folgen bleiben könnte, liegt auf der Hand; diese, d. h. unter Umständen einen allgemeinen europäischen Krieg zu riskiren, kann aber unseren Staatsmännern im vorliegenden Falle nicht in den Sinn kommen. Sollte Don Carlos, was nichts weniger als wahrscheinlich ist, jemals die Gewalt über Spanien in seine Hände bekommen, alsdann wäre es noch Zeit, für den gemordeten Hauptmann Rechenschaft von ihm zu fordern; wird er mit seinen Banden vernichtet, so ist unser Landsmann von selbst gerächt. Mit der Entsendung eines Geschwaders in die nordspanischen Gewässer aber thut die deutsche Regierung nichts Anderes, als was alle übrigen Mächte auch thun sollten. Wir wissen nicht, wie weit die Nachricht auf Wahrheit beruht, daß die deutsche Regierung im gegenwärtigen Augenblicke mit großer Energie die Anerkennung der Regierung des Marschalls Serrano bei den europäischen Cabinetten betreibe; aber das unterliegt keinem Zweifel, daß auch ohne diese Anerkennung die Mächte, von denen keine einzige die Carlisten als kriegführende Partei anerkannt hat, die aber sämmtlich mit der Madrider Regierung in officiösem Verkehr stehen, gegen Spanien in Bezug auf den Bürgerkrieg dieselben völkerrechtlichen Verpflichtungen haben, wie gegen jede andere befreundete Macht, daß sie also auch eine Unterstützung des carlistischen Aufstandes von außen her nach Kräften zu verhindern suchen sollten. Nicht minder ist es Pflicht aller Mächte, ihren in den von den Carlisten heimgesuchten Gegenden aufhältlichen Staatsangehörigen, resp. deren Eigenthum soviel wie möglich Schutz zu gewähren. Und so wird es nicht Wunder nehmen können, wenn außer den deutschen

alsbald auch noch Kriegsschiffe anderer Nationen sich an den cantabrischen
Küsten einfinden werden. Von einer wirklichen Intervention ist dabei keine
Rede, am wenigsten von einer solchen „aus Furcht vor dem Siege des Legi-
timismus und Katholicismus" (soll heißen Ultramontanismus), wie die Klerikalen insinuiren. Der bourbonisch-jesuitischen Universalherrschaft wird sich
die Welt zu verwahren wissen, selbst wenn es dem sauberen Kleeblatt Carlos,
Alfonso und Donna Blanca gelänge, mit ihren Mordbrennerbanden das
spanische Volk unter ihre Füße zu treten. Sehr überflüssig waren also auch
die Posaunenstöße der ultramontanen Presse, mit welchen sie den angeblichen
Verrath des deutschen Liberalismus an dem von ihm sonst so heilig gehaltenen Nichtinterventionsprinzip verkündete. Kein Mensch in der liberalen
Partei hält heute die Einmischung einer fremden Macht in die inneren Angelegenheiten eines Volkes für minder verwerflich, als vor drei Jahren, wo
die Ultramontanen noch von einer deutschen Intervention zu Gunsten der
Wiederherstellung der weltlichen Macht des Papstes träumten. Für einen
Fall aber kann der Grundsatz der Nichtintervention freilich nicht verbindlich
sein, für den Fall nämlich, daß ein Bürgerkrieg die civilisirte Kriegführung
dauernd außer Acht läßt und in barbarische gegenseitige Ausrottung aus-
artet. Es wäre doch wahrlich eine unauslöschliche Schmach für unsere ganze
Civilisation, wenn Europa in dem Augenblicke, da es auf einem besonderen
Congreß über die Milderung des Krieges beräth, sich absolut außer Stande
erklären wollte, einer an die blutigsten Gräuel barbarischer Jahrhunderte erinnernden Schlächterei ein Ende zu machen! Natürlich ist für ein solches
Einschränken der Augenblick noch nicht gekommen. Und wenn er käme, so
könnte selbstverständlich nur an eine Collectivintervention der Mächte gedacht
werden, es sei denn, daß die eine oder andere sich freiwillig von dem Schritte
ausschlösse. Eine solche Operation steht aber auf jeden Fall noch in sehr
weitem Felde. Sollte sie jedoch ja unternommen werden müssen, so sei auf
die unausbleiblichen Anklagen der ultramontanen Parteigänger des spanischen
Prätendenten schon jetzt im Voraus erwidert, daß nicht politisch-religiöse
Parteitendenzen, sondern lediglich die Gebote der Menschlichkeit die Triebfeder
zu derselben sein könnten. — —

Berlin trägt die Physiognomie der Hundstage: die Straßen wenig belebt,
die Linden voll dürren Laubes, der Thiergarten grau von Staub. Matten
Schrittes schleichen die Menschen, und die weltberühmten Araber unserer
Droschken üben mehr als je den „Laufschritt am Platze". An zwei oder drei
Punkten der Stadt ist die seit einem Decennium und länger ersehnte Canali-
sation endlich in Angriff genommen; das hindert aber nicht, daß sich die
Höllenplage der Rinnsteine noch einmal recht energisch bemerkbar macht. Und
wer weiß, ob nicht die picante Erfindung der „Fäkalsteine" die Durchführung

der Canalisation nochmals in unabsehbare Ferne rückt! Auch das künstlerische Leben hat den niedrigsten Stand der Ebbe erreicht. Die permanenten
Kunstausstellungen bieten nichts Außergewöhnliches, die Musik muß sich mit
den Räumen der Biergärten begnügen. Der Reihe geschlossener Theater hat
sich vor Kurzem auch das Victoriatheater zugesellt — wie es scheint, nicht
ganz auf freiwilligen Entschluß. Wie früher erwähnt, hatte in demselben die
Gesellschaft des Wiener Strampfertheaters ihr Sommerzelt aufgeschlagen.
Leider ist das unholde Verhängniß, das diesmal von Anfang an über den
Leistungen der vortrefflichen Gruppe geschwebt, nicht wieder von ihr gewichen.
Die Novitäten, welche sie gebracht, erlitten ein in geometrischer Progression
steigendes Fiasko. Zuletzt hatte noch der als Komiker unübertreffliche alte
Gottsleben das Unglück, mit einer eigenen Posse, deren entsetzlich ungeschickte
und geistlose Mache unter dem Eindrucke der während der Vorstellung sich
verbreitenden Nachricht von dem Kissinger Attentat von doppelt verderblicher
Wirkung wurde, gründlich durchzufallen. Kurz darauf wurden die Vorstellungen plötzlich abgebrochen und alsbald waren unsere Gäste von der
blauen Donau verschwunden. Hoffentlich nicht auf Nimmerwiederkehr! Unter
den Freunden vollendeter, d. h. drastischer und zugleich gemüthvoller Komik
würde es sehr bedauert werden, wenn die munteren Wiener uns nach dem
Mißerfolge der diesmaligen Saison auf ewig meiden wollten. Es thut
wirklich wohl, nachdem man auf unseren „Volkstheatern" immer nur Berlin
und nichts als Berlin gesehen, einmal ein anderes Volksthum vor Augen zu
haben und eine andere Mundart zu hören. Möge sich die Gesellschaft nur
wieder in den Besitz eines wirklich guten Repertoirs setzen, und sie wird bei
ihrer einstigen Wiederkehr finden, daß die Berliner mit der Anerkennung,
welche sie so ausgezeichneten Künstlern, wie Schwinghofer, Gottsleben u. s. w.
stets gezollt haben, auch in Zukunft nicht zurückhalten werden.

Was das Fiasko der Wiener Novitäten betrifft, so muß freilich zugegeben
werden, daß das Berliner Urtheil über den Werth derselben vielleicht kein
ganz gerechtes ist. Die Eigenart des Wiener Volkswitzes und überhaupt der
ganzen Wiener Lebensanschauung ist von der unsrigen doch zu grundverschie-
den, ferner das Verständniß für die Komik der Mundart mangelt uns zu
sehr, als daß wir diese Stücke unter dem allein maßgebenden Gesichtspunkte,
unter dem des Localgeistes, beurtheilen könnten, und so mag uns Manches schal
dünken, was bei dem richtigen Gefühl für seine Localfarbe vielleicht eine ganz
andere Bedeutung gewönnen würde. Diese Gedanken drängen sich unwillkürlich
auf bei einer Betrachtung der Vorstellungen, welche die Gesellschaft des Hamburger Schultze-Theaters in den verschiedenen Hamburger Dialekten, Hochdeutsch,
Messingsch und Plattdeutsch, zur Zeit im Waltersdorff-Theater zur Aufführ-
rung bringt. Die Technik dieser Stücke ist höchst mangelhaft, ihr Witz im
Ganzen auch recht dünn gesät, aber was an ihnen so unwiderstehlich fesselt,
das ist jenes wunderbare Gemisch von derber Gutmüthigkeit und behäbiger
Komik, welches den niedersächsischen Volkstypen eigen ist und welches wir
aus jeder Silbe ihrer breiten Mundart herauszuhören meinen. Wer von uns
kann z. B. in dem Schwank „Hamburger Leiden" seine Lachmuskeln bemeistern,
sobald die Tante Grüneise und der Polizist Gädechen nur den Mund zu
ihrem Messingsch öffnen! Wir Norddeutsche lachen Thränen über die ein-
fältigen Kaffeeklatschgeschichten, welche die Tante zum Besten gibt; ein Wiener
würde sie vielleicht mit Achselzucken oder Kopfschütteln aufnehmen. Dieser
Punkt darf nicht außer Acht gelassen werden.

Besseren Glückes als die Strampfergesellschaft können sich zwei andere

Wiener Gäste rühmen, die seit einigen Wochen die Magneten des Friedrich-Wilhelmstädtischen Theaters bilden, das Ehepaar Swoboda. Das Stück, in welchem sie floriren, ist eine komische Operette von Johann Strauß, „Die Fledermaus" betitelt. Der Charakter des von C. Haffner und R. Genée nach dem Französischen bearbeiteten Librettos ist wiederum jenes Mittelding zwischen dem Cynismus der Offenbachiaden und einfach harmloser Komik, wie wir es neulich von des letzteren Dichters und desselben Componisten „Carneval in Rom" erwähnt. Die Handlung ist an sich sehr einfach, aber reich an theils picanten, theils höchst ergötzlichen Situationen. Von der Musik ist mit dem Namen Strauß Alles gesagt; der berühmte Walzerkomponist hat seine ganze Verve, aber auch seine ganze Liebenswürdigkeit in diese Schöpfung hineingelegt. In der Ausführung wetteifern die eigenen Kräfte der Bühne mit den Gästen an Humor und Gewandtheit. Daß das Ganze seine Wirkung nicht verfehlt, beweist die heutige sechsundzwanzigste Wiederholung — eine Summe, die bei einer Theatertemperatur von durchschnittlich 35° R. schon etwas bedeuten will.

Im Wallnertheater hat die hehre Tragödie Abschied genommen und die neckischen Kobolde der Posse behaupten das Reich wieder allein. Diesmal ist es ein Mitglied der Bühne selbst, Herr Wilken, welcher für die dringend nothwendig gewordene Novität gesorgt hat. Sein „Volksstück mit Gesang", betitelt „Der große Wohlthäter", erzielte, wenigstens am ersten Aufführungs-abend, einen ziemlich durchschlagenden Erfolg. Derselbe war aber den Schau-spielern, nicht dem Stücke zu verdanken. Der „große Wohlthäter" selbst ist einer jener halsabschneiderischen Frömmler, die schon von ganz andern Genie's auf die Bühne gestellt sind. Das Sujet ist also nichts weniger als origi-nell. Die Handlung, im ersten Acte recht ansprechend angelegt, fällt in den beiden folgenden total auseinander. Das Ganze würde unfehlbar scheitern, wenn nicht im letzten Act zwei Personen die Freundlichkeit hätten, sich in der unmotivirtesten Weise von der Welt eine halbe Stunde lang gegenseitig ihre schauspielerischen Fähigkeiten zu beweisen. Diese „Einlage" wurde denn freilich von Fräulein Wegner und Herrn Engels so glänzend executirt, daß man das Haus nicht verließ, ohne sich lege artis „amüsirt" zu haben. Nur hätte der schöne Name „Volksstück", Angesichts des im letzten Winter von derselben Bühne ans Licht geförderten wirklichen Volksstücks „Mein Leopold" nicht so gemißbraucht werden sollen. Die eingestreuten Couplets sind übrigens theilweise nicht übel; das Lied „Am grünen Strand der Spree" hat eine recht anmuthige Melodie, nur bewies der unbändige Beifall, mit dem es begrüßt wurde, welch eine Portion von Eigenlob und Schmeichelei der Berliner vertragen kann.

Berichtigung.

In dem Artikel „Kanäle für das deutsche Reich!" von Ferd. Worthmann S. 161 fg. sind leider folgende Druckfehler stehen geblieben:

S. 161 Z. 16 v. u. statt: für die Vorgänge lies: für die Vorzüge des Wassertransports.
164 „ 9 „ „ feinere Waaren „ ferner Waaren.
166 „ 10 o. „ Getreidebau „ Getreidebau,
167 „ 12 „ „ uafheben „ aufheben.
170 „ 7 u. „ Mittelpunkte des Kanals lies: des Handels.

Verantwortlicher Redakteur: Dr. Hans Blum.
Verlag von F. L. Herbig. — Druck von Güthel & Legler in Leipzig.

XXXIII. Jahrgang. II. Semester.

Die

Grenzboten.

Zeitschrift

für

Politik, Literatur und Kunst.

No. 33.

Ausgegeben am 14. August 1874.

Inhalt:

Leipzig, 1874.

Friedrich Ludwig Herbig.

(Fr. Wilh. Grunow.)

Man abonnirt bei allen Buchhandlungen und Postämtern des In- und Auslandes.

Zur Pharmacie-Gesetzgebung.*)

Von Dr. Ph. Phoebus,
Gr. Heff. Geh. Med.-Rath zu Gießen.

Das Reichskanzleramt hat unlängst den Bundesrath ersucht, „die Berufung einer aus Medicinalbeamten, Aerzten und Apothekern zu bildenden
Commission behufs der gutachtlichen Aeußerung über" ein anliegendes „Programm für die Berathung der Grundsätze für einheitliche Ordnung des
Apothekenwesens" zu beschließen. Die Pharmaceutische Zeitung Nr. 48
(17. Juni) theilt vollständig die Motivirung des Ersuchens und das Programm mit.

Es ist sehr erfreulich, daß endlich einmal der Unsicherheit und dem
Schwanken ein Ende gemacht werden soll, welche seit 12 Jahren (seit dem
volkswirthschaftlichen Congresse zu Weimar 1862) über die Lebensverhältnisse
der deutschen (auch der österreichischen) Pharmacie hereingebrochen sind, das
Fach und seine Angehörigen bereits schwer beschädigt haben und noch mit
neuer und stärkerer Beschädigung drohen.

Es ist aber unsere, der Aerzte, Pflicht, mit und neben den Apothekern
dafür zu sorgen, daß die neue Gesetz-Schöpfung, welche alle Schäden heilen
soll, auch vollständig und im Einzelnen durchaus zweckmäßig ausfalle und
zu dem Ende von Anfang an zweckmäßig angegriffen werde. Denn wir
müssen am besten wissen, welcher Unterstützung durch die Pharmacie die
Medicin bedarf, damit Alles geleistet werden könne, was der Culturstaat von
seinem Medicinalwesen erwartet. Und die neue Schöpfung soll auch in allen
Hauptpunkten vollständig ins Leben treten, weil sonst bei den höchst vielfältigen, einander oft widerstreitenden, Beziehungen der Pharmacie, die ja
zugleich eine Wissenschaft und eine Kunst, ein Staatsdienst und ein Gewerbe
ist, viele Unzuträglichkeiten nachträglich sich herausstellen würden, denen
dann nicht mehr radical, ja bisweilen kaum noch palliativ durch Flicken am
Hauptwerk, begegnet werden könnte.

Das Ersuchen des Reichskanzleramtes sagt in seinen Motiven, daß ein

---

*) Die Redaction behält sich die Darlegung ihrer von dem Herrn Verfasser vielfach ab-
weichenden Ansichten vor. —   D. Red.

ansehnlicher Theil des Apothekenwesens bereits durch a) die Gewerbe-Ordnung von 1869, b) die Kaiserliche Verordnung, betr. den Verkehr mit Apotheker-waaren, vom 25. März 1872 und c) die Einführung der Pharmacopoca Germanica geordnet, und daß „zum Abschluß der in Rede stehenden Materie hiernach noch" .... „Vorschriften über die Errichtung und Verlegung von Apotheken erforderlich" seien. Das Wort „noch" kann hier augenscheinlich als gleichbedeutend mit „nur noch" genommen werden, ja soll es vielleicht. Im letzteren Falle müßten wir uns jedoch gegen die Gültigkeit des Satzes verwahren, aus folgenden Gründen. Formell sind jene Theile des Apotheken-wesens allerdings geordnet, und zwar durch das Reich; daß sie aber auch materiell bereits befriedigend geordnet seien, wird niemand annehmen, der die zahlreichen motivirten Klagen und Desiderate der Apotheker, die nicht spar-samen administrativen und gerichtlichen Verhandlungen, kennt, welche in Bezug auf jene Theile noch immer von der pharmaceutischen Presse zur Sprache ge-bracht werden. Wenn aber auch jene Theile erledigt wären und die Errichtung und Verlegung von Apotheken es jetzt würde, so blieben noch andere sehr wichtige Theile der gesammten Pharmacie-Frage offen und bliebe der jetzt zu bildenden Untersuchungs-Commission die Pflicht, vor einer halben Schöpfung zu warnen.

Wir finden nämlich zunächst, daß in dem Ersuchen des Reichskanzler-amts der allerwichtigste Theil der Pharmacie-Gesetzgebung kaum (so gut als nicht) berührt ist: der wissenschaftliche — der Inbegriff dessen, was man an wissenschaftlichen Leistungen gegenwärtig und in der nächsten Zukunft zu erwarten und zu fordern habe und was zu dem Ende von der Gesetzgebung auszusprechen sei. Die Schriftsteller, am eingehendsten ich selbst (Lebensverhält-nisse der Pharmacie, 1873), haben nachgewiesen,

wie in den letzten 4—5 Jahrzehnten durch den Fortschritt der gesammten Naturwissenschaft die Pharmacie als Wissenschaft und Kunst sehr gewachsen ist, die Einnahmen der Apotheker aber sehr verkürzt worden sind, zum Theil selbst bis zur Gefährdung des Fachs durch Bankerotte oder anderweitiges Schließen einzelner Apotheken und durch finanzielle und geistige Ver-kümmerung sehr vieler, zumal der kleineren;

wie aber auch die Wissenschaft die Wunden zu heilen verspreche, welche sie geschlagen hat. Der Apotheker ist nicht bloß, wie früher, als Arzneilieferer unentbehrlich, sondern auch als Träger, Förderer und Verbreiter der an-gewandten und reinen Naturwissenschaften, besonders der Chemie, Physik und Botanik, unersetzlich. Insbesondere soll er den Staats- und Gemeinde-Be-hörden, den Aerzten, Zahnärzten und Veterinärärzten, wenn sie es verlangen, mit naturwissenschaftlichen Rathschlägen und Untersuchungen beistehen, welche über das Gebiet der alten Pharmacie (der Arzneibereitungskunst) oft weit hinausgehen werden. So wird die deutsche Pharmacie dem Reiche einige Tausend praktische Naturforscher liefern, eine der Zahl und dem Werthe nach höchst bedeutende Vermehrung der bisherigen, an Akademien der Wissenschaften, an Universitäten, Fachschulen, Gymnasien, Realschulen und technischen Instituten wirkenden. Dieses neue, doch bereits im Heranwachsen begriffene, pharmaceutische Culturelement ist besonders deshalb so schätzbar,

1) weil es innerhalb des enormen Umfangs der Chemie, Physik und Botanik seine Objecte besonders in den pharmacis (Arzneimitteln und Giften) findet, die bereits nach Tausenden zählen, fortdauernd zahlreicher und für das Leben wichtiger, an Nutzen und Schaden, werden und von den Naturforschern der vorher gedachten Anstalten nicht so speciell cultivirt werden können wie von den Apothekern;

2) weil es gleichförmiger über das Land vertheilt ist, als jene Anstalten;

3) weil es die Staatscasse sehr wenig und nur in solchen Fällen in Anspruch nimmt, wo es unmittelbar und direct dem Staate einen speciellen, handgreiflichen Dienst geleistet hat.

Zwischen uns Aerzten und den Apothekern muß das gemeinsame wissenschaftliche Arbeitsfeld, weil die Medicin im letzten Halbjahrhundert extensiv und intensiv noch weit mehr gewachsen ist als die Pharmacie, allmählich neu getheilt werden. Nur sehr wenige Aerzte — und fast nur solche, die an Universitäten oder an großen Krankenanstalten wirken — sind noch so glücklich, die chemische und mikroskopische Untersuchung der Secrete und Excrete der Kranken so häufig und gründlich anstellen, die Nahrungsmittel, die Wohnungsschädlichkeiten u. A. m. so überwachen zu können, wie die Wissenschaft es verlangt. Den meisten Aerzten fehlt es dazu an Vorrichtungen und ganz besonders an Zeit; der Mangel an Zeit hindert auch oft das hinlängliche Fortschreiten mit den Naturwissenschaften und der wissenschaftlichen Medicin, zumal mit den Einzelheiten dieser Gebiete. Hier kann die Pharmacie vielfach aushelfen; nicht wenige Apotheker thun es auch bereits in sehr anerkennenswerther Weise, aber wir müssen diese Hülfe noch sehr verstärkt wünschen.

Wohl ist ein Theil der heutigen Apotheker noch nicht genügend vorbereitet für das größere und vielseitigere Arbeitsfeld, und wohl Mancher mag sich vor demselben scheuen, der Erweiterung abhold sein. Aber die jüngeren werden sich meist gern einarbeiten, die älteren mag man in Ruhe aussterben lassen, bei den heranwachsenden dagegen durch ausgedehntere und strengere Prüfungen als bisher für vollkommene Ausrüstung, auch durch neue Betriebsvorschriften für die neuen Aufgaben, sorgen. Ein solches Verfahren ist ohne Frage weit zweckmäßiger als den Apothekern, sehr willkürlich, die Fähigkeit zu diesem oder jenem Theile der fraglichen Untersuchungen abzu-

sprechen (wie es z. B. für die gerichtlich-chemischen Untersuchungen Kolbe gethan hat, dessen hohe Autorität in der Chemie nicht hat verhindern können,
daß er hier von einigen pharmaceutischen Schriftstellern und noch umfassender
von mir widerlegt worden ist).

Die von mir empfohlene Erweiterung des Arbeitsfeldes wird für die
Pharmaceuten und die Pharmacie geistig und materiell ein großer Segen sein:

Geistig; denn auf dem bisherigen Arbeitsfelde waren die Apotheker
ziemlich unselbständig, ja in der Hauptsache fast nur Fabrik-Arbeiter, die nach
den Vorschriften der Pharmakopöe, ergänzenden Verfügungen und den Re-
cepten der Aerzte zu verfahren hatten, und von denen einer den andern vollkommen ersetzen konnte; auf dem neuen Felde sind sie selbständige Naturforscher. Wir sehen hier also fast eine Verwandlung von Nummern in
Individuen (Phoebus, i. a. W. Note 184), gewiß das großartigste und auch
für den Staat werthvollste Geschenk, welches eine weise Gesetzgebung einem
ganzen Fache und Stande machen kann.

Materiell; denn bisher sah der Apotheker, selbst der noch ausnahmsweise materiell günstig gestellte, mit Bangen dem fortdauernden Steigen derjenigen Momente entgegen, welche ihm neuerdings das Brot geschmälert
haben (Vereinfachung der Arzneiverordnungen, ausgedehnte Ersetzung der
Therapie durch Jdiodiätetik, des curativen Verfahrens durch prophylaktisches, :c.)
und schließlich dem „finis pharmaciae". Fortan dagegen kann er hoffen, daß
seine Beschäftigung als Naturforscher annähernd in demselben Maße wachsen
werde, wie das Eingreifen der Naturwissenschaften in das Leben wächst, und
daß schließlich, wenn auch diese Beschäftigung nicht mehr ausreichen sollte ihn
zu ernähren, der Staat durch die erhöhte Dignität, welche er ihm gegenwärtig
ertheilt, sich um so sicherer zu einer gerechten, auf verschiedenen Wegen erziel-
baren Entschädigung für die geleisteten Dienste verpflichtet fühlen werde.

Ich bin überzeugt, daß ohne die von mir empfohlene Erweiterung des
Arbeitsfeldes und die zu dem Ende nöthige Erweiterung der Examina alles
Andere, was das neue Pharmacie-Gesetz bringen kann, höchstens eine pallia-
tive Wirkung auf sehr wenige Jahre äußern könnte, und daß deßhalb jene
Erweiterungen das Alpha aller Beschlüsse über die Gestaltung der Pharmacie
zu werden verdienen. Ich hoffe, bei dieser Ansicht die gewichtigsten pharmaceutischen Stimmen, insbesondre die von Bilz, Flückiger, G. Hartmann,
Bruno Hirsch, Oberdörffer, Rieckher, — unter Ausländern die von Almén,
Dorvault, G. Planchon, Jul. Trapp, — und von anderen ähnlich aufgeklärten und wissenschaftlich fruchtbaren Pharmaceuten für mich zu haben
oder doch alsbald zu gewinnen. Ich hoffe auch die große Majorität meiner
ärztlichen Fachgenossen für mich zu haben, schon deßhalb, weil wohl alle die
Ansicht theilen, daß, wenn ein angewandt-naturwissenschaftliches Fach nicht

kräftig wissenschaftlich vorschreite, es wissenschaftlich und materiell verloren sei. —

Ein Zweites, was wir im Ersuchen des Reichskanzleramtes fast ganz vermissen (nur angedeutet kann man es in der Unter-Frage 1. finden), ist die Ablösungsfrage. Daß die alten Apotheken-Privilegien (sachliche und veräußerliche Berechtigungen) eine Unzweckmäßigkeit und weit mehr schädlich als nützlich seien, daß aber ihre Aufhebung ohne „Ablösung" (ohne angemessene Geld-Entschädigung für die gegenwärtigen Inhaber) nicht bloß ungerecht und unbillig wäre, sondern auch den Ruin sehr zahlreicher Apotheker und schwere Beschädigung ihrer Gläubiger herbeiführen würde, ist wohl jetzt allgemein anerkannt. Man nimmt vielfach an, die Beschaffung der zur Ablösung erforderlichen Summen sei sehr schwierig, wohl selbst unmöglich. Es hat aber 1873 Schweden durch sein Beispiel gezeigt, wie man die Ablösung bewerkstelligen kann; das dazu erforderliche Staatsgesetz, aus einem Antrage der Apothekenbesitzer hervorgegangen, ist rasch und leicht von beiden Kammern des Reichstags angenommen und vom Könige verkündigt worden, zur Befriedigung nicht bloß der Apotheker, sondern auch der Staatsregierung, des Publicums und der Aerzte, also aller irgend Betheiligten. In der deutschen Presse haben die Pharmaceutische Zeitung, Th. Husemann und ich auf dieses Beispiel hingewiesen, auch die wesentlichsten Einzelheiten mitgetheilt und beurtheilt; außerdem haben verschiedene pharmaceutische Stimmen Urtheile über das Ganze ausgesprochen. Einzelne haben geglaubt, in Schweden solle nach Beendigung des Ablösungsverfahrens Niederlassungsfreiheit eintreten: das war ein hermeneutischer Irrthum, ist aber bereits durch mich und Andere berichtigt. Einzelne sind der Ansicht, eine Nachahmung jenes Ablösungsverfahrens sei für Deutschland unmöglich; es sei unpsychologisch und rechnerisch-widersinnig, zu erwarten, daß die gegenwärtigen Privilegbesitzer sich nur unter einander (ohne Beihülfe vom Staate) entschädigen, ablösen sollten. Es scheint hierbei übersehen zu sein, daß die Möglichkeit und Zulässigkeit eines Ablösungsverfahrens, auch ohne Geldbeiträge vom Staat, sofort unzweideutig wird, wenn man noch eine Reihe von Jahren hindurch die neu eintretenden Apothekeninhaber ansehnliche Beiträge an den Ablösungsfonds zahlen läßt — Beiträge, welche an die Stelle der z. Th. noch ansehnlicheren Summen treten, die gegenwärtig für die Privilegien-Werthe gezahlt werden. So geschieht es in Schweden: der Staat überwacht das Verfahren und bestimmt jedem neu Eintretenden, wieviel er beizutragen habe, während anderseits verkündigt ist, daß mit Ende des Jahres 1920 alle Privilegien erloschen seyn werden.

Es ist wohl dringend zu wünschen, daß die Untersuchungs-Commission unter Zuziehung von Geldrechnungskundigen ermittele, ob und welche Schwierigkeiten etwa in Deutschland durch complicirtere Verhältnisse, namentlich die

Verschiedenheit der Gesetzgebungen, sich der Ablösung entgegenstellen; sie werden sich vermuthlich überwinden lassen, sogar, im Verhältniß zu dem großen Nutzen der Operation, leicht.

Auch diese Untersuchung wird zweckmäßig der vom Reichskanzleramte beantragten, ob A., die Beibehaltung des Concessionssystems (nur persönliche, unveräußerliche Berechtigung), oder B., die Niederlassungsfreiheit, vorzuziehen sei, vorangeschickt werden, denn eine feste Ansicht über jene Frage würde allen Mitgliedern der Commission, mögen sie für A. oder für B. gestimmt sein, die weiteren Erwägungen und Vorschläge sehr erleichtern. —

Ich komme zu den Worten, mit denen das Reichskanzleramt den Stand der Frage charakterisirt, ob A. oder B. erwählt werden solle:

„Der unbeschränkten Niederlassungsfreiheit persönlich qualificirter Apotheker, wie solche in Elsaß-Lothringen besteht und sich, nach dem Urtheil der Deutschen Verwaltung vollkommen bewährt hat."

Letztere Behauptung läßt sich nicht vereinigen mit den sehr ungünstigen Angaben bei mir (i. a. W. S. 17), bei Schacht und Kobligk (Pharmaceut. Ztg. 1874. S. 207), in der Mittheilung H. aus Lothringen (ebd. S. 349, 350), u. a. Auf welcher Seite ist die Wahrheit? Beständen in Elsaß-Lothringen wirklich eine solche Ausnahme von dem allgemein anerkannten Satze, daß die mittlere Pharmaciestufe (West-Europas, insbesondre Frankreichs) das nicht leisten könne, was die oberste Pharmaciestufe (Mittel- und Ost-Europas, insbesondre Deutschlands) leistet, so müßte nach den günstigen Ausnahmsbedingungen, den Ursachen der Erscheinung, geforscht werden.

„wird mit gleicher Lebhaftigkeit das Wort geredet, als der Aufrechthaltung des die Deutsche Gesetzgebung beherrschenden, mit beachtenswerthen Interessen verflochtenen Concessionswesens."

Ob mit gleicher Lebhaftigkeit, ist schwer zu untersuchen; es kommt auch wohl nicht darauf an. Aber nicht entfernt mit gleicher Autorität. Denn auf der Seite der Niederlassungsfreiheit stehen nur:

1) ein Theil (wohl kaum die Hälfte) der Apotheken-Aspiranten; ihre Gründe sind durch die pharmaceutische Presse, durch die akademischen Nationalökonomen (s. S. 248 unter 4)), durch mich u. A., m. E. bereits vollständig entkräftet.

2) wenige ärztliche Schriftsteller, unter denen m. W. als gewichtig nur Brefeld (†), A. Bernhardi, Pappenheim und Blaschko — und wenn wir Deutsch-Oesterreich hier mit ins Auge fassen dürfen, Friedr. Lorinser — zu nennen sind; aber Brefeld ist durch Wald (†) —, Lorinser durch v. Waldheim —, Bernhardi, Pappenheim und Blaschko durch mich —, die ärztlichen Aeußerungen überhaupt durch die pharmaceutische Presse, durch Weber (1869) und mich —, m. E. bereits gründlichst zurückgewiesen worden.

3) einige Nationalökonomen, unter denen als die **h i e r** bedeutendſten m. W. zu nennen ſind: Löwe, weil er in dem volkswirthſchaftlichen Congreß zu Weimar 1862 an der Reſolution „für die Anwendung des Princips der Gewerbefreiheit auf Aerzte, Apotheker und Advocaten" den größten Antheil hatte und auch ſpäter mehrfach in ähnlichem Sinne wirkte; Max Wirth und Emminghaus, weil ſie Löwe in jenem Congreß unterſtützten, ſo wie wegen der volkswirthſchaftlichen Autorität, welche ſie im Allgemeinen genießen. Löwe iſt zwar zugleich Arzt, jedoch als ſolcher weit weniger bekannt, practicirt auch wohl kaum noch; deßhalb kann ich ihn nur hier aufführen. Außerdem gehören hieher Ludw. Jacobi und einige Andere, welche im Preußiſchen Abgeordnetenhauſe, im Norddeutſchen und Deutſchen Reichstag in ähnlicher Richtung wirkten. — Max Wirth hat bereits für die Pharmacie von ſeiner 1862er Anſicht zur entgegengeſetzten eingelenkt (Schleſ. Preſſe. 1873. Nr. 318; 6. Dec.); Emminghaus hat ſich weſentlich ähnlich gegen mich mündlich geäußert. Beiden Männern gereicht das offene Bekenntniß, daß ſie ihren Standpunkt geändert haben, zu einem Beweiſe ihrer Wiſſenſchaftlichkeit und Gewiſſenhaftigkeit, alſo zu großer Ehre. Man darf hoffen, daß auch Löwe und Jacobi jetzt bereits ähnlich wie Jene denken; und wenn das der Fall, ſo iſt auch von ihnen, den Männern des Volksvertrauens, zu erwarten, daß ſie die gleiche Ehre erwerben.

Auf der Seite des Conceſſionsſyſtems dagegen ſtehen:

1) ein großer Theil (wahrſcheinlich mehr als die Hälfte) der Apotheken-Aſpiranten; ſie ſehen ein, daß die Niederlaſſungsfreiheit ein Danaer-Geſchenk für ſie wäre.

2) faſt die ſämmtlichen Apothekenbeſitzer und faſt die ganze pharmaceutiſche Preſſe Deutſchlands, Deutſch-Oeſterreichs und Rußlands. Die Ausnahmen ſind an Zahl und Gewicht ſo ſchwach, daß es nicht lohnt, ſich bei ihnen aufzuhalten.

.3) ſehr zahlreiche deutſche Aerzte und darunter nicht wenige von größter Autorität; höchſt wahrſcheinlich ſogar die große Mehrheit jener Aerzte (während allerdings einzelne, ſonder Zweifel hauptſächlich im Hinblick auf die Schwächen einzelner Apotheker oder Apotheken, anderer Anſicht ſind). Es geht dies hervor:

a. aus der bisherigen Praxis aller Deutſchen Staatsregierungen, welche ſich größtentheils gründet auf die Autorität der, größtentheils aus Aerzten beſtehenden, Medicinalbehörden. (Zum kleinen Theil auf die Gutachten von pharmaceutiſchen Commiſſionen oder einzelnen Pharmaceuten.)

b. aus verſchiedenen Angaben der mediciniſchen Preſſe, z. B. bei mir, i. a. W. Note 170.

c. aus höchſt zahlreichen ſchriftlichen und mündlichen ärztlichen Zeugniſſen für die Unentbehrlichkeit des pharmaceutischen Concessionswesens, am stärksten aus der im Juni (Nachtrag im August) an den Bundesrath gerichteten Eingabe für wissenschaftliche Hebung der Pharmacie und für Aufrechterhaltung des Concessionswesens, von 225 Aerzten, unter denen 125 Professoren der Medicin — ein Document, dem die Geschichte der Medicin und die der Pharmacie schwerlich eines von ähnlichem Gewicht an die Seite zu setzen haben.

4) die vor übereilter Aufgebung des Concessionswesens warnenden Stimmen einiger akademischen Nationalökonomen von Rang: Schönberg, Baumstark, Held, Adolph Wagner, in „Gutachten Deutscher Nationalökonomen über die Reformfrage des Deutschen Apothekenwesens. Als Manuscript gedruckt." 2 Hefte. Magdeburg 1873, März und April. Die Herren konnten damals noch nicht entschiedener den Stab über die pharmaceutische Niederlassungsfreiheit brechen, weil ein einigermaßen gründlicher und ausreichender Beweis, daß die gesammte westeuropäische Pharmacie in Folge der Niederlassungsfreiheit mittelalterlich tief zurückstehe hinter der osteuropäischen, noch nicht erbracht war (vielmehr nur sehr zahlreiche Einzelheiten dazu in der Presse, hauptsächlich der pharmaceutischen, vorlagen). Seitdem habe ich, im September, i. a. W., einen solchen Beweis veröffentlicht, und meines Wissens ist von den durch mich in Fülle beigebrachten Thatsachen noch nicht Eine, von meiner ganzen Beweisführung noch nicht Ein Pünktchen, widerlegt oder auch nur zu widerlegen versucht worden. Wenn, wie zu vermuthen, die Untersuchungscommission meine Darstellung — ganz oder doch wenigstens in den Hauptzügen — als treffend anerkennt, so ist die Frage „ob Aufrechterhaltung des Concessionswesens oder Rückkehr zur mittelalterlichen Niederlassungsfreiheit?" nicht bloß spruchreif, sondern sogar schon für jeden Unbefangenen entschieden; es werden dann sonder Zweifel auch die vorher genannten vier Autoren, wenn man sie darum ersucht, sich direct und unbedingt gegen die Niederlassungsfreiheit aussprechen.

Bei so vertheilter Wehrkraft darf man nicht daran zweifeln, daß die Arbeiten der Untersuchungscommission den Hahnenschrei herbeiführen werden, welcher für die Deutsche Pharmacie — und dadurch für die oberste Pharmaciestufe überhaupt — das seit 12 Jahren spukende Gespenst der Niederlassungsfreiheit in sein schon vor Jahrhunderten gemauertes Grab auf immer zurückwirft.

„Dieser durch eine reiche Tagesliteratur mehr verschärfte als ausgeglichene Widerstreit der Ansichten"

In diesen Worten liegt ein Vorwurf für die Tagesliteratur [sonder Zweifel ist nur die deutsche gemeint], denn diese würde ihren Hauptzweck verfehlt haben, wenn sie nicht den Widerstreit der Ansichten ausgeglichen oder doch wenigstens zu seiner Ausgleichung ansehnlich beigetragen hätte. Das

Letztere hat sie aber allerdings gethan, und deshalb trifft der Vorwurf sie nicht, wie ich alsbald zu zeigen mich bemühen werde.

Die deutsche pharmaceutische Literatur der jüngsten Zeit ist äußerst reich an werthvollen für die Gesetzgebung zu benutzenden Thatsachen, Ansichten und Vorschlägen. Diese sehr schätzbaren Beiträge vertheilen sich allerdings auf höchst zahlreiche Autoren, es fehlt auch nicht an vieler Spreu zwischen dem Weizen, und das Heraussuchen alles Guten, oder auch nur des meisten, ist deshalb schwierig. Aber die Hauptpunkte sind doch in zwei Arbeiten zusammengedrängt, die sich sehr bequem übersehen lassen:

1) Der „Entwurf zu einer Norddeutschen Apotheker-Ordnung. - - - - Als Manuscript gedruckt. Halle, 1869.", geschaffen durch eine von den norddeutschen Apothekern gewählte Commission von 31 Mitgliedern, unter denen Danckwortt, G. Hartmann [von dem eine besondere „Beilage . . . . Als Manuscript gedruckt. Magdeb., 1869."] und Wilms den Redactionsausschuß bildeten. Man kann [und ich muß] für manche Einzelheiten des Vorgeschlagenen anderer Ansicht sein [schon deshalb, weil in den 5 Jahren seit dem Erscheinen des „Entwurfs" bereits neue Fortschritte, namentlich für die wissenschaftlichen Beziehungen der Pharmacie, höchst wünschenswerth, ja z. Th. dringend wichtig, geworden sind]; aber man muß sagen, daß im Ganzen mit der größten pharmaceutischen Sachkenntniß, wie sie bei einer so gebildeten Commission sich von selbst versteht, auch Klarheit, Billigkeit, Umsicht und Wissenschaftlichkeit sich vereinigen, um den gesetzgebenden Körperschaften diesen Entwurf zu einer sehr brauchbaren Vorarbeit zu machen.

2) G. Hartmann, „Reform oder Umsturz des Concessions-Systems im Apothekenwesen?" - - - - Denkschrift im Namen und Auftrage des Deutschen Apotheker-Vereins. Magdeb. 1873. Fol. Behandelt zwar dem Titel nach nur Eine Cardinalfrage, wirft aber zugleich Licht (insbesondre statistisches, so gut ein Privatmann hier Statistik treiben kann) auf viele andre Fragen. Die sorgfältige, umsichtige und sehr beweisende Ausführung hat mit Recht sehr allgemeine Anerkennung gefunden; besonders ehrenvoll für den Autor ist die Anerkennung Adolph Wagner's.

Die hieher gehörende medicinische Literatur der jüngsten Zeit vertheilt sich auf eine weit kleinere Zahl von Autoren; von größeren Abhandlungen sind nur die von Wald (1863), Weber (1869) und die schon im Obigen wiederholt citirte von mir zu nennen. Letztere tritt auf die Schultern ihrer Vorgänger, citirt dieselben gebührend und vertritt nicht bloß den Standpunkt des Arztes, sondern auch den des Apothekers, und zwar den letzteren hoffentlich so vollkommen, als es einem Arzte möglich ist, — wenigstens wird dieser Punkt bei den mancherlei Anerkennungen, welche der Arbeit in der pharmaceutischen, medicinischen und publicistischen Presse Deutschlands, Deutsch Oesterreichs und Rußlands zu Theil geworden, vielfach besonders hervorgehoben. (Die Moskauer pharmaceutische Gesellschaft besorgt so eben eine russische Bearbeitung.)

Ich glaube, die Untersuchungscommission wird von gedruckten und geschriebenen Vorarbeiten kaum etwas Wesentliches vermissen, wenn sie sich auf die Benutzung der vorher unter 1) und 2) aufgeführten Arbeiten und der meinigen beschränkt — abgesehen, versteht sich, von dem durch die Reichsbehörden gesammelten statistischen Material, auf welches ich noch zurückkomme, und von dem reichen und vielartigen Erfahrungsschatze, der in der Geschichte der Pharmacie und Medicin einzelner Deutschen Staaten aufbewahrt ist, von dem aber die Commissionsmitglieder das Beste im Gedächtniß, manche Einzelheiten auch wohl schwarz auf weiß, mitbringen werden. — Zwischen Hartmann und mir aber ist, an Ansichten, Wünschen und Vorschlägen, nur noch sehr wenig Differenz, und zwar hauptsächlich nur in den Einzelheiten bei Ertheilung von Concessionen; eine mündliche Verständigung über das ganze Pharmacie-Gesetz würde hier gewiß leicht und rasch zu erzielen sein und zwar nicht etwa durch gegenseitiges Abhandeln und Nachgeben, durch Compromiß, sondern auf dem viel lobenswertheren Wege eingehendster Erörterung.

Es scheint mir sonach, die Tagesliteratur habe bereits recht viel und Anerkennenswerthes zur Aufhellung des gesammten, so vielseitigen und complicirten, Gegenstandes, und damit auch zur Ausgleichung widerstreitender Ansichten, gethan. Wo sie anderseits etwas zur Verschärfung des Widerstreits gethan habe, ist mir nicht bekannt geworden oder nicht erinnerlich, denn parlamentarisch anständige Vertheidigungen gegen Ansichten Andrer darf man ja wohl nicht hieher ziehen; und sollten einzelne pharmaceutische Stimmen hier oder da mit einzelnen Aeußerungen über das parlamentarische Maß hinausgegangen sein, so wird man das wohl der gedrückten Lage zu Gute halten, in welcher sich die Pharmacie und die Apotheker seit 12 Jahren befinden, auch hat es keinesfalls der Klärung des Gegenstandes geschadet. —

In den vom Reichskanzleramt gegebenen Motiven ist noch von der „durch Staatsaufsicht beschränkten Gewerbefreiheit" die Rede. Ich darf wohl hier daran erinnern, daß von der pharmaceutischen Presse an vielen Stellen, und von mir, i. a. W. ganz besonders umfassend, nachgewiesen worden, wie unvollkommen die Staatseinsicht im Stande ist, die große Schädlichkeit der pharmaceutischen Gewerbefreiheit, oder auch nur der Niederlassungsfreiheit, zu verbessern. Die sämmtlichen Länder der mittleren (westeuropäischen) Pharmaciestufe, d. i. derjenigen, welche noch unter der aus dem Mittelalter überkommenen Gewerbefreiheit leidet, geben uns hier auf ihre Kosten die Lehre, daß für eine untadelhafte Besorgung der wesentlichsten Theile des Pharmacie-Betriebs keine

andere Bürgschaft exiſtirt oder ſelbſt nur erdacht werden kann, als die Gewiſſenhaftigkeit des Apothekers und ſeiner Gehülfen. —

Ich gehe nicht ein auf die einzelnen Fragen des reichskanzleramtlichen
Erſuchens: dieſelben zeigen im Ganzen deutlich die Sorgfalt und Umſicht, mit
welchen die hohe Behörde auch dieſes Gegenſtandes ſich annimmt; und die
Beantwortung wird der Commiſſion nicht übergroße Mühe machen, denn für
jede einzelne der 2 Haupt- und 19 Unter-Fragen findet ſich fertiges Material
in der Literatur und vermuthlich wird ſich noch reicheres in der Erfahrungs-
Summe der Commiſſions-Mitglieder finden.

Man könnte vermuthen, daß die ſtatiſtiſchen Unterſuchungen über die
Lebensverhältniſſe der Pharmacie noch nicht beendigt ſeien, welche im vorigen
Jahr durch den Bundesrath angeordnet und eingeleitet worden, und daß
deshalb von den Höchſten Behörden die Schöpfung eines vollſtändigen
Pharmaciegeſetzes in dieſem Jahr noch nicht, vielmehr erſt im nächſten, könne
in Angriff genommen werden. Iſt es doch allgemein — von pharmaceuti-
ſcher, mediciniſcher und volkswirthſchaftlicher Seite — anerkannt, daß ſolche
ſtatiſtiſchen Unterſuchungen unentbehrlich ſeien, um die drückenden und ſchwan-
kenden Pharmaciezuſtände durch wohlgeordnete und feſte zu erſetzen. Aber
dieſe Unterſuchungen beziehen ſich weit weniger auf die Principien des
zu ſchaffenden Geſetzes als auf die Einzelausführung deſſelben, am
meiſten aber werden ſie der künftigen Handhabung des Geſetzes zu dienen
haben. Sie werden alſo z. B. dienen,

die Dürftigkeit des Umſatzes, über welche in ſo vielen Apotheken, beſonders kleineren und kleinſten, geklagt wird, ſo genau als möglich nach ihren
Graden, ihrer Vertheilung auf gewiſſe Gegenden, u. ſ. w. feſtzuſtellen,

die Richtigkeit der bisher üblichen Annahmen zu prüfen, wie man die
realen und nonrealen Werthe der Apotheken zu berechnen habe,

die Frage zu beantworten, ob in den gegenwärtig geltenden Arzneitaxen
die Preiſe im Verhältniß zur Entwerthung des Geldes bereits gebührend
gegen früher geſtiegen ſind, oder was hier noch zu geſchehen habe, — überhaupt Einzelzahlen für jene Preiſe zu liefern,

die Gewerbe-Steuer (oder- Steuern) im Einzelnen zu regeln,

u. ſ. w. Sie werden ſonach mehr der Staatsverwaltung als der Geſetzgebung dienen, mehr den durch Verfügungen als den durch die Geſetzgebung
im engeren Sinne zu ordnenden Punkten, mehr den Behörden der einzelnen
Staaten als denen des Reiches; und ſoweit dennoch das Gegentheil ſtattfin-
det, dürften ſie durch die Hartmann'ſche Schrift für die nächſte Zukunft, und
zumal für die 21 vorliegenden Fragen des Reichskanzleramtes, erſetzt ſein;
jedenfalls darf man über die Tragweite dieſes Erſatzes das Urtheil der Unter-
ſuchungscommiſſion abwarten, und man macht ja auch die Geſetze nicht für

die Ewigkeit. Ein Jahr ist aber oft eine Ewigkeit für einen Bedrängten; ein schon im Herbst (in der Reichstags-Sitzungsperiode) 1874 erscheinendes Pharmacie-Gesetz kann, durch frühere Wiederherstellung des ehemaligen Credits der Apotheken, zahlreiche Existenzen moralisch und finanziell retten, die bis zum Herbst 1875 zerrüttet sein würden. Auch hier, wie so oft, wäre „das Beste der Feind des Guten".

Seien wir also dem Reichskanzleramte sehr dankbar dafür, daß es die Inangriffnahme der Pharmaciefrage neu und so wohlwollend anregt und dadurch hoffentlich beschleunigt. Bitten wir aber auch die Mitglieder der Untersuchungscommission, die vollständige und zweckmäßig beschleunigte Erledigung des gesammten Pharmacie-Gesetzes als höchst wichtige Punkte vor allen ins Auge zu fassen. Alle die Aerzte aber, welche glauben, irgend wie und wo an maßgebender Stelle mitwirken zu können, mögen sich dazu rüsten durch Lectüre, durch Umschau in Apotheken, durch mündliche Nachfragen aller Art: es gilt ja nicht bloß, materiellen Schaden von uns Aerzten abzuwenden nach der Lehre: Et tua res agitur, paries dum proximus ardet, sondern es gilt der Erfüllung unserer heiligen Berufspflicht: zu wachen, ne quid res publica detrimenti capiat.

Die Nordpolfahrt der Germania unter Kapitän Koldewey 1869—70.

1) Vom Verschwinden der Hansa bis zum Einlaufen der Germania in den Winterhafen.

Von dem wiederholt in diesem Blatte erwähnten[*)] hervorragenden Werke „Die zweite deutsche Nordpolfahrt in den Jahren 1869 und 1870, unter Führung des Kapitain Karl Koldewey[**)]" ist soeben die zweite Abtheilung des ersten Bandes erschienen. Sie bildet den Schluß des „erzählenden Theils", und berichtet uns die Fahrten und Schicksale des Polardampfers Germania, der bekanntlich von Koldewey selbst befehligt wurde. Der stattliche neue Halbband übertrifft an Glanz der Ausstattung die beiden früher erschienenen. Er ist, abgesehen von einer großen Zahl

---

[*)] Vgl. Grenzboten 1873. I. S. 488; 1874. II. S. 57.

[**)] Herausgegeben vom Vereine für die deutsche Nordpolfahrt in Bremen. Erster Band (erzählender Theil) zweite Abtheilung. Leipzig, F. A. Brockhaus 1874.

äußerst sauberer und belehrender Holzschnitte und Lithographieen sowie den ausgezeichneten Spezialkarten der Oftküfte von Grönland, mit neun Tafeln in Farbendruck geschmückt, die sich in künstlerischer wie technischer und typographischer Hinsicht den besten Leistungen der deutschen Kunst und Kunstindustrie auf diesem Gebiete an die Seite stellen dürfen. Die eigenthümlichen Farben, Linien und Kontraste polarer Landschaft, die uns aus Saai's und einiger französischer Maler Bildern wenigstens theilweise bekannt sind, werden hier mit entzückender Poesie und Naturwahrheit vorgetragen. Einzelne der Blätter, wie jenes vorvorletzte, das die Flora von Grönland darstellt, und jenes letzte, welches den von der Germania neuentdeckten Franz-Joseph's-Fjord bei glänzendem Alpenglühen aus der Vogelschau der hohen Vorberge zeigt, sind geradezu die künstlerischsten Darstellungen arktischer Landschaft, die wir je gesehen.

Der Text auch dieses Halbbandes hat den großen Vorzug mit den früheren gemein, daß sein reiches Material von den Mitgliedern der Expedition selbst, d. h. von Augen- und Ohrenzeugen der zu berichtenden Ereignisse bearbeitet ist, und daher im höchsten Maße den Stempel der Ursprünglichkeit, Frische und Lebendigkeit trägt. Jeder erzählt in dem Bande nur das, was er selbst mit eigenen Sinnen wahrgenommen hat; so werden uns wohl Jagdausflüge oder naturwissenschaftliche Excursionen, die bei jeder Witterung von zwei oder mehr Gruppen der Germania-Mannschaft gleichzeitig unternommen wurden, nacheinander erzählt, aber niemals nimmt Jemand das Wort über Dinge, die er selbst nicht erlebte. Es ist die Absicht der nachstehenden Blätter, dem Leser in gedrängter Kürze ein möglichst treues Bild von der trefflichen und zugleich im höchsten Maße fesselnden Darstellung zu geben, welche die Fahrten, Forschungen und Abenteuer der Germania in dem vorliegenden Halbband gefunden haben.

Unsere Leser werden sich erinnern, daß von den beiden Schiffen der zweiten deutschen Nordpolfahrt das Segelschiff Hansa vom 15. Juli 1869 an ins Eis gerieth, und am 19. October 1869 unterging. Die Schicksale und Abenteuer der Hansamänner hat unser oben erwähnter früherer Artikel geschildert. So kann sich der heutige auf den Bericht der Germaniafahrer beschränken. Die Germania war ein Dampfer. Ihre Größenverhältnisse, Stärke, ihre und ihrer Mannschaft Ausrüstung und Verproviantirung haben wir bereits bei dem ersten Artikel „Die Hansamänner in Noth" mit berührt. Der unschätzbare Vorzug der Dampfkraft, den sie vor der unglücklichen Hansa voraus hatte, zeigte sich bereits in den ersten Tagen, an denen man mit dem ostgrönländischen Küfteneis längs der Eisgrenze Mitte Juli 1869 nähere Fühlung gewann. Die Hansa war, trotz der ausgezeichneten Führung des Kapitän Hegemann, rettungslos dem Untergang verfallen, sowie sie, der

Petermann'ſchen Reiſeroute gemäß, quer durch das Packeis das oſtgrönlän-
diſche Feſtland zu erſegeln ſtrebte. Sie mußte die Freiheit ihrer Bewegung
verlieren, ſowie ſie, in nebligem Wetter zur Unthätigkeit verdammt, vom Eiſe
beſeßt wurde. Die Germania dagegen konnte im Nebel mit geheizter Maſchine
ruhig an einem Flecke bleiben. Seßte ſich das Eis um ſie zuſammen, ſo
wurde nach einer anderen paſſenden Stelle gedampft, und bei klarem Wetter
konnte ſie immer in wenigen Stunden mehrere Meilen der feſten Eiskante
nach irgendwo entſtandenen Oeffnungen abſuchen. Wiſſenſchaftlich verloren
waren ja auch dieſe unfreiwilligen, aber im Intereſſe der Erhaltung des
Schiffes nothwendigen Pauſen nicht; Ortsbeſtimmungen, meteorologiſche und
magnetiſche Beobachtungen, Lothungen, photographiſche Aufnahmen, Fiſcherei ꝛc.
beſchäftigten dann die Mannſchaft. — Auch hatte die Germania das ſeltene
Glück, noch eben vor Anſegelung des Eisgürtels, den Walfiſchfahrer „Bienenkorb" zu ſprechen, der bekanntlich die lezten Nachrichten von unſern Seefahrern nach Hauſe brachte, ehe dieſe über ein Jahr ſpäter wohlbehalten
zurückkehrten.

Boll der tiefſten Eindrücke für jeden der kühnen Nordfahrer war in
ſolchen Tagen die Beobachtung des Naturlebens am Gürtel des ſtarrenden
Eiſes, das Einleben in die Eigenthümlichkeiten des höchſten Nordens. Luft
und Waſſer hatten in der zweiten Woche ſeit dem Verſchwinden der Hanſa
faſt daſſelbe Verhalten gezeigt, wie an den erſten Tagen im Eiſe. Das
Waſſer hatte ſeine blaue Farbe conſtant behalten; nur in der Nähe von
vielem und ſchwerem Eiſe ſank die Luft-Temperatur ſtets erheblich. Die wichtigſte Erſcheinung aber, die ſich darbot, war die auffallend geringe Differenz
zwiſchen Tages- und Nachtwärme, ſie betrug meiſt nur einen Grad, häufig
noch weniger. Die Wirkung dieſer Erſcheinung auf den menſchlichen Körper
war eine außerordentlich behagliche. Ein ſo gleichmäßiges Klima kann es in
der gemäßigten und heißen Zone nicht geben, aber auch in den arktiſchen
Breiten wol nur zwiſchen dem Eiſe. Für die Haut ſowohl, als beſonders
auch für die Athmungsorgane war das von ſehr wohlthätigem Einfluß. Es
war auffallend, wie man ſich in der freien Luft, troß der niedrigen Temperatur,
troß Nebel und anderer Feuchtigkeit ſo wohl fühlte, wie es eigentlich nie
vorkam, daß einer ſich irgend einen Katarrh holte. Freilich trug zu dieſer
auffallend ſchnellen Acclimatiſirung die allmählige Gewöhnung das Beſte bei.
Man wird eben nicht plößlich ins Eis verſeßt, ſondern nähert ſich demſelben
immer mehr. Schon während der Seereiſe hatte man ein ſtetiges aber faſt
unmerkliches Fallen der Temperatur bemerkt, in der lezten Zeit war der
Uebergang noch weniger fühlbar geweſen. Zudem enthält die Luft über dem
Eiſe verhältnißmäßig viel Feuchtigkeit, ſodaß der für die Athmungsorgane ſo
unangenehme Wechſel zwiſchen feuchter und trockner Luft niemals ſtattfinden kann

Eine höchst interessante Unterhaltung gewährt es, am flachen Rande einer Eisscholle das Leben der kleinen Meerthiere zu beobachten. Wenn man sich platt auf das Eis hinlegt, und das Gesicht nahe über die Wasserfläche bringt, so sieht man durch das stille klare Element tief hinab in die schönen blauen unterseeischen Grotten, die sich am Rande der Schollen stets ausbilden. Und in diesen tummelt sich, während das Wasser über einen Grad Kälte hat, und an der Oberfläche sich fortwährend die feinen Eisnadeln zu einer dünnen Decke vereinen, eine muntere lebensfrohe Schaar kleiner Thiere. Ruckweise tauchen die Hüpferlinge aus der Tiefe empor; ihre rothen Fühler leuchten stark auf dem blauen Hintergrunde; sie steigen bis nahe an die Oberfläche und lassen sich dann langsam zurücksinken. Dann sieht man einen gelben Punkt auftauchen, er vergrößert sich und man erkennt ein Krebsthierchen, das mit eiligem Schlage seiner Schwimmfüße schräg auf der Seite liegend in verschiedenen Windungen heraufsteigt. Jetzt legt es sich in einer kleinen Nische oder auf einem Eisvorsprunge zur Ruhe und nur die stetig hin- und herschwingenden Flossenfüße zeigen an, daß das Thier lebt. Hin und wieder sieht man in der Tiefe eine schöne Beroe langsam dahinziehen: der langgestielte Klätscher wird zur Hand genommen, aber das Fangen wird vereitelt, da bei dem klaren Wasser eine Schätzung der Entfernung unmöglich wird, und man stets vorbeifährt, bis das Thier aus dem Bereiche verschwunden ist.

Auch eine schöne stille Mitternacht, in dem zaubrischen Scheine der Mitternachtssonne sollten die Germaniamänner an der Eisgrenze erleben. Sie sollen uns den wunderbar feierlichen und großartigen Eindruck dieser Nacht selbst erzählen. „Der Nebel war fast ganz verschwunden" schreiben Kapitän Koldewey und Dr. Pansch, „nur im Osten sah man ihn noch als dichte Bank über dem Wasser liegen; die Wolken verzogen sich mehr und mehr; durch die schön geformten leichten Streifenwolken des nördlichen Horizontes brach sich jetzt die Sonne Bahn und ließ uns die ganze Landschaft deutlich überblicken. Wenn man in die Wanten oder auf einen der höchsten Eisblöcke stieg, so konnte man weit hinaus schauen auf diese grandiose Scenerie. Nach Westen zu nahm den Horizont eine fest zusammengepackte Bank schweren Eises ein, Schollen der verschiedensten Gestaltung, zwischen denen man nur in größerer Nähe Wasserstraßen sehen konnte, nach Osten hingegen lag in weiter Ausdehnung loses Treibeis in Gestalt von kleinen und kleinsten Schollen in verschiedensten Bildern und Erscheinungen. Das Meer war dabei gänzlich still, so daß alles Eis in den klarsten und reinsten Spiegelbildern wiederstrahlte; und dazwischen hatte das Wasser die verschiedensten Farben angenommen. Unter dem Wolkenhimmel lag es dunkel, schwarzbraun bis gelblich da, und wo die Luft klar war, schimmerte es durchsichtig grünlich. Selbst für den Pinsel eines geschickten Malers dürfte es keine leichte Aufgabe sein, die verschiedenen Farben und Lichter in ihrer ganzen Natürlichkeit wiederzugeben. Dieses zarte Roth, von der Sonne dem Eise angehaucht, an der Schattenseite der Klötze das weichste Blau und Violett und dazwischen die tiefsten kalten Schatten — das sind Effecte, die in solcher Schönheit nur die Mitternachtssonne der Eisregion hervorbringen kann. Man muß dergleichen mit eigenen Augen sehen, um dessen eigenthümliche Schönheit bewundern, man muß es lange und aufmerksam betrachten, um dessen Erhabenheit empfinden zu können."

„Das Geräusch auf dem Schiffe war längst verstummt, man hatte sich der Nachtruhe hingegeben. Wir aber fühlten keine Müdigkeit und trieben uns in stillem Genusse der Natur auf der Scholle umher. Wenn man sich dann hinter einigen großen Eisblöcken auf das Eis niederließ und der einzige Zeuge menschlichen Daseins, das Schiff, von den Blicken nicht erreicht werden konnte, wenn man sich so ganz einsam den äußern Eindrücken und seinen Gedanken überlassen durfte, dann übermannte einen wohl das Gefühl grenzen- loser Oede und Verlassenheit. Es ist aber auch etwas Wunderbares, diese lautlose Ruhe in der Natur: nirgends Bewegung, nirgends Leben. Nur von Zeit zu Zeit wird die Stille unterbrochen durch ein leises Donnern und Krachen, gefolgt von einem Plätschern im Wasser: ein Stück Eis hat sich von oben losgethaut und durch das Wasser von unten unterhöhlt. Nur ver- einzelt sehen wir eine der eisgrauen Mallemucken geräuschlosen Fluges, un- heimlich über das Wasser zwischen den Eisinseln hingleiten — nur selten fliegt eine Elfenbeinmöve in eiliger Fahrt über uns weg, ihr weißes Ge- fieder vom Wiederschein des Eises mit dem durchsichtigsten Blau überstrahlt — dann starrt das Auge wieder gedankenlos und doch so voll von Empfindung auf das unendliche Meer der Eisinseln. — Hin und wieder wird das Ohr aufmerksam auf ein plötzliches Rauschen im Wasser, gefolgt von stöhnendem Blasen: es ist eine Schaar von Narwalen, die Athem zu holen an die Ober- fläche kommen, sechs bis achtmal auftauchend und leichte Wellen gegen die Eisschollen treibend — sie verschwinden wieder hinab in die Tiefe, und nach wie vor herrscht feierliche Stille in der Natur. — Die Stunden der Nacht rinnen dahin, die Sonne steht schon wieder ansehnlich hoch an dem jetzt klaren Himmel — die Vernunft treibt zur Ruhe — wir können uns nicht losreißen — aber es muß sein, wer weiß, was morgen kommt — noch ein langer Blick ringsumher, und dorthin, wo die theure Heimath liegt, und hinein geht es in das dumpfige Schiff."

Die erste Hauptaufgabe der ganzen Unternehmung, die conditio sine. qua non, welche Petermann in Uebereinstimmung mit dem bremer Comité der zweiten Nordpolfahrt vorgeschrieben hatte, war die Erreichung der Ost- küste von Grönland. Der Erreichung dieser Aufgabe waren die unablässigen

Bemühungen Kapitän Koldewey's von Mitte Juli bis Anfang August ge=
gewidmet. Wir übergehen hier die schwankenden Erfolge dieser Bemühungen,
denen sich Treibeis, Packeis, Wind, Nebel aufs äußerste entgegenstemmten.
Vielleicht hätten diese Hindernisse über die Deutschen Seefahrer gesiegt, und
sie, wie die Hansamänner zur Ueberwinterung im Eise von der Küste ge=
zwungen, wenn Kapitän Koldewey nicht, trotz der Ungeduld und Meinungs=
verschiedenheit seiner Mannschaft, sich nicht die Erfahrungen des alten Roß
und der tüchtigsten Nordpolfahrer zu Nutzen gemacht, und bei jeder günstigen
Position, die er erreicht hatte, geduldig auf besseren Wind und bessere Locke=
rung des noch zu durchkreuzenden Eisgürtels gewartet hätte. Ungeduld und
Gewalt, blindes Vorgehen und Vertrauen auf die Kraft seines Schiffes hätte
auch ihm, trotz der ihm zur Verfügung stehenden Dampfkraft, leicht das
Schicksal der Hansamänner bereiten können. Dank dieser weisen Vorsicht,
die überall, und zwar auf der Länge mehrerer Breitegrade, nur da durchzu=
dringen versuchte, wo sich offnes Wasser oder dünnes Zwischeneis zeigte, und
welche die entscheidenden Versuche erst dann unternahm, als Wind und
Strömung Erfolg verhießen, gelang es, schon am 1. August das Land (die
Pendulum=Inseln) in Sicht zu bekommen und am 4. August um 6 Uhr Abends
dem Lande schon bis auf 5 deutsche Meilen nahe zu kommen. Um 10 Uhr
Abends wurden die Bergspitzen der Pendulum=Inseln zugleich mit denen des
Festlandes immer deutlicher sichtbar. Man wird verstehen, mit welchen Blicken
dieses Bild verschlungen wurde. Ein letztes Eisfeld war in nordöstlicher
später in nordwestlicher Richtung zu umdampfen. Um 10½ Uhr hellte die
Luft vollständig auf. Laud und Inselgruppe lag klar und bestimmt vor Au=
gen, und ein gänzlich freies Wasser nach Westen und Norden', so daß der
Kurs direkt auf Griper Roads gesetzt werden konnte. „Wir waren in ge=
waltiger Aufregung", heißt es im Bericht, „keiner mochte sich schlafen legen.
In stets erneuerter Betrachtung des Landes versunken, verharrten wir trotz der
empfindlichen Kälte fast die ganze Nacht auf Deck. Nach der Karte suchten
wir uns in all den einzelnen Bergen und Berggruppen zu orientiren, oder
mit starren Fingern ein Panorama der Küste zu entwerfen. Man mochte
glauben in einer halben Stunde unter Land sein zu können, und hatte noch
über 16 Seemeilen bis dahin." Freilich grüßen die schneidigen Eisgötter
Grönlands die Anfahrer mit Schneeschauer und Gestöber, daß eine weiße
Schneedecke das Deck überzieht, aber bald wird ein guter Ankerplatz vor einer
kleinen Bai entdeckt, die später der Germania Winterhafen werden sollte, und
„am 5 August, Morgens 5 Uhr ließen wir unsere Anker zum ersten Mal auf
grönländischen Grund und Boden fallen. Ein dreimaliges kräftiges Hurrah
ertönte und unsere norddeutsche Flagge wehte stolz vom Top des großen

Maſtes. Ein Boot wurde ſofort ausgeſetzt, wir landeten und pflanzten auch hier unter nochmaligem Hurrah unſere ſchwarz-weiß-rothe Flagge auf." —

Damit war die erſte Aufgabe, die Erreichung der Küſte, glücklich gelöſt, ohne jede Beſchädigung die Germania durch das Eis gebracht — daß man der unglücklichen Hanſa oft bis auf wenige Meilen im Nebel nahe geweſen, wußte man damals noch nicht — die Baſis der ferneren Operationen, der eigentliche Kampfplatz, gewonnen, und ein faſt vollſtändig unerforſchtes Operationsgebiet lag vor ihnen. Die Gruppe der Inſeln, welche mit dem Namen der Pendulum Inſeln bezeichnet ſind, und bei welchen die Germania Grönland zuerſt anlief, wurde bekanntlich von Clavering 1823 entdeckt und aufgenommen. Gleich hinter der Südoſtſpitze der größeren Inſel fanden die Germaniamänner einen Winterhafen und Ankergrund, wie kein zweiter auf der ganzen von ihnen unterſuchten Küſte gefunden war. Die Rhede iſt vor ſchwerem Eiſe durch eine vorliegende kleine Inſel geſchützt, welche wegen der häufig dort ſich zeigenden Walroſſe Walroß-Inſel genannt wurde. Außerdem gewährte ein faſt 610 Meter hoher Berg Schutz gegen Norden und geſtattete weithin die Beobachtung der Eisbildung und -Bewegung, ſo daß jede günſtige Chance zum Aufbruch nach Norden ſofort wahrgenommen und benützt werden konnte. Vorläufig indeſſen dachten die tapferen Seefahrer noch nicht daran ſich hier dauernd vor Anker zu legen. Nur wenige Tage hielt jene Beſtimmung der Inſtruction ſie hier, laut deren die Lage von Sabine's Obſervatorium aufgeſucht und neu beſtimmt, und dann erſt weiter nach Norden vorgedrungen werden ſollte. Dieſes Obſervatorium ließ ſich jedoch durchaus nicht entdecken. Sowie dieſes negative Reſultat feſtgeſtellt, und Land und Eis genau beobachtet war, wurde am 11. Auguſt früh Dampf aufgemacht, und der Inſtruction gemäß nach Norden durch das Eis geſteuert. Um 8 Uhr Vormittags wurde die Baßklippe umſteuert, Abens 6 Uhr war man ſchon über den nördlichſten von Kapitän Clavering erreichten Punkt hinaus und ſah die Inſel Shannon ſich viel weiter nach Norden erſtrecken, als auf der ältern Karte angeben iſt. Genaue Beſtimmungen und Peilungen ergaben die Breite 75° 17' in 17° 22' weſtlicher Länge von Greenwich, während die Inſel bis 75° 26' Nord und 18° 0' weſtlicher Länge reichte. Schon hieraus wurde zur Gewißheit, daß Clavering's angebliche Bootfahrt, bei welcher ein Punkt in 75° 14' nordweſtlich der gefrorenen Bai erreicht worden ſein ſoll, auf einem Irrthum beruhte. Dieß wurde ſpäter nach Rückkehr der Germania durch Lecture der Orginalberichte beſtätigt.

Das wichtigſte Reſultat dieſer Fahrt nach Norden war die am 14. Auguſt Morgens erlangte Gewißheit, daß an ein weiteres Vordringen nach Norden, wie es die Inſtruction vorſchrieb, gar nicht zu denken ſei. Schon bisher hatte man nur mit äußerſter Schwierigkeit, und auf langen Strecken

nur vermöge der Durchbrechung des Jungeifes, mit voller Dampfkraft sich
eine knappe Fahrstraße gebahnt. Jetzt lag ein ungeheueres Eisfeld vor ihnen,
welches sich unabsehbar nach Osten erstreckte und im Westen fast mit dem
Landeise zusammenzuhängen schien. Im äußersten Nordost hinter dem Felde
schien, nach einer kleinen Stelle am Himmel zu urtheilen, freilich noch etwas
Wasser vorhanden zu sein; weiter zu kommen war indeß augenscheinlich nicht
eher möglich, als bis sich das Eisfeld vor ihnen in Bewegung setzte und
vom Landeise trennte. Dieselbe Erfahrung hatten Sabine und Clavering gemacht und in den Pendulum experiments und im Edinburgh Philos=Journ.
1830 ausgesprochen. Sie wurde bestätigt durch die zweijährigen Erfahrungen
der Hansa wie der Germania. Beide Besatzungen haben an der Außenkante
des Eises und im Treibeise selbst bis zu den großen Feldern zwischen den
Breiten von 76 bis 72 Grad eine südwestliche Strömung von durchschnittlich
8—10 Seemeilen Geschwindigkeit in 24 Stunden gefunden, welche durch den
Wind und das Eistreiben indeß oft beträchtlich ost- oder westwärts abgelenkt
wird. Auch unmittelbar an der Küste ist eine (weit geringere) Fortbewegung
des Eises nach Süden, außer bei Südwind im Sommer zu bemerken. Im
Winter ist das Eistreiben in Folge der Nordstürme weit bedeutender. Im
Herbst setzt sich das schwere Packeis an die Küste heran, und was man Landwasser nennt, verschwindet mehr und mehr. Von einem ununterbrochenen
im Sommer freien Landwasser längs der Küste, als Folge des abfließenden
Schmelzwassers, kann keine Rede sein. Sein Vorkommen hängt von den
Winden, der Küstengestaltung, überhaupt von localen Einflüssen ab. — Im
Inland ist häufig im Tone des Vorwurfs die Frage laut geworden, warum
Kapitän Koldewey, nachdem im Landeise nicht weiter zu kommen war, nicht
in das Packeis hineingegangen, in demselben nordwärts gearbeitet und auf
höherer Breite versucht hätte, wieder an die Küste zu gelangen. „Diesem ist
zu entgegnen", sagt er selbst, „daß die Erfahrung längst gelehrt hat, wie
man in einem Strom schweren Eises, im sog. Pack, nie und nirgends, auch
nicht mit dem besten und stärksten Dampfer, eine irgend beträchtliche Strecke
vorwärts kommen kann, ohne die Stütze einer festen Küste zu haben. Wenn
ich an einem nördlichen Punkt die Küste hätte erreichen wollen, so mußte ich
die ganze Eisbarrière von neuem durchbrechen, an der Kante derselben Nord
aufsteuern und etwa auf 78 Grad wieder in den Pack eindringen. Ein solches
Verfahren hätte sicher nicht den erwünschten Erfolg gehabt und es wäre un-
verantwortlich gewesen, die mit so großer Mühe erlangte Basis wieder aufzugeben, um einem Phantom nachzujagen."

Es war demnach des Kapitäns sowie Aller Meinung, daß vorläufig ein
weiteres Vordringen nach Norden zu den unmöglichen Dingen gehöre und man
sich aus dem so äußerst gefährlichen und der furchtbaren Pressung der Eis-

selber im vollsten Maße ausgesetzten Kanal nach der Südseite der Shannon-Insel zurückziehen müsse, um diese Insel wissenschaftlich zu untersuchen und von ihren Hügeln aus eine günstige Chance zum Vordringen nach Norden abzuwarten. Dieß geschah denn auch. Am 15. August ging man unter Segel, am 16. Mittags konnte an der Ostseite des Kaps Philipp Broke an der Küste von Shannon geankert werden. In den nun folgenden Tagen wurde die Lage, Ausdehnung und der Charakter der Insel Shannon gründlich studirt. Man fand längst verlassene Eskimobauten und -Geräthe, eine Fülle von Moosen und Kräutern, interessante Basaltsäulen, hatte von der mit Mühe erstiegenen „Tellsplatte" einen prachtvollen Anblick auf die grönländische Küste, hörte zum ersten Mal das klagende Singen des Eises, machte die wichtigsten Erfahrungen über die Brauchbarkeit aller Geräthe und Geschirre, die man mitführte, schoß einen Polarfuchs, Eisbären, ein Walroß u. s. w., erfreute sich des fröhlichen Vogellebens am Strande und entdeckte und erlegte hier zum ersten Mal einen Moschusochsen.

Darüber heißt es: „Wir erstiegen eine Anhöhe von etwa 74 Meter und waren eben beschäftigt, zur Fixirung eines Beobachtungspunktes, einen Steinmann zu bauen, als wir in der Ferne ein großes merkwürdig aussehendes Thier bemerkten, welches weder Eisbär noch Rennthier sein konnte. An Moschusochsen dachten wir nicht im Entferntesten, da von dem Vorkommen solcher auf Ostgrönland in der einschlägigen Literatur nirgends die Rede war. Es setzte uns daher in nicht geringe Verwunderung, als wir schließlich erkannten, welches Thier wir vor uns hatten. Das Thier wurde sofort gejagt und von Peter Iversen mit einigen guten Schüssen getödtet. Alle, die entbehrt werden konnten, gingen sofort hin, um das merkwürdige Geschöpf zu sehen. Es war ein erwachsenes Männchen. Mit welchem Erstaunen betrachteten wir die mächtigen Hörner und die wundervolle Bedeckung von Haar und Wolle, so wohl geeignet, das Thier gegen die grimmige Kälte des Nordens zu schützen! Der charakteristische Moschusgeruch war nicht sehr auffallend, obgleich sofort erkennbar. Das Fleisch dieses ersten erlegten Moschusochsen war sehr wohlschmeckend und labten wir uns einmal wieder an frischen Beefsteaks. In der Folge entdeckten wir, daß die ganze Küste bis 77 Grad hinauf von diesen Wiederkäuern belebt war. Oft wurden sie in Heerden bis zu 16 Stück in den Niederungen und Thälern und an den Bergen angetroffen. Ja, es verdient bemerkt zu werden, daß die Moschusochsen bis 71 Grad hinauf zuzunehmen schienen, nach Süden dagegen sich ihre Zahl bedeutend verminderte. Bei den Rennthieren scheint das umgekehrte Verhältniß obzuwalten. Nördlich von 75½ Grad haben wir kein einziges Rennthier mehr bemerkt." Es sei hier, zur Vervollständigung der Charakteristik des merkwürdigen Thieres, gleich einer Jagd erwähnt, welche am 13. September und die folgenden Tage

D. Copeland und der Heizer, auf der Sabine-Insel (unter der die Germania damals eben in ihren Winterhafen eingelaufen war) nach Moschusochsen unternahmen. Sie waren auf der Fährte eines angeschossenen Rennthiers, als sie plötzlich auf höchst angenehme Weise durch den Anblick zweier Moschusochsen und einer ·Kuh überrascht wurden, die friedlich in einiger Entfernung grasten. Auch der erste Offizier Sengstake war an diesem ersten Tage in der Jagdgesellschaft. Sengstake und Wagner machten einen weiteren Bogen nach dem Binnenland der Insel, um die Flucht der Thiere ins Innere zu hindern, Copeland verbarg sich in der parallel mit dem Strande laufenden Hügelreihe. Sengstake konnte erst in ziemlicher Nähe zum Schuß kommen. Mit einem Male aber fingen die Ochsen an zu schnauben, was bei ihnen immer ein Zeichen von Schrecken oder Zorn ist und alle drei ergriffen die Flucht geradeswegs nach dem Hasenberge zu, wo sie rasch in den Schluchten an seinem Fuße verschwanden. Nun trennten sich die Jäger noch weiter von einander, um in einer der tiefen Schluchten die Ochsen aufzusuchen, als sie sie plötzlich wieder erblickten, wie sie eben einen steilen Abhang von losen Steinen hinaneilten. „Es war wirklich ein schöner Anblick, sie da hinaufspringen zu sehen mit wahrhaft überraschender Behendigkeit, während ein Mensch hier die größte Mühe gehabt haben würde, überhaupt nur festen Fuß zu fassen. Sie blieben immer dicht bei einander, wie das gewöhnlich Thiere, die in Heerden leben, thun. Hätten sie anders gehandelt, so würde der, der am weitesten nach unten war, einem regelrechten Steinhagel ausgesetzt gewesen sein, welcher durch die vordersten, in ihrem Eifer uns zu entkommen, hinabgeschleudert wurde. Dies war das letzte, was wir an diesem Tage von ihnen sahen." Am andern Tage mußten, da Sengstake Offiziersdienst hatte, Copeland und Wagner allein die Jagd fortsetzen. Mit Hilfe eines Taschenteleskops entdeckten sie ihre Freunde vom Tage vorher bald auf einem Schneehaufen des Hasenberges auf der Landseite desselben in einer Höhe von 350 — 400 Meter über sich, und waren nach etwa einer Stunde dort oben. Aber eine Beschleichung der Thiere war völlig unmöglich. So gingen sie denn weniger vorsichtig auf die ruhig wiederkäuenden Thiere los, bis diese mit einem plötzlichen Satze auf und davon fuhren. Copeland sandte außer sich über das Mißgeschick, einige Schüsse aufs Gerathewohl hinter den Ochsen her, die mit wunderbarer Behendigkeit den Abgang hinaufjagten, der so steil anstieg, wie Basalttrümmer nur irgend sein können. In drei bis 4 Minuten hatten sie die Höhe von 150 Metern erreicht; die Verfolger brauchten über eine halbe Stunde, ihnen dahin nachzuklettern. Sie fanden eine kleine Blutspur, und schlossen daraus, daß einer der Schüsse doch wohl getroffen haben müsse. Das bestätigte sich, als die Jäger oben Rast und Umschau hielten. Einer der Ochsen war weniger mobil als die andern, die den verwundeten

Genoffen offenbar nicht verlaffen wollten und sich mit ihm sehr langsam nach der nordwestlichen Seite des Berges in eine der dortigen Hügelreihen zurück- zogen. Nun stiegen die Jäger ungesehen hinab, passirten rasch und vorsich- tig eine Hügelreihe nach der andern und erblickten eben, wie sie über einen neuen Hügel wollten, den Rücken eines der grasenden Thiere vor sich. Auf Händen und Füßen krochen die Jäger nun ganz nahe an die Thiere heran und verwundeten mit drei in drei Secunden abgefeuerten Schüssen die beiden Ochsen tödtlich, die Wagner für den Gnadenstoß aufs Korn nahm, während Dr. Copeland der armen erschreckten kleinen Kuh bergab nachsetzte. Er schoß sie zuerst mitten auf die Stirn, ohne daß sie auch nur gezuckt hätte. Vielmehr schien sie versuchen zu wollen, was sie wohl mit ihren scharfen, kleinen krummen Hörnern zu ihrer Vertheidigung ausrichten könne. Da streckte sie ein zweiter Schuß in die Schulter nieder. — Ein gewaltiger Bär und mehrere Füchse, welche das frischgeschossene Fleisch anlockte, vervollständigten die Beute dieser reichen Jagdtage. Einer der Füchse wurde eben niedergestreckt, als er sich mit der Leber davon machen wollte. „Mittags als die Leber auf den Tisch kam", erzählt Dr. Copeland, „zeigten mir einige Schrotkörner in dem Stücke, das auf meinen Antheil kam, daß ich mit dem unglücklichen Fuchs den letzten Bissen theilte, der ihm in diesem Leben zu Theil geworden war. Unsere sorglichen Matrosen waren natürlich der Meinung, daß keine Gabe Gottes verloren gehe dürfe, und so hatten sie auch das besagte Stück Leber als gute Beute betrachtet und für den Tisch in der Kajüte noch immerhin brauchbar be- funden!" Leider konnten die herrlichen Häute und Knochen nicht wissenschaftlich präparirt werden, da Dr. Pansch bereits am 5. August beim ersten Betreten des Landes das Unglück gehabt hatte, sich durch die Muskeln des Unterarms zu schießen und nun noch lange nicht soweit geheilt war, um das kranke Glied beim Skeletiren u. f. w. zu benutzen.

Als sich während des Aufenthaltes der Germania an der Insel Shannon im Laufe des Monat August das Fahrwasser immer mehr mit Eis besetzte, wurde am 27. einstimmig beschlossen, nach dem Winterhafen an der Südseite der Sabine-Insel aufzubrechen, unterwegs jedoch so lang als irgend möglich zum Zwecke wissenschaftlicher Beobachtungen aller Art zu verweilen. Dieser Beschluß ist den nämlichen Tag noch ausgeführt, und der Kurs nach Süd- westen immer erst dann fortgesetzt worden, nachdem man sich von den höchsten Höhen der Küsten, an denen man vorbeikam, überzeugt hatte, daß nach Norden jede Fahrstraße absolut vereist war, und ebenso dringende Gefahr sei, die letzte Rückzugslinie nach Süden zu verlieren, wenn nicht weiter gesegelt oder gedampft würde. Das feste undurchdringliche Eis schloß sich, förmlich der Germania auf dem Fuße folgend, zu; nicht selten mußte sie schon durch zolldickes Eis mit voller Dampfkraft durchbrechen, um ihr Ziel zu erreichen. Daß die brave

Mannschaft dem nachdrängenden übermächtigen Feinde nur schrittweise nach Süden ausgewichen ist, geht daraus hervor, daß für die kurze Strecke von der Shannon-Insel bis zum Germaniahafen an der Südspitze der Sabine-Insel achtzehn Tage gebraucht worden sind, die Zeit vom 27. August bis 13. September. In dieser Zeit wurde die Insel Klein-Pendulum vollständig durchforscht, der Stufenberg daselbst erstiegen, das von einem Gletscherbach durchströmte „Königin Augusta-Thal" aufgenommen, der 1140 M. hohe Sattelberg erstiegen, und von deffen Spitze ein intereffanter Einblick in das Innere der grönländischen Fjorde gewonnen, endlich eine Bootsfahrt nach Süden zum Zwecke der Aufnahme der Küstenlinie unternommen. Am 13. September 10½ Uhr Morgens ankerte die Germania in ihrem Hafen an der Sabine-Insel, der jetzt für 10 Monate ihre und ihrer Mannschaft Heimath bleiben sollte.

Klassische Findlinge.

Zwölf ungedruckte Briefe Goethe's an den Grafen v. Beust u. s. w. in der Privilegienangelegenheit seiner Werke *)
mitgetheilt von
C. A. H. Burkhardt.

1.

Hochgeborner Graf,
Insonders hochgeehrtester Herr!

Ew. Exzell. erlauben, in einer für mich sehr bedeutenden Sache eine geziemende Mittheilung. So eben habe näher zu vernehmen, daß ein an die hohe Bundes-Versammlung von mir gerichtetes Schreiben begünstigt durch allerhöchsten Einfluß ungesäumt zum Vortrag gelangen werde.

Ich bitte darin von jener hohen Stelle ein Privilegium für die neue Ausgabe meiner sämmtlichen Werke, welches mich vor dem feindseligen Nachdruck, der den deutschen Autoren alles billige Verdienst ihrer Arbeiten verkümmert, fernerhin schützen möge.

Da ich mich nun schmeicheln darf, daß Ihre Königliche Hoheit unser gnädigster Herr diese meine submiffesten Wünsche zu fördern gleichfalls geneigt

---

*) Vergleiche hierzu den Aufsatz von C. A. H. Burkhardt in den Grenzboten 1872. I. S. 161. — Nachfolgende Briefe finden sich im Original im S. Ernest. Gesammtarchive Bundestagsacten No. 102 c zu Weimar.

seyn werden, so ist es meine Pflicht Ew. Exzell. als den glücklichsten Vermittler hiebey, bescheidentlich anzusprechen und gehorsamst zu ersuchen: daß auch
Sie mir in diesem Falle Ihre gewandte Geschäftsthätigkeit und erprobte Geneigtheit möchten zu gute kommen lassen.

Der ich mit besonderm Vergnügen die Gelegenheit ergreife, Ew. Excellenz
meine ausgezeichnete Hochachtung an den Tag zu legen; wie ich mich denn
schon zum Voraus des Dankes erfreue, welchen ich wie bisher im allgemeinen
der Staatsgeschäfte, so nun auch für meine Person besonders abzutragen die
Veranlassung finde

Weimar den 27. Februar	Ew. Exzell.
1825.	ganz gehorsamster
	J. W. Goethe.

2.

Ew. Excellenz

in der so glücklich eingeleiteten und obschon langsam, doch günstig vorschrei-
tenden Angelegenheit abermals um gefällige Mitwirkung anzugehen, möchte
wohl der Zeit und den Umständen gemäß erachtet werden.

Hierbey erfolgen also zuerst drey Bittschreiben an Ihro Majestäten die
Könige von Sachsen, Bayern und Würtemberg zu geneigter Besorgung an
die respectiven Herren Gesandten, welchen andringlichst empfohlen zu seyn
wünsche.

Aus der beygelegten Copie werden Ew. Excellenz ferner den Inhalt und
die Art meines Vortrages beurtheilen. Sollte derselbe zu weitläufig erscheinen
so möge folgendes zur Entschuldigung dienen.

Ich habe einige bisher vorgekommene Bedenken und Anforderungen vorläufig beseitigen und anders, das sich ereignet vortheilhaft aufstellen wollen.
Daher suchte ich hinzudeuten auf das Verlangen Großherzoglich Heßischer Gesandtschaft, den Verleger genannt zu wissen: auf die Anordnung des Königl.
Würtembergischen General-Rescripts vom 25. Februar 1815, daß das Privilegium jedem Bande vorgedruckt werden solle, und noch auf anderes, was
sich auf die gewöhnlichen bisherigen Vorkommnisse bezog.

So hab ich denn auch den durch das Königl. Dänische Privilegium
(welches überhaupt die Sache sehr groß behandelt und weßhalb ich des Herrn
Grafen v. Eyben Excellenz aber und abermals meinen verpflichteten Dank
abzustatten bitte) bis auf 50 Jahre erstreckten Termin gleichfalls mit ei gege-
führt, übrigens aber auch mein Gesuch dem an die hohe Bundestags Versammlung gerichteten Petitum conform zu halten getrachtet.

Wenn ich nun aber nach und nach die übrigen nöthigen Expeditionen
einzusenden nicht ermangeln werde; so enthalte ich mich doch an die Kaiserlich Oesterreichischen und Königl. Preußischen Majestäten ein besonderes Bitt-

schreiben zu richten, in dem ich von dorther gar wohl ein motu proprio erwarten darf.

Eben deshalb hab' ich auch des Herrn von Naglers Excellenz mit keiner
weiteren Anmeldung beläſtigt und darf nicht unbemerkt laſſen, daß ich von
des Freyherrn Herrn von Münch-Bellinghauſen Exc. auf zwey Schreiben,
eins nach Wien, das andere nach Frankfurt am Mayn noch mit keiner Antwort beehrt worden bin; weshalb ich denn wohl ſeiner geneigten Fortwirkung
im Stillen mir ſchmeicheln dürfte.

Sollte, wie in des Herrn Baron von Gruben Excellenz früherer Note
geſchehen, auch noch über den Inhalt der neuen Auflage weitere Aufklärung
verlangt werden, ſo giebt die Copie meines an die drei königl. Majeſtäten
gerichteten Schreibens hierüber allgemeine Auskunft, das Nähere jedoch er-
hellet aus einer Beylage, welche zu Vergleichung der neueren Ausgabe mit
dem älteren Abdruck verfaßt worden.

Hiernach ſey mir denn ferner erlaubt noch einen Umſtand zur Sprache zu
bringen: Ihro Majeſtät der König v. Dänemark haben geruht, das aller-
gnädigſte Privilegium auch auf das Herzogthum Schleswig, das mit dem
deutſchen Bunde in keinem Verhältniß ſteht, durch ein beſonderes Document
auszudehnen. Sollte man wohl bey Ihro Majeſtät dem König der Niederlande ein Privilegium für Höchſtdero ſämmtliche Staaten zugleich mit dem
für das Großherzogthum Luxemburg erbitten dürfen? Vielleicht ſondiren Hoch-
dieſelben des Herrn von Grünne Excellenz, ob man mit dergleichen Geſuch
hervortreten dürfe; ich würde mich ſodann an denſelben unmittelbar wenden
und eine frühere aus perſönlicher Bekanntſchaft entſprungene Gewogenheit
beſcheidentlich in Anspruch nehmen.

Und ſo darf ich denn wohl für dies mal mit beſcheidenem Vorbehalt
fernerer Mittheilungen für die bis jetzt erzeigte unſchätzbare Geneigtheit höch-
lich dankend mich mit vollkommenſter Hochachtung unterzeichnen

Ew. Excellenz

Weimar den 22. July   ganz gehorſamſter Diener
1825.   J. W. v. Goethe.

3.

An die Könige von Sachſen, Bayern und Württemberg.

Allerdurchlauchtigſter ꝛc. Ew. K. M. haben die von allerunterthänigſt
Unterzeichnetem bey der hohen Bundes-Verſammlung eingereichte ſubmiſſiſte
Bitte um ein Privilegium für die Ausgabe ſeiner Werke letzter Hand ſchon
eines allergnädigſten Blickes gewürdigt und ich erkühne mich daher, das
Nähere zu Unterſtützung jenes Geſuchs umſtändlicher vorzulegen.

Die Abſicht iſt, meine ſchriftſtelleriſchen Arbeiten, mit denen ich mich lebenslänglich beschäftigt und deren großer Theil schon gedruckt ist, gesammelt herauszugeben und hierauf meine letzten Lebensjahre zu verwenden.

Nun würden zuerst die poetischen, rhetorischen, historischen, kritischen Arbeiten etwa vierzig Bände füllen: hierauf aber wäre dasjenige, was ich in Bezug auf bildende Kunst unternommen, nicht weniger, was ich in der Naturwissenschaft versuchte, in einer nicht süglich zu bestimmenden Zahl von Bänden nach zu bringen.

Da nun aber zu einem solchen Unternehmen schon mehrjährige Aufmerksamkeit und Bemühung erforderlich war, auch zunächst noch sein wird, um zuletzt eine solche Rechenschaft abzulegen; so würde es um so wünschenswerther seyn, daß der Verfasser von den unausgesetzten Bemühungen seines Lebens billigmäßigen Vortheil ziehe, welcher durch den in Deutschland noch nicht zu hindernden Nachdruck gewöhnlich verkümmert wird. Deshalb erkühne mich nun Ew. K. M. hiedurch bescheiden anzugehen mich in allen, in Höchst Ihro Landen gegen den Nachdruck schon bestehenden Gesetzen und Anordnungen einzuschließen, besonders aber für gedachte vollständige kritische Ausgabe meiner Werke ein Privilegium zu ertheilen, so daß ich gegen den Nachdruck und dessen Verkauf in Höchst Ihro Staaten völlig gesichert sey, unter Androhung der Confiscation und sonstiger Strafen, welche theils den Landesgesetzen nach schon bestehen, oder künftig für nöthig erachtet werden möchten.

Und zwar wage ich, mir ein solches Privilegium für mich, meine Erben und Erbnehmer in der Masse zu erbitten, daß sowohl ich, wenn ich den Verlag selbst oder in Gemeinschaft besorge, als auch, wenn ich einem Verleger die Befugniß übertrüge, dieser des gesetzlichen Schutzes genießen möge.

Sollte es hiebey nicht genehm seyn, diese Ausgabe der letzten Hand, die für künftig keine Abänderung erleiden, auch um einen annehmlichen Preis verkäuflich seyn soll, auf unbestimmte Zeit zu privilegiren, so erlaube mir doch die allerunterthänigste Bitte, den anzusetzenden Termin auf fünfzig Jahre zu erstrecken, damit meine Familie sich auch unter die vielen mitzählen dürfe, welche in Allerhöchst Ihro Landen eines dauerhaft beschützten Glückes genießen.

Und so werde ich denn auch nicht ermangeln, das mir so vortheilhaft als ehrenvoll gegönnte Privilegium auf eine geziemende Weise dem Publikum vor Augen zu bringen. Eine solche gnädigste Vergünstigung würde ich mit dem reinsten, devotesten Dank erkennen und für die höchste Belohnung achten, die mir für meine unausgesetzten vieljährigen Bemühungen nur immer hätte zu Theil werden können.

In tiefster Ehrfurcht ectr.

Weimar   Johann Wolfgang von Göthe (sic).
den 22. Julius 1825.

4.

An v. Beust.

Ew. Excellenz

abermals einige gefällig zu übergebende Schreiben einsendend*), verfehle nicht zu bemerken, daß ich bald nach Empfang der Königlich Dänischen Privilegien schon am 8. July an des Herrn Grafen von Eyben Excellenz, geleitet durch einen früheren Wink die schuldige Zuschrift erlassen, welche Hochdenenselben inzwischen vielleicht schon bekannt geworden.

Indem ich mir nun fernerhin die Erlaubniß ähnlicher Sendungen zu erbitten die Freyheit nehme, leb ich der Hoffnung, bey nächster glücklicher Feyer meine aufrichtigste Dankbarkeit und wahrhaft hochachtungsvolle Anhänglichkeit persönlich auszusprechen.

Ew. Excellenz

ganz gehorsamster Diener

J. W. v. Goethe.

Weimar d. 30. July
1825.

5.

Ew. Excellenz

haben in meiner sachte fortrückenden Angelegenheit gar manches zurecht zu legen und zu verzeihen: Ihre Gefälligkeit kann nicht abnehmen, möge aber auch Ihre Geduld nicht ermüden.

Durch eine Verwechselung sind in dem letzten Directorium die drey Schreiben, welche dem Copisten übergeben waren, anstatt den drey wirklich übersendeten notirt worden, erstere liegen nunmehr fertig bey mir, allein ich zaudere sie abzusenden; denn sollte man fürchten mit der Titulatur anzustoßen und der Hypersuperlativ unerläßlich seyn, so würde mir jene Schreiben zurückerbitten, um sie abzuändern, auch zugleich die Copien für die resp. Herrn Gesandten beyzulegen.

Von Dresden ist indeß angebogener Interimsschein eingegangen und es fragt sich daher, wenn das Schreiben an Ihro Königl. Majestät von Sachsen noch nicht abgegeben wäre, ob solches nunmehr nöthig sey?

Jedoch da alles dieses schicklicher Weise den bedächtigen Schritt der hohen Bundes-Versammlung halten darf, so hoffe hierüber Ew. Excellenz persönlich verehrend, das Weitere zu sprechen und zu vernehmen.

Wenn ich übrigens um Verzeihung bitte, daß gegenwärtiges einigermaßen retardirt worden, so darf ich wohl zu meiner Entschuldigung anführen, daß die nächste uns so erwünschte Feyer**) auch mich von manchen Seiten in Anspruch nimmt und zu angenehmen Pflichten auffordert. Was uns dabei vorzüglich erfreuen muß, ist daß unser gnädigster Herr sehr heitere Sommer-

---

*) An Schwerin, Braunschweig, Meiningen, Coburg.

**) Karl August Jubiläum.

wochen gesund und munter in Wilhelmsthal zugebracht, welcher Aufenthal-
durch die Geburt eines erwünschten Enkelsohns in der Nachbarschaft gegen
das Ende noch festlich gekrönt worden.*)

Hiebey darf ich aber wohl persönlich bemerken, daß da im nächsten
November auch die fünfzigjährige Epoche meines hiesigen Aufenthaltes eintritt,
mir vorkommen will, als ob dem Feyernden ein solches Fest mehr Vergnügen
machen müsse, als dem Gefeyerten. Leider finde ich mich bey einem zwar erträglichen Gesundheitszustande doch diesmal nicht in dem Falle an den
öffentlichen Gefühls- und Freuden-Bezeigungen Theil nehmen zu können,
welches mir wahrhaft schmerzlich ist; an meiner innern und innigsten Theilnahme wird kein Zweifel seyn.

Schließlich enthalte mich nicht zu vermelden: daß die Medaille, welche
auch Hochdieselben geneigtest zu fördern geruht, glücklich gerathen ist und,
zu Freude unserer Berliner Künstler, auch zu unserer Beruhigung den Beyfall
aller derer, die sie bisher gesehen erhalten hat. Möge sie auch von Ew. Excellenz als ein angenehmes Andenken einer so seltenen Feyer aufbewahrt
werden.

Hochachtungsvoll wie vertrauend

Weimar　　　　　　　　　　　ganz gehorsamst
d. 19. August　　　　　　　　　　J. W. v. Goethe.
1825.

6.

Ew. Excellenz
verfehle nicht ein höchst günstiges Schreiben Ihro Durchlaucht des Fürsten
Metternich **) abschriftlich zu übersenden, wodurch denn die Angelegenheit als
abgeschlossen anzusehen; die übrigen Expeditionen sind nun wohl geruhig
abzuwarten, auch hie und da zu sollicitiren, welches, nach Ew. Excellenz
Andeutung mir zum anhaltenden Geschäft machen werde.

Aufrichtig dankbar für den bisherigen Antheil erbitte mir denselben auch
für die Folge. Mich und die so erfreulich durchlebten Tage zu geneigtem
Andenken angelegentlichst empfehlend

Weimar den 15. September　　　　　　ganz gehorsamst
1825.　　　　　　　　　　　　　　J. W. v. Goethe.

7.

Hochwohlgeborner
Insonders hochgeehrtester Herr!

Ew. Hochwohlgeb. haben die Gefälligkeit gehabt auf Ansuchen des Herrn
Grafen Beust sich eines mir so wichtigen Geschäftes bereitwillig anzunehmen;
indem ich nun hiefür und für die übersendeten Protocoll-Extracte den ver-

---

*) Herrmann geb. 4 August 1825. 　**) vom 6. Sept. 1825.

binblichſten Dank abſtatte, ſo darf ich mir auch wohl Ihrer weitern Theilnahme ſchmeicheln und vermelden, daß die ausgefertigten Privilegien, theils
ohne mein Zuthun, theils auf eingereichte Bittſchreiben bey mir einlangen.

Es bleibt mir nur noch die Frage, wie es mit den freyen Städten zu
halten ſey? Ob durch den Herrn Geſandten derſelben ohne weitere Anregung etwa die Ausfertigung der Privilegien zu bewirken wäre? oder ob
man an jede derſelben ein Vorſtellungsſchreiben einzureichen hätte. Im letzteren
Falle würde mir Curtoiſie und Adreſſe von Ew. Hochwohlgeboren erbitten
um die Schreiben alsbald zu beſorgen.

Der ich mit den lebhafteſten Empfehlungen für das geneigte Andenken
Ihres Herrn Vaters zum beſten dankend die Ehre habe mich zu unterzeichnen
Ew. Hochwohlgeboren
ganz gehorſamſter Diener
J. W. v. Goethe.

Weimar d. 17. Oct. 1825.

8.

Ew. Ercellenz
verzeihen geneigteſt eine verſpätete ſchuldige Antwort, welche durch die uns
betroffene traurig wichtige Nachricht wohl noch ferner aufgehalten werden
könnte; doch zaudere ich nicht weiter und erlaube mir folgendes:

Die am ſiebenten November mir über die Maſſen erzeigten Freundlich-
keiten haben mich ſo zum Schuldner gemacht, daß dieſer ganze Monat nicht
hinreiche, ſie nur einigermaßen dankbar zu erwiedern. Nehmen daher
Ew. Ercellenz zuvörderſt die Verſicherung, daß Ihr neulicher Beſuch von mir
ſehr freudig anerkannt worden und die perſönliche Verſicherung einer fortdauernden Theilnahme mir höchſt ſchätzenswerth bleibe.

Die ſämmtlichen freyen Städte haben ſich nun auch förmlich eingefunden.
Den verehrlichen Abgeordneten bitte daher gelegentlich meine dankbaren Ge-
ſinnungen auszuſprechen.

Wären ſodann die Anhaltiſchen und Schwarzburgiſchen Häuſer ſowie
Heſſen-Homburg hinzuzufügen, ſo würde vor Ablauf eines vollen Jahres dieſe
Angelegenheit wohl geendigt ſeyn. Immer ein kurzer Termin für den Kreis,
in welcher ſie betrieben wurde.

Das Königlich Bayriſche Miniſterium hatte noch unter der vorigen Regierung mancherley Bedenken durch Herrn Graf v. Lurburg an mich gelangen
laſſen, worauf ich denn in einem umſtändlichen Promemoria die Lage der
Sache nach Möglichkeit ins Klare geſtellt und auf denſelben Weg dorthin
befördert habe. Die eingetretene Regierungs-Veränderung hat wohl eine ab-
ſchließliche Reſolution und Ausfertigung gehindert. Bis jetzt trug ich Bedenken den neuen Regenten deshalb abermals anzugehen, vielleicht giebt es
Gelegenheit bei dortiger Geſandtſchaft eine geziemende Erinnerung einzulegen.

Herr von Nagler verspricht in dem Sinne der schon am hohen Bundestage gethanen Erklärung gleichfalls nächstens ein hinreichendes Document.
Die Form eines Privilegiums scheint dort nicht angenehm zu seyn. Eine
bestimmte vom Minister des Innern und Aeußern vollzogene zusichernde Eröffnung hält man für hinreichend. Abzuwarten ist auf alle Fälle was man
dort belieben wird; auf jede Art wird wohl der Zweck erreicht werden.

An die Allerdurchlauchtigsten, sowohl Majestäten als Königl. Hoheiten
habe Anfang October nach dem bekannten Formular unmittelbar die Bittschreiben gerichtet. Die meisten Documente sind formell und in gnädigsten
Ausdrücken eingegangen. Von Braunschweig aus tröstet man mich auf die
Wiederkunft des Herzogs; von Brüssel her habe noch nichts vernommen. Da
die Ausdrücke meines Schreibens allgemein sind, weder Luxemburg besonders,
noch das ganze Königreich überhaupt aussprechen, so wäre die Frage ob
Seine Excellenz Herr Graf von Grüner, dem ich mich angelegentlichst zu
empfehlen bitte, vielleicht in die Sache, wie sie schwebt, gefällig einwirken
wollten. Wäre das Privilegium auf das Königreich nicht zu erlangen, so
würde man wenigstens wegen Luxemburg beruhigt.

Mit vorzüglichster Hochachtung
dießmal in Trauer und Sorgen
Ew. Excellenz
ganz gehorsamster Diener
J. W. v. Goethe.

Weimar
d. 18. Dezember
1825.

9.

Ew. Excellenz.

vergönnen, daß ich am Ende des Jahres zurückschauend auf so manche
Pflichten, welche mir im Laufe desselben zu erfüllen nicht gegeben war, auch
der für mich so wichtigen Angelegenheit gedenke und vor allem die geneigte Theilnahme dankbar anerkenne, welche dieselben mir haben erzeigen wollen; wie
ich sodann den treusten und aufrichtigsten Wünschen die Bitte hinzufüge auch in
der Folge möge gleicher Antheil gefällig und mir im vorliegenden Geschäft
eine einsichtige Leitung ferner nicht versagt sein.

Die Privilegien der vier freyen Städte sind nunmehr angelangt durch
gefällige Vermittelung des Herrn von Leonhardi, das von Frankfurt und
Lübeck; durch Ew. Excellenz das von Bremen und Hamburg. Jene mit
einem Schreiben unterzeichnet Danz, diese mit dem Namen Gries.

In dem Verzeichniß der verehrlichen Bevollmächtigten an einem hohen
Bundestage finde ich ersteren als Gesandten der vier freyen Städten bezeichnet;
der letztere unterschreibt sich in dem Erlaß vom 13. September als Gesandter
der freyen Stadt Hamburg. Hiebey entsteht die Frage, ist Herr Syndicus
Danz Gesandter der drey ersten Städte geblieben? und sollte es hinreichend

seyn an beyde genannte Herrn meinen schuldigen Dank abzustatten? mit dem Ersuchen denselben an ihre Herrn Comitenten in meinem Namen gefällig zu übergeben oder sollten vier besondere Schreiben an die genannten Städte selbst nöthig seyn? in welchem Falle ich mir Aufschrift Courtoisie und Unterschrift zu meiner Nachachtung erbitten würde.

Ew. Excellenz verzeihen diese fortgesetzten Behelligungen, nicht weniger in Betracht unserer gegenwärtigen Lage, eine vielleicht dazwischen tretende Verzögerung ja ein mögliches Versäumniß.

Der große unerwartete Schlag von Osten her*), welcher durch seinen Nachhall die ganze Welt erschüttert, trifft unsere Verhältnisse unmittelbar auf das gewaltsamste. Ew. Excellenz übersehen die schmerzliche Wirkung und empfinden das Peinliche meiner Stellung, da ich ein täglich theilnehmender Zeuge solcher Bekümmernisse bleiben muß. Ein hoher Familienkreis, der sich noch vor kurzem vollkommen glücklich preisen durfte, ist auf eine Weise verletzt, die keine Aussicht auf eine völlige Wiederherstellung hoffen läßt.

Und so darf ich denn auch wohl eben in Betracht von Ew. Excellenz wahrhafter Theilnahme zugleich erwähnen, daß ein höchst unangenehmer die Person Serenissimi berührender Fall hinzugetreten, indem Hofrath Rehbein, ein fürtrefflicher Arzt, welchem unser Fürst das verdienteste Vertrauen zugewendet von einer tödtlichen Krankheit befallen worden, wobey wenig Hoffnung zu völliger Genesung Raum bleibt. Viele Getreuen finden sich dadurch für ihren Fürsten und zugleich für sich selbst besorgt in die bänglichste Verlegenheit gesetzt.

Solche unangenehme Mittheilungen verzeihen Ew. Excellenz gewiß einem unbegränzten Vertrauen, denn wo sollten wir in solchen Fällen einige Linderung finden, wär es nicht indem wir uns entschließen gegen verehrte Männer, von denen wir gleiche Gesinnungen erwarten dürfen, unsern Schmerz laut werden zu lassen.

In vollkommenster Hochachtung mich unterzeichnend

Weimar den 28. Dezember
1825.

Ew. Excellenz
ganz gehorsamsten Diener
J. W. v. Goethe.

10.

Ew. Excellenz

geneigtes und ermunterndes Schreiben macht den Anfang meiner diesjährigen Geschäfts Akten und würde mich lebhaft erinnern an alles, was ich im vorigen Jahre vielfach schuldig geworden, wenn nicht meine dankbaren Empfindungen sich immer gleich blieben und mit dero gefälligen Theilnahme sich

---

*) Der Tod Alexander's I. † 1. Dec. 1825.

stetig fortbewegten. Daher füge denn anch weder Bitte noch Wunsch hinzu in gewisser Ueberzeugung, daß das angetretene Jahr ebenfalls zu meinem Gunsten fortschreiten werde, wobey ich denn auch von Ew. Excellenz dauernden Wohlbefinden und einer fortgesetzten glücklichen Geschäftsthätigkeit der entschiedensten Zeugnisse nicht zu ermangeln hoffe.

Warum ich aber erst jetzt wieder einige Meldung thue, das sey durch den Wunsch entschuldigt von dieser Angelegenheit als geendigt sprechen zu können, wohin sie sich denn nunmehr anch zu neigen scheint.

Danksagungen an die vier freyen Städte und wohin es sonst noch nöthig schien sind längst abgegangen, eingekommen dagegen waren bisher das königl. Baiersche Privilegium, nicht weniger von Anhalt Bernburg und Köthen, von Schwarzburg-Sondershausen und Rudolstadt. Des königlich Niederländischen soll in den Zeitungen gedacht seyn und so würde es nur an den Herzogl. Braunschweigischen, an Dessau und an Homburg fehlen.

Nun aber ging vor einigen Tagen das Königl. Preußische bey mir ein und da es über Frankfurt gekommen, darf ich hoffen, daß Ew. Excellenz es selbst gesehen und gelesen haben, weil jede Andeutung des Inhalts und Beschreibung der Form übertrieben seyn müßte. Verlegen bin ich daher wirklich, Ausdrücke zu finden, des Herru von Nagler Excellenz nur einigermaßen schicklich zu danken. Dürfte ich mir deßhalb, wie in bisherigen Fällen, geneigte Wortführung auch in diesem geziemend erbitten.

Uebrigens darf ich nicht unerwähnt lassen, daß auf dem Couvert der Name des Herrn Baron Vrients von Berberich zu bemerken gewesen, woraus hervorgeht, daß die Postfreiheit dieses Paketes durch die oberste Behörde selbst eigenhändig ausgesprochen worden, welcher Aufmerksamkeit ich denn gleichfalls dankbarlichst verpflichtet bin.

Indem ich diesmal nun mit den besten Hoffnungen und treuesten Wünschen meinen Brief abschließe, so erbitte mir die Erlaubniß bei nunmehr technisch und merkantilisch vorschreitendem Geschäft über einige Punkte, die sich auf das öffentliche Verhältniß zu den hohen Bundesstaaten beziehen mit einigen geziemenden Anfragen hervortreten zu dürfen.

In dankbarem Vertrauen zu fernerer geneigten Theilnahme mich angelegentlichst empfehlend

Weimar den 15. Februar 1826.

gehorsamst
J. W. v. Goethe.

11.

Ew. Excellenz
vergönnen, daß ich Gegenwärtiges unmittelbar an mein Voriges anschließe und von den nächsten Schritten in einer so hochbegünstigten Angelegenheit

vorläufige Rechenschaft gebe, wobey ich bemerke, daß der hier mitgetheilten Stelle das Verzeichniß der sämmtlichen Werke vorangehe.

Hierauf liegt mir nun ob, der außerordentlichen Begünstigung zu gedenken, womit die sämmtlichen hohen Bundesglieder mich ausgezeichnet haben. Weil ich nun aber im Ausdruck besonders was die Titulatur betrifft, welche in diesem Falle ihre besondern Einzelheiten hat, nicht fehlen möchte, so liege die hierauf bezügliche Stelle bey mit gehorsamster Bitte und Anfrage, ob villeicht etwas darin zu bedenken oder daran zu ändern seyn würde.

In Wunsch und Hoffnung eines ferneren wohlwollenden Andenkens unterzeichne mich dankbar verehrend

Weimar   Ew. Excellenz

d. 20. Februar   ganz gehorsamster Diener

1826.   J. W. v. Goethe.

12.

Hochgeborner Graf.

Hochverehrter Herr.

Ew. Excellenz erlauben in einer Angelegenheit, welche Sie schon früher begünstigen wollen, abermals Dero geneigte Mitwirkung bescheidentlich zu erbitten.

In den Jahren 1825 und 1826 erhielt ich von den sämmtlichen höchsten und hohen Gliedern des deutschen Bundes streng verfaßte Privilegien für die projectirte Ausgabe meiner Werke, deren letzte Lieferung nunmehr Michael, bisher unangefochten erscheinen wird.

Nun aber theilt man mir einen Auszug mit aus einer Beylage des Hamburger Correspondenten, ohne jedoch die Nummer zu melden, worin folgendes verfaßt seyn soll *):

„Einladung zur Subscription auf eine schöne und wohlfeile Ausgabe von Goethe's sämmtlichen Schriften. Des Hochgefeierten Werke, die früher unvollständig 80 Mk. kosteten, erscheinen jetzt, um sie auch Minderbegüterten zugänglich zu machen vollständig in einer eleganten Taschenausgabe, der Band von 300 Seiten, sauber geheftet zu nur 1 Mark. Vom 15. September an liefern wir wöchentlich einen solchen Band, so daß die respectiven Subscribenten nach Verlauf von ohngefähr 16 Monaten im Besitz der sämmtlichen Werke sind. Probe-Exemplare liegen zur gefälligen Ansicht bereit. Bestellungen erbitten wir bald

Schubert und Niemeyer in Hamburg und Itzehoe.

Ich habe vor allen Dingen bey der hohen Behörde in Dresden, auch bey dem Bücher-Comissarius in Leipzig, bey Letzterem besonders wegen bevor-

---

*) Die Befürchtungen Goethe's waren nicht gerechtfertigt. Es war nur die berechtigte Cotta'sche Ausgabe, die man ausbot und verkaufte.

stehender Messe alsbald die Sache zur Sprache gebracht und gedenke nunmehr den Magistrat zu Hamburg und die Dänischen Behörden zu Itzehoe gleichermaßen anzugehn.

Wie nun fernerhin nach einer so allgemein erfolgten Bundestags-Verwilligung (ich will nicht sagen Beschluß, obgleich diese Benennung hie und da vorkommt) zu verfahren sein möchte, erbitte mir Ew. Excellenz erleuchtetes Sentiment. Dürfte es wohl vorerst der Sache angemessen seyn, wenn ich an die beyden Herrn Bundestags-Gesandten, sowohl den der freyen Stadt Hamburg. als den Königlich Dänischen geziemend anginge und sie, meine schon gethanen Schritte bey ihren hohen Comittenten und sonst zu begünstigen bäte?

Hätten Ew. Excellenz alsdann die Geneigtheit gegen die übrigen Herrn Gesandten mit einigen empfehlenden Worten der Angelegenheit zu erwähnen, so würde ich solchs aufs dankbarste anerkennen.

Sollten jedoch Ew. Excellenz eine andere Behandlung anrathen, so würde ich der mir gegebenen Andeutung Folge zu leisten nicht ermangeln. Wie ich denn Gegenwärtiges als zu einiger Einleitung dienendes eilig zu verfassen für nöthig erachtet habe.

Der ich mir ein fortgesetztes wohlwollendes Andenken erbittend die Ehre habe mich dringend zu empfehlen

Verehrend wie vertrauend
Ew. Excellenz
ganz gehorsamster Diener
J. W. v. Goethe.

Weimar
b. 16. September
1830.

Stephan's Plan eines Weltpostvereins.

Wer in Europa einen Brief mit dem Poststempel „Melbourne" oder „Yokohama" empfängt, wird sich gewiß des weltumfassenden Wirkens der Posteinrichtungen freuen; viel seltener aber wird er sich der Betrachtung darüber zuwenden: in welcher Art die Beförderung eines solchen „flüchtigen Boten" gesichert ist. Und doch knüpft sich an die Beantwortung dieser Frage die Erkenntniß wichtiger Fortschritte im Kulturleben der Völker. In unserem deutschen Vaterlande ist, Dank günstiger politischer Machtentwickelung. Einheit auch im Postwesen, bis auf wenige Reste der Vergangenheit, jetzt erzielt worden. Noch vor 40 Jahren aber sah es in Deutschland hierin höchst chaotisch aus. An jedem Grenzpfahl deutschen Gebiets herrschte ein anderes Postrecht, bedrohte uns ein anderer Tarif, und jeder Brief hatte eine Unzahl postalischer Barrièren zu überschreiten, deren Brückenzoll der Briefschreiber zahlen mußte. Noch weit schwieriger war ein Briefwechsel mit dem Auslande. Kostete doch noch im Jahre 1842 ein Brief von Berlin nach London 27½ Sgr., ein Brief von Berlin nach Marseille 13½ Sgr., — Tarife, deren exorbitante Höhe natürlich dem brieflichen Verkehr die äußersten Beschränkungen auferlegte und daher der Annäherung der Völker direct entgegenwirken mußte. Neben dieser großen Schädigung der Interessen des Weltverkehrs zogen die vielstufigen hohen Brieftaxen noch zahlreiche andere Nachtheile nach sich, insbesondere: einen unverhältnißmäßigen Aufwand an Arbeitskraft zur Berechnung all der verschiedenen Portoantheile der einzelnen Staaten, ein massenhaftes unfruchtbares Schreibwerk zur Abschließung und Ausführung der Postconventionen, weitläufige Abrechnungen über Porto, Transitvergütungen und sonstige Gebühren, kurz jenes tant de bruit pour une omelette, welches mit Recht von Freund und Feind gefürchtet wird. Zu Anfang des Jahres 1850 wurde diesem Zustande der Postanarchie in Deutschland dadurch ein Ende gemacht, daß die deutschen Postverwaltungen zu einem Postverein zusammentraten, dessen Ergebniß die Festsetzung eines einheitlichen Portos für Deutschland war. Die übrigen Länder Europas hatten, Dank ihrer mehr geschlossenen politischen Organisation, diesen Vortheil innerhalb ihres eignen Gebiets längst besessen. Dagegen blieben im großen internationalen Verkehr der Post noch lange die alten Traditionen vielstufiger zusammengesetzter Tarife, schwerfälliger Transitberechnungen und langsamer Briefspedition in Kraft und Blüthe, bis Stephan's Ideen in diese „rudis indigestaque moles" neuen Fluß hineinbrachten. Es ist ungemein lehrreich, die Entwickelungsphasen sich zu vergegenwärtigen, welche das internationale Postrecht durchgemacht hat; es spiegelt sich in ihnen der Gang der menschlichen Kulturbewegung wieder. Zuerst principlose Empirie, dann ein Rüstwerk verrotteter Principien, endlich der Durchbruch geläuterter, einfacher, zweckentsprechender Grundsätze. Man erwäge indessen, um welche gewaltigen Verkehrsmassen es sich hierbei handelt. Nach Stephan's Berechnungen werden auf der Erde jährlich etwa 3300 Millionen Briefe mit der Post expedirt, also täglich 9¼ Millionen oder in jeder Secunde 100 Stück. Europas Antheil an dem Weltpostverkehr beträgt etwa 2355 Millionen Briefe, Amerikas 750 Millionen, Asiens etwa 150 Millionen, während auf Afrika und Australien ungefähr 20—25 Mill. Briefe kommen. Der internationale Verkehr im engeren Sinne beziffert sich auf 500 Millionen Briefe. Es kann keinen besseren Beleg geben, als die Wucht dieser Zahlen, um darzuthun, von welcher ungeheuren Wichtigkeit die Einführung reformatorischer Grundsätze in den Weltpostverkehr ist und welche Verdienste sich das Genie erwerben muß, dem es gelingt, diesen Zweig des menschlichen Verkehrs mit fester Hand zu ordnen. Die Lösung des

Problems ist überaus mühevoll; denn es handelt sich dabei um Beseitigung unendlicher Schwierigkeiten, nicht blos solcher, welche bereits die Natur geschaffen (z. B. Trennung der Welttheile durch den Ocean), sondern auch derjenigen, welche die Verschiedenartigkeit der Sitten, Gebräuche und Sprachen der Völker des Erdballs nothwendig im Gefolge hat und die einer Verständigung über allgemein giltige Normen sehr hinderlich ist. Und doch müssen die letzteren, sollen sie wirksam sein, einem lebensvollen Organismus gleichen, der alle Organe, Räder und Federn, seien sie auch Tausende von Meilen von einander entfernt, zwingt „nach einem festen Systeme zu dem gemeinschaftlichen Endziel pünktlich und einträchtig zusammen zu wirken.“ Den großen Plan, die disjecta membra des Weltpostverkehrs zusammenzufügen, sie nach einem festen Systeme zu ordnen und sich nach einer allgemein giltigen Form bewegen zu lassen, hat der Chef der deutschen Reichspost, General-Postdirector Stephan gefaßt und gedenkt ihn dem Congresse von Delegirten aller Postverwaltungen der Erde vorzulegen, welcher am 15. September 1874 in Bern zusammentreten soll. Verschmelzung wenigstens der Mehrzahl aller Postverwaltungen zu einem Gebiete, soweit der internationale Verkehr in Betracht kommt, Verwischung der postalischen Grenzen, Befreiung von jeder Transitgebühr, Feststellung eines mäßigen Einheitsportos, ungehinderte, völlig freie Bewegung der Korrespondenz, endlich Erfindung und Herstellung einer neuen Beförderungsmechanik: Das sind die Grundlinien des Stephan'schen Riesenplans, der, wenn seine Durchführung gelingt, dem Weltpostverkehr neue Bahnen vorzeichnen, der Kulturentwickelung neue Impulse verleihen und die Wirksamkeit des Postwesens weit über die aller übrigen Anstalten zur Vermittelung des Austausches von Ideen, Nachrichten u. s. w. heben wird.

Sehen wir zu, in welcher Weise dieser Plan, der durchaus frei von utopistischer Leerheit ist, sondern auf völlig realer Basis ruht, verwirklicht werden soll. Es bedarf wohl nicht der Hervorhebung, daß der Briefaustausch zwischen zwei souverainen Staaten nur auf Grund von Verträgen erfolgen kann, in welchen die speciellen Bedingungen für die Korrespondenzbewegung festgesetzt werden. Diese Verträge beruhen meist auf der Basis der Reciprocität. Da indessen jedem Staate volle Freiheit des Pactirens zusteht, so unterliegt der Abschluß dieser Verträge und die Vereinbarung ihres Inhalts mehr oder weniger den Umständen, der Geschicklichkeit der Unterhändler, richtet sich nach der Stellung des betreffenden Staats in der politischen Machtsphäre oder erfolgt unter dem Einflusse anderer zufällig wirkenden Factoren. Die Zahl dieser Verträge im internationalen Postverkehr war und ist Legion; beispielsweise sei erwähnt, daß Oesterreich noch im Jahre 1847 mit den verschiedenen Kantonen der Schweiz 17 Postverträge abgeschlossen hatte, die erst außer Kraft traten, als die Eidgenossenschaft das Postwesen centralisirte. Die Zahl der Post-Verträge, welche Deutschland mit den verschiedenen Staaten der Erde vereinbart hatte, belief sich vor 1866 auf weit über 100.

Es bedarf nur geringer Mühe, um sich klar zu machen: daß die zahllosen Bestimmungen aller dieser Postverträge in ihren Besonderheiten und Abweichungen eine bunte Mosaik des postalischen Völkerrechts repräsentirten, auf deren Basis eine gesunde, kraftvolle Verkehrsentwickelung, wenn überhaupt, so nur höchst mühsam gedeihen konnte. Denn die Post ist universeller Natur; sie weicht vor keiner Landesgrenze, keinem anders gefärbten Schlagbaum, keiner Douane zurück; sie kennt nicht die Unterschiede der Nationalitäten, beachtet die Regungen politischer Eifersucht nicht; ihr innerstes Wesen ist Freiheit des Verkehrs, ungehemmte Annäherung der Völker, Beseitigung und Hinwegräumung der Schranken des Ideenaustausches. Gerade die Verwaltungen aber, welchen die Pflege dieses mächtigen Kulturvermittlers vorzugsweise anvertraut war, verstanden in einer nicht weit zurückliegenden Zeit ihre Aufgabe keineswegs; mit kurzsichtiger Politik verschlossen sie sich vor dem Andringen neuer Ideen; ihre kleinlichen Anschauungen, ihre Schwerfälligkeit und alten Traditionen, in fiscalischem Geiste großgezogen, verhinderten lange Zeit den Vollzug überaus nöthiger Reformen.

Erst zu Anfang der sechsziger Jahre weht ein frischer Hauch durch die Hallen der Postämter Europas und Amerikas; in der Erkenntniß, daß es unerläßlich sei, den Postverkehr im einheitlichen Sinne für größere Gebiete zu regeln, die hohen Taxen herabzusetzen und feste Normen zu bestimmen, nach denen die einzelnen Postverwaltungen ihre speciellen Aufgaben erfüllen sollten, trat im Jahre 1863 auf Mr. Blair's Veranlassung zu Paris eine internationale Postconferenz zusammen. Dieselbe berieth lange Zeit über gemeinsame Einrichtungen, vertiefte sich aber allzusehr in das Detail der technischen Handhaben und vergaß unter diesen theoretischen Erörterungen das Wichtigste: die Feststellung eines einheitlichen Portos für große Verkehrsgebiete: ein Mangel, der sich in der Folge zeigte und die Conferenz resultatlos erscheinen ließ, wie sie es praktisch in der That auch war. Und dies negative Ergebniß erscheint nicht so seltsam, wenn man erwägt, daß selbst noch in unseren Tagen, am 19. December 1872, ein Deputirter zur französischen National-Versammlung, Mr. Caillaux, bei Gelegenheit der Berathung des Gesetzes wegen Einführung der Korrespondenzkarten in Frankreich die Verwerfung dieses wichtigen modernen Verkehrsmittels beantragte: „weil der Postetat dadurch ein Deficit von 10—12 Millionen Francs haben müsse!" Diese retrograden Ideen sind neuerdings von den Postverwaltungen aller Kulturstaaten zum Glück verlassen, aber es bedurfte der Energie eines Mannes mit weitem Blick, wie Stephan, um alle diese Verwaltungen davon zu überzeugen: daß zur Erfüllung der universellen Mission des Postwesens noch ein wichtiger Schritt zu thun, daß die Errichtung einer großen Postverkehrs-gemeinschaft aller Nationen als unabweisbares Postulat zu erachten sei. Stephan hatte lange vor 1870 die einheitliche Gestaltung der Normen für den internationalen Postverkehr ins Auge gefaßt und bereits den Ver-trägen, welche seit dem Jahre 1868 von ihm im Auftrage des Norddeutschen Bundes zu schließen waren, die Signatur jener Fundamentalregeln aufgeprägt, welche jetzt dazu bestimmt sind, bei der Begründung der europäisch-ameri-kanischen Postunion die Hauptrolle zu spielen. Als Stephan in dem für alle Zeiten denkwürdigen Jahre 1870 die Leitung der Norddeutschen Post über-nahm, gab er, da der Ausbruch des deutsch-französischen Krieges große fried-liche Transactionen verhinderte, jenen Ideen zunächst eine weitere praktische Verwendung im Interesse Deutschlands; und es gelang ihm, eine weitere Reihe von Postverträgen abzuschließen, welche den Weltpostverein gewisser-maßen vorbereiteten, indem sie Grundsätze in das Völkerrecht einführten, welche dieser Verein nunmehr für alle Kulturnationen sanctioniren soll. Der wichtigste dieser Grundsätze ist die Freiheit des Posttransits. Diesem schließt sich die Norm für das einheitliche Weltporto an. Die Rahmen vervollständigen die Festsetzungen über Taxen für Waarenproben und Druck-sachen, die Gewichtseinheitssätze und die Principien für den Posttransport zur See. In Anbetracht der Wichtigkeit des Projects mögen dessen wesent-lichste Punkte im Auszuge hier mitgetheilt werden:

Art. 1. Die (contrahirenden) Staaten bilden ein einheitliches Verkehrsgebiet. Korrespondenzgegenstände, welche den gemeinsamen Normen des Vereins unterworfen sein sollen, sind folgende: Briefe, Postkarten, Zeitungen sowie andere Drucksachen, Waarenproben und Geschäftspapiere, sofern diese Gegenstände bei dem Transport min-destens zwei der vertragschließenden Staaten berühren.

Art. 2. Die Festsetzung des Einheitsportos für die nach den Vereinsstaaten ab-zusendenden Briefe soll über folgende Maximalbeträge nicht hinausgehen (kann aber natürlich niedriger sein): 3 Groschen oder 4 Pence oder 40 Centimes für den einfachen frankirten Brief auf alle Entfernungen (zum Beispiel von London nach Japan, von San Francisco nach St. Petersburg, von Berlin nach Melbourne), 6 Groschen oder 8 Pence oder 80 Centimes für den unfrankirten Brief.

Bei der Seebeförderung von über 300 Knoten tritt ein Zuschlag von 2 Groschen ein. Doch darf das Seeporto den Betrag von 2 Groschen oder 20 Cen-times für je einen Brief, gleichviel ob er frankirt oder unfrankirt ist, nicht übersteigen.

Die Sätze für Zeitungen sind im Minimum: ³/₄ Groschen, 1 Penny, 10 Cen-times. Für recommandirte Sendungen soll Frankozwang festgesetzt werden. Die Ent-schädigung für den Verlustfall solcher Sendungen wird auf 40 Reichsmark oder 2 L. Sterling oder 50 Franks normirt.

Art. 7. Für Nachsendung von Briefen ꝛc. innerhalb des Vereins soll kein Zu-schlagporto erhoben werden.

Art. 8. Portofreiheit findet nicht statt.

Art. 9. Jede Postverwaltung bezieht das Porto, welches sie vom Absender erhebt. Transitporto irgend welcher Art, sei es für den Einzeltransit oder für den Transit in geschlossenen Briefpaceten wird nicht vergütet. Nur der Ersatz besonderer Kosten, welche etwa durch den Transport solcher Briefpacete entstehen, soll eintreten, — sofern diese Posten einen größeren Raum als 3 Kubikmeter erfordern. Für den Transport ist stets die schnellste Route zu wählen.

Art. 10. Mit den der Union nicht beitretenden Staaten können besondere Postverträge seitens der Verwaltungen abgeschlossen werden, mit denen sie directen Verkehr haben; und es dürfen ihnen unter Beachtung der Reciprocität die Vortheile des allgemeinen Postvertrages zugesichert werden.

Art. 14. Alle drei Jahre soll behufs Fortbildung der Einrichtungen des Vereins eine Conferenz der Mitglieder zusammentreten. —

Wir wüßten weder in völkerrechtlicher Hinsicht noch von technischem Standpunkte irgend welchen Einwand gegen die Festsetzungen des Projects vorzubringen, erachten dieselben vielmehr als durchaus entsprechend dem Zwecke, dem sie dienen sollen, und der Größe des zu erreichenden Zieles würdig. Wenn es unbestreitbar ist, daß der Wohlstand und die Bildung der Völker durch Hinwegräumung wirthschaftlicher Schranken wachsen, so wird der Weltpost-Congreß, falls er auf der Höhe der Zeit steht, nicht umhin können: die neueste Schöpfung Stephan's, welche in recht eigentlichem Sinne der ganzen Menschheit zu Gute kommt, durch Annahme seiner Propositionen zu sanctioniren und den Abschluß des allgemeinen Weltpostvertrages den Regierungen der Kulturstaaten anzuempfehlen.

Die letzeren würden alsdann das Project zu verwirklichen haben. Gelingt dies, wie wir selbst bei dem Sträuben einiger Gouvernements nicht bezweifeln, so wird der künftige Geschichtsschreiber Stephan's Werk der Begründung einer Post-Verkehrsgemeinschaft aller Länder der Erde als einen Kulturfortschritt von größter Tragweite, von umfassendster Bedeutung zu würdigen haben.   G. T.

Kleine Besprechungen.

Sedan. Ein Vortrag, gehalten im wissenschaftlichen Verein von Berlin am 28. März 1874 von Arnold Helmuth, Hauptmann im Großen Generalstabe. Nebst einer Karte. Berlin, E. S. Mittler u. Sohn. — Abermals steht der große Nationalfesttag der Deutschen, der Tag von Sedan, vor der Thür. Hunderttausende rüsten sich, ihn nach Gebühr zu feiern; Hunderte haben die Verpflichtung, den Festgenossen die Größe und Bedeutung dieses Tages darzulegen. Ihnen vor Allen möchten wir das vorliegende Schriftchen empfehlen. Außer ihnen aber Allen, die überhaupt den Nationalfesttag mit vollem Verständniß und freudiger Erhebung des Herzens und Geistes feiern wollen. Nicht minder denen, welchen das Studium der deutschen Zeitgeschichte Beruf ist, und die nicht erst besonderer Erinnerungstage bedürfen, um der Großthaten unserer Tage freudig zu gedenken. — Der Beifall, welchen die gesprochenen Worte des Hauptmann Helmuth über Sedan bei den Hörern und in der Presse gefunden, gab guten Anlaß zum Druck der vorliegenden kleinen Schrift. Sie wird immer eine der besten bleiben, die über den Tag von Sedan geschrieben worden. Arnold Helmuth hat sein vorzügliches Talent in der historischen Darstellung entscheidender Heldenkämpfe bereits mehr als einmal bekundet. Seine „Geschichte des 2. Magdeburger Infanterie-Regts. No. 27", „Die Schlacht von Vionville und Mars la Tour", „die Preuß. Garden am 18. August 1870", „Das Schlachtfeld von Gravelotte-St. Privat" sind beredte Zeugen des seltenen Talentes, die größte Objectivität, die detaillirteste Kenntniß und sachverständigste Bewältigung des Stoffes zu verbinden mit einer fast künstlerischen Gruppirung der Thatsachen und einer wirklich poetischen Intuition, Zusammenfassung und Durchdringung der einzelnen Scenen mit der einen Idee, die alle die Tausende in den Kampf und Tod führt. Diese Vorzüge sind in dem Schriftchen über „Sedan" aufs höchste gesteigert. Hunderte von einzelnen Waffenthaten werden uns erzählt, hunderte von Namen genannt, deren Heldentod mit dem Ruhm des großen Tages unauslöschlich verknüpft ist. Aber jeder einzelnen Waffenthat ist genau ihr Antheil an der Aufgabe und am Erfolg des Kampfes zugemessen. Immer sehen wir das Ganze, die leitende Absicht der Führer, die bewegende ideale Kraft deutlich vor Augen, welche Hunderttausend gleichzeitig erfüllt und bewegt. Ein solches Werk geschrieben zu haben, ist ein bleibendes Verdienst, zumal wenn es so zu schreiben gerade die Absicht des Verfassers gewesen ist. „Jede kriegerische Handlung" sagt Helmuth, „ist ein Produkt aus intellectuellen und moralischen Factoren, und dieser Doppelnatur entsprechen zwei ebenso verschiedene Arten der Auffassung und Darstellung kriegerischer Begebenheiten: eine wissenschaftliche und eine poetische. Kampfform und Waffe ist nur ein Accidens, die Waffenthat ist wie jede andere moralische Natur, sie entspringt dem Charakter der Menschen überhaupt. Mag man daher von der jetzigen Höhe der Wissenschaft die Kämpfe um Troja belächeln — was schon Homer gesungen, das ergreift und begeistert auch uns noch. . . . Kriegsgeschichtliche Werke im engeren Sinne dürfen nur zu glänzender Trockenheit sich erheben, denn der Verstand und nicht das Herz soll hier Befriedigung finden. Hinwiederum, wenn ein Dichter an einem kriegerischen Vorgange sich begeistert und in schöpferischer Phantasie zu herzbewegendem Epos ihn gestaltet, so wird freilich die geschichtliche Begebenheit bis zum Unkenntlichen verändert — aber der Dichter kann und will ja nur im Allgemeinen wahr sein und so ist er zu verstehen. Wenn aber durch gründliches Quellenstudium ein historisch sicherer Unterbau geschaffen wäre, und auf diesem die Vorgänge im Kriege und zumal die urgewaltige Handlung einer Schlacht in wärmerer Sprache so zur Darstellung gebracht würden, daß ihre moralische, also allgemein menschliche Bedeutung hauptsächlich zu Tage träte, müßte da nicht zugleich das Herz bewegt werden, ohne daß hierdurch das Verständniß erschwert würde oder der geschichtlichen Treue Abbruch geschähe? Könnte nicht eine Form gefunden werden, welche innerhalb der Grenzen der geschichtlichen Darstellung dem Epos sich näherte."

Möge unser Volk dem Gelingen dieses Versuches seine reiche Theilnahme zuwenden! B.

Verantwortlicher Redakteur: Dr. Hans Blum.
Verlag von F. L. Herbig. — Druck von Hüthel & Legler in Leipzig.

XXXIII. Jahrgang.   II. Semester.

Die
Grenzboten.

Zeitschrift

für

Politik, Literatur und Kunst.

№ 34.

Ausgegeben am 21. August 1874.

Inhalt:

Grenzbotenumschlag: Literarische Anzeigen.

Leipzig, 1874.

Friedrich Ludwig Herbig.

(Fr. Wilh. Grunow.)

Man abonnirt bei allen Buchhandlungen und Postämtern des In- und Auslandes.

Die finanzielle Lage der Universität Jena.

I.

Die Thüringer sind leicht zu zählen, denen das Herz nicht aufgeht, wenn der Name des alten Jena erschallt. Nicht blos für diejenigen die dort als Studenten jubilirt und gelernt haben, beides zugleich, oder eines allein, auch für diejenigen, welche niemals der Universität angehörten, ist Jena der Mittelpunkt des geistigen Lebens der ganzen Landschaft, ein idealer Einheits-punkt inmitten einer oft genug widerwärtig empfundenen, in Deutschland jetzt einzig bastehenden territorialen Zersplitterung.

Auch im ganzen Reiche und über das Reich hinaus hat Jena und seine Hochschule einen guten Klang. Mehr als irgend eine andere unter den kleineren deutschen Universitäten besitzt Jena seit Alters einen universellen Charakter. Seine Studierenden kommen noch heute nicht ausschließlich oder auch nur vorwiegend aus den zur Erhaltung der Akademie vereinten Herzog-thümern der Thüringischen Staaten; sein Kontingent von Studenten setzt sich in der That aus Söhnen aller Staaten und Provinzen Deutschlands zu-sammen und wird häufig durch Zuzug aus außerdeutschen Staaten verstärkt. So noch heute. Die Frequenz ist nicht im Abnehmen begriffen. Bringt man den Ausfall in Anschlag, den das durch unglückliche Verhältnisse tief gesunkene, jetzt erst allmählich wieder auflebende landwirthschaftliche Institut aufweist, so ist die Störung durch den großen Krieg von 1870 vollständig verwunden, das Verzeichniß der Studierenden auf der Höhe der besten Jahre seit 1848. Die Lage der Stadt in dem Saalthale, der Reiz des im kleinstädtischen Ver-hältnisse allein möglichen studentischen Lebens, die nähere Berührung mit den Lehrern, der Vortheil des engeren Kreises für das wissenschaftliche Studium übt ebenso sehr seine Anziehungskraft, als auf der anderen Seite neuerdings die Entwicklung der Stadt zu größerem Komfort, die bis dahin oft vermißte Eisenbahnverbindung und Aehnliches zu Hülfe kommt.

Es wäre überflüssig, hier zu schildern, was Jena in der Vergangenheit gewesen ist und geleistet hat. Eine Fülle berühmter Namen, die an der hochherzigen Stiftung des Kurfürsten Johann Friedrich gewirkt haben, taucht in der Erinnerung auf. Hat Jena in vergangenen Jahrhunderten seinen

Platz unter den deutschen Schwesteruniversitäten glücklich behauptet, so hat es denselben auch in diesem Jahrhundert würdig behauptet und behauptet ihn, das darf ohne Ruhmredigkeit ausgesprochen werden, noch heute. Der Hauch freier Forschung, echter wissenschaftlicher Wahrheit ist nicht verschwunden, die Gelegenheit zu lernen im ganzen Umkreise der Wissenschaften nicht schlechter geworden.

Alle Bedingungen scheinen eigentlich zusammenzutreffen, um Jena von Neuem Aussicht auf eine blühende Zukunft zu eröffnen. Nicht ohne Grund sind Viele der Meinung, daß ein Rückschlag von den Massenansammlungen unserer zur Zeit größten Universitäten nicht ausbleiben wird. Thatsache ist, daß eine Reihe kleinerer Hochschulen wieder in Zunahme begriffen sind und unzweifelhaft darf Jena von dieser Rückströmung seinen Antheil mit mehr Zuversicht erwarten, als manche andere Universität. Die wissenschaftliche Freizügigkeit, welche durch die Gestaltung des Reiches erzeugt, sich über verschiedene Branchen bereits erstreckt und über noch mehrere demnächst sich erstrecken wird, kann vollends einer in sich lebenskräftigen Universität nur zu Statten kommen.

Keine Hochschule hat idealer und intensiver für Deutschlands Größe und Einigkeit geschwärmt seit 1815, als Jena. Noch ist in frischer Erinnerung, was es darum gelitten hat. Nun ist das damals erträumte Reich da. Ist es nicht ein tragisches Schicksal, daß bald nach Gründung des neuen deutschen Reiches immer wieder und mit verdoppelter Macht die Zweifelsfrage auftritt, ob die Universität Jena zu erhalten sein wird, oder nicht? Sie kränkelt nicht, weil ihr der rechte Boden oder der rechte Geist fehlte. Zur Stunde fühlt sie sich noch frisch und kräftig. Und dennoch die Frage: wie wird es in der Zukunft, ja schon in der nächsten Zukunft werden? Lediglich wegen des prosaischen Dinges, Geld genannt.

Um eine Universität auf ordentlichem Fuße zu erhalten, ist allerdings, wie Jedermann weiß, Geld und noch einmal Geld nöthig. Ohne dies unentbehrliche Mittel ist es nicht möglich, die Stätte der Wissenschaft zu sichern. Das ist es, was als schreckendes Gespenst sich vor alle sonst so günstigen Hoffnungen stellt, der Mangel an dem nervus gerendarum rerum. Gewiß ein tragisches Geschick, wenn nichts Anderes als leidiger Geldmangel eine altberühmte Universität, die sonst alle Bedingungen des Gedeihens in sich trägt, mit Verkümmerung bedroht in derselben Zeit, wo fast in allen übrigen Staaten der regste Eifer herrscht, die Universitäten mit vermehrten Mitteln auszustatten und in derselben Zeit, wo sich in jeder anderen Beziehung ihre Aspekten günstiger gestalten, als seit Dezennien.

Jena ist schwer gefährdet durch Finanznoth und allein durch Finanznoth. Diese Thatsache vor ganz Deutschland offen auszusprechen, ihre Gründe darzulegen und auf Abhülfe zu sinnen, erscheint Pflicht. Handelt es sich doch um eine Stätte der Kultur, an der die ganze Nation betheiligt ist, der die weitesten Kreise unseres gesammten Vaterlandes Dank schulden und die selbst im Auslande mit Achtung genannt wird.

Im Weimarischen Landtag ist von dem Abgeordneten aus Jena die Gelegenheit ergriffen worden, eine kurze Schilderung der obwaltenden Verhältnisse zu geben. Manches davon ist in die Zeitungen übergegangen, jedoch meist nur bruchstücks- und auszugsweise. Es wird daher nicht überflüssig sein, gestützt auf die Zahlenangaben, die dort mitgetheilt wurden, die Lage der Dinge hier etwas gründlicher zu beleuchten und die Darstellung jenes Abgeordneten noch einigermaßen zu ergänzen.

Die Universität zu Jena ist dem Großherzogthum Weimar, den Herzogthümern Altenburg, Coburg-Gotha und Meiningen gemeinschaftlich. Diese vier Staaten, deren Fürsten den Titel der Nutritoren führen, haben also für die finanzielle Erhaltung zu sorgen. Die Stadt Jena gehört zum Großherzogthum Weimar. Historische Ueberlieferungen der verschiedensten Art zugleich mit der örtlichen Lage im Weimarischen Lande, in der Nähe der Residenz Weimar, ein Name, mit dem der Name Jenas zumal seit der Goethe-Schiller-Epoche auf das Engste verbunden erscheint, erklären zur Genüge, daß bei aller Gemeinsamkeit stets die Hauptsorge und die Hauptleitung in der Hand der Weimarischen Regierung liegt. Der Idee nach soll die Universität als gemeinsames Institut einen neutralen Charakter haben. Zum Beweise dient die Freiheit ihrer Mitglieder von allen direkten Staatsabgaben, mit Ausnahme der Grundsteuer. Keiner der übrigen Staaten würde eine Weimarische Besteuerung gestatten. Eine Besteuerung zu Gunsten sämmtlicher vier Staaten erscheint unmöglich, weil man den Modus der Verlegung und Vertheilung kaum zu finden vermöchte. Folglich hat es bei dem hergebrachten Privilegium der Steuerfreiheit, so wunderlich ein solches unter heutigen Verhältnissen sich ausnimmt, sein Bewenden. Ja sogar der Gemeindekasse der Stadt gegenüber besteht, wenn auch neuerdings mannigfach durchlöchert, ein Privilegium der Freiheit von Gemeindesteuern und Umlagen. Wie könnten die drei übrigen Staaten dulden, daß die Mitglieder der Universität dazu mitheisen sollten, den Säckel einer Weimarischen Stadt zu füllen?

Die Rechtsgemeinschaft, welche sich in solchen Erscheinungen praktisch ausdrückt, hat unzweifelhaft ihre guten, aber auch ihre schlimmen Seiten.

Für die Unabhängigkeit der Universität ist es von großer Wichtigkeit, daß sie nicht von einer einzelnen, sondern von vier Regierungen abhängt. In trüben Perioden der deutschen Hochschulen hat sich das bewährt. Zum großen Theil ist es der aufgeklärten Richtung und dem guten Willen der Weimarischen Regierung, die sich darin seit geraumer Zeit treu geblieben, zum großen Theil aber auch dem Umstande, daß zu entscheidenden Meinungen in letzter Linie das Einverständniß aller vier Regierungen gehörte, zu verdanken gewesen, daß Jena vor mancherlei Beeinflussungen bewahrt war und bewahrt ist, welche sich anderswo unter dem Druck der in der einzelnen Staatsregierung herrschenden Richtung für die Freiheit der Wissenschaft schlimm genug geltend gemacht haben! Wer damals die Luft Jenas athmete, hat gewiß das Gefühl voller Selbständigkeit in all seinem Treiben und Thun vollauf zu schätzen gewußt oder doch zu schätzen Ursache gehabt.

Dieselbe Gemeinsamkeit, welche diesen nicht hoch genug anzuschlagenden Vortheil mit sich bringt, erzeugt aber auch ihre Nachtheile. Eine Verwaltung der Universitätsangelegenheiten unter steter und gleichmäßiger effektiver Mitwirkung aller vier Regierungen ist nicht möglich. In allen erheblicheren Sachen pflegt die Form selbstverständlich gewahrt zu werden, welche durch die Gemeinsamkeit geboten ist. Das erscheint nicht immer einfach, kurz und geht nicht ohne viele Schreiberei ab. Indessen das Recht der mitbetheiligten Herzogthümer muß respektirt werden.

Allein wenn auch so verfahren wird, so versteht sich doch von selbst, daß die Stellung der Weimarischen Regierung zu der Universität thatsächlich eine andere ist, als die der übrigen Erhalterstaaten. Sie hat die volle Kenntniß aller einschlagenden Verhältnisse aus nächster Nähe. Die sorgsamste Vermittlung durch die Kuratel, welche unter solchen Umständen, wie sie durch die Gemeinsamkeit bedingt sind, unentbehrlich erscheint, kann den Vorzug dieser Nähe nicht ersetzen, und die übrigen Regierungen in gleicher Weise auf dem Laufenden erhalten. Bei einzelnen Versuchen der letzteren, unmittelbar einzugreifen, hat sich deutlich genug gezeigt, welchen Vorsprung die aus steter und unmittelbarer Verbindung gewonnene Anschauung gewährt. Dazu kommt das traditionelle besondere Interesse, welches der Weimarische Hof und das Weimarische Ministerium für Jena empfindet; nicht minder das natürliche Interesse, das die Regierung darum empfinden muß, weil nun einmal die Universität im Gebiete des Großherzogthums und unmittelbar unter ihren Augen gelegen ist, dem Weimarischen Lande auch wieder vorzugsweise Vortheil bringt.

Erwägt man das Alles, so ist es klar, daß sich ein gewisses Uebergewicht Weimars in der Leitung der Universität geltend macht, welches auf die Stimmung der andern Staaten nicht eben günstig einwirkt. Man kann manchmal äußern hören, der Weimarischen Regierung wäre es am liebsten, die Universität für sich zu haben. Mit wieviel Grund oder Ungrund auch hier wieder das Großherzogthum des Gelüstes nach Hegemonie beschuldigt wird, ist hier nicht zu untersuchen. Die Thatsache ist leider nicht wegzuschaffen, daß in den Thüringer Staaten, die durch Nachbarschaft, Stammesverwandtschaft und

identische Interessen, ja durch die Sorge um ihre gesammte staatliche Existenz
bei rechter Würdigung der Situation sich am lebhaftesten angeregt fühlen
sollten, die Zusammengehörigkeit zu pflegen und für eine ganze Reihe von
Einrichtungen die Gemeinsamkeit zu suchen, die centrifugalen Neigungen vorherrschen.

Das bestätigt sich auch an der Universität. Nicht selten scheint es, als
ob die Gemeinsamkeit mehr als eine Last, denn als eine gern geübte Pflicht
betrachtet werde. Wenn ein Uebergewicht Weimars empfunden wird, so braucht
man sich einfach nur klar zu machen, worauf das Uebergewicht beruht. Wer
dann kein Uebergewicht will, für den liegt das Mittel, zum erwünschten Ziele
zu gelangen, nahe genug zur Hand. Man braucht nur im gleichem Maße
mit zu thaten, dann bleibt das gleiche Mitrathen sicher nicht aus. Allein an
dem gleichen Mitthun fehlt allzuviel. Nicht allein die pekuniären Leistungen
differiren sehr. Auch in jeder anderen Beziehung dokumentirt sich eine Ver-
schiedenstufigkeit des Interesses an der Universität, die zu der Gemeinsamkeit,
welche unter den Nachkommen des Stifters vorausgesetzt werden müßte, nicht
stimmt. Der Großherzog von Weimar führt die von ihm hochgehaltene Würde
eines Rector magnificentissimus. Daß das dem Fürsten mehr als ein
bloßer Ehrentitel ist, weiß in Jena Jedermann. Man weiß, mit welcher per
sönlichen Theilnahme derselbe alle Vorgänge der Universität verfolgt, wie oft
und eingehend er sich selber von den Zuständen überzeugt. Weimarische Minister und Beamte sind es, die immer zu treffen sind, sobald es sich um irgend
welche Anordnungen handelt. Von den übrigen Staaten wird die Universität
wenig gewahr. Wenn nicht je zuweilen einmal eine größere Conferenz nothwendig wird, können Jahre vergehen, ohne daß irgend eine persönliche Berührung der Universität mit den Ministerien der übrigen Staaten stattfindet.

Wir sind weit entfernt, daraus zu folgern, daß nur Weimar überhaupt
ein Herz für die Universität habe und daß sie den drei Herzogthümern gleichgültig sei. Die Wünsche, Jena's Hochschule fortexistiren und immer mehr
gedeihen zu sehen, theilen gewiß alle. Es wäre ja wunderbar, wenn es sich
anders verhielte. An gutem Willen für die Universität fehlt es unstreitig nicht
einmal in denjenigen Staaten Thüringens, die es von jeher bei dem guten
Willen haben bewenden lassen, die gar nicht dem Verbande der Nutritoren
angehören und deren Freude an der Thüringischen Universität ebendeshalb
vielleicht eine um so ungetrübtere ist; geschweige denn bei denen, welche als
Miterhalter zur Universitätskasse beizutragen haben. Aber so stark der gute
Wille sein mag, die Mittel zu thatsächlichem Ausdruck und Erfolg sind nur
zu schwach. Zu einer Universität gehört Geld und nochmals Geld. Vom
besten Willen kann sie nicht leben. Gerade im Punkte des Geldes aber tritt
die auffälligste Verschiebung des ursprünglichen Gemeinsamkeitsverhältnisses

hervor. Die Rechnungen erzählen laut davon, wie verschieden in den verschiedenen Staaten die Pflichten gegen die Universität aufgefaßt werden.

Ehe wir darauf etwas näher eingehen, welches Verhältniß zwischen den Geldzuschüssen der einzelnen Staaten besteht, muß zur Kennzeichnung der finanziellen Lage der Universität kurz vorausgeschickt werden, was sie an eigenem Vermögen besitzt.

In Zeitläuften, welche das damalige Geschenk so hochherzig erscheinen lassen, daß man sich daran heute ein Beispiel nehmen könnte, wurde die Hochschule mit zwei Landgütern dotirt. Das eine Gut Remda trägt ein jährliches Pachtgeld von 2000 Thaler ein. Dazu kommen Einnahmen aus Meldungen und einigen Gefällen in dem Rembaer Bezirk. Jene lieferten 1872 die Summe von 3000 Thaler, diese fast 800 Thaler. Allein der Einnahme stand eine Ausgabe von etwa 1900 Thaler gegenüber, wovon etwa 1000 auf die forstliche Bewirthschaftung fielen, etwa 900 auf das Landgut.

Das andere Universitätsgut Apolda bringt dermalen 4000 Thaler Pachtgeld. An Lehrgeldern und Gefällen bezog 1872 die Universität in Apolda noch 3500 Thaler. An Ausgaben gingen etwa 1200 Thaler ab. Außerdem hat die Universität noch einige kleinere Stücke Waldung, in der Stadt Jena eine Brauerei und andere Gebäude, aus denen eine geringe Rente erwächst. Der gesammte Bruttoertrag des Immobiliarvermögens war in dem gedachten Jahr 11,719 Thaler, der Nettoertrag wenig über 8000 Thaler.

Die Gefälle haben sich im Vergleiche zu früher durch Ablösungen vermindert und werden sich vielleicht noch mehr mindern, da die Ablösungskapitalien natürlich so bemessen sind, daß deren verzinsliche Anlegung die frühere Rente nicht erreicht.

Ueber den Grundbesitz würden sich noch mancherlei Betrachtungen aufstellen lassen. Nach der Meinung Mancher soll gerade auf diesen Besitz die Universität sich am Meisten zu gute thun; und da sich natürlich das Pachtgeld neuerdings, wie überall, so auch bei den Universitätsgütern nicht unerheblich gesteigert, vollends, da es das Schicksal gefügt hat, daß man bei dem raschen Wachsthum der Stadt Apolda einige Stücke des Apoldaer Gutes zu leidlich hohem Preis als Bauplätze hat verkaufen können, läßt man sich nicht nehmen, Grundeigenthum sei für die Universität zugleich der werthvollste Besitz, wie es unstreitig der würdigste sei. Es bedarf für das kühlere und schärfere Urtheil kaum die Bemerkung, daß in solchen Ansichten viel Irrthum steckt. Die Universität würde sich seit Jahren besser dabei gestanden haben, wenn sie den Werth der Güter in sicherer Kapitalanlage zu angemessenem Zinsfuß, ohne die weitläufige und kostspielige Verwaltung, welche der Grundbesitz einer Corporation immer mit sich bringt, ohne die beständigen Aufwände, die am Bruttoertrage jedes Jahr zehren, besessen hätte. Eine reiche Universität mag ſich den Luxus, Landgüter zu haben, erlauben. Wo auf die Rente geſehen werden muß, iſt Grundbeſitz, ſobald man genau die Nettoeinkünfte berechnet, das letzte, was man wünſchen ſoll. Das wird, wenn ja Ausſicht zu einer neuen Dotation ſich eröffnen ſollte, recht ernſtlich feſtzuhalten ſein, um der wenig klaren, auf dunkle Gefühlsgründe von größerer Sicherheit und größerer Ziemlichkeit einer Immobiliarfundation geſtützten Neigung, welche auch von Seiten der Regierungsbehörden manchmal geäußert wird, entgegenzutreten.

Indeſſen dies nur nebenbei. Eine Convertirung der vorhandenen Univerſitätsgüter in gute Papiere, Pfandbriefe, Obligationen u. dgl. würde immerhin die Einnahmen der Kaſſe um Einiges ſteigern, aber nicht in dem Maaße, daß damit die Finanznoth erhebliche Abhülfe erführe. Dazu iſt der Werth zu gering. Mit der Sorge um Veranlagung neuer Dotationen aber hat es noch gute Wege.

Außerdem nimmt die Univerſität von ſogenannten Stammkapitalien, die ſie ſelber in Depoſitalverwahrung hat, etwa 4800 Thaler jährlich ein. Auch hier ließe ſich eine kleine Steigerung der Einnahmen inſofern erzielen, als die vorhandenen Werthpapiere zum Theil einen ſehr niedrigen Zinsfuß haben. Allein erheblich würde das aus einem Umtauſch gegen einträglichere Papiere ſich ergebende Plus auch nicht in die Wagſchale fallen.

Notiren wir endlich noch ein Erträgniß aus allerlei Sporteln der Immatrikulation, des Univerſitätsamtes u. dgl. mit wenig über 1000 Thaler jährlich, ſo ſind wir mit den eigenen Einnahmen am Ende. Alle dieſe Einnahmen zuſammen betrugen 1872 die Summe von 17,590 Thaler brutto, die ſich nach dem bisherigen durch Abzug der namentlich auf den Grundbeſitz zu machenden Aufwendungen nicht unbedeutend mindert.

Längſt war ſchon die Univerſität auf Zuſchüſſe aus den Staatskaſſen der vereinigten Staaten angewieſen.

Wie ſich die Staatsverwilligungen in älterer Zeit geſtalteten, braucht hier nicht erörtert zu werden. Das Nöthige erhellt aus einer im Jahre 1817 getroffenen Vereinbarung, welche die bis dahin beſtandenen zerſplitterten Einzelbewilligungen für die vier betheiligten Staaten zu je einer Geſammtbewilligung zuſammenfaßte. Hiernach leiſtete von da ab Weimar an regulärem Beitrag jährlich 7708 Thaler, Coburg-Gotha 2689 Thaler, Meiningen 2189 Thaler und ebenſoviel Altenburg. Schon damals zahlte alſo Weimar mehr, als die drei übrigen zuſammen.

Zu einer weiteren Uebereinkunft kam es erſt 1865 wieder. In dem Zeitraum von 1817 bis 1865 entſchloß ſich Meiningen 1838 ſich zu einer Nachverwilligung von 500 Thaler; daneben wurden noch einige kleinere Entſchädigungen gewährt. Coburg-Gotha und Altenburg ließen während des ganzen

Zeitraums gar keine Erhöhung ihrer Beiträge eintreten. Von Weimar aus dagegen faud außer einigen kleineren Posten eine landständische Verwilligung von 4111 Thalern, ferner 1826 eine solche zu Extrabesoldungen im Belaufe von 2121 Thalern und seit 1839 eine solche von 1541 Thalern statt. Später wurde Alles zu einer einzigen Leistung mit einem Quartalsdeputat von 4009 Thalern konstituirt. Als 1865 zunächst noch 1330 Thaler hinzuverwilligt wurden, stand Alles in Allem genommen ein Weimarischer Zuschuß zur Universität von etwa 17,383 Thalern einer Summe von 7500 Thalern gegenüber, welche die drei Herzogthümer aufbrachten.

Im Jahre 1865 überzeugte man sich von der Nothwendigkeit, die Zuschüsse zu erhöhen. Weimar übernahm noch weiter 1494 Thaler, jede der drei anderen Regierungen 2500 Thaler. Seit 1865 gewährte Weimar überhaupt etwa 18,800 Thaler, Meiningen 5561, Altenburg 5575, Coburg-Gotha 5561 Thaler zu der gemeinsamen Kasse, alle zusammen 34,081 Thaler.

Von da ab hat man sich zu gemeinsamer Erhöhung der laufenden Beiträge zur Gesammtkasse nicht geeinigt. Wohl aber haben einige Separatverwilligungen stattgefunden. Neben der Gemeinsamkeitskasse der Universität bestehen vier Separatkassen, über dereu Verwendung jeder einzelne Staat besonders disponirt. Inwiefern es ein glückliches Verhältniß ist, wenn für eine gemeinsame Universität auch wieder separate Kassen bestehen, woraus folgt, daß, wo ein Beitrag aus einer Separatkasse für allgemeine Zwecke in Anspruch genommen wird, allemal erst eine eigene Verständigung vorausgehen muß, ganz abgesehen von der Verweitläufigung der ohnehin hinlänglich weitläufigen Rechnungsführung, mag man sich selbst sagen. Gemeinsame Universität, aber mit Separatkassen; das scheint fast wie eine contradictio in adjecto, wird aber sehr erklärlich, sobald man die Verschiedenheit der Leistungen sieht. In Weimar bewilligte der Landtag bereitwilligst im Jahre 1872 abermals 8000 Thaler jährlich und neuerdings 1874 dazu noch 4000 Thaler. Eine Meininger Separatverwilligung beträgt ganze 500 Thaler jährlich. Desgleichen eine Gothaische. Dagegen hat Altenburg 1872 eine Separatbewilligung von 2500 Thalern gemacht.

Die Summe der Weimarischen Beitragsleistungen war inbegriffen jener 8000 Thaler Separatzuschuß auf 26,877 Thaler gestiegen. Alle Einnahmen der Universität zusammen genommen betrugen 1872 die Summe von 52,904 Thaler. Ihnen stand eine Gesammtausgabe von 52,798 Thalern gegenüber. Es blieb souach nur noch ein geringer Ueberschuß von 105 Thalern. Günstiger hat sich die Finanzverwaltung 1873 gewiß nicht gestaltet. Sonst hätte die Weimarische Regierung schwerlich im Jahre 1874 bereits einen neuen Nothpfennig von 4000 begehrt und erhalten, durch den die Weimarischen Leistungen auf 30,878 Thaler stiegen.

Wie unverhältnißmäßig im Vergleiche zu den drei Herzogthümern die Weimarischen Finanzen angespannt werden, ergibt sich sofort. Mag man die Einwohnerzahl oder die Finanzkraft als Grundlage nehmen wollen, bei gleichmäßiger Vertheilung der Universitätslasten würde niemals Weimar in dem Verhältniß beizusteuern haben, in welchem es thatsächlich freiwillig beisteuert. Eben weil es unverhältnißmäßig leistet, erscheint denn auch der Glaube, daß Weimar wie mehr verpflichtet, so auch mehr berechtigt sei, sehr natürlich. Wenn die drei Herzogthümer und Weimar nach Maßgabe der Bevölkerungsziffern gleichthun wollten, dann würde Meiningen mindestens 19,000, Coburg-Gotha mindestens 17,000, Altenburg 15,000 Thaler auf die Universität verwenden. Wäre das wirklich der Fall, dann wäre der Universität gründlich geholfen. Aber wie weit ist man davon entfernt.

Die Unzulänglichkeit der jetzt vorhandenen Mittel dokumentirt sich einfach schon in den Ziffern der Gesammteinnahme, die, wie. bemerkt, 1872 etwa 52,000 Thaler betrug. Unbestreitbar wird in Deutschland keine zweite Universität mit so beschränktem Einnahmeetat existiren. Man möchte wohl fragen, der wievielste Theil es von dem ist, was Sachsen für die Leipziger Hochschule jährlich im Ordinaretat, ganz abgesehen von den häufigen außerordentlichen Bewilligungen, ausgibt. Allein lassen wir den Vergleich mit den großen Universitäten bei Seite. Sicher ist auch unter den kleinsten keine, die mit einer gleich geringen Summe auskommt.

Ein Auskommen wäre auch für Jena nicht denkbar, wenn nicht Weimar neben seinen Geldbeiträgen noch in anderer Weise unterstützend eingriffe. Eine Reihe von Etablissements, welche zur Universität gehören, sind stets auf Weimarische Rechnung hergestellt und unterhalten worden. So ist der botanische Garten, für dessen Einrichtung einst Goethe besonders thätig war, ein Weimarisches Institut. Das chemische Laboratorium, jetzt freilich bei Weitem unzureichend, verdankt der Freigebigkeit der verstorbenen Großherzogin seine Erbauung. Ebenso ist die Errichtung des Gebäudes, in welchem das botanische und zoologische Institut arbeitet, von Weimar ausgegangen. Das mit der Universität verbundene landwirthschaftliche Institut wird ausschließlich auf Weimarische Kosten unterhalten. Nicht minder zum großen Theil als Landesheilanstalten die für die medicinische Fakultät unentbehrlichen klinischen Institute.

Indessen selbst in Betracht dieser Beihülfe, welche das Verhältniß der Beitragsleistungen unter den vier Staaten noch mehr verrückt, bleibt der Etat von 53,000 Thalern für die Universitätsbedürfnisse zu gering. Seit langen Jahren hat es einer großen Kunst der Verwaltung bedurft, mit den geringen Mitteln die Universität auf anständigem Fuße zu erhalten. Die Vorzüge, welche Jena in anderer Beziehung darbot, halfen wesentlich dazu mit, daß man tüchtige Kräfte zu gewinnen und einmal gewonnene zu fesseln vermochte. Es gab immer solche, die mehr auf die sonstigen Annehmlichkeiten einer Jenaischen Professur, als auf hohes Salär zu sehen geneigt waren. Auch war an Nachwuchs, der sich der akademischen Laufbahn zu widmen Lust hatte, früher kein Mangel und gerade Jena erschien für gar Manchen der geeignete Punkt, von dem aus die Laufbahn zu beginnen, oder der als Durchgang nach größeren Universitäten hin zu benutzen sei. Davon würde sich eine ganze Reihe von Beispielen anführen lassen. Wir gehen hier darauf nicht näher ein. Genug, daß man diese Conjunkturen zu benutzen verstand und mit kleinen Mitteln verhältnißmäßig sehr viel ausrichtete.

Allmählich hat sich aber immer deutlicher herausgestellt, daß auf die Dauer dieser Erfolge nicht zu rechnen sei. Die Bedürfnisse wuchsen zusehends. Die akademischen Institute verlangten alljährlich mehr. Einzelne Besoldungen mußte man, wenn auch die meisten noch im alten Niveau blieben, erheblich steigern. Darum kam es in Erkenntniß der größeren Anforderungen 1865 zu den oben berührten Mehrverwilligungen sämmtlicher vier Staaten. Allein die Hoffnung, damit für längere Zeiten die Ausgaben gedeckt zu sehen, erwies sich bald als trügerisch. Schon im Jahre 1872 überzeugte sich die Weimarische Regierung von der Nothwendigkeit, die Mittel zu verstärken. Sie warf weitere 8000 Thaler aus; mit anerkennenswerther Bereitwilligkeit schloß sich Altenburg dem Vorgange an und bewilligte weitere 2500 Thaler jährlich. Von Neuem gab man sich der Hoffnung hin, mit diesen Zuschüssen im Belaufe von 10,500 Thalern die Universitätsverhältnisse wesentlich aufbessern zu können, aber auch diesmal, wie sich rasch herausstellte, täuschte man sich. Wie wenig mit dieser Mehrverwilligung eine gründliche Abhülfe geschaffen, lehrt die Rechnung von 1872 in ihren Ausgabeposten hinlänglich.

Wir finden hier einen Aufwand auf die akademischen Gebäude und Lokale von 1688 Thalern. Die Verwaltung einschließlich der Kuratel kostete 6052 Thaler, die Erhaltung der Seminarien und Institute in der theologischen Fakultät 355, in der juristischen 300, in der medicinischen etwa 5000, in der philosophischen 2207 Thaler. Für die Bibliothek wurden 2054 Thaler verausgabt; für alle Institute zusammen 10,248 Thaler. Zur Wittwenkasse waren 2500 Thaler, an Pensionen und Unterstützungen 1100 Thaler zu stellen.

Das Hauptkapitel bilden die Besoldungen der Lehrer. Zu diesem Zwecke wurden 1872 entnommen aus der gemeinschaftlichen Kasse rund 29,000 Thlr., aus den Separatkassen — wonach sich der Gehalt mancher aus drei oder viererlei Kassen zusammensetzt — rund 5000 Thaler; in Summa etwa 34,000 Thaler. Davon fielen auf 28 ordentliche Professoren etwa 27,000 Thaler, auf 14 Honorarprofessoren 6400 Thaler. Der Durchschnittssatz betrug mithin für die ersteren noch nicht 1000 Thaler, für die letzteren etwa 450 Thaler. Von den 28 ordentlichen Professoren aber bezogen 12 einen Gehalt von 1000 Thlr., und darüber, 16 hatten unter 1000 Thaler. Der höchste Gehalt in dieser Klasse betrug 1800 Thaler, der niedrigste 500 Thaler; 1500 Thaler und darüber hatten nur 4 Professoren. Unter den Honorar- und außerordentlichen Professoren gab es Abstufungen von 800 Thalern herab bis zu 200 Thalern.

Das waren die Gehaltsverhältnisse, wohlbemerkt, nachdem die neuen Verwilligungen des Jahres 1872 bereits zur Aufbesserung und Ausgleichung flüssig geworden waren! Selbst bei diesen bescheidenen Gehaltssätzen war aber die Rechnung pro 1872, nachdem 1871 bereits ein Defizit von rund 3000 Thalern erwachsen gewesen, nur darum mit einem Ueberschuß von 105 Thalern zu schließen, weil aus der noch nicht erschöpften Weimarischen Separatkasse etwas über 3000 Thaler vorgestreckt wurden.

Kann die finanzielle Lage der Universität besser illustrirt werden als durch diese Ergebnisse? Die Resultate der Rechnung von 1873 kennen wir noch nicht. Es wird möglich gewesen sein, auch da noch auszukommen, zumal noch einiger Vorrath aus den Beständen der jüngsten Bewilligungen vorhanden war. Aber im Frühjahr 1874 mußte die Weimarische Regierung dem Landtage abermals eine Bewilligung von weiteren 4000 Thalern abverlangen, welche nur damit motivirt wurde, daß es nothwendig sei, noch einige Mittel zur Hand zu haben, um Jenaische Lehrer, wenn sie fortgerufen werden, durch Gehaltsaufbesserungen festzuhalten, oder die durch Wegberufungen entstandenen Lücken auszufüllen. Davon konnte nicht entfernt die Rede sein, mit jener Summe gründlich den Bedürfnissen der Universität abzuhelfen zu wollen. Ausdrücklich wurde sie von der Regierung als ein kleiner Dispositionsfonds bezeichnet, der nur dazu dienen sollte, dem Aergsten vorzubeugen, daß nicht aus Mangel an Geld geradezu eine Verwaisung einzelner Lehrstühle eintrete. Der Landtag zögerte nicht, dem Wunsche der Regierung zu entsprechen. Indessen war die Regierungsvorlage mit ihrer Motivirung wohl dazu angethan, ernste Sorge wachzurufen. Daß mit den neuen 4000 Thalern nur einem einzelnen Zwecke und selbst diesem höchstens nothdürftig genügt wird, kann sich Niemand verhehlen. Die Regierung selbst betonte, welche großen Anforderungen noch sonst von Seiten der Universität zu stellen seien. Mit den neu erlangten Mitteln glaubte sie einstweilen die Universität durch die laufende Finanzperiode hindurch bringen zu können. Mehr als diese schüchterne Hoffnung wurde nicht geäußert. Was nachher werden soll, darüber ließ sich eine bestimmte, greifbare Ansicht nicht gewinnen. Die Regierung sprach von Anträgen auf eine große Fundirung der Universität mit eigenem Vermögen, von Verhandlungen mit den anderen Staaten u. s. w. Das Alles schwebte jedoch in nebelhafter Ferne. Kein Wunder, daß Angesichts

der Positionen des Etats andererseits in dem Landtage ernste Zweifel aufzu-
tauchen begannen, welche in Universitätskreisen schon oft besprochen wurden
wie es möglich sein solle, auf dem bisherigen Wege die Universität zu erhalten. Denn daß zuletzt bei aller Vorliebe für dieselbe und bei aller Auf-
opferungsfähigkeit das Großherzogthum nicht im Stande sei, allein aus
seinen Kassen das Nöthige zu gewähren, daß ein Land von 300,000 Einwohnern nicht im Stande sei, ganz oder zu mehr als drei Viertheilen eine
Universität nach den Erfordernissen der Gegenwart genügend auszustatten,
das darf wohl als ausgemacht betrachtet werden.

Je weniger durch die kleine Vermehrung des Fonds, der abermals nur
der Fürsorge der Weimarischen Regierung zu danken, die Universität finanziell
sicher gestellt erscheint, desto mehr erscheint es geboten, offenen Blicks die
Dinge zu erkennen, wie sie wirklich liegen und sich klar zu machen, was
daraus folgt. Mit den bisherigen Mitteln kann die Universität, das ist
gewiß, unmöglich fortbestehen. Ist es nicht thunlich, sie reichlicher auszustatten, so wird sie unausbleiblich verkümmern. Vielleicht langsam, vielleicht
daß sie sich eine Anzahl von Jahren noch halbwege weiter schleppt. Allein
was wäre das für ein Loos! Dann wäre es weit besser, mit raschem Schnitt
ihr Ende herbeizuführen, als der Welt das Schauspiel zu bereiten, daß die
Jahrhunderte lang angesehene Hochschule, welche ein solches Schicksal wahrlich
nicht verdient, an Geldmangel langsam abstirbt.

Die Richtungen, in welchen unvermeidlich in nächster Zeit bedeutende
Mehrforderungen sich geltend machen, wurden theils in der letzten Proposition
der Weimarischen Regierung, theils in den Landtagsverhandlungen angedeutet.

Einmal handelt es sich um eine Reihe von sachlichen Ausgaben. Die
Institute und Laboratorien sind meist auf anderen Universitäten ganz anders
ausgestattet, als in Jena. So sich weiter zu behelfen, wie es bisher in Jena
geschehen, ist auf die Dauer unthunlich. Es ist hier keineswegs nur von klinischen Einrichtungen zu reden, an denen Jahr für Jahr gebessert zu
werden pflegt; schon darum weil das als conditio sine qua non von den
medicinischen Professoren gestellt wird. Auch in dieser Richtung wird noch
Vieles und Kostspieliges zu verlangen sein. Es giebt eine ganze Reihe von
anderen Instituten, die in ihrem jetzigen Zustande nicht mehr zu belassen sind.
Hier sei nur beispielsweise des Laboratoriums der Chemie gedacht, dessen Zustand geradezu unerträglich ist, und in schreiendem Mißverhältniß zu den
berechtigtsten Forderungen und der Zahl der Laboranten steht. Andere Laboratorien, wie die der Botanik und Zoologie, werden, wenn auch einstweilen
nothdürftig untergebracht, nicht minder Ansprüche auf bessere Einrichtung erheben. Von dem Luxus, der auswärts zu finden, wird in dieser Beziehung
niemals in Jena die Rede sein. Das Nothwendige und Nothdürftige aber

muß selbstverständlich den Fächern, welche derartige Anstalten erheischen, gewährt werden, wenn die Universität ihrem Namen und Wesen entsprechend eine Schule der gesammten Wissenschaft sein soll. Außer den stehenden Einrichtungen erheischt ferner die Beschaffung des laufenden Materials in allen Anstalten einen erklecklichen Mehraufwand. Was jetzt zur Unterhaltung und dem Betriebe derselben verwilligt werden kann, wird von Tag zu Tag unzulänglicher.

Sammlungen aller Art rufen nach zweckmäßigeren und auslänglicheren Lokalitäten. Wie das in verschiedenen Fächern bedeutende Material untergebracht werden muß, würde man anderswo kaum begreifen. Die Bibliothek, wird in kurzer Frist einer Vergrößerung bedürfen. Wenn sich die Frequenz mehrt, kann dasselbe Bedürfniß an dem Kollegienhaus eintreten. Von Luxus ist auch da keine Rede. An ein Universitätsgebäude nach dem Muster vieler Schwesteruniversitäten wagt in Jena Niemand zu denken. Aber die nothwendigen Räume in brauchbarer Beschaffenheit müssen doch vorhanden sein. Das Kollegienhaus ist aus einigen alten Privathäusern billig zusammengebaut worden. Die nicht unansehnliche Bibliothek war ein altes Lagerhaus. Mit wenig Kosten aus Altem etwas herzustellen, versteht man trefflich. Niemand wird das tadeln. An manchen Stellen freilich führt die begründete Scheu vor großer Ausgabe zu fortlaufenden Flickarbeiten, die zuletzt sich leicht höher summiren, als eine gründliche Neueinrichtung gekostet haben würde. Indessen, wie dem auch sei, selbst abgesehen von allen extravaganten Plänen, bei bescheidenster Beschränkung auf dasjenige, was schlechthin geschehen muß, und bei Fortsetzung des bisherigen Systems in der Ausführung stehen Ausgaben bevor, die von dem bisherigen Fonds nicht zu tragen sind.

Die Hauptsorge aber bleiben die Gehalte der Professoren. Daß dabei ganz andere Sätze angelegt werden müssen, als vor einem Dezennium, hat man bereits empfunden. Und doch ist für Jena erst der Anfang jener Wandlung eingetreten, die sich überall bemerkbar macht. Schon in den letzten Jahren vor 1870 mußten bei Neuberufungen die Gehalte im Vergleich zu früher gesteigert werden. Vollends aber seit 1871 wachsen die Ansprüche der Professoren von Jahr zu Jahr zusehends.

Nicht ohne ein gewisses Gefühl des Schmerzes über den Untergang der alten guten Zeiten, wo Professoren genug und billig zu haben waren, wird manchmal das Reich als Urheber der Noth bezeichnet. Das Reich stiftete die Universität Straßburg, geizte nicht mit Geld und nahm von den übrigen deutschen Universitäten eine ziemliche Anzahl von Lehrern hinweg. Dadurch meint man, sei dann nach allen Seiten hin Nachfrage nach Ersatz und durch die unter den Professoren eingetretene Bewegung eine Preissteigerung der Lehrarbeit hervorgerufen worden. Daran ist insofern etwas Wahres, als das

Vorgehen der Reichsregierung wohl einen nächsten äußeren Anstoß gab. Allein die Ursache der Erscheinungen, welche jetzt die Budgete der Universitäten anschwellen, lagen tiefer; so tief, daß nach Naturgesetz die Zeit kommen mußte, wo endlich auch einmal die gelehrte Arbeit wenigstens einigermaßen ihren Lohn beanspruchen darf.

Es ließe sich ein langes Kapitel darüber schreiben, in welch unwürdiger Weise man Jahrzehnte hindurch die Thätigkeit an der Universität belohnt hat. Abgesehen von einzelnen Ausnahmen war es Usus, die meisten Professoren bei Gehalten zu lassen, die ihnen recht deutlich zu Gemüthe führen mochten, daß sie zu der Klasse der Schulmeister gehörten. Wir wollen nicht daran erinnern, wie namentlich auch die Preußische Regierung verfuhr; und gerade sie war bei der Anzahl der Preußischen Universitäten großentheils tonangebend. Entweder, scheint es, war man der Meinung, daß knapp gehaltene Professoren am besten lehren, oder man machte sich von Kolleggeldern, Promotionsgebühren und Nebeneinnahmen eine Vorstellung, welche den Neid selbst höherer Regierungsbeamten erregte und der Neigung, zum Ueberfluß auch noch hohe Besoldungen zu bewilligen, entgegenarbeitete.

Wie falsch diese Maxime war, so lange als thunlich das Universitätslehramt möglichst wenig freigebig zu behandeln, bedarf keiner Darlegung. Die begangenen Sünden haben sich gerächt und werden sich noch mehr rächen. Niemand kann vernünftiger Weise verlangen, daß in idealem Streben oder vielmehr in romantischem Taumel der Gelehrte und Lehrer der Wissenschaft den Mammon verachten und lediglich von dem wissenschaftlichen Ruhme zehren soll. Mit vollem Recht fordert auch der Gelehrte und Lehrer für seine Arbeit den gebührenden Lohn und, wenn ihm dieser versagt bleibt, so ist die unausbleibliche Folge, daß die Lust, eine so wenig lohnende Laufbahn zu ergreifen, zurückgeschreckt wird. Mühe und Arbeit, Ansprüche an Befähigung und Wissen in einem Maaße, wie sonst nirgends, selbst pekuniäre Aufwendungen, vielleicht Jahre des Noviziats hindurch und zur Beschaffung der oft kostspieligen Hülfsmittel, und dann die Aussicht auf materielle Erfolge von so bescheidenem Maaße, daß ein Vergleich mit den Erfolgen, die in hundert andern Berufszweigen zu erzielen, gar nicht angestellt werden durfte: will man sich da noch über die geringe Anzahl von Aspiranten zum Lehramte der Universitäten wundern. Auch jetzt, nachdem die Lage der Professoren an den meisten Orten einige Besserung erfahren hat, erschallt von allen Seiten der Nothschrei wegen mangelnden Nachwuchses und schwerlich wird mit der Gratifikation, welche in Preußen zum Privatdocententhum anlocken soll, viel ausgerichtet werden. Um zur akademischen Laufbahn anzuregen gibt es nur das eine Mittel, das akademische Amt so zu stellen, daß es auch um des materiellen Erfolges willen des Strebens nicht unwerth ist. Davon aber sind wir noch weit entfernt.

Was namentlich die Preußische Regierung seit 1870 zu Gunsten der Universitätslehrer gethan hat, ist anerkennenswerth, aber immer erst eine Abschlagszahlung. Der flüchtigste Blick auf die Gestaltung der Lebensverhältnisse in den letzten Jahren lehrte die Unmöglichkeit, es beim Alten zu belassen. Geld genug war vorhanden und so war endlich die Zeit gekommen, wo in einer den Universitäten günstigen Stimmung der Regierung von dem Ueberflusse der Finanzen auch einmal Etwas auf die Professoren fallen konnte. Nachdem dies in Preußen geschehen, ist das Signal allgemeinhin gegeben. So wenig man sich in der Dotirung der Gehalte der Gymnasiallehrer dem Einfluß des Normalgehaltes, der in dem größten deutschen Staate angenommen worden ist, zu entziehen vermag, ebenso wenig dem Einfluß des gewiß von Niemandem übertrieben zu befindenden Durchschnittssatzes der Professorengehalte an den preußischen Universitäten. Wir dürfen im Durchschnitt annehmen, daß der Gehalt eines ordentlichen Professors dort wenigstens 1500 bis 1600 Thaler beträgt, ausschließlich der nicht unbeträchtlichen Wohnungsvergütung von 200—300 Thalern. Unsrer Ueberzeugung nach wird es dabei keineswegs sein Bewenden haben. Wenn nur leidlich die Ebenmäßigkeit gegenüber den praktischen Staatsbeamten gewahrt werden soll, wird man noch erheblich hinaufgehen müssen.

Für Jena aber wollen wir die Aussichten auf weitere Erhöhungen in die Zukunft hierin gar nicht in Anschlag bringen. Schon die Vergleichung mit dem, was jetzt ringsumher ist, genügt. Daß auch in Jena „die Preissteigerung aller Lebensbedürfnisse und das Sinken des Geldwerthes", womit die Gehaltsaufbesserungen aller anderen Beamtenklassen motivirt zu werden pflegt, nicht spurlos vorübergegangen, begreift sich. Die Billigkeit Jenas ist längst ein Mythus geworden. Und in demselben Jena, das in Bezug auf die Preise vieler Dinge selbst den Vergleich mit großen Städten nicht zu scheuen braucht, ist 1872 kaum ein halbes Dutzend ordentlicher Professoren erster Klasse, welche den Preußischen Minimalgehalt, eine Minorität, welche eben den auch für Weimar angenommenen Durchschnittsgehalt der Gymnasiallehrer erreicht, während die größere Anzahl nicht einmal einen Gehalt von 1000 Thalern bezieht! Unter den außerordentlichen Professoren steht es erst recht so, daß kaum der älteste so dotirt erscheint, wie zur Zeit an preußischen Universitäten Anfänger des akademischen Berufs nach zwei oder drei Jahren honorirt werden.

Die Folgen sind handgreiflich. Bei Neuberufungen sind die alten Sätze in keiner Weise mehr aufrecht zu erhalten. An Berufung hervorragender akademischer Namen ist gar nicht zu denken! Einzelne Versuche dazu sind kläglich gescheitert. Einen Gehalt von 2000 Thalern zu bieten, ist man kaum im Stande; und wenn man in einem einzelnen Falle das Opfer nicht scheuen möchte, wie wäre es möglich, auch nur einige in gleicher Weise zu dotiren. Gälte es nur darauf zu verzichten, berühmte Namen herbeizuziehen, so wäre das immer noch der geringere Schaden. Aber davon ganz abgesehen überhaupt, tüchtige Kräfte zu gewinnen, konnte schon jetzt nur mit einer Anspannung der Mittel geschehen; die, wenn es so fortgeht, eine übermäßige wird. Bei dem Mangel an Universitätslehrern ist, alle anderen Vortheile Jenas noch so hoch angeschlagen und hie und da selbst die speziellsten persönlichen Gründe, die zur Annahme eines Rufes dorthin bestimmen können, mitberücksichtigt, das Mindeste, daß man ebensoviel bietet, als der Berufene hat. Niemand will sich gern verschlechtern. Schon das kommt hart an, zu gewähren, was hiernach erforderlich ist. Denn die bisherigen Mittel reichten eben nur hin, die bisherigen Jenaischen Gehaltssätze, nicht aber die jetzt auswärts üblich gewordenen zu gewähren. Bei dem Mangel an Lehrkräften ist ferner Nichts häufiger, als daß wo möglich der von auswärts Berufene von seiner Universität gehalten wird. Man bietet ihm mehr; wer beruft, muß überbieten und darin ist für Jena bald die nach seinen Kräften unüberschreitbare Grenze erreicht. So hat sich manche Berufung in der letzten Zeit zerschlagen. Bei den zu Stande gekommenen aber ist nun ganz selbstverständlich, daß weit über den Satz hinausgegriffen werden muß, um den man vordem nicht minder tüchtige Lehrer haben konnte. Neuberufungen ordentlicher Professoren zu 1000 Thaler Gehalt oder gar darunter werden schlechthin zur Fabel.

In demselben Maaße wird es zur Unmöglichkeit, die vorhandenen Lehrer der Universität zu erhalten. Die Zahl der in den letzten Jahren an Jenaische Lehrer ergangenen Rufe ist recht beträchtlich. Sie würde vielleicht noch größer sein, wenn man aller Orten genau wüßte, wie es mit den Jenaischen Gehältern bestellt ist. Selbstverständlich ist nicht jedesmal für die Annahme einer Berufung das Maaß des Gehaltes allein entscheidend. Sonst würde kein einziger Ruf ausgeschlagen worden sein, während zum Glück für Jena doch auch diese oder jene Ablehnung erfolgt ist. Aber die Ablehnung setzt dann doch regelmäßig voraus, daß man sich zu nahmhaften Mehrbewilligungen an den Ablehnenden versteht. Indessen hat auch eine Anzahl von Professoren Jena verlassen, notorisch deshalb, weil die Universitätsverwaltung nicht im Stande war, mit den auswärtigen Anerbietungen zu concurriren.

Endlich ist, der Wichtigkeit nach nicht in letzter Linie, noch ein Punkt zu erwähnen. Ob ein Docent überhaupt, oder wie bald er den Vortheil genießt, nach einer anderen Universität berufen zu werden, das hängt bekanntlich von ganz unberechenbaren Conjunkturen, oft von reinen Zufälligkeiten, vielfach von Bekanntschaften, wo nicht von Koterieen, keineswegs nur von der Tüchtigkeit der Leistungen ab. Soll demnach die Gehaltszulage immer blos von dem Gerufenwerden abhängen? Daß dem bisher meistentheils so war, gehört zu den widerwärtigsten Seiten des Universitätslebens. Nothwendig ist damit die Gelegenheit und der Anreiz zu einer Verwerthung der Rufe gegeben, die sich an der Hand thatsächlicher Erfahrungen bitter kritisiren ließe.

Ebendeshalb erscheint es, wenn auch nicht als eine Abstellung aller Mißstände, doch als ein relativer Fortschritt, einen anständigen Minimalgehalt der verschiedenen Professorenklassen festzusetzen. Würde zugleich ein System von Alterszulagen angenommen, so würde das Marchandiren mit Rufen noch mehr verschwinden, und das wäre ein Segen für den Professorenstand. Daran ist natürlich niemals zu denken, daß alle Professoren nach gleichen Kategorien gleichmäßig bezahlt werden sollen. Das ist bei keiner Universität möglich. Stets werden einzelne hervorragende, oder für die Universität besonders werthvolle Kräfte mehr erhalten, als andere. Dagegen ist Nichts zu sagen. Allein andererseits sollte man doch dafür sorgen, daß das übliche Heraufschrauben der Gehalte aus Anlaß der Berufungen erspart und daß nicht die übliche Ungerechtigkeit forterhalten bleibe, Lehrer, welche vollständig ihre Schuldigkeit thun, ruhig bei den armseligsten Gehalten zu belassen, solange ihnen die Gelegenheit fehlt, mittelst eines Rufes ein paar Hundert Thaler mehr herauszudrücken. Wie unwürdig man den höchsten Zweig des Lehrerstandes behandelt, wenn man so verfährt, bedarf kaum der Erwähnung.

In Jena steht eine ganze Reihe von Professoren auf Gehalten, die man heut zu Tage kaum noch für möglich halten sollte. Wir haben konstatirt, daß der Durchschnitt des Gehalts ordentlicher Professoren noch nicht einmal den Durchschnittssatz der Gymnasiallehrergehalte erreicht. Die Gymnasiallehrer bessert man auf, die Volksschullehrer nicht minder, sogar beträchtlich. Wer denkt an die Professoren der Universität? Man hat wohl einzelne kleine Aufbesserungen vorgenommen, aber in jenem unzulänglichen Maaße, dessen oben gedacht wurde. Die ordentlichen Lehrer, welche nicht neu berufen sind, oder nicht in neuer Zeit einen Ruf genossen haben, stehen so ziemlich alle noch unter 1000 Thaler. Und neben ihnen sind andere berufen worden, werden noch täglich berufen, denen ungleich höhere Gehaltssätze bewilligt werden müssen. Auf solche Weise entsteht eine Ungleichheit, die unmöglich ohne nachtheilige Folgen abgeht. In dem engen Kreise einer kleinen Universität und einer kleinen Stadt wird es demnächst eine bevorzugte Klasse der wenigstens relativ günstig Gestellten und der Paria's geben. Der Gegensatz wird sich tief in das sociale Leben hinein erstrecken, das gedeihliche Zusammenleben zerstören und schließlich seine Früchte auch in dem collegialischen und Amtsleben tragen. Man braucht Keinem das Gefühl elenden Neides gegen die besser situirte Collegenschaft zuzutrauen. Allein das ist eben so gewiß, daß sich, wer sein Amt am Ende ebenso gut auszufüllen glauben darf, als Andere, denen zu Statten kommt, daß ihre neuere Berufung unter gesteigerten Preisverhältnissen erfolgt ist, fragt, warum er sich im materiellen Erfolg seiner Arbeit so sehr verkürzt sehen muß. Wenn daraus nicht ein bitteres Gefühl entspringen sollte, das die Freudigkeit der Berufserfüllung nicht vermehrt, so wäre es zu verwundern.

In dieser Gefahr schwebt die Universität Jena ganz entschieden. Die Gefahr ist darum nicht gering anzuschlagen, weil sie die Grundstimmung bedroht, welche den Vorzug der kleinen Universität bilden muß und die Stellung an einer solchen angenehm macht, die engere und innigere Gemeinschaft der Kollegen. Läßt man da solche Unterschiede, zumal zwischen älteren und jüngeren, entstehen und den Gegensatz immer weiterreißen, so wird man bald selbst bei Neuberufungen die Wirkungen verspüren.

Außer den Mitteln zu anderweiten Berufungen, bei denen das Maaß pekuniärer Aufwendung, das sich nun einmal gestaltet hat, nicht nur nicht wieder herunter zu drücken ist, sondern von Jahr zu Jahr noch wachsen wird, sind daher eben so dringlich die Mittel nöthig, um die Gehalte der älteren Lehrer auf einen auch nur annähernd angemessenen Fuß zu bringen. Wer den preußischen Durchschnittssatz und das preußische Servisgeld verlangen wollte, so nahe es liegt, darauf hinzuweisen nach dem, was für die Gymnasien geschehen, den würde man vielleicht einen Träumer schelten. Wer kann im Hinblick auf die Universitätskasse so kühne Ideen hegen? Also lieber hübsch bescheiden sein; ein Sichbescheidenmüssen, das freilich schon den offenbaren Nothstand bezeugt. Gesetzt, es sollte nur jeder ordentliche Professor mit dem riesigen Gehalt von 1000 Thaler bedacht werden, die Honorar- und außerordentlichen Professoren dem entsprechend etwas niedriger, so wären dazu nach einer Berechnung, die anzustellen wir uns nicht verdrießen ließen, etwa 6000 Thaler jährlich nöthig. Aber woher auch noch diese 6000 Thaler nehmen?

Das ist die Lage der Dinge in Jena. Geldverlegenheit bei Neuberufungen und nicht die Möglichkeit, allen seinen Lehrern auch nur einen leidlichen Minimalgehalt zu gewähren. Nun sage Einer, es sei keine Noth. Die Noth und mit ihr die Sorge um die Erhaltung der Blüthe, ja die Existenz der Universität muß da wach werden. So unerfreulich es ist, dies zu konstatiren, so ziemt es sich doch der Wahrheit in das Gesicht zu sehen und ohne jegliche Schwarzmalerei offen auszusprechen, wie die Dinge liegen. Erst dann, wenn dies geschehen ist, kann die Frage aufgeworfen werden, ob und in welcher Weise Abhülfe möglich ist.

Die Nordpolfahrt der Germania unter Kapitän Koldewey 1869—70.*)

2) Herbst und Winter bis zum Wiedererscheinen der Sonne am 3. Februar 1870.

Als die Germaniafahrer am 13. September 1869 im Süden der Sabine-Insel ihren Winterhafen bezogen, war die Temperatur schon dauernd einige Grade unter Null gesunken. Es trat daher an die Mannschaft die dringende Pflicht heran, das Schiff auf das beste zu bergen, daß es den grimmigen Stürmen und mächtigen Eisbildungen des Winters zu trotzen vermöchte, und zugleich sich selbst rasch mit Allem zu versehen, was in den Monaten der ewigen Nacht des arktischen Winters nicht mehr zu haben war. Das war vor Allem süßes Trinkwasser. Denn das Schmelzen von Schnee mußte, im Interesse der Schonung des Feuerungsmaterials, solange als möglich vermieden werden. So wurden denn zunächst alle Behälter an Bord noch einmal mit dem gesunden wohlschmeckenden Wasser der Bäche gefüllt. Gerade zur rechten Zeit wurde man damit fertig. Denn bereits am 17. war der Erdboden an der Oberfläche überall gefroren und die Bäche zeigten nur noch spärlich Wasser, das in den nächsten Tagen ganz zu fließen aufhörte. Die Arbeiten zur Sicherung des Schiffes konnten, da der größte Theil der Mannschaft um die Mitte des Monats auf verschiedenen Forschungsreisen aus war, deren wir unten gedenken werden, erst am 22. September begonnen werden, als Alle wieder vollzählig bei einander waren. Bis dahin gewährte der ausgezeichnete, nach Norden durch den hohen Berg der Insel gegen den Sturm, nach Süden durch die vorgelagerte Walroßinsel gegen das Antreiben des Eises trefflich geborgene Hafen der Germania vorläufig ausreichenden Schutz. Indessen ließen doch die seit dem 16. auftretenden schweren Nordstürme und Böhen ein sicheres Festlegen des Schiffes als unaufschieblich erscheinen. Es durfte nicht mit dem treibenden Eise in Berührung kommen, sondern sollte ruhig eingefroren an seinem Platze bleiben, bis es den kommenden Sommer gelingen würde, dasselbe wieder von den Fesseln des Frostes zu befreien. Zu diesem Zwecke mußte das Schiff möglichst weit in den Hafen hineingeholt und innerhalb der Linie festgelegt werden, welche die beiden äußersten Landvorsprünge des Hafens mit einander verbindet, damit es nicht bei einem etwaigen jähen Aufbrechen des Eises mit losgerissen und sicherer Zerstörung preisgegeben werde. Denn in solchen Fällen wäre es nicht durch die stärksten Taue und Anker zu halten gewesen, sondern in der Umarmung der Eisschollen erbar-

---

*) Die zweite deutsche Nordpolfahrt. I. Band. Zweite Abtheilung. F. A. Brockhaus 1874.

mungslos erbrückt worden. So wurde denn das Schiff am 24. September
an die ihm angewiesene Stelle geschafft, 300 Schritt von der westlichen Land-
spitze entfernt. Zum letzten Male ertönte am Morgen das jedem Seefahrer
so eigenthümlich klingende Kommando „Heave Anker" und das darauf folgende
taktmäßige Klappern der Ankerwinde. Die Anker wurden, da sie jetzt keinen
Nutzen mehr hatten, ganz an Bord genommen. Das Schiff mußte, um an
die vorbeschriebene Stelle gebracht zu werden, von dem nun schon 3 Zoll
dicken Eise losgehauen werden. Die Eissägen und der Gesang der das Schiff
fortziehenden Matrosen tönten munter in den schönen Wintermorgen hinein
und vor Mittag schon war die Arbeit beendet. Bis zum sicheren Einfrieren
wurde das Schiff mit einigen Tauen am Eise und dem nächsten Felsen festgemacht. Dann lag die Germania für 290 Tage zur Unthätigkeit verdammt,
den Bug gegen Nord-Nord-West gerichtet, um so die Macht der Stürme
möglichst abzuschwächen.

Dann wurde das Schiff bis auf die kahlen Untermasten und Wanten
vollständig abgetakelt, Stangen und Raaen, Segel und Tauwerk, das große
Boot, und alle Fässer und Kisten an Land gebracht, ebenso auch Alles, was
an Proviant und anderen Sachen für die Winterszeit nicht gebraucht wurde,
natürlich mit Ausnahme des Bedarfs der Mannschaft für das nächste Halbjahr. Dadurch wurde das Schiff einerseits etwas entlastet, andererseits aber
auf Deck und im Raume bedeutend an Platz gewonnen. Von dem Proviant
wurde auf halber Höhe der Sternwartenhalbinsel ein großes „Depot" errichtet,
auf einer Unterlage von Holz, überdeckt mit Segeln, deren Ränder mit
schweren Steinen gegen die Angriffe der Stürme und Bären gesichert wurden.
Am 26. September war fast alles am Lande. Die Muße nach dem Tagewerk
wurde in heiterster Laune von der Mannschaft mit Schlittschuhlaufen verbracht. In der letzten September- und ersten Octoberwoche wurden die Vorbereitungen für die Ueberwinterungen vollendet. Um Schnee und Wind vom
Schiff abzuhalten und auch dadurch zur Erwärmung desselben beizutragen
wurde schon jetzt ein Zelt aus starkem Segeltuch über das Schiff ausgespannt
und eine drei Zoll dicke Moosschicht über Deck gelegt. Den Fuß des Zelt-
daches bildeten der horizontal gelegte große Baum und Schunerbaum. Vom
Vormast senkte sich der Dachfirst zum Fockstag und mit demselben zum Vor-
dersteven hinab, während über dem Heck das Zelt mit einem mehr senkrechten
Giebel abschloß. An Backbordseite, den an Land errichteten Observatorien
zunächst, befand sich der Ausgang aus dem Zeite, eine kleine verschließbare
Klappe; eine hölzerne Treppe von fünf Stufen führte von da auf das Eis
hinab. Endlich wurde das Schiff noch getheert.

Auch im Innern wurde das Schiff für den Winter hergerichtet. Die
Kajüte befand sich von Anfang an der Wärme halber gleich hinter dem Logis

(Mannschaftszimmer), welches vorläufig nicht mehr Wärme bedurfte, als das tägliche Kochen in der Kombuse hervorbrachte. Nun aber wurde die Kajüte erweitert, ihre Breterwände belegte man von außen mit starkem Filz, von innen mit dickem Wollstoff (coating), den Fußboden mit einer Decke, mit Filz und Segeltuch. Das Oberlicht (skylight) wurde von außen und innen bedeckt, so daß vom 9. October ab den ganzen Tag hindurch die Lampen brannten. Der Ofen erzeugte bei 16 Grad Kälte eine behagliche andauernde Wärme mit 10 Pfd. Kohlen. Zur Abwendung der Feuchtigkeit, die sich erfahrungsmäßig im arktischen Winter aus den Wasserdämpfen der Luft bildet, an allen relativ kalten Gegenständen eisig niederschlägt, und dadurch nicht bloß schwere Unannehmlichkeiten, sondern auch Krankheiten nach sich zieht, wurden zwei „Condensatoren", nach dem Vorgange von Roß aufgestellt. Es wurden nämlich 2 Zoll große Löcher durch das Deck gebohrt und über dieselben ein nachträglich mit Schnee bedecktes großes eisernes Hohlgefäß gestellt. An der sehr kalten Innenseite desselben setzt sich bald aus den condensirten, dorthin aus dem Schiffsinnern aufsteigenden Wasserdämpfen der Luft eine Eiskruste ab, die dann von Zeit zu Zeit entfernt wird.

Als Schneeschmelzapparate bei eintretendem Süßwassermangel leisteten große Töpfe die besten Dienste, von denen einer auf die Kombuse, der andere auf den Kajütofen gestellt wurde. Endlich wurde am 11. October dem Schiffe das letzte Winterkleid angezogen. Es wurde nämlich mit einem Wall von Eisblöcken umgeben. Eine Reihe solcher Blöcke wurde auch von dem Heck des Schiffes aus in einer Linie nach der kleinen Brücke, die bei der Sternwarte ans Land führte, aufgestellt, wo sie bald fest froren, und auf denselben ein Tau bis ans Land hingezogen. Bei den rasenden Stürmen des Winters wurde dieses Tau längs der Eisblöcke der einzige Führer und der unentbehrlichste Halt, um sich vom Land wieder ans Schiff zu finden und auch die Jolle wäre vom Sturm fortgerissen worden, wenn sie nicht hier ein Hemmniß in ihrer wilden Fahrt gefunden hätte. So war man denn auf der Germania gerüstet und fertig, den Winter zu empfangen, und auf der trefflich eingerichteten astronomischen, meteorologischen und magnetischen Station an Land auch während der ewigen arktischen Nacht des nächsten Halbjahres wissenschaftlich beobachten zu können. Aber vorläufig ließ der eigentlich nordische Winter mit seinen Stürmen und Schneetreiben noch lange auf sich warten.

Den größten Theil des September hindurch, den ganzen October bis in den November hinein erfreute die Seefahrer das schönste klarste Herbstwetter. Nur je drei Sturmtage gab es im September und October. Das alte Paradoxon: „die Windstille ist der herrschende Wind in Ostgrönland", schien sich auch hier zu bestätigen. Diese günstige Witterung wurde natürlich aufs

Aeußerfte zu wiffenfchaftlichen größeren und kleineren Excurfionen aller Art,
und bei jeder Gelegenheit zur Jagd, zum Dredgen (Netzfang im Eife zu
zoologifchen Zwecken) 2c. ausgenutzt.

Bereits unmittelbar nach dem Einlaufen der Germania in ihren Winterhafen, in den Tagen vom 14. bis 21. September, hatten der Kapitän und
Oberlt. Payer mit vier Mann eine größere Schlittenreife über das frifch-
gefrorene Eis der Clavering-Straße nach dem Fligely-Fjord unternommen
und in diefen Tagen unter mannigfachen Befchwerden, namentlich bei bren-
nendem Durft und Hunger, und bei einer Schlittenlaft von circa fechs Centnern,
im Ganzen 26,7 deutfche Meilen zurückgelegt. Das Hauptrefultat war
die durch Befteigung eines 1260 Fuß hohen Berges gewonnene Beftätigung
der Vermuthung, daß der Fligely-Fjord mit der Ardencaple-Bai in Verbindung ftehe, und noch wichtiger die Entdeckung von Kohlenflötzen auf der
Kuhn-Infel. Wir geben über diefe höchft intereffante Entdeckung den Bericht
im Wortlaut: „Am Morgen des 19. September bemerkte Payer ein Geftein
von auffallend lichter Färbung, das an der Südfeite der Kuhn-Infel das
Hangende ihres kryftallinifchen Maffivs bildete und eine größere Thalweitung
bis zu 2000 Fuß hinan bekleidete. Er entfernte fich daher vom Schlitten
und ftieß zu feiner großen Ueberrafchung auf ein mächtiges Lager, welches
abwechfelnd aus durch Sandftein getrennten Kohlenflötzen, wahrfcheinlich
Liaskohle, ron ¾ bis 18 Zoll Mächtigkeit beftand. . . . Die Entdeckung
eines Kohlenlagers an diefer Stelle ift für die fpätere Erforfchung Grönlands
von größter Wichtigkeit. Denn von all den Lebensbedürfniffen, die man mit
fich führen muß, ift das Brennmaterial dasjenige, welches der Dauer einer
Reife ins Binnenland und dem Aufenthalt dafelbft zuerft Grenzen fetzt.
Der Proviant läßt fich bei einer genügenden Anzahl Patronen erfetzen; die
Bekleidung unterliegt keiner fühlbaren Abnutzung. Das Brennmaterial dagegen ift nicht allein unentbehrlich, fondern läßt fich auch nicht ergänzen.
Bietet ein Kohlenlager unerfchöpflichen Vorrath, baut man fich eine Stein-
hütte zum Schutz gegen Sturm und Kälte, fo ift ein beliebig langer Aufenthalt
im Innern des Landes leicht auszuführen und damit die Möglichkeit geboten,
dasfelbe auf einen fehr beträchtlichen Umkreis und mit einer Gründlichkeit zu
durchforfchen, auf die man bei Reifen wie der unfrigen nothgedrungen verzichten muß.“

Am 6. November war das Verfchwinden der Sonne für drei lange Mo-
nate zu erwarten. So fchien der Wunfch Payer's berechtigt, die letzten
Tage, an denen das leuchtende und wärmende Geftirn wenigftens noch für
Stunden und Minuten fchien, zu einer großen Entdeckungsreife zu benützen.
Am 27. October fuhr demgemäß eine Schlittenexpedition unter feiner Führung,
begleitet von Dr. Copeland und drei Matrofen von Bord ab, um das Land

im Süden der Flachen Bai näher kennen zu lernen. Am 4. Novbr. Abends
9½ Uhr erfolgte die Rückkehr der sehr ermüdeten aber wohlbehaltenen Mannschaft. Sie hatten in den 9 Tagen über vierzig deutsche Meilen zurückgelegt.
Und wenn es auch nicht gelungen war, in das Thal bei der Flachen Bai
hinaufzudringen, so war doch in den wenigen Tagen entdeckt worden die
Durchfahrt nördlich der von Clavering vermutheten gleichnamigen Insel, ein
herrlicher großer Fjord, „der Tiroler Fjord“, und das hochinteressante Studium der Gletscher Grönlands hatte die wichtigsten Aufschlüsse erhalten.
Der Laie ist nur zu geneigt, derartige Reisen sich weit bequemer, gefahr- und
müheloser darzustellen, als sie wirklich sind. Es sollen daher nachstehend
einige der charakteristischsten Stellen der Schilderung Payer's von dieser
Schlittenreise und den Schlittenreisen im Norden überhaupt gegeben werden.

„Die arktischen Pionniere Englands und Amerikas“ schreibt er, „blieben
auf ihren Entdeckungsreisen fast immer in Verbindung mit menschlicher Bevölkerung, wenn auch nur mit einer solchen, deren Kulturstufe zu den niedrigsten zählt. Uns selbst ist jedwede Befriedigung geselligen Bedürfnisses vor-
enthalten geblieben, denn die Eskimos haben sich von der Ostküste Grönlands
entweder ganz zurückgezogen oder sind daselbst ausgestorben. Doch die Abwesenheit irgendwelcher Art von menschlicher Thätigkeit erweckt eine nur um
so feierlichere Stimmung. In ruhiger Klarheit spannt sich der azurne Himmel
über das Land, haftet der Blick der Sonne an der kalten Felswand, deren Stirn
feierlicher Ernst krönt, leuchten die Schründe der aus dem hohen Bergland
herabsteigenden Gletscher und der Frost überbrückt die tiefblaue unbewegte
Wasserfläche des Fjords mit einer glänzenden Eisbahn. Die Umschiffung jedes
Vorgebirges eröffnet dem Blick neue unbekannte Gebiete. Der Wunsch, ihren
Zusammenhang zu ergründen, hält den Forschungstrieb unausgesetzt wach
und steigert das Verlangen des Entdeckers unbegrenzt. Es giebt keine mäch-
tigere Verlockung, als die unwiderstehlich sich aufdrängende Frage: „Was
dann“ zu lösen, sobald auf solchen Reisen der Gesichtskreis durch ein vor-
tretendes Kap geschlossen wird und das geographische Räthsel sich materiell
und greifbar darbietet.“ Aber in der That bedarf es auch des vollen Bewußt-
seins dieser idealen Ziele, um Reisebeschwerlichkeiten wie die folgenden freiwillig auf sich zu nehmen und gelassen zu ertragen. „Nach beendigtem Tage-
marsch, in der Regel bei eingetretener Finsterniß, wählt man eine geeignet
scheinende Stelle des Strandes oder irgend eine Eisfläche zur Lagerstätte.
Kleinere Schneelagen werden mit dem Fuße weggestreift, scharfkantige festge-
frorene Blöcke mühsam beseitigt, größere manchmal mehr als 100 Schritte
weit hergeschleppt, um die Zeltstücke daran zu befestigen u. s. f., eine Arbeit, die bei einer Temperatur von —12 bis —20° unter Null, besonders wenn Wind hinzukommt, immerhin einige Ueberwindung erfordert.

Gelegentlich hat man dem Winde eine leichte Gummidecke, den Boden des
Zeltes bildend, mit welcher er sich bereits entfernt hatte, wieder abzujagen.
Das eine Gewehr liegt schußbereit auf dem Boden, während einer aus der
Reisegesellschaft mit dem andern zur nächsten zuweilen ziemlich entlegenen Eis-
klippe geht, um das zur Bereitung von Nachtmahl und Frühstück erforder-
liche salzfreie Eis zu holen. Die Waffe ist absolut nothwendig, denn Meister
Petz stattet seine Besuche immer dann ab, wenn man am wenigsten auf diese
Ehre gefaßt ist. — Die Nacht hat ihre Fittiche über die trostlose Einöde ausgebreitet. Die Berge rings um den Fjord erscheinen als schwarze gespenster-
hafte Massen. —

Der Schlitten ist seiner Last entledigt, eine viel complicirtere Sache, als
es scheint, denn obgleich nur ganz Unentbehrliches mitgenommen wurde, so
hat man doch der Sorgen genug, die Instrumente zu sichern, Kochapparat,
Steigeisen, Hammer, Säge, Bergstock, Stricke, Decken, Fernrohr, Spiritus-
kanne, Lampe, Bärenfettschlüssel, Schaufel, die geologische und die karge botanische Ausbeute zu ordnen, darauf — ebenso des Morgens — Barometer
und Thermometer abzulesen. — Das Zelt 4 Fuß hoch, 8 Fuß lang, 5 Fuß
breit, ist aufgestellt; die Decken sind hereingeschafft, das Gewehr liegt nächst
dem Eingange; nach einer bestimmten Ordnung wird nun das Zelt mit den
Instrumenten, dem Kochapparat und dem Schußgeräthe bezogen, endlich der
Schlitten schützend an dasselbe angelehnt. In Europa zieht man sich zum
Schlafengehen aus; in den Polargegenden zieht man sich dagegen dazu an.
— Jedermann befreit den langen Bart von den dichten Eisklumpen, die sich
daran angesetzt hatten, und sucht seine Reservestrümpfe oder aus Bärenfell
genähten Schuhe. — Die Stiefeln werden in den Schlafsack gesteckt, diesen
folgt der Leib. Der Raum ist so beengt, und dessen Bevölkerung so dicht,
daß, wenn man seine Stiefeln ausziehen will, dies nur auf des Nachbars
Bauch sitzend bewerkstelligt werden kann; daß jedes, ein gewisses Normalmaß
überschreitende Körperglied oder dessen geringste nicht unumgänglich nothwendige Bewegung schreiende Entrüstung Aller hervorruft, und daß man, seine
Pelzhandschuhe suchend, auf der Nase oder dem Schienbein eines Andern kulet.
Dort, wo das Knie ruht, hört man schreien, fährt arglos zurück — stößt an
die Lampe (eine deckellose Blechschüssel, welche mit Bärenfett gefüllt an einem
Draht vom Zeltgiebel herabhängt), eine Thranflut ergießt sich, doch wer
achtet solcher Dinge. — Bedrohlich aber ist es, wenn das Zelt in Brand ge-
räth, ein Fall, der zweimal auf unserer Reise eintrat. Im Nu lagen mehrere
Quadratfuß Decken, auf welchen brennender Spiritus verschüttet worden war,
in Flammen. Wir verbrannten Pelzhauben und Handschuhe, indem wir sie
zu ersticken suchten. Die Leidtragenden zogen dann Strümpfe über die Hände.
— Die eis- oder schneegefüllte Kochmaschine ist in Thätigkeit; rasch erhöht

sie die Temperatur; mächtige Dampfwolken erfüllen das Zelt, sodaß man die eigene Hand dicht vor den Augen nicht mehr sieht; eine brennende Kerze gleicht dem Hof umringten Mond, ein leichter Sprühregen fällt von der gänzlich durchnäßten Zeltwand herab, welcher nach beendigter Dampfentwicklung sofort vereist. Die Feuchtigkeit der Kleider und Decken nimmt auf diese Weise täglich zu; die Körperwärme ist dazu bestimmt, diese Frostsumme während der Nacht etwas auszugleichen. — Die Befriedigung des Durstes, dieses großen Ungemachs arktischer Schlittenreisen, durch geschmolzenes Eis, und die Zubereitung des Nachtmahls, Cacao oder Kaffee mit ein wenig Brot und Speck, hat die Spiritusflamme wol dreiviertel Stunden in Anspruch genommen; hierbei verbreitet sich ein die Augen in hohem Maße angreifender Aether — durch seine tägliche Wiederkehr eine wahre Qual. — Nachdem das Abendbrot eingenommen — Keiner gäbe es für alle Schätze der Welt — tritt eine kurze Siesta ein, die einzige behagliche Zeit des Tages. Man raucht; die Matrosen aus den kleinen Pfeifen jenes furchtbare „Kamelhaare" genannte Kraut. Die Tagesereignisse und die neuen Entdeckungen sowie mögliche Eventualitäten werden nun erörtert, das Wugebuch wird geschlossen und den Dysenteriekranken Opium gereicht. Aus den in einer verschließbaren Blechtrommel verwahrten Gummiflaschen werden darauf regelmäßig zwei bis drei Löffel Rum oder Cognak vertheilt — eine unvergleichliche Wonne für die Betheiligten. Auf allen Schlittenreisen konnte man die Beobachtung machen, daß diese geringe Quantität geistiger Getränke zufolge der sich steigernden Abnahme der Körperkraft und des zunehmenden Hungers sofort eine Art fröhlichen Wahnsinns erzeugt, dem Betäubung folgt. Für einige Minuten flammt die Unterhaltung in ausgelassener Heiterkeit auf; dann wird die Pfeife ausgeklopft, und nun jeder mit seemännischem Singsang in seinen Platz im Schlafsack hineingedrängt und an seinen Nachbar möglichst dicht angeschoben. Mehrtöniges Schnarchen folgt bei den Glücklichen, peinliches Wachen bei den minder Begünstigten. Vom Moment der Ankunft bis zu diesem Augenblick vergehen zwei bis drei Stunden. Die Temperatur in dem leichten Zelt fällt dann wieder sehr bedeutend unter Null. Umhüllt von einer thauenden Decke auf einem Thierfell liegend, durch welches die Bodenkälte von manchmal — 20° bringt, in der Seitenlage von den Nachbarn glatt gepreßt wie eine echte Havanna, regungsunfähig, halb auf dem einschlafenden Arme, mit den Füßen ebenso hoch als mit dem auf einem Steine ruhenden Kopfe, — so liegt man da. — Schlafe, lieber Leser! Der Schlaf, zu welchem dir nur fünf bis sechs Stunden Zeit bleiben, soll dich den empfindlichen Nahrungsmangel vergessen machen. — Ach! du fühlst, daß dein Schenkelknochen unmittelbar auf einem spitzen Stein ruht, den zu beseitigen die Zelterbauer übersehen haben! Gedulde dich, man kann es deinetwegen nicht wieder abbrechen. Du bemerkst, daß deine Nase einem

Condensator ähnlich wirkt, daß sie wie ein leckes Faß tropft, der Wind die
Zeltwand gleich einem Segel einwärts bläst und auf deinen Kopf herab-
drückt, dein Hauch in langen Eisfäden in dem Zeltdach krystallisirt und zu
Geweben wächst, welche sich bei der geringsten Erschütterung ablösen und dir
ins Gesicht fallen; doch mehr als alles quält dich die schneegefüllte Gummiflasche, die zur Gewinnung von Trinkwasser auf den Bauch zu binden, heute
deine Tour war. Diese Flasche erinnert lebhaft an jene Eisjungfrau, welche
ihren Geliebten, indem sie ihn umarmt, erstarren machte. — Dein Nachbar
fühlt plötzlich ein Krabbeln und Tasten an seinem Kopfe: draußen brummt
etwas. Der Ruf „Ein Bär" weckt dich. — Es war aber nur ein Fuchs.
Der Sturm fällt das Zelt in mächtigen Stößen heulend an; sein rauher
Hauch dringt durch das Gewebe, durch den Schlafsack, und wie durch ein Sieb
dringt dichter, feiner Schneestaub herein; der Frost schüttelt dich; du bist ein
unglücklicher Mann, wenn dich dies genirt! Die Flut beginnt; hart neben
dir drängen und schieben sich die gebrochenen Eistafeln, da giebt es ein
Knacken, Aechzen, Seufzen und Quieken, oft wie Kinderstimmen ohne Ende.
Die Lampe hat sich endlich losgerüttelt — fällt herunter und entleert sich,
aber das Alles rührt dich nicht. Mit einem an Stumpfsinn grenzenden
Gleichmuth mußt du es ertragen, sonst erdrückt dich die Situation. — Endlich
nach mehrstündigem Harren senkt sich der so sehnlich herbeigewünschte und so
nothwendige Schlaf auf dich herab. Weckt dich nicht etwa eine neue Bären-
vision deines Nachbars, auch nicht sein Ellenbogen, welcher sich auf deinen
Mund gelegt hat oder dolchartig in deine Hüften eindringt, besteht er nicht
darauf, dir eine höchst merkwürdige Geschichte zu erzählen — stört dich nichts
von alledem, dann kann es noch die Pflicht — gegen sich selbst sein, welche
einen Beklagenswerthen nöthigt das Freie zu suchen. Doch über die Körper
der Schlafgenossen giebt es keine Viaducte; er ist also genöthigt, auf dieselben
zu treten, fällt draußen über die ausgespannten Stricke und es gelingt ihm,
den Bau halb zu vernichten. — Mehrere Nächte hast du auf solche Weise
fast schlaflos zugebracht; es ist 3 Uhr geworden, die Zeit des Aufbruchs ist
gekommen. Anziehen, Kochen, Packen im Finstern u. s. w. verursachen anfänglich viel Zeitverlust, erst Uebung und Präcision ermöglichen den wirklichen Abmarsch nach einer weitern Stunde. — Mangel an Achtsamkeit rächt
sich durch bitteren Schaden. Der Wind hat den Deckel des Kochtopfes
entführt, Einem den Handschuh geraubt. Wer seine Stiefel Nachts im Freien
ließ, findet sie voll Schnee und starr wie Eisenblech. Den Frost beseitigt kein
Mittel, sie brechen beim ersten Versuch sie anzuziehen. Das Eis oder der
Schnee in der leidigen Gummiflasche ist erst halb geschmolzen, und wenige
Löffel Wasser sind Alles, worüber die Reisegesellschaft zur Löschung ihres
Durstes zu verfügen hat. — Es ist eingespannt — oh! du bist eingespannt,

lieber Leser — „Marsch" — behutsam über die von der Flut zerbrochenen Ränder des Küsteneises, dann im Takte des Automaten 40—50,000 Schritte weit über die bahnlose Wüste, die eigentlich ein Meer sein soll, ziehend und schweigsam!"

Die Entdeckung des Tiroler Fjords war die letzte größere Excursion der Germaniamänner im Jahre 1869 gewesen. Nun hatte im November die Sonne, dieser Urquell alles Lichtes und Lebens, die kühnen Nordpolfahrer verlassen und die dreimonatliche Polarnacht ihren Anfang genommen. Sofort am 7. und 8. November, unmittelbar nach der Rückkehr der Entdecker des Tiroler Fjords raste ein Nordsturm mit Schneetreiben über die Germania und ihr Zeltdach hinweg, der alle bisherigen an Stärke und Dauer bei weitem übertraf, die Mannschaft zum strengsten mehrtägigen Arrest im Schiffsraum zwang und das ganze Deck unter dem Zeltdach mit mannshohen Schneewehen füllte. Dieser Boreas wurde nur einmal überboten durch einen zweiten Sturm, der in den Tagen vom 16. bis 20. December 103 Stunden lang ununterbrochen über die Germaniamänner hinbrauste, mit unvergleichlicher Wuth und Stärke. Diese Windsbraut legte nach den Beobachtungen der Gelehrten auf der Germania in der Stunde mindestens 15 deutsche Meilen zurück; in den 103 Stunden ihrer Dauer hätte sie also bei einer directen Richtung nach Süden nicht nur den Aequator erreicht, sondern weiter darüber hinaus das Südende von Afrika, hätte also weit über ein Viertheil des Erdumfanges durchlaufen. Einer der Gelehrten, Dr. Börgen hatte den Muth, während dieser Sturm raste, an Land zu gehen und Ablesungen an der Sternwarte zu machen. Einmal wurde er vom Winde gepackt, förmlich in die Höhe gehoben und gegen zehn Schritt weit fortgeschleudert. Nur die Eisblöcke mit dem Tau vom Schiff zur Sternwarte gewährten in solchen Fällen die Möglichkeit der Rettung. Denn das starke Schneetreiben benimmt die Aussicht selbst auf wenige Schritte und erfüllt die Luftröhre und Lungen mit einem trostlosen Kältegefühl, auch wenn man dem Schnee den Rücken zukehrt, der rasende Wind scheint die Thätigkeit der Lungen, die Funktion des Gehirns vollends lähmen zu wollen, die volle Aufmerksamkeit und alle Muskelkraft muß darauf gerichtet sein, festen Fuß zu behalten. Die wichtigste und gefährlichste Wirkung dieses außerordentlichen Sturmes hatte die Eisdecke um das Schiff erfahren. Keine 300 Schritt mehr von demselben klaffte die zerrissene Grenze des Eises, zog sich der dunkelschwarze Streifen des offenen Wassers!

Zum großen Glück für unsere Seefahrer fand dieser grimmige Sturm nur wenige und viel glimpflichere Nachfolger. Das Wetter war vielmehr im Allgemeinen, auch im Winter recht erträglich, die Kälte im Maximum bis 26 und 28 Grad, an die man sich so sehr gewöhnte, daß sie Keinen belästigte.

Während dieser stillen Tage wurde in der Kajüte und im Logis, namentlich von Dr. Pansch im Interesse der zoologischen Sammlung tüchtig gearbeitet, die Navigationsschule munter fortgesetzt, sogar eine „Ostgrönländische Zeitung" voll köstlichen Humors in mehreren Nummern herausgegeben, alle 14 Tage und namentlich am 21. December 24 Stunden hindurch magnetischer Termin an Land gehalten und von Allen die rechte Stimmung und Freude für die herannahende Weinachtszeit gewonnen.

Das Fest sollte ganz in deutscher Weise begangen werden im ostgrönländischen Eise. Dazu durfte ein grüner Tannenbaum nicht fehlen. Aber freilich in ganz Grönland wachsen keine Taunen. Dafür aber behalten die kleinen Sträucher der Andromeda auch im Winter ihre Blätter, die, obgleich dunkelgrünbräunlich von Farbe, doch immer ein frisches Laub sind und sich ohne Zweifel besser ausnehmen mußten, als Moos. Vom Zimmermann wurde ein hohes hölzernes Gestell gemacht, das auf einem Fußbrett stehend, den 3 Fuß hohen Stamm und die Hauptäste einer kleinen Tanne darstellte. Diese wurde mit den Schößlingen der Andromeda bewickelt und ebenso bewickelte kleine und kleinste Stäbe als Zweige und Nebenzweige naturgerecht an die Aeste befestigt. Anf diese Weise erhielt man einen Tannenbaum, der alle Erwartungen übertraf und von den Leuten mit Wachslichtern, vergoldeten Nüssen u. s. w. geziert wurde. So kam der heilige Abende heran. Um 4 Uhr mußte Jedermann die Kajüte verlassen. Die Wände wurden ringsum mit Flaggen decorirt, neben dem Sofa die schönsten Fuchsfelle hingehängt. und der Tisch durch Hülfe einiger Kisten bis zum Maste hinan verlängert. Um 6 Uhr gab die Schiffsglocke das Zeichen zur Bescheerung. Im Logis wurde ein Weihnachtslied angestimmt. Dann traten Alle in die Kajüte um den Weihnachtstisch. Da standen ernsthaft und doch so froh dreinschauend die kräftigen Gestalten der großen Kinder, da erhob sich bis zur Decke hinauf der schönste Weihnachtsbaum und glitzerte von Lichtern, von Gold und Silber. Und auf frischen weißen Tischlaken lagen auf Tellern zierlich geordnet die Geschenke. Lauter unbedeutende Dinge: kleine Bücher, Brieftaschen ꝛc. aber jedem machten sie die größte Freude. Auch ein Geschenk von Kieler Damen, eine große Harmonica „für die Mannschaft" wurde bescheert. Dann folgte ein warmes Abendessen, wobei der Koch mit prachtvollem Gebäck überraschte. Die Glückwünsche wurden in Schaumwein vom Neckar getrunken und beim Dessert öffnete sich eine große Kiste, welche ein kostbares Geschenk aus Mainz, eine Anzahl Flaschen des trefflichsten Rheinweins enthielt. Nun erglühten Herz und Sinn den deutschen Seefahrern beim edelsten vaterländischen Tranke. Eine Rede folgte der anderu. Dann kam das deutsche Lied zu seinem Rechte; hatte doch jeder von dem Verleger G. Westermann ein kleines Liederbuch zum Geschenk erhalten. Heiliger Sangeseifer beseelte Alle. War es Vorahnung der Ereigniſſe des künftigen Jahres, daß auch die „Wacht am Rhein in die arktiſche Nacht hineinſchallte? Endlich machte man noch ein gemüthliches Tänzchen an Land „in der wunderbar warmen und lieben Luft“. Bald ſprangen Alle im weichen Schnee umher, und im Geweih eines erfrorenen Rennthiers ſitzend, ſpielte der Bootsmann dazu mit kundiger Hand auf der neuen Harmonica. Lange nach Mitternacht erſt legten ſie ſich zur Ruhe. — In gleich feierlich-fröhlicher Weiſe verlief der Sylveſterabend. Man ſaß beim Wein zuſammen, goß Blei, verlooſte Münchner Bilderbogen und tauſchte manches ernſte, manches hoffnungsreiche Wort beim Gläſerklang. Die Aſtronomen hatten ausgerechnet, wann in den verſchiedenen Heimathsorten die Mitternachtsſtunde ſchlage, und ſo gab es für einen Jeden noch ein beſonderes Anſtoßen auf „Was wir lieben“ in der Heimath. Auch auf die Genoſſen von der Hanſa wurde angeſtoßen, die man längſt in der Weſer eingelaufen wähnte. So ging ihnen das Jahr 1869 zu Ende.

Mit andauernden magnetiſchen und aſtronomiſchen Beobachtungen, ſowie Beobachtungen der Fluth und Ebbe wurden die ſonnenloſen Monate der Polarnacht wiſſenſchaftlich ausgenutzt. Es kann hier nicht der Raum ſein, auf die ſehr detaillirten und auch für jeden Laien anſchaulichen Schilderungen der Apparate und des Verfahrens bei dieſen wiſſenſchaftlichen Beobachtungen näher einzugehen, welche das neunte Kapitel des vorliegenden Werkes entwirft. Alle an dieſen u. a. wiſſenſchaftlichen Arbeiten unbetheiligten Hände der Mannſchaft und Kajüte oblagen dagegen in denſelben Monaten mit demſelben Eifer den Vorbereitungen für die Wiederaufnahme der Schlittenreiſen im Frühjahr. Es wurde im Innern des Schiffes geſchneidert und geſchuſtert, gezimmert und geſchmiedet vom Morgen bis zum Abend. Zunächſt kamen die Kleider an die Reihe. Jeder hatte längſt erfahren, daß für Kältegrade wie man ſie bisher kennen gelernt, nichts beſſer tauge, als die verſchiedenen Wollenzeuge, die vorhanden waren. Aber ſie genügten nur bei ſtillem Wetter. Gegen Sturm und Schneetreiben war man nur durch Pelzkleider gewappnet. Unpractiſch waren jedoch die langen Pelzröcke, die man mitbekommen hatte. Schon Fürſt Bismarck hatte, beim Auslaufen der Germania aus Bremerhaven, auf Grund ſeiner Erfahrungen als Bärenjäger, die Länge dieſer Pelzröcke getadelt. Sie wurden jetzt erheblich kürzer und knapper gemacht und mit Wolle gut gefüttert. Die Pelzkapuzen behielt man unverändert bei, verwarf dagegen die Pelzſtiefel, die zu ſchnell hart und unbequem werden und erſetzte ſie durch etwas unförmliche Inſtitute, die außen aus Segeltuch, innen aus Wollenzeug beſtanden und die mit Lederſohlen verſehen wurden. Weiter wurden Pelzſäcke und Pelzdecken für die Schlafſtellen genäht und die Zelte in paſſender Größe umgearbeitet. Während dieſer Arbeiten war, um Raum zu gewinnen, auch die hintere Kajüte als Schneiderwerkſtatt geheizt worden.

Am 11. Januar Abends 8¾ Uhr wurde von dorther ein leichter Brandgeruch bemerkt, der indeſſen unbeachtet blieb. Als Dr. Copeland um 9 Uhr zur meteorologiſchen Ableſung ging, bemerkte er indeſſen ſchon an der Treppe ſtärkeren Rauch und Geruch und auf Deck ſchlug ihm dicker Qualm entgegen. Nun eilte man ſchleunigſt nach hinten, die Einen ſchöpften Waſſer aus dem Fluthloch, die Anderen riſſen die Kappe über der Schneiderwerkſtatt weg; da zuckten durch den dicken erſtickenden Qualm die hellen Flammen. Wahr- ſcheinlich waren die Kohlen nach dem Abblaſen von neuem in Brand gerathen und hatten das benachbarte Holzwerk erſt angeſengt, dann in Flammen geſetzt. Mit wenig Eimern war das Feuer gelöſcht. Aber ohne das Fluthloch wäre die Gefahr außerordentlich groß geweſen, namentlich da der Kohlenraum dicht neben der Feuerſtätte lag.

Allmählich ging nun auch die bitterlange arktiſche Nacht zu Ende; auf den 3. Februar hatten die Aſtronomen das Wiedererſcheinen der Sonne berechnet. Mit welcher ſtets wachſenden Freude die ganze Mannſchaft der Germania dieſem Tage entgegenſah, läßt ſich begreifen, wenn man die gemüth- verdüſternde Schwere der arktiſchen Nacht ſich vorzuſtellen vermag. „Die Stille des arktiſchen Winters" — ſo ſchreibt Oberleutnant Payer — „hat etwas Unheimliches; die düſteren Schatten, mit welchen das Leben reizlos ent- flieht, belaſten das Gemüth. Alle Töne der Schöpfung ſind erloſchen, das Flüſtern und Rauſchen von Quellen und Bächen iſt verklungen, die Brandung der Wogen verſtummt, der Waſſerfall an der kalten Felswand erſtarrt, das Pflanzenleben wie auf ewig vernichtet, unter der Schneehülle verſchüttet. Die Thiere haben die ſtarre Küſte entweder mit dem äußern Saum des Packeiſes oder mit milderen Breiten vertauſcht, ſind nach dem Innern des Landes ge- zogen oder haben den Winterſchlaf begonnen. Kein milder Sonnenblick färbt die Höhen, leuchtet auf den ſchimmernden Eiskoloſſen, auf der vergoldeten Spiegelfläche des Meeres. Geſtalten und Farben ſind umdüſtert, ein all- gemeines Leichentuch umhüllt die einzelnen Glieder der Natur. Darüber laſtet die eiſige Nacht, die Sterne ſenden lebhaft zitternd ihr kaltes Licht herab, geſpenſterbleich heben ſich die beſchatteten Schneewände der Berge vom ſchwarzen Felsſaum ab; dämoniſch düſter ragt die Felsenſtirn des Kammes in die Nacht empor; Schneeflocken gleiten in geräuſchloſer Monotonie herab auf die ſtille kalte Erde, auf die Eisdecke, welche das Schiff ſeit Monaten ge- feſſelt hält. Das Verdeck iſt ſchneebelaſtet, Maſte und Kahn ſtrecken ihre kohlſchwarzen Glieder gegen den Himmel, an den Tauen haftet der Froſt in zarten kryſtallenen ·Geweben, das Steuer iſt unter Eisblöcken vergraben." Leicht verliert man ſich da in ein Gefühl gänzlichen Verlaſſenſeins in der von allem Leben entblößten Umgebung. Man müßte ja kein Menſch ſein, wenn man nicht hin und wieder von ſolchen Empfindungen beſchlichen würde.

Aber sie waren bei den Germaniamännern immer von kurzer Dauer und nun sollte ja auch diese Nacht zu Ende sein, die Sonne wieder erscheinen. Gegen Ende Januar schon färbte sich immer um die Mittagsstunde der Südhimmel prachtvoll. Da wo die Sonne erscheinen sollte, lag eine fast blendende Gluth ausgebreitet. Die Farben, welche den Erdschatten im Norden umgrenzten, waren wahrhaft herrlich, rein prismatisch. Die Schneewände, die den Horizont begrenzten, erhielten die wunderbarste, zartgrüne Färbung. Für Alle waren diese Stunden unvergeßlich. Seit dem 30. Januar gingen die Astronomen täglich auf den Hasenberg, um sich zu überzeugen, ob ihre Berechnungen zu träfen. Und sie trafen zu. Als endlich der dritte Februar erschienen war, standen Alle schon lange vor Mittag auf dem Ausguck. Dr. Börgen beobachtete bei der Sternwarte, Dr. Copeland und Kapt. Koldewey waren auf den Germaniaberg gestiegen. Alles war in feierlichster Stimmung. In Gedanken durchflogen sie nochmals die drei sonnenleeren Monate und wandten das Auge aus der noch schattenlosen Gegend immer und immer wieder gen Süden, wo es heller und heller wurde. "Die Mittagsstunde nahte heran. Erwartungsvoll und neugierig erschienen von Zeit zu Zeit die Leute an der Treppe und sahen sich nach der Sonne um, ja einzelne stiegen in den Top, um das Vergnügen etwas früher zu haben. Aufmerksam schaute man ringsum, denn nichts durfte einem in so wichtigem Augenblicke entgehen. Und immer heller wirds am südlichen Horizont und geblendet fast schon wendet sich das Auge ab — da bleibt der Blick haften im Südwesten und erst zweifelnd und fragend, dann aber aufjubelnd in freudiger Sicherheit rufen wir einander zu: "Da ist sie! Der Sattelberg liegt schon im Sonnenschein!" Und in der That, in mattem, röthlichem, aber unverkennbar deutlichem Sonnenlicht erglänzte diese Höhe vor den übrigen noch tief beschatteten Bergen. Immer entschiedener wird dieses Licht jetzt und in kurzer Zeit wiederholt sich dasselbe schöne phänomenade Schauspiel an dem nahen Hasenberge und den andern bedeutendern Erhebungen der Insel. Und von ihnen steigt es hinab bis zur Ebene, und wie wir uns jetzt umsehen, da leuchtet es uns in vollem Glanze entgegen, das wiederauferstandene Gestirn des Tages. In tiefstem Herzen bewegt dachten wir uns an der Sonne so recht satt sehen zu wollen, allein die so lange entbehrte Lichtfülle war viel zu blendend, um vom Auge ertragen zu werden. Es bedurfte schützender Blendgläser, um zu erkennen, daß sich die Sonnenscheibe noch nicht vollständig über den Horizont erhoben hatte. Dennoch aber war ihr Einfluß stark genug, um uns, als wir ihr jetzt wieder den Rücken wandten, die ganze Insel und das nahe Festland in vollkommener Tagesbeleuchtung zu zeigen. Das war ein erfreulicher, ein herrlicher Anblick! Belebend schienen gleich die ersten Strahlen auf uns zu wirken und belebend wirkten sie jedenfalls auf die Landschaft. Denn während bis dahin das ganze Panorama der Berge sich gleichmäßig wie eine einsarbig dunkle Masse dahin erstreckte, in der nur hin und wieder bei hellem Mondlicht einzelne grelle Lichter und Schatten auftraten, — während auch die hellste Dämmerung noch wenig daran zu individualisiren vermochte, so traten jetzt die einzelnen Gliederungen und Umrisse des Gebirges auf das Deutlichste hervor; die Vorberge hoben sich ab, und die entfernten Spitzen rückten zurück. Und diese schöne lebendig gewordene Landschaft war von der zartesten Färbung übergossen, röthlich, violett, bläulich und grünlich in allen Nüancen, je nach der Stärke der Beleuchtung, der Art des Grundes und der Beschaffenheit der Umgebung."

Zwei Ausgaben der ausgewählten Werke Friedrich's des Großen.

Friedrich's des Großen ausgewählte Werke erscheinen seit zwei Jahren (bis jetzt die 2 Hälften des 1. Bandes) in einer sehr stattlichen Ausgabe, ins Deutsche übertragen von Heinrich Merkens und eingeleitet von Franz Wegele in Würzburg, in Stubers Buchhandlung. Ferner eine „Volksausgabe" seit Anfang d. J. — bis jetzt in zwei Bänden — in Berlin (Verlag von Siegfried Cronbach). Jeder Versuch, die Werke des großen Königs dem deutschen Volke nahe zu führen, muß mit Freuden begrüßt werden. Denn zu lange hat sich das mit kleinstaatlichem Eigendünkel genährte Geschmeiß und die widerliche Halbwissenschaft der sog. Landeskunden darin gefallen, die in Deutschland außerhalb Preußens heranwachsenden Geschlechter in gehässiger Geringschätzung und Herabwürdigung des „Alten Fritz" zu erziehen. Viel ist zu vergessen, auszurotten von der dem sog. „reinen Deutschland" überlieferten Tradition, um dem großen Manne, der vor mehr als hundert Jahren schon der modernen deutschen Staatsidee Bahn gebrochen hat, die Herzen des ganzen deutschen Volkes nach Gebühr zu gewinnen. Dieser hohe Zweck kann durch einen getreuen, verständig gesichteten Auszug seiner Werke am besten erreicht werden. Aber zur Auswahl und Erläuterung dieser Werke gehört freilich ein tüchtiger Kenner jener Zeit der Geschichte überhaupt und der Sprache des Lebens- und Entwickelungsganges des Königs, insbesondere ein Historiker, der zugleich im Stande ist, die Entstehung, die Bedeutung, die Erklärung und Tendenz der einzelnen Werke bei jedem Anlaß dem Leser klar zu machen, gleichzeitig aber auch vom Standpunkte der heutigen historischen und staatspolitischen Wissenschaft aus die Kritik zu üben an den Werken und Gedanken Friedrich's. Eine solche Ausgabe dem gebildeten und bemittelten deutschen Publikum zu bieten, hat Prof. Franz X. Wegele in Würzburg unternommen, unterstützt durch die ausgezeichnete Verdeutschung, die Heinrich Merkens den ausgewählten Werken Friedrich's des Großen gegeben hat. Die schöne Arbeit wird eingeführt durch eine längere Abhandlung Prof. Wegele's, in welcher die nationale und schriftstellerische Bedeutung Friedrich's mit vollstem Verständniß und freudig anregender Wärme geschildert ist. Den ersten Halbband füllt dann eine kritische, durch Anmerkungen und Erläuterungen sehr lesbar gemachte Uebersetzung der bekannten Fridericianischen „Denkwürdigkeiten zur Geschichte des Hauses Brandenburg". Der zweite Halbband des ersten Theils wird dagegen eingenommen von einer in gleicher Weise commentirten Uebersetzung der berühmten „Geschichte meiner Zeit", d. h. der Geschichte der beiden schlesischen Kriege, die Friedrich, unmittelbar nachdem er mit Abschluß des Dresdner Friedens das Schwert aus der Hand gelegt, fast in einem Zuge und so rasch niederschrieb, daß am 2. November 1746 bereits das Ganze vollendet war. Die „Denkwürdigkeiten zur Geschichte des Hauses Brandenburg" waren immerhin noch eine Jugendarbeit des Königs — gleichsam der letzte Ausläufer jener für Friedrich's jugendlich-schriftstellerische Productivität und allseitige geistige Vertiefung unendlich bedeutsamen Zeit, welche ihren Anfang nahm nach der Wiederaussöhnung mit dem Vater, ihren Gipfel erreichte während der lustigen Tage von Reinsberg und in immer ernsterem Streben, wenn auch in größeren Pausen, fortgeführt wurde im ersten harten Jahrzehnte der Regierung. Aber während Friedrich die „Denkwürdigkeiten" schon 1750 im Druck erscheinen ließ — man bedenke wohl Abhandlungen, die zum großen Theil Zeiten galten, die um Jahrhunderte zurücklagen hinter seinen eigenen Tagen, ist sein Verhalten gegenüber „der Geschichte meiner Zeit" ein ganz anderes. Hier hatte der König geschöpft aus dem reichsten vollsten Quellenmaterial, das je einem Geschichtschreiber zur Verfügung gestanden hat. Geschrieben hatte er unter dem mächtigen unmittelbaren Eindruck der Ereignisse, die kaum erst der Zeitgeschichte angehörten; während er die Feder führte, schwebten noch die großen Gestalten der Männer, die in seinem und der Feinde Lager die Geschicke des mittleren Europa gelenkt hatten, der Lebenden und der Todten in kräftigen Umrissen vor seinen Augen. Auch die Fülle von Ideen und Plänen, die im Widerstreite der Kräfte beseitigt oder vertagt worden waren, klangen ihm wie fernes Echo ans Ohr, während er die Geschichte seiner Zeit schrieb. Und dennoch ließ er das bedeutsame Werk, das auf diese mächtigen einzigen Grundlagen sich stützte, nahezu drei Jahrzehnte in seinem Schrein ruhen. Und erst

1775 gab er es „verbessert zu Sanssouci nach dem Originale meiner Memoiren von 1741 und 1742", gestählt durch die Schule harter Erfahrungen, gereift durch noch größere Erfolge, im Druck heraus: dem achtzehnten Jahrhundert ein Geschichtswerk, dem die Zeitgenossen und das Säculum nichts auch nur annäherndes an die Seite zu stellen hatten, uns Nachlebenden heute noch eine einzige und unvergleichliche Quelle für die Zeit und das Streben des großen Königs.

„Unsere meisten Geschichtswerke sind zusammengetragene Lügen, mit einigen Wahrheiten untermischt", so durfte Friedrich am Anfang seines Vorworts zur Geschichte seiner Zeit die historischen Machwerke seiner Zeitgenossen charakterisiren. Daß er in der strengsten Wahrheitsliebe, im Eingeständnisse eigener Fehler, in der rückhaltlosen Anerkennung der Vorzüge des Gegners das höchste Maß menschlicher Gerechtigkeit und Selbstverleugnung erfüllte, dankt ihm heute noch die deutsche Wissenschaft ebenso, wie die preußische Staatskunst, die sich dieselben Grundsätze zum Vorbild genommen hat. Nur von diesem Standpunkte aus war es möglich, die eigenen und feindlichen Kräfte mit jener meisterhaften Klarheit und Objectivität abzuwägen, die uns der erste Abschnitt der „Geschichte meiner Zeit" aus der Feder des Königs bietet. Die Zustände des preußischen Staates und der größeren Staaten Europas und Deutschlands im Augenblicke des Thronwechsels und mit Rücksicht auf den bevorstehenden unausbleiblichen Kampf des jungen Herrschers, werden mit einer Frische und Lebendigkeit, einer Schärfe und Deutlichkeit gezeichnet, denen kaum etwas an die Seite zu setzen sein dürfte, außer den Gesandtschaftsberichten Macchiavelli's und den reflectirenden oder schildernden Noten Bismarck's.

Der Herausgeber des interessanten Buches, Prof. Wegele, hat sich damit begnügt, diese wichtigen Verhältnisse in einem kurzen Vorwort anzudeuten und den Leser darauf hinzuweisen, welche Fülle von anregender Belehrung aus einer Vergleichung der beiden Texte Friedrich's, desjenigen von 1746 und der Umarbeitung von 1775 für die Politik und die Entwickelung Friedrich's zu gewinnen ist. Wegele überläßt das Verdienst dieser Vergleichung ausschließlich Ranke und Droysen, und tritt, seiner Natur gemäß, bescheiden zurück, sobald er den König selbstredend einführt. —

In vier Bänden soll diese Sammlung vollendet sein. Wir werden im zweiten Bande die Geschichte des siebenjährigen Krieges und die Denkwürdigkeiten vom Hubertusburger Frieden bis zum Frieden von Teschen zu erwarten haben. Im dritten Bande die kleineren und zum Theil sehr jugendlichen Abhandlungen Friedrich's: die Betrachtungen über den gegenwärtigen Stand des Staaten-Systems in Europa, den Anti-Macchiavel, den Fürstenspiegel, die Schrift über Erziehung, die Briefe über die deutsche Literatur u. s. w. —

Der vierte und letzte Band soll ausgewählte Briefe Friedrich's enthalten. Wir werden stets mit besonderer Freude auf dieses im besten Sinne nationale Unternehmen — dessen bairische Heimath es uns doppelt schätzen läßt, zurück. kommen. —

Nicht mit gleich ungemischter Freude kann man von der „Volksausgabe", die bei Siegfried Cronbach erscheint, urtheilen. — Sehr löblich ist ja auch die Tendenz dieses Unternehmens. Und der niedrige Preis von 2½ Thlr. für die ganze Sammlung von über siebenzig Druckbogen, die freundliche Aus. stattung der beiden Bände in ihrem „Schillerformat" ist durchaus anerkennens. werth. Auch die getroffene Auswahl unter den Werken Friedrich's selbst ist größtentheils verständig, und verliert sich nur am Schlusse in den Kabinets. ordres etwas ins Anektodenhafte, während die Gedichte, namentlich in der platten deutschen Uebersetzung, die ihnen hier zu Theil wird, ganz auszu. scheiden, und der Briefwechsel besser zu sichten gewesen wäre. Im Uebrigen ist der Inhalt im wesentlichen derselbe, den Wegele giebt oder zu geben gedenkt. Nur werden die hier ausgewählten Werke glattweg abgedruckt, ohne Noten, Erläuterungen, Quellennachweise u. f. w. Der Herausgeber überläßt es dem „Volke", sich seinen Theil dabei zu denken, oder sich in der Fülle geistvoller, aber auch dem Gebildetsten nur mit Hülfe eines Mentors ver. ständlichen Anspielungen, welche namentlich der königliche Briefwechsel enthält, zurechtzufinden. Der Schwerpunkt dieser Ausgabe war bei dieser Anlage des Ganzen nothwendig in die Einleitung zu verlegen. Hier, bei der einzigen Gelegenheit, wo der anonyme Veranstalter der Sammlung selbst wagte, ein Wort zu sprechen, durfte das „Volk", dem diese Ausgabe bestimmt war, auch mit vollstem Recht erwarten, über das Leben, die Zeit, das Streben, die Correspondenten des großen Königs wenigstens soviel zu erfahren, daß es nachher, bei der Lectüre der Werke selbst, wenigstens halbwegs des Führers entrathen, oder mit Nutzen abermals die Richtungsarme in der Einleitung aufsuchen konnte. Wir sahen oben, daß auch Prof. Wegele in seiner viel weniger „volksthümlichen" und sehr viel mehr mit Erläuterungen ausgestat. teten Ausgabe solchen Ansprüchen seines Publikums eingehend genügt hatte. — Da ist nun aber zu sagen, daß die Einleitung der „Volksausgabe" das traurigste ist, was wohl je über Friedrich den Großen geschrieben worden ist, und bei weitem besser noch ganz weggeblieben wäre. Denn daß auf 24 Octav. seitchen der große König kaum eingehender charakterisirt werden kann, als in der dürftigsten deutschen Elementarschule, das liegt auf der Hand. Von diesen paar Seiten hat der kundige Thebaner, dem wir die Einleitung zu danken haben, aber gerade die Hälfte Voltaire und dem Marquis d'Argens, d'Alembert u. f. w. zugewendet, und dem König den Rest kaltgestellt. So erfahren wir denn in dieser „Volksausgabe" nichts von Friedrich als ein

paar Zahlen und Daten, die zum Theil sogar nicht einmal richtig oder
kritiklos vorgetragen sind, wie der Haß und Neid der Zeitgenossen sie ent-
stellte. Es ist sehr traurig, wenn das Gefühl der Verantwortlichkeit bei der
Abfassung von Werken, die Hüter der theuersten Güter der Nation sein sollten
und direct auf das Volkswissen und Volksgemüth gerichtet sind, und nothwendig beides unbefriedigt lassen müssen, bei den intellectuellen Urhebern
solcher Unternehmungen nicht lebhafter empfunden wird.   H. B.

Zur Verfassungsentwickelung des deutschen Reiches.

Dr. Lebersteger, Des deutschen Reiches Ausbau. Berlin, Verlag
von Eugen Mahlo, 1874. — Das vorliegende Schriftchen scheint das erste
Debüt eines Publicisten zu sein, der im ernsten Drange und in heiliger Be-
kümmerniß um das Wohl des Vaterlandes zur Feder gegriffen hat, und soll
darum milde beurtheilt werden. Immerhin verdient dieser Versuch wohl eine
genaue Würdigung Seiten aller nationalen Politiker. Der Verfasser hat
tüchtige historische und volkswirthschaftliche Studien gemacht und der Ernst
seines politischen Strebens ist unbestreitbar und durch diese Schrift rühmlich
bezeugt. Auch über die allerseits wahrnehmbaren Symptome einer Erstlings-
arbeit auf diesem Gebiete: die gesuchte Bildlichkeit der Sprache, den erzwungenen
Esprit, die Versuche, dem Leser bei dieser Gelegenheit zu erklären, wie der
Verfasser über alle möglichen Fragen der Zeit denkt u. s. w., würde man sich
wohl hinwegsetzen können. Aber das sind leider nicht die einzigen und nicht
einmal die Hauptmängel der Schrift. Ein größeres Bedenken erwächst dem
Kritiker vielmehr aus der Thatsache, daß die Urtheile des Verfassers über die
wichtigsten Zeitereignisse und -Erscheinungen, namentlich über die nationalliberale und Fortschrittspartei keineswegs feststehen, sondern in einem der
glücklichen Jugend des Verfassers entsprechenden fortdauernden Wandel begriffen sind, so daß wir zu Anfang und zu Ende der Schrift stark contrastirende
Verdicte über die gedachten Parteien, den eisernen Militairetat 2c. erhalten.
Es dient offenbar wenig dem Zwecke, denjenigen Ernst bei dem Leser zu
fördern, von dem der Verfasser erfüllt ist, wenn Letzterer am Ende der Schrift
der nationalliberalen Partei dieselbe Feinfühligkeit für die practischen Forderungen der modernen deutschen Politik unseres Kanzlers unter die Partei-
„Schwächen“ rechnet, die er in seinem ersten Kapitel in dem „summarischen
Ueberblick der letzten 10 Jahre“ nicht hoch genug preisen konnte; oder wenn
er die Conflictsbeharrlichkeit der deutschen Fortschrittspartei in demselben

Kapitel aufs schärfste verurtheilt, um sie am Schluſſe als „begeiſterten Idealismus“ zu preiſen. Auch entſchieden falſche Thatſachen finden ſich in Fülle vorgetragen. So wird Laſalle der Erfinder des vierten Standes genannt, die Entſtehung der nationalen Partei und ihre Trennung von der Fortſchrittspartei um ein volles Halbjahr zu ſpät datirt, nämlich erſt von „dem beharrlichen Widerſtand der Linken gegen die Einführung der Norddeutſchen Bundesverfaſſung“, während in Wahrheit bekanntlich die bereits auf dem Frankfurter Abgeordnetentag hervortretende Divergenz der beiden Parteien ſchon im Auguſt 1866 ſeit dem volkswirthſchaftlichen Congreß in Braunſchweig durch die dortigen Beſchlüſſe förmlich vollzogen wurde und namentlich der Name und Zweck der neuen Partei ſchon damals überall hervortritt und Anhänger wirbt. Ueber das politiſche Leben der deutſchen Mittel- und Kleinſtaaten urtheilt der Verfaſſer vollends mit einer ebenſo tiefen Unkenntniß als hohen Anmaßung.

Aber der Hauptfehler der vorliegenden Schrift beſteht unbedingt darin, daß ihr Zweck, den ihr Titel bekundet, einmal verdunkelt wird durch die faſt zufällige Einſchaltung von Vorträgen — denn anders können dieſe docirenden Abhandlungen nicht gut genannt werden — die dem Hauptzwecke, milde ausgedrückt, nur ſehr mittelbar dienen, und daß andererſeits die wirklichen poſitiven Vorſchläge des Verfaſſers zum „Ausbau des Reiches“ in der Hauptſache ebenſo unmotivirt als unausführbar, im Uebrigen aber, ſoweit ſie ausführbar erſcheinen, nicht im mindeſten neu ſind. In höchſt eigenthümlicher Weiſe ſcheinen die einzelnen Theile dieſer Schrift aneinander gefügt worden zu ſein. Zuerſt, im Februar d. J., iſt wohl das Vorwort (!) geſchrieben — das Vorwort zu einem damals noch großentheils ungeſchriebenen Werke. Bei Abfaſſung des zweiten Kapitels war der drohende Konflikt dieſes Frühjahrs über das Militairgeſetz durch den bekannten Kompromißvorſchlag der Nationalen beſeitigt (S. 54). An einer ſpäteren Stelle befinden wir uns wieder in den Vorſtadien dieſes Geſetzes. Was das Kapitel über „die deutſche Bildungsreform“ ſoll, wird uns ewig unklar bleiben. Das Schlußkapitel „das deutſche Reich und ſein Ausbau“ enthält über Reich und Ausbau gar nichts, ſondern nur eine Parteicharakteriſtik und den ſchüchternen Verſuch, der Regierung des Kanzlers eine regierungsfähige Volksſeele zu ſubſtituiren, deren Regierungsantritt zum Glück dermalen noch in unabſehbarer Ferne liegt.

Die eigentlichen Vorſchläge des Verfaſſers über „des Reiches Ausbau“ enthält das dritte Kapitel, „die Verfaſſungen Deutſchlands“, und ſie beſtehen wörtlich in Folgendem (S. 101), 1) Vereinigung kleinerer Staaten zu einem Geſammtverfaſſungsſtaate, 2) Gemeinſamkeit einer Verfaſſungsnorm für alle deutſchen Bundesſtaaten, 3) Zuſammenſetzung des deutſchen Reichstags aus Mitgliedern der Einzelparlamente. Dazu tritt dann die vom Verfaſſer im folgenden Kapitel befürwortete deutſche Steuerreform, welche kurz dahin geht, die Bedürfniſſe der geſammten Einzelſtaaten von Reichswegen aufzubringen. Das würde in der That der blanke Einheitsſtaat ſein. Nur gehörte dann mit Nothwendigkeit die Feſtſtellung dieſes Jahresbudgets ausſchließlich dem Reichstag, dem Bundesrath und Reichskanzleramt und der ganze Apparat der einzelſtaatlichen Volksvertretungen, den der Verfaſſer im vorigen Kapitel combinirt, wäre, mindeſtens in Hinſicht der einzelſtaatlichen Budgets über-flüſſig, und überdem mit einer gleichzeitigen Durchführung der „deutſchen Steuerreform“ des Verfaſſers völlig unvereinbar. Denn ſo centraliſtiſch dieſe Steuerreformvorſchläge ſind, ſo centrifugal ſind des Verfaſſers Gedanken über die Vereinigung der kleineren Staaten zu einem Geſammtverfaſſungsſtaate und die Zuſammenſetzung des Reichstags aus den Deputirten dieſer Landtags-gruppen. Dieſe im Ganzen wie im Einzelnen höchſt wunderlichen Vorſchläge ſind auf den richtigen Gedanken zurückzuführen, daß jede Landesverfaſſung mit der Reichsverfaſſung in den Hauptgrundſätzen, namentlich in Anerkennung des conſtitutionellen Princips, (vielleicht auch) im Wahlgeſetz u. ſ. w. überein-ſtimmen müſſe; daß die parlamentariſche Arbeit von 25 Einzellandtagen vielfach bedeutende Zeit- und Kraftvergeudung mit ſich bringe; daß ein Zuſammenwirken gaugenoſſenſchaftlicher Landtage dieſe Vergeudung reducire. Aber zu welchen fabelhaften Conſequenzen führt das den Verfaſſer! Er will fünf deutſche Landtagsgruppen bilden: Preußen; Baiern; Sachſen mit den thüringiſchen Fürſtenthümern, Lippe und Waldeck — wo Preußen die fürſtlichen Regierungsrechte ausübt! — Mecklenburg, Braunſchweig, Oldenburg, Anhalt und Lübeck; Baden, Heſſen und Württemberg; Bremen und Hamburg ſollen für ſich bleiben.

Man braucht dieſen vom Verfaſſer, wie ſchon erwähnt, in keiner Weiſe näherbegründeten Vorſchlag nur zu erwähnen, um bei allen einſichtigen Politikern die ungetheilteſte Heiterkeit hervorzurufen. Wo er „Staaten“ zu-ſammenſpannt, geſchieht es in der ungeſchickteſten Weiſe, man denke: Baden mit Württemberg, Deſſau mit Lübeck, Mecklenburg mit Oldenburg, Sachſen mit Thüringen und Waldeck! Und wie denkt ſich der Verfaſſer die Wirkſam-keit dieſer fünf Staatenparlamente neben dem Reichstag? Sie ſollen alle ihre häuslichen Angelegenheiten einſchließlich der Budgets jedes Einzelſtaates ohne itio in partes berathen! Und dieſelben Angelegenheiten ſoll wiederum ihnen noch eine nach dem Muſter der Badiſchen I. Kammer gebildete combi-nirte I. Kammer der fünf Staatengruppen berathen! Wo bleibt aber die Krone, die Landesſouveränität, wenn ein Geſetz einem einzigen der betheiligten Landesfürſten (oder dem Senate zu Lübeck) nicht zuſagt? Soll er von den übrigen Landesfürſten majoriſirt werden können, dann iſt ſeine Souveränität in Sachen ſeines eigenen Landes ein Phantom, oder beſitzt er ein abſolutes Veto, dann iſt die Wirkſamkeit dieſer combinirten Landtage gleich Null. Als Motiv für die Zuſammenfügung dieſer Gruppen giebt der Verfaſſer nur die Ueberzeugung an, daß er eine Stärkung des nationalen Geiſtes davon er-wartet. Es bedarf nur einer geringen Vorausſicht und Geſchichtskenntniß, um weit eher andere Reſultate davon zu erwarten: die Verſtärkung der par-ticularen Gegenſätze und Intereſſenbündniſſe z. B.; die Zurückdrängung aller idealen Ziele, um durch momentane Gelegenheitscoalitionen rein locale Be-dürfniſſe oder Wünſche durchzuſetzen u. ſ. w. — Den Gipfel der Unvernunft erreichen nun aber dieſe Vorſchläge, wenn der Verfaſſer meint, aus dieſen Gaulandtagen mit der Geſammtzahl von circa 1000 Mitgliedern, ſolle un-mittelbar „nach einem leicht (?) zu findenden Modus“ die Zahl von etwa 380 Abgeordneten zum deutſchen Reichstag delegirt werden. Schon das verschiedene Vertretungsverhältniß des Volkes im künftigen deutschen Reichstag hätte dem Verfasser diesen Modus als unausführbar erscheinen lassen sollen. Dann nach seinem eigenen Vorschla soll die norddeutsche Landtagsgruppe aus Wahlkreisen von je circa 10,000,die mitteldeutsche von 20,000, die südeutsche von 25,000 Seelen gewählt werden. Aber wo bleiben bei diesem Vorschlag ferner die Vertreter der deutschen Gentry, der I. Kammern im deutschen Reichstag? Sie gehen gänzlich leer aus. Die regierungsfähige Volksseele des Verfassers setzt sich ohne weiteres und allein auf die Bänke des Reichstags. Endlich und vor Allem aber welcher Reichstag wäre zu erwarten aus diesen Landtagsdelegationen? Oesterreich gibt uns darauf eine deutliche Antwort. Eine Schrift, die solchen Vorschlag wagt, sollte nicht den Titel tragen, „des Reiches Ausbau", sondern „des Reiches Auflösung".

Kleine Besprechungen.

Der „Rath der öffentlichen Schulen von St. Louis" hat für das am 1. August 1872 endende Schuljahr eine offizielle deutsche Uebersetzung (von C. L. Bernays) seines Jahresberichtes ausgegeben. In demselben sind ganz interessante Angaben über die Zahl der Schüler, den Lehrplan, die Lehrerschaft, die Verwaltung, die Gebäude, die Kosten ꝛc. der Schulen sowie über die Gesetzgebung in Bezug auf dieselben enthalten. Interessant ist unter den Gesetzen eins über Errichtung von besonderen „Negerschulen" (vom 1. März 1869) in dem Staate Missouri, durch welches die Gründung derartiger Anstalten in solchen Ortsgemeinden angeordnet wird, in welchen mehr als fünfzig farbige Kinder gezählt werden, „um ihnen die Vortheile einer gewöhnlichen Schulerziehung zuzusichern"; auch sind Bestimmungen für den Fall getroffen, daß weniger als fünfzehn farbige Kinder in einem Districte vorhanden wären; die Trennung der Neger von den Weißen wird auch in diesem Falle aufrecht erhalten. In der Stadt St. Louis trat, dem Berichte nach, in Folge dieser Trennung gleich der Uebelstand ein, daß Negerkinder über 2 (engl.) Meilen weit laufen mußten, um die ihnen zugewiesene Schule zu erreichen. Die Stadt hat 6 solcher Schulen mit 24 Lehrern, die von zusammen 1568 (1871: 1560) Negerkindern besucht wurden, während im Jahre 1870 unter den Einwohnern 22,088 (1850: 4054, 1860 nur 3297) Neger gezählt wurden. Für die Bevölkerung im Allgemeinen, welche der Bericht für den 1. October 1872 auf 350,000 veranschlagt, gab es 75 öffentliche Schulen, darunter 48 Districtsschulen für Weiße 17 Abendschulen, eine Normalschule und eine Hochschule mit mehreren Zweiganstalten. An diesen Schulen wirkten im Ganzen 603 Lehrer und Lehrerinnen, bei einer Schülerzahl von 34,431. Auffallend groß ist die Zahl der Lehrerinnen; denn unter den 534 Lehrenden der Tagesschulen befanden sich deren 488; im Ganzen sind 577 in den öffentlichen Schulen der Stadt thätig. Die Abendschulen sind zur weiteren Erziehung derjenigen bestimmt, welche bereits in einem bestimmten Geschäftszweige thätig sind und bieten Unterricht in Arithmetik, Lesen, Schreiben und Orthographie dar, wozu noch etwas Grammatik und Geographie kommt; für die des Englischen Nichtkundigen („Fremde") wird in ihnen anstatt Arithmetik Unterricht im Englischen dargeboten. Besucht wurden dieselben von 4137 Schülern im Alter von über 12 Jahren; mehr als $\frac{1}{10}$ dieser Zahl war 24 Jahre und darüber alt; dem weiblichen Geschlechte gehörten 712 an; aus Deutschland gebürtig waren unter den Schülern 449, während aus Groß-Britannien 94, aus Irland 78 und a u andern europäischen Staaten 66. Eine dieser Abendschulen (das O'Fallon Polytechnische Institut) weist höhere Arithmetik, Algebra, Geometrie, Linear-Zeichnen, Chemie, Physik „und Aehnliches" in ihrem Lehrplan auf und wird als eine Abend-Hochschule betrachtet. Die Districtschulen sind meist in eigens für dieselben erbauten Häusern, gewöhnlich je für 700 Schüler eingerichtet, einige, von je 250 Schülern, sind auch in gemietheten Gebäuden; der Bericht sagt: „In St. Louis ist es nöthig, jedes Jahr drei neue große (zwölf Zimmer haltende) Schulhäuser zu bauen. Nur in einer einzigen Stadt, in Chicago, ist die Zunahme größer." — Die neuen Schulhäuser werden alle nach einem einheitlichen Plane, in e i n e m Stile und für je 700 Schüler berechnet, so gebaut, daß jedes der z w ö l f Zimmer Licht von z w e i Seiten — im Rücken und auf einer Seite des Schülers — erhält. „Wie das Einströmen von frischer erhitzter und das Ausströmen von verdorbener Luft regulirt werden kann, ist ein Problem, das bis jetzt nur annähernd gelöst wurde." Bemerkenswerth ist noch folgende Stelle des Berichtes: „In den häufigeren Anstellungen von Frauenzimmern als Lehrerinnen in unseren Schulen ist die Tendenz ersichtlich, Höflichkeit als ein Verwaltungs-element einzuführen, und viel vom monarchischen Wesen in unseren Schulen aufzugeben". Besucht wurden diese Schulen von 14,060 Knaben und 13,841 Mädchen. Wie weit sich bei dem letzten Census (1870) die Grundlagen aller Kenntnisse unter der Bevölkerung verbreitet hatten, gibt die Zahl der „Illiterates" an; es konnten damals in St. Louis nicht lesen 15,231 und nicht schreiben 19,776; unter letzteren waren 11,773 Eingeborene. „Der Schulbesuch während eines einzigen Jahres nach dem Alter von 7 Jahren genügt um so gut schreiben und lesen zu können, daß der Vorwurf der Unwissenheit, wie wir ihn im Census finden, abgewendet werden kann." Die Schulzeit beträgt, wie in allen Schulen der Stadt, 200 Tage, durchschnittlich jedoch besucht jeder Schüler den Unterricht nur 134 Tage; diejenigen, welche während der 200 Tage nie gefehlt haben, führt der Bericht namentlich an. Die Kosten für jeden Schüler in den Districtschulen betragen 18 Doll. 53 C. — Die Normalschule, sagt der Bericht, ist „dem 1835 von Preußen gegebenen und seitdem von allen anderen größeren Staaten Europas nachgeahmten Beispiele" gemäß gegründet worden und „ist ausschließlich zur Erziehung junger Damen bestimmt, welche in den öffentlichen Schulen von St. Louis zu lehren beabsichtigen, doch steht sie allen aus dem ganzen Lande offen. Der Schulbesuch ist frei, und alle Lehrbücher werden unentgeltlich geliefert." Die Schülerinnen, welche nach dem zweijährigen Cursus ein Zeugniß erhalten, sind dadurch „in den öffentlichen Schulen von St. Louis angestellt." Sie lieferte der Stadt bis jetzt 40 Proc. der Lehrkräfte. Interessant für uns Deutsche ist die Bestimmung, daß in jeder Districtschule Unterricht im Deutschen ertheilt werden kann, in welcher mindestens hundert deutschredende Schüler vorhanden sind, deren Eltern jenen Unterricht wünschen; in einigen Schulen des südlichen Stadttheiles erhalten daher über 80 Proc. aller Schüler diesen Unterricht; überhaupt ertheilen 41 Districtschulen denselben, da auch viele Kinder Eingeborner Antheil daran nehmen und überhaupt 45 Proc. der die Schulen Besuchenden Deutsch-Amerikaner sind.   Elsser.

Berichtigung.

Nr. 33, S. 250, Z. 6 v. u. ist statt Staatsein sicht zu lesen: Staatsaufsicht.

Verantwortlicher Redakteur: Dr. Hans Blum.
Verlag von F. L. Herbig. — Druck von Hüthel & Legler in Leipzig.

XXXIII. Jahrgang.   II. Semester.

Die
Grenzboten.

Zeitschrift
für
Politik, Literatur und Kunst.

No. 35.

Ausgegeben am 28. August 1874.

Inhalt:

Leipzig, 1874.

Friedrich Ludwig Herbig.

(Fr. Wilh. Grunow.)

Man abonnirt bei allen Buchhandlungen und Postämtern des In= und Auslandes.

Die finanzielle Lage der Universität Jena.

II.

Die Universität Jena ist in Noth. An wen soll man sich wenden, damit dieser Noth abgeholfen werde?

Zunächst gewiß an die Staaten, dereu Fürsten sich die Erhalter der Universität nennen. Sie haben dieselbe als Erbschaft ihres großen Ahnherrn, des Stifters, überkommen und tragen unstreitig die moralische und politische Verpflichtung, nicht zu Grunde gehen zu lassen, was ihre Vorfahren mehr als drei Jahrhunderte hindurch mit schweren Opfern gehegt und gepflegt haben. Es ist nicht bloß ein Recht, die gemeinsame Universität zu halten, sondern eine Pflicht; und nicht bloß eine Pflicht, die lediglich aus der Stammesverwandtschaft der Regenten hervorgeht, sondern eine Pflicht gegenüber ganz Thüringen, ja gegenüber ganz Deutschland. Wenn eine Stätte wissenschaftlicher Bildung drei Jahrhunderte bestanden und im echtesten Sinne als Universität für ganz Deutschland und darüber hinaus erfolgreich, zur Ehre des Vaterlandes gewirkt hat, dann darf man wohl davon reden, daß der Nation ein Anspruch auf Erhaltung eines solchen Bildungsherdes zusteht. Die kleinliche Anschauung, als ob es nur Belieben sei, die Universität zu besitzen, als ob man jeden Tag, falls man keine Lust mehr dazu habe, dieselbe preisgeben und sich mit dem Gedanken trösten könne, daß es in Deutschland ja noch genug Universitäten auch ohne Jena gebe, scheint leider hier und da den Kreisen philisterhafter Bureaukratie nicht fremd zu sein. Weiter mit ihr zu rechten, haben wir keine Ursache. Zum Glück denken die Meisten, auf deren Stimme es hauptsächlich ankommt, anders und vor Allem wäre es sicher den durchlauchtigsten Erhaltern selbst ein schwerer, höchst schmerzlicher Entschluß, nicht sich von der Jenaischen Hochschule loszusagen — diese Absicht ist gar nicht zu unterstellen, — aber auch nur mit dem Bewußtsein, daß dadurch die Existenz gefährdet wird, eine Mehrbewilligung abzulehnen. Der eine oder der andere der betheiligten Regenten, in erster Linie der Rector magnificentissimus würde kaum den Gedanken ertragen, daß eines Tages die Hörsäle Jenas könnten geschlossen werden müssen.

Ein Appell an die vier Regierungen ist denn auch nicht unterlassen worden. Von berufenster Stelle aus, von der Kuratel der Universität, ist, wie dem Weimarischen Landtage kundgegeben wurde, in einem eingehenden Bericht die finanzielle Lage der Universität geschildert und der Antrag gestellt worden, mit einer umfänglichen neuen Dotation vorzugehen. Bedarf es noch eines Beweises für den Nothstand, so ist er in der Thatsache enthalten, daß derselbe sorgsame Vertreter der Regierungen, der es bisher so meisterlich verstanden hat, mit Wenigem zu wirthschaften, erklären muß, daß mit den vorhandenen Mitteln unmöglich ferner auszukommen ist. Auch darin wird ihm Jedermann beistimmen, daß womöglich mit einem Male und gründlich dem Geldmangel begegnet werden sollte. Denn fast alljährlich, oder doch in jeder Landtagssession um eine kleine Nothzulage betteln müssen, wie dies, freilich mit sehr verschiedenem Erfolg bei den einzelnen Staaten, seither geschehen ist, erscheint von vornherein eine unwürdige Situation, die man der Universität ersparen soll.

Dem Vernehmen nach richtete sich der Antrag des Kurators auf Bewilligung einer halben Million Thaler zur dauernden Fundirung. Von der Art der Veranlagung und Sicherstellung reden, hieße die Löwenhaut im Voraus theilen wollen. Daß wir unsrerseits gegen Erwerb von Landgütern votiren würden, erhellt aus früher Gesagtem.

Zur Begründung des Antrags sind unzweifelhaft alle die zahlreichen Gründe des Verstandes und des Gefühls in Bewegung gesetzt worden, welche so laut für die Sache reden. Mit einer halben Million, die einen Rentenabwurf von 20,000 bis 25,000 Thalern liefert, würde man sich schon getrauen dürfen, ob für ewige Zeiten, steht natürlich dahin, aber doch für eine Reihe von Jahren die Universität ordentlich weiter zu führen.

Die Summe von 500,000 Thalern muß auch nicht für völlig unerschwinglich gehalten worden sein. Unpraktische und absolut aussichtslose Anträge der Art pflegt man nicht zu stellen. Welche bestimmte Mittel das Ansinnen im Auge hatte, wissen wir nicht. Vielleicht die auf die Einzelstaaten zur Vertheilung gelangten Reste der französischen Kriegsentschädigung, die allerdings auch noch bei so vielen andern Plänen immer als lockender Schatz trügerisch vorschwebten. Vielleicht auch sonstige Bestände des in allen betheiligten Staaten noch vorhandenen Staatsvermögens. Daß man daran denken darf, wird sich nicht bestreiten lassen. Denn unzweifelhaft wird dasjenige, was die Staaten für die Universität anlegen, zu ihrem eigenen Wohl angelegt und hat in ihrem eigenen Interesse vielleicht eine größere und bessere Wirkung als viele andere Ausgaben, die sie machen zu müssen glauben.

Eine Unmöglichkeit, die Idee des Kurators zu verwirklichen, vermag Niemand zu behaupten. Ebenso wenig aber kann sich Jemand darüber täuschen, daß dazu ein kühner, hochherziger und weitsehender Entschluß gehört, ein Entschluß nach dem Vorbilde des Entschlusses, welcher in Zeiten der größten Kalamität der Universität die noch jetzt in ihrem Eigenthum befindliche Ausstattung mit Immobiliarbesitz zuführte. Heute sind die Herzogthümer bei Weitem nicht in der Lage wie damals. Und wenn sie auch nach ihren Etats die zur Bildung jener halben Million nöthige Summe nicht gerade in effektiven Ueberschüssen parat liegen haben, sollte es dem ernsten Willen nicht möglich sein, Rath zu schaffen? Sollten sie nicht Rath schaffen, da Alles darauf hinweist, daß sie dies nicht etwa bloß um der Universität, sondern um ihrer selbst willen zu thun haben?

So läßt sich unschwer zu Gunsten einer umfassenden Neudotirung und Neubegründung der Universität argumentiren. Allein die Hoffnung auf Erfolg des Antrags der Kuratel ist rasch zerronnen. Als die Weimarische Regierung die Zulage von 4000 Thalern in ihrem Landtag zur Sprache brachte, im Frühjahr dieses Jahres, theilte sie mit, es seien unter den betheiligten Staaten Verhandlungen über die Beschaffung eines auslänglichen Fonds begonnen. Doch leuchtete schon damals hindurch, daß man sich von den Verhandlungen wenig Resultat verspreche. Jetzt gilt es bereits für ausgemacht, daß auf dem Wege der Vereinbarung und Betheiligung sämmtlicher vier Staaten eine Dotation nicht zu Staude kommt.

Nach zuverlässiger Kunde ist von Meiningen und Gotha gar nichts zu erwarten. Beide sollen bereits erklärt haben, daß sie nicht im Staude seien, Mehrleistungen für die Universität zu übernehmen. Ueberrascht hat diese Erklärung nicht. Die Finanzzustände der beiden Staaten ließen der Aussicht auf eine theilweise Verwendung der Kriegsentschädigung zu Gunsten der Universität nur geringen Raum. Indessen erschien doch nicht von vorn herein jede Möglichkeit abgeschnitten. Man sprach davon, daß Meiningen durch Reorganisation seiner Verwaltung, namentlich der Verwaltung der Forsten, aus denen das Domanialvermögen hauptsächlich besteht, und durch die Gewöhnung an die keineswegs so übermäßige, nur von früher her ungewohnte Besteuerung, in einigen Jahren recht wohl im Staude sein werde, für die Universität erheblich mehr zu thun, als bisher. Man hoffte demnach wenigstens eine bestimmte Zusage zu erhalten. Wie gern glaubt man, was man wünscht, und glaubt der böswilligen Verläumbung nicht, welche schon manchmal gemeint hat, daß die eigentliche Bethätigung des warmen Interesses an der Universität, das so oft im Munde geführt und so oft gerühmt worden ist, außer den conventionellen Beiträgen nur darin bestehe, daß die mit Freischeinen versehenen Landeskinder als Studirende nach Jena, die besser situirten nach anderen Universitäten dirigirt zu werden pflegten.

So viel ist gewiß, jetzt, wo es sich um größere Opfer handelt, thut sich das warme Interesse höchstens in erneuerten Versicherungen desselben kund.

Ja, sind wir recht berichtet, so ist Mancher, der der Regierung nahe steht, geneigt, nicht nur jede Erhöhung der Universitätsrate abzulehnen, sondern sogar die jetzige Rate zurückzuziehen. Wozu braucht Meiningen eine Universität? Andere Kleinstaaten haben auch keine. Wenn man das Geld, das jetzt für die Universität gezahlt wird, nähme und daraus Stipendien für die Landeskinder zum Besuche anderer Universitäten machte, wäre es eigentlich viel nützlicher. Unter allen Umständen sei die Universität ein Luxus, den sich das Herzogthum versagen könne.

Kommen solche Aeußerungen wirklich vor, dann läßt sich freilich leicht entgegnen, daß, wenn einmal von Luxus die Rede sein soll, noch mehreres Andere mit mehrerem Rechte als überflüssiger Luxus bezeichnet werden könnte. Indessen erscheint es nicht der Mühe werth, dergleichen Ansichten weiter zu verfolgen. Niemand wird für die klägliche Stimmung Einzelner, die in ihrem Lokalpatriotismus darauf aus sind, gerade dem Ansehen und der Selbstständigkeit Meiningens die tiefste Wunde zu schlagen, das Herzogthum und seine Regierung verantwortlich machen.

Nehmen wir vielmehr an, daß nach wie vor volle Anhänglichkeit an die alte Universität der Ernestiner besteht, und daß es nur die Erkenntniß einer traurigen Nothwendigkeit ist, welche die Regierung zu bekennen zwingt: mehr geben für Jena als bisher ist unmöglich. Schon jetzt ist im Etat kaum noch Ausgabe und Einnahme zu balanciren. Ueber die französische Kriegsentschädigung hat längst anderweit verfügt werden müssen. Und wenn etwa Aussicht auf Steigerung der Staatseinnahmen vorhanden ist, dann muß zuvörderst an eine Erhöhung der, allerdings der Erhöhung dringend bedürftigen, Gehalte der Staatsdiener gedacht werden; dann kommen die Matrikularbeiträge, mit den Militärausgaben und anderen Posten des Reichsbudgets womöglich noch steigend, und noch allerlei Anderes. An die Universität ist noch lange nicht zu denken.

Wir haben kein Material in Händen, um durch Thatsachen und Ziffern nachzuweisen, daß die Gründe, aus denen trotz des außerordentlich lebhaften Wunsches, das Gedeihen Jenas zu fördern, eine Mehrverwilligung, sei es in Gestalt eines größeren Stiftungskapitals, sei es in Gestalt einer Reute abgelehnt wird, unstichhaltig seien. Wir müssen sie hinnehmen, als das ehrliche und unumwundene Bekenntniß non possumus. Meiningen kann nicht mehr thun für die Universität, es wird vielleicht sogar zu erwägen haben, ob es auch nur den bisherigen Beitrag zu leisten vermag. Hier eröffnet sich ein tiefer Blick in die betrübendsten Zustände. Meiningen kann für den Fortbestand der Universität nicht mehr eintreten. Die Finanznoth fordert, die höchste Bildungsanstalt, so sehr diese dem Herzogthum als Mittheilhaber zum Ruhme gereicht hat, fallen zu lassen. Man muß froh sein, wenn man nur Geld für die absolut nothwendigen Lebensbedürfnisse hat. Auf die Förderung der höchsten wissenschaftlichen Bildung muß man verzichten, weil die Finanzen einige tausend Thaler mehr jährlich nicht hergeben. Die Förderung der Wissenschaft muß man den größeren Staaten überlassen, die mehr Geld haben.

Wenn es so weit gekommen ist, dann bescheidet man sich, daß für Jena von dort aus nicht viel zu hoffen ist. Sich außer Stande zu erklären, die Stiftung des Ernestinischen Hauses, die Universität Jena, ferner würdig zu erhalten, ist sicherlich kein leichter Entschluß. Muß er gleichwohl gefaßt werden, dieser schwer wiegende Beschluß, so eröffnet sich von da aus in die Zukunft des Staates, der sich solchergestalt unfähig erklärt, die Jahrhunderte lang bestandene Krönung seines Bildungswesens ferner noch zu unterstützen, eine Perspektive, die wir nicht verfolgen mögen. Heute versagt man sich die Erhaltung der Universität. Morgen wird die Reihe noch an andere Dinge kommen. Und was das Ende sein wird, ist klar.

Auch Gotha lehnt, wie man erfährt, jede Erhöhung seines Beitrages oder jede Mehrdotation ab. Auch das überrascht nicht. Niemals hat man sich der Illusion hingegeben, daß Gotha für den Antrag wegen der halben Million eintreten werde. Man kennt die gespannten Finanzverhältnisse des Herzogthums, namentlich des Coburgischen Landestheils. Die Quote der französischen Kriegsentschädigung hat ebenfalls schon ihre Verwendung zu dergleichen Bedürfnissen gefunden. Woher also große Kapitalien schöpfen für Jena? Ob nicht der Landtag am Ende eine mäßige Erhöhung der seitherigen Quartalsbeiträge bewilligen würde, mag immer noch eine offene Frage sein. Von einem werkthätigen Interesse der Regierung an der Universität über freundliche Gesinnungen und Velleitäten hinaus hat man niemals viel spüren wollen.

Im Wesentlichen steht es also um die Universität in Gotha gerade so, wie in Meiningen. Die sonstigen nothwendigsten und schon jetzt kaum noch zu deckenden Bedürfnisse des Landes verbieten, Staatsmittel in reicherem Maaße für die Universität flüssig zu machen. Traurig, aber wahr, auch auf Gotha darf demnach bei dem Kalkül der Jenaer Universität zur Zeit nicht weiter gerechnet werden. Die Einsicht dürfen wir so gut bei der Gothaischen wie bei der Meininger Regierung voraussetzen, daß die Kleinstaaten ihre Lebensfähigkeit auf keinem andern Gebiet besser dokumentiren können, als im Gebiete der Bildungsanstalten. Man sehe also wohl zu, was man thue, wenn man durch Preisgebung der Universität auf dieses wichtige Zeugniß verzichtet. Indessen, ist es einmal nicht anders, so müssen wir uns resigniren und die Folge abwarten.

Anders sieht es in Altenburg aus. Im Gegensatze zu Gotha und Meiningen befindet ſich das Herzogthum Dank der Wohlhabenheit des Landes in einer glücklichen Finanzlage. Hier iſt daher die Möglichkeit, dem guten Willen auch die That folgen zu laſſen. Das hat ſich bereits 1872 bewährt, wo von Altenburg aus dem Beiſpiele Weimars folgend freiwillig der Jahres- beitrag zur Univerſität um 2500 Thaler erhöht wurde. Die Erhöhung war nicht gewaltig groß, auch nicht einmal im Verhältniß zu den 8000 Thalern, die der Weimariſche Landtag bewilligt hatte, indeſſen immerhin für Jena werthvoll, vor Allem als ein Zeugniß dafür, daß die Regierung und der Landtag in gerechter Würdigung der gegebenen Verhältniſſe gern bereit ſeien, helfend für die Univerſität einzutreten. Nach dieſem Vorgang herrſcht die Zuverſicht, daß Altenburg ſich mit Weimar verſtändigen und nach Kräften ſeine Mitleiſtung ſteigern werde.

Die Bereitwilligkeit der Weimariſchen Regierung und des Landtags, was irgend möglich, für Jena zu thun, braucht kaum hervorgehoben zu werden. Sie verſteht ſich nach allen Traditionen von ſelbſt und wird durch das ſeitherige Verfahren klar bezeugt. Indeſſen gibt es für die Regierung und noch mehr für den Landtag eine Grenze; und dieſe Grenze wird um ſo eher erreicht, je weniger Mitwirkung bei den betheiligten Regierungen zu finden iſt. Wären alle vier Regierungen Willens und im Staube, in gleicher Weiſe der Univerſitätskaſſe entgegenzukommen, ſo möchte die pekuniäre Baſis der Univerſität geſichert erſcheinen; vollends wenn ſich daran die Hoffnung knüpfen ließe, vielleicht auch die übrigen Thüringer Staaten zu einer Unter- ſtützung zu bewegen. Wenn aber zwei der betheiligten Staaten ihre Mittel für erſchöpft erklären, dann ſchwindet nicht nur die Hoffnung auf dieſe Staaten, ſondern es muß auch die Frage aufgeworfen werden, ob die beiden anderen oder gar Weimar allein im Stande ſeien, bei den nothwendigen Neubewilligungen auch noch den Ausfall der Meininger und Gothaer Rate zu decken.

Das läßt ſich nun mit gutem Grunde bezweifeln. Mag man auf eine noch ſo reichliche Beihülfe von Seiten Altenburgs zählen, oder geradezu unter- ſtellen, daß beide nach gleichem Verhältniß zuſammenſchießen wollten, was für die Univerſität über den zeitherigen Etat hin erforderlich, man würde immer zweifeln müſſen, ob dies nicht für zwei Staaten, die zuſammen eine Bevölkerung von 429,000 repräſentiren, zu viel wäre. Will man aber gar annehmen, daß vorzugsweiſe das Großherzogthum die Mehrbedürfniſſe auf- bringen ſollte, ſo muß es nothwendig bald heißen: bis hierher und nicht weiter. Die Finanzen des Großherzogthums ſind geordnet, von einem Defizit iſt noch nicht die Rede geweſen. Allein die Anforderungen an den Etat ſind, wie der diesjährige Landtag lehrte, in rapidem Wachſen begriffen. Nach den verſchiedenen Richtungen ſtehen Mehrausgaben noch bevor. Von den früher chronisch gewordenen erheblichen Ueberschüssen wird demnächst nicht viel mehr zu verspüren sein. Die Steuerlast andererseits ist bereits so groß, daß eine Steuererhöhung dringend und so lange als möglich widerrathen werden muß.

Erwägen wir nun, was Weimar schon jetzt für die Universität thut, dann darf man sich das Bedenken nicht verhehlen, ob es möglich sein wird, künftig noch erheblich mehr zu thun. Die größte Geneigtheit der Regierung und des Landtags, den Anforderungen der Universität ein offenes Ohr zu leihen, kann sich doch nicht der pflichtmäßigen Erwägung entschlagen, ob der Aufwand für die Universität in richtigem Verhältniß zu dem gesammten Staatshaushalt steht. Wir haben oben gezeigt, was das Großherzogthum für Universitätszwecke aufbringt. Es kann sich darin relativ nicht nur mit jedem deutschen Staate messen, sondern wird sicher von keinem übertroffen. Allein wenn sich Weimar dessen rühmen darf, so gebietet zugleich die Rücksicht auf das Land Maaß und Ziel zu halten. Und sobald wir das Land und seine Steuerkraft in Ansatz bringen, wird es mehr als problematisch, daß ein Land von kaum 300,000 die großen Mehrbedürfnisse allein oder zum bei Weitem größten Theil auf seine Schultern laden, ja schließlich die Universität fast allein erhalten soll. Das ist eben bei ruhiger Ueberlegung eine platte Unmöglichkeit und die edelsten Emotionen helfen nicht darüber hinaus. Der Finanzminister und der Landtag haben pflichtmäßig zu prüfen und einer Ueberlastung vorzubeugen. Wir fürchten mit gutem Grund, daß man bald vor diese Klippe stoßen wird; zumal, wie bereits bemerkt, dann, wenn man sich von den anderen Staaten mehr oder minder im Stiche gelassen sieht. Weimar allein kann die Universität nicht erhalten. Diesen Satz, der offen ausgesprochen werden muß, wird ein Jeder unterschreiben, der weiß, was eine Universität verlangt.

Ebensowenig, wie laufende Mehrbeträge von 25,000, 20,000, oder auch nur 15,000 oder 10,000 Thaler im Jahresetat wird man Weimar ansinnen dürfen, eine Kapitaldotation von 500,000 Thalern auf einem Brette zu beschaffen. Wir zweifeln nicht, daß Weimar, falls sich alle Regierungen bereitwillig fänden, seine Rate zu einer derartigen Dotation beschaffen würde. Sie allein zu gewähren, dazu fehlen denn doch, nachdem über den Haupttheil der Kriegsentschädigung behufs Einziehung des Papiergeldes disponirt worden ist, die bereiten Bestände; und selbst wenn noch Bestände vorhanden sind, so müssen sie Angesichts der Budgetverhältnisse, welche namentlich durch unglückliche Eisenbahngarantien beeinflußt sind, sorgsam zu Rathe gehalten werden.

Jede Liberalität, die darauf hin gegen die Hochschule in größerem Stile geübt werden sollte, hat daher schwere Bedenken, ja ist kaum zu verantworten, sobald man, wie billig geschehen muß, die keineswegs ungünstigen, aber doch der Natur der Sache nach beschränkten Finanzzustände des Großherzogthums berücksichtigt.

So muß denn der, welcher für Jena Hülfe sucht, weiter hinaus greifen. Da, wo sie nach regelrechter Ordnung zunächst zu suchen ist, findet er sie nicht.

Des Gedankens, sämmtliche Thüringer Staaten zum Beitritt in die Erhalterschaft der Universität aufzufordern, ist bereits flüchtig Erwähnung geschehen. Er ist mitunter aufgetaucht; allein mehr als flüchtige Erwähnung verdient er kaum. Denn es bedarf keiner langen Beweisführung, daß auf diesem Wege entweder kein Erfolg, oder nur ein höchst unzulänglicher zu erzielen wäre. Am wenigsten läßt sich auf eine Neigung in Anhalt rechnen. Anhalt gehört zwar zur Justizgemeinschaft Thüringens. Aber selbst deren Fortbestand kann in nächster Zeit, bei der bevorstehenden reichsgesetzlichen Reform der Gerichtsverfassung leicht fraglich werden. Anhalt gehört schon seiner geographischen Lage nach nicht eigentlich zu den Thüringer Staaten. Außer Anhalt würden nur noch die beiden Schwarzburg und die beiden Reuß zu einer Betheiligung an der Universität eingeladen werden können. Wir zweifeln, daß die Einladung zum Eintritt in die Erhaltung der Universität angenommen werden würde, zweifeln noch mehr, daß günstigsten Falles die Annahme reellen Ertrag genug liefern würde, um im Vereine mit den Mitteln Altenburgs und Weimars der Universität die erkleckliche Mehreinnahme, deren sie bedarf, zu Theil werden zu lassen.

Man muß also andere Wege einschlagen. Ein einfacher Bürger, betroffen von der Darstellung der Universitätsverhältnisse, welche der Abgeordnete von Jena in dem Weimarischen Landtage gegeben hatte, machte jüngst in der Presse den Vorschlag, der Universität durch eine allgemeine Subscription beizuspringen. Sein Ruf richtet sich an alle Thüringer. Diese werden aufgefordert, ihr bestes Kleinod sich zu erhalten. In Jena solle sich ein Lokalkomité bilden, das die Ansammlung eines Fonds aus freiwilligen Beiträgen aller Angehörigen Thüringens zu betreiben hätte.

Dieser in mehrere Lokalblätter übergegangene Vorschlag ist ein beredtes Zeugniß, daß die Angelegenheit der Universität wirklich dem Thüringer Patrioten zu Herzen dringt und daß man sehr richtig fühlt, was Siechthum oder Ende der Universität für ganz Thüringen bedeuten würde. Wir erblicken daher in dieser unwillkürlichen Aeußerung mehr, als den Ausdruck einer blos individuellen Stimmung. Auch sehen wir mehr darin, als einen wohlgemeinten, aber unausführbaren Impuls. Mit den Modalitäten der Ausführung, so wie sie zunächst angerathen worden sind, kann man schwerlich einverstanden sein. Allein den ganzen Gedanken für verwerflich oder völlig unpraktisch zu halten, ist keine Ursache vorhanden. Auch der Regierung ist er nicht unwillkommen. Das schließen wir aus einer Mittheilung des anerkannter-

maßen stets regierungsfreundlich gesinnten Weimarischen Korrespondenten der
Nationalzeitung, welcher sich dahin ausspricht, es sei gar nicht übel, wenn
auf solche Weise, wenigstens zur Gründung von Stipendien oder Stiftungen
zu Gunsten gewisser Universitätsanstalten ansehnlichere Fonds herbeigeführt
werden könnten. Die Möglichkeit einer Volkssubscription, worauf es uns
zunächst ankommt, wird also doch vorausgesetzt.

Im Uebrigen würden wir die verschämte Beschränkung auf Stipendien-
und Stiftungszwecke spezieller Art entschieden ablehnen. Was Jena braucht,
sind nicht Stipendien. Es gilt nicht durch solche Vergünstigungen Studirende
anzulocken und so die Frequenz zu steigern. So angenehm es erscheinen mag,
die Studentenzahl wachsen zu sehen, zuerst gilt es die Universität mit ihrem
Lehrerpersonal und ihren Anstalten zu fundiren. Auch nicht einzelne Anstalten soll man ausstatten wollen, auf die Gefahr hin, demnächst die einen
reichlich mit Mitteln zu versehen, die anderen ihrer Aermlichkeit zu überlassen.
Wenn etwas Vernünftiges geschehen soll, so gilt es rundweg, durch den Abwurf eines größeren Grundkapitals die allgemeine Universitätskasse zu verstärken und der Universitätsverwaltung im Vertrauen auf deren Einsicht an-
heimzustellen, den Abwurf des Fonds für die Gesammtzwecke der Universität
nützlichst zu verwenden.

Nur das könnte vernünftigerweise der Plan sein. Warum man dem ein
Mäntelchen umhängen sollte, ist nicht abzusehen. Der Universität droht
Mangel an dem Unentbehrlichsten. Wenn der eine Theil der durchlauchtigsten
Erhalter sich außer Stande erklärt, dem Mangel begegnen zu heisen, und dadurch die anderen in die Lage versetzt, seinerseits den Bedürfnissen nicht mehr
genügen zu können, warum soll man sich dann scheuen, offen auszusprechen,
worum es sich handelt? Die Regierungen, aus welchen Gründen, ist einerlei,
vermögen die erforderlichen Mehraufwendungen nicht zu schaffen, warum soll
man nicht an das Volk appelliren, und sehen, ob dieses nicht vor den Riß
treten will? Um die Dotation, welche sie bei den Erhaltern nicht findet,
wendet man sich an die Nation und legt ihr die Frage vor, ob sie als Mit-
erhalterin der Universität eintreten will.

So aufgefaßt, erscheint der Gedanke weit entfernt von dem Vorwurfe
des Lächerlichen oder Unwürdigen. In allem Ernste kann man den Versuch
unternehmen, in ganz Deutschland, vielleicht sogar darüber hinaus, Zöglinge
und Gönner der Universität zur Hülfe aufzurufen.

Als Voraussetzung eines solchen Versuchs muß man sich die Frage vorlegen, ob die Erhaltung der Universität Jena so sehr im allgemeinen
Interesse Deutschlands und seiner Wissenschaft gelegen ist, daß darum der
Ruf an die Nation gerechtfertigt erscheint. Darüber aber viele Worte zu
verlieren, ist überflüssig. Mit Recht hat sich jüngst der Preußische Kultus-

minister zu Gunsten der kleineren Universitäten ausgesprochen. Wer es mit der deutschen Wissenschaft wohl meint, kann unmöglich Centralisation an einzelnen Stellen, zumal in größeren Städten und ebensowenig Centralisation der Leitung aller Universitäten in einer Hand wünschen. Unter den kleineren Universitäten aber trägt Jena, wie wir oben bereits andeuteten, in sich die günstigsten Bedingungen. Jena darf stolz sein auf das, was es gerade in seiner Eigenartigkeit geleistet hat und noch leistet. Ohne alle Selbstüberhebung kann es, wenn zu entscheiden ist, ob es der Erhaltung durch die Nation werth sei, dem allgemeinen Urtheile entgegen sehen und glauben, daß es nicht schlecht gethan sei, wenn diese den Entschluß faßte, sich eine durch ihre absonderliche Stellung mehr als irgend eine andere Universität zu Selbständigkeit und freiester wissenschaftlicher Regung berufene Bildungsstätte zu sichern.

Und die Ausführbarkeit? Auch daran ließe sich, wenn der Plan Anklang fände, nicht zweifeln. Ist es unmöglich, eine Summe von etlichen hunderttausend Thalern zusammenzubringen? Wie viele allein haben in Jena gelernt und geschwärmt und hängen an dem alten Jena mit treuer Liebe. Sollte da nicht an tausend Stellen mit Erfolg anzupochen sein, wenn nur recht bekannt wird, daß es gilt, die Existenz Jenas vor naher Gefährdung zu bewahren. Wir sind überzeugt, viele haben keine Ahnung von den wirklichen Verhältnissen und die Opferwilligkeit ist schon zu ganz anderen Zwecken nicht vergeblich in Anspruch genommen worden, als zu der würdigsten Aufgabe, aus der Nation heraus eine von ihr werth gehaltene Universität auf eine feste Grundlage zu stellen. Wir hören oft von Stiftungen aller Art, manchmal zu wunderlichen Zwecken. Sollen wir zweifeln, daß gar Mancher vorhanden ist, dem Nichts einleuchtender wird, als daß es keine der schlechtesten Stiftungen wäre, die zu Gunsten deutscher Wissenschaft und Geistesfreiheit einem Mittelpunkte der Bildung, wie Jena, gemacht wird?

Man mag die Sache betrachten, wie man will, die Möglichkeit läßt sich nicht in Abrede stellen, daß durch eine nationale Subscription ein stattlicher Fonds gebildet werden könnte. Es wird darauf ankommen, ob sich in der Presse und in weiteren Kreisen die Idee Zuneigung zu erwerben vermag. Von der Art der Ausführung zu reden, wäre verfrüht. Soviel ergibt sich von selbst, von einem Jenaischen Lokalkomité der Bürgerschaft, geschweige denn der Universität, kann der Anstoß nicht ausgehen. Der Anstoß müßte von außen kommen. Kommt er und zeigt sich, daß er nicht vergebens sein wird, dann würde es unschwer sein, der Sache die nöthige Gestalt zu verleihen.

Den Freunden der Jenaischen Universität mag der Gedanke empfohlen sein. Denn gerade dieser Weg der Hülfeleistung von der Nation aus würde, worauf Werth zu legen, indem er nur die materielle Existenz sichern hilft, an dem Charakter der Universität wenig oder nichts ändern, und, was er daran änderte, könnte nur zum Vortheil gereichen. In dem Bewußtsein, daß sie mit von einer Stiftung der Nation lebt, müßte die Universität doppelten Antrieb finden, ihre Schuldigkeit zu thun zur Ehre und zum Nutzen des gesammten Vaterlandes.

Sonst bleibt nur übrig, die Hülfe anderer Regierungen anzurufen. Man hat dabei, wie aus dem oben Gesagten erhellt, leicht eine gewisse Scheu schon um der Eigenart der Universität willen. Würde nicht der Miteintritt eines andern Staates in die Erhalterschaft und vollends etwa gar die totale Abgabe der Universität an eine andere Stelle ihren Charakter zerstören? Die Gefahr läßt sich schwerlich verkennen. Gleichwohl muß man, wenn es den Fortbestand gilt, auch dieser Eventualität ins Auge blicken. Die Furcht vor dem Verluste berechtigter, zum Theil auch wohl, wie vorurtheilsfreie Betrachtung zuzugestehen hat, unberechtigter Eigenthümlichkeiten kann davon nicht abhalten. Zuletzt ist lieber Einiges von der Eigenart abzulassen, als in der Eigenart zu verkümmern und zu Grunde zu gehen.

Es liegt nicht allzufern, die Mithülfe Preußen anzurufen. Da Jena das wissenschaftliche Centrum bildet und, wenn auch bei weitem nicht blos, doch zugleich und zunächst als Thüringische Hochschule betrachtet werden darf, drängt sich leicht die Erwägung auf, daß Preußen mit mehreren, nicht unbeträchtlichen Gebietstheilen an der Thüringer Landschaft betheiligt ist. Preußen um Mitbetheiligung bei der Erhaltung der Universität anzugehen, erscheint daher keineswegs unnatürlich.

Die Preußischen Finanzen gestatten ein solches Opfer sehr gut. Selbstverständlich würde Preußen dafür entsprechende Theilnahme an der Verwaltung der Universität begehren. Das ist nun der Punkt, der Manchem Furcht erregt. Man sieht im Geiste sofort den Einfluß Preußens überwiegen, aus Jena, wenn man nur den kleinen Finger an Preußen reicht, von Kopf bis zu Fuß eine Preußische Universität werden und in vergangenen Zeiten hat es das Preußische Kultusministerium dahin gebracht, daß davor namentlich in Universitätskreisen ziemlich große Scheu herrscht.

Wir unsrerseits vermögen diese Scheu keineswegs in diesem Maaße zu theilen. In der Preußischen Regierung ist jetzt eine andere Strömung, als zu Zeiten eines Mühler und sie wird nach unserer Ueberzeugung, weil sie durch die Stellung Preußens im Reiche diktirt wird, Bestand haben. Das Gespenst bureaukratischer Herrschgelüste schreckt uns nicht. Haben die Thüringer Staaten, welche mit Preußen in eine Universitätskommunion treten würden, Kraft und Fähigkeit in sich, so brauchen sie keineswegs sofort vor jenem die Segel zu streichen. Zu einem prinzipiellen und absoluten Widerwillen gegen eine solche Kummunion ist kein Grund vorhanden. Die Besorgniß, von Preußen alsogleich ganz und gar ins Schlepptau genommen zu werden, erscheint oft nur als das Bekenntniß der eigenen Schwäche. Daß das nicht zu sein braucht, ließe sich mit vielen Zeugnissen belegen.

Den Thüringer Staaten ist daher, wenn sie für sich allein nicht mehr aufzubringen im Stande sind, was die Universität fordert, nur zuzureden, sich auch mit diesem Gedanken näher zu beschäftigen. Mag man sich noch so schwer dazu entschließen, Noth kennt kein Gebot. Man wird doch nicht die Universität eher sterben lassen wollen, als dieses Mittel versuchen. Ob die Preußische Regierung darauf eingehen werde, darüber können wir keine Muthmaßungen aufstellen. Man wird dort wie hier wohl schwerlich den an- gedeuteten Plan schon in Erwägung gezogen haben. Für uns handelt es sich um die Berechnung der rein objektiven Möglichkeiten. Als an sich mög- lich aber müssen wir eine Mitbetheiligung Preußens bezeichnen.

Als Helfer in der äußersten Noth gilt endlich das Reich. Sich an das Reich zu wenden, damit dieses der Universität eine gesicherte Stellung ver- leihe, liegt so nahe, daß davon schon oft unter denen gesprochen worden ist, welche sich um die Zukunft Jenas Sorge machen. Mancher zieht die Hülfe des Reiches der Hülfe Preußens vor. Mancher möchte die Hülfe des Reiches sogar unter allen Umständen gern anrufen und am liebsten sehen, daß die Universität ganz und gar an das Reich übergehe.

Als Präcedenz dient die Gründung der Straßburger Universität. Wird diese nicht als Elsaß-Lothringische, aus den Mitteln der Reichslande zu er- haltende Landesuniversität, sondern in wahrem Sinne als Reichsuniversität behandelt, die auf Kosten des Reichs lebt, warum sollte dann nicht eine zweite Universität vom Reiche übernommen werden? Und zumal Jena, das nach seinen eigenthümlichen Verhältnissen, als Gesammtuniversität mehrerer Staaten dazu am meisten prädestinirt erscheint. Soviel ist gewiß, dem Reiche würde die Summe, die für Jena von ihm verausgabt werden müßte, um dasselbe würdig auszustatten, nicht zur Beschwerde gereichen. Ein gewaltiger Gegen- stand für die Reichsfinanzen wäre es nicht und zu einer Besorgniß, hier einen Vorgang zu schaffen, der die allmähliche Erwerbung anderer, schließlich sogar aller deutschen Universitäten von Seiten des Reiches in seinem Gefolge haben könnte, kein Grund. Die Lage Jenas ist eben eine andere, als die aller übrigen Hochschulen.

Auch für die Reichsregierung dürfte in letzter Linie nur die Erwägung bestimmend sein, ob sie anerkennt, daß die Erhaltung Jenas für ganz Deutsch- land das werth sei, was sie aus den Reichsmitteln zu diesem Zwecke aufzu- wenden hätte. Ueberzeugt sie sich davon, daß Jena ein Glied in der Reihe deutscher Hochschulen bildet, dessen Entbehrung der Pflege der Wissenschaft Schaden bringen würde und gewahrt sie zugleich die Unfähigkeit der be- theiligten Staaten, die dem allgemeinen Besten gewidmete Anstalt zu unterhalten, so ist sie sicher berechtigt, ja sogar verpflichtet, ihre mächtige Hülfe nicht zu versagen. Von diesem Standpunkte aus können wir daher einen Anruf des Reiches, wenn er in der rechten Weise versucht würde, keineswegs als völlig hoffnungslos betrachten. Dem Reiche würde es durchaus nicht schlecht anstehen, durch eine zweite Reichsuniversität mitten im Herzen Deutschlands seine Sorge für die Hochhaltung der deutschen Wissenschaft und für die geistigen Interessen praktisch zu beweisen.

Freilich müßte man sich darauf gefaßt machen, die Universität in die ausschließliche Verwaltung des Reichs fallen zu sehen. Das Reich kann sich darauf nicht einlassen, nur eine Rate an derselben zu erwerben. Die Gründe, um derentwillen dies bei Preußen denkbar erscheint, bestehen für das Reich nicht. Das Reich kann nicht in ein Kommunionsverhältniß mit vier Thüringer Einzelstaaten eintreten. Andererseits braucht nicht ausgeschlossen zu sein, daß innerhalb der Reichsverwaltung diejenigen Einzelstaaten, welche sich durch Fortentrichtung ihrer Beiträge die Erhalterschaft bewahren wollen, entsprechend berücksichtigt würden.

Ueber die Schwierigkeiten, auf welche die Ausführung auch des Gedankens, Jena zu einer zweiten Reichsuniversität zu gestalten, stoßen kann, wird sich Niemand täuschen. Aber sie sind wieder keinenfalls groß genug, um den ganzen Plan als unausführbar erscheinen zu lassen. Man braucht darum keineswegs der Meinung zu huldigen, daß überhaupt das ganze deutsche Universitätswesen dem Reiche zu eigen werden soll. Eine derartige Centralisation, und würde sie auch in noch so scheinliche Formen gekleidet, widerspricht dem Wesen der deutschen Universitäten und schadet möglicherweise dem für die Wissenschaft förderlichen Eifer, den die jetzige Konkurrenz der in verschiedenen Händen befindlichen Universitäten mit sich bringt. Allein diese Gefahr entsteht nicht im entferntesten, wenn sich das Reich einer einzelnen Hochschule annimmt. Auf der anderen Seite ist es begreiflich, daß sich, wer die Jenaische Hochschule Noth leiden sieht und für Deutschland erhalten möchte, auf das Reich, den Hort in aller Noth, der, wenn nicht Alles trügt, noch in gar manchen anderen Nöthen seinen starken Arm den Kleinstaaten wird leihen müssen, seine letzte Hoffnung setzt. Umsomehr als sich mit Recht ein Jeder sagt, daß unter der Aegide des Reichs am allererſten der selbständige Geist und die gute Eigenthümlichkeit, deren Jena sich bisher hat rühmen dürfen, bewahrt bleiben kann.

Für die Thüringer Staaten freilich, denen die Universität Jena gehört, würde immer selbst die Abgabe an das Reich ein schwerer Schritt sein. Auf solche Weise vor aller Welt ihre Unfähigkeit zur Erhaltung der obersten Schule ihrer Länder zu bekennen, ist ein schwerer Schritt. Am schwersten würde er Weimar ankommen, das sich von jeher redlich bemüht hat, an seinem

Theile für die Universität Alles zu thun, was in seinen Kräften steht. Allein das darf man wohl annehmen, daß die Weimarische und auch die Altenburgische Regierung, wenn sie sich bewußt sind, ihrerseits ihre vollen Pflichten erfüllt zu haben, schließlich die Erhaltung der Universität über Alles stellen und selbst davor, Jena dem Reiche zu überantworten, nicht zurückschrecken. Sie leisten dann der Pflege der Wissenschaft immer noch einen besseren Dienst, als wenn sie mit ansehen wollten, daß die Universität noch eine Weile hinsiecht. Und das Bekenntniß der Unfähigkeit, ferner für die Universität mit zu sorgen, von Seiten der anderen Regierungen wird gewiß nicht dadurch bemäntelt oder vermieden, daß man den Anruf der Reichshülfe unterbrückt und lieber die Universität an Geldmangel absterben läßt.

In Gotha und Meiningen kann nach der dortigen Stimmung kaum ein Widerwillen gegen Uebertragung an das Reich vorhanden sein. Hier bietet sich Gelegenheit, vielleicht selbst die vertragsmäßig bestehenden Beiträge los zu werden. Daß man denken könnte, lieber mag die Universität Jena ganz zu Grunde gehen, ehe sie abgegeben wird, das zu unterstellen, wäre Frevel.

Angenehme Empfindungen werden es vermuthlich nicht sein, welche bei Betrachtung dieser letzten Möglichkeiten zur Sicherung der Existenz der Universität sich aufdrängen. Aber warum muß man sich mit der Aufsuchung aller dieser Eventualitäten und schließlich mit dem Gedanken der Reichsuniversität beschäftigen?

Was aus der einen oder der andern Eventualität, wenn sie eintritt, weiter folgt, ja schon aus der Nothwendigkeit der Aufstellung dieser Eventualitäten folgt, haben wir nicht zu verantworten. Es ist im Weimarischen Landtage ausgesprochen worden und ist buchstäblich wahr: einen schlimmeren Schlag können sich die Staaten, welche Jena im Stiche lassen, nicht versetzen. Worin können die Einzelstaaten, nachdem so viele andere Aufgaben auf das Reich übertragen worden sind, ihre Berechtigung besser darthun und sich der Nation noch werth machen, als durch die aufopfernde Pflege der Bildungsanstalten? Die Regierung des Königreichs Sachsen liefert ein Beispiel der Einsicht in diese Wahrheit an Leipzig, dem man nach Kräften nacheifern sollte. Statt dessen will man in den Thüringer Staaten Jena bei Seite werfen? Die Welt wird nur ein einziges Urtheil über die Staaten haben, die sich selber für unfähig erklären, ihre Universität zeitgemäß zu dotiren, und die Ersparniß der paar tausend Thaler, welche ihrer Finanzverwaltung zu Gute kommt, wird bei weitem nicht aufwiegen, was nach anderer Richtung, die für das Ansehen und den Bestand der Staaten ungleich wichtiger erscheint, durch eine solche Unfähigkeitserklärung eingebüßt wird. Das möge man noch einmal wohl überlegen; auch in den Landtagen der Thüringer Herzogthümer.

Wer als Pessimist, als Unitarier oder wenigstens als Gegner der Sonderexistenz seines eigenen Partikularstaates das Ende der partikularen Selbstständigkeit befördern will, hat dazu in der Preisgebung der gemeinsamen Universität, mag sie sich auf den Grund stützen, daß der Staat nicht mehr im Stande sei, die Mittel aufzubringen, oder auf den Grund, daß er die betreffenden Summen von etlichen tausend Thalern zu andern nothwendigeren Ausgaben brauche, eine treffliche Waffe. Wer ehrlich die Erhaltung der Selbständigkeit jener Staaten wünscht, der mache sich klar, daß seinem Wunsche der Erfolg nur dann entsprechen wird, wenn der Staat im Staube ist, seine Zwecke zu erfüllen, wenn er durch die Verhältnisse sich nicht zwingen läßt, um einiger Mehropfer willen das theure Vermächtniß einer vorzüglichen Bildungsanstalt aufzuopfern. Selbst wenn es nicht ohne Mühe geschieht, sollte man daher auch in Meiningen und Gotha Alles daran setzen, lieber die Mittel zu schaffen, als das schlimme Bekenntniß abzulegen, der erforderliche Beitrag zur Sicherung der Universität Jena werde den gesammten Staatsetat ruiniren.

Ob es helfen wird, sich noch einmal an die Erwägung zum eigenen Besten zu wenden? Allzugroß ist die Hoffnung nicht. Sehe man zu, was zu thun sei. Lange kann Jena nicht in der Schwebe gelassen werden. Die Entscheidung über seine Zukunft wird bald fallen müssen.

Die Nordpolfahrt der Germania unter Kapitän Koldewey 1869—70.*)

3) Frühjahr und Sommer 1870 bis zur Südfahrt der Germania Arktische Fauna.

Im arktischen Norden ist die Zunahme der Tageslänge vom Wiedererscheinen der Sonne an außerordentlich viel größer, als die Lichtzunahme vom Frühjahr bis Mitsommer auf niedrigeren Breiten. Mit welcher Rapidität dort die Tage länger werden, erhellt am besten aus der einen Thatsache, daß unseren Germaniamännern, denen die Sonne, wie wir sahen, am 3. Februar 1870 zum ersten Mal auf Minuten wiedererschien, schon Ende Februar bereits um 3 Morgens die Dämmerung begann, um 4 Uhr schon das nächtliche Dunkel verschwand. Nun hatten sie gewonnen Spiel: volle Arbeitstage ohne

---

*) Die zweite deutsche Nordpolfahrt. I. Band. Zweite Abtheilung. F. A. Brockhaus 1874.

Lampenlicht. Troß der andauernden (20 Grad) Kälte, die gerade im ersten
Frühjahr in Ostgrönland am stärksten ist, und oft bis 28⁰, einmal über 32⁰
stieg, erfreuten sich die Männer doch der schon fühlbaren Sonnenwärme, wie
man es daheim in den ersten warmen Februar- oder Märztagen thut.

So konnte denn die erste Frühjahrsschlittenreise beginnen. Bis zum
7. März waren alle Vorbereitungen getroffen, die ausgeführten Probefahrten
befriedigend ausgefallen. Am 8. März setzte sich die Kolonne von sechs Mann
in Bewegung, unter Führung von Koldewey und Payer. Doch schon die
rasenden Schneestürme der nächsten Tage nöthigten zur Umkehr nach dem
Schiff, und erst am 24. März durfte die Schlittenreise von neuem gewagt
werden. Diesmal war das Ziel derselben die Erreichung einer möglichst hohen
nördlichen Breite an der ostgrönländischen Küste. Die tapferen Männer
hofften bis zum 80. Grad und darüber vordringen zu können; sie erreichten
jedoch, unter den unsäglichsten Leiden und Entbehrungen, namentlich nach unendlich qualvollen Nächten in dem eisstarrenden Zelt, nach den äußersten
Leistungen in Hunger und Durst, dem männlichsten Ertragen von Schnee-
blindheit, Dysenterie und gefrorenen Gliedmaßen nur eine Höhe von 77,1⁰.
Indessen auch hier war vor ihnen noch niemals der Fuß eines Menschen gewandelt. „König-Wilhelms-Land" wurde das jungfräuliche Nordende ihrer
heldenmüthigen Reise genannt, und hier unter dem friedlichen Nebeneinander-
wehen der Norddeutschen und Oesterreichischen Flagge ein Cairn (Steinpyra-
mide) errichtet, der wohl unverrückt und nie wieder gesehen bis ans Ende
der Zeiten stehen wird. In demselben wurde in einer Dose ein kurzer Reise-
bericht niedergelegt. Dieses Document lautet: „Diesen Punkt, der auf 77⁰
1' nördl. Breite und 18⁰ 50' westl. Länge von Greenwich liegt, erreichte die
deutsche Polarexpedition zu Schlitten (die letzten drei deutschen Meilen zu
Fuß) vom Winterhafen auf Sabine-Insel nach einer Abwesenheit vom Schiffe
von 22 Tagen. Die Stürme, die während acht Tagen ein Stilliegen im
Zelte nöthig machten und die theilweise großen Schwierigkeiten des Weges,
wie der eintretende Mangel an Proviant, verhinderten ein weiteres Vordringen.
Die Küste, die nach Osten zu schroff abfällt, erstreckt sich in einem Plateau
von etwa 1500 Fuß weiter nach Norden. Das Meer, soweit man sehen
konnte (etwa 12 deutsche Meilen), bot nur eine einzige ununterbrochene Eisfläche dar. Das Landeis, welches gänzlich ohne Höcker ist und allem Anschein
nach mehrere Jahre festlag, erstreckte sich mindestens zwei deutsche Meilen von
der Küste. Das Wetter war sehr klar, vorzüglich nach Osten über See, wo
auch weiterhin kein Anzeichen von Wasser zu bemerken war. Charfreitag,
15. April 1870. Karl Koldewey, Commandant der Expedition. Julius Payer,
Oberleutenant. Th. Klentzer, Peter Ellinger, Matrosen."

Die Leiden dieser Reise übertrafen, nach der Erinnerung aller Theilnehmer

bei weitem diejenigen der Schlittenreisen im vergangenen Herbste. Der
Schlitten war in dem sehr erweichten Schnee kaum fortzubringen. Das nun
schon fast volle 24 Stunden andauernde blendende Licht der Sonne auf den
weiten Schneewüsten erzeugte einen unerträglichen Reiz in den Augen. Wer
das Unglück hatte schneeblind zu werden, ging den größten Schmerzen entgegen. Und dennoch mußte der Aermste nach wie vor den schweren Schlitten,
mit verhangenem Gesicht, weiter ziehen, da keine der wenigen Menschenkräfte
entbehrt werden konnten, wenn man weiter wollte. Immer tiefer sank bei
Allen die Leistungsfähigkeit in Folge der ungeheueren Anstrengungen und
Entbehrungen des Tages, der qualvollen schlaflosen Nächte, des stets steigenden
Hungers und Durstes. Stets wuchs die Schlafsucht, die Einzelne oft
während des Schlittenziehens überfiel, und Andere bei kurzer Rast in die
Gefahr des Erfrierens brachte. Es ist schwer daran zu denken, welches das
Schicksal dieser Expedition gewesen wäre, wenn ihr nicht auf der Rückkehr ein
ganz unerwartetes Jagdglück den schon völlig erschöpften Vorrath an Lebensmitteln wieder bis zur Rückkehr nach dem Schiffe ergänzt hätte. Auch das
Fett erlegter Bären gestattete, den Spiritus, der sonst kaum zum Kochen
gelangt hätte, zur Herstellung von etwas Schmelzwasser zu verwenden und
dadurch den brennendsten Durst zu löschen. Daß die Expedition unter solchen
Verhältnissen auch noch genau und allseitig den Lauf der Küste, die Beschaffenheit des Landes beobachtete und aufnahm, Eis-, Höhen- u. s. w. Messungen
auf das gewissenhafteste erfüllte, kann das hohe Lob, das sie verdient hat,
nur steigern. Und wie empfänglich zeigten sie sich trotz alledem für die
grandiose Schönheit der gronländischen Küste, die sie durchwanderten, für den
ersten Frühlingsgruß eines Vogels bei der Heimkehr. Man mag sich denken,
mit welchen Gefühlen die schwergeprüften Männer am 27. April ihr Schiff
wieder betraten. „Welche Wonne bot uns dieses", schreiben sie. „Eine
Kajüte, in der man aufrecht stehen, Kisten, auf die man sich setzen konnte,
hier durfte man sich nach 5 Wochen wieder einmal ausziehen, hier winkten
eine Koje mit Matratze und Decken anstatt des Schlafsackes. Der außerordentliche Fall veranlaßte den Koch sogar zu dulden, daß man unbeobachtet
und ungemessen von seinem Schmelzwasser trank. Die größte Anstrengung
erforderte die Sättigung. Vier Stunden aßen wir ohne Unterlaß von Allem,
dessen wir habhaft wurden: große Stücke gebratenes Bärenfleisch, Speck,
Kraut, Schiffszwieback, Brot, Butter, Käse, tranken Wein, Chocolade, schwarzen
Kaffee u. s. w." —

Die Resultate dieser mühseligen Reise waren indeß unzweifelhaft ihre
Opfer werth. Man hatte ein über mehrere Längen- und Breitegrade sich
ausdehnendes Land entdeckt und war nördlicher als je zuvor in Ostgrönland
vorgedrungen. Man hatte die Ueberzeugung von der ungeheueren Zerrissenheit

und einer Gliederung des Landes gewonnen, welche eine Auflösung desselben in Inselform nach Norden in den Bereich der Möglichkeit zieht. Man hatte die geodätischen und geologischen Kenntnisse unseres Erdballs erweitert, imposante Gletscher gefunden, welche Peschel's Theorie über die Entstehung der Fjords bestätigten; die Gewißheit erhalten, daß die Eskimos die Nordostküste lange verlassen haben mußten, das Laud mithin völlig unbewohnbar sei. Endlich und hauptsächlich aber hatte man von dem sogenannten offenen Küstenwasser gegen den Nordpol auch diesmal nichts bemerkt und wiederholt erfahren, daß die Möglichkeit eines offenen Fahrwassers nach Norden durchaus von wechselnden localen Ursachen abhängt.

Es kann nicht die Absicht dieses Auszuges sein, über sämmtliche Schlittenreisen der Germaniamänner, namentlich so weit sie vornehmlich Höhenmessungen, meteorologischen, geologischen, geodätischen oder ethnologischen zoologischen und botanischen Zwecken galten, mit der gleichen Ausführlichkeit zu berichten. Die Hauptresultate dieser Forschungen werden ohnehin erst in der zweiten Abtheilung des wissenschaftlichen Theils des Gesammtwerkes gegeben und besprochen werden können. Hier interessirt uns vornehmlich ein Ueberblick über die geographischen Resultate dieser Nordpolfahrt und die Kenntniß der Hauptereignisse, welche die tapfere Mannschaft der Germania erlebte, um diese Resultate zu erreichen. Aus diesem Grunde sollen auch die beiden andern Schlittenreisen des spätern Frühjahrs, diejenige nach dem Ardencaple-Inlet vom 8. bis 29. Mai, und die wesentlich geodätischen u. s. w. vom April bis Juni 1870 nach Klein Pendulum und Hochstetters Vorland hier nur der Vollständigkeit halber erwähnt werden. Die Schwierigkeiten dieser Schlittenreisen des späteren Frühjahrs und Sommers bestanden hauptsächlich darin, daß der Schlitten durch die nunmehr fast allenthalben zu Schneesümpfen gewordenen Schneefelder gezogen werden mußte und hier mit aller Mühe oft nur wenige hundert Schritt des Tages weiter zu bringen war; sodann aber in der ungeheuren Hitze, welche die den ganzen Tag am Himmel stehende Sonne ausstrahlte, und die zur Zeit, die wir Nacht nennen, nur um einige Grade abminderte. Glücklicherweise war nun überall aus Schneeschmelzlachen und frischen Gebirgsbächen Süßwasser im Ueberfluß zu haben und reiche Jagdbeute überall sicher. Auch waren die Qualen des „Walrosses", — wie der Galgenhumor der armen Frühjahrsforscher den schwarzen Eispanzer von Schlaffack getauft hatte, ein überwundener Standpunkt. Man schlief nun wieder auf einfachen Decken in wohliger Luft, in der selbst der einst so gefürchtete Nordwind, der freilich nun fast ganz einlullte, als willkommener Kühler der Tageshitze begrüßt wurde. Die größte Gefahr boten beiden spät heimkehrenden Schlittenpartien die Ueberschwemmungen des Küsteneises durch den Fluthgang und bezw. das stellenweise Verschwinden des Eises überhaupt.

Daß bei diesem tagelangen Waten in Wassern, die selten über dem Gefrier-
punkt standen, über Eisflächen, die unter der Last knirschten, welche sie tragen mußten, Niemand verunglückt ist, darf als ein wunderbarer Glücksfall
angesehen werden. Als die interessantesten Ergebnisse der Schlittenreise nach
dem Ardencaple-Jnlet betrachten wir die Besteigung des 1000 Meter hohen
Kap Bremen an der Ostseite der Kuhn-Jnsel durch Oberl. Payer in Begleitung von Herzberg und Wagner, die Erforschung der Kuhn-Jnsel und die
Besteigung der 1130 Meter hohen „schwarzen Wand" auf dieser Jnsel durch
dieselben Männer, endlich die sehr schönen kartographischen Arbeiten Payer's.
Denselben Werth beanspruchen die Resultate der letzten Schlittenreise vom
14. Mai bis 17. Juni; die Untersuchung der Jnsel Shannon mit der Tell-
platte, die Besteigung des Ruthner am Ostrande der Kuhn-Jnsel, die Auf-
findung von Braunkohle auf Hochstetter's Vorland, die Besteigung des
Muschelberges daselbst, die dreimalige Besteigung von Kap Bremen am Nord-
ostrand der Kuhn-Jnsel und die von Dr. Börgen und Dr. Copeland auf
diesen Streifzügen gemachten Entdeckungen und Arbeiten. Den kühnen Land-
fahrern folgte bei ihrer Heimkehr das offene Wasser so zu sagen auf dem
Fuße nach, wie im Herbste das Eis dem Schiffe. Nur wenige Tage Verzögerung der Rückkehr, so wären sie abgeschnitten gewesen und hätten auf ihre
Befreiung warten müssen, bis Boote oder die Germania selbst sie hätten aufsuchen und erlösen können. So war denn allmählig der Zeitpunkt gekommen,
wo auch die Germania hoffen durfte die Eisdecke abzustreifen und wieder in
freies Wasser hinauszudampfen.

Ehe wir jedoch vom winterlichen Grönland Abschied nehmen, sei es gestattet, eines der lehrreichsten und fesselndsten Kapitel dieses Werkes eingehender zu berühren, dasjenige nämlich, welches die Jagden und das Thier-
leben in Ostgrönland behandelt. Zugleich flechten wir hier einige der interessantesten Abenteuer einzelner Germaniamänner ein, welche in dem Buche,
gleichsam dem Schiffsjournal folgend, überall zerstreut sind, und die hier, bei
der Charakterisirung der merkwürdigsten Thiere Grönlands, am besten ihren
Platz finden. — Dieses Kapitel des Werkes ist von Payer und Dr. Copeland
gemeinschaftlich bearbeitet, doch herrscht des Letzteren englischer Humor entschieden vor. Wir theilen nachstehend auszugsweise natürlich nur solche
Charakterzüge der betreffenden Thiere mit, die wir vorzugsweise den Beobachtungen unserer Germaniafahrer verdanken. Da heißt es denn zunächst über
den Eisbären. „Der Polarbär (Grönländisch Nennok), der in seinem
gelblichweißen zottigen Fell und mit seiner schwarzen Nase schon weithin von
den Schneefeldern absticht, 10—12 Centner schwer wird, und an Größe die
Exemplare in zoologischen Gärten oder Menagerien (welche jung nach Europa
gebracht, unter den ihrer Entwickelung so ungünstigen Verhältnissen daselbst

verkommen) weit übertrifft, steht an Kraft und Gefährlichkeit weder dem
Löwen noch dem Tiger nach. Aber die kalte Zone, in der er lebt, hat sein
Blut abgekühlt, er ist bedächtig und mißtrauisch. Die widersprechenden Berichte über seinen Muth erklärt der Umstand, daß sich aus dem Verhalten
eines Bären nie auf das eines anderen schließen läßt, daß somit jeder indi-
viduell auftritt und von dem jeweiligen Nahrungsbedürfnisse geleitet wird.
Er lebt vorzugsweise von Seehunden, lauert ihnen an Eisspalten auf und
überfällt die auf Eisflössen sich sonnenden mit der Hinterlist des Tigers, mit
dem er überhaupt die geräuschlose Annäherung gemein hat. — Er verfolgt
auch die untertauchenden Robben, denn er ist ein gewaltiger Schwimmer und
nur das Rennthier übertrifft ihn an Schnelligkeit. Ueber zerrissene Felshänge
klettert er mit katzenartiger Gewandtheit; dazu, wie zur Sicherheit, auf glatten
oder geneigten Eisflächen, befähigen ihn die Rauheit seiner Sohlen, seine
Klauen und die Behaarung seiner Tatzen. Einem getödteten Eisbären zog
Payer die Felle von den Hinterfüßen ab, säuberte sie mühsam vom Fett, rieb
sie mit Alaun ein und zog sie selbst an, — es waren prächtige warme
Strümpfe, denn der Bär hatte gute Sohlen, leider gingen sie im Winter bei
einem Brande im Schiffe zu Grunde. — Da sich die Seehunde vorzugsweise
im Packeise oder an dessen äußeren Kanten aufzuhalten pflegen, so ist auch
der Bär während des Sommers daselbst ein gewöhnlicher Gast. Er folgt
den Robbenschlägern Schritt auf Schritt, um die abgehäuteten Thiere zu ver-
zehren, oder schwimmt im Ueberflusse schwelgend auf der Riesenleiche eines
Wales einher. Der Bär tödtet seine Beute, bevor er von ihr frißt, doch
liebt er es, vorher mit ihr zu spielen. — Den übermäßigen Genuß fetter
Robben pflegt der Bär durch jene nahrhaften Enteneier zu unterbrechen, und
wenige Stunden genügen ihm, auf einer kleinen Insel damit völlig aufzuräumen. — Ist man unbewaffnet, so kann den Bären eine, auffälliges Mißtrauen verrathende Bewegung beunruhigen, seine Gewaltthätigkeit heraus-
fordern. Doppelt bedenklich aber ist es, ihm in der Dunkelheit zu begegnen
und von ihm dann für einen Seehund gehalten zu werden, ein Mißverständniß,
das sich erst aufklärt, wenn es zu spät ist. Ist man bewaffnet, so flößt dem
Thiere die Ruhe seines Gegners und die Politik der freien Hand Wohlgefallen
und Achtung ein. Doch der Bär verdient auch unser Mitleid. Sein Leben
bildet eine Kette von Nahrungssorgen, obgleich er gegen die Kälte durch eine
mehrere Zoll dicke Fettschicht geschützt ist. Einst fanden wir in dem Magen
eines solchen — welcher dem Belagerungscorps angehört hatte, das unser
eingefrorenes Schiff im Winter und Frühjahr unausgesetzt beobachtete und
uns zur höchsten Vorsicht zwang — nichts als einen von unseren Schneidern
weggeworfenen Flanelllappen, und bei vielen anderen war derselbe ganz leer.
Zuweilen enthielten die Magen von getödteten Bären nur eine Menge

Waffers und große Stücke Seekrant. Hieraus ersieht man, daß der Bär durch Hunger zum Krautfreßen gezwungen werden kann. Es ist gewiß keine Kleinigkeit in dieser Welt der Erstarrung, Kälte und Finsterniß, mit ihren grauenhaften Schneestürmen, welche nur Berge zu widerstehen vermögen, rastlos nach Nahrung suchend, umherirren zu müssen, inmitten chaotisch zusammengedrängter, sich wechselseitig zermalmender und aufthürmender Eis-felder, umringt von Spalten oder auf einem abgetrennten Eisfloß in die offene See hinauszutreiben. Wahrlich, sein brauner Vetter in Europa lebt gegen ihn behaglich und beneidenswerth. — Der Geruch angebrannten Specks lockt das Thier meilenweit herbei. Auf der Wanderung pflegt dasselbe erhöhte Eisgruppen zu besteigen. Man sieht den Bären danu den Umkreis aus-spähend, mit hocherhobener Schnauze nach Nahrung schnüffeln. — Eine Situation, die ebenso gefährlich als komisch war, erlebte einer unserer Ma-trosen im Winterhafen. Derselbe schritt unbewaffnet an den Abhängen des Germaniaberges hin, als er an 2000 Schritte vom Schiffe entfernt nahe hinter sich einen Bären gewahrte. Die unglaubliche, jeden Fluchtversuch ver-eitelnde Schnelligkeit dieser Thiere war ihm bekannt, ebenso die schon oft erfolgreich angewandte List, ihre Aufmerksamkeit durch fortgesetztes Fallenlassen von Gegenständen abzulenken, während man durch beschleunigtes Fortschreiten und Hülferufen dem schützenden Bereich des Schiffes näher zu kommen trachtete. Also warf er nach und nach Kapuze, Handschuhe, Rock u. s. w. von sich, welche Gegenstände der Bär einzeln zerzauste. Doch stand derselbe endlich neben ihm und beroch, gleich einem Hunde, seine Hand. Da faßte der Mann, welcher unausgesetzt um Hülfe rief, den ebenso verzweifelten als ohnmächtigen Entschluß, seinen Feind mittels des abgenommenen Leibriemens zu erwürgen, falls er ihn angriff. Sein durchdringender Hülferuf wurde beim Schiffe ge-hört. Wir machten uns eilig bewaffnet, doch war der schlimmste Ausgang zu befürchten. Die große Entfernung gewährte dem Bären Muße, sein Opfer zehnmal zu vernichten, aber er überlegte so lange, bis ihn unsere An-näherung, Rufe und Schüsse zur Flucht trieben. Diese führte über scharf abfallende Felsgruppen — er war wie weggeblasen. — Der Maschinist Krauschner, ein Wiener, war der Lieferant des Schneebedarfs für die Küche, und hatte deßhalb täglich zweimal mit seinem Schlitten den Verkehr mit dem nächsten Gletscher zu unterhalten. Einmal geschah es, daß sich ihm ein Bär ungesehen zugesellte. Der Bär schritt würdevoll als Escorte hinter dem Schlitten des zum Schiff zurückkehrenden Maschinisten eiuher, und erst hier angelangt, verstimmte ihn der Lärm, welchen wir erhoben, um Krauschner auf seinen zweifelhaften Freund aufmerksam zu machen."

Der ernsteste aller Angriffe durch Bären widerfuhr Dr. Börgen. Er war am 6. März vor 9 Uhr hinausgegangen, um eine Sternbedeckung zu beobachten und vernahm auf dem Rückweg kaum 50 Schritt vom Schiffe ein Geräusch links neben sich. Er gewahrte einen auf sich eindringenden Bären. Es blieb keine Zeit zum Besinnen, um die Flinte zu gebrauchen. Der Angriff geschah so plötzlich und rasch, daß er nicht zu sagen wußte, ob sich der Bär aufgerichtet und ihn mit den Tatzen zu Boden geschlagen oder ihn umgerannt habe. Das Nächste was er fühlte, war das Eindringen des Gebisses in die Kopfhaut, die nur mit einer dünnen Tuchkapuze bedeckt war; der Bär wollte offenbar den Schädel des Doctors zertrümmern, wie er das bei seinen Angriffen auf Seehunde gewöhnt ist; vom Schädel des Menschen glitten jedoch (vielleicht weil das Thier noch nicht völlig ausgewachsen war) die Zähne knirschend ab. Ein Hülferuf des Opfers verscheuchte das Thier einen Augenblick, doch kehrte es sofort zurück und biß Börgen noch mehrmals in den Kopf. Inzwischen allarmirten die Hülferufe die Schiffsbesatzung. Ein von dieser abgefeuerter Schreckschuß erreichte einen Augenblick seinen Zweck, doch packte der Bär gleich wieder den Arm, dann die rechte Hand des Opfers (die glücklicherweise in Pelzhandschuhen steckte), um den Unglücklichen weiter zu zerren. Ueber den rauhesten Eisboden wurde der Doctor an 300 Schritt fortgeschleppt und durch den Shawl, den der Bär mit gefaßt hatte, halb erdrosselt. Hier belehrte endlich ein in nächster Nähe abgefeuerter Schuß das Raubthier, daß es die höchste Zeit sei, sich davon zu machen. Dr. Börgen bestand nach seiner Rettung darauf, in Eilschritt, bei 20 Grad Kälte an Bord zurückzulaufen. Er hatte während der Bisse keinen Schmerz gefühlt. Seine Kopfhaut war tief und an verschiedenen Stellen aufgerissen und noch andere Stellen bedeutend verletzt. Gleichwohl heilten ihm alle Wunden rasch und glücklich. Freilich hat ihn der Bär gründlich gezeichnet. — Dr. Copeland berichtet über den Eisbären weiter:

„Ungeachtet wir auf unsern Schlittenreisen Nachts zuweilen im Zelte von Bären überrascht wurden, unterließen wir es doch einen besonderen Wachdienst einzuführen, hauptsächlich deshalb, weil von einem eigentlichen Schlaf nie die Rede sein konnte und sich uns ein größeres Thier nie völlig geräuschlos zu nähern vermochte. Die eine Seite des Zeltes schützten wir durch den Schlitten, die andere am Eingange durch die Bereitschaft zweier geladener Gewehre. Außerdem besaßen wir Revolver im Zelte. Wir waren so nur noch der Möglichkeit ausgesetzt, von einem Bären an den Füßen oder höchstens am Kopfe gebissen zu werden. Gegen diese Gefahr schützt jedoch die Bedächtigkeit der Bären; denn ein Zelt ist ihm ein völlig unerklärbarer, sein Mißtrauen, wie seine Neugierde gleich erregender Gegenstand. Kane's Begleiter, welche einst durch das Brummen eines den Kopf zum Zeltschlitz hereinsteckenden Bären aus dem Schlafe aufgeschreckt wurden, halfen sich mit der Geistesgegenwart dadurch, daß sie demselben eine rasch angezündete Schachtel Schwe-

felhölzchen unter die Nafe hielten, eine Beleidigung, die er großmüthig un-
gerächt ließ, indem er sich entfernte. — Des Fettes ledig und hungernd streiften diese Raubthiere der Küste entlang bis die Entdeckung eines Schiffes, die
Bewegung der Menschen daselbst, ihre Aufmerksamkeit in einem Maaße erregten, daß sie die Nähe von Griper Roads (Name des Winterhafens) nicht
mehr verließen und sich schließlich, mit geringer Uebertreibung darf man es
sagen, beinahe zu einem Cernirungscorps verdichteten.

Wenn uns das Treiben dieser Unholde zu arg wurde, dann schaffte ein
kräftiger Ausfall aus unserer Festung mit Feuerwaffen, Spießen u. s. w.
vorübergehende Erleichterung. — Die Belagerer statteten auch unsern ans
Land geschafften Lebensmitteln wiederholte Besuche ab; den schlimmsten Streich
spielten sie jedoch den Astronomen, denen sie die Meßapparate zur Bestimmung
der Basislänge wegtrugen. — Auf einer unserer Schlittenreisen verschlangen
diese omnivoren Raubthiere nicht nur Stearinlichter, sondern auch Tabak, den
sie indessen wieder ausspuckten, Käse und die Gummiflaschen. Bei einem einst
von Kane gegründeten und von ihnen geplünderten Depot verschmähten sie das
Salzfleisch, bezeigten dagegen für gemahlenen Kaffee und Segeltuch eine besondere Vorliebe. Die Gummiröcke, die ihnen doch zu zäh schienen, hatten sie
zu unsäglich harten Knoten zusammengearbeitet und selbst die Flagge bis auf
den Stock abgenagt. — Trotz ihrer großen Anzahl sieht man selten mehr als
drei Bären, gewöhnlich Familienglieder, — in Gemeinschaft. Es ist selbstverständlich, daß man dann immer zuerst die Alten tödtet, denn eine ihrer
Jungen beraubte Bärin ist ein furchtbarer Gegner. Werden diese nur verwundet, so schiebt sie dieselben flüchtend vor sich her, oder deckt sie mit dem
eigenen Leibe, während die Jungen nicht anstehen, von dem Fleische der eben
erlegten Mutter zu genießen. — Die Eisfelder seiner Heimat sind dem Bären
ein lieblicher Anblick, von dem er sich ungern trennt. Die hohe Bordwand
des Walfischfängers „Bienenkorb", den wir 1869 besuchten, verschloß einem
solchen in einem auf Deck aufgestellten Käfig verwahrten Thiere, — das man
mit einer Schlinge im Wasser gefangen und mittelst eines Flaschenzuges aufs
Deck gehißt hatte, — die Aussicht auf die das Schiff umgebenden Packeis-
massen. Der Bär ertrug die Haft leicht, da ihm fortgesetzt große Stücke
Seehundsfleisch von dem stattgehabten ergiebigen Robenschlag servirt werden
konnten. Nur wenn ihm stärkere Bewegungen des Schiffes gestatteten, über
die Bordwand das Eis zu erblicken, begann er grimmig zu brummen. Ja,
der Anblick von Treibeis regte das Thier so gewaltig auf, daß man genöthigt war, einen Schleier von Segeltuch vor dem Käfig anzubringen."

Ueber den Polarfuchs äußert sich das Werk folgendermaßen: „Der
arktische Fuchs (Canis lagopus L.) ist eine sehr interessante Art seiner Gattung.
Er ist entweder — und zwar unabhängig von der Jahreszeit — weißbläulich

ober grau. Sein Pelz, außerordentlich zart, bildet einen Handelsartikel der Hudsons-Bai-Gesellschaft. Er ist bedeutend kleiner von Körper als der Polarhase, welcher gewöhnlich vier Kilogramm wiegt, wenn er völlig ausgewachsen ist. Sein Fleisch ist kein Leckerbissen. — Der Polarfuchs hat mit seltenen Ausnahmen wenig von jener Arglist, welche man unserm Reinecke nachrühmt; wenigstens sind uns außer einigen wenigen Fällen dieser Art nur Züge völliger Harmlosigkeit erinnerlich.

Fast den ganzen Winter und das Frühjahr hindurch hielten wir einige Füchse im Maschinenraum gefangen. In unmittelbarer Gesellschaft der Kohlen wurden sie schwarz; zwei derselben erlagen der Lungentuberkulose, wie dies die Sektion ergab. Ein schöner grauer Fuchs wurde wegen Widersetzlichkeit in der Kajüte garottirt, ein anderer entlassen, und der letzte desertirte aus dem Käfige, den wir ihm gemacht und neben dem Schiff auf dem Eise aufgestellt hatten. Diese Desertion — durch Abschmelzung und Umfallen eines Eisblockes, auf welchem der Käfig gestanden, herbeigeführt' — welchen wir vom Deck aus zusahen, hatte etwas unbeschreiblich Komisches. Der Fuchs, zum behaarten Skelett verkommen, begann sich zu dehnen, den buschigen Schweif gerade wie einen Besen auszustrecken, wälzte seinen dürren Leib dann im Schmelzwassertümpel und hüpfte endlich zierlich wie ein Balletmeister und voll Freiheitslust mit allen Füßen zugleich aufspringend davon, ohne das Schiff auch nur eines einzigen Blickes weiter zu würdigen. — Der europäische Fuchs verabscheut die Nähe des Menschen, der grönländische dagegen sucht harmlos und ohne Mißtrauen seine Gesellschaft, denn überall hofft er von ihm zu profitiren. Er ist der erste, welcher demselben nach stattgehabtem Jagdglück seine Bewunderung ausdrückt und sich beeilt. von der Beute mit zu genießen, sowie einen Rennthierschinken Nachts vom Schlitten zu zerren und fortzuschleppen. Er begleitet ihn auf Jagd und Schlittenreisen in ehrerbietiger Entfernung, und benutzt dessen Schlaf zur Eröffnung, Visitation und Plünderung der mitgeführten Proviantsäcke. Ein eingeeistes Schiff betrachtet er mit Wohlgefallen, denn es giebt da immer Abfälle, welche ihm zugute kommen, und Dinge, welche sich leicht wegschleppen lassen. Ja er gewöhnt sich so sehr an die Rolle des Schmarotzers, daß es oft schwer wird, sich seiner Unverschämtheit zu erwehren. — Tritt man aus dem Zelte, um sein seit Stunden gehörtes Nagen oder, wenn er in Gesellschaft mehrerer ist, sein neidisches Knurren oder sein Zerreißen an den Leinen zu sistiren, so schleicht er nicht etwa bemüthig von dannen, sondern sieht seinen Wohlthäter frech an, bellt, wenn man schießt und entfernt sich nur unwillig und zögernd."

„Der Moschusochse" berichten seine Entdecker, „richtiger Schafochse (Ovibos moschatus Blainv) ist etwas kleiner, als der europäische Ochse. Sein Aussehen ist im Widerspruche mit seiner Harmlosigkeit drohend, seine Farbe schwarz, seine Haare sind lang und fallen in rauhen Mähnen herab, doch besitzt er auf dem Rücken eine an Feinheit kaum übertroffene Wolle. Besonders auffällig klein sind seine Augen. — Wie schon der Name lehrt, zeichnet das Thier ein je nach dem Alter mehr oder minder starker Moschusgeruch des Fleisches und Fettes aus, an welchen man sich indeß bei dem so gewöhnlichen Gegensatze des Thrangeruchs leicht gewöhnt. Das Fleisch ist übrigens jenem unserer Ochsen sehr ähnlich. — Wie das Rennthier, so ist auch der Moschusochse auf vegetabilische Nahrung angewiesen, um die es denn freilich hier zu Lande kärglich genug steht. Wie weit nach Norden sich der Moschusochse und das Rennthier verbreiten, läßt sich kaum vermuthen. Ersteren trafen wir noch unter dem 77. Breitengrade, letzteres nur bis zum 75. Die kargen Existenzmittel, welche ihnen das Land gewährt, nöthigen sie zu beständigen Wanderungen. — Beide Thiere werden fast immer in Heerden angetroffen, die oft 20—30 Stück zählen. Die größte Anzahl Rennthiere, 100—200 Stück, sahen wir auf dem Hügellande westlich vom Kap Bioer Ruys, die meisten Moschusochsen auf der braunkohlenreichen Kuhn-Insel. Den ersteren lieferten wir eine kleine Schlacht. — Dem Jäger gegenüber verhalten sie sich höchst ungleich. — Die Rennthiere nähern sich in munterm Trab und voll Neugierde oft bis auf wenige Schritte, ja sie kämen vielleicht ganz an ihren Gegner heran, wenn sie dessen Bewegungen nicht verscheuchten — die Moschusochsen bleiben wie festgebannt stehen, starren den gänzlich unbekannten Feind an, und kommen erst langsam und bedächtig zu einem Entschluß. — Demungeachtet beliebte es am Kap Philipp Barke vier Moschusochsen, in herablassender Weise mit Payer zu scherzen, indem sie einen Scheinangriff auf seinen Meßtisch ausführten. — Den Moschusochsen zeichnen riesige, die Stirne an der Wurzel bedeckende und nach unten abgebogene Hörner aus, welche zum Schutze des ohnehin so massiven und fast unverwundbaren Schädels beitragen. Es geschah, daß eins dieser Thiere einen Schuß auf die so gepanzerte Stirn aus einem Wänzlgewehre (mit welchem wir Eisbären der Länge nach durchschossen) ertrug, ohne das geringste Zeichen einer empfundenen Störung zu bekunden. Die Kugel fiel zu einer Scheibe plattgedrückt auf den Boden! — Wird eine Moschusochsenfamilie oder eine Heerde mit Jungen überrascht, so bildet sie entweder das Quarré — die Jungen werden in die Mitte genommen, die Alten bilden die Außenseite und senken die Köpfe — oder der als Wache aufgestellte Ochse ergreift die Flucht und die anderen jagen ihm nach. Es ist dann fast immer vergebliche Mühe, ihnen, wenngleich noch so gedeckt, anschleichend zu folgen, denn diese Thiere sind in ihrem Vorpostendienste bewunderungswürdig. Die Jagd auf Rennthiere oder Moschus-Ochsen ist nach dem Gesagten sehr harmloser Natur. — Eine bezügliche Jagdinstruction ließe sich ungefähr in folgenden Worten zusammenfassen: „Sobald der Jäger die Thiere erblickt, hat er sich platt auf den Bauch und eine Patrone neben sich zu legen, das Gewehr in Anschlag zu bringen, sich völlig ruhig zu verhalten und erst dann zu schießen, wenn diese neugierig herbeieilend in nächster Nähe sind. Sollte er demungeachtet nichts treffen, so möge er das Bombardement immerhin fortsetzen, endlich wird doch eins der Thiere fallen."

Wir schließen diese Auszüge über die arktische Fauna mit folgenden Bemerkungen über das Walroß. „Wenn irgend einem Thiere, so gebührt dem Walroß der Name Ungeheuer. Es ist ein 3—5 Meter langes, 20 Centner schweres, fettes von einer 20 Cm. dicken Haut, also einer Art Panzerplatte, umspanntes Massiv, mit einem Kopfe von unendlicher Häßlichkeit, ziemlich großen Augen und bis 30 Zoll langen Zähnen (eine Art Elfenbein), welche dem Thiere dazu dienen, seine Nahrung, hauptsächlich Muscheln, am Meeresboden zu suchen, und mit deren und der Brustflossen Hülfe es die ihm als Ruheplätze dienenden Eisflöße erklimmt. Seinen Rachen umgeben katzenartig lange Borsten von der Stärke großer Stopfnadeln. So wahrhaft dämonisch wie sein Aussehen ist auch seine Stimme — ein stoßweises kaum nachahmbares Schreien, Bellen, Brüllen und Pusten, welches er oft wiederholt und in dem er sich zu gefallen scheint. — Die Tauchzeit ist unsicher bestimmt, wird aber, glaube ich, hauptsächlich bedingt durch die Zeit, welche das Thier gehabt hat, sich auf das Tauchen vorzubereiten. Jagt man ein aus dem Schlaf plötzlich erschrecktes Walroß ins Wasser, so muß es sofort wieder zur Oberfläche kommen. Jetzt holt es tief Athem! Jagt man es sofort wieder unter, so kommt es gleich noch einmal zum Vorschein. Wiederholt sich dies etwa fünf bis sechs Mal, so scheint das Walroß sich mit einem Vorrath von Sauerstoff versehen zu haben; denn jetzt taucht es in wahrem Ernst, und man sieht es gewöhnlich nicht wieder. — Die Jagd auf Walrosse ist ein gefährliches Unternehmen, denn dieselben vermögen bis sechs Zoll dickes Eis durch ihr wüthendes Emportauchen prasselnd zu durchbrechen. Es ist daher nothwendig, wenn man ihnen auf nicht ganz solidem alten Eise begegnet, beständig und rasch den Platz zu wechseln, denn die Walrosse, als Säugethiere gezwungen ungefähr alle zehn Minuten durch Spalten oder Eislöcher, welche sie zu diesem Zwecke offen erhalten, an die Oberfläche zu kommen, um Athem zu schöpfen, beachten genau die Richtung und Entfernung ihrer Feinde und verstehen es, wieder emportauchend, genau die Stelle, wo sie dieselben zuletzt erblickt, zu treffen und zu zersplittern. Wir hatten öfter Gelegenheit, uns davon zu überzeugen, so auf der Rückkehr von der Schlittenreise nach dem Tiroler Fjord. — Im Sommer 1869 entging eine Bootexcursion nach dem Kap Wynn mit Mühe der Zertrümmerung ihres Fahrzeuges durch Walrosse. Ein anderes Mal wurde ein solches, dem es gelang, von einer Heerde

verfolgt, nach dem Strand einer Insel zu entkommen, daselbst, wenngleich
nur für kurze Zeit förmlich blockirt. Je länger man in arktischen Regionen
lebt, desto mehr gewöhnt man sich es ab, diese Thiere in ihrem Element, dem
Wasser, selbst anzugreifen; es sei denn, daß irgend ein zwingender Umstand,
Nahrungs- oder Oelmangel, dies erheischte, und immer ist es rathsam, sich
bei Bootschaften ausreichend mit Patronen zu versehen. Die erfolgreichste
Jagd findet dann statt, wenn man diese Thiere auf Eisschollen schlafend
überrascht. Im letzten Stadium der Annäherung werden dabei die Riemen
eingenommen und das Boot wird geräuschlos angelegt. Die Jäger betreten
die Scholle, doch nicht in der Front, sondern im Rücken der Thiere; denn
kaum ist eins derselben, den Kopf mit Verachtung und Wuth aufrichtend,
erreicht, so weckt es auch alle anderen auf, und die ganze Heerde drängt nun,
die Jungen mitschiebend, unaufhaltsam gerade vor zum Schollenrand und
stürzt kopfüber ins Wasser. Nur diese kurze Zeit bleibt dem Jäger, und
seine Schüsse müssen rasch und sicher fallen. Wird einem weiblichen Walroß
das Junge getödtet, so trägt sie es mit den Brustflossen und fordert ihren
Feind mit dem grimmigsten Glanze ihrer Augen zum Kampfe heraus. Ein
getödtetes Walroß wird rasch, bevor es sinkt, an die Leine genommen und
am Boote festgemacht. Das Gewicht dieser Thiere ist so enorm, daß zwei
derselben, welche wir einst auf dieselbe Seite des Deckes gehißt hatten, dem
Schiffe eine merkliche seitliche Neigung gaben."

Wir glauben damit unsern Lesern hinreichende Beweise von dem hohen
Interesse dieser Schilderungen des ostgrönländischen Thierlebens gegeben zu
haben. Die ethnographischen, anthropologischen und kulturgeschichtlichen
Forschungen und Resultate der zweiten deutschen Nordpolfahrt werden uns
dagegen erst beim Erscheinen des zweiten wissenschaftlichen Halbbandes beschäftigen. Hier mag nur erwähnt sein, daß die völlige Verlassenheit der ostgrönländischen Küste von Ansiedelungen, Eingeborenen, die dort noch von
Clavering vor 44 Jahren getroffen wurden, durch unsere Nordpolfahrer sich
als zweifellos herausstellte. Selbstverständlich machten die verfallenen Hütten,
die verlassenen Gräber der Eskimos, die bunten Steinhaufen längst veröeter
Kinderspielplätze einen höchst schwermüthigen Eindruck. — Von der Flora
und dem Pflanzenleben Ostgrönlands haben wir bereits bei Besprechung der
ersten wissenschaftlichen Abtheilung des Werkes unsern Lesern eine Vorstellung
zu geben versucht.*) Kehren wir nun von dieser Abschweifung zum Gange
der Ereignisse zurück.

In der zweiten Hälfte des Monat Juli war endlich die Jahreszeit soweit vorgerückt, daß abermals die Nordfahrt mit der Germania gewagt

---

*) Vgl. Grenzboten 1874, II. S. 57.

werden konnte. Am 22. Juli morgens 9 Uhr dampfte das gute Schiff mit
wehender Flagge und unter den Hurrahrufen der ganzen in gehobenster Stimmung befindlichen Besatzung aus dem Hafen, der für zehn Monate deren
Heimath gewesen war. Der Kurs wurde nordwärts zunächst nach Klein-Pendulum gerichtet, um dort unter dem Stufenberge zu ankern. Es war jedoch
wegen dichten Nebels nicht weiter zu kommen. Erst am 24. Juli konnte
weiter gesteuert und auf einer harten Bergfahrt gegen das Eis Abends südwestlich der Klippen von Kap Philipp Broke geankert werden. Von einer
Höhe des Landes zeigte sich hier noch etwas freies Fahrwasser nach Norden,
und es sollte daher unverzüglich weiter gedampft werden. Aber da stellte sich
heraus, daß einige der Dampfkesselröhren seit einiger Zeit angefangen hatten
zu lecken, so daß zunächst durch Vernieten und Stemmen und bezw. gänzliche
Außerbetriebsetzung einzelner Röhren dem Schaden abgeholfen werden mußte.
Aber da zu einer gründlichen Reparatur alle Mittel fehlten, so mußte schon
jetzt der Zeitpunkt ins Auge gefaßt werden, wo man den wichtigsten Theil
der Maschine ganz in Ruhestand versetzen und die Dampfkraft vollständig
entbehren mußte. Diese Aussicht war natürlich keineswegs ermuthigend und
mußte bei den weiteren Fahrten sehr in Rechnung gezogen werden. Erst am
Morgen des 26. Juli ließ sich die Reise nordwärts fortsetzen, abermals nicht
weit des Eises wegen; erst in der Nacht ließ sich eine Strecke von 8 Seemeilen in eisfreiem Wasser nach Norden zurücklegen. Man gewann 75°,29
nördlicher Breite und befand sich nordwestlich der Insel Shannon, also fast
in derselben höchsten Höhe wie im vorigen Sommer, doch weit näher dem
Lande. Weiter sollte die Germania nach Norden nicht kommen. Sie hatte
sich schon bis hierher nur in einer ganz engen Fahrstraße heraufgearbeitet
und vor ihr befand sich eine compacte unabsehbare Eismasse, hinter welcher
vom Maste des Schiffes aus auch nicht ein Anzeichen von offenem Wasser
mehr zu sehen war. Dieselbe trostlose Gewißheit bot am 29. Juli ein Um-
blick des Kapitäns von dem etwa 200 Meter hohen Berge unter dem Süd-
kap der hohen (Koldewey-) Inseln: eine kleine Stelle offenen Wassers; dann
noch nordöstlich im Packeis eine einzige kleine Wacke, sonst nur schweres Eis
mit einem weißen Eishimmel gegen Norden. Dasselbe hing überall mit dem
Landeise zusammen; uns wurde klar, daß vor dem Eintritt der Herbststürme sich
diese ungeheure Masse nicht in Bewegung setzen konnte. Diese Stürme traten
aber nicht vor Mitte oder Ende August, d. h. nahe dem Ende der Schiffahrt
überhaupt ein. So mußte man, da die Instruction eine zweite Ueberwinterung im Eise positiv untersagte, auf den Rückzug aus dem Eise Bedacht
nehmen. Die Wahrscheinlichkeit, hier im Laufe des Jahres noch weiter vordringen zu können, war eine äußerst geringe, ebensowenig die Wahrschein-
keit größerer wissenschaftlicher Ausbeute in gar keinem Verhältniß mit der

Gefährdung des Schiffes durch die heranbringenden Eismassen. So wurde denn vom Kapitän, unter einmüthiger Zustimmung der Offiziere und Ge-lehrten, beschlossen, von ferneren Versuchen, nordwärts zu bringen, völlig abzustehen, und lieber die noch übrige Zeit zur Schifffahrt zur Erforschung der Küste und des übrigen Landes auszunutzen, und demgemäß möglichst tief in einem der großen Sunde, Scoresby- oder Davy-Sund einzudringen. Aller-bings war das der Instruction gewissermaßen entgegen, daß der Bug des Schiffes nach Süden gerichtet wurde. Aber gerade dieser Abweichung von der Vorschrift ist, wie wir sehen werden, die größte Entdeckung der ganzen Expedition zu danken; und außerdem füllte sich schon in der nächsten Nacht die Bucht, in der die Germania ankerte mit Schollen und Florden, die vom Landeise losbrachen und vom Süden herauftrieben und das Schiff ganz einzuschließen drohten, so daß auch gegen den Willen der Führer der Kurs nach Süden hätte gerichtet werden müssen. So steuerte denn die Ger-mania am 30. Juli früh 3 Uhr wieder südwärts und ankerte bereits Abends wieder bei Griper Roack, ihrem alten Winterhafen.

Französischer Weissagungsschwindel.

Auf der anderen Seite der Vogesen rappelt es wieder einmal stark in vielen französischen Köpfen; der Ingrimm gegen die nordischen Barbaren und Pendulendiebe wird mit neuen und alten Decorationen abermals in Scene gesetzt. Man verflucht die deutschen Räuber, man belegt sie mit den ärgsten Schimpfnamen, bemüht sich über sie zu spötteln und sucht sich damit über die jammervollen zerrütteten Zustände im eigenen Land hinwegzuhelfen.

Es wird den Franzosen nachgesagt, daß sie nicht ganz ohne Witz seien und vor allem das Lächerliche fürchten. Sehen wir zu, ob sie auch gegen-wärtig vor demselben sich nicht scheuen.

Der alte jüdische Prophet Daniel, mit dem sie jetzt an Seine und Loire, an Rhone und Garonne sich viel zu schaffen machen, legte bekanntlich dem babylonischen Könige Nebukadnezar, bevor dieser Gras und Kraut ver-speiste, Träume aus. Der Schah am Euphrat fand den Juden zehnmal klüger und verständiger, denn alle Menschen und Weisen in seinem ganzen Reiche. Alle verborgenen Dinge wurden ihm Nachts durch Gesichte offenbaret. Eines Nachts hatte Daniel einen Traum, in welchem er vier große, phantastisch gebildete Thiere sah. Den Traum schrieb er am andern Morgen nieder.

Die vier Thiere aber waren „die vier Reiche, so auf Erden kommen werden". —

„Und siehe, das vierte Thier war gräulich und schrecklich und sehr stark und hatte große eiserne Zähne, fraß um sich und zermalmete, und das übrige zertrat es mit seinen Füßen. Es war auch viel anders denn die anderen Thiere und hatte zehn Hörner. Da ich aber die Hörner schauete, siehe da brach hervor zwischen denselbigen ein anderes kleines Horn, vor welchem der vördersten Hörner drei auseinander gerissen wurden. Und siehe, dasselbige Horn hatte Augen wie Menschenaugen und ein Maul, das redete große Dinge. — — Aber die Heiligen des Höchsten werden das Reich einnehmen und werden es immer und ewiglich besitzen. Und ich sahe dasselbige Horn streiten wider die Heiligen und es behielt den Sieg wider sie, bis der Alte kam und Gericht hielt für die Heiligen des Höchsten und die Zeit kam, daß die Heiligen das Reich einnehmen." Daniel prophezeit dann weiter, daß dieses vierte Thier das vierte Reich auf Erden und mächtiger sein werde als alle anderen Reiche. „Es wird alle Lande fressen, zertreten und zermalmen. Sein König wird den Höchsten lästern und die Heiligen des Höchsten verstören. Und er wird sich unterstehen, Zeit und Gesetz zu ändern. Sie werden aber in seine Hand gegeben werden eine Zeit und etliche Zeit und eine halbe Zeit. Darnach wird das Gericht gehalten werden, da wird dann seine Gewalt weggenommen werden, daß er zu Grunde vertilget und umgebracht werde."

Diese Phantasien des babylonischen Hoftraumdeuters werden gegenwärtig von der schwarzen Internationale und bei den Franzosen mit Vorliebe betont und verbreitet. Denn der Scharfsinn des einen wie des anderen weiß ja, daß mit dem, welcher die Heiligen des Höchsten verstört, niemand anders gemeint sein könne als unser Kaiser Weißbart. Auch wissen sie ganz genau und haben es auch gedruckt verkündigt, daß das von ihnen so bitter gehaßte deutsche Reich spätestens im September 1874 zu Grunde gehen werde.

Nun schreiben wir diese Zeilen am 12. August; in sechs bis sieben Wochen muß es also mit diesem Reiche zu Ende sein. Leider gehen aber die Dinge auf dieser Erde nach wie vor und der Komet, den auch eine Rolle bei der Vertilgung zugedacht war, hat sich in die ungemessenen Himmelsräume begeben und weiter nichts verübt, als ein gutes Weinjahr, wofür ihm vaticanische und nichtvaticanische Winzer am Rhein und Main dankbar sein werden.

Aber Zweifel an Daniels Gesichte sind unzulässig. Es kam nur darauf an, den Traum richtig auszulegen und das hat der Witz und Scharfsinn in Frankreich auch gethan. Das schreckliche, gräuliche Thier kann, selbstverständlich, nur Deutschland sein. Aber die zehn Hörner? das ist auch klar. Es sind damit die zehn protestantischen Fürsten gemeint, welche einst den Schmalkaldiſchen Bund ſchloſſen, um gegen Kaiſer Karl den Fünften, welcher von dem heiligen Vater in Rom nicht abgefallen war, zu rebelliren. Ueber das eine Horn mit den Menſchenaugen und dem Maule, das große Dinge redet, iſt man in Frankreich begreiflicherweiſe gar nicht in Ungewißheit. Denn was könnte anders gemeint ſein als Preußen? Hat es denn nicht drei Hörner ausgeriſſen in den Kriegen mit Dänemark, mit Oeſterreich und mit Frankreich?

Der Alte, welcher den Heiligen, d. h. der vaticaniſchen Geiſtlichkeit, die Herrſchaft wieder giebt, iſt Papſt Pius der Neunte, und der, welchem er das Gericht übergiebt iſt Graf Chambord, der legitime Roy und in Ermangelung deſſelben — Don Carlos, König von Spanien, legitimer Nachkomme Philipp's des Zweiten.

Man lache nicht über ſolche Albernheiten. Die Maſſen des Volkes, die man ja nach Lourdes, Paray le Monial, Echternach ꝛc. in Schaaren treiben kann, ſiud in Unwiſſenheit und in tiefem Aberglauben befangen und ohne große Mühe zu fanatiſiren. Man ſtellt ihnen die jüdiſchen Viſionen als Offenbarungen des Allerhöchſten dar, die vom Himmel gekommen ſeien und der Erfüllung harren. Sie tragen dazu bei, eine dumpfe Aufregung zu unterhalten, Haß gegen unſern Kaiſer und unſer Reich anzufachen. Auch wird den Landsleuten Diderot's und Voltaire's noch aus anderen „Prophezeiungen" klärlich dargethan, daß der Stamm der Hohenzollern und das deutſche Reich dem Untergange geweiht ſeien; beide würden „zertrümmert und zerſchmettert" werden; der Tag der Rache ſei nahe.

Freilich, — ſo ſagt man den Leuten — werden die ſogenannten Aufgeklärten des neunzehnten Jahrhunderts mitleidig lächeln, wenn wir den Prophezeiungen Glauben beimeſſen. Hat man doch zu allen Zeiten über dieſelben geſpöttelt und ſchon in den Tagen des trojaniſchen Krieges auf die Kaſſandra nicht gehört, die doch warnend vorausſagte, was kommen werde. Allerdings giebt es auch falſche Propheten, aber für die wahren Weiſſagungen giebt es untrügliche Kennzeichen. Zu ſolchen gehört, daß zwiſchen der Verkündigung einer Thatſache, die da kommen werde und der Erfüllung ein längerer Zeitraum liege. Ferner: das verkündete Ereigniß muß Allen, welche davon hören oder leſeu als ein Ding der Unmöglichkeit oder doch der höchſten Unwahrſcheinlichkeit vorkommen, nur allein den Propheten nicht. Sodann muß ſich geſchichtlich und authentiſch nachweiſen laſſen, daß die Prophezeiung unbezweifelt eingetroffen iſt.

Nnn ſchlage man beiſpielsweiſe des Suetonius Biographie der römiſchen Kaiſer auf. Dort ſteht in der Lebensbeſchreibung Veſpaſian's, Capitel 4, Folgendes zu leſen:

„Es hatte im ganzen Orient ein alter und feſter Glaube allgemeine

Verbreitung gewonnen, daß nach einem Schicksalsbeschlusse um diese Zeit Leute, welche von Judäa ihren Ausgang nähmen sich der Weltherrschaft bemächtigen würden." (Percrebuerat Oriente toto vetus et constans opinio, esse in fatis, ut eo tempore Judaea profecti rerum potirentur).

Diese Weissagung, welche, so weit man das später aus dem Erfolge sehen konnte, auf einen römischen Kaiser ging, bezogen die Juden auf sich und erhoben sich gegen Rom und ermordeten den Landpfleger ꝛc. — Die Prophezeiung war also von den damaligen Juden falsch ausgelegt und sie mußten schwer dafür büßen, daß sie dieselbe auf ihren Messias bezogen, auf den sie bis auf den heutigen Tag vergebens warten.

Aber mit der „Weltherrschaft" hat es seine Richtigkeit, denn: Geld regiert die Welt, und Juden sind vorzugsweise Geldinhaber und „Börsenkönige", die Rothschild und Erlanger „die Beisus und die Dreifus ꝛc."

In Frankreich aber bezieht man diese Prophezeiung auf die Christen, welche ja aus dem Judenthum hervorgegangen seien. Ein paar hundert Jahre nach Vespasian's Tode wurden sie allerdings Herren des römischen Reiches, das ja als die Welt galt, orbis terrarum, und die Kirche konnte dann ungehindert nicht nur die Verfolgung der Heiden beginnen, sondern die Christen mordeten Jahrhunderte lang untereinander über das, was rechtgläubig sei und was nicht. Sie sind auch heute darüber noch nicht einig und eine Prophezeiung darüber giebt es leider nicht.

Wem wäre der Name des großen Nostradamus unbekannt geblieben? Er hatte Anno 1558 die französische Revolution voraus gesagt und prophezeiet, daß mit dem Jahre 1792 eine neue Aera beginnen werde: L'an mil sept cens nonante deux, que l'on cuidera être une rénovation du siècle.

Die Schandthaten der Pariser Commune, die Bestialitäten der Pariser Mordbrenner sind von der Wahrsagerin und Kartenschlägerin Lenormant buchstäblich vorausgesagt worden. In ihren „Sibyllinischen Orakeln, Fortsetzung der prophetischen Erinnerungen", Paris 1817, S. 521, steht buchstäblich zu lesen: „Wenn wieder einmal wilde Anarchie unter uns ausbricht, dann denke ich mit Schaudern an die entsetzlichen Dinge, welche unser unglückliches Vaterland heimsuchen werden. Soldaten, Weiber, Kinder, Greise, alle, alle werden mit dem Schwerte niedergehauen werden. Der Pariser selbst, Wuth und Verzweiflung im Herzen und eingedenk der Lection, welche der Moskowit uns gegeben hat, wird mit wüthender Hand (main furieuse) die Anstrengungen der Barbaren fördern, welche Städte zertrümmern, brennende Fackeln auf die Dächer schleudern. Ganz Paris wird ein großes Flammenmeer sein, die Brückenbogen werden einstürzen, selbst die Paläste unserer Könige werden die Erde mit ihren Trümmern bedecken." Man sieht, es ist, als ob die Lenormant das Programm für die Commune entworfen hätte.

Da nun die Prophezeiung im Oriente, von welcher Suetonius spricht, sich so oder so erfüllt hat und da auch die Wahrsagungen des Nostradamus und der Pariser Kartenschlägerin eingetroffen sind, so müßte es doch mit wunderlichen Dingen zugehen, wenn das nicht auch der Fall wäre mit einer andern Weissagung, welche dem rachebedürftigen französischen Herzen volle Befriedigung in Aussicht stellt, die Vernichtung Deutschlands und den Triumph der Franzosen und dann auch den Untergang des Ketzerthums verkündigt. So will es das unabwendbare Geschick.

Trost und Zuversicht schöpft man an der Seine aus den „Weissagungen" des Mönches Hermann von Lehnin, dem Vaticinium lehninense. In der Welt wußte man nichts von den einhundert leoninischen Versen im schlechtesten Mönchslatein, bis Lilienthal in Königsberg sie 1722 im „Gelehrten Preußen" drucken ließ. Als Verfasser wurde ein Mönch, Hermann im Kloster Lehnin in der Mark angegeben, der um 1234 geschrieben habe. Er klagt über das Erlöschen des Herrscherstammes der Askanier, welcher in Lehnin sein Erbbegräbniß hatte; er schildert prophetisch die verwirrten Zustände, welche während des ganzen Mittelalters in der Mark Brandenburg herrschten; er ist übel zu sprechen auf die Fürsten aus dem Hause Hohenzollern, deren Ende kommen werde mit dem Zwölften. Der ist Friedrich Wilhelm der Vierte gewesen.

Die Kritik ist darüber einig, daß diese allerdings interessante „Weissagung" in der zweiten Hälfte des siebenzehnten Jahrhunderts geschrieben worden sei, über den Verfasser ist man heute noch nicht im Klaren. Bemerkenswerth bleibt immerhin, daß viele Verse, welche sich auf Ereignisse seit Anfang des vorigen Jahrhunderts beziehen, bei „richtiger" Auslegung auch richtig zutreffen. Und weil dem so sei, müsse auch der vorhergesagte Untergang der Hohenzollern sich erfüllen. Eine sonst ernsthafte Zeitschrift, (die Revue britannique) hat sich nun die Mühe gegeben „eine geschichtliche Bestätigung" dieser Prophezeiungen nachzuweisen. Wir geben einige Proben, um zu zeigen, wie der Ingrimm gegen Deutschland und die Hohenzollern sich bei jeder Gelegenheit Luft macht.

Friedrich des Zweiten Vater, der Mann des Tabackscollegiums, trat nicht in die Spuren seines prachtliebenden Vorgängers. Hermann von Lehnin hat das fünfhundert Jahre vorher gewußt; er schreibt Vers 76:

Qui successor erit, patris haud vestigia terit.

Dazu giebt der Franzose die Erläuterung: „Friedrich Wilhelm des Zweiten Vater wollte Ludwig den Vierzehnten nachäffen. Er liebte den Pomp; sein Sohn dagegen war ein nordischer Bär, als Gatte brutal, wollte er seine Frau umbringen, als wilder Vater seinen Sohn todtschießen lassen; als Staatsverwalter war er allerdings musterhaft, aber er verfolgte die Katholiken (!)

und führte die Conscription ein, was den Müttern viele Thränen auspreßte." Deshalb sagt Hermann ganz richtig voraus:

Orate fratres, lacrymis nec parcite matres.

Der Mönch hat auch gewußt, daß Friedrich Wilhelm der Zweite an der Wassersucht in einem vom Wasser umgebenen Lustschlosse sterben werde; Vers 88: Et perit in undis, dum miscet summa profundis; auch die Schlacht von Valmy und den Rückzug aus der Champagne habe er prophezeit.

Die Verse 89 bis 91 besagen: „Sein Sohn wird floriren und mehr bekommen als er jemals zu hoffen gewagt hat. Aber sein unglückliches Volk wird weinen, denn man sieht gewaltige Schicksalsschläge herannahen." —

„Damit soll gesagt sein, daß Preußen seitdem gleichsam ein Schwert war, dessen Spitze in Frankreichs Flanke stand, während Rußland das Heft in der Hand hatte. Die Hohenzollern sind allezeit Panthern vergleichbar gewesen, die nach Raub spähen!"

Friedrich Wilhelm der Dritte sah nicht ein, daß der Liberalismus als Macht emporkam. Vers 92: Et princeps nescit, quod nova potentia crescit.

„Aber Wilhelm der Erste hat seine Zeit verstanden, indem er die Demokraten bei Labenburg ecrasirte."

Dann folgen die vor einem Vierteljahrhundert bei uns in Deutschland viel besprochenen Verse:

Tandem sceptra geret, qui stemmatis ultimus erit.
Israel infandum scelus audet morte piandum.
Et pastor gregem recipit, Germania regem.

also: Endlich trägt der das Scepter, welcher der letzte seines Stammes sein wird. Israel verübt ein abscheuliches Verbrechen, das mit dem Tode zu büßen ist. Der Hirt bekommt seine Heerde, Deutschland seinen König wieder.

Der Franzose giebt folgende Auslegung, die er sich und seinem Volke zu großem Troste gereichen läßt: „Der jetzt regierende König von Preußen wird der letzte sein. Wer könnte heute noch bezweifeln, daß diese Prophezeiung sich verwirkliche? Preußen hat sich zum unversöhnlichen Feinde zweier mächtiger Nationen gemacht, bald aber wird diese gefräßige Bestie in die Mache genommen und in ihrer Höhle zermalmt werden. Israel gilt dem prophetischen Mönch Hermann für einen Ketzer, im Gegensatze zu dem Jehova treugebliebenen Juda; Israel also ist niemand anders als Wilhelm, König von Preußen. Können wir Franzosen die abscheulichen Verbrechen vergessen, welche er gegen uns verübt hat? Und ist denn von der Invasion in das schwache Dänemark bis zum Einbrechen in Frankreich die preußische Politik etwas anderes gewesen als ein Gewebe von Ränken und Gewaltthaten, von Plünderung, Mord und Brand? Aber die Stunde der Buße und Wiedervergeltung ist nahe, — morte piandum!" —

„Und der Pastor, der seine Heerde wieder findet, ist der katholische Hirt. Hermann hat schon in Vers 49 vorausgesagt, daß das Gift der Ketzerei bis in die dreizehnte Generation dauern werde: hoc ad tredenum durabit stemma venenum. Nun, diese Generation ist da, das Ende des preußischen Protestantismus ist nahe, nahe das Ende jener lutherischen Hypokrisie, welche bei jeder abgeschlachteten Menschenhekatombe so that als beuge sie sich vor dem Allerhöchsten. Der König von Deutschland, Germaniae rex, aber ist kein anderer als der Sprosse aus dem Hause Habsburg und dieser wird bald ins Nichts zurückschleudern jenen eidbrüchigen Vasallen, der zweihundert Jahr hindurch nur den einen Zweck verfolgt hat, den Oberherrn Deutschlands zu stürzen, so wie Luther den Hirten zu stürzen gedacht. Hermann sagt in seinen fünf letzten Versen vorher, daß die Klöster Lehnin und Chorin neu aufgebaut und ihren alten Glanz wieder gewinnen werden. Wie könnte es auch überraschen, daß nach dem Siege der katholischen Völker diese dem Propheten von Lehnin dadurch sich dankbar erzeigen, daß sie die Abtei des Bruders Hermann wieder herstellen? Hat er ja doch ihren Triumph vor sechs Jahrhunderten im Voraus geweissagt!“

„So lautet die berühmte Weissagung des Wahrschauers. Wenn eine Prophetie nicht bloß eine vereinzelte Thatsache verkündet, sondern eine ganze Reihenfolge von Ereignissen, wie Hermann es thut, voraussagt; wenn die ganze Geschichte der Fürsten aus dem Hause Brandenburg seit 1270 erzählt wird; wenn alle vorausverkündeten Thatsachen sich mit der äußersten Genauigkeit erfüllt haben und dafür historische Zeugnisse vorliegen; — wenn nur noch die Erfüllung einer einzigen und letzten Thatsache in Aussicht steht, nämlich die Züchtigung der Hohenzollern und die Vernichtung dieses verfluchten Geschlechts (l'anéantissement de cette race maudite), — wer wird dann an der unbedingten Wahrhaftigkeit und Zuverlässigkeit des Propheten zweifeln?“

Auf solche Weise redet man sich in wilde Tobsucht hinein und ist in der That reif für den Sonnenstein bei Pirna und für die Zwangsjacke. Ins Narrenhaus gehören auch die, welche Preußens Untergang zuversichtlich voraussagen, weil ein landstreichender Wahrsager, der 1783 zu Köln verstorbene Spielbähn ihn voraus verkündet habe. Er sah den Untergang der Ketzer und wie sie entsetzlich gezüchtigt wurden; diese hatten in ihrem Unverstande sich eingebildet, Gottes Willen und Vorsätze durchdringen zu können. Aber Gottes Geduld ist (1780) am Ende, er wird sie strafen für ihre Verkehrtheit und Thorheit. Merke auf, Laud, Berg, die Königsfamilie, welche von vielen Markgrafen abstammt, wird tief sinken, noch unter den Markgrafen hinunter. — Dieses „noch unter“ muß vielen französischen Herzen doch recht wohl thun; man war bisher so gnädig, die Könige nur bis zum Markgrafen zu degradiren.

Aber, um noch einmal auf die lehninsche Weissagung zurückzukommen, hat sie denn nicht etwa das Richtige mit dem Ausgange der preußischen Könige getroffen? Die Franzosen haben nicht „richtig" ausgelegt. Wir wollen ihnen auf die Sprünge helfen. Stemmatis ultimus trifft zu. Friedrich Wilhelm der Vierte war allerdings der letzte König von Preußen. Sein Nachfolger ist das nicht mehr allein, er ist obendrein deutscher Kaiser und sein Sohn wird das auch sein.

Es bleibt bedauerlich, daß so viele Franzosen zeitweilig der Prosa des gesunden Menschenverstandes den Abschied gegeben haben und sich leidenschaftlich bis zum Lächerlichen erhitzen. Wir Deutschen sollen alles Mißgeschick über sie gebracht haben. Bei ihnen kommt es gar nicht zur Erwägung, daß sie es waren, welche uns den Krieg aufzwangen, daß sie eingestandenermaßen darauf ausgingen, uns unser linkes Rheinland zu rauben. Nun sollen wir für die Verwirrung, welche sie doch selber über sich gebracht haben, verantwortlich sein! Wo bleibt da die Logik? Ihre Zustände sind allerdings kläglich genug, Land und Volk in feindliche Parteien zerklüftet, deren jede für sich ohnmächtig ist. Wenn das vielgepriesene „Prestige" verloren ging, wer trägt die Schuld? Es ist allerdings rettungslos dahin. Aber wird ihr Elend geringer dadurch, daß sie ununterbrochen und planmäßig uns mit Beleidigungen überhäufen, den Haß gegen Deutschland aufstacheln und uns tagtäglich zurufen, daß sie den Tag der Rache inbrünstig herbeisehnen?

Und wozu soll es frommen, daß sie ihrer ohnmächtigen Wuth in Schimpfreden der niedrigsten Art Luft machen? Selbst die hohe Geistlichkeit entblödet sich nicht, gegen das „ketzerische" Deutschland zu hetzen. Da liegt ein Schreiben vor mir, welches Cardinal Donnet, Erzbischof von Bordeaux veröffentlicht hat. Dasselbe ist an einen Herrn Combes, Verfasser einer Geschichte der deutschen Invasionen in Frankreich, gerichtet. Der Cardinal denkt nicht daran, sich zu fragen, wer denn diese Invasionen verschuldet habe: „Es versteht sich ja von selbst, daß sie den „ausgehungerten Tigern" zur Last fallen.

Der Erzbischof sagt: „Frankreichs Himmel ist klar, unser Klima mild, auf unseren Ebenen wogt ein Meer von goldenen Aehren und bunte Weinreben krönen unsere Hügel. Bei uns herrscht überall Reichthum, Ueberfluß und Vergnügen."

„Dort aber im Norden, unter dem eisigen, nebeligen Himmel (Deutschland), auf einem armen, kalten Boden, kauert in seinen unwirthen Steppen ein Volk, das, einig im Gefühle seiner barbarischen Habgier auf unser Glück einen blutgierigen und heißhungerigen Blick wirft. Ich selber sah alle diese Dinge und bekam die schmerzliche Vorahnung auf einer Reise, die ich 1857 (!) nach Wien, Prag, München und Berlin unternahm. Dieses Volk lauert auf einen Tag der Unruhe und des Zwiespaltes bei uns; es wartet darauf, daß wir vollständig verweichlicht sein werden oder unser Blut in brudermörderischen Kämpfen vergießen. Dann richtet es sich in die Höhe und stürzt wie ein ausgehungerter Tiger auf die Beute, welche sich ihm von selber darbietet."

So spricht ein französischer Erzbischof und Cardinal. Wir wollen dem Manne nichts erwidern und ihm nur Wiedergenesung seines angegriffenen Gehirns wünschen.

Erlauben Sie zum Schlusse, daß ich ihren Lesern eine Probe transatlantischen Witzes mittheile, der auf Rechnung der Ultramontanen in der Musterrepublik der Yankees zu schreiben ist. In Boston erscheint „The Pilot"; dieses Blatt hat sich in eine Controverse gemischt, welche der Erzbischof Manning mit einem Herrn Fitzjames Stephens führt. Er nimmt dabei Gelegenheit allerlei Schnörkel anzubringen, darunter auch folgenden:

„Es giebt selbst in Deutschland manche Leute, die nicht gerade evangelischen Respect vor dem Manne haben, welcher das Reich aufgebaut hat. Jüngst herrschte in einer deutschen Stadt eine stockdunkle Nacht. Da hat sich denn ein Künstler das Vergnügen gemacht, an eine Mauer eine gigantische Kathedrale zu zeichnen. Rings um dieselbe war ein Seil gelegt und Fürst Bismarck bemühete sich mit allen Kräften, die Kirche niederzureißen. Der Teufel stand hinter ihm und lächelte. Um die Sache, um welche es sich handelte, zu erläutern, hatte der Maler folgendes Zwiegespräch daneben geschrieben: —

Seine satanische Majestät: „Mein Herr, was machen Sie da?"

Fürst Bismarck: „Ich bin eben dabei die Kirche umzureißen."

S. Majestät: „Wirklich? Ei sieh! Sie wollen also die Kirche demoliren. Wie viel Zeit werden Sie etwa dazu nöthig haben?"

Der Fürst: „Na, in drei oder vier Jahren wird sich's wohl machen."

S. Majestät: „Das werden Sie wohl bleiben lassen. Ich meinerseits arbeite nun seit achtzehnhundert Jahren daran, die Kirche umzureißen und habe es noch nicht fertig gebracht. Wenn Sie es aber in drei bis vier Jahren abgemacht haben, dann danke ich zu Ihren Gunsten ab und übergebe Ihnen mein Reich."

Das ist so weit ganz hübsch. Wir vermuthen aber, daß in der stockdunkeln Nacht der Teufel dem Künstler bei der Arbeit geholfen habe, sonst wäre er wohl schwerlich damit zurecht gekommen.

Daß Fürst Bismarck eine „diabolische, satanische Natur" sei, wird ja von den Ultramontanen häufig gesagt. Ei, was würden die Franzosen geben, wenn sie einen solchen „Satan" hätten, der sie aus ihrem Jammer herauszöge? Oder die Yankees, wenn er ihre durch und durch corrumpirte, aus Rand und Band gehende Musterrepublik wieder in ein honettes Staatswesen umwandelte?

Sagen wir es nur offen: die anderen Alle beneiden uns um diesen „Satan", auf welchen wir Deutschen so stolz sind.

Aus Luxemburg.

Luxemburg, August 1874.

Endlich beginnt auch bei uns die Stimme der Bessern, der so lange und schwer beleidigten öffentlichen Gerechtigkeit sich zu erheben. Das Hauptorgan unserer Finsterlinge, das „Luxemburger Wort für Wahrheit und Recht", dessen Frechheit gar keine Grenzen mehr kannte, ist endlich der öffentlichen Landesjustiz in die Hände gefallen. Es mochte seiner ränkevollen Schlauheit, vielleicht auch seinen vielen geheimen Helfershelfern und Gönnern zu viel vertraut haben. Was es in den bewegungsvollen und für unser armes Land so verhängnißvollen Zeiten der 48er Wirren ohne weiteren Schaden für sich selbst gewagt, das glaubte es in diesen kaum minder bewegten Zeiten wieder straflos wagen zu dürfen. Wie der Leser der Grenzboten weiß, hat das Jesuitenblatt im Jahre 48 die These aufgestellt und vertheidigt, ein protestantischer Fürst sei nicht fähig, ein katholisches Volk recht zu regieren und zu beglücken. Schon damals hatten sich die Gerichte in die klerikale Polemik gemischt und ward — der Strohmann des „Wort", in Ermangelung des wahren Uebelthäters zu zwei Jahren Gefängniß und in die Kosten verurtheilt. Doch wurde von dem Souverain dem armen Schlucker die Strafe nachgelassen, wahrscheinlich, weil — ein Anderer dieselbe verdient hatte, der so schlau war, sich im Finstern zu halten. Man mochte im Jesuitenlager denken, Herr Rehm, der damalige Sündenbock der Partei, sei ja dafür bezahlt, den Sündenbock zu machen. Vielleicht auch war man der Begnadigung des armen Schelms zum Voraus sicher. Wie dem aber auch immer sein mag, das „Wort" kam ohne Schaden davon, und ward mit jedem Tage dreister und frecher bis zum heutigen Tag. — Heute nun — wohl nur, weil ihm jedes andere Hetzmotiv für den Augenblick fehlte, — heute sagen wir, kam es auf die Idee des Jahres 1848 wieder zurück. Von den Gevattern der „Luxemburger Zeitung" nach besten Kräften unterstützt, legte das fromme Blatt einmal wieder gegen unsere Landesjustiz so recht con amore los. Auf den Sack schlägt man, den Esel meint man, sagt das Sprichwort. Wahrscheinlich wollte das Jesuitenblatt auf dem Rücken der Landesjustiz eine weit höher gestellte Autorität treffen, die, wie es scheint, den Herren nicht so zu Willen ist, wie sie es gerne möchten. So wurde wochenlang zwischen „Wort" und „Zeitung" Ball gespielt und zwar stets in der wohlwollenden Absicht, den oder den Andern beim Fliegen an den Kopf zu treffen. Unsere Landesjustiz, wohl die zahmste und geduldigste in der Welt und darüber hinaus, ward des Spiels aber denn doch am Ende überdrüssig. Der Herr Staatsanwalt mußte sich ins Mittel legen, um der Kurzweil ein Ende zu machen und den Preis dem Würdigsten zuzuerkennen. Und der Würdigste war auch diesmal wieder — der Strohmannn (nicht der damalige, sondern der gegenwärtige). Der Preis wurde also diesmal Herrn Brück, Buchhändler und Verleger des „Wort", ganz wie Anno 48 Herrn Rehm von der hohen Landesjustiz zuerkannt. Drei Monate Gefängniß und 1000 Franken Strafgeld, lautete der Urtheilsspruch. Wie der Leser sehen kann, haben auch wir unsere christlichen Märtyrer, so gut wie Deutschland, zu dem unsere Jesuiten nicht gehören wollen. Das beste bei der Sache aber ist dieses, daß kein Mensch im ganzen Lande etwas gegen das Urtheil unseres Gerichtshofes einzuwenden hat, als vielleicht Herr Brück und das „Wort für Wahrheit und Recht". Sogar dieses selbst scheint die Sache, wenigstens theilweise, in der Ordnung zu finden. Nur ein bischen „zu streng" findet es den Spruch des hohen Gerichtshofs, wogegen andere Leute das Gegentheil finden. Der Herr Staatsanwalt hatte auf sechs Monate Gefängniß angetragen. Wahrlich nicht zu viel für den jesuitischen Unfug während eines Viertel-Jahrhunderts! Was uns dabei am meisten wohl thut, ist das Erwachen der öffentlichen Gerechtigkeit bei uns, sowie der öffentlichen Meinung überhaupt. Wir sind so lange daran gewöhnt, das „Wort" und seine Gönner wider Alles losziehen zu sehen, was bei uns noch Ehre und Gewissen im Leibe hat, ohne daß Jemand sich bisher darum kümmerte, so daß man kaum mehr an die Möglichkeit glaubte, das Blatt könne eines Tages dafür doch noch vor die öffentliche Gerechtigkeit gezogen und von ihr verurtheilt werden.

Noch andere Symptome deuten auf den besseren Geist, der in unserem Lande neu aufzuleben beginnt. Der Direktor unseres Athenäums, Herr de Colnet d'Huart, „der Alma Mater unseres Ländchens, der sonst in seinen französischen akademischen Reden nur Weihrauch nach allen Richtungen hin zu verbreiten wußte, hat in seiner Rede bei der letzten Preisvertheilung im Athenäum verschiedene Andeutungen gemacht, daß unser Herr Staatsminister auch auf dem Gebiete des höheren Unterrichts Verbesserungen eingeführt zu sehen wünsche, und zwar schon für die nächste Zeit. Manch wahres Wort hat Herr de Colnet d'Huart in dieser seiner Rede gesprochen. Wenn es nur nicht, wie schon so viele anderen, in den Wind gesprochen ist.

Unsere beste Hoffnung beruht auch hier auf der Gewalt der Verhältnisse mehr als auf der Energie unserer Staatslenker. Wir zweifeln nicht an dem guten Willen unsers Herrn Staatsministers, auch auf dem Gebiete des öffentlichen Unterrichts bei uns mit so manchen faulen verrotteten Verhältnissen aufzuräumen. Doch wird er dazu die Macht haben? Wir wissen, wie andere Mitglieder der Regierung, so namentlich Herr Salentiny, der Ressortminister des öffentlichen Unterrichts, über diesen Unterricht und die Mittel, denſelben zu fördern, denken. Was von einem Manne in dieſer Hinſicht zu erwarten iſt, der vor öffentlicher Kammer wagte, den ſchwarzen Schulſchweſtern und ihrem „ſegensreichen" Wirken eine Lobrede zu halten, begreift ein Jeder, der die Leiſtungen der frommen Schweſtern kennt und tiefer zu beurtheilen vermag. Und dennoch hat der Oberdirektor unſerer Alma Mater eingeſtanden, daß Reich auf Erden gehöre dem beſtgebildeten, kenntnißreichern Volke, wobei er höchſt wahrſcheinlich an Deutſchland dachte. Wohl uns! wenn Herr de Colnet d'Huart, der frühere Freund des Herrn Leverrier und des franzöſiſchen Kaiſerreichs, ſchon heute aus einem Saulus ein Paulus geworden! Wir können ihm nur von ganzem Herzen zu ſeiner Bekehrung Glück wünſchen und — uns ebenfalls. —

Wenn einmal der Herr Ober-Direktor der Hauptunterrichtsanſtalt unſeres Landes ſo denkt, ſo iſt alle Hoffnung vorhanden, daß auch die Profeſſoren und Lehrer dieſer Anſtalt nach und nach zur beſſern Erkenntniß deſſen, was unſerm Lande frommt, kommen. Und daß dieſes nicht das ſeichte, hohle, gleißende franzöſiſche Weſen, nicht dieſer täuſchende, wohlfeile, oberflächliche Firniß iſt, der nur im Dunkeln gleißt, liegt wohl auf der Hand. Wir haben wohl allzulange dieſem franzöſiſchen Flitterphantom gefröhnt, und uns von dem irrlichternden Glanze bethören laſſen. —

Frankreich ſelbſt thut alles Mögliche, uns die Augen zu öffnen, und uns nolens volens auf den beſſern Weg zu zwingen. Wir müßten doch wohl mehr als blind ſein, wenn wir noch immer nicht ſehen ſollten, wohin das lecke Schiff dieſes armen Landes treibt. Wir wollen nicht länger einem Volke blindlings folgen, das ſich ſelbſt nicht mehr in ſeiner Gewalt hat, und, widerwillig und widerſtrebend, den dunklen Mächten folgen muß, die es ſeinem Untergang entgegen führen. Nicht alle zwar ſehen wir dieſes ein, wohl aber alle Beſſeren und Einſichtsvolleren bei uns. Zu dieſen gehören auch Viele unſerer ehemaligen Gegner. Viele Symptome, die vorerſt nur dem aufmerkſameren Beobachter ſichtbar ſind, zeugen dafür. Ein ſolches Symptom iſt unbeſtreitbar die Rede des Herrn de Colnet d'Huart bei der neulichen Preisvertheilung im Athenäum. —

Und dann — iſt nicht auch der Urtheilsſpruch wider den Strohmann des „Wort" ein Anzeichen, daß das Reich der Dunkelmänner bei uns zu wanken beginnt? Und das ſoll, das muß es, wenn dieſe nicht das Ländchen in das Verderben Frankreichs mithineindrängen ſollen. Unſere Regierung darf es nicht länger dulden, daß ſie, im Namen Gottes und ſeiner heiligen Religion und unter dem Schutze unſerer Neutralität, wider Deutſchland hetzen und wühlen, bei dem unſere ganze beſſere Zukunft liegt. Fort mit ihnen aus unſeren Schulen! Hier wird durch ſie das meiſte Gift geſtreut. Ihre Preßorgane müſſen ſtrenger überwacht werden von der öffentlichen Landesjuſtiz. Der Herr Staatsanwalt darf ſich nicht ſcheuen, jedesmal einzuſchreiten, wo die Lügenbrut wider das Recht und das Geſetz frevelt. Es iſt von der größten Wichtigkeit, und thut äußerſt Noth, daß das Volk bei uns nicht länger an die Unantaſtbarkeit der intellectuellen Urheber ſolcher Geſetzwidrigkeiten glaube; der gemeine Mann muß zum Bewußtſein kommen, daß die Geſetze und die Gerechtigkeit des Landes für Alle ohne Ausnahme da ſind, und daß es keine Macht, keine Gewalt im Staate gibt, die über dieſem Geſetze ſteht und der Gerechtigkeit Trotz bieten darf. —

N. Steffen.

Verantwortlicher Redakteur: Dr. **Hans Blum.**
Verlag von F. L. **Herbig.** — Druck von **Hüthel & Legler** in Leipzig.

XXXIII. Jahrgang.   II. Semester.

Die
Grenzboten.

Zeitschrift

für

Politik, Literatur und Kunst.

No. 36.

Ausgegeben am 4. September 1874.

Inhalt:

Leipzig, 1874.
Friedrich Ludwig Herbig.
(Fr. Wilh. Grunow.)

Eine teutſche Schulcomoedi (1660) und ihre Folgen.

Dramatiſche Aufführungen gehörten ſchon ſeit der Zeit der Reformation zu den regelmäßigen Bildungsmitteln unſerer Lateinſchulen; namentlich in Sachſen und Thüringen ſtand im 16. und 17. Jahrhundert die ſogenannte Schulkomödie in hoher Blüthe. Man führte entweder Stücke aus der antiken Dichtung oder auch „von einem guten neueren Dichter" auf, gewöhnlich in lateiniſcher, bisweilen auch in griechiſcher Sprache. Nur ſehr allmählich kam daneben auch das deutſche Schauſpiel empor, nachdem es anfangs mit Hinderniſſen und Vorurtheilen aller Art zu kämpfen gehabt hatte. Das Leipziger Rathsarchiv bewahrt ein intereſſantes Actenſtück aus dem Jahre 1660, (VII B 20), welches uns mitten hineinverſetzt in die Kämpfe, die es hie und da gekoſtet haben mag, um neben den alten Sprachen auch der Mutterſprache zu der ihr gebührenden Stellung am Gymnaſium zu verhelfen, und welches zugleich dem Leipziger Rathe das ſchöne Zeugniß ausſtellt, daß er ſchon damals in allen Schulangelegenheiten mit demſelben Stolße und derſelben Zähigkeit wie heute an ſeiner Selbſtverwaltung feſthielt und jede fremde Einmiſchung, ſobald ſie ihm unberechtigt ſchien, von ſich abwehrte. Wir erzählen getreu nach den Acten.

Am 21. März 1660 richteten die Alumnen der Thomasſchule in Leipzig an den Rath der Stadt — wie üblich, in lateiniſcher Sprache — das Geſuch, der Rath möge zu den zahlreichen Beneſizien, die er ihnen und ihrer Schule ſchon erwieſen, ein neues hinzufügen und ihnen damit zugleich ein wichtiges Mittel geiſtiger und ſittlicher Bildung an die Hand geben: er möge ihuen die Erlaubniß zu einer Theatervorſtellung ertheilen, (exercitium actionis scenicae, non solum parandae eruditioni, sed et moribus fingendis aptissimum). Und zwar wollten ſie, wie ſie ſchrieben, zwei Stücke ſpielen, deren Stoffe beide der heiligen Schrift entnommen und beide höchſt zeitgemäß (tempori praesenti accommodatissimam) ſeien: 1) Der Sündenfall des Menſchengeſchlechts und die Erlöſung durch unſern Heiland, 2) Der Auszug der Kinder Israel aus Aegypten. Die Aufführung ſollte in den Oſterferien (tempore, quo alias quies a studiis concedi solet, proxima nempe post

Festum Paschalis septimana) Donnerſtag den 26. und Freitag den 27. April im Saale des Schulgebäudes ſtattfinden.

Aber die Alumnen zu St. Thomas waren ſchlaue Jungen. Das erſte Stück wollten ſie in deutſcher Sprache aufführen, und darin lag wenn auch keine abſolute Neuerung, denn der Fall war eben vereinzelt ſchon dageweſen, doch immerhin etwas Ungewöhnliches. Anſtatt daß ſie nun in ihrem Schreiben an den Rath dies betont hätten, thaten ſie gerade das Umgekehrte und hoben hervor, daß ſie, um im Latein und in der Verskunſt Fortſchritte zu machen, das letzte Stück, eine Dichtung von Balthaſer Cruſius, in lateiniſcher Sprache ſpielen wollten, ſuchten alſo das, was das Gewöhnliche war, als etwas ganz beſonders Lobenswerthes hinzuſtellen.

Dem Rathe muß das Vorhaben der Schüler unverfänglich erſchienen ſein. Er ließ ſich beide Stücke zur Durchſicht vorlegen, und da er „nichts ungeſchicktes darinn befunden", auch „die Praeceptores, ſo gelehrte Leuthe, unbt theils Profeſſores und Baccalaurei theologiae ſeindt nichts dabey zuerinnern gewuſt", ſo gab er ſeinen Conſens zur Aufführung und bewilligte ſogar den größten Theil der Koſten für die Herrichtung des Theaters, und die Schüler machten ſich vergnügt ans Einſtudiren.

Da erfuhr nach einigen Wochen, als die Aufführung ſchon vor der Thüre ſtand, auch das kurfürſtliche Conſiſtorium in Leipzig von der Sache. Nun war damals wie heute der Leipziger Rath bloß der Patron ſeiner beiden Gymnaſien; Mittelsbehörde und Behörde dagegen bildeten das genannte Conſiſtorium und das Oberconſiſtorium in Dresden, entſprechend etwa der heutigen Gymnaſialcommiſſion und dem heutigen Unterrichtsminiſterium. Aber das Verhältniß zwiſchen Patron und Behörde war damals ein weſentlich anderes als heute. Von den drei Mitgliedern, aus denen jetzt die Gymnaſial-commiſſion beſteht·, ſind zwei zugleich Mitglieder des Rathes, und während auf dieſe Weiſe die Rechte der Behörde heutzutage größtentheils unvermerkt in die Hände des Patrons übergegangen ſind und der Rath in Verbindung mit der Gemeindevertretung, unbehelligt durch Gymnaſialcommiſſion und Mi-niſterium, Maaßregeln treffen und Verordnungen erlaſſen kann, die nach dem Wortlaute der geſetzlichen Beſtimmungen eigentlich in den Bereich des Miniſteriums gehören, wachte in früheren Zeiten das Conſiſtorium eiferſüchtig darüber, daß der Rath die Gränzen ſeiner Befugniſſe nicht überſchritt, und Competenzconflicte zwiſchen Patron und Behörde waren eben keine Seltenheit. Ein ſolcher entſpann ſich ſofort im vorliegenden Falle. Kaum waren dem Conſiſtorium die neuerungsſüchtigen Pläne der Thomaner zu Ohren ge-kommen, ſo erließ es — grauſamer Weiſe am Tage der feſtgeſetzten erſten Aufführung, am 26. April — an den damaligen Rector der Thomasſchule, Georg Cramer, ein kategoriſches Schreiben, worin es ſeine Entrüſtung darüber ausſprach, daß die Aufführung ohne ſein Vorwiſſen vorbereitet worden ſei; zwar wolle man nachträglich erlauben, „daß die Lateiniſche Comoedi möge geſpiehlet werden. Wegen der Deütſchen aber wirdt dem Rectori zu St. Thomas hiermit inhibiret, ſolche gänzlich einzuſtellen, damit wiedrigenfalls anderer Anordnung es nicht bedurffen möge".

Der Rector richtete ſofort nach Empfang dieſer Zuſchrift ein Entſchuldigungs-ſchreiben an das Conſiſtorium, worin er um Zurücknahme der frieden- und freudeſtörenden Verordnung bat, erhielt aber Tags darauf eine noch viel ver-ſchärftere Weiſung, in welcher geradezu „an ſtadt und von wegen des Durch-lauchtigſten, Hochgebornen Fürſten undt Herrn Herrn Johannes Georgen des andern" 2c. dem geſammten Lehrercollegium der Thomasſchule der Befehl ertheilt wurde: „bey ſtraff 30 goldgülden reiniſch, ihr wollet euch der Teutſchen Comoedi enthalten undt dieſelbe nicht ſpiehlen laßen, damit wiedrigen-falls ſchärfferer Anordnung es nicht bedürffen möge. Wornach ihr euch ſamptlich zu achten."

Dieſer Ukas wurde dem Rector im Schulgebäude inſinuirt „nachmittage nach drey Uhren, alßgleich die Alumni Thomani in Verrichtung ihres Exercitii comici begriffen", und es läßt ſich denken, daß die verſammelten Praeceptores darob in nicht geringe Beſtürzung werden gerathen ſein. Eine Weile war man unſchlüſſig, was man thun ſollte; da aber einmal alle Vorbereitungen getroffen waren und das anweſende Publicum, darunter „membra ſenatus ſelbſten", ungeduldig zu werden anfing, ſo wurde friſchweg auch die deutſche Komödie heruntergeſpielt. Noch denſelben Abend aber machten die Lehrer der Thomasſchule an den Rath eine Angabe, in der ſie erklärten, ſie müßten gar nicht, wie ſie von Seiten des Conſiſtoriums „zu dergleichen ſtraffbaren anordtnung" kämen, da ja nicht ſie, ſondern der Rath „auff der Alumnorum bittliches anſuchen die ſpielung der Comoedien verſtattet und angeordtnet" habe und das Collegium ſich dieſer Anordnung doch nicht habe widerſetzen können, und baten, der hohe Patron wolle ſich ihrer dem Conſiſtorium gegen-über annehmen, damit ſie von der unverdienter Weiſe angedrohten Strafe verſchont blieben. Tags darauf wandten ſie ſich auch noch mit einem Schreiben an das Conſiſtorium ſelbſt, worin ſie ſich ebenfalls darauf beriefen, daß der Rath die Anordnung zu dem Schauſpiele getroffen habe; „es wirdt vns auch, heißt es dann weiter, verhoffentlich kein Menſch rathen oder zumuthen können, daß wir arme Diener vns gegen vnſere patrone und Nutritios auflehnen vnd dasJenige waß ſie verordtnet, vnd vor ſich zu verantwortten haben, zer-nichten ſollen". Uebrigens hätten ſie für ihre Perſon gar kein Intereſſe daran, „ob dieſe comoetien gehalten werden oder nicht". Sie bäten, daß man ſie mit der angedrohten Strafe verſchonen wolle, erklärten jedoch, daß ſie — „auf alle wiedrige fälle, und damit Wir bey vnſer ohne diß geringen beſoldung ungeſehrdet bleiben" — an den Kurfürſten appelliren würden, und erbaten ſich ſchließlich für dieſen Fall Apostoli reverentiales, d. h. ſie baten, daß das Conſiſtorium die Appellation für zuläſſig erklären und demgemäß an die höhere Inſtanz berichten möge.

Inzwiſchen thaten die wackeren Alumni, als ob gar nichts vorgefallen wäre. Sie hatten natürlich ebenfalls ſofort von dem Verbote des Conſiſtoriums Wind bekommen; aber ſei es, daß ſie wirklich ganz naiv handelten, ſei es, daß ſie vielleicht gar von ihren Lehrern oder von einem bei der Auf-führung anweſenden Rathsmitgliede aufgeſtiftet worden waren, kurz, ſie kamen am Tage nach der Aufführung, den 28. April, in einem augenſcheinlich ſehr eilig und nicht von dem beſten Lateiner des Alumnats entworfenen Anhalteſchreiben beim Rathe um die Erlaubniß ein, beide Komödien am nächſtfolgenden Montag und Dienstag wiederhölen zu dürfen, da die Auf-führung trotz der Beiſteuer des Rathes mit nicht geringen Koſten verknüpft geweſen ſei und überdies ein großer Theil der Zuſchauer eine Wiederholung der beiden Stücke wünſche (cum sumptus in comoediis illis agendis facti sint non parvi, quorum partem beneficentiae Vestrae nos debere grati agnoscimus: praeterea multi ex spectatoribus alijsque ut semel adhuc duas illas comoedias spectandas exhibeamus a nobis contendunt). Und mit un-verkennbarem Vergnügen darüber, daß ſie der Gegenſtand eines friſchen, fröhlichen Conflictes zwiſchen Rath und Conſiſtorium geworden, ſchloſſen ſie ihr Schreiben mit den ſtreitluſtigen Worten: „Valete, viri Magni et Vestra hac benevolentia et benignitate praesidioque nos sublevate et defendite!"

Ob es zu dieſer zweiten Aufführung wirklich gekommen, geht aus den Acten nicht hervor. Dagegen wurden am 4. Mai der Rector Cramer und die drei oberſten Collegae — der geſchmackvolle neumodiſche Titel „Oberlehrer" war damals noch nicht erfunden — durch mündliche Citation auf das Conſi-ſtorium beſchieden, und hier ertheilte ihnen der Senior der Juriſtenfacultät und des Kirchenrathes, Dr. jur. Quirinus Schacher, einen Verweis. Er hielt ihnen vor, daß vor allen Dingen dem Superintendenten und dem Conſiſtorium von der beabſichtigten Theateraufführung hätte Anzeige gemacht werden müſſen; ſobann hätte die Bühne nicht in der Schule ſelbſt, ſondern in irgend einem anderen Saale der Stadt aufgeſchlagen werden ſollen; drittens ſei es ungehörig, daß ſie ein Eintrittsgeld erhoben; „es hette vordeßen H. † M. Cramer ſel. im Colleg in der Schuel zu S. Niclas auch laßen eine Comoedie agiren, er hette aber kein Geld genommen;" endlich hätte der Rector nicht ſelbſt bei der Aufführung zugegen ſein ſollen, auch den Collegen es verwehren „und nach empfangenen Poenal Praecepto alsbald laßen die Knaben in die lectiones publicas" gehen. Gegen dieſe Vorwürfe verantwortete ſich der Rector, indem er zunächſt nochmals darauf hinwies, daß es nicht in ſeiner Gewalt geſtanden habe, der Anordnung des Rathes zuwiderzuhandeln. Ferner sei es nichts ungewöhnliches, daß das Theater in der Schule selbst errichtet werde, wie denn z. B. vor 28 Jahren in der Schule „eine lateinische Comödien, de Dyscolis aus dem Terentio Christiano" (von Cornelius Schonoeus, Cöln 1620) aufgeführt worden sei, wobei der Rath, der damalige Superintendent und „etliche von der Universität" zugegen gewesen; diese Komödie sei übrigens damals auf Wunsch des Rathes von den Schülern auch ins Deutsche übersetzt, von Cramer selbst corrigirt und dann nochmals „publice, weil der Orth in der Schul zu eng gewesen, auff H. D. Johann Böhmens sel. Saal gespieln worden". Das Geld hätten die Knaben zur Bestreitung des Aufwandes, den er ihnen übrigens zu machen nicht geheißen habe, nöthig gebraucht. Außerdem könne er sich auf die „Augusteische Schulordnung" (vom Jahr 1573) berufen, worin es von der Unterstützung der armen Schüler ausdrücklich heiße: „Besonders, wenn sie des Jahres einmahl oder mehr eine Comoediam Terentianam oder Plautinam spielen, sol ihnen jeder Zeit der halbe Theil von der Verehrung gegeben, der ander Theil aber dem Schulmeister vnd seinen Collaboratoribus folgen." Daß er endlich der Aufführung persönlich beigewohnt, darin könne er keinen Verstoß erblicken, da es der Rath gewesen, der sie angeordnet habe, und Rathsmitglieder selbst zugegen gewesen seien. Schließlich wurde der Rector sammt den Collegen von Schacher aufgefordert, binnen acht Tagen sich schriftlich oder mündlich darüber zu erklären, ob sie bei der angekündigten Appellation bleiben wollten oder nicht, ob sie vom Consistorium Apostoli reverentiales oder refutatorii haben wollten — was eher wie eine Drohung als wie eine Frage klingt —, und drittens, ob sie die Verantwortung für das, was sie gethan, dem Rathe zuschieben wollten.

Fünf Tage darauf gab das Thomascollegium die geforderte schriftliche Erklärung ab, worin es die bereits mündlich vorgebrachten Gründe im Wesentlichen wiederholte, nochmals „fleißig" bat, daß man sie „arme Schuldienere" mit der tictirten straffe verschonen" wolle, und für diesen Fall auf die Appellation verzichten zu wollen erklärte; im entgegengesetzten Falle werde es von dem ihm zustehenden Rechte der Appellation Gebrauch machen und um Apostoli reverentiales bitten.

Die Strafe wurde nicht erlassen, und so würden die Lehrer zu der angekündigten Appellation haben verschreiten müssen, wenn nicht der Rath inzwischen die Sache zur seinigen gemacht und bereits am 2. Mai ein umfängliches Schreiben direct an den Kurfürsten Johann Georg nach Dresden gerichtet hätte. Hier berichtete der Rath eingehend über den ganzen Vorfall und beklagte sich bitter darüber, was für Eingriffe in seine Rechte sich das Consistorium erlaubt habe. „Dergleichen geschwinde Verordnung", wie sie das Consistorium gethan, gereiche dem Rathe „zu nicht geringer Beschimpfung".

Das Consistorium habe gar kein Recht, sich in die Sache einzumischen. In den Fürstenschulen seien öfter Komödien aufgeführt worden, denen Leipziger „membra senatus, alß sie in denselben studirens halber sich hiebevor auffgehalten, auch beygewohnet" hätten; niemals aber werde dort die Einwilligung des Consistoriums zuvor eingeholt. Ebenso sei es an den beiden Leipziger Stadtschulen „über Menschen gedencken eingeführet, hergebracht, und gehalten worden". Erst vor zwei Jahren hätte der Rath den Thomasschülern dergleichen exercitia scholastica verstattet, ohne daß es im Consistorium Jemandem eingefallen wäre, Einspruch zu erheben, „bey solchem alten Herkommen undt observanz wir billich unturbiret gelassen werden." Auch auf einen Präcedenzfall von auswärts berief sich der Rath. Im Jahre 1628 hätte der Superintendent in Chemnitz den dortigen Schülern plötzlich die Abhaltung ihres üblichen Gregorianerfestes verbieten wollen und hätte sich bei dem Oberconsistorium beschwert, weil es ohne seine Einwilligung trotzdem hätte gefeiert werden sollen. Da sei er mit seiner Beschwerde abfällig beschieden und ihm bedeutet worden, „das diese seine sorge unzeitig undt unnöthig gewesen;" die Schüler möchten nur ihr Fest in Gottes Namen feiern, wie bisher. Die exercitia comica seien aber doch gewiß eben so „wichtig, nüzlich undt erbaulich", als das Festum Gregorianum. Endlich aber bringt der Rath den eigentlichen Hauptpunkt zur Sprache und schreibt wörtlich, wie folgt: „Wir wollen auch nicht hoffen, daß wie es auß angeregtem Praecepto sich ansehen lesset, einziger unterscheidt zwischen Teutscher undt Lateinischer Comoedie gemachet, undt jene deterioris conditionis, alß diese die Lateinische seyn solle, indem heutiges Tages an einem schönen und geschickten deutschen stylo bey denen conversationibus hominum je so viel alß am Lateinischen gelegen ist, zu deme hatt die Schule billich neben der Lateinischen auch auff eine Deutsche comoedj bedacht seyn müssen, weill sie dieses exercitium unter andern auch zu ehren der Vornehmsten von der Bürgerschafft abgeleget, alß durch derer tägliche elargitiones guht willige sPeisung auff der Schulen undt guthe gestiffte die Schüler unterhalten werden müssen . . . weill aber die wenigsten unter Ihnen der Lateinischen sPrache kundig, kan nicht unförmlich gehandelt seyn, wan Ihnen neben der Lateinischen mit einer Deutschen comoedj entgegen gegangen wirdt." Kurz, der Rath erklärte, daß er die Verordnung des Consistoriums als eine „bloße Zunöthigung" betrachten könne, darauf berechnet, den Rath in seinem „alten Herkommen, guthen gebrauch wohlerhaltenen vhralten privilegio zukrencken uudt zu schimpffen", und bat schließlich die kurfürstliche Regierung, dem Consistorium „solch weit auffsehendes Beginnen ernstlich zu verweisen".

Nach Verlauf von drittehalb Monaten traf auf diese Eingabe des Rathes endlich ein Bescheid des Dresdner Oberconsistoriums ein, der freilich auf alle vorgebrachten Beschwerden des Rathes nicht mit einer Silbe einging, sondern kurzer Hand den Bescheid gab, daß dem Leipziger Consistorium die Sache vorher hätte gemeldet und die Komödien ihm von den Schülern zur Durchsicht übergeben werden müssen, „damit nicht etwas, welches contra analogiam fidei et bonos mores were, darinn zu deren unvermerckten nachtheil verdecket liegen möchte", und hieran folgenden schauderhaft stilisirten und, nach allem was voraus gegangen, völlig unverständlichen Passus reihte: „Denen Knaben ziemets auch keines weges ihrem gutachten vnd eigner willkühr nach Comoedien zu wehlen und zu agiren, sondern solches stehet denen Praeceptoribus zu, bey dem Superintendenten, ihrem Inspectorn und Euch, denen Patronis, gebührlich zu suchen, und über dieses alles viel ärgerliche, Christlicher Zucht und Scham ia den grundt der Seelen seeligkeit zu wieder lauffende sachen darinnen fürgebracht werden, Wir auch sonsten aus Landes Vätterlicher treu und Liebe zu dem Wortt Gottes, welches durch deßen sonderbahre gnade in zierliche reine Teütsche sPrache übersetzet ist, nicht geschehen laßen können, daß allmehlich die iuckende ohren der iugend zur liebe gegen die Jesuiten, alß sonderbahre Meister der sPrachen, dahin das Lob, welches ihnen so prächtig in der Vorrede gegeben, sein dienen kan, möchten bewogen werden".

Dem Rathe zu Leipzig war dieser Bescheid natürlich völlig unfaßbar. Es war nicht anders möglich, das Consistorium hatte der Dresdner Behörde gegenüber die Angelegenheit in falschem Lichte dargestellt und offenbar nicht zur Sache gehörige Dinge eingemischt. Daher wandte sich der Rath am 6. August aufs neue an den Kurfürsten, schrieb ihm, daß, wie aus dem Rescripte des Oberconsistoriums hervorgehe, das Leipziger Consistorium „durch ein und ander ungegründetes anführen" den Kurfürsten wohl „zu allerhand ungleichen gedancken in dieser sachen" wider den Rath möge verleitet haben, und bat darum, daß ihm von dem Berichte des Leipziger Consistoriums eine Abschrift eingeschickt werde. Als dieser Wunsch nach zwölf Tagen nicht erfüllt war, schickte der Rath ein zweites, noch dringlicheres Gesuch um Ueberlassung der begehrten Abschrift an die kurfürstliche Regierung und bat nochmals energisch um Schutz in seinem wohlerworbenen Rechte, und als nach Ablauf von weiteren zwei Monaten das Gewünschte noch immer nicht eingetroffen war, ließ er sich die Mühe nicht verdrießen, zum dritten Male jenen Bericht, „so auff vielen ungleichen und ungegründeten factis und praesuppositis beruhen" möge, einzufordern.

Hierauf kam nun endlich nach einer Woche zwar immer noch nicht die verlangte Copie, aber ein vom Kurfürsten eigenhändig unterzeichnetes Rescript, worin es kurz und bündig hieß, daß die Anordnungen des Oberconsistoriums „allenthalben erheblich" befunden worden seien und es dabei zu verbleiben habe, und am Schluß an den Rath die nichtssagende und nach den vorausgegangenen Thatsachen wiederum schier unbegreifliche Weisung erging: „ihr wollet denen

Praeceptoribus obermelter Schulen daselbst nachdrücklichen deuten, daß sie selbsten hinfüro mit denen Comoedien in Schulen gebührende ordnung halten, keines weges aber denen Knaben ihrer eigenen belustigung nach dergleichen ärgerliche Comoedien zu erwehlen und zu agiren verstatten". Hierbei mußte der Rath nothgedrungen Beruhigung fassen, und die Sache hatte ein Ende.

So viel Lärm und Staub um eine deutsche Schulkomödie! Aber wie gut, daß dieser Lärm geschlagen und dieser Staub aufgewirbelt wurde. Daß die Entscheidungen der kurfürstlichen Regierung Ausflüsse bequemster und gedankenlosester Willkür waren, liegt auf der Hand. Freilich waren der Rath und die Lehrer, welche fortwährend vorgaben, daß der Rath die Aufführung der Stücke angeordnet haben, während er sie doch bloß gestattet hatte, im Unrecht; der Rath war eben nur Patron und Erhalter der Schule, und nicht er, sondern nur das Consistorium hatte anzuordnen und zu gestatten. Aber auf der andern Seite gehörten regelmäßige scenische Exercitien thatsächlich schon seit über huundert Jahren, so gut wie Disputationen, Wettarbeiten und Examina, zu den stehenden Einrichtungen der deutschen und besonders der sächsischen Gymnasien, zu deren Ausübung es einer besonderen Erlaubniß des Consistoriums schwerlich bedurft haben wird, und man fragt sich erstaunt, was wohl den Zorn der gestrengen Herren in solchem Maaße erregt haben mag, daß sie in diesem einen Falle ihr Veto dagegen einlegen zu müssen glaubten. War es nicht bloße Rancune gegen den Rath, hervorgerufen vielleicht durch rein persönliche Antipathieen, so bleibt nichts weiter übrig, als anzunehmen, daß wirklich nur die vermeintliche Neuerung, ein deutsches Schauspiel aufzuführen, den engherzigen Perrückenträgern nicht in den Kopf gewollt habe. Und doch, wie bedeutsam, wie nothwendig war diese Neuerung! Man sehe nur oben die wörtlichen Auszüge aus den Acten an: ist es nicht rührend komisch, den Leipziger Rath für die Pflege der deutschen Sprache an seinen Schulen sich selber in so jammervollem Deutsch ereifern zu sehen?

Die Zeit schritt denn auch rasch über die ängstlichen rechtsgelahrten und geistlichen Herren und ihre Vorurtheile hinweg. Schon am Ende der sechziger Jahre brach sich die deutsche Schulkomödie mehr und mehr Bahn, und in den siebziger Jahren war sie vollständig zur Herrschaft gelangt. Von 1678 bis 1708 regierte am Zittauer Gymnasium Christian Weise, der König aller Schulkomödiendichter, der in den dreißig Jahren seines Rectorats allein an die hundert deutsche Schulkomödien schrieb und zur Aufführung brachte. Viel flaches und inhaltsloses Zeug mag wohl darunter gewesen sein; dennoch ist es die deutsche Schulkomödie gewesen, die in einer Zeit, wo die dramatische Dichtung im deutschen Volke nur in der Form der rohesten Hanswurstiade oder Schaudertragödie lebte, an den deutschen Höfen nur als wälsche Opera vertreten war, redlich zur Rettung unserer Sprache und Poesie beitrug, und so an ihrem Theile den Boden mit bestellen half, aus dem in der zweiten Hälfte des 18. Jahrhunderts die deutsche Litteratur wieder zu neuer, reicher Blüthe erwuchs.

G. Wustmann.

Die Nordpolfahrt der Germania unter Kapitän Koldewey 1869—70. *)

4) Die Entdeckung des Franz Josephs-Fjords und die Heimkehr.

Am 1. August Morgens wurde die treue Ankerstätte eines Jahres von der Germania zum letzten Male verlassen und, unter mancherlei Fährnissen durch Eis, zwischen Kap Wynn, der Flachen Bai, an der Gael-Hamkes-Bai vorüber nach der Jackson-Insel gesteuert, wo man Nachm. 4 Uhr anlangte und vor Anker ging, um die Insel näher zu untersuchen. Diese Untersuchung führte, abgesehen von großer Ausbeute an Pflanzen, Schmetterlingen, Spinnen, Eskimoschädeln u. s. w. zu einem höchst seltsamen Fund, einem sehr kunstvoll gearbeiteten Holzkästchen mit einstmaligem Verschluß, das zweifellos einem religiösen Kultus der Eingeborenen diente.

Am 3. August früh lichtete die Germania wieder die Anker und umfuhr, ohne durch das Eis irgendwie behindert zu sein, das über 1000 Meter hohe, steile und wilde Kap Broer-Ruhs, mußte aber dann vor Anker gehen, da das Eis nach Süden zu am Lande vollständig festlag und den Eingang in sämmt- liche großen Sunde wehrte. Unter diesen Umständen wurde ausgemacht, vor- läufig eine Bootfahrt längs der Küste nach Westen zu unternehmen, um die auf der Clavering'schen Karte als „Mackenzie-Insel bezeichnete Einfahrt näher zu untersuchen. Je weiter die Germania nach beiden vordrang, um so reicher und schöner zeigte sich das Land. Die Temperatur stieg Mittags über 10 Gr. und an den sumpfigen Stellen traf man höchst lästige Schwärme von Moskitos. Auch die Rennthierheerden zeigten sich dichter. Am Abend des 4. August wurden ohne Mühe fünf Stück geschossen. So konnte man sich wieder einmal an frischem Fleische laben. Der Appetit der Leute war durch die stete Arbeit und Bewegung in frischer Luft ein so außerordentlicher, daß der Koch unab- lässig grollte, wenn er sie nicht zu sättigen vermochte. Jetzt schmunzelte er

---

*) Die zweite deutsche Nordpolfahrt. I. Band. Zweite Abtheilung. F. A. Brockhaus 1874.

aber als er die vielen Rennthierkeulen an Bord bringen und am Lande noch so viel lebendiges Fleisch herumlaufen sah, welches nur darauf zu warten schien in seine Kochtöpfe und Bratpfannen zu wandern. Bereits Morgens zum Frühstück konnten den Leuten gehäufte Teller voll zarter Rennthiersteaks verabreicht werden.

Am 5. August waren die Vorbereitungen für die Bootreise soweit beendigt, daß das Boot am 6. August Morgens absegeln konnte. Mit 4—5 Knoten Fahrgeschwindigkeit ging es fast direct in westlicher Richtung dicht am Lande hin. Nach 8 Seemeilen Fahrt war der sogenannte Mackenzie-Inlet erreicht und nur als eine Einbucht erkannt, in welcher eine von einem Bache durchzogene Thalebene ausläuft. Hier wurden aufs neue sieben Rennthiere geschossen und am Vormittag die Fahrt noch um weitere drei Seemeilen verlängert. Drei Stunden nur hatte die ganze Fahrt erfordert. Wie bequem und luxuriös reiste sich es doch im Boote, wenn man an die Schauer der Schlittenreisen zurückdachte! Wärme, Tabakrauch, köstliches Fleisch in Fülle, Schnelligkeit des Vordringens, freudiger Schlaf des Nachts im dichten warmen Zelt, diese Momente hoben die Stimmung unsrer Reisenden aufs glücklichste. Und obendrein sollte dieser Tag der bedeutsamste der ganzen zweijährigen Expedition werden. Am Abend bestieg nämlich der Kapitän mit Dr. Copeland einen nach Nordwest zu gelegenen Hügel. Da zeigten sich gegen Nordwesten Loch Fine, der Fjord, welchen Clavering 1823 mit dem Boote bereiste, gegen Südsüdwest Kap Franklin, und die als Bennett-Inseln auf der Karte bezeichneten Hügelreihen. Aber über die Ebene hinaus erglänzte bei Kap Franklin eine Menge hoher Eisberge, die sofort die Wahrscheinlichkeit erzeugten, daß dort die Mündung eines großen Fjord sein müsse. Denn an der Küste war nirgends ein Gletscher bemerkt worden, von dem jene Berge herstammen konnten. So wurde fast in derselben Stunde desselben Tages die Gewißheit von der Existenz des herrlichen Franz-Joseph-Fjords erlangt, in der unsre Krieger bei Wörth und Spicheren die ersten großen Schlachten des Deutschen Nationalkrieges schlugen!

Noch einmal freilich stellten sich Wind, Nebel und Eis der Erreichung des großen Zieles feindlich entgegen. Am 7. August vermochte das Boot nur bis Kap Bennet vorzudringen. Am 8. wurde es Nachmittag, ehe man sich dem großartigen Kap Franklin zu nähern vermochte. Die Eisberge mehrten sich, und da, obgleich das Land nach Südwest bedeutend zurücktrat, noch immer kein Gletscher zu sehen war, so wurde es nun mit jedem Augenblicke klarer, daß man sich nahe der Mündung eines großen unbekannten Fjords, unmittelbar vor einer Entdeckung von großer Wichtigkeit befinden müsse. Zwei Seemeilen östlich vom Kap mußte schon Halt gemacht werden. Das Eis lag fest am Lande, erstreckte sich quer über die Mündung des Fjords und bildete so eine Barrière, die für das Schiff nicht zu forciren war. Das Boot mußte also, wenn es weiter vordringen sollte, über das Eis geschleppt werden. Ehe aber diese mühselige Arbeit versucht wurde, sollte über die Beschaffenheit und Schiffbarkeit des Fjords Gewißheit erlangt werden und zu diesem Zwecke rüsteten sich Copeland und Payer zur Besteigung der über 1300 Meter hohen Franklinspitze, während Börgen und der Kapitän die Ungeduld noch eher zu befriedigen suchten durch Besteigung einer nahen circa 150 Meter hohen Felsspitze. Nach einem etwas mühseligen Marsche über Felsen und durch reißende Gletscherbäche wurde diese Spitze erreicht, von wo sich ihrem staunenden Auge eine Landschaft enthüllte, wie man sie sich großartiger und außerordentlicher nicht denken kann. Da lag das Innere von Grönland vor ihren Blicken, wie eine prachtvolle Decoration, wie eine Alpenwelt im höchsten Stile. Zu ihren Füßen die Mündung eines großen von Treibeis freien Fjords oder vielmehr Meeresarmes mit zahlreichen 30 bis 60 Meter hohen Eisbergen bedeckt, der sich in unabsehbaren Fernen nach Westen erstreckte und sich dort in mehrere Arme zu theilen schien, umsäumt von jäh und steil aufsteigenden Bergen, die sich nach Westen zu immer höher und höher aufthürmten, bis in die Regionen des ewigen Schnees und Eises. Vor ihnen lag in dem vollen Reize jungfräulicher Schönheit die spiegelglatte geheimnißvolle Fläche eines unbekannten Gewässers und tief in das Innere von Grönland konnten sie eindringen und der Wissenschaft eine neue Welt und neue Forschungsgebiete erschließen, wenn es gelang, das Schiff selbst in den Fjord zu bringen. Aber das schien freilich vorläufig unmöglich. Denn eine feste Eisdecke, die an der schmalsten Stelle unter dem Kap noch zwei Seemeilen breit war, und die das stärkste Panzerschiff nicht hätte durchbrechen können, erstreckte sich von Ufer zu Ufer quer über die Mündung des Fjords. So entschloß man sich denn dazu, morgen das Boot über das Eis in den Fjord zu schleppen und legte sich zur Ruhe, da Copeland und Payer vor dem Morgen von der Franklinspitze nicht zurückerwartet werden konnten. Aber aus dem schönsten Morgenschlummer wurde der Kapitän plötzlich durch die Stimme Copeland's geweckt, der äußerst vergnügt zum Zelt hineinrief: „Das Eis ist losgebrochen, in Bewegung nach Osten, wir können das Schiff jetzt hineinbringen, die Ausdehnung des Fjords ist ohnehin von oben gesehen, viel zu großartig für eine Untersuchung auf dem Boote." In sehr kurzer Zeit lag die fröhliche Mannschaft wieder an den Rudern im Boote, das pfeilschnell gen Nordosten flog, um die sieben deutschen Meilen zum Schiffe möglichst schnell zurückzulegen.

Noch großartiger als der Kapitän und Börgen hatten natürlich Copeland und Payer von der Franklinspitze aus, die sie nach fünfstündigem Marsch (oder richtiger Kriechen) erreichten, zum ersten Male den Franz-Josephs-Fjord gesehen. Sie berichten darüber kurz Folgendes: „Welch ein unerwarteter Anblick bot sich hier dem entzückten Auge! Ein ungeheuerer, mit zahllosen schimmernden Eisbergen bedeckter Fjord lag gegen Westen zu unsern Füßen, mit seinen Verzweigungen hohe begletscherte Felsmassen von bedeutender Größe, zum Theil wirkliche Inseln umschließend, von schroffen Wänden umgürtet und an seiner Ausmündung von unzähligen kleinen Inseln bedeckt. Ueber zehn deutsche Meilen weit gegen Westen sahen wir, daß einer der Hauptarme des Fjords am Fuße eines gegen 2500 Meter hohen Gebirgskammes in südwestlicher Richtung abbog. Gegen Süden trat das einsame Felskap Parry, dem Andrange des Packeises trotzend, weit in die See und über ein noch ungelöstes geographisches Problem, aus Baien, Landzungen, Gebirgszügen, Gletschern zusammengesetzt, hinweg schweifte der Blick zu den an 15 deutsche Meilen entfernten, wohl weit über 3000 Meter hohen Werner-Bergen (südwestlich) mit ihren an die Dolomitgebirge Südtirols erinnernden Formen. — Nach Osten lag schweigend und starr, bis an den äußersten Horizont reichend, eine weiße Fläche, durch welche wir in einigen Tagen den Rückweg nach Europa finden sollten, das Packeis."

Bei Bennet wurde Mittagsrast mit dem Boot gehalten. Hier stauten sich die Eismassen, so daß erst um Mitternacht das Schiff zu erreichen war. Die Germania lichtete schon am 9. August Morgens die Anker und dampfte, wenn auch mühevoll, doch mit solchem Erfolge dem neuentdeckten Fjorde entgegen, daß schon Nachmittags 5 Uhr Kap Franklin passirt und in die einsamen, bislang noch von keinem Kiel durchfurchten Gewässer eingelaufen werden konnte. Dahinten lag das Eis mit seinen Gefahren und ewigen Hindernissen für die Schifffahrt und frei und leicht glitt der Dampfer über einen sich scheinbar endlos ausdehnenden regungslosen, tiefblauen Meeresarm dahin, zu beiden Seiten die mächtigen Berge Grönlands, die immer höher und höher bis zu himmelanstrebenden schneebedeckten Kuppen und Zacken ansteigen und umgeben von Eisbergen, weiter und weiter in unbekannte Fernen hinein! Anfangs steuerte das Schiff längs dem nördlichen Ufer des Fjords, doch da dieser Arm bald in einem ungeheuren Gletscher zu enden schien, so wurde nach der Südseite des Fjords hinübergesteuert. Längs dieser steilen Küsten dampfend, gelangte die Germania Morgens 2 Uhr (10. Aug.) in einen engeren Fjordarm, der an großartiger Naturschönheit mit den romantischsten Alpengegenden wetteifern konnte. Payer gibt davon folgende treffliche Schilderung: „Wir waren in einem Kessel angelangt, dessen Ufer Felsen bildeten, wie ich sie in herrlichern Formen und Farben noch nie gesehen hatte. Die Eigenthümlichkeiten der alpinen Welt: ungeheure Wände, tiefe Erosionsspalten, wilde Hochspitzen, gewaltige und zerrissene Gletscher, tobende Abflüsse und Wasserfälle u. s. w., welche bei uns in so ausgezeichneter Weise gewöhnlich

nur vereinzelt vorzukommen pflegen, — alle diese Bilder wilder Pracht umfaßte hier ein einziger Blick. Es ist mir noch heute lebhaft erinnerlich, daß
der unmittelbare Eindruck dieses von den bizarrsten und großartigsten,
1500—2500 Meter hoch aufragenden Felsburgen umgebenden Bassins etwas
märchenhaftes hatte. Ein kubischer Felskoloß streckte sich hier auf schmaler
Basis als Landzunge weit hinaus in den Fjord. Unmittelbar aus dem blauen
Wasserspiegel erhebt sich diese Masse gegen 1500 Meter hoch; regelmäßige
rothgelbe, schwarze und lichtere Streifen zeigen die Schichtung eines Gesteins.
Die Erkern und Thürmchen ähnlichen Vorsprünge an seinem Kamm verleihen
ihm eine gewisse Aehnlichkeit mit einer zerfallenen Burg. Wir nannten ihn
daher auch das Teufelsschloß. — Einen Anblick von nur annähernder Groß-
artigkeit erinnere ich mich nicht jemals in den Alpen gehabt zu haben. Ein
kleines Matterhorn ragt hier aus der Flut empor; hier entströmten einem
Gletscherthor ungeheure Wassermassen, um sich über die Riesenwand herab in den
unbewegten klaren Spiegel tief unten zu stürzen. — Es liegt eine unbeschreibliche Anregung in solchen Momenten. Tag und Nacht steht man auf Deck;
jeder Augenblick bringt eine überraschende Scene, zaubert ein neues Natur-
wunder herbei und mit Staunen irrt das Auge von einem Punkt zum andern.
Die große Durchsichtigkeit der Luft läßt jede Einzelheit erkennen. Kein anderer Laut als der monotone Takt der Maschine und das Rauschen des Kiel-
wassers unterbricht die feierliche Stille. Behaglich durchwärmt die Morgen-
sonne die blaue Luft, in welcher der von dem Schornstein ausgeathmete Rauch
in horizontalen Streifen sich hinkräuselt."

Weiter und weiter drang das Schiff vor. Doch immer drohender und
näher schoben sich die Felsmassen zusammen. Da öffnete sich plötzlich, als
man weiter nach Südwest dem „Teufelsschloß" entgegensteuerte, ein zwei
Seemeilen breites Felsenthor und eine neue überraschende Scenerie! Und
nach Westen eine weitere sich scheinbar endlos ausdehnende Fjordverzweigung.
Noch einige Stunden ging es vorwärts, aber jetzt meldete der Maschinist, er
könne nicht weiter dampfen, da der seit 24 Stunden ununterbrochen in Thätigkeit gewesene Kessel wieder anfange zu lecken und nothwendig abgeblasen
werden müsse. Da sich in dem tiefen Felskessel des Fjords nicht segeln ließ,
so mußte nothgedrungen vor Anker gegangen werden. Es war nicht leicht
eine Ankerstätte zu finden, da der Fjord fast überall 500 Faden Tiefe hat.
Endlich am 11. August Vorm. 11 Uhr gelang es, in zehn Faden Tiefe Anker
zu werfen. Dieß war der westlichste Punkt der erreicht wurde; er liegt unter
73° 11' 6 nördlicher Breite und 25° 58' 6 westlicher Länge von Greenwich.
Da eine Bootfahrt ohne Segel in dem noch viele deutsche Meilen langen
Fjord, mit Rücksicht auf die kurze Zeit, die der Germania noch übrig blieb,
um durch das Packeis zu brechen und damit die Straße der Rückkehr zu er-

zwingen, außer Berechnung lag, so mußte man sich damit begnügen, die Größe und Richtung des Fjords nach Westen zu und den Charakter des Landes durch Besteigung eines hohen Berges festzustellen. Payer rüstete sich sofort zu dieser Bergfahrt in Gesellschaft von Dr. Copeland und Ellinger, nachdem zuvor behufs Auswahl des höchsten und passendsten Berges, ein circa 2000 Meter hoher Felskegel in elf Stunden Wegs (hin und zurück) erstiegen worden war. Am 12. August 10 Uhr Morgens setzten sich die drei Bergsteiger zur Ersteigung jenes gewaltigen Berges und Gletschers in Bewegung, der zum Aussichtspunkt ausersehen war und heute die Payer-Spitze heißt. Ihre Ausrüstung bestand in Steigeisen, Bergstöcken und einem 18 Klafter langen Seile. Es war eine Bergreise von seltener Schwierigkeit und Dauer. Die Anwendung des Seiles, mit dem man sich über manches Hinderniß hätte hinweghelfen können, war unzuverlässig; denn wer hinabstürzte, konnte nicht wie etwa bei einer europäischen Alpenpartie von aus dem Thal geholten Leuten heraufgezogen werden. Oft standen alle vereint auf einem schmalen Eisband, umgeben von einer trügerischen Schneedecke, unter welcher ein schwarzer Abgrund tückisch lauerte. Die Bergstöcke mußten zu einer Art gebrechlicher Brücke zusammengelegt und auf dem Bauch darüber gekrochen werden. Bis zum halben Leib versanken sie in Schneewehen.

Um 8½ Uhr Abends endlich erreichten Payer und Ellinger nach zehnstündigem Marsch die klippenreiche Spitze, Copeland folgte einige Zeit später. Die Spitze lag gegen zwei deutsche Meilen westlich vom Schiffe und war nahezu 2100 Meter hoch. Einige hundert Klafter entfernt ragte ein 2500 Meter hohes imposantes Eishorn, außerhalb des Gletschers in die Höhe. Aber rings in der umfassenden Fernsicht, die sich nach jeder Himmelsrichtung hin erschloß, herrschte die Erstarrung des Todes, fast kein Zeichen Naturleben unterbrach die rauhe Größe des Berglandes.

Statt der üppigen Sohle deutscher Alpenthäler mit ihren Gehöften und Ortschaften lag hier der dunkle Wasserspiegel des Fjords 2100 Meter tief zu ihren Füßen. Unzählige Eisberge, in der Ferne glänzenden Perlen vergleichbar, schwammen auf dessen Fläche umher, eine furchtbare Wand fiel anscheinend senkrecht in denselben hinab. Von allen Bergstufen, aus jedem Thal senkten sich gigantische Gletscher in die Tiefe der gewaltigen Felsgasse und von den hohen Eisbarrièren ihrer unteren Euden lösten sich jene prächtigen Eisberge ab, welche Ebbe, Flut und Strömung durch das sundreiche Hochland dem Ocean zuführen. Mehr als irgend ein anderer Gegenstand fesselte eine ungeheure Eispyramide im Westen ihre Aufmerksamkeit. Um ungefähr 1500 Meter überragte dieselbe einen hohen Gebirgskamm, welcher sich im dritten Theile der Breite Grönlands in meridionaler Richtung erstreckt. Diese herrliche Spitze wurde mit dem Namen des gefeierten Urhebers der

erſten deutſchen Nordpolexpeditionen, mit Petermann's Namen belegt. Ihre
Höhe war annähernd 3300 Meter. Ein an vier deutſche Meilen langer
Gletſcher mit einer prächtigen Mittelmoräne erſtreckte ſich von derſelben bis
ans Meer hinab; ſein Ende daſelbſt war mindeſtens eine deutſche Meile breit.
Rings am Horizont ſtrebte eine Alpenwelt mit unzähligen, das Niveau von
3000 Meter zum Theil überſchreitenden Gipfeln empor. Den Fjord ſelbſt
vermochte man noch gegen zehn deutſche Meilen weit gegen Weſt-Süd-Weſt
zu verfolgen. In dieſer Ferne waren noch mehrere Arme zu erkennen, in die
der Fjord ſich zu verzweigen und deren größter nach Süden abzubiegen ſchien.
Deutlich ließ ſich durch die perſpectiviſche Trennung der Landmaſſen die Fortſetzung dieſer Kanäle jenſeit der hohen Inſelmaſſive erkennen. Das auffallende
Verſchwinden des Hochlandes in ſüdweſtlicher Richtung ſchien zur Annahme
einer Verbindung des Kaiſer Franz-Joſephs-Fjords mit dem Scoresby- und
Davis-Sund zu berechtigen.

Um 11 Uhr Nachts wurde — natürlich bei Sonnenlicht — der Rückweg
angetreten. Anfangs ging es zwiſchen wilden Felszacken über einen an
50 Klafter geneigten Eishang thalabwärts, immer quer über den Grat des
Berges. Mittels des Bergſtocks wurden nothdürftige Stufen in das Eis ge-
ſtoßen und mit Benutzung hervorragender Felszacken und des Seiles ſtieg
Einer nach dem Andern, unter Vermeidung gleichzeitiger Bewegungen bergab.
Dann lief das Grat in verwitterte Abhänge aus, über welche ſie leicht auf
den Gletſcher der Thalſohle hinabgelangten. Um 7 Uhr Morgens, nach ein-
undzwanzigſtündiger Abweſenheit, kehrten ſie wieder zum Schiffe zurück, wo
ſchon Alles zur Abfahrt bereit war. Am Land wurde natürlich vorher ein
Steinkegel errichtet und in demſelben ein Document mit den Entdeckungen
der Germania niedergelegt.

Am 13. Auguſt Morgens dampfte die Germania in nebligem Wetter
aus dem Fjord rückwärts in nordöſtlicher Richtung. Der Nebel zwang, die
Nacht über beizulegen, ſodaß der Ausgang des Fjords erſt am 14. Auguſt
erreicht werden konnte. Ein Beſuch des Waltershauſen-Gletſchers am Nordende des Fjords war unmöglich, da der Maſchiniſt erklärte, daß der Keſſel
dieſe lange Fahrt von zehn deutſchen Meilen hin und ebenſoviel zurück unmöglich, außer den übrigen Leiſtungen, die von ihm verlangt wurden, leiſten
könne. Als am Abend des 14. der Dampf abgeblaſen wurde, fing der Keſſel
wieder an, ſtark zu lecken; es zeigten ſich bereits Riſſe in der Platte. Außerdem fand ſich zwiſchen Kap Bennet und der Bonteloe-Inſel eine ſo ſtarke
Eisſtopfung und ſoviel Treibeis, daß abermals Anker geworfen werden mußte.
Die nächſten Tage wurden daher benutzt, um den nöthigen Ballaſt und
Waſſer einzunehmen. Auch wurden, zur Ergänzung des Fleiſchvorrathes
noch einige Rennthiere und Moſchusochſen erlegt, und am 15. vom Kapitän

und dem ersten Offizier das über 900 Meter hohe Kap bestiegen, um sich
über die Lage des Eises und den bestmöglichen Weg durch den Pack die
nöthige Einsicht zu verschaffen. Die Aussichten nach Ostnord und Südost
zeigten sich günstig. Ueberall zeigte sich das Packeis lose genug, um bequem
hindurchsteuern zu können. So war denn Alles zur Rückreise nach Europa
bereit. Am 16. August Morgens konnte der nothdürftig reparirte Kessel
wieder geheizt werden. Aber sobald Dampfdruck da war, fingen wieder
mehrere Röhren an zu lecken, und es wurde immer fraglicher, ob derselbe
überhaupt weiter benutzt werden könnte. Am 17. August Mittags nach
wenigen Stunden östlicher Dampffahrt dasselbe Schicksal. Die Germania
ankerte im Eise; ein dichter Nebel zog herauf, und verschleierte allmählich das
zwölf Seemeilen entfernte Kap und die ganze Küste von Grönland. Für
immer entschwand sie den Blicken der Germaniamänner. Die Maschine wurde
in der Nacht nothdürftig ausgebessert, doch hatte der Maschinist kein Vertrauen mehr in die Dauerhaftigkeit der Reparaturen; auch wurde es immer
gefährlicher, dem Kessel, dessen untere Platte bereits bedeutende Risse zeigte,
noch einen Dampfdruck aufzuerlegen. Dennoch wurde der Versuch noch dreimal gewagt, am 19. und am 21. August. Am 19. wurde sogar unter dem
Aechzen und Stöhnen des ganzen Schiffes versucht, mit voller Dampfkraft
den Durchpaß durch das immer dichtere Packeis zu erzwingen. Aber das
Feuer ging aus. Und am 21. überzeugte der Kapitän, nach dem letzten
Versuch, das Schiff mit Dampf aus dem Eise herauszuarbeiten, sich selbst,
daß es mit der Dampfkraft zu Ende sei, und daß der übrige Theil der Reise
allein unter Segel werde zurückgelegt werden müssen. Dazu war indessen
vorläufig auch Wind und Wetter nicht angethan.

Im höchsten Maße trostlos verliefen die nächsten drei Tage: wenige
Schritte Fahrt mit dem Segel, oder Warpen längs des Eises, kunstvolle
Drehungen des Schiffes, um die drohenden Flarden und Schollen zu umgehen
vollkommen zusammengepacktes geschlossenes Eis, schlichte See ohne jegliche
Dünung, so daß der Ocean noch recht fern schien, nicht selten die Gefahr
vom Eise völlig besetzt zu werden; dazu die aufreibende unausgesetzte Arbeit
für Offiziere und Mannschaft. Am Abend des 23. August endlich verzog
sich der Nebel; der Wind lief nordöstlich bei steigendem Barometer. Seit der
Abfahrt von der Küste das erste Mal ein klarer Horizont und ein freier
Ueberblick über die Umgebung. Am 24. August, 2 Uhr Morgens blies
eine den Wünschen der Schwergeprüften höchst günstige Brise aus Nordost,
die sofort zum Segeln benutzt wurde, in der jetzt ganz bestimmten Hoffnung
den Eiszirkel nunmehr bald vollends durchbrechen zu können. Sie mußten
immer weiter südwärts durch das Eis, das sie oft mit Gewalt durchbrechen
mußten. Nach Osten immer noch kein Ausweg. Da kam eine herrliche Brise

ihnen zu Hülfe, und mit 5 bis 6 Knoten wurden alle glacialen Schwierigkeiten siegreich überwunden. Um 3 Uhr Nachmittags begegnete die Germania einer
Kette von Schollen, die ein unverkennbar oceanisches Ansehen zeigten, auch
hörte man nun deutlich die Brandung des Meeres. Die Freude an Bord
war unbeschreiblich und sie bedachten sich keinen Augenblick, mit sieben Knoten
Fahrt in dieses Eislabyrinth hineinzurennen. Das Schiff stöhnte und ächzte
von der Gewalt des Andranges und der Hintersteven bekam einen Stoß, daß
der Kapitän einen Augenblick für die dort nicht so starke Verbindung der
Balken fürchtete. Doch die Germania hielt sich gut. Durch den gewaltigen
Druck des Windes getrieben, wälzte sie sich hindurch und nach kurzer Zeit
glitt sie hinaus ins freie Wasser, wo die so lang entbehrte Dünung des
Atlantischen Oceans sie begrüßte. Was fragten die kühnen Männer jetzt nach
dem Nebel, der wie eine drohende weiße Mauer dicht geballt wiederum her-
aufkam? was kümmerten sie die Eisblöcke, denen sie immer noch begegneten,
oder noch zu erwartende Stürme? Sie hatten offenes Wasser, hatten Seeraum
und das ist ja Alles was ein Schiffer nöthig hat. Eine gewaltige See, noch
vom letzten Sturm aufgeregt, kam ihnen entgegen, und setzte die Eisblöcke,
durch die das Schiff hindurch mußte, in gefahrdrohende Bewegung. Aber
Alles ging gut. Noch eine Stunde, und auch das letzte Stück Eis war im
Nebel verschwunden. Unter Südostkurs ging es jetzt ungehindert auf die
Weser zu.

„My watch is out," pflegte der alte Scoresby zu sagen, wenn er aus
dem grönländischen Eise kam und sich im offenen Meer befand. „Meine
Wache ist aus" sagte Kapitän Koldewey zu Herrn Sengstake, indem er sich
zur Ruhe begab, mit einem Gefühl der Sicherheit und Behaglichkeit wie seit
langem nicht. Ging es doch der deutschen Heimath entgegen und stand doch
nichts der Hoffnung mehr im Wege, daß sie bald werde erreicht sein. Der
Kapitän wählte den Weg an Island vorbei zwischen den Faröern und
Shetlands-Inseln hindurch, um im Golfstrom und an dessen Zusammenfluß
mit dem Polarstrom noch einige Lothungen und Temperaturmessungen vornehmen zu können, an denen jedoch das bis zur Weser anhaltende stürmische
Wetter hinderte. — Am 10. September, in der Nähe Helgolands, lief der
Wind nach Nordwest um und machte es möglich, das Land anzulaufen.
Morgens mit Tagesanbruch erkannten sie, ohne bisher einen Lootsen gesehen
zu haben, Langeroge, und steuerten nun längs dem Südwall der Weser-
mündung entgegen. Von Schiffen keine Spur! Die Weser schien ausgestorben. Wo stecken die Lootsen? Man muß, da sie sich nicht zeigen, ohne
sie einlaufen. Die Außentonne wird ja wohl zu finden sein, da ist ja schon
der Kirchthurm von Wangeroge. Nichts ahnend steuern sie weiter; der
Thurm peilt Südsüdwest, er peilt Südwest zu Süd-Süd-West, aber keine

Tonne will in Sicht. Der Kapitän und Steuermann sahen einander verwundert an. Sollten sie sich geirrt und verrechnet haben? Aber das war doch Wangerooge, die Wassertiefe, der Kompaß stimmt, und das war doch unzweifelhaft die Weser. Irgend etwas Ungewöhnliches mußte sich ereignet haben, denn noch immer war kein Segel in Sicht. Aber dort in der Jade lagen mehrere große Schiffe unter Dampf. Also dort hinein. Die Germania grüßte die deutsche Flagge und bald ertönte auf ihre Frage der Ruf: „Es ist Krieg mit Frankreich, Napoleon gefangen, Frankreich Republik, unsre Heere stehen vor Paris." Und dann: „Hansa im Eis zertrümmert, Mannschaft gerettet." Die Germaniamänner glaubten zu träumen und standen starr vor Erstaunen ob so gewaltiger und herzergreifender Nachrichten. Erst als vom „König Wilhelm" aus Hunderten von deutschen Kehlen ein donnerndes Hurrah ihnen entgegen tönte, fanden sie ihre Sprache wieder und antworteten aus voller Brust: Hurrah, Hurrah! — Kapitänlieutenant Stenzel kam an Bord, bewillkommnete die Nordpolfahrer auf deutschem Boden und theilte ihnen die großen Ereignisse der letzten Wochen im Zusammenhang mit. Die deutsche Flotte gab ihnen Dampfer und Lootsen für die Weser; am elften September Abends 6 Uhr liefen sie wohlbehalten in Bremerhafen ein, wo sie schon am andern Morgen die Freude hatten, die Herren vom Bremer Comité und einen Theil ihrer Kameraden von der Hansa zu begrüßen.

Pius VI. und die Franzosen.
I.
Von S. Sugenheim.

Armen adeligen Familien des Kirchenstaates hat um dem Glücke nachzuhelfen, öfters auch um sich des Bettels zu erwehren, gewöhnlich kein anderer Weg offen gestanden, als der Dienst der Kirche, in welchem selbst bei den bescheidensten Kenntnissen leichtes Fortkommen zu hoffen ist, wenn man es nur versteht, in die Gunst eines vornehmen und einflußreichen Würdenträgers sich einzunisten. Darum hatte auch Giovanni Angelo Braschi (geb. 27. Decbr. 1717) aus einer zwar gräflichen, aber blutarmen Familie Cesena's, als er achtzehn Lenze zählte, zum Eintritt in den Priesterstand sich bequemt, obwohl die Reize einer römischen Jungfrau ihn mit so mächtigem Zauber gefesselt, daß er bereits um ihre Hand angehalten hatte. Sie gab ihm auch keinen Korb, aber er, der mitleidlose Vater, ein geachteter römischer Bürger,

Namens de Marchis, welcher der höchst profaischen Ansicht war, daß man von den Revenüen eines Grafentitels eine Frau nicht anständig erhalten könne. In diesen Stuuben unsagbarer Schmerzen faßte der noch so jugend-liche Giovanni Angelo einen heldenmüthigen Entschluß — er sagte dieser Geliebten für immer Valet und wandte sich einer andern zu — der Kirche. Dem Glücksfalle, daß er in seinem Onkel, dem Auditor Bandi, einen viel-vermögenden Gönner besaß, verdankte der junge Mann die Beförderung zum Auditor der päpstlichen Kanzlei, als er erst 27 Sommer zählte. Als Bandi nach acht Jahren (1752) zum Bischof von Imola ernannt wurde, drang er, ehe er Besitz von seinem Bisthume nahm, in den alten Kardinal Ruffo, dessen Diener er früher gewesen, und der ihm und seinem Neffen ein mächtiger Patron geblieben, den Letztern dem damaligen Papste zu empfehlen, was auch geschah. Es war nicht zu früh; denn im nächsten Jahre starb Ruffo, und im darauffolgenden Benedikt's XIV. Geheimschreiber. Dieser Nachfolger des Apostelfürsten war bekanntlich einer der gelehrtesten, die je auf dem heil. Stuhle saßen, ein Mann, der in einem Augenblicke Bonmots und im nächsten Kirchendekrete zu diktiren liebte, der eines gewandten, einer recht lesbaren Handschrift sich erfreuenden Sekretärs bringend bedurfte. Und diesen Vorzug besaß Braschi in besonderem Grade, wie nicht minder den einer schönen Gestalt. Beide Vortheile bestachen den Papst so sehr, daß er Ruffo's Empfohlenen auf der Stelle zu seinem Geheimschreiber und schon im nächsten Jahre (1755) zum Kanonikus der Peterskirche ernannte. *)

Damit war Giovanni Angelo auf den rechten Weg zum Glück geschleu-dert worden, wiewohl es nach dem Tode Benedikt's XIV. (3. Mai 1758) nicht das Ansehen gewann, daß er noch sonderlich steigen werde. Denn in der Um-gebung seines Nachfolgers Clemens XIII. besaß er über ein Jahr lang nicht einen Gönner, bis es ihm endlich gelang, an dem Kardinal-Kämmerling Karl Rezzonico einen solchen zu gewinnen; dieser ernannte ihn (1759) zu seinem Auditor. Damit trat er in nähere Beziehung zur Familie des regierenden Papstes — Clemens XIII. war nämlich ein Rezzonico aus Venedig. So lange dieser lebte, erstrebten seine Verwandten so gut wie die seiner Vorgän-ger nichts eifriger, als Ausnützung ihrer Herrlichkeit zur Vermehrung der ihnen unbedingt ergebenen Kreaturen. Da jene gewöhnlich mit dem Tode des Statthalters Christi ihr Ende erreicht, suchten dessen Nepoten von jeher, so lange dieselbe dauerte, besonders solche Individuen an sich zu ketten, welche die Fähigkeit verriethen und Aussicht hatten, dereinst Carrière zu machen. Karl Rezzonico, des dreizehnten Clemens einflußreichster Nepote, errieth richtig, daß Braschi in ungewöhnlichem Grade das Zeug dazu habe. Darum empfahl er

*) Wolf, Gesch. der römisch-kathol. Kirche unter Pius VI. I, 294 f. Zürich und Leipzig. 1793—1802. 7 Bde.

ihn seinem Onkel (1766), als dieser wegen eines neuen Finanzministers, sich in großer Verlegenheit befand. Denn den seitherigen, Canale, hatte er schleunigst zum Kardinal ernennen müssen — um ihn vor dem Galgen zu bewahren, an welchen das Volk von Rom ihn zu befördern angelegentlichst strebte, weil er es während der letzten Hungersnoth (1762 — 1766) fürchterlich ausgesaugt hatte. Braschi war klug genug, trotz seiner dürftigen Umstände, in einer Zeit ehrlich zu bleiben, in der die seinem Vorgänger zugedacht gewesene Erhöhung zu besonderer Vorsicht mahnte und die Augen aller Welt auf den päpstlichen Generalschatzmeister gerichtet waren. Darum ist er das auch unter dem (1769) folgenden Papste Clemens XIV. noch vier Jahre lang geblieben. Aber ein Finanzminister, der selber nicht stahl, und auch Anderen zu stehlen nicht erlaubte, war zu wenig nach dem Geschmacke der Kardinäle und anderer römischen Großen, um ihren Unterminirungsversuchen auf die Dauer widerstehen zu können. Clemens XIV. wurde vermocht, ihm einen Nachfolger zu geben und ihn selbst (26. April 1773) ins Cardinals-Kollegium zu berufen. Als dieser Statthalter Christi kaum anderthalb Jahre später (22. Sept. 1774) starb, hatte wohl Niemand weniger Aussicht, als Braschi, sein Nachfolger auf dem heil. Stuhle zu werden. Denn da er nur zum Kardinal erhoben worden, um ihn aus einer Stellung zu entfernen, in welcher er Andere sehr genirte, hatte er zur Ausstattung auch nur die wenig bedeutende Abtei Subiaco erhalten, die ihm bei weitem nicht so viel einbrachte, um mit den übrigen Kardinälen an Aufwand irgend wie wetteifern zu können. Er spielte darum auch unter diesen, so lange Clemens XIV. noch lebte, eine überaus bescheidene Rolle.

Und dennoch wurde gerade e r (15. Febr. 1775) dessen Nachfolger, weil er eben aus diesem Grunde die wenigsten Feinde unter den Wählern, dagegen an den Gesandten der bourbonischen Höfe und seinen alten Gönnern, den Nepoten des dreizehnten Clemens, den Cardinälen Karl und Johann Baptist und ihrer Schwester, der Fürstin Rezzonico (welch' letztere den neuen Papst als ihr Geschöpf betrachtete)*) ebenso eifrige wie gewandte Förderer seiner Erhebung auf den heil. Stuhl besaß. Pius VI., wie der Neugewählte sich nannte, erfüllte nur die wenigsten der Hoffnungen, die er als Finanzminister seiner beiden Vorgänger erweckt hatte. Hauptsächlich, weil er durchaus kein politischer Kopf, seiner hohen Stellung nicht entfernt gewachsen, vielmehr voll hinderlicher Eigenheiten war. So beherrschte ihn namentlich eine überaus hohe, durch die wirklichen Verhältnisse gar sehr Lügen gestrafte Meinung von der Macht der Kirche und der Erhabenheit seiner persönlichen Würde sowohl wie seiner Einsichten, die Ueberzeugung, daß er, unter Assistenz des

---

*) Nach dem Berichte eines Augenzeugen der Wahl, bei Walch, Neueste Religionsgesch. V, 364. (Lemgo 1771—83. 9 Bde.)

heil. Geistes und seines eigenen Vertrauten, des Exjesuiten Zaccaria, Alles höchst weise einrichte. Seine Sucht nach Ruhm und nach Verherrlichung seiner Amtsführung war ebenso maßlos wie seine persönliche Eitelkeit. Pius VI. ist nämlich einer der schönsten Männer seiner Zeit gewesen, es bis in sein hohes Greisenalter geblieben und hat sich darauf ungeheuer viel mehr eingebildet, als sich sagen läßt. Sein übermäßiger Geschmack für Pracht Aufwand und alles Schimmernde, seine Vorliebe für köstliche Tafeln (seine Tafel kostete monatlich 1000 Scudi, die seines Vorgängers Clemens XIV. deren nur 25) und zahlreiche Tischgesellschaften, seine Unfähigkeit, den Phantasien, den Launen einiger Damen, welchen er nicht abgeneigt war, ihre überaus kostspielige Befriedigung zu versagen*), machten Braschi's Pontifikat zu einem äußerst verhängnißvollen und aufreibenden für die Bevölkerung eines so verarmten Landes wie damals der Kirchenstaat war. —

Dennoch läßt sich nicht läugnen, daß dieser Papst das Beste seines Landes und Volkes ernstlich wollte, daß ein wahrhaft großartiger und splendider Geist in manchen seiner Unternehmungen sich manifestirte. Die berühmteste und umfassendste derselben ist sein Versuch der Austrocknung der pontinischen Sümpfe. Von dem kleinen Küstenplatz Astura, wo einst Cicero enthauptet und dreizehn Jahrhunderte später Konradin, der unglückliche letzte Staufer gefangen genommen wurde, erstrecken sich diese längst der Seeküste in einer Ausdehnung von 42,000 Meter, auf 18,000 Meter größter Breite, bis zur Stadt Terracina. Schon in den ältesten Zeiten waren diese Niederungen versumpft; bereits Martial nannte die pontinischen Felder verpestet. Mehrere Päpste, zumal Leo X. und Sixtus V., hatten versucht, diese unbewohnten und giftigen Moräste in gesundes und kulturfähiges Land umzuwandeln; keiner mit Erfolg, auch zuletzt Clemens XIII. nicht. Um so verführerischer mußte auf den ruhmsüchtigen Pius VI. die Aussicht wirken, auszuführen, was so manche seiner Vorgänger fruchtlos versucht. Nachdem im Jahre 1777 der geschickte Feldmesser Sani den ganzen Bezirk aufgenommen, begann im nächsten Jahre der Ingenieur Rapini, ein Bologneser, das schwierige Werk. Es ist, nach Aufwendung ungeheurer Summen, Torso geblieben, nicht allein, weil seine Vollendung die Geldkräfte des Papstes bei weitem überstiege, sondern weil sie auch eine andere Bevölkerung erheischt haben würde, als die damalige des Kirchenstaates war. Ein Werk, dessen Ausführung arbeitende Menschenhände erforderte, sagte natürlich liederlichen Müßiggängern nicht zu, die von jeher gewöhnt waren, ihr Brod vor den Kirchthüren zu erbetteln, die alles lieber thaten, sogar lieber hungerten, als arbeiten. Die 8000 Arbeiter, die man zuletzt zusammenbrachte, konnten be-

---

*) Wolf, a. a. O. I, 485

ziehungsweise nur kurze Zeit, bei weitem nicht so lange zusammengehalten werden, als nöthig gewesen sein würde. Doch ist neben diesem unvollendet gebliebenen großen ein kleineres, auch recht verdienstliches Werk von Pius VI. zu Ende geführt worden — die Wiederherstellung der Appischen Straße, freilich, da dieser Träger der Tiara im Allgemeinen viel zu theuer baute, mit einem ungeheuern, ganz unverhältnißmäßigen Kostenaufwande. Die großen Platten, womit man sie nach Art der Römerstraßen überhaupt gepflastert fand, wurden zerstückt und als Unterlage benützt, hierauf die ganze Linie durch Kies erhöht, die alten Brücken hergestellt, neue gebaut, zwei Reihen Ulmen gepflanzt. So entstand eine der schönsten und bequemsten Straßen der Welt.

Nichts würde indessen irriger als die Meinung sein, daß die Vermehrung der päpstlichen Staatsschuld*) durch Pius VI. um gar viele Millionen römischer Thaler (Scudi à 2½ Gulden süddeutscher Währung), daß das Ende seines Pontifikats mit einem allgemeinen Staatsbanquerot hauptsächlich, aus den angedeuteten Gründen, das Werk seiner Bauten und sonstigen Unternehmungen gewesen. Dieser schimpfliche Abschluß der Finanzwirthschaft des Unfehlbaren des achtzehnten Jahrhunderts rührte vielmehr zumeist davon her, daß Pius VI. der letzte Papst war, unter welchem das alte Nepoten-unwesen im höchsten Grad, wie nur unter sehr wenigen seiner Vorgänger florirte. Und diesem uralten Krebsschaden der päpstlichen Finanzen die Axt an die Wurzel zu legen, hatte Innocenz XII. (Antonio Pignatelli, aus dem Hause der Fürsten von Minerbino, vorher Erzbischof von Neapel) kurz nach seiner Erhebung auf St. Peters Stuhl (12. Juli 1691) eine Bulle publicirt, welche ihm und all seinen Nachbarn für ewige Zeiten untersagte, von den dem apostolischen Stuhle gehörigen Besitzungen, Einkünften und Gerechtsamen irgend Etwas zur Bereicherung seiner und resp. ihrer Brüder, sonstigen Anverwandten und Freunde zu verwenden, selbst nicht zur Belohnung unbestreitbarer großer Verdienste um die Kirche und den Kirchenstaat. Nur notorischer Armuth ihrer Blutsverwandten und Freunde sollen die Päpste sowie der anderer Dürftigen nach ihrem Gewissen abzuhelfen und des Kardinalats wahrhaft Würdige zu demselben, mit dem Jahrgehalt aller anderen Cardinäle von 12,000 Scudi, zu erheben befugt bleiben. Und um seinen Nachfolgern die Versuchung zu mindern, dieses Gesetz zu übertreten, hob Innocenz XII. die meisten der von der apostolischen Kammer bisher zu vergebenden Aemter,

---

*) Sie war schon im Jahre 1670, unter Clemens X., auf 52 Millionen Scudi angewachsen, betrug (1766) als Pius VI. päpstlicher Finanzminister wurde 61 und im Jahre 1789 schon 87 Millionen Scudi! Farini, Lo Stato Romano dall. a. 1815 all' a. 1850 I, 142 (Torino 1850). (Bourgoing), Mémoires histor. et philos. sur Pie VI et son Pontificat. I, 166 (2 édit. Paris 1800).

Stellen und Würden auf, wie namentlich die eines päpstlichen Generalvicars eines Legaten in Avignon und dem Comtat von Venaiſſin, Oberbefehlshabers der päpſtlichen Streitmacht und Admirals der päpſtlichen Flotte u. ſ. w. Obwol das geſammte Cardinals-Collegium dieſem Geſetze zugeſtimmt, es mit-beſchworen und mitunterſchrieben hatte (8. Auguſt 1691), auch allen künftigen Päpſten und Cardinälen zugleich geboten worden war, es immerdar heilig zu halten*), erging es mit demſelben doch nicht anders, wie mit gar mancher ähnlichen Vorkehrung früherer Statthalter Chriſti. Auch jetzt erwies ſich in dieſem der fehlbare Menſch ſtärker, als das unfehlbare Kirchenoberhaupt. Schon des zwölften Innocenz erſter Nachfolger, Clemens XI. (1700—1721), trat deſſen fragliche Satzung ohne alle Scheu mit Füßen; daſſelbe iſt von den nach ihm gekommenen Päpſten und ihren Cardinälen, am unverſchämteſten aber von Pius VI. geſchehen. Deſſen Hauptpaſſion war, den Söhnen ſeiner Schweſter eine hervorragende Weltſtellung und ungemeſſene Reichthümer zu verſchaffen, durch ſie den Glanz ſeines Hauſes dauerhaft zu begründen, zu einem den der anderen römiſchen Adelsfamilien überſtrahlenden zu erheben. Zu dem Behufe verheirathete er den Aelteſten derſelben, den Grafen Ludwig von Braſchi-Oneſti, an Donna Conſtanza Falconieri, Tochter einer Dame**) vom höchſten römiſchen Adel und verrichtete perſönlich (4. Juni 1781) die Trauung des jungen Paares mit ungeheuerer Pracht. Die 10,000 goldenen Dopien und die Brillanten ſowie ſonſtigen Kleinodien, die Pius VI. dieſem am Hochzeitstage ſandte, bildeten nur den kleinſten Theil ſeiner Ausſteuer. Für die einſtigen, der apoſtoliſchen Kammer anheimgefallnen Beſitzungen der Jeſuiten zu Tivoli, deren Oelernte im Vorjahre (1785) 12,000 Scudi ein-gebracht, hatten damals Fürſt Santacroce und Marcheſe Bandini jener 130,000 Scudi geboten, dieſelbe dieſes Offert aber als zu niedrig abgelehnt. Jetzt wurden dieſelben Güter dem genannten jungen Paare für 65,000 Scudi überlaſſen und ihm zur Entrichtung dieſes Kaufſchillings, damit ſie ihm nicht allzu ſchwer falle, eine Friſt von 65 Jahren bewilligt! Da es bald öffent-liches Geheimniß war, daß der heilige Vater ſich an nichts mehr ergötzte, als an der Bereicherung dieſes ſeines Lieblingspaares***), ſtrömten demſelben von allen Seiten reiche Geſchenke und Verehrungen zu. Die Könige von Frank-reich und Spanien, andere Regenten, die Cardinäle, die römiſchen Adels-familien, Biſchöfe und ſonſtigen Prälaten, die Pächter der apoſtoliſchen

---

*) Muzzi, Annali della città di Bologna VIII, 123, der von Innocenz XII. noch er-wähnt, daß derſelbe i poveri suoi nipoti zu nennen pflegte.

**) — qu'on a prétendu avoir été la maîtresse de son oncle. Bourgoing, a. a. O. I. 198.

***) — dans lequel la malignité se plaisait à voir sa fille et son gendre . . . . Les présens furent rassemblés dans une grande salle où la vanité de Pie VI. vint se délecter à les comtempler. Bourgoing a. a. O. I, 199.

Kammer, kurz Alle, die auf Pius VI. Rücksicht zu nehmen, oder bei ihm etwas zu suchen hatten, sandten diesem Lieblingspaare des unfehlbaren Kirchenoberhauptes die sprechendsten Beweise der hohen Werthschätzung, die dessen reine Tugenden aller Welt einflößten. So verlieh z. B. König Victor Amadeus III. von Sardinien dem Grafen Ludwig eine Komthurei (1785) die über 2000 Thaler eintrug, ernannte ihn gleichzeitig zum Kommandeur seines höchsten Ordens und sandte ihm das reich mit Diamanten besetzte Großkreuz desselben.

Als Pius VI. im nächsten Jahre (18. Deebr. 1786) den zweiten Sohn seiner Schwester, Raumald von Braschi-Onesti, zum Cardinal beförderte, gab ihm das erwünschten Anlaß, auch dessen ältern Bruder Ludwig in demselben Konsistorium zum Herzog von Nemi zu erheben, nach einer ihm gehörenden Besitzung am reizenden See dieses Mannes. Um sich seinem Oheim zu empfehlen, sandten die seitherigen und die mit ihm neu ernannten Cardinäle so wie der römische Adel Raumald Geschenke von über 100,000 Scudi an Werth, und zwar zu einer Zeit, wo die Bevölkerung Roms wieder einmal von fürchterlicher Hungersnoth heimgesucht wurde und zugleich die ausgetretene Tiber Jammer und Elend über Tausende von Menschen ausgoß. Daneben erlaubte Pius VI. seinem Neffen den ausgedehntesten Mißbrauch der abscheulichsten Monopole, so z. B. jedem Privaten verbotenen Aufkauf des Oels und die Alleinausfuhr des Getreides, was die Vertheuerung der Lebensbedürfnisse zumeist verschuldete, und veranlaßte daß diesem heil. Vater von den Römern in Pasquillen häufig arg mitgespielt wurde.

Am übelsten und verdientesten freilich anläßlich der berüchtigten Leprischen Erbschaft. Amanzio Lepri hieß der letzte männliche Nachkomme eines sehr reichen Mailänders und war durch den Tod seiner älteren Brüder Erbe des ganzen, über eine Million Scudi betragenden, väterlichen Vermögens. Da Amanzio früher Priester des Oratoriums geworden, ein Schwachkopf oder vielmehr mindestens ein halber, wenn nicht ein ganzer Verrückter war, glaubte er von dem ihm anheimgefallenen großen Reichthum keinen Christus wohlgefälligern Gebrauch machen zu können, als denselben (1783) zur Bereicherung seines Statthalters und der Nepoten desselben zu verwenden, trotzdem er eine legitime Erbin hatte — eine Nichte, Namens Marianne, die zugleich seine Mündel war.

Von seinem ganzen großen Vermögen behielt sich Amanzio nur eine jährliche Rente von 500 Scudi vor, die Pius VI. so großmüthig war, auf eine monatliche dieses Betrags zu erhöhen. Bald zeigte es sich indessen, daß es in dem Gehirn Amanzio's nicht richtig war. Denn er drang eines Tages voll Schrecken in die Gemächer des Papstes, diesem erzählend, in der verwichenen Nacht sei der Kämmerer Narbini feurig und unter Kettengerassel ihm erschienen, unter entsetzlichem Gebrüll klagend, daß er verdammt sei, weil er ihm (Amanzio) gerathen habe, sein Vermögen zum Nachtheile seiner nächsten Verwandtin zu verschenken. Nur mit Mühe gelang es Pius VI, den verzweifelnden Lepri mit der Versicherung zu beruhigen, daß die vermeintliche Erscheinung nur ein Traum sei, und durch den Rath, sich mittelst einiger Aderlässe von den Beschwerden der Vollblütigkeit zu befreien.

Als Amanzio bald darauf lebensgefährlich erkrankte, nahm für seine Bruderstochter und rechtmäßige Erbin deren Mutter, die Marchesa Victoria Lepri, sein ganzes Vermögen in Anspruch, und machte den Prozeß bei der Rota anhängig. Diese war das selbst außerhalb der Siebenhügelstadt berühmteste päpstliche Tribunal, welches aus zwölf Richtern bestand, unter denen nur drei geborne Römer und im Ganzen fünf vom Papste besoldet waren. Die übrigen sieben Richter wurden vom deutschen Kaiser, den Königen von Frankreich und Spanien und einigen italienischen Mächten besoldet, die das Recht besaßen, bei jeder Vacanz dem heil. Vater drei oder vier Kandidaten zu präsentiren, aus welchen dieser einen wählte. Die Mitglieder der Rota standen in dem Rufe, sich nur sehr selten von ihrer Pflicht zu verirren, weshalb Pius VI. selbst ihren Ausspruch fürchtete, und darum der Marchesa für ihre Tochter Lepri eine Abfindung von 200,000 Scudi bot, die diese jedoch ausschlug. Und ehe die zu dem Behufe eingeleiteten Verhandlungen, eine Heirath zwischen Mariannen Lepri und dem Grafen Aloysius von Braschi-Onesti, dem dritten Neffen des Papstes, zu Staube zu bringen, zu einem Resultate führten, erfolgte (2. Juni 1785) die fast einstimmige Rota zu Mariannens Gunsten. Dabei widerfuhr dem Träger der Tiara noch die Demüthigung, daß das Volk von Rom den Sieg des guten Rechtes vor dem Gerichtspalaste mit lärmenden Kundgebungen feierte.

Amanzio's kurz darauf eingetretener Tod bereitete dem Papste die nicht kleine Ueberraschung, daß, als er das zu seinen Gunsten lautende Testament desselben geltend machen wollte, dessen rechtmäßige Erbin einen neueren letzten Willen ihres Oheims producirte, durch welchen er die dem heiligen Vater und seinen Nepoten gemachte Schenkung unter Lebenden, als erlistete, für null und nichtig erklärte. Aber obwohl die öffentliche Meinung jetzt noch entschiedener als früher für Marianne Partei ergriff, war Pius VI. doch weit entfernt, das reiche Erbe fahren zu lassen. Es gelang ihm vielmehr, die Mehrzahl der Richter der Rota zu bestechen, so daß diese (1786) ihren ersten Ausspruch umstieße, Amanzio's Schenkung für giltig erklärte und dessen Nichte in die sehr bedeutenden Kosten dieses Processes verurtheilte.

Der jetzt auf den Gipfel gediehenen Entrüstung der Römer gab Fürst Altieri, einer ihrer angesehensten und stolzesten Großen, einen sehr bezeichnenden Ausdruck — er heirathete Marianne. Jetzt erst (1787) verstand sich Christi

Statthalter, um durch deren Gemahl und seine mächtige Familie der, ohnehin nicht kleinen Zahl seiner Feinde unter dem römischen Adel nicht noch einen bedeutenden Zuwachs zuzuführen, zu einem Vergleiche. Kaum glaublich, aber wahr ist, daß er denselben, weil nach seiner Meinung zu vortheilhaft für den Gegenpart, mit Hülfe der Rota wieder umstieß. Erst nach zwei Jahren (1789) erreichte die schmutzige Geschichte mittelst eines abermaligen Vertrages, durch welchen der rechtmäßigen Erbin Amanzio's die eine und den päpstlichen Nepoten die andere Hälfte seines gesammten Nachlasses zufiel, ihren end-gültigen Abschluß.*) — Bald darauf brach der furchtbare Sturm der franzö-sischen Revolution los. Es dauerte nicht lange, und die Wegnahme Avignons und des Comtats von Venaissin durch die neuen Machthaber in Paris (14. Sept. 1791) belehrte Pius VI., daß er von diesen, selbst nicht im Falle der besten Aufführung, die zarte Rücksichtnahme zu hoffen habe, deren Frankreichs Könige hinsichtlich dieser wunderlichen französischen Enclaven des Kirchenstaates gegen seine Vorgänger sich befleißigt hatten, so lange die Letz-teren so klug gewesen, sich gut aufzuführen.**) Als nun die Ereignisse in Frankreich auch dort über die Kirche und ihre Diener das Vollmaß der Drangsale und Einbußen ausgossen, da hielt sich Pius VI. nicht länger. Er gerieth in den Zorn eines verletzten Weltregierers, fuhr gegen die ruchlosen Franzosen mit Interdikten und Anathemen à la Innocenz III. und Bonifaz VIII. los und gab sich viele Mühe, einen Kreuzzug gegen sie zu Stande zu bringen, wie auch den Bürgerkrieg in Frankreich zum Religionskrieg zu erweitern. Jedoch ohne Erfolg und immer bedrohlicher wälzten die dunkelen Wogen der Revolution selbst gegen die heiligen Pforten des Vaticans sich heran, wenn es nicht glückte, die Italiener gegen die Lockungen, gegen die Verführungen der bösen Franzmänner zu stählen. Und ein Buch werde, so hoffte Pius VI. mit Zuversicht, dieses Wunder wirken. Darum veröffentlichte im Jahre 1791 in seinem Auftrage ein gewisser Spedalieri zu Assisi ein: die Rechte des Menschen (I diritti dell' uomo) betiteltes, umfängliches und dem Kardinal Ruffo, der später (1799) mit seinen Räuberbanden in Neapel eine so wenig

---

*) Bourgoing I., 203 f. Wolf IV., 148 f. Le Bret, Vorlesungen über die Statistik II. 297 f. (Stuttgart 1785.)

**) Les rois de France auraient pu facilement s'emparer de cette belle contrée; les foudres du Vatican, depuis long-temps émoussées, eussent été impuissantes pour les en empêcher; mais le cabinet de Versailles trouvait plus politique, de tenir la cour de Rome dans une sorte de dépendance, en la menaçant, sur le plus léger mécontentement, de la perte de cet Etat, auquel le saint siége attachait du prix, quoiqu' il n'en retirât aucun revenu. Joudon, Avignon, son Histoire, ses Papes etc. p. 243. (Das. 1842). Zu solchen Straffsequestrationen war es unter Ludwig XIV. zwei Mal (1662 und 1688), anläßlich seiner Händel mit Alexander VII. und Innocenz XI. gekommen, und noch Ludwig XV. hatte (1768) Clemens XIII. für eine Beleidigung des ihm verwandten Herzogs Ferdinand von Parma da-mit bestraft.

beneidenswerthe Berühmtheit erlangte, dedicirtes ſehr merkwürdiges Druckwerk.*)
In dieſem ſtellte derſelbe im Namen der Kirche den Grundſatz auf, der
Geſellſchaftsvertrag ſei lediglich unmittelbares Menſchenwerk und keine göttliche Einrichtung, was die uralte ſeitherige Lehre der Kirche von der göttlichen Einſetzung der zeitherigen Herrſchergewalt, und zumal des königlichen
Amtes, geradezu Lügen ſtrafte. Ferner verkündete Spedalieri, eine despotiſche
Regierung ſei keine legitime, ſondern eine mißbrauchte, und ein Volk allerdings
zur Abſetzung ſeines Beherrſchers berechtigt, wenn dieſer die Bedingungen,
unter welchen ihm das Regiment anvertraut worden, durch Tyrannei ver-
letzte. Sodann kommt der Verfaſſer auf die Kennzeichen der letzteren, unterſtützt ſeine Behauptungen durch die Schrift des heiligen Thomas: de regimine
principum ad regem Cypri, und ſucht ſchließlich zu beweiſen, daß die katho-
liſche Kirche die ſicherſte Beſchützerin des geſellſchaftlichen Vertrages und der
Rechte des Menſchen in der Geſellſchaft, ja ſogar daß ſie allein fähig ſei,
dafür genügende Garantien zu bieten. — Den Unfehlbaren in Rom iſt es ſchon
öfters begegnet, daß die Elaborate ihrer ſublimen Erleuchtung in dieſer böſen
Welt nicht den mit Sicherheit erwarteten, ſondern den entgegengeſetzten Effekt
hatten. So erging es Pius VI. jetzt auch mit Spedalieri's Buch, welches die
Falſchmünzerei ſich erlaubte, die in Frankreich proklamirten neuen politiſchen
Ideen und Lehren für uralte der katholiſchen Kirche auszugeben, dieſer gleichſam
die Ehre ihrer Urheberſchaft zu vindiciren, und die Italiener den Lockungen
der fränkiſchen Freiheitsapoſtel durch die ihnen eingepflanzte Meinung unzu-
gänglich zu machen ſuchte, daß ſie ſchon längſt beſäßen, was dieſelben brachten.
Denn wie wenig unterrichtet die Bevölkerungen der Halbinſel, und zumal
die des Kirchenſtaates damals auch waren, ſo viel wußten ſie durch Ueberlieferung doch, daß kein Land der Chriſtenheit ſeit lange an elenden und ver-
worfenen Tyrannen reicher geweſen, als Italien, ohne daß es den Päpſten,
der Kirche je eingefallen wäre, ſich zwiſchen jene und ihre unglücklichen Unterthanen zu werfen. Die Maſſen ließen ſich mithin durch Spedalieri's Märchen,
wie fleißig Prieſtermund ſie auch verkündete, nicht ködern, und die vielen
Feinde der Kirche unter den gebildeten Ständen ſäumten nicht, die in der
Eile überſehene ſcharfe Spitze, welche ſie gegen dieſe boten, ſofort auch gegen
ſie zu benützen. Die ſagten jetzt nämlich: Wenn die neuen politiſchen Ideen
und Meinungen mit den alten Lehren der Kirche ſo ſehr übereinſtimmten,
ſei ja auch für den frömmſten Katholiken nicht einmal ein religiöſes Motiv
vorhanden, ihnen ſein Ohr zu verſchließen! Sogar daß Pius VI. es über
ſich gewann, des frommen Volksmannes Robespierre trauriges Ende bitterlich

---

*) Es iſt auch in deutſcher Ueberſetzung bei Mayr in Salzburg 1794—95 in 6 Theilen
erſchienen.

zu beklagen, ja sich ganz trostlos darüber zu stellen*), vermochte Hesperiens
Bewohner von der Echtheit der demokratischen Tendenzen der katholischen
Kirche und der Lauterkeit ihrer so plötzlich erwachten Volksfreundschaft nicht
zu überzeugen. Die unerwartetste Wirkung äußerte Spedalieri's Buch aber
auf Könige und Fürsten, die aus demselben zu ihrer großen Ueberraschung
ersahen, wie geneigt die heiligen Männer in Rom waren, sich mit der Revolution zu befreunden, ja! selbst mit dieser gegen die „Tyrannen" sich zu
verbünden, sobald es ihr Vortheil zu erheischen schien. Den allerübelsten Eindruck machte diese Entdeckung auf den Todfeind alles dessen, was nur entfernt nach Revolution schmeckte, auf Kaiser Franz II., den Einzigen, der zu
wirksamer Unterstützung noch fähig war, der aber vornehmlich deshalb nachmals wachsende Geneigtheit verrieth**), von dem Patrimonium des heiligen
Petrus dem Patrimonium des Hauses Habsburg-Lothringen möglichst viel
zu annectiren und auf des Papstes dringende Hülfebitten kühl erklärte: Erst
solle ihm dieser Ferrara und noch einige andere Städte abtreten, dann wolle
er sich die Sache einmal überlegen. Zu diesen Hülfebitten sah Pius VI. erst
einige Jahre später sich genöthigt. Trotz seiner tiefen Erbitterung gegen die
neue Republik aus den berührten Gründen hatte dieser Träger der Tiara
doch rathsam erachtet, die diplomatische Verbindung mit derselben nicht abzubrechen, vielmehr als deren Geschäftsträger den gewesenen Redakteur des
Mercure nationale, Basseville, in der Siebenhügelstadt zu empfangen. Mehr
noch als die von diesem angeordnete Ersetzung des königlichen Wappens an
der dortigen französischen Künstlerakademie durch das republikanische gaben
großes Aergerniß ein von ihm in seinem Hotel (13. Januar 1793) ver-
anstaltetes Fest und die dabei ausgebrachten Toaste auf die Freiheit. Es
kam zu einem Volksaufstand, in welchem das Hotel gestürmt, Basseville selbst
und noch einige Franzosen ermordet wurden. Wenn schon der heilige Vater
betheuerte, er sei ganz unschuldig an der fatalen Geschichte, wollte der National-
Convent das doch nicht glauben***) und erklärte sofort, daß er für diese
schwere Verletzung des Völkerrechts die empfindlichste Rache nehmen werde.

So lange aber Frankreichs Feinde die Oberhand auf der Halbinsel hatten,
mußte die Ausführung dieser Drohung verschoben werden. Erst mit dem
siegreichen Vordringen Bonaparte's in Italien war die Zeit dazu ge-

---

*) Wie man aus einer dem National-Convent durch Merlin von Douai aus der Corre-
spondenz des Wohlfahrts-Ausschusses am 3. Oktober 1794 gemachten Mittheilung erfährt.
Posselt, Chronol. Regist. d. fränkisch. Revol. I. 394.

**) Schon sehr deutlich in der Instruktion Thugut's für Alvinzy vom 12. November 1796
bei Vivenot, Thugut, Clerfayt und Wurmser S. 513 f. (Wien 1869.)

***) 1793 erschien in Paris die, von Dorat-Cubières oder Cubières-Palmezeaux verfaßte
Schrift: La mort de Basseville, ou la Conspiration de Pie VI. dévoilée; die Italiener
Savil und Monti haben Basseville poetisch verherrlicht, letzterer in der Bassevillana.

kommen; unmittelbar nach Besetzung der nördlichen Legationen durch Augereau
(14. Juni 1796) sandte Pius VI. einen Bevollmächtigten an den Obergeneral,
um den Sturm zu beschwören. Unter Vermittlung des spanischen Gesandten
d'Azara erlangte jener von Bonaparte (23. Juni) einen Waffenstillstand,
gegen Ueberlassung der Legationen Bologna und Ferrara sowie der Citadelle
von Ancona, Zahlung von 21 Millionen Livres, angemessene Entschädigung
der Familie Basseville's, Auslieferung von 100 der kostbarsten Gemälde,
Statuen und Büsten wie auch von 500 der werthvollsten Manuscripte des
Vaticans, nach beliebiger Auswahl der Kommissäre der Republik. Da die
Affairen dieser, als ihr Gesandter Miot (21. Juli 1797) zur Ausführung der
fraglichen Stipulationen nach Rom kam, noch ziemlich gut auf der Halbinsel
standen, erklärte Pius VI. demselben in amtlicher Audienz persönlich, die
pünktliche Vollziehung jener werde ihm eine heilige Sache sein (cosa sacro-
sancta), und behändigte ihm auch seine in bester Form ausgestellte Ratifikations-
urkunde des in Rede stehenden Vertrags. Aber schon nach etwa 14 Tagen
war durch Wurmser's Erscheinen in Ober-Italien an der Spitze von 60,000
Oesterreichern in der Stimmung des Papstes und seiner Umgebung ein solcher
Umschwung eingetreten, daß, trotz der erwähnten Ratifikation, die Ausführung
der Waffenstillstands-Bedingungen fortwährend auf neue Schwierigkeiten stieß.[*]
Und so wie das Waffenglück den Oesterreichern einigermaßen zu lächeln schien,
erklärte (20. September 1796) der römische Hof, von welchem Bonaparte
schon damals (26. August) dem Direktorium schrieb, derselbe sei perfide et
bête zugleich, daß weder die Religion noch die Rechte der heiligen Kirche ihm
gestatteten, jene Uebereinkunft zu vollziehen und verweigerte sogar jede andere.
Er ordnete die Aufstellung eines Truppencorps von 12,000 Mann an und
suchte zugleich unter der Hand[**] den Fanatismus der Massen gegen die
Franzosen zu entflammen. Sobald diese ordentliche Schläge bekommen,
sollten die päpstlichen Legionen sich mit denen Habsburgs vereinen und
Wälschland von ihnen befreien. Aber trotz der Gebete des heiligen Vaters,
der (3. Oktober) alle katholischen Potentaten dringend aufforderte, zur Vertheidigung der Religion in ihrer letzten Zufluchtsstätte sich mit ihm zu verbinden, und des heiligen Kollegiums, kam die Sache umgekehrt; der Oesterreicher entscheidende Niederlage bei Rivoli (14. Januar 1797) und Mantuas
Kapitulation (2. Februar) gaben den Kirchenstaat der Gnade der Franzmänner preis. Mit verdoppeltem Eifer bemüheten sich jetzt die Priester, die

---

[*] Das Alles man erst aus Miot de Melito, Mémoires Tom. I., p. 114—126 Paris
1858) erfährt. Herausgeber dieser, zu den prachtvollsten und instructivsten jener Tage zählen-
den Denkwürdigkeiten ist des (Jan. 1841 verstorbenen) Verfassers Schwiegersohn, der würtem-
bergische General und mehrjährige Gesandte (1838—1848) Fleischmann zu Paris.

[**] Miot de Melito, Mémoires I., 112.

Bevölkerungen desselben zu einer Massenerhebung, wie zur Rettung der
Religion zu begeistern, zu welchem Behufe auch die Madonnenbilder weinen
mußten. Es gelang zwar bei einem großen Theile der Romagnolen, aber
mit kaum glaublicher Leichtigkeit schlugen Victor und Lannes diese „Chouans
der Romagna" so wie die erbärmlichen päpstlichen Milizen nieder, so daß
Pius VI. sich entschließen mußte, wie schwer es ihm auch ankam, die Großmuth „seines lieben Sohnes" Bonaparte (12. Februar 1797), unter Ueber-
mittlung seines apostolischen Segens, anzuflehen. Der von diesem zu Tolentino (19. Februar 1797) diktirte Friede verpflichtete den Pabst zur definitiven
Abtretung Avignons und Venaissies, wie auch der Legationen Bologna,
Ferrara und der Romagna an die Republik (Anconas jedoch nur bis zur
Wiederherstellung des Continental-Friedens) zur Zahlung von dreißig Millionen
Livres und von 300,000 an Basseville's Familie, zu verschiedenen Lieferungen
an die Armee und den übrigen schon genannten Cessionen.

(Schluß folgt.)

Drei deutsche Fürstenschlösser in Kunstpublicationen.

Bisher gab es in der deutschen Architektur einen einzigen monumentalen
Profanbau, der in einer wirklich würdigen Kunstpublication der Betrachtung
und dem Studium zugänglich gemacht war. Und diese Publication war noch
dazu eine französische: wir meinen das im Jahre 1859 in Paris von Pfnor
und Ramée herausgegebene Kupferstichwerk über das Heidelberger Schloß.
Daß wir die Herausgabe des schönsten Denkmals deutscher Renaissance von
den Franzosen uns haben vorwegnehmen lassen, ist eine für uns in hohem
Grade deprimirende Thatsache, denn es beweist entweder, daß wir in Deutschland nicht die nöthigen Kräfte hatten, solch eine Publication selber herzustellen, oder nicht die nöthigen Mittel, sie zu kaufen, oder endlich nicht die
nöthige Bildung, sie zu vermissen. Das erstere wird sich schwerlich ganz
läugnen lassen. Die edle Kunst des Kupferstichs, insonderheit des Architektur-
kupferstichs, wird augenblicklich von einer verschwindend kleinen Anzahl deutscher
Künstler geübt, und dieser Mangel scheint sich auch in den Publicationen,
auf die wir soeben die Aufmerksamkeit zu lenken im Begriff sind, fühlbar zu
machen. Den zweiten Fall, daß es uns an materiellen Mitteln gebräche,
darf man aufs Bestimmteste in Abrede stellen. Man giebt nur mit einer
gewissen Geflissenheit vor, diese Mittel nicht zu haben, obschon man sie hat;
in Wahrheit verbirgt man unter diesem Vorwande nur den Mangel an wirk-

licher Kunstbildung und wirklichem Kunstinteresse, und der dritte der oben
angeführten Gründe ist somit jedenfalls der entscheidendste.

Wenn bisher ein deutscher Verleger von einem ähnlichen Werke wie dem
„Heidelberger Schloß" von Pfnor 200 Exemplare herstellte, so rechnete er
darauf, daß etwa 120 davon ins Ausland gingen, an reiche und kunstliebende
französische und englische Privaten; was im Lande blieb, das kauften öffentliche Bibliotheken, Kunstvereine und wohldotirte Lehranstalten: ganz vereinzelte Exemplare kamen in deutschen Privatbesitz. Dagegen bringt die
Weihnachtszeit bei uns alljährlich unter dem Titel „Prachtwerke" litterarische
Erzeugnisse auf den Markt, die verhältnißmäßig eben so theuer oder noch theurer
sind, als jene französische Publication des Heidelberger Schlosses, und die in
unseren wohlhabenden Kreisen massenhaft gekauft werden. Und welcher Art sind
diese „Prachtwerke"? Man hat sie treffend mit dem Namen „Gründerlitteratur"
bezeichnet, diese thörichten Albums und Anthologien in Großfolio mit ihren
knallfarbigen Buntdrucken, ihren goldstrotzenden Einbanddecken und der
glänzenden Maculatur ihres Textes, aber mit Vergnügen werden für einen
Band dieser „Gründerlitteratur" 20 und 25 Thaler bezahlt! Und wenn
man weiter bedenkt, daß ein Auswuchs französischer Kunst wie die Doré'sche
„Prachtbibel", in welcher uns die ganze biblische Geschichte im Geschmack der
großen Oper von Paris mit obligater Magnesiumbeleuchtung vorgeführt wird,
in Deutschland in Hunderten von Exemplaren verbreitet ist — sie kostet
35 Thaler! — so schwindet wohl jeder Zweifel darüber, wo die wahren
Gründe für die oben erwähnte deprimirende Thatsache zu suchen sind.

Reden wir doch nicht länger davon, daß die deutsche Kleinstaaterei
wenigstens den einen Segen gehabt habe, Kunst und Kunstinteresse in unserem
Vaterlande zu fördern. In dem und jenem Ländchen höchst ehrenwerthe Bestrebungen, wo privatmännische Liebhaberei des Fürsten hinzukam, auch vereinzelte
stattliche Aufgaben, oft genug aber bloß ein bischen Kunstsimpelei, die dazu
diente, ein Surrogat für das gänzlich mangelnde politische Leben abzugeben.
Es ist nicht wahr, daß die Kunst bei der Kleinstaaterei gedeihen kann. Die
Kunst braucht reiche Mittel und große Aufgaben, wenn ihre Kräfte nicht ein-
rosten sollen, und nur der wirkliche Staat, der Großstaat, kann diese Mittel
spenden und reiche Aufgaben stellen. Frankreich mit seiner von den Anbetern
der deutschen Kleinstaaterei vielverschrieenen Centralisation hat uns auf der
Wiener Weltausstellung in diesem Puncte eine empfindliche Lehre gegeben.
Was für Schläge und Niederlagen hat Frankreich 1870 und 1871 erlitten,
welche Summen hat es als Kriegsentschädigung aufgebracht — und doch
welche Triumphe hat dieses selbe Land zwei Jahre später wieder in dem
friedlichen Wettkampfe der Völker in Wien gefeiert! Durch die Kunstausstellung
der einen Stadt Paris allein war die ganze deutsche Kunstausstellung in den

Schatten gestellt worden; darüber herrschte unter Künstlern und Kunstwissen-
schaftern nur eine Stimme. Aber freilich, in Frankreich ist eben seit Jahrhunderten schon eine wahrhaft großartige Pflege der bildenden Kunst von
Seiten des Staates und der Gemeinde traditionell, und der segensreichen
Macht dieser Tradition hat selbst der Krieg von 1870 und 1871 nichts an-
haben können. In Deutschland haben die Gemeinden schon seit dem dreißigjährigen Kriege nichts mehr für die bildende Kunst gethan, und die Ueberzeugung, daß es Pflicht und Ehrensache jeder größeren Stadt sei, alljährlich
in ihrem Budget einen erklecklichen Posten auch für die bildende Kunst auszusetzen, ist den Bierphilistern unserer Stadtverordnetencollegien dermaßen abhanden gekommen, daß jeder von ihnen uns ins Gesicht lachen würde, wenn
wir versuchen wollten, ihnen diese Wahrheit aufs neue begreiflich zu machen.
Oeffentliche Bauten, welche von Gemeinden aufgeführt werden, haben schon
längst nichts mehr mit der Kunst zu thun. Und im Staate hat es die jeder
Kunstbildung baare Bureaukratie nicht besser gemacht. Unter solchen Umständen muß die Kunst verkümmern. Die Hilflosigkeit unserer Künstler in
technischen, die Geschmacklosigkeit unserer Handwerker in formalen Dingen,
der Mangel jedes tieferen Kunstinteresses und Kunstverständnisses bei sonst
recht wohlgebildeten Leuten, alle diese Erscheinungen sind denn auch auf dieselbe Quelle zurückzuführen, auf die ungenügende Förderung, die bei uns
seit langer Zeit der bildenden Kunst durch den Staat und die Gemeinde zu
Theil geworden ist.

Seit uns der Krieg die nationale Einheit errungen hat, scheint es Gott
Lob, als ob wir auch in der Kunstpflege erfreulicheren Zuständen entgegen-
gingen. Aller Orten wenigstens rührt und regt man sich, um die in Wien
erlittene Niederlage mit der Zeit wieder gut zu machen. Wenn heute noch
einmal die berühmte Weigel'sche Sammlung ältester Druckerzeugnisse der
preußischen Regierung zum Kaufe angeboten werden könnte, gewiß, sie würde
sie als Ganzes erwerben, sie würde nicht dulden, was vor zwei Jahren noch
möglich war, daß solch eine einzig bastehende Sammlung unter den Hammer
kam, in alle Winde zerstreut wurde und die besten und werthvollsten Stücke
davon das Ausland entführte. Der kürzlich vollzogene Ankauf der Suer-
mondt'schen Gemäldesammlung und eines vollständigen Werkes von Albart
von Everdingen für das Berliner Museum, die Berufung von wissenschaftlich gebildeten Sachverständigen in Aemter, welche früher nur als
Sinecuren abliger Herren betrachtet wurden, die Ausrüstung einer deutschen
Expedition zur Leitung von Ausgrabungen auf dem Boden des alten
Olympia, diese und manche andere erfreuliche Vorgänge der jüngsten Zeit
beweisen, daß in den leitenden Regionen die Erkenntniß von den Pflichten,
die ein großer und mächtiger Staat der Kunst gegenüber zu erfüllen hat,

allmählich sich Bahn bricht. Aber auch von unten her regt es sich an allen
Enden. Solche Anstrengungen, wie sie augenblicklich gemacht werden, um
dem seit langer Zeit darniederliegenden deutschen Kunstgewerbe wieder aufzu-
helfen, solch ein Wetteifer, wie er gegenwärtig in der Kunstwissenschaft herrscht
und in der Herstellung werthvoller kunstwissenschaftlicher Publicationen sich
manifestirt, sie bürgen wohl dafür, daß wir in Zukunft nicht mehr französische Künstler und Buchhändler brauchen werden, wenn wir die Denkmäler
deutscher Baukunst in guten Abbildungen vor Augen haben und studiren wollen.

Die thätige und kunstsinnige Verlagshandlung von E. A. Seemann in
Leipzig hat in der letzten Zeit kurz hinter einander die Herausgabe von drei
der charakteristischsten Profanbauten der deutschen Renaissance in Angriff genommen, von der Münchner Residenz, dem königlichen Schlosse in
Berlin und dem Dresdner Zwinger.*) Das erstgenannte Werk kann
sich getrost jeder französischen Publication dieser Art an die Seite stellen; es
ist zum größten Theile von Eduard Obermeyer in München in Kupfer ge-
stochen, einzelne Blätter werden von Winckelmann in Berlin in Farbendruck
ausgeführt. Zwei Lieferungen liegen bis jetzt vollendet vor (Prachtausgabe
à Liefer. 15 Thlr., vor der Schrift 10 Thlr., mit der Schrift 8 Thlr.). Bekanntlich ist die Münchner Residenz ein Complex von Gebäuden, die in sehr
verschiedenen Zeiten entstanden sind. Die erste Lieferung bringt Details von
der Innendecoration des nordwestlichen unter Herzog Maximilian I. im Anfange
des 17. Jahrhunderts von dem Baumeister Peter Candid gebauten Flügels:
das Treppengewölbe beim Wappengange, eine Kaminwand im Schlafcabinet
der Steinzimmer, eine der Nischen von der Umfassungswand der Kaisertreppe
(mit dem Standbilde Karl's des Großen) und endlich in Farbendruck zwei
Gewölbefelder von Podesten der Kaisertreppe. Die zweite Lieferung enthält
aus demselben Flügel die Abbildung einer Kaminwand im schwarzen Saale,
ein Podestgewölbe der Treppe beim Wappengang und die Thürwand im
Speisesaal der Steinzimmer, außerdem zwei Ansichten aus dem unter Kurfürst
Karl Albert in der ersten Hälfte des 18. Jahrhunderts entstandenen Theile,
ein Stück des Audienzsaales der „reichen Zimmer" und die Decke des Ganges
beim schwarzen Saale.

Während bei der Münchner Residenz das Hauptgewicht auf die reiche
Innendecoration fällt, verlangt bei dem von Andreas Schlüter unter der
Regierung des ersten preußischen Königs seit 1699 theils umgebauten, theils
neuerbauten Berliner Schlosse vor allem auch die majestätische Pracht der
Außenarchitektur Berücksichtigung. Die eine bis jetzt vorliegende Lieferung

---

*) Die königliche Residenz zu München. Mit Unterstützung seiner Majestät des Königs
Ludwig II. von Bayern herausgegeben von G. F. Seidel. Das königliche Schloß in Berlin.
Herausgegeben von R. Dohme. Der Zwinger in Dresden. Herausgegeben von Hermann
Hettner. Sämmtlich in Doppelfolio.

(6²/₃ Thlr.), der in allernächster Zeit, — vielleicht noch ehe diese Zeilen gedruckt sind — zwei weitere folgen sollen, enthält eine höchst wirkungsvolle Totalansicht des zweiten Hofes, sodann der Façade des großen Treppenhauses, und Abbildungen der berühmten Holzschnitzereien von den Fensterlaibungen der Brandenburgischen Kammer und der großen Thür des Rittersaales. Das ganze Werk ist auf etwa 40 Blatt berechnet, von denen 2 Blatt Grundrisse und Durchschnitte, 8—10 Blatt Façaden und Portale, und etwa 30 Blatt Innenarchitektur bringen sollen. Die Vervielfältigung ist hier nicht durch Kupferstich, sondern durch den neuerdings gerade zu Architekturansichten vielfach verwendeten Lichtdruck bewerkstelligt. Die einzelnen Blätter sind von Rückwardt in Berlin erst photographisch aufgenommen und darnach von Römler und Jonas in Dresden, die in dem genannten Verfahren jetzt Hervorragendes leisten, gedruckt. Principiell läßt sich gegen die photographische Aufnahme wie gegen die Vervielfältigung durch Lichtdruck mancherlei einwenden. Die erstere trägt bisweilen sehr fühlbare perspectivische Unrichtigkeiten in die Darstellung hinein; dem letzteren fehlt in noch höherem Grade als der Photographie gerade das, wonach er sich benennt, nämlich das Licht. Der Lichtdruck behält, so vollendet er jetzt auch hergestellt wird, doch immer etwas umflortes, mondscheinbeleuchtetes und kann unmöglich an Schärfe und Feinheit der Details sich mit dem Kupferstich messen. Dafür hat er aber auch eine Plastik, die wieder dem Kupferstiche abgeht, und bei dem notorischen Mangel, der, wie schon oben erwähnt, in Deutschland an tüchtigen Architekturkupferstechern herrscht, darf man der Verlagshandlung entschieden keinen Vorwurf daraus machen, daß sie mit diesem mechanischen Reproductionsverfahren sich begnügt hat, sondern muß es ihr Dank wissen, daß sie wenigstens das zur Zeit Erreichbare in so vorzüglicher Weise bietet, wie es hier geschieht.

Das Werk über den Zwinger in Dresden liegt in 16 Tafeln bereits jetzt complet vor (geb. 15 Thlr.); es ist ebenfalls durch Lichtdruck hergestellt. Der Baumeister, der 1711—1722 den Zwinger unter Friedrich August erbaute, Daniel Pöppelmann, hat selbst 1729 ein Kupferstichwerk über den Bau herausgegeben, worin auch die nicht zur Ausführung gekommenen Theile desselben dargestellt sind und die wirklich ausgeführten bisweilen eine von der heutigen wesentlich abweichende Beschaffenheit zeigen. Dieses Werk ist jetzt selten geworden, und es war daher ein trefflicher Gedanke, die merkwürdigsten Tafeln desselben in getreuem Facsimile — hierzu ist der Lichtdruck ganz besonders geeignet — zu wiederholen. Die erste Tafel bringt eine Ansicht des ganzen Zwingers und des beabsichtigten Schloßbaues nach dem in der Dresdner Galerie befindlichen Gemälde von J. A. Thiele aus dem Jahre 1722, die zweite den Grundriß des ganzen Baues. Fünf Tafeln sind dem Pöppelmann'schen Werke entnommen; sie stellen dar: die Arcadenhalle des westlichen Mittelpavillons,

die Vorderfeite des öftlichen Mittelpavillons, die Rückfeite des nordweftlichen
Eckpavillons mit dem berühmten oder berüchtigten „Nymphenbade", die Total-
anficht diefes Nymphenbades und endlich den Grottenfaal im füdweftlichen
Eckpavillon mit den ehemaligen fpielenden Waffern. Neun Tafeln endlich, lauter
höchft gelungene Aufnahmen von prachtvoller Wirkung, find nach der Natur gemacht; es find dies eine perfpectivifche Anficht der Weftfeite nach dem Zwinger-
teiche zu, eine von der Südfeite mit dem Hauptportal, dem in Dresdner
Volksmunde fogenannten „Riechfläschchen", fodann diefes Hauptportal felbft,
je zwei Anfichten vom weftlichen Mittel- und vom nordweftlichen Eckpavillon,
eine der Cascaden von der Südfeite und endlich das Innere vom Obergefchoß
des füdweftlichen Eckpavillons, der fogenannte „Mathematifche Salon". Letzteres ift die einzige Innenanficht, die gegeben werden konnte, weil nur fie in
ihrer urfprünglichen Befchaffenheit noch erhalten ift.

Der Zwingerpublication hat Profeffor Hettner einen Text beigegeben,
der eine aktenmäßige Gefchichte und eine geift- und lebensvolle Charakteriftik
des wunderbaren Bauwerkes enthält. Zum Berliner Schloffe ift aus der
Feder Dohme's, des kaiferlichen Bibliothekars, zur Münchner Refidenz aus
der Profeffor Kuhn's ein gefchichtlicher und erläuternder Text in Ausficht
geftellt.

So mögen denn diefe drei Werke der Theilnahme des kunftfinnigen
Publicums aufs wärmfte empfohlen fein. Möge die Zeit nicht mehr fern
fein, wo ein begütertes deutfches Haus es nicht mehr für feiner würdig halten
wird, „Prachtwerke", wie die im Eingange diefes Auffatzes gefchilderten, in
feinen Gefellfchafträumen aufzulegen und dadurch einer prätentiöfen After-
kunft Vorfchub zu leiften, fondern durch thatkräftige Förderung einer echten
und wahrhaften Kunft fich felber wieder ehren wird.   * * *

Italienifche Briefe.
IV.
Neuefte italienifche Schriften über Petrarca.

Aus der vortrefflichen und fympathifchen Arbeit Ludwig Geiger's habe
ich mit Freuden gefehen, daß Deutfchland an unferen Feften zu Ehren
Petrarca's Theil genommen hat, und ich glaube daher, den Wünfchen der
Lefer der Grenzboten entgegenzukommen, wenn ich einige Nachrichten über
die neueften italienifchen Publicationen gebe, welche feit dem Buche Geiger's
erfchienen find. Ich habe noch nicht Kenntniß nehmen können von der durch
Profeffor Corradini zu Padua beforgten neuen Ausgabe der „Africa", auch
nicht von der — übrigens, wie man fagt, ziemlich mittelmäßigen — Ueber-

ſetzung des verſtorbenen Dr. Paleſa; ebenſowenig von den Vorträgen, welche Profeſſor Aleardi zu Padua und Profeſſor Carducci zu Arqua — letztere lobt man ſehr — gehalten haben; von der anthropologiſchen Abhandlung des Profeſſor Caneſtrini über den Schädel und das Skelett Petrarca's; von den „Cenni storici sui rapporti fra il Petrarca, i Principi Carraresi, Padova et Arquà", welche auf Koſten der Stadt bei Gelegenheit der Feier erſchienen; von den angeblichen noch nicht veröffentlichten Sonnetten und den noch nicht veröffentlichten Reimen, welche Petrarca zugeſprochen werden, und welche Profeſſor Ferrato und Domenico Carbone in Padua und Turin jetzt herausgegeben haben. Und doch habe ich — eine wahre Sintfluth von Gelegenheitsgedichten zu Ehren Petrarca's außer Acht laſſend, mit welcher uns der vergangene Monat überſchüttete — noch ein Dutzend neue Publicationen über Petrarca auf meinem Tiſche liegen, die, wenn auch verſchieden im Werth, ſämmtlich von Intereſſe ſind. Ich werde von dieſen nur vier beſprechen, die mir von beſonderer Wichtigkeit zu ſein ſcheinen, das ſind: 1) Scritti inediti di Francesco Petrarca, pubblicati ed illustrati da Attilio Hortis; Trieste, tip. del Lloyd austro ungarico, 2) Petrarca a Milano, studi storici di Carlo Romussi, Milano, Istituto tipografico; 92 Seiten; 3) In occasione del quinto centenario del Petrarca per l'ab. prof. Gius. Rizzini; Milano, fratelli Treves; 4) I trionfi di Francesco Petrarca corretti nel testo e riordinati con le varie lezioni delgi autografi e di XXX. manoscritti per cura di Cristoforo Pasqualigo con appendice di varie lezioni al Canzoniera; Venezia, tip. Grimaldo. — Die erſte dieſer Publicationen iſt die hervorragendſte von allen, und erhielt in Avignon eine ſilberne Preismedaille. Herr Hortis aus Trieſt iſt ein junger Mann von 25 Jahren, Sohn des erſten Advocaten in Trieſt. Er hat ſich den Studien gewidmet, und verſuchte, dem Vorgange ſeines Mitbürgers Domenico Roſſetti folgend, der ſich durch die Veröffentlichung der kleineren Gedichte Petrarca's um deſſen Ruhm ſo verdient gemacht hat, die Arbeiten dieſes zu vervollſtändigen. Domenico Roſſetti war ein großer Sammler von Büchern und Manuſcripten, welche ſich auf Petrarca beziehen, und ſeine Petrarca-Bibliothek iſt jetzt einer der ſchönſten Schätze Trieſts. Ebenſo iſt der junge Hortis ein leidenſchaftlicher Sammler, und beſitzt, Dank einem anſehnlichen Vermögen, eine Privatbibliothek von mehr als 12,000 Bänden, welche wohl einmal die Trieſter Stadtbibliothek bereichern wird, zu deren Director Hortis berufen worden iſt. Dieſer junge Gelehrte verdient alle Achtung und Anerkennung in der Gelehrtenwelt. Seine „Scritti inediti" bekunden einen ſorgfältigen, beharrlichen Forſcher und einen tüchtigen und umſichtigen Kritiker. Mit einer bei Anfängern ſeltenen Beſcheidenheit ſchien er hinter dem Namen ſeines geliebten Petrarca ganz verſchwinden zu wollen. Und doch nehmen die Scritti inediti nicht mehr als 60 Seiten des schönen Bandes ein; alles Uebrige ist das Werk des jungen Gelehrten und Kritikers, und gereicht ihm zum Ruhme. Die von Hortis neuentdeckten Schriften Petrarca's sind folgende: 1) Die lateinische Anrede, welche er an dem Tage seiner Krönung in Rom gehalten hat; es ist ein scholastischer Discurs in schlechtem Latein, welcher den Vers Virgil's expliciren will

> Sed me Parnassi deserta per ardua dulcis
> Raptat amor.

Petrarca sagt hier, daß die Liebe ihn getrieben habe um den Lorber zu werben, und er beschließt damit, daß er bittet, man möge ihm denselben verleihen theils um dieser Bitte willen, theils auf das formelle Ersuchen hin, welches der König Robert von Neapel gestellt hatte. Die Anrede beginnt mit einer Anrufung an die heilige Jungfrau. 2) Die lateinische Anrede, welche Petrarca an den Senat von Venedig hielt, um ihn zum Frieden mit Genua zu bewegen. Wenn auch von etwas sehr oratorischem Eindruck hat die Rede doch manche schön empfundene Stelle. 3) Die Rede, welche Petrarca vor dem Volke von Mailand bei dem Tode Johann Visconti's hielt, um dem Todten ein Eulogium darzubringen und seine Nachfolger zu empfehlen; es ist dies die Rede, welche von den Astrologen unterbrochen wurde. 4) Die lateinische Rede, welche Petrarca zu Novare hielt, als diese Stadt wieder in die Gewalt Galeaz Visconti's fiel, und welche dem Volke Unterwerfung anrieth und den Pardon des Fürsten versprach. 5) Die Argumente, welche Petrarca selbst zu seinen lateinischen Eklogen schrieb, deren allegorischer Sinn die Interpretation schwierig machte. 6) Die lateinischen Gebete, welche Petrarca täglich zu beten pflegte, gegen die Stürme zu Wasser und zu Lande, da er sie besonders fürchtete. Alle diese noch nicht abgedruckten Schriften Petrarca's tragen natürlich nichts zur Vermehrung seines literarischen Ruhmes bei, sie könnten eher diesem nachtheilig sein, wenn wir annehmen, wir besäßen nichts von ihm als „Afrika" und das „Canzoniere" aber sie haben doch großen Werth für die Biographie Petrarca's, wie es auch Hortis selbst in seinem ausführlichen kritischen Commentar dargethan hat. Der Commentar ist in sieben Kapitel getheilt, deren Inhalt der folgende ist: Die Krönung Petrarca's. — Petrarca und die Visconti. — Petrarca und die Kriege zwischen Genua und Venedig. — Petrarca an dem Hofe von Galeaz Visconti. — Petrarca am französischen Hofe. — Die Eklogen Petrarca's. — Das religiöse Leben Petrarca's. Hortis hat die Thatsachen sorgfältig zusammengestellt, und erörtert sie ruhig und unparteiisch. Wüßte man nicht, daß er ein junger Mann ist, man würde ihn nach seinem Buche für einen alten geübten Gelehrten halten. Ich spreche jedoch nicht weiter darüber, denn ich nehme an, daß sein Buch jetzt bereits in den Händen aller derer ist, welche sich ernstlich mit unserer Literaturgeschichte befassen.

Ein mehr locales Interesse hat das kleine Buch von Romussi über den Aufenthalt Petrarca's in Mailand. Romussi ist der Verfasser eines Buches, welches „Milano nei suoi monumenti" betitelt ist und den Preis der italienischen pädagogischen Gesellschaft davongetragen hat. Dies zeigt zur Genüge, daß er die Topographie Mailands genau kennt, und daß niemand besser als er, nachdem er die Beziehungen Petrarca's und der Visconti genau studirt hatte, uns Aufschlüsse über die Lage von Petrarca's Haus in Mailand hätte geben können, und ebenso über sein Landhaus, welches er in Erinnerung an die Villa Scipio's sein Linternum nannte und wohin er sich 1350 zurück-zog, um sich seinen Studien besser widmen zu können. Es ist nichts interessan-ter im Leben Petrarca's als diese Zeiten der Zurückgezogenheit; der thätige, aufgeregte, leidenschaftliche und unternehmende Mann fühlte von Zeit zu Zeit das Bedürfniß sich zu sammeln, vergessen zu sein und sich selbst zu ver-gessen in tiefer Einsamkeit. Er hat mehr als einmal daran gedacht, Mönch zu werden und in ein Kloster zu gehen, und ein solcher Drang ist ganz er-klärlich; der Kämpfer sehnt sich wohl manchmal nach einem Augenblick Ruhe, fern vom Getöse des Schlachtfeldes, und Petrarca ist ein mächtiger Kämpfer gewesen, und wenn er sich erschöpft fühlte, suchte er sich einen Zufluchtsort fern von der Welt. So floh er von dem lärmenden Hofe von Avignon in die Stille der Vaucluse, so verließ er den glänzenden Hof der Visconti, um sich in sein Linternum einzuschließen, beim Kloster San Simpliciano, und so flüchtete er aus dem stürmischen Leben und den Kämpfen, welche er zu Be-nedig auszuhalten hatte, als er sich nach Arqua zurückzog, welches sein Grab werden sollte. Wenn auch das Buch Romussi's nichts Neues für die Ge-schichte der Visconti und Petrarca's bringt, so ist es doch dadurch interessant, daß es uns hilft, den rechten Platz wieder zu finden, wo sein Linternum stand, Garignano, nahe bei der Chartreuse, während die mailänder Führer bisher meist die Fremden nach einer ganz andern Richtung sandten, als wo es sich wirklich befindet, nämlich nach dem „Cascina interna" benannten Orte vor der Porta Magenta, welche gar nichts mit dem Linternum Pe-trarca's zu thun hat, aus dem l'interna mag man lintera gemacht, und es dann durch den Gleichklang verführt mit dem Linternum Petrarca's vermengt haben. Aber wir wissen ja, daß Petrarca seinem Zufluchtsort den Namen nicht wegen eines Gleichklangs dieser Worte gegeben hatte, sondern in Erinnerung an die Villa des Urbildes seines Heldengedichtes, der Africa. Romussi schließt seine Abhandlung folgendermaßen: „denjenigen, welche Gewicht auf Ueber-lieferungen legen, fügen wir noch hinzu, daß während der langen Nachfor-schungen, welche wir in Garignano machten, man uns sagte, an der Grenze des Parks der Chartreuse, hinter der Kirche, befinde sich das kleine Haus, von welchem die Bauern behaupten, es habe hier Petrarca gewohnt, wenn er kam, um seine Andachten zu verrichten."

Das kleine Buch Professor Joseph Rizzini's theilt uns gleichfalls nichts Neues über die Biographie Petrarca's mit, aber es ist ein recht gutes populäres Resumé alles dessen, was man bisher in Italien über Petrarca geschrieben hat, und außerdem ist das Kapitel des von Priesterhand geschriebenen Buches, welches die Liebe Laura's und Petrarca's behandelt, nicht uninteressant, da der Verfasser bei dieser mit einem besonderen Behagen verweilt, welches bei einem Priester fast seltsam erscheinen könnte. Der Verfasser scheint zuzugeben, daß Laura dem Poeten geneigt gewesen sei, aber daß sie durch strenge Ueberwachung genöthigt gewesen sei, sich größere Reserve aufzuerlegen. Aber wo bliebe dann die berühmte Keuschheit Laura's? Wenn sie in der Intention gesündigt hätte, und nur mangelnde Gelegenheit ihr jene ehrenvolle Bezeichnung des Dichters „rigorose misure" verschafft und sie gehindert hätte, sich seiner Liebe hinzugeben, würde sie der Abbé Rizzini absolviren können? Auf alle Fälle stellt er Laura als eine Coquette dar: „Laura, die ihn liebte, obgleich sie darauf bedacht war ihn hierüber immer noch etwas in Zweifel zu halten, ließ sich doch vor ihm sehen, und wandte ihm gegenüber jene kleinen Künste an, welche ein ganz eigenes Geheimniß und eine besondere Gabe des schönen Geschlechtes sind; Künste, welche, ohne die Leidenschaft zu einem verwegenen Hervorbrechen zu ermuthigen, wunderbar dazu dienen, sie wach zu halten und zu erregen." Man braucht denen nicht zu glauben, welche eine Heilige aus Laura machen möchten; aber ich glaube, daß der Abbé Rizzini sie uns zum Sündigen zu bereit darstellt, als daß ein leidenschaftlicher Liebhaber, wie Petrarca, ihren Coquetterien hätte widerstehen können, und es nicht benutzt hätte, wenn Laura ihr Spiel soweit trieb.

Während die Meisten, welche die letzte Zeit über Petrarca geschrieben haben, sich mit seiner Biographie beschäftigten, hat sich Herr Pasqualigo einer Arbeit unterzogen, die für ihn schwieriger und mühseliger war, und für uns weniger anziehend, aber nicht weniger nützlich, indem er sich an die Revision des Textes der Trionfi machte und ihn in seiner ursprünglichen Gestalt wieder herstellte, unter Hinzufügung aller wichtigen lectiones variae, welche er in den 30 von ihm gesammelten Manuscripten und in dem Autograph Fragment der Bibliothek des Vatikans (codex 3196, der mit allen Verbesserungen und Noten, die Petrarca selbst auf den Rand gemacht hat, zuerst 1642 zu Rom von Federico Ubaldini herausgegeben wurde, dann wieder von Muratori in der Modenesischen Ausgabe von 1711) vorzufinden vermochte. Dieser schätzenswerthen kritischen Ausgabe der Trionfi, welche uns die Sorgfalt Petrarca's, mit welcher er seine Verse schliff, erkennen läßt, fügte Pasqualigo vier fast unbekannte Sonnette Petrarca's bei, welche zum erstenmal 1852 von Agostino Sagredo veröffentlicht wurden. Ich gebe zum Schluß das dritte derselben:

> Solo soletto, ma non di pensieri,
>   Vo misurando spesso la campagna,
>   E veggio i prati, i boschi e la montagna,
>   D'erbe e di fior vestito ogni sentieri
> Odo uccelli cantar si volentieri
>   Per la dolce stagion che li accompagna;
>   Tutti animali all' amorosa ragna
>   Se invescan, vaghi, mansueti e feri.
> E, solo, Amor a lagrimar m'invita,
>   Privo del lume di quegli occhi belli,

Che tenean ver di me 'l dolce disio
Membrando il viso e gli alti e i d'or cappelli.
Ma, per me, lasso , e' la stagion fuggita,
Che' fortuna ni asconde il destin mio.

Angelo de Gubernatis.

Kleine Besprechungen.

Politische Geschichte der Gegenwart von Wilhelm Müller. Siebenter Band. Das Jahr 1873. Berlin, Julius Springer. — Wir haben uns bereits wiederholt dahin geäußert, daß die politische Geschichte der Gegenwart von Professor Wilhelm Müller in Tübingen unter gleichartigen Unternehmungen einen besonders hervorragenden Platz verdient. Seit dem sechsten Bändchen (über das Jahr 1872) ist die Brauchbarkeit dieser Arbeit bedeutend erhöht durch Beifügung einer synchronistischen Tabelle, die in sehr anschaulicher Weise aufzeigt, was an den einzelnen Tagen und Monaten des Jahres in allen Ländern geschehen ist, und durch die Zufügung eines alphabetischen Verzeichnisses der hervorragendsten Personen, die in dem betreffenden Jahr politisch hervorgetreten sind. Außerdem ist die Chronik der Ereignisse des letzten Jahres, wie in den früheren Jahrgängen, zu Anfang des Bandes auch nach Ländern in Tagen und Monaten übersichtlich gegeben. Der siebente Band über das vergangene Jahr aber ist namentlich ausgezeichnet durch die Zusammenfassung interessanter Thatsachen und Zustände aus Ländern, die in früheren Jahrgängen nicht eingehender berücksichtigt wurden. Das gilt namentlich von der Darstellung der verschiedenen Phasen der spanischen Republik, bei deren Schilderung der Verfasser sich ernstlich angelegen sein läßt, uns die „einzelnen Etappen dieser in ihrer raschen Aufeinanderfolge fast unverständlichen" Peripetien klar zu machen, und seine von föderativen Anschauungen etwa noch besessenen süddeutschen Landsleute — unter den socialdemokratischen Föderalisten Norddeutschlands dürfte er wenig Leser haben — mit nachdrücklichem Grauen vor diesem föderalistischen Musterstaate zu erfüllen. Während die Darstellung dieser Ereignisse und Zustände uns namentlich in diesem Augenblicke, wo das deutsche Reich die Anerkennung Spaniens bei der Mehrzahl der europäischen Mächte aus politischen Gründen durchgesetzt hat, besonders willkommen ist, so ist doch andererseits selten so deutlich wie an den Schicksalen dieses Landes im vergangenen Jahre zu ersehen, wie wenig die zufällige Linie, die ein Kalenderjahr über den laufenden Strom der Weltgeschichte hinüberzieht, den Historiker berechtigt, dieses einzelne Jahr zum Gegenstande besonderer Darstellung zu machen. Vielfach werden dadurch die Ereignisse selbst — wie z. B. das Urtheil des Verfassers über die Einmischung des Kapitän Werner in die spanischen Händel — durchaus in eine schiefe Stellung gerückt, da unentwickelte Dinge in weissagendem Tone als vollendet behandelt sein möchten. Der Journalist, der zu seiner raschen Orientirung solche Werke freudig begrüßt, wird diesem Bedenken vielleicht erst nächstes Jahr zustimmen. Dem Historiker von W. Müller's Bedeutung und Streben ist es schon jetzt nicht verborgen. Aber freilich das ist zu seinen Gunsten zu sagen: man kann die Zeitgeschichte überhaupt nicht schreiben ehe sie in ihren einzelnen Kanälen abgelaufen ist, und wer sie im Laufe kennen lernen will, muß sie unvollendet hinnehmen. Die Leitung eines so umsichtigen Führers kann dabei nur willkommen sein. B.

Verantwortlicher Redakteur: Dr. Hans Blum.
Verlag von J. J. Herbig. — Druck von Güthel & Zegler in Leipzig.

XXXIII. Jahrgang.   II. Semester.

Die
Grenzboten.

Zeitschrift

für

Politik, Literatur und Kunst.

No. 37.

Ausgegeben am 11. September 1874.

Inhalt:

Leipzig, 1874.

Friedrich Ludwig Herbig.

(Fr. Wilh. Grunow.)

Man abonnirt bei allen Buchhandlungen und Postämtern des In= und Auslandes.

Handelsgerichte oder Handelsschiedsgerichte?

Daß in dem neuen Entwurf der deutschen Strafproceßordnung das Schöffeninstitut in der Hauptsache beseitigt ist, dazu hat zu einem nicht geringen Theil der lebhafte Widerstand Süddeutschlands gegen dasselbe beigetragen. Ueber die Verdienstlichkeit der Agitation zu Gunsten der Schwurgerichte kann man verschiedener Ansicht sein; mag man aber über die Schöffenfrage denken, wie man will: in einer Beziehung werden wohl alle Parteien das Ergebniß des Kampfes um Geschworene oder Schöffen als ein bedauerliches anerkennen: der erste Entwurf hatte unstreitig wenigstens das Gute, das Strafverfahren in allen Fällen nach einem Princip zu regeln, es war ein Werk aus einem Guß, beruhend auf dem Gedanken, daß überall im Strafverfahren Richter aus dem Volk mitzuwirken haben. Diese Harmonie ist zerstört, und man braucht keineswegs ein Verehrer büreaukratischer Uniformität zu sein, um zu bedauern, daß an deren Stelle eine so principlose Organisation treten soll und treten wird, wie die jetzt vorgesehene: in großen, schweren Straffällen sollen Laien als Geschworene —, in kleinen, leichten als Schöffen, in mittleren gar nicht mitwirken — was ist groß und klein und mittelgroß, schwer und leicht und mittelschwer?

Für diese unerfreuliche Gestaltung der Strafgerichtsverfassung ist wie gesagt Süddeutschland*) hauptsächlich verantwortlich; es möge darum zur Sühne einem süddeutschen Juristen gestattet sein, zu Guusten einer einheitlichen, organischen Gerichtsverfassung in einer andern Richtung, von wo ihr nach dem von der preußischen Regierung vorgelegten Entwurf des Gerichtsverfassungsgesetzes Gefahr droht, das Wort zu ergreifen. Die Besprechung der Frage der Handelsgerichte wird an die Geschworenen- und Schöffen-Frage um so mehr anknüpfen dürfen, als sowohl die übliche Vertheidigung so der Geschworenen- wie der Handelsgerichte, als auch unsere Einwendungen gegen beide von demselben Grundgedanken ausgehen.

Daß materielles Recht, Gerichtsverfahren und Gerichtsverfassung drei wesentlich verschiedene Dinge sind, bedarf für Niemand eines Beweises; ebenso gewiß aber ist es, daß zwischen denselben ein vielfacher, mehr oder weniger

---

*) Und Sachsen?

Grenzboten III. 1874.

Die Red.

enger Zusammenhang besteht; denn es ist ja wohl einleuchtend, daß das Recht
(im objektiven Sinn) sich anders entwickeln wird, wenn die Rechtspflege ausschließlich in den Händen von rechtsgelehrten Beamten ruht, anders, wenn
sie von der versammelten Volksgemeinde geübt wird, und daß das materielle
Recht (im subjektiven Sinn, das Recht des Einzelnen) verschiedene Aussichten
auf Verwirklichung hat, je nachdem der Rechtsstreit in den elastischen Formen
des öffentlich-mündlichen Verfahrens oder nach. den Bestimmungen des „gemeinen römischen Rechts" geführt wird, wo der „summarische Besitzstreit, das
sogenannte possessorium summariissimum Jahre oder gar Jahrzehnte dauern
konnte; und umgekehrt wirkt die Beschaffenheit des materiellen Rechts vielfach
auf das Gerichtsverfahren und die Gerichtsverfassung ein; wenn die Gesetze,
welche das erstere feststellen, in einer fremden, todten Sprache geschrieben
sind, so ist jede Mitwirkung von Richtern aus dem Volk bei der Rechtsprechung ausgeschlossen, und für das lebendige öffentlich mündliche Verfahren ist da offenbar kein Raum; auf der andern Seite aber wird ein Volk,
welches im Besitz seines eigenen Rechtes, und dessen Leben im Uebrigen gesund
ist, sich niemals bei einem heimlich-schriftlichen Verfahren beruhigen und in
mehr oder weniger großem Umfang selbstthätige Mitwirkung bei der Rechtsprechung beanspruchen. Wie das materielle Recht mit dem Gerichtsverfahren
und der Gerichtsverfassung, so und noch mehr hängen diese beiden unter sich
zusammen; es sei nur an die Rechtsmittel und den Instanzenzug erinnert;
die Zahl und die Zusammensetzung der Gerichte höherer Instanz hat das
Gerichtsverfassungsgesetz zu bestimmen; ob und in welchem Umfang
Gerichte höherer Instanz nothwendig seien, hängt wesentlich von der Einrichtung des Verfahrens. daneben aber auch von der Zusammensetzung
der Gerichte erster Instanz ab; mit dem öffentlich-mündlichen Verfahren ist
z. B. das alte „Recht der drei Instanzen" völlig unvereinbar; aber trotz des
öffentlich mündlichen Verfahrens trägt man in Deutschland überall Bedenken,
die Vortheile von Einzelrichtern der Anfechtung durch Berufung zu entziehen. Eben weil der Zusammenhang zwischen Recht, Proceß und Gerichtsverfassung in der Natur der Dinge begründet ist, kann er nie auf die Dauer
übersehen werden; viel häufiger kommt es vor, daß über dem Zusammenhang
der Unterschied außer Acht gelassen wird, daß für einen Mangel, welcher
im Proceßgesetz oder im materiellen Recht seinen Grund hat, die
Gerichtsverfassung verantwortlich gemacht wird und umgekehrt, oder daß
ein Vorzug des Verfahrens der zufällig bestehenden, etwa gleichzeitig mit
jenem ausgeführten Gerichtsverfassung zum Verdienst angerechnet wird.
Daß z. B. das öffentlich-mündliche Anklageverfahren eine viel bessere Gewähr
für gerechte Strafurtheile biete, als der geheime schriftliche Inquisitionsproceß,
wird nachgerade kein Sachverständiger mehr in Abrede ziehen; nun wurde in

einem großen Theil Deutschlands jenes Verfahren gleichzeitig (1848) mit den
Geschworenengerichten und nur für diese eingeführt, während es für die
nicht vor die Schwurgerichte gehörigen Straffälle vielfach noch längere Zeit bei
dem alten Inquisitionsproceß mit ausschließlich rechtsgelehrten Berufsrichtern
blieb; und was war die Folge? In Anwendung des bekannten post hoc
ergo propter hoc setzte sich in weitesten Kreisen die Ueberzeugung fest, die
Verbesserung unseres deutschen Strafverfahrens sei lediglich der Einführung
der Schwurgerichte zu verdanken, die Schwurgerichte in ihrem vielleicht
da und dort etwas zu verbessernden Zustand seien die unentbehrliche Grundlage eines volksthümlichen Strafverfahrens, nicht bloß rechtsgelehrten Richtercollegien, sondern auch jeder andern Form der Mitwirkung von Volksrichtern
vorzuziehen. Daran, daß die Verbesserung der Strafrechtspflege zu allermeist
in der Einführung des öffentlich-mündlichen Verfahrens ihren Grund
hatte, dachte man kaum.

Eine ganz ähnliche Erscheinung nun, wie auf dem Gebiet des Strafrechts
die Schwurgerichte, zeigen auf dem Gebiet des bürgerlichen Rechts die Handelsgerichte. Während aber die Reichsgesetzgebung ursprünglich im Interesse
einer einheitlichen Organisation die Schwurgerichte beseitigen wollte, nimmt sie
zu der Frage der Handelsgerichte eine andere Stellung ein und will in dem
Organismus der mit rechtsgelehrten Berufsrichtern besetzten bürgerlichen Gerichte sog. gemischte Handelsgerichte, Gerichte mit einem rechtsgelehrten Vorsitzenden und vier kaufmännischen Beisitzern einschieben, welche jedoch nicht in
gleicher Zahl mit den Landgerichten, sondern nur da errichtet werden sollen,
wo ein Bedürfniß nach solchen besteht.

Es ist vorauszusehen, daß auch dieser Vorschlag auf lebhaften Widerstand stoßen wird; aber auch wahrscheinlich, daß bei dem kommenden Streit
die Hauptfrage: sollen überhaupt Handelsgerichte bestehen? bei Seite gelassen
und der Streit wesentlich darüber entbrennen wird, wie die Handelsgerichte
zusammengesetzt werden sollen. Ueber die Hauptfrage geht man mit der Bemerkung hinweg, es sei „allgemein anerkannt", daß besondere Handelsgerichte
bestehen müssen; so hat sich denn auch schon die Stimme eines bayrischen
Juristen (in der Augsb. Allg. Zeitung Nr. 158 a. d. Beil.) vernehmen lassen,
welcher die Frage, ob besondere Handelsgerichte zu errichten seien, als eine
längst im bejahenden Sinn entschiedene bezeichnet und den Reichsgesetzentwurf
nur insofern bekämpft, als er an die Stelle des mit einem rechtsgelehrten
Vorsitzenden und vier Kaufleuten besetzten Collegiums ein aus drei Juristen
und zwei Kaufleuten bestehendes Gericht gesetzt wissen will: eine Einrichtung, welche sich nach seiner Versicherung in Bayern sehr gut bewährt
haben soll. Dieselbe Einrichtung besteht seit 1869 in Württemberg; auch hier
wird es — zumal nach dem Sprüchwort: wie man in den Wald hineinruft,

so ruft es heraus — nicht an Stimmen fehlen, welche versichern, daß „die Einrichtung sich sehr gut bewährt" habe; dies ist Geschmackssache, de gustibus non est
disputandum; anstatt in dieser Richtung Stimmen für und wider zu sammeln,
wollen wir lieber zunächst die Gründe prüfen, welche überhaupt für die Mitwirkung von Kaufleuten bei der Rechtsprechung in Handelssachen geltend gemacht
werden, und hernach die Frage erörtern, in welcher Form diese Mitwirkung
ohne Beeinträchtigung der sonstigen Gerichtsverfassung am passendsten stattfinde.

Der Ruf nach Schwurgerichten entsprang zu nicht geringem Theil politischen Gründen; man verlangte nicht bloß Oeffentlichkeit und Mündlichkeit
des Verfahrens, sondern namentlich -Betheiligung des Volks an der Rechtsprechung, insbesondere in sog. politischen Processen. Bei den Handelsgerichten
war dies wesentlich anders; eine politische oder gar Parteifrage wurde aus
deren Organisation nicht gemacht, ein Umstand, welcher jedenfalls einer unbefangenen Prüfung der Frage sehr zu Statten kommt. Das Verlangen
nach Handelsgerichten als einer allgemeinen deutschen Einrichtung —
denn in einzelnen Staaten und Staatsgebieten Deutschlands, namentlich in
solchen mit starkem Handel und entwickelter Industrie bestanden solche schon
früher — war vielmehr veranlaßt durch eine Reform des materiellen
Rechts, durch die Einführung des allgemeinen deutschen Handelsgesetzbuchs;
dieses spricht zwar mehrfach vom „Handelsgericht", setzt aber das Bestehen
eigenartiger Handelsgerichte nicht voraus (Artikel 3: „Wo dieses Gesetzbuch
von dem Handelsgericht spricht, tritt in Ermangelung eines besonderen Handelsgerichts das gewöhnliche Gericht an dessen Stelle"); nichts desto weniger fand
der auf dem fünften deutschen Juristentag (1864) gestellte Antrag: „Die
Einführung des Deutschen Handels-Gesetz-Buchs läßt die Errichtung besonderer
Gerichte zur Entscheidung der Handelsstreitigkeiten als ein Bedürfniß erscheinen", keinerlei Widerstand, — nicht darum, weil man etwa allgemein der
Ansicht gewesen wäre, daß rechtsgelehrte Berufsrichter für sich allein nicht im
Staude seien, solche Streitigkeiten richtig zu entscheiden (der Antragsteller selbst
war entgegengesetzter Meinung), sondern deßhalb, weil man einerseits von
der Nothwendigkeit eines raschen öffentlichen mündlichen Verfahrens in
den nach dem neuen Gesetzbuch zu entscheidenden Sachen, andrerseits von der
Unmöglichkeit, sofort für alle bürgerliche Streitsachen ein öffentlich-mündliches
Verfahren herzustellen, so sehr überzeugt war, daß man darüber kaum ein
Wort verlor. Wenn das Gericht ganz oder theilweis mit Kaufleuten besetzt
ist, so kann freilich das Verfahren gar nicht anders als mündlich sein;
allein die Möglichkeit des mündlichen Verfahrens ist ganz dieselbe, auch
wenn die Besetzung nur mit Rechtsgelehrten erfolgt. Allerdings sprach sich
schließlich eine Majorität für Handelsgerichte bestehend aus Kaufleuten
unter einem rechtsgelehrten Vorsitzenden aus; allein dieses Votum

war weit entfernt ein einstimmiges zu sein, es gab abweichende Meinungen nach rechts und links: die Einen wollten nur rechtsgelehrte —, die Andern nur kaufmännische Richter, wieder Andere eine Mischung beider Elemente, so daß die Kaufleute in der Minderheit seien; die Einen wollten Handelsgerichte mit kaufmännischen Mitgliedern überall, wo diese Organisation nicht geradezu unmöglich sei, die Andern nur da, wo der Kaufmannstand eine Gewähr für die Tüchtigkeit der zu berufenden kaufmännischen Richter biete, — kurz: auf den Juristentag kann man sich zwar für den Satz berufen, daß für Handelsstreitigkeiten die Nothwendigkeit eines öffentlich-mündlichen Verfahrens allgemein anerkannt werde, nicht aber, wie es der oben citirte bayrische Jurist thut, dafür, daß alle competenten Stimmen die Nothwendigkeit besonderer Handelsgerichte, d. h. die Nothwendigkeit einer besonderen Zusammensetzung, Verfassung der zur Entscheidung von Handelssachen berufenen Gerichte anerkennen; vielmehr muß diese Frage heute noch als eine offene bezeichnet werden; denn wenn die eine Autorität sagt: „Besondere Handelsgerichte sind ein Bedürfniß, aber sie müssen aus einem Vorsitzenden und vier kaufmännischen Beisitzern bestehen, sonst wären die ordentlichen Gerichte vorzuziehen", — die andere Autorität aber sich dahin ausspricht: „Besondere Handelsgerichte sind ein Bedürfniß; allein wenn sie nicht mit drei Juristen und zwei Kaufleuten besetzt werden, so überweist man die Handelsstreitigkeiten besser den ordentlichen Gerichten", so liegt es doch auf platter Hand, daß diese beiden Autoritäten über die Frage, ob besondere Handelsgerichte ein absolutes Bedürfniß seien, — nicht — oder richtiger: nur im verneinenden Sinn einig sind.

Wenn heute die Nothwendigkeit besonderer Handelsgerichte erörtert wird, so kann es sich nur noch um eine Frage der Gerichtsverfassung handeln; vor zehn Jahren bestand noch in einem großen Theil von Deutschland für die bürgerlichen Rechtssachen das geheime schriftliche Verfahren; an dem Tag, an welchem das Gerichtsverfassungsgesetz im Reich ins Leben tritt, wird im ganzen Reichsgebiete für alle bürgerlichen Rechtsstreitigkeiten auch das öffentlich-mündliche Verfahren eingeführt, und damit fällt von Seiten des Verfahrens jeder Grund für besondere Handelsgerichte weg; es kann sich also nur noch darum handeln, ob überwiegende Gründe dafür sprechen, statt oder neben den rechtsgelehrten Richtern Kaufleute als Richter in Handelsstreitsachen zu berufen.

Von dem mehrangeführten bayrischen Juristen wird mit großem Nachdruck und mit vollem Recht der Satz aufgestellt, daß die Handelsgerichte keine Standesgerichte, keine Sondergerichte für bestimmte Personen, für die Kaufleute, sondern nur Sondergerichte für bestimmte Sachen sein dürfen; diesem Satz wird wohl von keiner Seite widersprochen werden. Auf die Frage: „für welche Sachen?" lautet die scheinbar sehr präcise Antwort: „für

Handelssachen". Aber was sind Handelssachen? Sie sind ein Theil der bürgerlichen Rechtssachen; mehr kann der Jurist nicht sagen, denn der „Handel" ist kein Rechtsbegriff. In Reichs- und Landesgesetzen fehlt es freilich nicht an Bestimmungen darüber, welche Sachen als „Handelssachen" vor die Handelsgerichte gehören; allein alle diese Bestimmungen sind willkürlich und geben zu allen möglichen Zweifeln Anlaß. Zwei Beispiele werden dieß zur Genüge bestätigen. — In allen (Reichs- und Landes-) Gesetzen werden als Handelssachen in erster Linie bezeichnet „Ansprüche gegen einen Kaufmann aus dessen Handelsgeschäften". Wir wollen von den Schwierigkeiten ganz absehen, welche im einzelnen Fall die Frage bereitet, ob Jemand Kaufmann sei, und fragen nur: was sind Handelsgeschäfte? Hier werden wir denn auf das Handels-Gesetz-Buch Artikel 271—276 verwiesen, von denen wir nur den Artikel 274 hervorheben:

„Die von einem Kaufmann geschlossenen Verträge gelten im Zweifel als zu dem Betrieb des Handelsgewerbes gehörig.

„Die von einem Kaufmann gezeichneten Schuldscheine gelten als im Betrieb des Handelsgewerbes gezeichnet, sofern sich nicht aus denselben das Gegentheil ergibt."

Demnach kann ein Kaufmann, wenn er aus irgend einem (bewegliche Sachen betreffenden) Geschäft vor dem ordentlichen Gericht belangt wird, die Einlassung ablehnen unter Berufung darauf, daß es ein Handelsgeschäft sei, solange der Kläger nicht das Gegentheil beweist; nach gewöhnlichen Rechtsbegriffen hat der Beklagte die thatsächliche Grundlage seiner proceßhindernden Einreden zu beweisen, — und wenn es sich um eine Klage aus einem Schuldschein handelt, so steht dem Kläger nicht einmal dieser Gegenbeweis offen, wenn nicht aus dem Schein selbst sich ergibt, daß die Schuld nicht zum Betrieb des Handelsgewerbes eingegangen ist. Wenn also ein Kaufmann ein Darlehn aufnimmt, um eine Tochter auszusteuern, und in dem ausgestellten Schuldschein dieses Zwecks keine Erwähnung geschieht, so gehört die Klage aus dem Darlehn vor das Handelsgericht, denn der Kaufmann sagt: „ich habe über dieses Darlehn einen Schuldschein ausgestellt, also ist dasselbe nach Artikel 274 des Handels-Gesetz-Buchs ein Handelsgeschäft". Freilich eine merkwürdige Logik! und wir fragen: liegt hier ein Sondergericht für die Sache oder nicht vielmehr ein Sondergericht für die Person vor? Zweites Beispiel: Die württembergische Handelsgerichtsordnung von 1865 und ebenso die württembergische Civilproceßordnung von 1868 verwies vor die Handelsgerichte unter Anderem: „Mitverbindlichkeiten für Forderungen, welche vor die Handelsgerichte gehören", sowie „Ansprüche gegen Erben aus derartigen Verbindlichkeiten des Erblassers"; ein späteres Gesetz führt in Uebereinstimmung mit dem Reichsgesetz betreffend die Errichtung eines obersten

Gerichtshofes für Handelssachen, diese Materien nicht unter den zur Zuständigkeit der Handelsgerichte gehörigen Sachen auf, ohne sie jedoch ausdrücklich auszuschließen. Vor welches Gericht gehören nun Klagen aus solchen
Verbindlichkeiten des Bürgen oder des Erben? — Nehmen wir an, ein Nicht-
Kaufmann hat sich für eine Waarenschuld eines Kaufmanns verbürgt; dieser
wird zahlungsunfähig; der vom Gläubiger angeforderte Bürge verweigert die
Zahlung, zugleich aber auch die Angabe eines Grunds dieser Weigerung;
außergerichtlich kann der Gläubiger ihn zur Angabe dieses Grundes nicht
zwingen, er muß Klage erheben, wenn er denselben erfahren will; aber wo?
Er vermuthet, der Bürge werde Einwendungen erheben, welche dem Haupt-
schuldner zustehen könnten und darum, wenn begründet, auch dem Bürgen
zustehen würden, z. B. Einwendungen gegen den rechtlichen Bestand der
Schuld: die Waare sei schlecht gewesen und dem Gläubiger zur Verfügung
gestellt worden u. dgl., — und klagt demgemäß seine Forderung aus dem
Handelsgeschäft beim Handelsgericht ein; der Bürge aber bestreitet wider Erwarten nicht die Forderung, sondern die Existenz oder Gültigkeit seiner Bürgschaft: er habe sich nur unter einer — nicht eingetretenen — Bedingung
verbürgt u. dgl.; oder umgekehrt: der vor dem ordentlichen Gericht belangte
Bürge anerkennt zwar gegen Erwarten des Gläubigers, daß er Bürgschaft
geleistet habe, behauptet aber die Ungültigkeit der Hauptschuld. Wenn die
Zuständigkeit des einen und des andern Gerichts nicht durch die Eigenschaften
der streitenden Personen, sondern durch die Beschaffenheit der streitigen
Sache bedingt sein soll, so ist es gleicherweise verkehrt, im ersten Fall das
Handelsgericht, wie im zweiten Fall das ordentliche Gericht entscheiden zu
lassen; und wie, wenn der Bürge beiderlei Einwendungen vor dem einen
oder vor dem andern Gericht vorbringt? In diesem Falle müßte wohl der
Rechtsstreit zerrissen, eine Hälfte vor das Handelsgericht, die andere vor das
ordentliche Gericht verwiesen werden? Denn so gewiß die Frage: ob die
Waare Kaufmannsgut gewesen, oder ob sie rechtzeitig zur Verfügung gestellt
worden sei, nach den Grundsätzen des Handelsrechts, nach den Bestimmungen
des Handelsgesetzbuchs zu entscheiden ist, so gewiß hat das Handelsrecht nichts
mit der Frage zu thun, ob die Bürgschaft bedingt oder unbedingt geleistet
worden, ob die Bedingung eingetreten ist oder nicht. Ganz Aehnliches kann
bei der gegen den Erben eines Kaufmanns anzustellenden Klage vorkommen.
— Es ist ein allgemein anerkannter Grundsatz des Proceßrechts, daß die
Zuständigkeit des Gerichts sich nach dem Inhalt der Klage, nicht nach dem
Inhalt der Klagbeantwortung bestimmt: entweder diesen Grundsatz oder
den Satz, daß die Handelsgerichte nicht über Streitigkeiten von oder mit
Kaufleuten, sondern über Streitigkeiten des Handelsrechts zu entscheiden haben,
mit anderen Worten: den Satz, daß die Handelsgerichte keine Standesgerichte

fein follen, muß man opfern, wenn man befondere Handelsgerichte ein-
führen will.

Soviel über die rein fachlichen Bedenken, welche jeder Art von Handelsgerichten entgegenstehen; nicht viel weniger gewichtig erfcheinen uns die Bedenken perfönlicher oder gemifchter Art, welchen fowohl die Handelsgerichte
des Entwurfs als auch, obwohl vielleicht in etwas geringerem Grad, die
bayrifch-württembergifchen Gerichte unterliegen. — Schon oben wurde bemerkt,
wie auf dem fünften Juriftentag die Meinungen darüber auseinandergingen,
in welchem Umfang Handelsgerichte mit kaufmännifchen Richtern errichtet
werden follen; die Mehrheit fprach fich dahin aus, daß nur da, wo wenig
Handelsftreitigkeiten vorkommen oder wo keine geeigneten kaufmännifchen Richter
zu finden feien, die Uebertragung der Gerichtsbarkeit in Handelsfachen auf
die ordentlichen Gerichte ftattzufinden habe; nachdem man einmal die Einführung befonderer aus rechtsgelehrten und kaufmännifchen Richtern gebildeter
Handelsgerichte für ein Bedürfniß erklärt hatte, wäre es allerdings fehr
inconfequent gewefen, etwas Anderes zu befchließen. Denn wenn wirklich die
Handelsfachen eine von den (anderu) bürgerlichen Streitigkeiten fo verfchiedene
Natur hätten, daß fie befonders geartete und zufammengefetzte Gerichte er-
heifchen würden, fo wäre es ebenfo inconfequent, in einzelnen Gegenden die-
felben dennoch den ordentlichen bürgerlichen Gerichten zu überweifen, wie man
es da, wo Civil- und Strafrechtspflege getrennt find, inconfequent finden
würde, in einem Bezirk deßhalb, weil dafelbft wenig Verbrechen und Vergehen
vorkommen, die Aburtheilung der Straffälle dem Civilrichter zu überweifen.
Aus eben diefem Grund müßte es auch für unftatthaft erklärt werden, eine
fogenannte Handelsfache vor den ordentlichen bürgerlichen Gerichten verhandeln
zu laffen. Nach der württembergifchen Procevordnung ift dieß zuläffig; fo
wenig fich dieß — die Berechtigung befonderer Handelsgerichte einmal voraus-
gefetzt — theoretifch rechtfertigen läßt, fo fehr muß doch diefe Beftimmung als
praktifch anerkannt werden; denn abgefehen von den Nöthen, in welche man
nach dem oben Ausgeführten gerathen würde, wenn ein Urtheil des bürgerlichen oder des Handelsgerichts wegen Unzuftändigkeit angefochten
werden könnte (d. h. mit der Behauptung: es hätte ftatt beim Handelsgericht
beim ordentlichen Gericht geklagt werden follen oder umgekehrt), fo werden
durch die Möglichkeit der freiwilligen Unterwerfung der Parteien unter das
ordentliche Gericht die kaufmännifchen Richter fehr oft von der läftigen Nothwendigkeit befreit, ihr Gefchäft liegen und ftehen zu laffen und fich in den
Juftizpalaft zu begeben, — um ein paar Contumacialurtheile in Wechfelfachen
fällen zu helfen. Die Confequenz, wie gefagt, würde den Ausfchluß jeder
Prorogation und die Eintheilung des ganzen Reichsgebiets in Handelsgerichts-
fprengel, die Errichtung von ebenfovielen Handels- wie Landesgerichten ver-

langen. Schon daß die Mehrheit des Juristentags sich entschließen mußte, in letzterer Richtung Ausnahmen zuzulassen, beweist das Mißliche des Beschlusses; in einer großen Handelsstadt wird es allerdings nicht an Kaufherren fehlen, welche durch umfassende Bildung zum Amt eines Richters ebensogut und besser befähigt sind, als ein „studirter" Beamter, welchem, um uns eines unlängst von dem Abgeordneten Herz in der bayrischen Kammer gebrauchten Ausdrucks zu bedienen, über der Gelehrsamkeit der gesunde Menschenverstand abhanden gekommen ist. Allein der Kleinhändler, welcher hinter dem Ladentisch aufgewachsen ist, vermag wohl den Meter und das Kilogramm, nicht aber die Wechselordnung und das Handelsgesetzbuch zu handhaben, er ist in Handelssachen nicht mehr und nicht weniger zum Richter geschaffen, als ein anderer Bürger in gewöhnlichen bürgerlichen Streitsachen; und wo soll nun die Grenze zu ziehen sein zwischen den Orten, welche mit Handelsgerichten auszustatten sind, und denjenigen, wo wegen Unbrauchbarkeit der im Sprengel wohnenden Kaufleute die Gerichtsbarkeit in Handelssachen den ordentlichen Gerichten übertragen wird? — Freilich scheint der Entwurf des Gerichtsverfassungsgesetzes hierauf eine Antwort zu geben: besondere Handelsgerichte sollen nur da errichtet werden, wo ein Bedürfniß dafür besteht; allein unschwer kann man sich vorstellen, wie sich nach dieser Bestimmung die Sache gestalten wird: überall werden die Kaufleute, und wäre es auch nur um der lieben Eitelkeit willen, um ein eigenes Gericht für sich und ihre Streitigkeiten zu haben, die Ueberzeugung aussprechen, daß Handelsgerichte ein tief gefühltes Bedürfniß seien, — um so lauter, je weniger Opfer sie persönlich für solche Gerichte zu bringen haben; und nun denke man sich, wie es in dem einzelnen Bundesstaat weiter gehen wird. In Württemberg z. B. bestehen zur Zeit acht Kreisgerichte, welche mit der künftigen Gerichtsverfassung sich in acht Landgerichte verwandeln werden, und zwar in Stuttgart, Ulm, Heilbronn, Tübingen, Rottweil, Hall, Ellwangen und Ravensburg; unter diesen Städten können zwei, höchstens drei: Heilbronn, Stuttgart und Ulm auf das Prädikat einer Handelsstadt Anspruch machen; allein die „Kaufleute" der übrigen Sprengel werden keineswegs „ihre" Handelsgerichte aufgeben wollen; und welcher Minister wird geneigt sein, den „Kaufherren" von Tübingen, Rottweil u. s. w. ins Gesicht zu sagen: „Euch kann man zu Handelsrichtern nicht brauchen?" Um Niemand vor den Kopf zu stoßen, wird man, wo es nur irgend angeht, Handelsgerichte errichten; ob damit der Rechtsprechung gedient ist, möchten wir bezweifeln; auch das Publikum wird zu diesen Gerichten kein übermäßiges Vertrauen haben; selbst in einer der oben genannten drei württembergischen Handelsstädte erklärte einmal ein Anwalt, daß er ein für alle Male auf die Mitwirkung kaufmännischer Richter verzichte; und ehe er fünf Minuten wartet, bis zwei Handelsschöffen herbeigerufen find, prorogirt jeder württembergische Anwalt lieber zweimal auf das versammelte ordentliche Gericht.

Die eben besprochenen rein persönlichen Bedenken treffen bei allen Handelsgerichten zu, allerdings bei denen des deutschen Entwurfs noch mehr als bei den bayrisch-württembergischen; auch darin wird man dem bayrischen Kritiker des Entwurfs beistimmen müssen, daß die ersteren ihrer Zusammensetzung wegen eine allzugroße Aehnlichkeit einerseits mit Standesgerichten andrerseits mit Schiedsgerichten haben; allein darum scheint es uns doch keineswegs außer Zweifel, ob die letzteren sich wirklich mehr empfehlen. „Der Zweck der Handelsgerichte", sagt der bayrische Jurist und sagen, wenn auch mit etwas andern Worten, alle Vertheidiger der Handelsgerichte, „besteht in der fortlaufenden Information der Gerichte über die bestehenden und neuentstehenden Handelsgebräuche und in der Fortbildung des Rechts überhaupt durch einen dauernden Zusammenhang der zur Anwendung des Handelsrechts berufenen Richter mit dem handeltreibenden Publikum oder, wie der Juristentag sich ausdrückte, mit dem Rechtsbewußtsein des Handelsstandes." — Daß dieser Zweck oder vielmehr diese beiden Zwecke ebensogut erreicht werden können, wenn mit drei Juristen zwei Kaufleute zu einem Collegium vereinigt werden, wie wenn vier Kaufleute unter einem rechtsgelehrten Vorsitzenden urtheilen, mag zugegeben werden — non est disputandum; allein sowohl obige Begründung der Nothwendigkeit oder Zweckmäßigkeit besonderer Handelsgerichte, als auch die empfohlene Organisation scheinen uns anfechtbar.

Der eine Zweck der Handelsgerichte soll „die Information der Gerichte über die Handelsgebräuche" sein. Hierzu ist die Mitwirkung kaufmännischer Richter in keinem Fall nothwendig. Ist das Recht einer Partei durch einen Handelsgebrauch gedeckt, so wird sie sich auf diesen berufen und es niemals darauf ankommen lassen, ob das Gericht an dessen Existenz denkt oder davon Kenntniß hat; dem Gericht aber sind, wenn die Existenz des Handelsgebrauchs bestritten wird, zu dessen Constatirung dieselben oder noch bessere Mittel gegeben, als zur Constatirung eines beliebigen andern Gewohnheitsrechts. Durch Vernehmung von Zeugen und Sachverständigen kann sich das Gericht vollkommen über die Existenz eines Handelsgebrauchs unterrichten; es sei nur an die über ganz Deutschland verbreiteten Handelskammern erinnert. Aber nicht nur nicht nothwendig sind zu diesem Zweck die gemischten Handelsgerichte, sondern wir halten es geradezu für gefährlich, denselben die Entscheidung darüber anheimzugeben, ob ein behaupteter Handelsgebrauch existire oder nicht. Daß „das Gericht" hier „auf Grund eigener Wissenschaft" entscheide, wie die württembergische Civil-Proceß-Ordnung (Artikel 522) sagt, ist einfach nicht wahr, zumal bei der württembergischen (und bayrischen) Organisation der Handelsgerichte; sondern die beiden kaufmännischen

Richter sagen, dieß oder jenes sei Handelsgebrauch, und die rechtsgelehrten Richter müssen entweder den so constatirten Handelsgebrauch auf Treue und Glauben hinnehmen oder ihren kaufmännischen Collegen erklären, sie, die Kaufleute, verstehen nicht, was ein Handelsgebrauch sei. An diesem Verständniß wird es, wie wir schon oben bemerkten, um so mehr fehlen, je weniger Handel, insbesondere Großhandel in dem Gerichtssprengel getrieben wird, und so kann es geschehen, daß der Anspruch eines Kaufmanns gegen einen „Kaufmann" titulirten Krämer abgewiesen wird, weil einige andere Krämer des Orts als Handelsrichter aus voller Ueberzeugung die Existenz eines Gewohnheitsrechtes, eines Handelsgebrauchs bestätigen, wonach z. B. der gesetzlichen Pflicht zu sofortiger Reklamation wegen eines Mangels an der von auswärts übersandten Waare genügt sein soll, wenn solche innerhalb acht Tagen erfolgt. — Neben einer Codifikation von der Art des deutschen Handels-Gesetz-Buchs ist überhaupt für Handelsgebräuche nicht viel Raum; die Berufung auf solche wird häufig den Zweck haben, eine Bestimmung des geschriebenen Rechts als unanwendbar auf den gegebenen Fall darzustellen, und die Information der Gerichte über solche Handelsgebräuche, insbesondere wenn dieselbe von mehr oder minder an der Existenz des Gebrauchs interessirten Kaufleuten ausgeht, wird schwerlich Jemand für besonders wünschenswerth halten. Kommt aber einmal ein unverdächtiger Handelsgebrauch in Frage, so ist es allerdings die kürzeste Procedur, wenn auf die Erklärung zweier Gerichtsmitglieder hin, daß ihnen ein solcher Branch bekannt sei, dessen Existenz für festgestellt erklärt wird; allein Kürze ist doch nicht der einzige — und ist nicht immer ein Vorzug des gerichtlichen Verfahrens; die echte Gründlichkeit soll nicht darunter leiden.

Die andere Aufgabe der Handelsgerichte soll sein „die Fortbildung des Rechts überhaupt durch einen dauernden Zusammenhang der zur Anwendung des Handelsrechts berufenen Richter mit dem handeltreibenden Publikum, mit dem allgemeinen Rechtsbewußtsein des Handelsstandes". Der Ausdruck: „Zusammenhang des Richters mit dem Publikum" ist etwas vieldeutig; es soll damit wohl die Forderung ausgesprochen sein, daß der Richter eine lebendige Anschauung von den Verhältnissen haben solle, über welche zu urtheilen er berufen ist. Wir stehen nicht an, diese Forderung in dem Sinn als berechtigt anzuerkennen, daß der Richter nicht ein reiner Akten- und Büchermensch sein soll; während wir es weder für möglich noch für wünschenswerth halten, daß er in jedem einzelnen Fall Sachverständiger sei. Allein aus der Berechtigung jener Forderung folgt für die Berechtigung einer besondern Verfassung der Handelsgerichte nichts oder doch nur sehr wenig; denn wenn es jenes Zusammenhangs wegen nothwendig sein soll, die Handelsgerichte theilweise mit Kaufleuten zu besetzen, so erfordert ebenderselbe Zusammenhang auch die theilweise Besetzung der gewöhnlichen bürgerlichen Gerichte mit Richtern aus dem Volk, aus dem nicht-handeltreibenden Publikum; wenn „das Recht überhaupt" durch den Zusammenhang zwischen Richter und Publikum fortgebildet werden soll, so kann diese vermittelnde Thätigkeit nicht Sache eines einzelnen Standes, der Kaufleute sein; und warum etwa nur das Handelsrecht in dieser Weise soll fortgebildet werden, ist nicht einzusehen. Ueber die Ersprießlichkeit der Mitwirkung von Volksrichtern bei der Civilrechtspflege kann man verschiedener Ansicht sein; unstatthaft aber scheint es uns, diese Mitwirkung bei Handelssachen zuzulassen, bei andern bürgerlichen Streitsachen auszuschließen; man käme damit thatsächlich wiederum auf ein Privilegium nicht sowohl der Handelssachen als des Handelsstandes. — Nur einen Grund für dieses Privilegium kann man mit einigem Schein geltend machen, nämlich den, daß wir für das Handelsrecht eine auch dem Laien verständliche Codifikation haben, während es zur Zeit an einer solchen für das bürgerliche Recht fehlt: allein viel ist mit diesem Grund nicht bewiesen; denn einmal wird diese Ungleichheit in verhältnißmäßig kurzer Zeit abgestellt sein; sodann wird man auch nach Herstellung des allgemeinen bürgerlichen Gesetzbuchs schwerlich sobald sich entschließen, allgemein Laienrichter zur Civilrechtspflege beizuziehen; endlich steht die dermalige Beschaffenheit des materiellen bürgerlichen Rechts der Mitwirkung von nicht rechtsgelehrten Richtern bei Handelsgerichten kaum weniger im Weg, als bei den ordentlichen bürgerlichen Gerichten. Damit kommen wir auf die besondern Bedenken gegen die Zusammensetzung der Handelsgerichte aus drei rechtsgelehrten und zwei kaufmännischen Mitgliedern.

Von dem bayrischen Juristen wird mit vollem Recht hervorgehoben, daß das von den Handelsgerichten zur Anwendung zu bringende Recht zu einem sehr großen Theil nicht specielles Handelsrecht, sondern gemeines bürgerliches Recht ist; es trifft dies nicht blos bei den oben hervorgehobenen Fällen zu, wenn gegen den nichtkaufmännischen Bürger für eine Handelsschuld oder gegen den Erben eines Kaufmanns geklagt wird, sondern in der großen Mehrzahl aller Handelsprocesse. Eine besondere Befähigung der Kaufleute zur Entscheidung von Fragen des gemeinen bürgerlichen Rechts wird Niemand behaupten wollen, und der bayrische Jurist macht diesen Umstand gegen die vom Reichsgesetzentwurf vorgeschlagene Besetzung mit einem Rechtsgelehrten als Vorsitzenden und vier Kaufleuten geltend; allein die von ihm befürwortete Besetzung schafft an der Stelle eines unleugbaren Uebels ein anderes, wo möglich noch größeres; es ist diesem Vorschlag derselbe Vorwurf zu machen, welcher wesentlich die vorgeschlagenen Schöffengerichte in Strafsachen so unpopulär gemacht hat: der Vorwurf der Halbheit; man will Richter aus dem Volk zuziehen und traut ihnen doch — ob mit Recht oder Unrecht, ist hier

gleichgültig — nicht die volle Befähigung zum Richteramt zu; die einzig
natürliche Besetzung eines Collegialgerichts ist die mit einem
Vorsitzenden und einer beliebigen Anzahl unter sich gleichbe-
rechtigten Beisitzern oder Räthen; die Stellung des Vorsitzenden ist
natürlich eine andere, wenn die Räthe wie er Rechtsgelehrte — und eine
andere, wenn sie nicht rechtsgelehrt sind; allein seine Stellung wie die der
Beisitzer ist in einem wie im andern Fall einfach und natürlich; in den sächsischen und württembergischen Schöffengerichten aber und in den württembergisch-
bayrischen Handelsgerichten sind Collegien geschaffen, welche aus einem (rechtsgelehrten) Vorsitzenden, einigen (rechtsgelehrten) Richtern I. Classe
und einigen (nichtrechtsgelehrten) Richtern II. Classe bestehen; denn die
Gleichberechtigung der Juristen und der Nichtjuristen ist eine (freilich oft gehörte)
officielle Unwahrheit, ist eine hohle Phrase, mit deren Widerlegung wir
uns um so weniger befassen, als ihre Vertheidigung nur von solchen geführt
wird, welche gegen Gründe vollkommen hieb-, stich- und kugelfest sind. —

Müssen wir uns aus den entwickelten Gründen gegen die Handelsgerichte
sowohl in der vom Entwurf vorgeschlagenen als auch in der in Bayern und
Württemberg bestehenden Zusammensetzung erklären, sofern dieselben ein
wesentlicher Bestandtheil der deutschen Gerichtsverfassung sein sollen, so ist
doch damit die Frage noch keineswegs vollständig erledigt. Allerdings sind
wir der Ansicht, daß der Ruf nach Handelsgerichten ursprünglich zu großem
Theil aus dem Bedürfniß nach öffentlich-mündlichem Verfahren entsprang,
und von dieser Seite ließe sich jetzt die Nothwendigkeit besonderer Handelsgerichte nicht mehr vertheidigen. Allein viele Anhänger der besondern Handelsgerichte, namentlich aus den Hansastädten, waren sich vollkommen klar darüber,
daß sie nicht bloß ein besonderes Verfahren, sondern auch eine besondere
Verfassung für dieselbe verlangten; und wenn einmal ein Verlangen so
nachdrücklich und in so weiten Kreisen gestellt wird, so muß hieraus geschlossen
werden, daß wenn auch nicht gerade das gestellte Verlangen, so doch
etwas an dem Verlangen begründet sei, daß demselben ein wirkliches Bedürfniß zu Grunde liege, für welches vielleicht nur der richtige Ausdruck nicht
gefunden ist.

Wir haben schon oben bemerkt, daß es in großen Handelsstädten Kaufleute genug gebe, welche zum Amt eines Handelsrichters vollkommen befähigt
sind; auch ist es sehr begreiflich, daß gerade in solchen Kreisen eine Abneigung
besteht, ihre Streitigkeiten vor Gerichte zu bringen, welche durchaus mit
rechtsgelehrten Richtern besetzt sind, mit Richtern, welche nach einem — man
mag über die Germanisirung des römischen Rechts reden und schwatzen soviel
man will — fremden und häufig genug mißverstandenen und verbildeten
Recht urtheilen und ihre sogenannten römisch-rechtlichen Anschauungen auch

zur Entscheidung der modernen Handels-Streitigkeiten mitbringen; begreiflich endlich, daß hier, wo man die Kraft fühlt, etwas Besseres zu leisten, auch das Bedürfniß nach etwas Besserem sich besonders lebhaft ausspricht. Alle diese Gründe können es jedoch nicht rechtfertigen, daß der Staat für die Kaufleute sei es überhaupt oder in den großen Handelsstädten besondere Gerichte organisire, denn es sollen ja, wie allgemein anerkannt wird, die Handelsgerichte keine Standesgerichte sein; solche werden auch durch etwaige Mängel der ordentlichen Rechtspflege nicht gerechtfertigt: lasten solche besonders schwer auf einem Stand von besonderer Kraft, nun gut, so wende er diese an, nicht zur Förderung seiner Standes- und Sonderinteressen, sondern zur Förderung des gemeinen Wohls, so wirke er darauf hin, daß dem ganzen Volk eine gute Rechtspflege zu Theil werde, dann wird auch er sich wohl befinden. — Dagegen wäre wohl kein Grund ausfindig zu machen, warum es in einem freien Staatswesen einem einzelnen Stand nicht überlassen sein soll, für die Schlichtung der unter den Mitgliedern oder auch zwischen Mitgliedern und Nichtmitgliedern sich ergebenden Streitigkeiten durch selbstgeschaffene Organe thätig zu sein, und warum der Staat einem solchen Bemühen unbeschadet der vollen Autorität seiner Gerichte, welche dadurch von manchen Geschäften entlastet werden und ein minder zahlreiches Personal erfordern, nicht hülfreich entgegenkommen soll. Sind mit einer wohlgeordneten Gerichtsverfassung besondere Handelsgerichte als den ordentlichen Gerichten coordinirte und sie beschränkende Gerichte unvereinbar, so können doch neben denselben ohne den mindesten Schaden Handelsschiedsgerichte bestehen, welchen der Staat seine Unterstützung gewährt, ohne sich dem Vorwurf einer durch Zulassung von Standesgerichten begangenen Verletzung der Rechtsgleichheit auszusetzen. — Es ist schon oft ausgesprochen worden und kann nicht oft genug wiederholt werden, daß zum segensreichen Wirken irgend welcher Einrichtung vor Allem das Vertrauen des Volks auf dieselbe nothwendig ist. Wenn nun auch die Kaufleute zu dem Urtheil des gemischten Handelsgerichts volles Vertrauen haben, und zwar um so mehr, je mehr darin das kaufmännische Element überwiegt, so wird genau in demselben Maaß das Vertrauen des Nicht-Kaufmanns abnehmen, welcher genöthigt wird, vor dem Handelsgericht, das ihm eben immer als fremdes Standesgericht erscheinen wird, Recht zu suchen.

Die Unterstützung der Handelsschiedsgerichte durch den Staat ist allerdings unentbehrlich, wenn dieselben ersprießlich sollen wirken können. Der Begriff des Schiedsgerichts schließt die Möglichkeit eines Zwangs zur Anrufung desselben oder zur Unterwerfung unter dasselbe aus; haben sich aber einmal die Parteien auf ein Schiedsgericht geeinigt, so steht principiell nichts im Weg, seinem Ausspruch dieselbe Bedeutung zuzuerkennen, wie dem

Urtheil eines ordentlichen Gerichts; aber freilich dem nächsten besten Schiedsspruch kann der Staat aus naheliegenden Gründen eine solche Bedeutung
nicht beilegen; soll das Urtheil des Schiedsgerichts hierauf Anspruch machen
können, so muß seine Verfassung eine Gewähr für die Güte des Urtheils
bieten.

Hinsichtlich der Gleichberechtigung des schiedsgerichtlichen Urtheils mit
dem gerichtlichen sind es wesentlich drei Punkte, welche in Betracht kommen:
der von dem Schiedsgericht auferlegte Eid, die Vollstreckbarkeit und
die Anfechtbarkeit des Schiedsspruches. — Die Frage des Eides hat den
seinerzeit in Württemberg bestandenen Handelsschiedsgerichten das Leben gekostet; ohne Eid kann kein Gericht, auch kein Schiedsgericht auskommen; nun
kann zwar ein solcher auch von einem gewöhnlichen Schiedsrichter auferlegt
und abgenommen werden, allein dieser Eid entbehrt des strafrechtlichen
Schutzes und ist ebendarum ein sehr unvollkommenes Mittel zur Erforschung
der Wahrheit; und auf die Anfrage eines Handelsschiedsgerichtes, ob die von
ihm auferlegten Eide nicht von derjenigen Behörde abgenommen werden
können, welcher die Ausübung der freiwilligen Gerichtsbarkeit übertragen sei,
erging ein abschlägiger Bescheid, da die württembergische Büreaukratie (vor
1848) es „bei der amtlichen Stellung eines staatlichen Gerichts nicht für
passend erachtete, wenn es in dieser Beziehung für die Zwecke eines Privat-
schiedsgerichts sich verwenden lassen wollte". — Der Ausspruch eines gewöhnlichen Schiedsgerichts ist nicht vollstreckbar, vielmehr muß, wenn der
Verurtheilte ihm nachzukommen weigert, bei dem ordentlichen Gericht auf
Erfüllung des Spruchs geklagt werden: der Verurtheilte kann nun von Neuem
processiren, allerdings selten mit Aussicht auf Erfolg, weil der Richter bloß
aus dem Grund, weil er anders erkannt hätte, die Klage auf Erfüllung des
Schiedsspruchs nicht abweisen darf: der Schiedsspruch ist regelmäßig unan-
fechtbar.

In allen drei Richtungen kann das bestehende Recht durch Gesetz geändert werden, ohne daß das innerste Wesen des Schiedsgerichts alterirt
würde; ein reines Privatschiedsgericht wäre allerdings das Schiedsgericht nicht
mehr, welches die Befugniß hätte, Eide mit derselben Wirkung wie eine staatliche Behörde abzunehmen, und einerseits vollstreckbare, andererseits mit Rechtsmitteln anfechtbare Urtheile zu fällen; allein wie die Innungen der Reichs-
gewerbe-Ordnung zwar keine Staatsanstalten sind, aber doch einen öffentlich-
rechtlichen Charakter an sich tragen (vgl. Gewerbe-Ordnung §§. 83—85, 94,
95), so würden die Handelsschiedsgerichte dadurch, daß sie bis zu einem gewissen
Grad mit öffentlich-rechtlichem Charakter bekleidet würden, noch nicht zu staatlichen Gerichten; ihre Stellung hielte die Mitte zwischen ordentlichen Gerichten
und reinen Schiedsgerichten; wenn nur ihre Aufgabe fest umschrieben ist, so

wird ihnen der Umstand, daß sie nicht in die herkömmliche Schablone passen, bei keinem Vernünftigen (wenn auch vielleicht bei manchem alten Kanzleizopf) im Weg stehen. — Die Verleihung des öffentlich-rechtlichen Charakters an die Handelsschiedsgerichte setzt, wie schon bemerkt, voraus, daß deren Verfassung eine Garantie für gute Rechtspflege gäbe; der Staat hätte Normativ-bestimmungen für dieselben aufzustellen, deren wesentlichste die wären, daß dieselben aus der Mitte und auf Kosten der bestehenden oder neu zu er-richtenden kaufmännischen Innungen zu bilden wären und die Stelle eines Vorsitzenden ein Rechtsgelehrter einzunehmen hätte, welchen — etwa mit Vorbehalt der Genehmigung der obersten Justiz-Aufsichtsbehörde — die Innung wählen würde.

Die Vorzüge solcher Handelsschiedsgerichte gegenüber den projektirten so oder so zusammengesetzten Handelsgerichten scheinen uns am Tag zu liegen. Wenn der Kläger — Kaufmann oder nicht — die Wahl hat, ob er das Schiedsgericht oder das ordentliche Gericht anrufen —, der Beklagte — Kauf-mann oder nicht, z. B. Bürge, Erbe eines Kaufmanns — die Wahl, ob er sich auf die Klage bei dem Schiedsgericht einlassen oder den Kläger vor das bürgerliche Gericht verweisen will, so ist der Gesetzgeber der unmöglichen Nothwendigkeit überhoben zu bestimmen, was eine Handelssache sei und vor das eine oder das andere Gericht gehöre. Dem Schiedsgericht mag man getrost überlassen, die ihm geeignet erscheinenden Sachen anzunehmen; wenn der Staat nicht die Sorge für die Errichtung der Handelsgerichte übernimmt, so darf man darauf rechnen, daß solche nur da entstehen, wo ein wirkliches, nicht bloß ein eingebildetes Bedürfniß hierfür besteht; dafür bürgt schon der Kostenpunkt; das Schiedsgericht muß mit tüchtigen Richtern besetzt sein, sonst hat es nichts zu thun, es muß namentlich ein tüchtiger Jurist als Vorsitzender gewonnen werden, und ein solcher wird das Amt nicht als un-besoldetes Ehrenamt übernehmen. Daß das Handelsschiedsgericht neben dem rechtsgelehrten Vorsitzenden nicht anders als mit (vier) kaufmännischen Richtern besetzt sein kann, welchen natürlich ihre Zeit auch kostbar ist, versteht sich von selbst. Das so aus einem wirklichen Bedürfniß hervorgegangene und darum tüchtig besetzte Handelsschiedsgericht wird ebensowenig geneigt sein, Sachen, welche ihrer Natur nach ausschließlich vor das ordentliche bürgerliche Gericht gehören, zu verhandeln und zu entscheiden, auch wenn je die Parteien es damit befassen wollten, als andrerseits eine Ablehnung der Entscheidung wirklicher Handelsstreitsachen von ihm zu besorgen wäre. — Die Abfassung, namentlich die Begründung des Urtheils wäre Sache des rechtsgelehrten Vor-sitzenden; dieß ermöglicht die Anwendung von Rechtsmitteln, welche übrigens nach der Natur der Verhältnisse wesentlich auf die Fälle der Verletzung des materiellen Rechts (im Gegensatz zum Proceßrecht, zum Verfahren) beschränkt wären und nie den Charakter der Berufung (gegen die Entscheidung der Thatfragen) tragen dürften; der Rechtszug hätte an die Oberlandesgerichte und an den Reichsgerichtshof zu geschehen, womit ein Doppeltes erreicht wäre: einmal wäre dadurch eine gleichmäßige Rechtsanwendung und Rechtsentwicklung in dem Maß, wie solche überhaupt wünschenswerth ist, gesichert und der Gefahr vorgebeugt, daß sich in den Handelsschiedsgerichten ein anderes, so zu sagen Standes-Recht entwickelt, als in den ordentlichen Gerichten; sodann würden diese Schiedsgerichte dem Gesetzgeber einen ähnlichen Dienst leisten, wie die seither bestandenen Handelsgerichte: wie an diesen vielfach der Erfolg des öffentlich-mündlichen Verfahrens geprüft wurde, so ließe sich an den Handelsschiedsgerichten der Erfolg einer Gerichtsverfassung mit Beiziehung des Laienelements zur Civilrechtspflege, einer Besetzung des Gerichts mit einem rechtsgelehrten Vorsitzenden und nichtrechtsgelehrten Beisitzern erproben; man könnte der Probe nicht den Vorwurf eines die Interessen der Rechtsuchenden gefährdenden Experiments machen, denn es wäre ja Niemand genöthigt, sich dem Experiment zu unterwerfen; und auf der andern Seite würde die Prüfung der von den Schiedsgerichten gefällten Entscheidungen durch die mit der Elite der Juristen besetzten obersten Gerichtshöfe in ganz anderer Weise ein Urtheil über die Wirkung einer solchen Besetzung des Gerichts ermöglichen, als wenn, wie es vor einigen Jahren in Württemberg vorkam, das Ministerium von den Gerichten, an welchen Schöffen mitwirken, Aeußerungen darüber einfordert, wie sich das neue Institut bewährt habe, und hierauf nicht bloß rechtsgelehrte Mitglieder, sondern auch die Schöffen selbst dem Schöffeninstitut in seiner krüppelhaften bayrisch-sächsisch-württembergischen Gestalt das Zeugniß vollkommener Brauchbarkeit ausstellen.

Wir schließen mit der Bemerkung, daß, wenn nnser Vorschlag, die Handelsgerichte durch Handelsschiedsgerichte zu ersetzen, Anklang finden sollte, die Bestimmungen über die letzteren nicht in dem Gerichtsverfassungsgesetz, sondern, etwa als Anhang zu diesem und zur Proceßordnung, in einem besondern Gesetz ihre Stelle finden müßten.

G. Pfizer.

Pius VI. und die Franzosen.
(Schluß.)
Von S. Sugenheim.

Obwohl Pius VI. jetzt sich beeilte, diesen für ihn noch weit nachtheiligeren Vertrag schon vier Tage nach seinem Abschlusse (23. Febr.) zu ratificiren, erlangte er dadurch doch nicht die so sehr ersehnte Ruhe vor den bösen Republikanern. Nachdem Spedalieri's Buch Italiens Bevölkerungen den neuen revolutionären Ideen und Lehren nur noch zugänglicher gemacht, fielen die süßen bestechenden Worte Bonaparte's von beabsichtigter Wiederherstellung ihrer alten republikanischen Freiheit schon gleich bei seinem Erscheinen im Kirchenstaate auf einen überaus empfänglichen Boden, am frühesten in Bologna, der zweiten Stadt desselben, aber auch in den andern Städten Aemiliens, zumal in Ferrara, Reggio und Modena. Denn alle, auch die lombardischen, waren leichtgläubig genug, zu wähnen, daß die französischen Siege die Wiederkehr der guten alten republikanischen Zeiten verhießen, daß „auf so viele Jahrhunderte grausamer Sklaverei jetzt eine unerwartete Glückseligkeit folgen werde." So entstanden die cispadanische Republik (27. Decbr. 1796) und kurz darauf (8. Jan. 1797), durch Nachäffung der Mailänder und anderer Lombarden, die transpadanische noch vor dem erwähnten entscheidenden Triumphe Bonaparte's, der bald nach demselben aus beiden und der Romagna die cisalpinische Republik bildete. Bei deren feierlicher Installation zu Mailand (9. Juli 1797) dräugten auch Priester sich auf die Rednerstühle, in pompösen Reden die französische Großmuth preisend; einer dieser Geistlichen verstieg sich sogar so weit, den Freiheitsbaum mit dem Kreuze Jesu zu vergleichen. *)

Die Rückwirkung dieser Vorgänge auf die so leicht entzündlichen Bewohner der Siebenhügelstadt ließ um so weniger lange auf sich warten, da das Directorium und Bonaparte längst auch diese zu insurgiren beschlossen hatten, und andere Städte des Kirchenstaates jenen mit schlimmem Beispiel vorangingen. Unterstützt von dem französischen Kommandanten ihrer Citadelle hatten die Anconitaner sich für immer vom apostolischen Stuhle losgesagt, als selbständige Republik (19. Nov. 1797) constituirt und mit Hülfe ihrer cisalpinischen Schwester auch die noch päpstlichen Städte Sinigaglia und Pesaro (Decbr.) revolutionirt. Um dem Abfalle der übrigen vorzubeugen, verfiel Pius VI., trotz der mit dem Buche Spedalieri's bereits gemachten Erfahrung, auf das sonderbare Auskunftsmittel, die Lehren desselben durch einen der einflußreichsten und geachtetsten Prälaten des Kirchenstaates, den

---

*) Ruth. Gesch. des italien. Volkes unter der napoleonischen Herrschaft S. 33 (Leipz. 1859).

Kardinal Chiaramonti, Bischof von Imola, in noch weiteren Kreisen verbreiten und von heiliger Stätte aus verkünden zu lassen. Der wurde nämlich
veranlaßt, in einer am Weihnachtsfeste (1797) gehaltenen Rede *) nachzuweisen,
daß die demokratische Regierungsform mit dem Evangelium im vollsten Einklang stehe, die Seligkeit fördere, weil sie alle christlichen Tugenden fördere;
daß bürgerliche Gleichheit, wohlgeordnete Freiheit, daß jene Vereinigung von
Liebe und Ruhe, welche das Wesen und die Ehre der Demokratie ausmachten,
deren echte Größe auch aus den Ueberlieferungen der Apostel und Kirchenväter
erhelle, die höchsten menschlichen Tugenden seien. „In der Demokratie bemüht
Euch, die höchstmögliche Tugend zu besitzen, und ihr werdet wahre Demokraten sein." Das Charakteristischste und Merkwürdigste war jedoch, daß,
während hier in Mittel-Italien ein Cardinal ein unwürdiges Gaukelspiel
mit den Begriffen von Freiheit, Gleichheit und Demokratie trieb und seinen
Diöcesanen Aenderung ihres altherkömmlichen religiös-politischen Glaubensbe-
kenntnisses so angelegentlich empfahl, im Süden der Halbinsel ein anderer
Cardinal, der schon erwähnte Ruffo, nur diejenigen für Christen erklärte, die
dem absolutesten und despotischsten Monarchenthum anhingen, mochten sie
übrigens auch die elendesten und verworfensten Subjekte, selbst Diebe und
Mörder sein, und diese Lehre den Calabresen mit den unerhörtesten Grausamkeiten einimpfte!

Pius VI. hatte aber kein Glück mit seinen politisch-literarischen Genie-
streichen, denn in praktischer Nutzanwendung der Lehren Chiaramonti's ver-
anstalteten die zahlreichen Freunde, welche die Demokratie in Rom sich bald
erworben, eine Schilderhebung zum Sturze der weltlichen Herrschaft des
Papstes. Joseph Bonaparte war (Mai 1797) vom Direktorium zum Gesandten beim apostolischen Stuhle ernannt und, da man ihn für politische
Intriguen zu ehrenhaft oder zu ungeschickt hielt, ihm in den Generalen Duphot
und Sherlock zwei in solchen Geschäften sehr gewandte Gehülfen zu dem
Behufe mitgegeben worden, in der ewigen Stadt eine republikanische Partei
zu bilden, und mit ihrer Hülfe diese zu insurgiren und sie dann dem französischen Gebiete zu annectiren. Unter Leitung der beiden Genannten wurde
die Gesandtschaft bald Mittelpunkt der römischen Revolutionäre; jene glühenden
Charaktere, jene leicht fortzureißenden Schwärmer und unsauberen Schichten
der Bevölkerung, die in Wälschlands Städten seit lange zahlreicher als ander-

---

*) Diese Homilie Chiaramonti's hat der berühmte Bischof Grégoire von Blois 1814 in
französischer Uebersetzung herausgegeben; eine deutsche erschien 1816 bei Seidel in Sulzbach;
gleichzeitig wurden auch englische, spanische und portugiesische Uebersetzungen derselben veröffentlicht. In Paris gab sich die Polizei viel Mühe, das Erscheinen dieser Kanzelrede zu
verhindern, zu welchem Behufe sie auch behauptete, dieselbe sei falsch; Bischof Grégoire konnte
aber den Cerberussen der Censur das italienische Original vorlegen. Krüger, Heinrich Grégoire,
Bischof von Blois 352 (Leipz. 1838).

wärts angetroffen wurden, strömten dort, wie in einem gemeinsamen Focus zusammen. Zu seinem Unglücke beging der Papst die Thorheit, von der überaus antigallischen Mehrheit des heiligen Kollegiums zu einem argen Mißgriffe sich verleiten zu lassen.*) Zu dem nämlich, den tüchtigen öster-reichischen General Provera, der bereits drei Mal Kriegsgefangener der Fran-zosen gewesen, zum Oberbefehlshaber seiner Truppen (September 1797) zu ernennen und durch diesen Beweis feindlicher Absichten auch nach dem Friedens-schlusse den pariser Machthabern den erwünschtesten Vorwand zu leihen, auch ihrer Seits sich an denselben nicht länger zu kehren und besonders Napoleon's Zorn zu reizen. Dieser befahl (14. December 1797) seinem Bruder Joseph, dem Papste anzuzeigen, daß 3000 Mann neuer Truppen nach Ancona geschickt worden seien; daß ihm der Krieg erklärt werden würde, wenn er binnen 24 Stunden nach Zustellung dieser Note Provera nicht entlasse; sollte aber einer von den verhafteten Revolutionären hingerichtet werden, so werde er sofort an den Cardinälen Repressalien nehmen. „Endlich benachrichtige ihn, daß in dem Augenblicke Deiner Abreise aus Rom Ancona mit der cisalpini-schen Republik vereinigt wird. Du wirst einsehen, daß die letzte Phrase nur g e s p r o c h e n , nicht g e s c h r i e b e n werden darf". **)

An der Spitze der römischen Revolutionärs standen der berühmte Bild-hauer Ceracchi, derselbe, der nachmals (Oktober 1800) an einer Verschwörung gegen Napoleon sich betheiligte und zu Paris auf dem Schaffot (31. Januar 1801) starb, und der Notar Agretti aus Perugia. Auf ihr Anstiften fanden jetzt in allen Theilen der Siebenhügelstadt aufrührerische Versammlungen statt, wurde eine Masse dreifarbiger Kokarden angefertigt; Deputationen von Bürgern begaben sich öffentlich in das Hotel des französischen Gesandten mit der Bitte, die Insurrektion zu unterstützen, worauf dieser in scheinbar ab-lehnenden, aber in der That ermunternden Wendungen antwortete. Was nun folgte, hätte leicht verhütet werden können, wenn der päpstliche Staats-sekretär, Cardinal Joseph Doria, an Geist nicht eben so klein wie an Körper gewesen wäre. Während der weit jüngere Vertreter Frankreichs den Schein klüger Weise möglichst wahrte, dem Cardinal seine amtliche Unterstützung zusicherte, um die Theilnahme der Franzosen an den Umwälzungsversuchen zu verhüten, that Doria, nicht gewitzigt durch die bitteren Früchte, die Basseville's Ermordung dem apostolischen Stuhle getragen, nicht das Mindeste, um einer abermaligen, unter solchen Verhältnissen so leicht zu befürchtenden, groben Verletzung des Völkerrechts durch die päpstlichen Behörden oder Unterthanen vorzubeugen. Er schickte (28. December 1797) zur Unterdrückung

---

*) Du Casse, Mémoires et corresp. du roi Joseph I, 67. 164 sqq.

**) Vous sentirez que cette phrase doit se dire, et non pas s'écrire. Du Casse a. a. O. I, 174.

der revolutionären Zusammenrottungen starke Kavallerie- und Infanterie-
Abtheilungen, ohne ihren Führern einzuschärfen, dabei jede Verletzung des
Gesandtschafts-Hotels oder seiner Bewohner sorglichst zu meiden. So kam
es, daß jenes — der Palast Corsini — von den päpstlichen Truppen, um
die dorthin geflüchteten Insurgenten zu fangen, nicht nur förmlich blokirt
wurde, sondern daß auch ein Kavallerie-Piquet, ohne Joseph Bonaparte's
Erlaubniß, in den Hof desselben eindrang und unter die Aufrührer feuerte.
Der hierüber empörte heißblütige General Duphot stürzte in Begleitung
einiger französischer Offiziere und des Gesandten selbst die Treppe hinab und
stellte sich mit gezogenem Degen an die Spitze von etwa 150 römischen Demokraten, von welchen aber nur einige mit Pistolen und Stilets versehen
waren, diesmal jedoch in keiner anderen Absicht*), als um weiterem Zusammen-
stoße zwischen letzteren und dem gut bewaffneten päpstlichen Militär und fernerer
Verletzung des Völkerrechts vorzubeugen. Aber die päpstliche Infanterie eröffnete ein Pelotonfeuer auf die Nahenden; Duphot, tödtlich getroffen, ver-
schied nach einigen Stunden; Joseph Bonaparte selbst rettete sich nur mit
Mühe durch ein anstoßendes Gäßchen in seine Wohnung und verließ, als
von Seiten des römischen Hofes Niemand behufs der nöthigen Satisfaction
erschien, am nächsten Morgen (29. December) mit seinem Gefolge die ewige
Stadt, sich nach Florenz begebend.

Gierig benützten die französischen Machthaber den willkommenen Vorwand zum Sturze eines Gouvernements, welches innerhalb einiger Jahre
zwei Mal solch flagranter Verletzung des Völkerrechts sich schuldig gemacht,
welchem sie längst den Untergang geschworen. General Berthier wurde sofort
mit 18,000 Mann und der charakteristischen Instruktion nach Rom gesendet,
sich dieser Stadt so geheim und so schnell wie möglich zu bemächtigen, um
zu verhüten, daß Neapels König, den er durch Versicherungen wahrscheinlicher
Großmuth seiner Regierung hinhalten solle, dem Papste zu Hülfe komme.
Letzterem und seinen Ministern solle Berthier, sobald er nur noch zwei Tage-
märsche von Rom entfernt sei, solchen Schrecken einjagen, daß sie die Flucht
ergriffen, und sogleich nach seiner Ankunft in Rom dort eine römische
Republik etabliren. Ohne Schwertschlag und unter dumpfer Betäubung
des Volkes zogen die Franzosen (10. Februar 1798) in Rom ein. Obwohl
ihr Befehlshaber dem heiligen Vater Sicherheit der Person und seiner
Herrschaft versprach, unterließ er doch nichts, um dieser bald ein Ende zu
machen, nur wollte er, nach den Weisungen des Direktoriums, einen von

---

*) Nach der Versicherung Eugen Beauharnais', des sehr glaubwürdigen Theilnehmers
dieses Auftritts (Mémoir. et corr. I, 37), mit dessen Bericht der amtliche Joseph Bonaparte's
an Talleyrand und der Botta's im Wesentlichen übereinstimmen.

den Römern selbst ausgehenden Anlaß zu ihrem völligen Umsturze abwarten, ermunterte daher die Demokraten und mit dem besten Erfolg. Schon nach einigen Tagen (15. Februar) rotteten sich diese zusammen, zogen nach dem Campo Vaccino, schrien „Freiheit!" und ließen durch zugezogene fünf Notare, in Gegenwart Murat's und des Generals Cervoni, eine Urkunde ausfertigen, mittelst welcher das souveräne freie römische Volk seine unveräußerlichen Rechte wieder zurückforderte, sich von der Herrschaft des Papstes lossagte und fortan in republikanischer Verfassung leben zu wollen, erklärte. Ungemein charakteristisch ist, daß damals sogar viele Priester in Gegner des heiligen Vaters sich verwandelt hatten. Denn bei der rasch zunehmenden Entwerthung des von ihm ausgegebenen Papiergeldes (schon beim Einzug der Franzosen in Rom für 27,000,000 Scudi, die bald auf den vierten Theil des Nennwerthes herabgesetzt wurden) war Pius VI. unvermögend, die enormen Zahlungen zu leisten, zu welchen er sich durch den Frieden von Tolentino verpflichtet hatte. Er griff daher zu einem Auskunftsmittel, welches dem in ähnlicher Lage von der französischen Republik angewandten nur zu ähnlich sah, welches er dieser als so grobes Verbrechen angerechnet hatte. Er zog nämlich den fünften Theil aller geistlichen Grundbesitzungen, aller Güter der Kirchen und Klöster ein und verkaufte sie, wie schwer das auch immer hielt, da im Allgemeinen eine große Scheu vorhanden war, solche zu acquiriren.

Nachdem vom tapfern Corsen Cervoni noch am genannten Tage sieben Konsuln ernannt worden, zog die jubelnde freudentrunkene Menge Roms nach dem Capitol und pflanzte hier einen Freiheitsbaum auf; mit glänzendem Gefolge zog Berthier, gleich einem Triumphator, in die ewige Stadt, wo ihm eine Lorbeerkrone dargebracht wurde, die er unter der Betheuerung annahm, daß sie eigentlich Bonaparte gebühre, dessen edle Thaten den neuen Freistaat vorbereitet hätten, und daß er sie nur für ihn empfange. Sodann verfügte er sich nach dem Capitol, rief die römische Republik feierlich aus, erkannte sie im Namen Frankreichs an und apostrophirte die Manen Cato's, Cicero's u. s. w. Des Papstes Schweizergarde wurde durch 500 Franzosen ersetzt, die ihn im Vatican bewachten, und er selbst aufgefordert, seiner weltlichen Herrschaft zu entsagen. Als er sich dessen entschieden weigerte, ward er (20. Febr.) nach Siena abgeführt, wo er drei Monate lang im dortigen Augustinerkloster blieb, dann (30. Mai) nach der Kartause bei Florenz und nach Parma. Als er sich von hier aus heimlich entfernte, ward er (27. März 1799) auf Befehl des Directoriums verhaftet, um nach Frankreich verbracht zu werden, wo er nach fünf Monden, im 82. Lebensjahre, zu Valence im Drôme-Departement starb (29. Aug. 1799). Die Behandlung des armen Greises auf diesen Reisen war eine ganz unwürdige; seine Begleiter ließen es gar sehr an der Achtung fehlen, auf welche sein Unglück und sein Alter ihm so großen Anspruch gaben. So lange er noch auf italischer Erde weilte, wurde er aus seiner Ruhe aufgestört, um vor Tagesanbruch weiter zu reisen, und man sorgte dafür, daß er nicht anders als zur Nachtzeit irgendwo ankam. Auf französischem Boden ward er zwar besser behandelt, aber doch zur Entlassung seiner sämmtlichen alten Diener genöthigt, so daß er in der Todesstunde bloß seinen Beichtiger noch bei sich hatte.

Gleich so vielen andern „Völkern", welche die Franzosen damals mit der lieblichen Rose der Freiheit beschenkten, machte auch das Volk von Rom nur zu bald die Erfahrung, daß dieselbe mit sehr garstigen Dornen reichlich garnirt war. Dem Einzuge der Söhne Galliens folgte nämlich auf dem Fuße die systematische Plünderung Roms. Nicht blos alles Staatseigenthum, die Kirchen und Klöster, die Paläste der Cardinäle und des Adels wurden rein ausgeraubt, sondern auch unzähligen Privatleuten alle Dinge von Werth, besonders Gemälde, Statuen und selbst Bücher, nicht selten aber auch die elendesten Küchengeschirre gewaltsam entrissen, und sogar die Priestergewänder des Papstes und der Cardinäle verbrannt, um durch das Feuer die kostbaren Metalle zu gewinnen, mit welchen sie verziert waren. Aus den elftausend Zimmern des Vaticans verschwanden nicht allein die reichlichen, zum persönlichen Gebrauch des heiligen Vaters bestimmten Geräthe, die bewundernswerthen Gemälde, Büsten, Säulen, Cameen u. s. w., sondern selbst Thüren, Schlösser und Nägel, so daß das, kurz nachher creirte, National-Institut von Rom, welches seine Sitzungen darin halten wollte, zuvörderst für neue Thüren, Schlösser und Nägel sorgen mußte. In dieser uralten Residenz der Statthalter Christi, in diesem Sammelplatz der herrlichsten und prächtigsten Kunsterzeugnisse Italiens und Griechenlands glänzten in der allgemeinen Verwüstung jetzt nur noch die unsterblichen Fresken Raphael's und Michel Angelo's in einsamer Schönheit. Und das geschah nicht im Kriege, sondern im Frieden, nicht von Feinden, sondern von Freunden, nicht von Barbaren, sondern von denen, die schon damals an der Spitze der Civilisation marschirten! Die Plünderung übertraf Alles, was Gothen und Vandalen gethan hatten; so reinen Tisch hatten sogar die räuberischen Hände der bestialisch hausenden Soldaten Kaiser Karl's V. nicht gemacht, nachdem die ewige Stadt von ihnen (1527) erstürmt worden. Für die wenigen Kunstsammlungen, die dem allgemeinen Schicksale ihrer Schwestern entgingen, die in den Palästen Chigi, Borghese und Doria, mußten ungeheuere Lösegelder entrichtet werden, so mußte z. B. die Familie Chigi dafür 200,000 Scudi erlegen. Sehr charakteristisch ist, daß der ehrliche General Gouvion-Saint-Cyr des ihm später übertragenen Oberbefehls in Rom durch das Directorium (1799) wieder entsetzt wurde, weil er die Beamten desselben an dem Raube einer äußerst kostbaren, auf 80,000 Scudi geschätzten Monstranz verhindert hatte, die des Hauses Doria Privateigenthum war.

Daß daneben nicht in Rom allein, sondern im ganzen Kirchenstaate ungeheuere Kriegscontributionen und Naturallieferungen erpreßt wurden, ist selbstverständlich, schmälich aber, daß vierzehn Carbinäle sich fanden, die so niederträchtig waren, dem öffentlichen Dankfeste beizuwohnen, mit welchem von den Franzosen der Umsturz der päpstlichen Herrschaft und die Installation der neuen römischen Republik gefeiert wurde. Das Merkwürdigste war unstreitig jedoch, daß, während die Stabs- und höheren Offiziere, die Civil-Commissäre, die sonstigen Beamten des Direktoriums und jene Schwärme unsauberer Gesellen, die damals von jeder französischen Armee unzertrennlich waren, in Ausschweifungen und Ueppigkeit schwelgten, den Namen Frankreichs in erwähnter Weise mit unerhörter Spoliation befleckten und ungeheuere Schätze sammelten, die Subaltern-Offiziere und Soldaten den größten Mangel litten, seit fünf Monaten ohne Sold, die Gemeinen sogar zerlumpt und barfuß waren. Aufgebracht über den peinlichen Contrast, den ihre Lage gegen die jener und der Civilagenten darbot, an deren Spitze der verheirathete Priester Johann Bassal, Sekretär des römischen Consulats, und der pariser Banquier Emanuel von Haller*), der Günstling Robespierre's, standen, erhoben sich alle Offiziere vom Hauptmann abwärts gleich den Soldaten und sprachen laut ihre Entrüstung über das Gebahren derselben aus. In einer im Pantheon (24. Februar 1798) verfaßten Adresse an General Berthier erklärten sie, nicht länger wollten sie Werkzeuge der schändlichen Blutsauger sein, die ihre Tapferkeit so mißbrauchten, und verlangten sofortige Bezahlung ihrer drei Millionen Francs betragenden Rückstände. Ihre Erbitterung richtete sich hauptsächlich gegen Massena, der eben an ihre Spitze gestellt worden, berüchtigt wegen seiner Erpressungen und Beutelschneidereien**) noch überall, wo er den Oberbefehl geführt, und gegen Haller, welch letzterem sie die Plünderungen Italiens und das Elend der Franzosen hauptsächlich zur Last legten, weshalb sie ihn auch verhaften wollten. Auf Massena's Geheiß, augenblicklich auseinander zu gehen, widrigenfalls er sie dazu zwingen werde, antworteten sie, daß sie den Tod der Schmach vorzögen, und wandten sich

---

*) Als Pius VI. diesen zweiten Sohn des großen Berners bat, ihn in Rom ruhig sterben zu lassen, antwortete derselbe: „Sterben können Ew. Heiligkeit überall; sputen Sie sich, abzureisen, sonst werde ich Gewalt brauchen." Daß er dem beklagenswerthen Greise auch den Fischerring gewaltsam vom Finger gerissen, wird von Capefigue zwar ebenfalls behauptet, aber von keinem andern glaubwürdigen Berichterstatter erwähnt.

**) Ses concussions, ses rapines, sa honteuse avidité flétrissaient les lauriers dont il s'était couvert, au moment même où le départ de Bonaparte lui laissait le champ libre, bezeugt von ihm Miot de Melito, Mémoires I., 225, einer der ehrlichsten und glaubwürdigsten Männer jener Tage.

an Berthier, der noch in Rom weilte. Zu ihnen gesellten sich jetzt auch einige Generale, und in einem zweiten Schreiben wurde Berthier von ihnen dringend gebeten, das Kommando wieder zu übernehmen, Massena aber der Gehorsam aufgekündigt. *) Dieser mußte Rom wirklich verlassen, und General Dallemagne den Oberbefehl übernehmen. Das Direktorium befand sich dieser seltsamen Meuterei mit loyalem Charakter gegenüber in der peinlichsten Verlegenheit. Während es einerseits (9. März 1798) eine Proklamation mit väterlich-ernsten, aber milden Ermahnungen an die Empörer richtete und unverzügliche Bestrafung des Unterschleifs und der Räubereien verhieß, saudte es zugleich den General Gouvion-Saint-Cyr nach Rom, um dort das Kommando zu übernehmen und die Rädelsführer zu strafen. Dieser ließ die Schuldigsten zwar durch die Oberoffiziere verhaften, fand aber bei der ausdauernd festen Haltung der übrigen doch gerathen, nachzugeben; seine Mäßigung und Klugheit legten die Sache in Güte bei.

Ueber das eigentliche Wesen ihrer neuen Freiheit bereits enttäuscht, wollte ein beträchtlicher Theil der Römer diese Wirren unter den Franzmännern zu dem Versuche benutzen, ihres schon verhaßten Joches sich wieder zu entschlagen. Die Trasteveriner standen zuerst (25. Februar 1798) auf, Velletri, Albano und einige andere Gemeinden des Latinergebirges schlossen sich ihnen an, jedoch ohne andern Erfolg, als daß etwa 500 Gefangene gemacht wurden, von welchen ein Theil erschossen, der andere auf die Galeeren geschickt ward, indem die Franzosen mit ihrer gutbedienten Artillerie selbst jetzt jene ungeübten und schlecht bewaffneten Haufen ohne sonderliche Anstrengung niederschlugen. Da sie die Cardinäle und andere hohe Prälaten der Anstiftung dieses Aufruhrs beschuldigten, führten sie die meisten derselben als Gefangene nach Civitavecchia ab; es war die Rede von Deportation, doch glückte es ihnen größtentheils, einen Aufenthaltsort in Italien außerhalb des Kirchenstaats zu erlangen. In diesem kam es zwar in den nächsten Monden (April—Juli 1798) noch zu einigen partiellen Aufständen, nach deren blutiger Unterdrückung aber verging den Ex-Unterthanen des heiligen Vaters alle Lust zu weiteren Rebellionen.

Die neue römische Republik war und blieb die trostloseste aller derartigen Schöpfungen der französischen, indem sie unter der trügerischen Hülle einer wohleingerichteten Regierung, unter hochtönendem Namen die jämmerlichste Unterdrückung und Knechtschaft barg. Die vom Direktorium nach der ewigen Stadt geschickten vier Kommissäre Faypoult, Guyot-Florent, Daunou und Monge beschenkten sie und den Rest des Kirchenstaates mit einer der französischen völlig nachgemodelten Verfassung, welche die Executivgewalt fünf

---

*) Jamais révolte ne fut plus complète. Massena an Bonaparte 26. Febr. 1798.

Konsuln, die gesetzgebende zwei Kammern, einem Senat und einem Tribunat anvertraute. Es machte sich um so komischer, daß auch die Comitien, Aedile, Quästoren, Censoren und noch gar manch' andere alte Namen in dieser Nach-äffung der Vergangenheit wieder auflebten, da all' die Herrschaften nichts Anderes als Lakaien der französischen Generale und Kommissäre waren, die mit ihnen wie mit den Kleidern wechselten, sie bei der ersten Laune mit anderen vertauschten. Auch war der Verfassung dieser römischen Republik als 369ster noch der Artikel beigefügt worden, daß unverzüglich ein Schutz- und Trutzbündniß zwischen Mutter und Tochter abgeschlossen werden sollte, daß die Legislative in Rom ohne Genehmigung des dort kommandirenden französischen Generals kein Gesetz veröffentlichen oder vollziehen dürfe, daß dieser dagegen alle ihm nöthig erscheinenden Gesetze aus eigener Macht-vollkommenheit erlassen könne!

Und um das Unglück der armen Römer zu vollenden, beschlossen auch noch die Neapolitaner, sie von den bösen Franzosen zu erlösen; denn die Erlöser erwiesen sich nur zu bald als noch schlimmere Gäste wie letztere. Vor der momentanen Uebermacht König Ferdinands IV. mußte der französische General Championnet aus der ewigen Stadt nach Perugia (25. November 1798) sich zurückziehen; schon Tags darauf zertrümmerte der Pöbel derselben die öffentlichen Zeichen der Republik, wie jetzt denn auch in einem großen Theile des Kirchenstaates das Volk unter Anführung von Priestern, Mönchen und ehemaligen päpstlichen Offizieren, sich gegen die Franzosen erhob. Aber bereits wenige Tage nach dem triumphirenden Einzuge Ferdinand's IV. in Rom (29. November) unter unbändigem Jubel seiner Bewohner, machten diese, wie damals überhaupt die gar vieler Städte*) Wälschlands die unan-genehme Erfahrung, daß sie durch die Siege der „Glaubensarmee", der „Kämpfer für Altar und Thron" nur aus dem Regen unter die Traufe ge-kommen. Denn die Schandthaten und Grausamkeiten der „Befreier" über-trafen weit die der Franzmänner, deren Anhänger von jenen jetzt als Atheisten und Jakobiner sofort verfolgt wurden. Von dieser Verfolgung zu der aller Reichen überhaupt hatten die zuchtlosen, und freilich auch an Allem den

---

*) Zu den Städten, in welchen es während des zeitweiligen Uebergewichtes der Franzosen-feinde in Italien im Jahre 1799 zu den abscheulichsten Scenen kam, gehörte namentlich Siena in Toscana. Denn hier ereignete sich, was man in der Zeit kaum mehr für möglich hätte halten sollen: — uno sciame di gentaglie armate di furore più che di fucili, col nome di Maria in bocca e col demonio in cuore spogliava, uccideva ed abbruciava a capriccio chi non era stato fanatico realista. Cotesto luttuoso periodo vorrei poter cancelare dalla storia di questa città per non avere occasione di rammentare il giorno terribile del 28 giugno 1799, quando la plebaglia unitasi ai così detti Aretini entrati in quel giorno in Siena, spogliarono, trucidarono, abbucciarono vivi non meno di dodici israe-liti di varie classi e di ambo i sessi. Repetti, Dizionario geogr.- fis.- storico della Toscana Tom. V. p. 355.

drückendsten Mangel leidenden Neapolitaner aber nur zu schnell den Uebergang gefunden. Privathaß und Habgier benutzten die Verhältnisse zum
Plündern und selbst zum Morden; Häuser wurden zertrümmert, Gemälde,
Statuen, Manuscripte geraubt, auch Raphael's Fresken im Vatican arg be-
sudelt, und mit so furchtbarer Grausamkeit hausten Ferdinand's IV. Krieger,
daß die Römer bald allgemein die Franzosen zurückwünschten, die freilich auch
schon 17 Tage nach ihrer Entfernung wieder siegreich bei ihnen einzogen.
In dem auf der Halbinsel fortwogenden Kampfe zwischen den Letzteren
einerseits, den Oesterreichern, Neapolitanern, Russen, Engländern und Türken
andererseits erreichte durch die glänzenden Waffenerfolge dieser Alliirten auf
wälscher Erde im nächsten Jahre, und speciell durch die von ihnen erzwungene
Kapitulation der schwachen französischen Besatzung der Siebenhügelstadt
(29. September 1799), auch das Possenspiel der römischen Republik sein Ende,
worüber indessen Niemand weniger als die Römer sich zu freuen Ursache erhielten. Da der rechtmäßige Fürst des Kirchenstaates, Pius VI., wie erwähnt,
kurz vorher in Frankreich gestorben, und sein Nachfolger noch nicht erwählt
war, wurde von den genannten Verbündeten nämlich eine sogenannte oberste
Regierungsjunta, als provisorische Regentschaft eingesetzt, welche die den An-
hängern der Republik in der ewigen Stadt mittelst des erwähnten Vertrages
ertheilte Zusicherung völliger Straflosigkeit für alles Vergangene sogleich un-
gescheut mit Füßen trat und gegen dieselben ganz abscheulich wüthete. Nicht
allein deren Besitzungen wurden im Allgemeinen sequestrirt, dann confiscirt,
und dadurch viele Menschen in das größte Elend gestürzt, sondern auch die
ärgsten Gewaltthaten und Mißhandlungen selbst an den achtungswertesten
Personen verübt. So wurden z. B. Graf Torriglioni di Fano, der gewesene
republikanische Minister des Innern, ein Mann von hohem Verdienst und
den reinsten Sitten, und die vormaligen ehrwürdigen Konsuln Zaccaleoni
und Mattei unter Peitschenhieben von päpstlichen Sbirren auf Eseln durch die
Stadt geführt, wie es mit Dieben und ähnlichem Gelichter zu geschehen
pflegte. Auch that diese Regentschaft nicht das Mindeste, um den Zügel-
losigkeiten der Soldateska, besonders der neapolitanischen, zu steuern. Denn
die plünderte nicht nur ohne alle Scheu bei Tag und Nacht in den Kauf-
läden wie auf den Straßen, sondern ermordete auch mehrere Personen, die
sich gegen ihre Raubsucht vertheidigen wollten. Ein armer Schmied, der gegen
das Verbot einiger neapolitanischer Offiziere von dem ihm gesetzlich zu-
gesprochenen Rechte Gebrauch zu machen versuchte, an einem Brunnen des
Palastes Farnese Wasser zu schöpfen, wurde von jenen zu Stockprügeln verurtheilt, an welchen er starb. Bald herrschte der höchste Schrecken in der von
den Neapolitanern so ruchlos mißhandelten ewigen Stadt.

Eine neue Ausgabe von Sibmacher's Spitzenmusterbuch.

Während man auf dem Gebiete der Industrie lange Zeit und bis vor Kurzem fast ausschließlich auf Vervollkommnung der Technik bedacht war, waltet seit einigen Jahren in allen civilisirten Staaten das Bestreben ob, die Erzeugnisse der Industrie auch in f o r m a l e r Beziehung zu verbessern, d. h. die Kunst mit den Gewerben und der Industrie wieder in innige Verbindung zu setzen. Um mustergiltige Gegenstände zu finden, an welchen man den innigen Zusammenhang zwischen Zweck, Technik und Form studiren, die man in einzelnen Fällen für die Bedürfnisse unserer Tage auch direkt nachbilden kann, sind wir genöthigt, uns unter den Ueberresten aller vergangenen Culturperioden und den Erzeugnissen aller Völker der Erde umzusehen. Wir finden da besonders drei Gruppen von Gegenständen, die uns lehrreich sind; nämlich die kunstgewerblichen Arbeiten aus den vergangenen Blüthenperioden der Kunst, den Zeiten eines Perikles, Augustus, Leo X., Lorenzo des Prächtigen, Franz I., Maximilian I. u. s. w., die Erzeugnisse der Orientalischen Völker, bei denen in vieler Beziehung eine uralte Tradition im Kunsthandwerk ziemlich unverändert sich erhalten hat und die unter ähnlichen Verhältnissen wie im Orient entstehenden Arbeiten an einigen Orten in Europa, welche abseits von den großen Straßen der Cultur liegen, und so zu sagen von der Weltgeschichte vergessen sind. Im Orient sowohl als in diesen abgelegenen Orten arbeitet man noch heute in derselben ursprünglichen und meist vortrefflichen Weise wie vor tausend Jahren. Die Erzeugnisse der bezeichneten Perioden und Völker sind für uns höchst werthvoll, werden von den Gewerbe-Museen zum Zweck der Belehrung eifrigst gesammelt, und, damit ihre Kenntnisse in möglichst weite Kreise bringe, in guten Abbildungen publicirt (z. B. Lièvre Collection Sauvageot, Granth & Bucher Kunsthandwerk, Fr. Fischbach Südslavische Ornamente u. s. w.

Allein die O r i g i n a l gegenstände reichen für unsere weitgehenden Bestrebungen nicht mehr aus. Wir müssen auch auf ältere Nachbildungen derselben zurückgehen, auf die Teppiche, gemusterten Seidenstoffe, Schmuckgegenstände, Hausgeräthe u. s. w., welche auf alten Bildern dargestellt sind, auf die von den alten Goldschmieden, Schreinern u. s. w. benutzten, meist in Kupferstich ausgeführten Musterbücher, die in Handzeichnung erhaltenen Original-Entwürfe alter Meister und vieles Aehnliche und solche den Kreisen der Künstler und Fabrikanten zugänglich machen.

Daher haben z. B. Fr. Fischbach und J. v. Glinsky schon vor Jahren die Muster der seidenen Prachtgewänder, welche auf alten Kirchenbildern und bemalten Holzstatuen sich finden, gezeichnet, hat eine Verlagshandlung in

Brüssel das im Original selten gewordene Schreinerbuch das Bredeman de Bries in Photolithographie neu herausgegeben, haben das Wiener Gewerbe-Museum die Zeichnungen zu goldenen und silbernen Prachtgefäßen von Ottavio Straba, J. v. Hefner-Alteneck die Originalzeichnungen alter deutscher Meister für Prachtrüstungen Französischer Könige herausgegeben. Eben deshalb steht der Unterzeichnete im Begriffe die Original-Entwürfe alter Meister, eines A. Dürer, H. Holbein, M. Jamitzer ꝛc. für kunstgewerbliche Arbeiten aller Art (in Photographie-Druck) zu publiciren. Eine neue Ausgabe der sehr seltenen Musterbücher für Goldschmiede von Th. de Bry, Paul Flindt, Bernard Zan ꝛc. und der einzelnen Blätter Deutscher Künstler (Altdorfer, H. S. Beham, H. Brosamer, Virgil Solis u. s. w. wären in hohem Grade erwünscht. —

Besonderer Aufmerksamkeit erfreuen sich in Oesterreich schon lange auch die Spitzen-Industrie und die weiblichen Handarbeiten. Das Wiener-Gewerbe-Museum gab schon im Jahre 1866 Hans Sibmachers (ein Nürnberger Künstler † 1611) im Original seltenes und sehr theueres „Stick- und Spitzen-Musterbuch" vom Jahre 1597, eines der besten unter den zahlreichen alten Spitzen-Musterbüchern — ein (nicht vollständiges) Verzeichniß bei Palliser-History of Lace und Schestag Catalog der Ornamentstich-Sammlung Seite 106—12 — in getreuem, mittelst Photolithographie hergestelltem Facsimile heraus. Später (1872) publicirten Hippolyt Cocheris in Paris eine Reihe seltener Spitzenmusterbücher des sechszehnten Jahrhunderts aus der Bibliothek Mazarin und 1874 R. v. Eitelberger in 50 Blättern eine Auswahl der schönsten Muster aus sechs zum Theil deutschen, zum Theil italienischen Spitzenmusterbüchern des sechszehnten Jahrhunderts (1540—68) in autographirtem Umdruck.

Da die neue Ausgabe des Sibmacher so viel Beifall fand, daß die ganze Auflage völlig vergriffen ist, ist es mit Dank zu begrüßen, daß die junge, sehr strebsame Verlagsbuchhandlung Ernst Wasmuth in Berlin kürzlich eine neue Ausgabe dieses Musterbuches, jedoch nach der vierten Original-Ausgabe vom Jahre 1604, und 58 Blätter enthaltend, also fast doppelt so reichhaltig als die bezeichnete Publication des Wiener Gewerbe-Museums, herausgegeben hat. Da diese vierte Ausgabe von 1604 völlig andere Muster als die zweite vom Jahre 1597 enthält, ist sie weniger eine neue Auflage der ersteren, denn eine Fortsetzung derselben. — Die Betrachtung dieses schönen Musterbuches macht dem Kunstfreunde viel Freude. Das fleißige Benutzen und Studiren desselben aber dürfte allen stickenden Damen, allen Musterzeichnern, Fabrikanten ꝛc. ꝛc. überaus nützlich sein und wesentlich zur Verbesserung der in unseren Tagen noch immer auf einer sehr niedrigen Stufe der Kunst stehenden Handarbeiten der Damen beitragen. — Möge das kleine

werthvolle Buch, welches seine Aufgabe vor fast drei Jahrhunderten schon einmal erfüllt hat, nach seiner Auferstehung von den Todten, seine neue Aufgabe
als Musterbuch zu dienen und den Geschmack des Publicums zu bilden, nochmals in recht reichlichem Maße erfüllen!

R. Bergau.

Bilder aus Mecklenburg.

1. Der Klageschein.

Von
Hugo Gaedcke.

Zu den berechtigten Eigenthümlichkeiten oder eigenthümlichen Berechtigungen in dem gesegneten Mecklenburg gehört auch die Ertheilung eines
Klagescheins. Will z. B. ein unglückseliger Schuhmacher den Hauslehrer, die
Wirthschafterin oder eine andere Persönlichkeit auf dem Rittergut Pritzelwitz
wegen einer Forderung gerichtlich zur endlichen Zahlung veranlassen, so ist
diese Klage von ihm bei dem Patrimonialgerichte des Rittergutsbesitzers von
Itzelwitz auf Pritzelwitz anzustellen. Dieser Herr hat über alle seine Gutsein-
wohner die Gerichtsherrlichkeit, soweit nicht ausnahmsweise einem Gutsein-
wohner ein Privilegium hiergegen zusteht.

Hat der Hauslehrer z. B. dasjenige Examen bestanden, welches ihm die
Befugniß zum Predigen giebt, so steht er als tentirter Candidat des Predigtamtes unter der hohen Großherzoglichen Justiz-Canzlei. Für den armen
Schuster und Gläubiger dieses Candidaten ist es nun freilich ein schweres
Stück, darüber klar zu werden, ob sein studirter Schuldner ein simpler Candidat oder ein tentirter Candidat des Predigtamtes ist. Er muß hierüber
den Staatskalender zu Hilfe ziehen. Dieses officielle Register führt auch die
sämmtlichen Candidaten auf, welche das besagte Tentamen bestanden haben.

Unglücklicher Weise ist es nun aber wieder eine berechtigte mecklenburgische Eigenthümlichkeit, daß der tentirte Candidat des Predigtamtes sich aus
dieser öffentlichen Liste kann streichen lassen, ohne daß er damit seinen Character als tentirter Candidat und seine Ausnahmestellung unter der Großherzoglichen Justizkanzlei verliert. Ach, es soll Niemand Häring schreien, er
hätte ihn denn beim Schwanze! Der verzweifelte Schuster hat unter sothanen
Umständen nur noch einen Ausweg, um den Fisch zu fangen, er kann sich
nämlich nach der Landesbibliothek verfügen und dort die sämmtlichen Staatskalender, einen nach dem andern, durchsehen, was wiederum ein ganzes Stück

Arbeit erfordert, namentlich wenn er elender Weise gerade einen steinalten Candidaten erwischt d. h. zum Schuldner hat. Wann er so die Jahrgänge des Staatskalenders, etwa 30—40 Exemplare, je nach dem vermuthlichen Alter seines Damnificaten, mühsam verarbeitet hat und dann zu seiner Beruhigung etwa daraus ersieht, daß er es nur mit einem ganz einfachen Hauslehrer zu thun hat, weil sein Schuldner nicht in dem Staatskalender vorkommt, so kann er nunmehr getrost bei dem Herrn von Itzelwitz auf Pritzelwitz die gehorsamste Bitte einreichen, hochderselbe wolle ihm, dem Schuster zur Erhebung der Klage gegen den Hauslehrer wegen einer Schuld für gelieferte Schuhmacherarbeit, einen Klageschein ausstellen. Ohne einen solchen Klageschein darf der Meister Schuhmacher überall nicht seinen Candidaten belangen, da bei der Einreichung der Klage, die vorher ertheilte Erlaubniß des Gutsherrn zur Klageanstellung, eben der Klageschein, dieser Klageschrift angeschlossen sein muß.

Der Gutsherr hat auf das geziemende Ansuchen des Bittstellers den Klageschein gesetzlich binnen acht Tagen demselben zuzustellen. Läßt Herr von Itzelwitz auf Pritzelwitz diese Frist vorübergehen, ohne den Klageschein dem guten Meister zuzusenden, so muß der Letztere es sich gefallen lassen, noch einmal den Herrn von Itzelwitz um Ausstellung des Klagescheins binnen weiterer acht Tage zu bitten. Dabei ist nun dem braven Handwerker herzlich zu wünschen, daß sein Gesuch nicht gerade in die Zeit vor den Hundstagsferien fällt; denn in diesem Falle kann er lange warten; die Ferien werden dem Herrn von Itzelwitz zu Gute gerechnet.

Wir nehmen aber zu des Handwerkers Gunsten an, daß er mit der Bitte um den Klageschein nicht bis zu den Hundstagen wartet. Dafür ist indessen Herr von Itzelwitz hartnäckig. Er denkt: „Laß den Schuster nur kommen, einen Klageschein bekommt er nicht"; ja, er freut sich im Stillen über die voraussichtliche Niederlage des Meisters, denn er hat ja den Hauslehrer schon vor 14 Tagen entlassen. So geht es denn auch. Herr von Itzelwitz läßt auch die zweite Mahnung verstreichen. Richtig! Nach Ablauf der zweiten Frist geht der Schuster zornig zum Advokaten. Jetzt kommt die Sache in Fluß. Der Advokat erhebt bei der Großherzoglichen Justiz-Canzlei eine Beschwerde im Namen des Schusters gegen den Herrn von Itzelwitz auf Pritzelwitz wegen der verzögerten Ertheilung des erbetenen Klagescheins.

Liegt sonst nichts im Wege, und wird gerichtlich nicht etwa seine Beschwerde in angebrachter Art abgewiesen, weil z. B. die Bescheinigung fehlt, daß der unglückliche Schuster wirklich vorschriftsmäßig den Herrn von Itzelwitz gemahnt oder die gehörige Zeit der Mahnung innegehalten hat, (sonst kann er mit dem ergebensten Ansuchen um endliche Ertheilung des Klagescheins von Vorne wieder anfangen) — liegt also ein solches Hemmniß überall nicht im

Wege, so darf der Schuster nunmehr getrost das Mandat der hohen Großherzoglichen Justiz-Canzlei erwarten, worin dem Herrn von Itzelwitz anbefohlen wird, binnen acht Tagen bei Strafe der Zwangsexecution den Klageschein dem Schuster auszustellen und demselben die erwachsenen Kosten der
Beschwerde zu erstatten.

Nun freut sich der Schuster. Aber auch Herr von Itzelwitz freut sich,
denn hierauf hat er nur gewartet, um an dem dreisten Schuster sein Müthchen zu kühlen. Herr von Itzelwitz kommt mit einer furchtbaren Gegenschrift
von so und so viel Bogen, die ihm sein Sachwalter gehörig verfaßt hat.
Das wird dem Meister Drath Geld kosten; denn der Sachwalter liquidirt
unter der Einredeschrift für jeden Bogen 7 Reichsmark. Mit größtem
Behagen und möglichst breit entwickelt Herr von Itzelwitz in dieser seiner
Vernehmlassung, daß der Meister Schuhmacher überall kein Recht habe, irgend
einen Klageschein von ihm zu fordern. Es sei ja der gesuchte Hauslehrer,
gegen welchen der Schuster den Klageschein fordere, schon 14 Tage vor dem
Ansuchen des Schuhmachers aus seiner Stellung entlassen und befinde sich
besagter Hauslehrer überall nicht mehr auf dem Gute Pritzelwitz und unter
der Jurisdiction des Herrn von Itzelwitz. Letzterer bittet daher ehrerbietigst:
den Schuster mit seiner unbefugten Beschwerde ab- und zur Ruhe zu verweisen und ihn in die sämmtlichen erwachsenen Kosten zu verurtheilen.

Der Schuster möchte vor Schrecken in die Erde sinken.

Sein Advokat stärkt ihn aber mit der Zusicherung, daß die Sache noch
lange nicht verloren sei. Somit wird denn in Befolgung des Mandates der
hohen Großherzoglichen Justiz-Canzlei diese Einredeschrift auf das Nachdrück-
lichste in einer voluminösen Schrift beantwortet. Advocatus liquidirt für diese
vortreffliche Arbeit ebenfalls pro Bogen 7 Reichsmark.

Jetzt kommt das Urtheil! Die hohe Großherzogliche Justizkanzlei erkennt
für Recht: daß die Einreden des Herrn von Itzelwitz auf Pritzelwitz als un-
begründet hiermit verworfen werden und derselbe schuldig sei, nunmehr den
Klageschein binnen annoch acht Tagen an den Meister Schuhmacher bei Strafe
der Zwangsexecution auszustellen und daß er ferner verurtheilt werde, binnen
gleicher Frist demselben die gesammten Kosten zu erstatten. Wer malt sich
die Freude des Schusters, wer den Zorn des Herrn von Itzelwitz? Nachdem
der Letztere vergeblich gegen den Bescheid ein Rechtsmittel an das hohe Großherzogliche Ober-Appellations-Gericht eingelegt hat, bleibt er dahin beschieden,
daß er wohl das Recht habe, einen Klageschein auszustellen, daß es aber auch
seine verfluchte Pflicht und Schuldigkeit sei, dem Bittsteller einen solchen Klageschein auszustellen und daß es ihm überall nicht zukomme, dem Bittsteller
ihn vorzuenthalten, weil etwa derjenige, gegen welchen der Klageschein gerichtet, sich auf dem Gute Pritzelwitz nicht mehr aufhalte. — Ganz kleinlaut

bittet nun der Advocat des Herrn von Ihelwih den Advocaten des Schusters um die Kostenrechnung für seinen Herrn Mandanten und fragt in collegialischer Hochachtung an, ob noch der Klageschein gegen den Candidaten X. gefällig sei, worauf ihm Collega natürlich ergebenst erwidert, daß er den Klageschein jetzt nicht mehr brauchen könne; er übersende gleichzeitig seine Kostenrechnung mit der freundlichen Bitte, deren Berichtigung zu veranlassen. Die Kosten werden zur Zufriedenheit entrichtet, der Schuster freuet sich, Herr von Ihelwih ärgert sich, daß die Sache so ausgefallen — und damit könnte sie schließen.

Aber die beiden Collegen haben leider eine Vorschrift der Gerichtsordnung außer Auge gelassen, laut deren jede Sache von Amtswegen ihren Fortgang nimmt, wenn nicht an die Großherzogliche Justiz-Kanzlei innerhalb der gestellten Frist von acht Tagen die Anzeige ergeht, daß die Angelegenheit erledigt sei. Diese Vorschrift führt noch ein düsteres Nachspiel herbei. Nach dem Ablauf von acht Tagen fällt nämlich dem verurtheilten Patrimonial-herren, wie ein Donnerschlag aus heiterem Himmel, die Zwangsexecution ins Haus, in Gestalt eines Soldaten, der sich bei Herrn von Ihelwih auf Prihelwih ins Quartier legt. Starr vor Entsehen schickt von Ihelwih auf das Allerschleunigste den fatalen Klageschein recommandirt mit Retourrecepisse an den staunenden Schuster, und bescheinigt diese Sendung bei der Großherzoglichen Justiz-Kanzlei. Nun marschirt endlich der Soldat ab — und die Geschichte von dem Klageschein hat für dies Mal ein Ende.

Aus dem Elsaß.

Als ich vorige Woche von Zürich nach St. Gallen fuhr, saß ein Elsässer mit mir im Wagen, der sich mit seinem Nachbarn, einem Schweizer, lebhaft über die Lage seiner Heimath und die „Preißen" unterhielt. Er war aus Schlettstadt, ein kleiner Bürger, und, soviel ich bei dem Gerassel des Zuges von dem Gespräch verstehen konnte, kein Freund von uns. Unter Anderem sprach er die Hoffnung aus, es noch zu erleben, daß die Franzosen das Elsaß wiedernehmen. Sein Nachbar, der Schweizer, war aber anderer Ansicht. Trocken lächelnd erwiederte er: „Das erleben Sie nicht, lieber Freund, und wenn Sie hundert Jahre alt werden." Mein neuer Landsmann, der Mußgermane aus Schlettstadt, war von dieser Antwort sichtlich betroffen. Daheim im Elsaß gehört es zum guten Tone, daß man an die Wiederkunft des welschen Messias glaubt, oder wenigstens gelegentlich versichert, daran zu glauben. Nun findet er hier einen Mann, und noch dazu einen Republikaner, der ganz nüchtern das Gegentheil ausspricht. Die Gegend scheint sonach sicher zu sein, und er darf es wagen, auch einmal etwas zu sagen, was zu Hause der Frau Gemahlin gegenüber oder auf der Bierbank annoch strenge verpönt ist. Er lenkt also ein, und weil der Zug gerade an einer kleinen Station hält, so benutzt er die Gelegenheit, seinem Nachbarn zu erzählen, daß jetzt Schlettstadt an Stelle seines bei der Beschießung zerstörten alten Stationsgebäudes einen sehr schönen neuen Bahnhof habe. Dem biederen Schweizer war das sehr gleichgiltig; er brummte auf diese Mittheilung nur ein verständnißinniges Hm. Aber der Schlettstädter hatte den Uebergang gefunden, um das begonnene politische Gespräch unter neutraler Flagge fortsetzen zu können. „Alles, was recht ist“ — sagte er vertraulich, jedoch laut genug, um auch von mir gehört zu werden — „Alles, was recht ist, aber Eins muß man den Deutschen lassen; was sie im Krieg zerschossen haben, haben sie schnell und nobel wieder aufgebaut.“ Der Schweizer antwortete: „Sehen Sie!“ Dann raffelte der Zug weiter, und soviel ich von dem weiteren Gespräch der Zwei noch verstehen konnte, bewegte es sich von jetzt an nur noch über internationale Gegenstände, als da sind Wetter und Wein, Hopfen und Malz ꝛc. —

Man konnte und kann aus deutschem Mund nicht selten die Meinung hören, es sei unklug gewesen, die Entschädigungen für Beschießungsschäden und Kriegsleistungen in Elsaß-Lothringen so reichlich zu gewähren, als geschehen ist. Die Leute hätten das Geld als ihr „Recht“ eingesteckt und ob sie auch das beste Geschäft dabei gemacht, nach wie vor auf die Deutschen gescholten. Das ist gewiß wahr, und man hat einzelne, ja viele Beispiele, denen gegenüber der Unmuth dieser Meinung berechtigt erscheint. Trotzdem ist sie irrig. Denn die Grundstimmung, welche durch die Entschädigungen im Volksgemüth hervorgerufen wurde, ist doch diejenige, welcher mein Schlettstädter „Patriot“ Ausdruck gab, wenn er sagte: „Das muß man den Deutschen lassen.“ Daß sie aber überhaupt „einen guten Fetzen“ an uns lassen, an uns lassen müssen, ist schon ein hoch anzuschlagender Gewinn. Dieß unwillkürliche, fast widerwillige Anerkennen einer guten Seite des „Unterdrückers“ unterscheidet sie bereits wesentlich von den Franzosen, deren haßerfüllte Phantasie in uns nur barbarische Steppenteufel erblickt! Ein Haß, in welchem Achtung vor dem Gehaßten unvermerkt Wurzeln zu schlagen anfängt, ist schon kein richtiger Haß mehr, und ein Fanatiker, der zweifelt, gleicht einem Kranken in der Krisis.

Ohne Zweifel haben nun, wie gesagt, im Verein mit anderen Erfahrungen von der „Menschlichkeit“ der „Preußen“ die reichlich gewährten Entschädigungsgelder nach dieser Seite hin heilend und beschwichtigend gewirkt. Sind doch allein im Unterelsaß für Beschießungsschäden bis jetzt 47,078,893 Francs, und für Kriegsleistungen (Lieferungen, Naturalverpflegung, Vorspanndienste, Verluste an Wagen und Pferden bei letzterem) 6,917,188 Fr. ausbezahlt worden, welch' letztere Summe demnächst, namentlich durch die sehr umfang-reichen Liquidationen der Städte Hagenau und Weißenburg, noch erheblich steigen wird. (Der Kreis Schlettstadt, 56 Gemeinden und Private, erhielt für Kriegsleistungen die Summe von 471,628 Fr.; es ist das der geringste im Unterelsaß. Die höchste bekam der Kreis Zabern, nämlich 1,230,668 Fr.) Im Oberelsaß wurden für Beschießungsschäden in und um Neubreisach 2,298,174, sonst im Bezirke 42,916 Fr., zusammen also 2,341,090 Fr., und für Kriegsleistungen 2,481,020 Fr. ausgezahlt, wozu bis Ende dieses Jahres noch etwa 350,000 Fr. kommen werden. Außerdem sind zur Unterstützung solcher Personen, welche durch Kriegsleistungen ohne militärische Anerkenntnisse Verluste erlitten und dadurch in eine hilfsbedürftige Lage kamen, Fonds im Landeshaushaltetat für 1873 vorgesehen gewesen, wovon 200,000 Fr. für das Unterelsaß und 80,000 Fr. für das Oberelsaß zur Verfügung gestellt wurden.

Wir entnehmen diese Ziffern den Verwaltungsberichten, welche die Bezirkspräsidenten den eben versammelten Bezirkstagen vorgelegt haben. Die Mitglieder derselben haben, wie Sie bereits wissen, sämmtlich den Eid geleistet, selbst in Lothringen. Das Gleiche gilt von den Kreistagen, mit Ausnahme des für den Landkreis Metz gewählten. Man wird die Bedeutung dieser Thatsache nicht überschätzen, wenn man bedenkt, daß an vielen Orten die Betheiligung an den Wahlen bezw. an wiederholten Nachwahlen eine sehr schwache war; wer sie aber unterschätzen wollte, der darf sich nur die Stim-mung der Unversöhnlichen betrachten, um von seinem Irrthum bekehrt zu werden. Diese Kreise empfinden die Eidesleistung der Kreis- und Bezirkstage geradezu als eine Schmach für das Land, ein Gefühl, das weder durch Herabsetzung der Bedeutung dieser Körperschaften, noch durch die ärgerlich Verunglimpfung der betreffenden Abgeordneten genügend verborgen wird. Auch ist es Zeit, in aller Nüchternheit bei dieser Gelegenheit wieder einmal an das Wort eines Straßburger Franzosenfreundes zu erinnern, der im vorigen Winter an den „Siècle" schrieb: „Wenn die Autonomisten jemals Boden gewännen, was sie nie thun werden, so ist das Elsaß für Frankreich verloren!" Und noch vor Kurzem hatte eine als Flugbroschüre der Ligue d'Alsace erschienene Rechenschaftsablage unserer „Protestabgeordneten", deren Echtheit noch nicht bestritten ist, pathetisch behauptet, die Regierung werde des Eides wegen niemals die Bezirks- und Kreistage vollständig zusammen-bringen. Welche Blamage nun, daß jeder Bauer, dem diese Schrift zu Händen kommt, sich sagen muß: das haben die Herren falsch prophezeit! Ja, die „Verräther" mehren sich; selbst alte Republikaner haben dem deutschen Kaiser geschworen, und dem wahren „Patrioten" bleibt bis zu gelegenerer Zeit nichts übrig, als sich schweigend in seine Toga zu hüllen und im Hinblick auf diesen oder jenen Abgefallenen ein schwermüthiges: „Auch Du, Brutus!" zu seufzen.

Aber wenn unsere Unversöhnlichen augenblicklich auch schweigen, so hören sie doch nicht auf, uns zu hassen, und ebenso wird die Mehrheit ihrer Landsleute in dieser Beziehung noch Jahre lang hinter ihnen stehn. Nur Eines hat sich geändert: wir tragen diesen Haß nicht mehr allein. Ebenso, ja mehr noch als wir, werden die Abgefallenen gehaßt, und diese Spaltung gerade, welche durch die Entwickelung der Verhältnisse im Schooße der Einheimischen selbst hervorgerufen wurde, ist ein für uns höchst erfreulicher Erfolg.

Von der gegenseitigen Erbitterung der „elsässischen Elsässer" und der rein französischen ließen sich die erstaunlichsten Beispiele erzählen, wenn es immer die Discretion gestattete. Denn es giebt überall — wir gebrauchen das Gleichniß subtractis subtrahendis — es giebt überall, wenigstens im Elsaß, Nicodemusgemüther, die „in der Nacht" zu einem deutschen Bekannten kommen und ihm in dieser Hinsicht ihr Leid klagen. So haben sich z. B. einige Mülhäuser „Patrioten" — wohl gemerkt, nicht unreife Bürschchen, sondern Männer gesetzten Alters — wochenlang das bübisch-patriotische Vergnügen gemacht, an die noch ganz französisch gesinnte Gattin eines hervorragenden Mitgliedes der „elsässischen" Partei regelmäßig die betreffenden Schmähartikel französischer Zeitungen über ihren Mann zu senden, und das, obwohl sie wußten, daß die Frau in gesegneten Umständen war! Die Sache hörte allmählich von selbst auf; sonst hätte Herr X. schließlich doch in gerechtem Zorn, wie er es vorhatte, zur Reitpeitsche gegriffen, um die ihm wohlbekannten Störer seines häuslichen Friedens öffentlich zu züchtigen, bezw. zu brandmarken, falls sie ihn vor Gericht deshalb verklagt hätten!

Die nächste Folge solcher Behandlung der „Verräther" seitens der Unversöhnlichen ist natürlich eine große Erbitterung der ersteren. Sie für ihre Person wollten ursprünglich die Brücken, die nach Frankreich zurückführen, keineswegs hinter sich abbrechen. Nachdrücklich betonten sie, daß sie es nur zu einem modus vivendi mit Deutschland, zu einer erträglichen Regelung der traurigen Nothwendigkeit des Deutschseins bringen möchten. Aber ihre Feinde brachen die Brücken hinter ihnen ab, schalten die Autonomisten „Verräther", „Prussiens" u. s. w., und drängten sie so viel mehr auf die deutsche Seite, als diese das selbst beim ersten Schritt aus dem Lager des unbedingten Franzosenthums heraus geahnt und beabsichtigt hatten. Wenn es heute unter den „elsässischen Elsässern" hunderte giebt, bei denen es als öffentliches Geheimniß gilt, daß sie die Rückkehr der Franzosen nicht mehr wünschen, nicht mehr

wünschen können, weil sie sich zu sehr "compromittirt" haben, so sind wir
für dies erfreuliche Ergebniß in erster Linie, wenn nicht ausschließlich, der
Taktik des Hasses unserer Chauvins zu Dank verpflichtet.

Auch unter den Mitgliedern der Kreis- und Bezirkslandtage befindet sich
Mancher, bei dem der Schluß von dem geleisteten Eid auf die männliche Bereitschaft zur Treue gegen denselben zuerst verfehlt gewesen wäre. Wohl die
Meisten leisteten ihren Eid in einem ganz besonderen Sinn "in Gottes Namen"
d. h. in der Meinung, daß es auf einen "politischen" Eid mehr oder weniger
nicht ankomme, und daß, wer seiner Zeit Napoleon III. geschworen habe,
ohne deshalb der Republik im Innern abzuschwören, heute am Ende auch
dem deutschen Kaiser schwören könne unbeschadet seiner Anhänglichkeit an
Frankreich. Aber die Unversöhnlichen sorgen dafür, daß diese reservatio
mentalis der Abgefallenen nicht aufkommt. Durch ihren Haß drängen sie die
Halben immermehr vor das Entweder-Oder, und so geschah es, daß sämmtliche Abgeordneten der Bezirkstage auch den officiellen Diners der Bezirkspräsidenten beiwohnten, wozu sie doch, streng genommen "im Interesse des
Landes" nicht verpflichtet waren. Der Eid der Treue war unvermeidlich,
aber den bei diesen Diners üblichen Trinkspruch auf den Kaiser hätten sie
vermeiden können. Haben sie es nicht gethan, so liegt der Grund vornehmlich in dem Gefühl: "Man schilt uns doch "Verräther", mögen wir's nun
thun oder lassen!"

Der Haß der "Unversöhnlichen" gegen die "elsässischen Elsässer" steigert
sich aber noch dadurch, daß die letzteren in den drei Bezirkstagen auch einen
gewissen politischen Erfolg erzielt haben. Die Leser der "Grenzboten" wissen
bereits aus den Tagesblättern, daß sämmtliche drei Bezirkstage in ihren
Schlußsitzungen einstimmig Anträge eingereicht haben, welche auf die Herstellung der "Autonomie" zielen. Diese Anträge überschreiten die Zuständigkeit der Bezirkstage, die sich nach den Gesetzen nicht mit politischen Fragen
beschäftigen dürfen. Trotzdem wurden sie gestellt, und zwar in jedem Bezirkstag in besonderer Form, eine Mannigfaltigkeit, welche gerade die Uebereinstimmung der bezüglichen Wünsche in den gemäßigten Kreisen des ganzen
Reichslandes beweist. Aehnliche Anträge sind hier schon im vorigen Jahre
und in Metz in der außerordentlichen Januarsession dieses Jahres gestellt
worden, aber damals war der oberelsässische Bezirkstag gar nicht zu Stande
gekommen und die beiden anderen waren wegen der Eidesverweigerung nicht
vollzählig, während jetzt alle drei Bezirkstage beisammen sind und einstimmig
die betreffenden Anträge einbrachten. Daß über die Art dieser "Autonomie"
viel Unklarheit herrscht, ist wahr. Namentlich ist der von dem Baron Zorn
von Bulach redigirte Antrag des unterelsässischen Bezirkstag ein Aktenstück, das
von wenig diplomatischer Begabung zeugt, und der kaum halb zur elsässischen

Partei bekehrte Industriei in Mülhausen läßt sich sogar aus Straßburg
schreiben: „Die Regierung hat nun keinen Grund mehr, uns die Führung
unserer Angelegenheiten zu verweigern. Wir wollen eine eigene Vertretung,
die hier sitzt und nicht in Berlin, die uns ein Regime verschafft, das im
Einklang ist mit den Interessen und Bedürfnissen der zwei Millionen (?)
Elsaß-Lothringer, die mit den Interessen und Bedürfnissen der 40 Millionen
Deutschen im Reich nichts gemein (!) haben. Mit Einem Wort: Elsaß-
Lothringen ist reif für die Autonomie!" — Gegen derartige Phrasenprogramme
sticht der lothringische Antrag wohlthätig ab. Derselbe sagt u. A., nüchtern
das Erreichbare ins Auge fassend: „Wenn die Regierung den Wunsch,
welchen wir in der Januar-Session ausgesprochen, nicht vollständig entgegen-
nehmen kann, so stellt die Kommission nunmehr den Antrag, daß das Gesetz
vom 10. Mai 1838 in folgender Weise abgeändert werde: 1) In der Session
für 1875 werden in jedem der drei Bezirkstage von Elsaß-Lothringen zehn
Mitglieder gewählt, um die Fragen zu prüfen, welche die drei Bezirke gemeinschaftlich angehen. Die Amtsdauer dieser Mitglieder wird auf drei Jahre
festgesetzt. 2) Diese Kommission, welche abwechselnd in Straßburg, Metz und
Kolmar zusammentritt, wird durch kaiserliche Verordnung einberufen. 3) Dieselbe hat das Steuercontingent für die verschiedenen Bezirke Elsaß-Lothringens
zu vertheilen, nach Artikel 1 und 4 des Gesetzes vom 10. Mai 1838. 4) Die
Seitens der Finanzverwaltung über die Einnahmen und Ausgaben der Verwaltung des Reichslandes Elsaß-Lothringen angefertigten Rechnungsauszüge
sollen dieser Kommission mitgetheilt werden, damit sie die ihr nützlich scheinenden Modifikationen der Regierung kund geben kann." Und mehr, als
hier verlangt wird, dürfte in der That zunächst auch kaum bewilligt werden
können. Denn das Reichsland soll kein eigener Staat werden — deren haben
wir genug — sondern eine Reichsprovinz unter der Landeshoheit des Königs
von Preußen als Kaisers von Deutschland.

Die Herren vom Stuttgarter Beobachter.

Als das deutsche Reichspreßgesetz von unseren Reichsbehörden vorbereitet
wurde, war der jetzige § 11 desselben, welcher von der Pflicht der Presse
handelt, thatsächliche Berichtigungen aufzunehmen, einer derjenigen, an welchem
die reichsfeindliche Presse der sog. deutschen Demokratie wieder einmal die
tiefe Erniedrigung der deutschen Nation durch die Reichsgesetzgebung zu ver-
anschaulichen suchte. Niemand hätte wagen dürfen zu prophezeien, daß diese
reinlichen Charaktere sich jemals soweit verirren könnten, ihrerseits selbst diesen
Paragraphen anzurufen, der das Ur- und Grundrecht des Radicalismus vom

Nesenbach, Andersdenkende zu beschimpfen und zu verleumden, so schnöde durchkreuzte. Aber das Unglaubliche ist geschehen. Herr X. v. Hasenkamp, Redacteur des Stuttgarter Beobachters, und sein Freund Herr Ludwig Walesrode fordern von der Redaction der Grenzboten „Berichtigungen nach § 11 des Gesetzes vom 7. Mai 1874" wegen unserer Correspondenz „Aus Schwaben" in No. 32 vom 7. August b. J. —

Die Forderung ist für den Kenner der Stuttgarter Demokratie durchaus nicht überraschend. Sie besitzt eine erstaunliche Virtuosität in Inconsequenz. Sie hat vielleicht — trotz ihres kurzen Gedächtnisses — die Tage noch in Erinnerung, wo sie mit der für solche Fälle vorräthigen sittlichen Entrüstung über die nationalen Organe herfiel, welche die Corruption ihres Frese behaupteten, aus dessen schamloser „Democr. Correspondenz" der „Beobachter" in der Hauptsache seine Leitartikel entnahm. Heute geben die Herren, und namentlich Herr Carl Maier, die sittliche Depravation des Herrn Frese mit den am Nesenbach üblichen Kraftausdrücken zu — aber das hindert den „Beobachter" nicht, fast Tag für Tag die Artikel der von Frese geleiteten Wiener „Tagespresse" abzudrucken, gerade wie s. Z. die Artikel der „Democratischen Correspondenz".

Die Forderung aus diesem Lager also, eine „Berichtigung" nach demselben Gesetz zu erzwingen, das man als den Niedergang aller germanischen Libertät schadenfroh begrüßt hatte, durfte nicht überraschen. Auch das überraschte nicht, daß diese Berichtigung gefordert wurde von einem Manne, den der Beobachter fast tagtäglich mit Unrath bewirft, ohne deßhalb diesseits jemals seit sieben Jahren an die Strenge des Gesetzes erinnert zu werden; selbst danu nicht, als der Beobachter es für angemessen fand, das schmerzlichste Ereigniß, welches das Herz eines Sohnes betreffen kann, den Tod der Mutter, zu den gemeinsten Verleumdungen gegen den Sohn zu benutzen.

Das Erstaunlichste an dem Ansinnen der Herren war vielmehr lediglich die Dreistigkeit, mit welcher „Berichtigungen nach dem Gesetz" von uns gefordert wurden, die mit keiner Silbe auf dieses Gesetz sich stützen konnten, weil nicht weniger als a l l e r thatsächliche und a l l e r berichtigende Inhalt ihnen abging.

Zuerst kam Herr Ludwig Walesrode mit seinem Ansinnen. Herr Ludwig Walesrode war in der Correspondenz „Aus Schwaben" vom 7. August nur erwähnt worden in einem wörtlichen Auszug aus einer gerichtlichen Klage, die der bekannte Frankfurter Senator a. D. von Bernus gegen den bekannten Herrn Haußmann beim Stuttgarter Kreisgerichtshof erhoben und die unser Correspondent im W o r t l a u t in der „Frankfurter Presse" gefunden hatte. Herr Walesrode war darin nur als einer der Vermittler erwähnt, an die Herr von Bernus sich gewandt, um bei Herrn Haußmann die Erlangung einer Abrechnung zu erwirken über diejenigen 1500 fl., die Herr von Bernus Herrn Haußmann zu Zwecken der demokratischen Partei in Württemberg anvertraut hatte. Herr Walesrode bestätigt in seiner „Berichtigung" allenthalben diese delicate Mission und verwahrt sich nur „gegen eine moralische und rechtliche Solidarität" — die ihm unser α-Correspondent mit keinem Worte angedichtet — „mit Herrn Haußmann", mit dem er übrigens noch heute sehr häufig verkehrt. —

Herr v. Hasenkamp war in einem Punkte glücklicher. Er brachte es nämlich in einer eminent bedeutsamen Frage wirklich bis zu einer thatsächlichen Berichtigung. Unser Correspondent hatte nämlich die ungewöhnliche Abirrung von den Thatsachen sich zu Schulden kommen lassen, von Herrn v. Hasenkamp in den landesüblichen Vornamen Franz Xaver zu reden, während Herr von Hasenkamp aus seiner oftpreußischen Taufe lediglich den Namen Xaver davongetragen zu haben versichert. Diese Berichtigung erschien uns denn auch so interessant, daß wir Herrn v. Hasenkamp ohne Weiteres die Spalten unseres Blattes dafür zur Verfügung stellten.

Im Uebrigen aber bekundet leider Herr v. Hasenkamp in seiner „Berichtigung nach dem Gesetz" eine ebenso oberflächliche Kenntniß desselben, wie Herr Walesrode. Allerdings kommt ihm dabei seine Natur für seine Art von Gesetzesauslegung besonders zu Statten. Gneist soll bekanntlich eines Tages, als die Leute sich den Kopf zerbrachen, wie sie einen Vagabunden rechtlich definiren sollten, kurzweg gesagt haben: „es ist ein Mensch, dem die Domicillosigkeit zur Gewohnheit geworden ist." In einer ähnlich beneidenswerth negativen Lage befindet sich die Demokratie vom Nesenbach gegenüber dem Begriff „Thatsache" und „thatsächliche Berichtigung". Sie hat seit unvordenklichen Zeiten, ohne Besitzstörung, so consequent ihre Behauptungen für Thatsachen, die Thatsachen der Andern für blanke Behauptungen ausgegeben, daß es ihr jetzt gewiß recht sauer fällt, in die stramme Knappheit dieses Begriffes „nach dem Gesetz" sich zu gewöhnen. So meint Herr X. v. Hasenkamp z. B.: seine Versicherung genüge dem Gesetz, um „thatsächlich" zu berichtigen, daß der Stuttgarter Beobachter nicht — wie unser Correspondent behauptet hatte — „das thatsächliche Hauptorgan der Ultramontanen in Schwaben sei"; daß der Stuttgarter Beobachter nicht „erst wieder bei Gelegenheit des Kissinger Attentates in schamlosem Cynismus mit dem Mainzer Journal und dem Münchener Volksboten wetteiferte". Nun — wir halten die Nummern des „Beobachter" bereit, um event. der Anklage den Beweis folgen zu lassen — und um die Herren mit den gesetzlichen Begriffen einer „thatsächlichen Berichtigung" vertraut zu machen. Vielleicht gewöhnt sich allmählich auch Herr Xaver — bei Leibe nicht Franz Xaver — von Hasenkamp und der bürgerliche Herr Walesrode daran. Lassen wir ihnen Zeit dazu. Auch der beste Meerschaum raucht sich nicht in einem Tage an.

Leipzig, 9. September.　　　　　　　　　　　　　　Hans Blum.

Verantwortlicher Redakteur: Dr. Hans Blum.
Verlag von F. L. Herbig. — Druck von Güthel & Legler in Leipzig.

XXXIII. Jahrgang.

II. Semester.

Die

Grenzboten.

Zeitschrift

für

Politik, Literatur und Kunst.

No. 38.

Ausgegeben am 18. September 1874.

Inhalt:

Grenzbotenumschlag: Literarische Anzeigen.

Leipzig, 1874.

Friedrich Ludwig Herbig.

(Fr. Wilh. Grunow.)

Jules Michelet.

I.

Anfangs Februar dieses Jahres starb auf einer der Hyerischen Inseln, wo er Heilung von schweren körperlichen Leiden gesucht hatte, Jules Michelet, im Alter von über 75 Jahren (geboren 1798 zu Paris). Bei seiner Leichenfeier sprach der Maire von Hyeres die Worte: „Ich lege diesen Kranz auf den Sarg des Mannes, welcher der vollkommenste Ausdruck des französischen Nationalgenies gewesen ist. Er hat die Vergangenheit unserer Geschichte wieder aufleben lassen, um unsere künftige Wiedergeburt vorzubereiten."

Wie weit Michelet zu der künftigen Wiedergeburt Frankreichs mitgewirkt hat, ist eine Frage, über die es erlaubt ist, anders zu denken, als der Maire von Hyeres. Von diesem zweifelhaften Punkte jedoch abgesehen, hat derselbe das Wesen des Verstorbenen treffend bezeichnet. Denn in der That kann Michelet in gewissem Sinne als vollkommenste Verkörperung des französischen Nationalgenius bezeichnet werden. In seiner feurigen, leicht beweglichen, dabei aber doch mit einer zähen Consequenz und Willensstärke ausgestatteten Natur vereinigen sich mit den großen Vorzügen auch die großen Mängel des französischen, man möchte sagen des gallischen Nationalcharakters, von dem er im Eingange seiner französischen Geschichte ein so lebendiges Bild entworfen, und der in allen großen Katastrophen in wunderbarer Bewährung seiner Lebenskraft bis in die neueste Zeit hinein die über den gallischen Boden gelagerten römischen und germanischen Schichten durchbrochen hat und von Zeit zu Zeit in ursprünglicher Wildheit wie eine fremdartige Erscheinung aus längst vergangenen Jahrhunderten auf die Weltbühne zurückgekehrt ist. Grade für die gallischen Züge im französischen Nationalcharakter hat Michelet die wärmsten Sympathien, eine fast zärtliche Zuneigung, ohne jedoch zu den fanatischen Gallomanen zu gehören, welche die Einwirkung fremder Elemente bei der Bildung der französischen Nationalität am liebsten ohne Weiteres ableugnen möchten. Michelet erkennt an, daß eine Mischung stattgefunden hat, und daß aus derselben eine neue Race hervorgegangen ist. Aber nichtsdestoweniger ist dem Franzosen, wie er zumal in seinen kleineren halb social-politischen, halb dichterischen Schriften ihn schildert, das echt gallische Gepräge

aufgedrückt. Der gallische Ungestüm, der gallische Leichtsinn, die gallische
Sinnlichkeit, die gallische Prahlerei tadelt Michelet oft mit Schärfe an dem
modernen Franzosen, dem Kinde des 19. Jahrhunderts. Im Grunde aber
sind ihm alle diese Fehler doch nur Uebertreibungen und zum Theil nicht
eben unliebenswürdige Uebertreibungen jener Eigenschaften, in Folge deren
nach seiner Ansicht die Franzosen die vervollkommnungsfähigste Nation der
Welt, die Träger der höchsten civilisatorischen Ideen, die Missionäre der Freiheit und Cultur sind.

Wenige Franzosen haben den Charakter ihres Volkes so scharf erfaßt
wie Michelet, wenige die sonderbare Mischung vielfach widersprechender Eigenschaften des französischen Volkes mit gleicher Liebe und gleicher Kunst zu
einem Gesammtbilde zu gestalten getrachtet. Es fehlt dem Bilde oft genug
an plastischer Bestimmtheit und einheitlicher Abrundung, der allerdings schon
der überaus bewegliche Charakter des darzustellenden Gegenstandes widerstrebt;
aber in der Farbengebung ist Michelet Meister. Mit seinem, durch Studium
und Beobachtung ausgebildetem Gefühl für das Charakteristische, faßt er einen
besonderen Zug auf, um ihn sofort mit der ganzen schöpferischen Energie seiner
dichterischen Einbildungskraft zum Mittelpunkte eines Charakterbildes oder eines
Sittengemäldes zu machen. So reihen sich in seinen späteren halb poetischen halb
philosophischen Schriften in bunter mosaikartiger Zusammensetzung Schilderung
an Schilderung, Gemälde an Gemälde. Oft ist es eine zufällige Ideenassocia-
tion, die seine Aufmerksamkeit auf irgend einen Gegenstand lenkt. Aber gleichviel ob der Gegenstand mit Nothwendigkeit in den Zusammenhang des Ganzen
sich einfügt, oder ob er wie ein fremdartiger Bestandtheil störend den Gang
seiner Darstellung unterbricht: ist er an sich anziehend, so wird der Verfasser
nicht leicht der Versuchung widerstehen, sich seiner zu bemächtigen und ihn,
sei es zu einem poetischen Phantasiestück, sei es zu einer philosophischen oder
socialpolitischen Skizze, sei es zu einem psychologischen Genrebilde episodisch
auszuführen. Und gerade in diesen Episoden entfaltet Michelet die ganze
Fülle seiner eigenthümlichen Begabung. Leidenschaftlich im Haß, wie in der
Liebe, erdrückt er den unglücklichen Gegenstand seiner Abneigung und Feindschaft bald unter der Wucht eines mächtigen Pathos, bald verwundet er ihn
auf den Tod mit den scharfen Pfeilen eines schneidenden und bitteren, fast
niemals gemüthlich-humoristischen Witzes und herber Ironie; bald entwirft er
ein reizendes Idyll, voll stillen Familienglücks und ländlichen Friedens, oft
mit bittern Klagen vermischt, daß die Sitten der Gegenwart nur allzuwenig
zu seinen Idealen stimmen; bald tritt der phantasiereiche Dichter, der leidenschaftliche Politiker hinter dem trefflich geschulten Dialektiker zurück, der, oft
von einem paradoxen Einfall angeregt, einen völlig unhaltbaren Gedanken
mit schärfster Logik und Aufbietung der verwegensten Sophistik bis in seine

äußersten Consequenzen verfolgt, wobei es dem Leser und besonders dem französischen Leser, nur allzuleicht begegnen kann, daß er über der verführerischen
Kunst der Ausführung ganz die Schwäche der Grundlage vergißt, auf welcher
der kühne Gedankenbau aufgerichtet ist.

In allen diesen hier nur kurz angedeuteten Zügen erscheint Michelet als
wahre Verkörperung des französischen Nationalgeistes, über den er sich durch
Tiefe des Studiums und geniale Intuition allerdings oft erhebt. Ein um-
fassendes und zum Theil gründliches Studium fremder Litteraturen und Zustände bietet ihm einen Maßstab zur Vergleichung, dessen seine Landsleute
sonst meist entbehren. Franzose in seinem ganzen Wesen, im Denken und
Empfinden, hat er doch niemals die Gefahren der geistigen Isolirung verkannt,
welche eine nothwendige Folge des in Frankreich vielfach als Vorzug empfundenen und gepriesenen Fernhaltens aller fremden Elemente ist. Bis zu einem
gewissen Grade wird er sogar Deutschland gerecht, obgleich er sich des Gegen-
satzes des germanischen und französischen Geistes sehr wohl bewußt und zu
sehr Franzose ist, um von einzelnen Erscheinungen abgesehen (bemerkenswerth
ist z. B. seine fast schwärmerische Bewunderung für Fröbel und seine Kinder-
gärten, sich zu dem deutschen Wesen besonders hingezogen zu fühlen.

Michelet war Historiker von Fach und von Beruf, ein gewissenhafter
gründlicher Forscher von unermüdlicher Arbeitskraft, der, besonders in der
französischen Geschichte, über ein massenhaftes, mit eisernem Fleiß zusammen-
getragenes, durcharbeitetes und gesichtetes Quellenmaterial gebot, zugleich aber
auch über eine unerschöpfliche Fülle geistreicher Gedanken und tiefsinniger
Ideen, vermittelst deren er den aus den Archiven geschöpften reichen Stoff
geistig belebte und zu großen, zum Theil mit künstlerischer Vollendung ausgeführten Bildern gestaltete. Michelet begnügt sich nicht, in der Geschichte
den Causalnexus im Einzelnen nachzuweisen; er sucht überall nach den treibenden Kräften und findet sie vorzugsweise in der Volksseele. Das
Volk als organisch lebendige Einheit ist ihm der Träger der in der Geschichte
wirksamen Ideen; wie leidenschaftlich er sich auch in seinen späteren Schriften
mit individuellen psychologischen Problemen beschäftigt, in der Geschichte hat
er, von einigen Lieblingsfiguren abgesehen, vor den hervorragenden Individuen,
den großen Männern, nur geringen Respekt. Sie sind ihm Werkzeuge, die
fast willenlos das ausführen, was die Umstände mit Nothwendigkeit erfordern, oder höhere, das Individuum beherrschende Kräfte gebieten. Meist ohne
selbst zu wissen, welchem Ziele sie entgegenstreben, dienen sie dem Fortschritte;
stemmen sie, eigenwillig ihrem eigenen Antriebe folgend, sich der natürlichen
Entwickelung entgegen, so gehen sie zu Grunde und fördern dann leidend durch
ihren Fall den Fortschritt, den sie handelnd zu hemmen versucht haben.

Diese höhere, die Einzelnen beherrschende Macht ist aber keineswegs der

Zufall, sondern wie schon bemerkt, der in beständigem Fortschreiten begriffene Geist des Volkes, der selbst von den in der Gesammtheit der Menschheit wirkenden Ideen bedingt, doch in sich selbst die Gesetze seiner Entwickelung trägt. Von dem kosmopolitischen Radicalismus, der die Eigenart der Nationalitäten und ihre Berechtigung, ihr Dasein nach ihren eigenen Lebensgesetzen im Unterschiede, ja selbst im Gegensatz zu andern Nationalitäten zu gestalten, für einen zu überwindenden Standpunkt erklärt, hält sich Michelet im Allgemeinen fern; im Allgemeinen, denn gelegentliche Inconsequenzen dürfen bei diesem beweglichen, bei aller Schärfe des Verstandes von einer oft im Uebermaß thätigen Einbildungskraft beherrschten Geiste nicht auffallen. Aber gerade vor den Ausschreitungen des kosmopolitischen Idealismus, der seiner Natur an sich nicht fremd ist, ist Michelet durch die Energie seines französischen Nationalgefühls meist geschützt. Er hat in dieser Beziehung eine gewisse Aehnlichkeit mit dem übrigens geistig tief unter ihm stehenden Gambetta, der ihm in den letzten Jahren nahe stand und für dessen „Republique Française" er auch thätig gewesen sein soll. In der That erinnern die gelegentlichen Bußpredigten dieses Blattes, denen doch immer der unerschütterliche Glaube an die geistige Ueberlegenheit und den unveräußerlichen Herrscherberuf der französischen Nation zu Grunde liegt, oft lebhaft an manche Stellen in Michelet's Werken.

Ein Schriftsteller, der in so hervorragender Weise als Typus des französischen Nationalcharakters zu betrachten ist, wie Michelet, mußte in seiner persönlichen, wie in seiner wissenschaftlichen Entwickelung den Wandlungen folgen, welche während seiner langen litterarischen Laufbahn der Geist seines Volkes durchmachte. Ohne sich selbst in hervorragender Weise thätig an der Politik zu betheiligen, gab er sich doch mit leidenschaftlichem Eifer und einem fast naiven Vertrauen auf die Unfehlbarkeit aller fortschrittlichen Bestrebungen dem Einfluß der demokratischen Strömungen hin, die das französische Volk in ihren Strudel fortrissen. Als er im Jahre 1830 als Guizot's Stellvertreter den geschichtlichen Lehrstuhl der Sorbonne bestieg, wich er in seinen politischen und socialen Ansichten schwerlich weit von denen des berühmten Führers der Doctrinäre ab, der seinen geschichtlichen Studien mit der wärmsten Theilnahme folgte. Aber dies freundschaftliche Verhältniß der beiden nach Charakter und Temperament grundverschiedenen Männer war nicht von langer Dauer. Während Guizot, von wachsendem Mißtrauen gegen jede Regung, die sich der Einwirkung des herrschenden Bürgerthums zu entziehen suchte, erfüllt, seine gewaltige Kraft in zähem Widerstande gegen die immer schärfer hervortretenden demokratischen Tendenzen übte, zugleich aber auch aufrieb und abnutzte, stellte sich Michelet in dem Kampf der radicalen Demokratie gegen die Bourgeoisie und das Julikönigthum immer entschiedener auf Seiten der ersteren. Als er sein großes Geschichtswerk dem Abschluß zuführte, war er in seinen Ansichten ein anderer, als zu der Zeit, wo er mit Meisterhand die Anfänge der französischen Geschichte entwarf, oder wo er von ausschließlich wissenschaftlichen Interessen beherrscht, sich zum Behuf seiner römischen Geschichte in Niebuhr's Forschungen vertiefte, und aus dem Studium Vico's die Grundgedanken seiner geschichtsphilosophischen Weltanschauung schöpfte. Von dem Augenblicke an, wo die Demokratie in Frankreich als selbständige und selbstbewußte Macht auftrat, hatte sie in Michelet einen ihrer begeistertsten Apostel gewonnen. In seiner eigenen Entwickelung spiegelt sich die Entwickelung des demokratischen Gedankens. Zwar war Michelet eine zu vornehme und zu fein organisirte Natur, um an den Ausschweifungen seiner Partei Gefallen zu finden, und zu einsichtsvoll, um nicht die wahnsinnigen communistischen Theorien, die als äußerste Consequenzen aus dem demokratischen Princip gezogen wurden, abzuweisen; er kämpfte ebenso energisch an gegen Alles, was das allgemeine Bildungsniveau herabzudrücken geeignet schien, wie gegen die sittliche und politische Verwilderung, welche eine nothwendige Folge des wüsten Treibens einer Demagogie war, die in beständigen Verschwörungen jeden gesunden politischen Instinkt einbüßte und einen Classenkampf entzündete, der von beiden Seiten mit der äußersten Erbitterung und Rücksichtslosigkeit geführt wurde. Aber wie viel er auch im Einzelnen an der Haltung der radicalen Demokratie auszusetzen haben mochte, ihre theoretischen Irrthümer und Illusionen theilte er, von den gegen Familie und Eigenthum gerichteten Doctrinen abgesehen, vollkommen. Sein höchstes politisches Ziel war die consequente Durchführung des abstrakten Gleichheitsprincips, welches ihm für die stärkste Triebkraft in der Geschichte der Menschheit galt. Die große Revolution hatte die Gleichheit zum höchsten Princip der Gesellschaft erklärt, sie hatte die Gesellschaft demokratisirt, und wenn der Staat dies nicht anerkennt, wenn er ein Vorrecht der Geburt festzuhalten sucht, oder wenn er an die Stelle desselben ein Vorrecht des Besitzes setzt und das Wahlrecht von einem Census abhängig macht, so lehnt er sich wider ein Menschenrecht auf, das seine Weihe bereits empfangen hat, das rückgängig machen zu wollen eine ganz unberechtigte Reaction ist, ein willkürlicher Eingriff in die natürliche Entwickelung der Dinge, gegen den jeder Widerstand erlaubt, ja geboten ist.

In diesen Anschauungen begegnete Michelet sich mit der demokratischen Opposition, ohne sich unmittelbar an den Angriffen gegen das Julikönigthum zu betheiligen. Dagegen nahmen seine Vorlesungen am Collège de France mehr und mehr eine politische und vor Allem eine kirchenfeindliche Färbung an. Dies ist ein Punkt, der eine eingehende Betrachtung erfordert, weil

Michelet's Eigenart in dem Verhältniß zu den religiösen Fragen vielleicht ihren schärfsten Ausdruck findet.

Es ist in der That bezeichnend, daß Michelet den Grund zu seiner großen Popularität legte durch seine heftigen Angriffe gegen den Ultramontanismus und insbesondere gegen die Jesuiten, welche in der ersten Zeit der Verwaltung Gutzot's immer mächtiger um sich gegriffen, und neuen Einfluß gewonnen hatten, der die Liberalen mit großer Sorge erfüllte. Die Heftigkeit, mit welcher er in seinen Vorträgen gegen sie auftrat, erregte großes Aufsehen und verwickelte ihn in endlose und erbitterte Fehden mit der ultramontanen Partei, die durch eine mit Quinet gemeinschaftlich im Jahre 1843 herausgegebene, die akademischen Vorträge auszugsweise reproducirende und mit Einleitungen ausstattende Flugschrift „des Jesuites" (1843) neue Nahrung erhielten. In der Leidenschaft des Kampfes arbeitete er sich mehr und mehr in eine feindselige Stimmung gegen alle positive Religion hinein. Sich gleichgültig und neutral nach irgend einer Seite hin zu verhalten, lag nicht in seiner Natur, die feurig und begeistert in der Liebe, auch starr und unversöhnlich im Hasse war. Und zumal auf kirchlichem Gebiete war seiner im Grunde tief religiös angelegten Individualität eine lebendige leidenschaftliche Theilnahme unerläßlich. Er ist hin und wieder atheistischer Ansichten beschuldigt worden; der Vorwurf ist aber ungerecht, wenn auch in seinen späteren Schriften bei der Beweglichkeit seines Geistes und dem raschen Wechsel der Empfindungen sich manche Stellen finden, die eine Hinneigung zu atheistisch-materialistischer Theorie zeigen. Auf einzelnen Stellen darf man sich aber, wenn man sein Wesen auffassen will, nie berufen. Wie er in seinen späteren Schriften jeden ihm aufstoßenden Gedanken zu einer Episode durch- und auszuarbeiten liebt, so ist auch, wenn wir uns so ausdrücken dürfen, in der Entwickelung seiner Individualität der Episode ein sehr weiter und freier Spielraum gestattet, und es ist daher begreiflich, daß unter den Eindrücken der in späteren Jahren leidenschaftlich betriebenen naturwissenschaftlichen Studien gelegentlich materialistische Anschauungen sich seiner bemächtigen, daß er die seelische Thätigkeit in übertriebener Weise von körperlichen Functionen abhängig macht, daß ihm die Psychologie zur Physiologie wird. Doch das sind gelegentliche Anwandlungen, mehr von augenblicklichen Stimmungen bedingt und durch gelegentliche Studien angeregt, als in seiner Gesammtindividualität begründet. Seine philosophisch-religiöse Anschauung ist vielmehr spiritualistisch, er hat im Ganzen Neigung zu einem hin und wieder mystisch gefärbten Pantheismus. Ein durchgebildetes System darf man freilich nicht suchen bei einem Manne, der die Gabe hat, jede Empfindung unter dem Eindruck einer augenblicklichen Stimmung zu verallgemeinern und auf der schwankenden Grundlage eines ganz subjectiven Gefühls ein philosophisches Kartenhaus aufzubauen, das sofort zusammenstürzt, sowie seine Grundlage durch einen neuen Gedanken, einen neuen Einfall erschüttert oder aus der Seele des phantasiereichen oft phantastischen Dichterphilosophen verdrängt wird. Es läßt sich eben nur im Allgemeinen behaupten, daß er sich gerne einer religiösen Stimmung hingiebt; Gott ist ihm in solchen Stimmungen die in dem Weltall wirkende Kraft, in der Natur, wie in der Menschheit; in der Geschichte der Menschheit entwickelt sich gewissermaßen der Geist Gottes; die im Volke lebenden Ideen sind eine Offenbarung der Gottheit, die ihre unwiderstehliche Gewalt an jedem Einzelnen beweist: grade wie im staatlichen und gesellschaftlichen Leben das Volk Alles, der Einzelne nur ein, sei es willig, sei es widerwillig dienendes Werkzeug des Volkes und der im Volke sich entwickelnden Ideen ist. Man sieht, wie hier sein demokratisches Ideal sich mit seiner religiösen Weltanschauung nahe berührt.

Aber wo bleibt da der freie Wille, den er an anderen Stellen so lebhaft gegen die göttliche Allmacht, wie auf politischem Gebiete gegen jeden äußeren Zwang vertheidigt, wo bleibt das freie unabhängige Ich? In Michelet's Metaphysik scheint doch für die Selbständigkeit des Individuums, für seine sittliche Verantwortlichkeit kein Raum zur Entfaltung übrig gelassen zu sein. Man sollte meinen, daß er, sobald er sich auf das theologische Gebiet begiebt und über die Natur des Bösen reflectirt — und das geschieht nicht selten — eine Vorliebe für Augustinus hätte. Aber gerade das Gegentheil — und das ist wieder für die proteusartige Wandelbarkeit des geistvollen Mannes im hohen Grade bezeichnend — ist der Fall. In den Zeiten allerdings, wo er ganz seinen historischen Studien lebte, ist Michelet unbefangen genug, die geschichtliche Bedeutung der augustinischen Lehre für die Entwickelung des frühen Mittelalters zu würdigen, und ihr eine gewisse Berechtigung zuzugestehn. Nicht ohne Grund, sagt er, kämpfte der große Bischof von Hippo so heftig gegen Pelagius an. „Wozu hätte der trockne Rationalismus der Pelagianer beim Herannahen der germanischen Invasion gedient? Nicht die stolze Freiheitslehre mußte man den Eroberern des römischen Reiches predigen, sondern die Abhängigkeit des Menschen von der Allmacht Gottes." Aber der Keim war, fügt er hinzu, in den Boden gesenkt, er sollte seine Frucht bringen zu seiner Zeit. In allerdings schiefer Auffassung behauptet er eine nahe Verwandtschaft des hellenischen und celtischen Geistes. Der hellenisch-celtische Geist hat sich durch Pelagius in der Religionsphilosophie enthüllt; es ist der Geist des unabhängigen Ich, der freien Persönlichkeit. Das ganz verschieden geartete germanische Element schickt sich an, gegen ihn zu ringen, nöthigt ihn, sich zu rechtfertigen, sich zu entwickeln, Alles zu entfalten, was in ihm liegt. Das Mittelalter ist der Kampf; die neue Zeit ist der Sieg.

Wie viel man im Einzelnen gegen die eben angeführten Urtheile

Michelet's einzuwenden haben mag, so muß man doch zugestehn, daß sie dem
Boden einer gründlichen historischen Forschung erwachsen sind. Wo er den
Erscheinungen als Forscher näher tritt, weiß er ihre Bedeutung zu würdigen
und auch aus seinen irrigen und einseitigen Ansichten tritt in oft hinreißender
Weise die durch tiefes Studium ausgebildete Gabe, sich in den Geist der
Vergangenheit zu versetzen, hervor. Die Unbefangenheit auch des geschicht-
lichen Urtheils hört aber völlig auf, seit er in späteren Jahren sich daran
gewöhnt hat, die Erscheinungen der Vergangenheit von seinem abstracten
politisch-kirchlichen Standpunkte aus zu betrachten. Die Augustinische Lehre,
deren wohlthätigen Einfluß auf das frühere Mittelalter der rastlos combinirende
Historiker vielleicht zu hoch angeschlagen hat, erscheint dem Philosophen und
Politiker als Quelle des Verderbens. Und da ihm diese Lehre als vollkommenste
Consequenz des Christenthums gilt, so betrachtet er dieses mit derselben Abneigung
wie jene Lehre. Und in der Hitze des Kampfes, den er mit lobenswerther
Energie gegen den entnervenden, ganze Generationen im Wetteifer mit dem
Radicalismus vergiftenden Jesuitismus führt, wird ihm das Christenthum unvermerkt fast zum bösen Princip. Wie beredt hat er in früheren Jahren die
civilisatorische Mission des strengsten Kirchenthums geschildert. Das ist vergessen; das Mittelalter mit den gewaltigen Kräften, die dasselbe bewegten,
erscheint ihm später gleichsam als ein großer Irrthum der Geschichte, als eine
fluchwürdige Unterdrückung des Menschenthums, als ein grauenhafter den
Menschen entnervender Despotismus, von dessen Joch eine erhabene Aufwallung des französischen Volksgeistes die Welt erlöst hat. Mit einer wahren
Leidenschaft entwirft er jetzt Schauergemälde von den sittlichen Zuständen der
Vergangenheit, die nur noch auf den Namen von Zerrbildern Anspruch
machen können. Nicht als ob er die Geschichte absichtlich gefälscht; er schildert
treu nach den Quellen: aber während er in seinen früheren großen Arbeiten
alle Züge zu einem Gesammtbilde zusammensetzt, greift er in seinen späteren
Streitschriften unter dem Einfluß der leidenschaftlichen Parteinahme für die
kirchlichen und politischen Tagesfragen diejenigen Erscheinungen heraus, die
wie krankhafte Auswüchse dem lebenskräftigen Stamm entkeimen, in benen
aber kein besonnenes Urtheil den Kern und das Wesen des Christenthums
erblicken wird.

Welche Gestalt unter den Eindrücken der Gegenwart in seinem Geiste
allmählich auch das christliche Alterthum gewinnt, davon legt seine viel gelesene
Schrift „La Sorcière" ein beredtes Zeugniß ab, auf die ich schon deshalb
hier etwas näher eingehe, weil sie für die bald hinreißende, bald widerliche
und oft geradezu abstoßende Darstellung in seinen späteren Werken im hohen
Grade charakteristisch ist. Das Buch ist ein Mittelding zwischen einem
Geschichtswerk und einer Flugschrift. Jede Seite zeugt von dem umfassendsten

und gründlichsten Quellenstudium, auf jeder Seite tritt aber auch unverhüllt die tendenziöse Beziehung auf die Zustände der Gegenwart hervor. Mit einer tiefen Abneigung gegen das Kirchenthum, man kann wohl sagen gegen das positive Christenthum überhaupt, mischt sich der schon oben erwähnte Mysticismus, der auf pantheistischen Grundlagen ruht. Das Werk ist eine Geschichte des Teufelsglaubens von der ersten Zeit des Mittelalters an bis auf die neueste Zeit, oder besser gesagt, eine Geschichte des Teufels selbst. Denn bei seiner außerordentlich lebhaften Auffassung und Vertiefung in den Gegenstand seiner Betrachtung, bei der wunderbaren Kraft, die abstraktesten Gedanken in sinnlich faßbare Gestalten zu verkörpern, wird ihm, während er gegen den wüsten Teufelsglauben kämpft, unter der Hand und unvermerkt der Teufel selbst zu einem wirklichen, lebendigen Wesen, zu einem Wesen, welchem er gelegentlich sogar seine Sympathie nicht versagen kann. Der Teufel ist ihm gewissermaßen der Naturgott, der große Pan, der rechtmäßige Nachfolger der von dem Christenthum entthronten heidnischen Gottheiten. Zu ihm nimmt das von der Geistlichkeit geistig bedrückte, von dem Feudalherrn geknechtete Volk, der vierte Stand — das allmähliche Emporkommen dieses Standes ist ja der leitende Faden, der sich durch Michelet's geschichtliche Betrachtungen zieht — seine Zuflucht, bei ihm sucht es Trost und Hülfe, ihm zu Ehren feiert es in nächtlicher Stunde in großen Massen auf der Haide am Rande des düsteren Waldes zusammenströmend, die Hexensabbathe, die der Verfasser in ihren vielfach abstoßenden und widrigen Einzelheiten mit lebendigster Anschaulichkeit und dem ihm zu Gebote stehenden Farbenreichthum schildert. Vor Allem ist das Weib, dieser unerschöpflich Gegenstand der Michelet'schen psychologischen und physiologischen Analyse, die Trägerin dieses düstern Cultus, die Priesterin der wilden nächtlichen Orgien. Der Frau naht sich, während sie einsam und in grübelnde Träumereien versenkt, in ihrer Waldhütte der Heimkehr des frohnenden Gatten wartet, der Dämon als hülfreicher Hauskobold. Er dient ihr, er hilft ihr; aber der Diener will zum Herrn werden; er nimmt ihr Herz gefangen, aber sie soll ihm ganz gehören mit Leib und Seele. Sie sträubt sich, sie kämpft wider den Versucher, der bald schmeichelt, ihr Haus mit Glücksgütern überhäuft, bald droht und Unheil verhängt, das ihr die Vergänglichkeit aller Güter, sobald sie des dämonischen Schutzes entbehrt, zu Gemüthe führen soll. Der Mann wird der Günstling des Feudalherrn, der ihn mit obrigkeitlichen Befugnissen ausgestattet und ihn mit der Einziehung aller Steuern und Abgaben beauftragt. Da gilt es, hart und rücksichtslos verfahren; denn der Herr macht ihn für jeden Ausfall verantwortlich: die Nachbarn hassen ihn, sie blicken zugleich mit einer abergläubischen Scheu, in die sich etwas wie Ehrfurcht mischt, auf ihn, und seine in düsterer Schönheit strahlende Gattin:

der stets geldbedürftige Herr, der dem Könige das Aufgebot seiner Vasallen zuführen soll und im höchsten Glanze am königlichen Hof- und Kriegslager erscheinen will, verlangt Vorausbezahlung der Abgaben; er bedroht seinen Einnehmer mit Gefängniß und Tod, wenn er nicht sofort Geld schafft. Der Mann ist in Verzweiflung, aber die Frau von ihrem Dämon berathen, weiß Hülfe. Der reiche Jude kann nicht widerstehn, er schließt seine Casse auf. Dem Leibeignen und dem Herrn ist geholfen.

Aber noch immer setzt das Weib den Anforderungen des Dämons, ihm ganz anzugehören, Widerstand entgegen; sie weigert sich, den förmlichen Pact mit dem Teufel abzuschließen. Sie schaltet inzwischen in der Gemeinde als gefürchtete Gebieterin, gemieden und doch wieder gesucht, abstoßend durch das Dämonische in ihrer Erscheinung, anziehend durch ihre Schönheit. Darüber erwacht Eifersucht und Groll in dem Herzen der Burgfrau, und als ihr Gemahl aus dem Kriege heimgekehrt, entzieht sie sich seinen feurigen Liebkosungen und verlangt, daß er vor Allem die Uebermüthige demüthige, vernichte, die mit ihr in die Schranken zu treten wage. Der verliebte Gemahl ist zu jeder Nichtswürdigkeit bereit. Er zieht mit der Schaar seiner zügellosen Mannen und Knappen in das Dorf hinab; die Unglückliche wird ergriffen, der Zauberei beschuldigt, gemißhandelt, entehrt, gemartert; sie will in ihr Haus flüchten, es ist verschlossen, ihr Mann wagt es nicht, die Thüre zu öffnen. Erschöpft sinkt sie nieder, in der Gewißheit, daß am nächsten Tage die Peiniger wiederkehren werden, um ihre Henkersarbeit fortzusetzen. Da naht ihr der Geist, verhöhnt sie, stellt ihr aber zugleich Macht und Rache in Aussicht. Länger kann sie nicht widerstehn; sie ergiebt sich ihm, flüchtet in den Wald; dort lebt sie als die gefürchtete Zauberin, Unheil stiftend, aber auch helfend, wie es ihr die Laune eingiebt. Sie kennt die heilenden Kräuter, sie mischt Liebestränke, Gifte, aber auch Arzneien; wer der Hülfe bedarf, wer an seinen Feinden sich rächen will, sucht sie in nächtlicher Weile auf. Sie verbreitet Furcht und Schrecken, aber sie spendet auch Trost.

Das ist die Zauberin des Mittelalters, eine Velleda, eine Norne, eine Frau Venus, eine Braut von Korinth: alle diese Typen finden sich in ihr vereinigt. Sie ist eine Teufelin, aber zugleich eine Heroine, eine Vorläuferin der welterlösenden Revolution. Ihr Krieg wider Kirche und Feudalismus ist ein Vorspiel des großen Freiheitskampfes der Gegenwart. Der Dämon, mit dem sie ringt und dem sie zuletzt sich willenlos unterwirft, ist keineswegs ein Vertreter des absolut bösen Princips: er ist boshaft, gewiß, aber der Kirche und dem Adel gegenüber befindet er sich vollkommen im Recht.

Selbstverständlich ist für Michelet der Kampf mit dem Dämon nur das Symbol eines psychologischen Processes. Aber in der Schilderung dieses Processes wird er dermaßen von dem Gegenstand überwältigt und von seiner

Phantaſie fortgeriſſen, daß ihm ſelbſt ganz unbeſtreitbar alle die über- und widernatürlichen Vorgänge, die er mit glühenden Farben ausmalt, im Augenblick, wo er ſie niederſchreibt, zur Wirklichkeit werden. Die Zauberin vertritt das Naturprincip im Gegenſatz zur Kirchenlehre und den auf ſie begründeten geſellſchaftlichen Zuſtänden. Aber die Natur wirkt auf ſie, um durch ſie zu wirken, mit übernatürlichen, dämoniſchen Kräften. Die Beſitzergreifung durch den Dämon erſcheint in ſeiner Darſtellung nicht als ein ſymboliſches Ereigniß, auch nicht als Produkt der Einbildungskraft der Beſeſſenen, ſondern als wirklicher thatſächlicher Vorgang. Den ganzen erſten Theil der Schrift durchweht ein wilder myſtiſcher Geiſt, von dem im zweiten Theil, der die Hexenproceſſe der neueren Zeit zum Gegenſtande hat und ſich mit einer oft abſtoßenden Ausführlichkeit in der Schilderung der widrigſten Einzelheiten ergeht, allerdings keine Spur zu finden iſt.

Auch dieſe Schrift beweiſt, daß Michelet's Feindſchaft gegen das poſitive Chriſtenthum keineswegs aus einer atheiſtiſchen Weltanſchauung hervorgeht. Das Chriſtenthum ſtößt ihn, von den Gelegenheitsurſachen abgeſehen, ab, weil es nach ſeiner Anſicht den freien Willen des Individuums nicht zu ſeinem Rechte kommen läßt, wobei es ihn wenig ſtört, daß auch nach ſeiner Weltanſchauung der Einzelne doch nur das Werkzeug unwiderſtehlicher Mächte iſt. Indeſſen wie ſcharf er auch Kirche und Dogma bekämpft, der Glaube an Gott iſt ſeiner, wie ſchon bemerkt, tief religiöſen Natur Bedürfniß. Hin und wieder freilich läßt er ſich an den Naturgeſetzen genügen, und ſeine naturwiſſenſchaftlichen Neigungen machen ihn zu einer rein materialiſtiſchen Betrachtungsweiſe geneigt. Am Secirtiſch löſt ſich ihm die Seele in ein Syſtem körperlicher Functionen auf; in der Natur ſieht er die Geſetze und hält es für überflüſſig, nach dem Urquell des Daſeins zu fragen. Aber dieſe ganze Anſchauungsweiſe iſt ihm im Grunde höchſt unbehaglich, und es dauert nicht lange, ſo kommt die ideale Seite ſeiner Individualität wieder zur Geltung, unterſtützt durch das Beſtreben, die Mannichfaltigkeit der Erſcheinungen unter einen Begriff zu ſubſumiren; gerade wie in der Politik das Einheitsprincip ſchließlich in ihm ſtets alle Regungen des Individualismus aus dem Felde ſchlägt. Gott iſt ihm — ob als Perſon oder als der Weltgeiſt zu denken, darüber ſchwankte ſein Urtheil durchaus — die liebende Urſache, der Vater der Natur, der ſie vom Guten zum Beſſeren leitet. So erkennt ihn beſonders die Frau, während der Mann das Unendliche durch die unveränderlichen Geſetze der Welt empfindet, die gleichſam die Formen Gottes ſind. Beide Geſichtspunkte vereinigen ſich darin, daß der Gott der Frau, die Liebe, nicht Liebe wäre, wenn er nicht die Liebe für Alle wäre, jeder Laune und willkürlichen Regung unfähig; wenn er nicht nach dem Geſetze der Vernunft und Gerechtigkeit liebte d. h. nach der Idee, die der

Menſch von Gott hat. Dieſe beiden Säulen des Tempels ſind ſo feſt gegründet, daß Niemand ſie angreifen kann. Die Welt wechſelt jedoch. Bald
ſucht ſie nur die Geſetze, bald nur die Urſache. Sie ſchwankt beſtändig
zwiſchen dieſen religiöſen Polen, aber ſie ändert ſie nicht. — Gegenwärtig
leben wir in einer Zeit, wo der Standpunkt der Naturgeſetze vorherrſcht.
Da die Wiſſenſchaft augenblicklich nicht centraliſirt iſt, wie ſie es bald
ſein wird, ſo ſehen Viele nur die Geſetze und vergeſſen die liebende Urſache,
indem ſie ſich einbilden, daß die Maſchine auch ohne bewegende Kraft (moteur)
gehen könnte. Dies Vergeſſen hat die traurige religiöſe Verdunkelung
(éclipse) zur Folge, von der wir umnachtet werden. Sie kann nicht lange
dauern. Das ſchöne Centrallicht, welches die ganze Freude der Welt ausmacht, wird wieder erſcheinen. Wir werden das augenblicklich geſchwächte
Gefühl für die liebende Urſache wieder gewinnen.

Man geht wohl nicht irre, wenn man annimmt, daß Michelet in gewiſſen Zeiten für ſein perſönliches geiſtiges Bedürfniß an den ewigen Ge-
ſetzen vollkommenes Genüge gefunden und daß die Annahme einer liebenden
Urſache in ſolchen Augenblicken weder eine Forderung des Verſtandes noch des
Herzens für ihn war. In Naturſtudien vertieft, war er nur bemüht, die
nächſten Urſachen der Erſcheinungen, die ihnen zu Grunde liegenden Geſetze
zu erkennen; die erſte Urſache lag außerhalb des Kreiſes ſeiner Forſchung;
als metaphyſiſches Problem nahm ſie in einer Zeit, wo er auch die Geheim-
niſſe der ſeeliſchen und geiſtigen Natur des Menſchen mit dem anatomiſchen
Secirmeſſer zu ergründen ſuchte, ſeine Aufmerkſamkeit wenig in Anſpruch.
So wie er ſich aber von ſeinen wiſſenſchaftlichen Studien erholt, empfindet
ſein Gemüth das Bedürfniß, an dem Urquell alles Daſeins ſich zu laben;
aber die Zeit, als deren Kind er ſich in vollſtem Maße fühlt, hindert ihn.
Sie iſt erregt, thätig bis zur Ueberſpannung aller Nerven; aber ſie iſt zer-
ſtreut, zerfahren, es fehlt ihr der Mittelpunkt. Und doch ſtrebt ſie nach der
Einheit. Auch die Wiſſenſchaft will ſich centraliſiren. Iſt ſie dahin gelangt,
dann wird auch das Gottesbewußtſein wieder in ſein Recht treten. Es
leuchtet — und das iſt wieder ein echt franzöſiſcher Zug — aus ſeinen Re-
flexionen unverkennbar hervor — daß er mit vollkommen klarem Bewußtſein
in ſeinen religiöſen Vorſtellungen ganz von der öffentlichen Meinung der gebildeten, antiklerikalen Kreiſe abhängig iſt; um für ſich eine Entſcheidung
zu treffen, wartet er, bis die Wiſſenſchaft ſo weit „centraliſirt" iſt, um die
Entſcheidung zu treffen, die ihm offenbar die erwünſchteſte wäre. Solchen
Zügen der Abhängigkeit begegnen wir auch in andern Dingen oft genug,
ſelbſt da, wo er muthig gegen Vorurtheile ankämpft und ſeinen Landsleuten
die derbſten Wahrheiten ſagt. Die franzöſiſche Demokratie iſt eine harte und
unduldſame Tyrannin der Geiſter: ſie will nicht nur den Willen, ſondern

auch das Denken und Empfinden der Individuen beherrschen; wer ihr angehören will, muß seine Grundsätze und Ideen dem „System" unterwerfen,
und dieser Nothwendigkeit vermag sich auch Michelet nicht zu entziehen. Daß
diese Gebundenheit auch den Geschichtsforscher bisweilen eingeschränkt hat,
wird sich bei einem Blick auf seine großen historischen Arbeiten ergeben.

Georg Zelle.

Ein Zeitgenosse über das hussitische Böhmen des 15. Jahrhunderts.

Wer jetzt etwa von Sachsen her die Grenzen Böhmens überschreitet, dem
kommt, auch wenn er zunächst in einer völlig deutschen Landschaft sich zu befinden glaubt, doch sofort die Wahrnehmung entgegen, daß er ein zwei-
sprachiges Land betreten hat. Auf den Bahnhöfen steht neben dem deutschen
„Ausgang" das tschechische „Byboch", neben „Wartesaal" „Tschekarna"; die
Formulare der Telegramme enthalten deutschen und tschechischen Text und
namentlich Beamte kann man oft in slavischer Zunge conversiren hören.
Aber nicht Jeder denkt daran, daß er sich gerade in Böhmen auf dem Boden
grimmiger Racenkämpfe befindet. Noch jetzt steht das Reich der Wenzels-
krone unter den Ländern, in denen der Deutsche dem Slaven begegnet, obenan;
hier ist das slavische Nationalgefühl am ausgebildetsten, die Feindschaft gegen
den Deutschen am schroffsten, die Organisation der „nationalen" Parteien
am strafften und die Offensive gegen das eingewanderte Deutschthum hat
immerhin einige Erfolge aufzuweisen. Auf diese ganze Bewegung aber ist
das Vorbild der Hussitenzeit von größtem Einfluß gewesen, der wilden Zeit,
welche der grimmigste Deutschenfeind und allerdings auch größte Geschichtsschreiber Böhmens, Franz Palacky „den Höhepunkt der böhmischen Geschichte"
nennt. Wir wissen jetzt längst, daß Johannes Huß nicht bloß ein Reformator,
sondern vor allem ein fanatischer Tscheche war, der Todfeind unseres Volkes.
In Consequenz seines berufenen Wortes: „das Brod, welches den Söhnen
(d. h. den Tschechen) gehöre, würde den Hunden gegeben (d. h. den Deutschen);
die Söhne des Reiches hätten sich an die Tafel zu setzen, die Fremden aber
demüthig die Brosamen zu erwarten" begannen seine Landsleute, von National-
haß, Religionsfanatismus und roher Habsucht getrieben, jene entsetzliche
Reaktion gegen das blühende Deutschthum der böhmischen Städte, welche diese

großartige Schöpfung böhmischer Fürstenweisheit und deutschen Bürgerfleißes fast völlig zerstörte, damit der Cultur des Landes überhaupt einen tödtlichen Schlag versetzte und es auf Jahrzehnte fast gänzlich absperrte gegen Deutschland. Erst die blutige Reaktion der Habsburger und Jesuiten nach der Schlacht am Weißen Berge (1620), der freilich vom deutschen Standpunkte aus ebenso wenig Sympathie entgegengetragen werden kann, bahnte mit der Vernichtung des tschechischen Uebergewichts auch dem Deutschthum den Weg und half zur Herstellung der gegenwärtigen Sprachgrenze.

Wie es nach der Beilegung der hussitischen Unruhen in dem kirchlich und national isolirten Böhmen ausgesehen hat, davon haben gelegentlich Fremde Bericht gegeben, darunter kein Geringerer als Enea Silvio da Piccolomini, später Papst Pius II., welcher das Land als kaiserlicher Gesandter i. J. 1451 flüchtig besuchte. Keiner aber hat Böhmen und seine Bewohner in allen Schichten und fast in allen Gegenden genauer kennen gelernt, als ein armer deutscher Knabe. Johannes Butzbach, 1478 zu Miltenberg in Franken als Sohn armer Eltern geboren, besuchte zunächst die Schule seiner Vaterstadt und ging dann als zwölfjähriger Knabe mit einem älteren Schüler auf die Wanderschaft. So kam er nach dem nördlichen Böhmen; dort entlief er seinem Begleiter, der ihn zu schlecht traktirte, diente erst als Kellner in einem Gasthause von Karlsbad, dann als Page verschiedenen böhmischen Edelleuten, die ihn hart, ja barbarisch behandelten, bis er dem letzten seiner Peiniger 1495 entlief und über Karlsbad und Nürnberg den Rückweg in seine Heimath fand. Dort lernte er das Schneiderhandwerk und kam dann als Klosterschneider nach Johannisberg im Rheingau. Aber sein Drang nach der Wissenschaft führte ihn doch noch nach der berühmten Lateinschule zu Deventer in den Niederlanden und endlich fand er Ruhe von seinen Wanderungen und Muße für seine Studien im Benediktinerkloster Laach bei Coblenz (1500). Hier hat er i. J. 1506 zu Nutz und Frommen seines Stiefbruders Philipp Drunck die Geschichte seines mühseligen Wanderlebens aufgezeichnet unter dem Titel „Hodoporicon“*) (Wanderbüchlein) und hat damit einen überaus charakteristischen und interessanten Beitrag zur inneren Geschichte seiner Zeit gegeben, der mit den bekannten, namentlich durch Freytag's „Bilder aus der deutschen Vergangenheit (III)“ auch weiteren Kreisen zugänglich gewordenen Selbstbiographie des Thomas Platter vollkommen den Vergleich aushält. In Laach ist er dann i. J. 1526 gestorben, erst 48 Jahre alt, nachdem er als mönchischer Vertreter des Humanismus eine gewisse Bedeutung gewonnen.

---

*) Aus dem lateinischen Text übersetzt und herausgegeben von J. D. Becker unter dem Titel: „Chronica eines fahrenden Schülers oder Wanderbüchlein des Johannes Butzbach.“ Regensburg, Druck und Verlag von G. J. Manz. 1869.

Hier soll nun aus den Aufzeichnungen Butzbach's nur das zusammengestellt werden, was er in einer ganzen Reihe von Capiteln*) über Böhmen und seine Bewohner mittheilt.

Sehr fremdartig berührte den Deutschen die Alleinherrschaft des Tschechenthums und des hussitischen Utraquismus. Gegenden, welche vorher deutsch waren und jetzt wiederum deutsch sind, erschienen ihm völlig tschechisirt. Im ganzen nördlichen Böhmen, in den Kreisen von Eger, Saatz, Leitmeritz, z. B. in den Orten Lubitz, Karlsbad, Komotau, Maschau, Kulm (bei Teplitz) wog die tschechische Bevölkerung so vor, daß mit der deutschen Sprache Niemand durchzukommen vermochte und auch Butzbach sich genöthigt sah, Tschechisch zu lernen. Aus anderen Quellen wissen wir, daß damals in Prag kaum einer oder der andere Rathsherr Deutsch verstand und daß auch bei den böhmischen Edelleuten die Kenntniß dieser Sprache äußerst selten war. Und auffallend trat schon in jener Zeit der tschechische Nationaldünkel hervor. „Von ihrer Sprache behaupten sie", erzählt unser Gewährsmann, „es sei eine von den zwei und siebenzig, welche bei der Verwirrung des babylonischen Thurmes entstanden seien — und folglich sei sie unter allen slavischen Sprachen die erste."

Nicht weniger aber wie national und politisch das Tschechenthum, dominirte kirchlich der hussitische Utraquismus. Butzbach als treuen Katholiken schmerzte tief die Vernichtung des alten kirchlichen Glanzes, der ehedem in Böhmen geherrscht hatte; wehmüthig berichtet er von der Zerstörung der prachtvollen Abtei Königssaal und der vier Bettelklöster in Prag. So wenig machte der Katholicismus sich bemerklich, namentlich auf dem platten Lande, daß Butzbach zu seinem großen Schmerze fünf Jahre lang nicht nach dem Ritus seiner Kirche communiciren konnte; nur die Städte Schlan und Laun sollen katholisch gewesen sein, in andern, wie Maschau, Brüx, Komotau, auch auf der Kleinseite Prag gab es kleine katholische Gemeinden. Dabei trug dieser Utraquismus eine ausgesprochen tschechische Färbung, denn die Bibel war in die herrschende Landessprache übersetzt, die Sprache des Gottesdienstes und der Gebete war tschechisch, was Butzbach so merkwürdig erschien, daß er die tschechische Fassung des Paternoster, des Ave Maria und des Credo mittheilt. Auch die wichtigsten Lehrsätze zeichnet er übrigens meist nach Aeneas Silvius auf, und auch, was ihm an den Cultusgebräuchen selber auffiel, wie die Geberde beim Beten (Ausbreiten der Arme), der Mangel des Rosenkranzes, das Unterlassen der Weihen, vor allem die Communion unter beiderlei Gestalt. Uebrigens hatte er nicht gar oft Gelegenheit, hussitischen Gottesdienst zu beobachten, „da ich", fügt er hinzu, „mein Leben meist unter Dorf-

---

*) I. Buch, Cap. 15—25. II. Buch, Cap. 1—21.

bewohnern und Burgleuten, in den Wäldern und auf dem Lande zubrachte, wo Gottesdienst nicht gehalten wurde."

Diese letztere Bemerkung beweist doch, daß damals der religiöse Aufschwung der Hussitenzeit längst ermattet war. Auch ist aus Butzbach's Schilderung gar nichts zu entnehmen von einer etwaigen sittlichen Reform durch die neue Kirche; selbst dem deutschen Knaben, der selbst voll Aberglauben steckte und fest an die Wirksamkeit des Teufels durch Zauberer und Hexen glaubte, war das massenhafte Auftreten solcher Leute in Böhmen auffällig. So galt ein „Graf", der bei Maschau (im Saazer Kreise) hauste, „ein böser, gottloser und unbarmherziger Ketzer", als ein Schwarzkünstler; man traute ihm u. a. zu, daß er mit Hilfe seiner Kunst den Aufenthaltsort eines] geflüchteten Dieners ausfindig gemacht habe. Butzbach selbst trat mehrmals mit Hexen in Verbindung, das eine Mal, um sich vom Fieber heilen zu lassen, ein zweites Mal, um so seine Flucht aus Böhmen zu bewerkstelligen. Die zuletzt befragte Hexe wollte ihn „auf einer schwarzen Kuh — über Wälder und Thäler und Berge" nach Hause bringen. Man denkt dabei unwillkürlich an Mephistopheles' Zauberrosse. „Es giebt dort viele von diesem Geschlecht (der Hexen)" fügt unser Autor hinzu. Auch böse Geister anderer Art trieben ihr Wesen im Böhmerlande; sie zerstörten z. B. das Schloß eines der Schwarzkunst kundigen Edelmannes, wahrscheinlich, weil er ihnen nicht zu willen gewesen war.

Das Alles deutet eher auf eine Verwilderung der religiösen Vorstellungen hin, als auf eine Klärung durch die neue religiöse Richtung des Hussitenthums. Aber auch in anderen Beziehungen muß Böhmen damals den Eindruck eines Barbarenlandes gemacht haben. Nun war auch in Deutschland der damalige Adel nicht eben durch seine Bildung berühmt, sogar herzlich roh von Sitten, aber der böhmische Adel erscheint doch ganz besonders barbarisch. Wildes Jagen und Reiten, wüste Zechgelage und rohe Huldigungen den Frauen gegenüber füllten seine Zeit aus, wenn sie nicht etwa durch den höfischen Dienst beim König oder auf dem Schlosse eines bedeutenderen Edelmannes oder durch die Geschäfte des Landbaues in Anspruch genommen wurde. Oft genug hatte sich auf den adlichen Burgen auch eine wüste Mätressenwirthschaft eingenistet oder der vornehme Herr warf seine begehrlichen Blicke auf die jungen Töchter seiner armen Bauern. Ja dem Knaben Butzbach machte einer seiner Herren sogar die Zumuthung, den Kuppler zu spielen! Er that es nicht, sondern entfloh. Streitigkeiten schwererer Art pflegten die Edelleute durch Zweikampf unter sich auszumachen, die zu Pferde oder zu Fuß ausgefochten wurden. Ueber alle Maßen roh aber erscheint doch die Behandlung der Untergebenen. Der arme Butzbach wurde zuerst einfach von einem Edelmanne geraubt, dann wie ein Sklave an einen andern verschenkt. Gegen barbarische Behandlung, ja gegen Todesdrohungen fand der unglückliche Diener nicht den mindesten Rechtsschutz. Als Butzbach einmal fälschlicherweise des Diebstahls von Mandeln und Feigen beschuldigt wurde, da ließ ihn sein Herr nackt ausziehen „und dann von vier Bauern so lange mit Ruthen peitschen, bis überall das Blut aus der Haut hervorspritzte". Als er beim Reiten ungeschickt sich bewies, hieb ihn sein Herr mit der Peitsche „jämmerlich" durch. Selbst mit dem Tode wurde er bedroht und er erlebte auch wirklich einmal die Hinrichtung eines Dieners auf den Befehl seines Herrn. Und dabei wurden diese herrschaftlichen Bedienten immer noch besser behandelt, als die gewöhnlichen Knechte. „Man läßt ihnen bessere Tage zukommen als den Knechten; will man anders das „gute Tage" nennen, wenn man einem Herrn mit Furcht und Schrecken dienen muß, keinen Augenblick für sich frei hat zur Erholung, wornach man doch als junger Mensch so sehr verlangt, wenn man fast bei jedem Worte des Herrn zitternd seine Knie beugen, dessen Jähzorn bisweilen mit aller Gelassenheit ertragen, harte oder schimpfliche Befehle und selbst Schläge über sich ergehen lassen muß."

Daß die Behandlung der Unterthanen, d. h. der Bauern ebenfalls im höchsten Maße willkürlich war, ist so selbstverständlich, daß Butzbach davon kaum spricht. Sie war damals freilich nirgends besser. Der Bauer war leibeigen oder hörig, an die Scholle gefesselt, unter der Gerichtsbarkeit seines Gutsherrn jeder Nichtswürdigkeit preisgegeben. Trotzdem gedieh unter dem Landvolke in dem Lande, das „an allen Lebensbedürfnissen Ueberfluß" hatte, oft ein gewisser Wohlstand. So kannte Butzbach einen Müller, der außer seinem Müllergeschäfte „täglich fünfzehn vierspännige Pflüge mit je zwei Knechten auf seinen Ländereien gehen hatte". Die Dörfer waren freilich über die Maßen schmutzig. Die Häuser bestanden, wie noch jetzt, aus übereinandergelegten Baumstämmen; ihr Hauptraum enthielt vor allem einen colossalen Ofen, (ohne Rauchfang), der am Morgen mit Holz geheizt wurde, dabei übrigens so rauchte, daß kein Mensch im Hause es auszuhalten vermochte, aber dann auch den ganzen Tag aushielt. Zur Beleuchtung dienten Kienspähne. Sehr viel hielt der böhmische Bauer auf die Pflege seines Leibes. „Das gewöhnliche Volk hat selten bei der Mittags- und Abendmahlzeit weniger als vier Gerichte, zur Sommerzeit überdies noch Morgens als Frühstück Klöße mit buttergebackenen Eiern und Käse; obendrein nehmen sie außer dem Mittagsmahl noch des Nachmittags als Vesperbrod sowie zum Nachtessen Käse und Brod mit Milch." Ganz unglaublich erschien Butzbach die Menge von „Blatz" (Weißbrod), die ein böhmischer Bauer zu vertilgen vermochte, wenn er etwa in einem städtischen Wirthshause zur Jahrmarktszeit sich gütlich that. Dagegen fand er, daß die Böhmen im Trinken mäßiger seien als zumal die Norddeutschen, obwohl er ihr Bier als ganz vorzüglich rühmt. Bei einem noch rohen Volke ist eben dieser Aufwand in materiellen Genüssen ganz natürlich, nicht weniger ein gewisser Luxus in der Kleidung, wie man diese Neigung ja noch jetzt in Böhmen besonders beim Landvolke weit verbreitet findet. Namentlich die Frauen machten „viel Aufwand mit Hemden und Binden, mit Halsbändern und Brusttüchern, als welche sie sich ein aus Seide und Gold gewebtes Mischlingszeug vorthun". Die langen Hembärmel waren oft mit Seidenstoff besetzt. Das Haar aber trugen die Frauen lang und glatt gestrichen; oft hing es bis an die Wade oder die Knöchel herab. Die Männer kleideten sich einfacher in grobe Tuchröcke und umwickelten die Beine mit Pelzwerk; im Winter trugen sie Pelze, darüber lange Mäntel mit Kapuzen. Auch sie aber ließen sich das Haar bis zum Gürtel wachsen und pflegten es künstlich, wie auch Butzbach das that.

Wie wenig bei diesem Volke von höheren geistigen Bedürfnissen die Rede sein konnte, ist klar. Unter solchen Umständen hing das Wenige von höherer Cultur, was es in Böhmen damals gab, fast ausschließlich von den Städten ab. Sie waren allerdings fast alle tschechisirt, bis auf wenige, wie Graupen, und dadurch in ihrem bürgerlichen Leben geknickt, in ihrer Verbindung mit Deutschland gestört. Aber was an höherer Cultur noch in Böhmen existirte, das mußte man doch in ihnen suchen. Allen voran stand natürlich die Hauptstadt Prag, fast ganz tschechisch und utraquistisch — nur die Kleinseite war katholisch — aber eine imposante Stadt von gegen 300,000 Einwohnern, noch in drei selbständige Theile — Altstadt, Neustadt, Kleinseite — zerfallend, von denen die beiden ersten durch Graben und Mauern, die letztere durch die Moldau sich abschlossen. Stattliche Gebäude erhoben sich namentlich in der Altstadt. „Die Altstadt", schreibt Butzbach, „ist ganz in der Ebene gelegen und mit prächtigen Bauten wunderbar geziert, unter welchen das Richthaus, der Markt, das ausgedehnte Rathhaus und das Collegium, sämmtlich von Karl IV. gegründet, die hervorragendsten sind. Die beiden Seiten der Stadt (Altstadt und Kleinseite) sind durch eine steinerne Brücke mit einander verbunden, welche auf vierundzwanzig Bogen ruht." „In dem kleineren Stadttheile, welcher mit dem Hügel in Verbindung steht, darauf des Königs Wohnung gelegen ist (dem Hradschin), befindet sich auch der erhabene bischöfliche Tempel zu St. Veit." Sonst führt Butzbach als bedeutendere Orte an Tschaslau, Deutschbrod, Kaurim, Kuttenberg, Pilsen, Rakonitz, Luditz, Tabor „das Bollwerk vielfacher Ketzer", Saatz, Leitmeritz, Budweis, Dux, Kaaden, Brüx, Graupen, Kralowitz, Teplitz, Schlan und Laun, also eine ziemlich stattliche Reihe freilich meist kleinerer Städte. Es fehlte auch diesen nicht an einem gewissen Wohlstande; außer den gewöhnlichen Gewerben treten besonders Bierbrauerei und Zuckersiederei als charakteristisch hervor. Eines besonderen Vortheils genossen natürlich die Badeorte; namentlich wurde Karlsbad auch von Deutschen be-

sucht, selbst im Winter. Butzbach fand z. B. einen Nürnberger Kaufmann
mit Familie dort, der im eignen Wagen reiste. An den Jahrmarktstagen
aber strömten Edelleute und Bauern in Menge nach den Städten, um dort
zu kaufen und sich gütlich zu thun. „Die Sitten aber", erzählt Butzbach,
„der Bürger und Stadtleute mögen sich doch wenig von denen des Landvolks
unterscheiden, es sei denn durch größeren Reichthum oder durch die weitere
und längere Kleidung, so sie tragen, oder durch das Haupthaar, welches sie
sorgfältiger pflegen und entweder mit linnenen oder vielfarbigen Seidenbinden
auf dem Scheidel zusammengebunden haben oder gekräuselt herunter hängen
lassen. Auch tragen sie wohl das Haar in lange dünne Zöpfe getheilt unter
den mit Fuchsfell gefütterten Hussitentalaren, oder man kann sie auch unterscheiden an den hohen Mützen aus Fuchspelz, sowie an den bis zur Erde
niederhängenden Pelzmänteln, mit welchen ihre Frauen zur Kirche schreiten."
Wenn die Städter so vor dem Landvolk einen gewissen Vorrang in äußerer
Beziehung behaupteten, so waren sie auch fast der einzige Theil des Volkes,
der eine gewisse geistige Cultur besaß. Denn auch der Hussitensturm hatte
die von der Kirche oder von den Stadtgemeinden gegründeten Schulen nicht
alle vernichtet. Butzbach selbst besuchte die Schulen in Kadan, Maschau
und Eger. Was er von ihnen berichtet, erinnert durchaus an die gleichzeitig
bestehenden Schulen deutscher Städte; freilich von ihrem inneren Leben erfahren wir so gut wie nichts, weil der deutsche Knabe, der als Mönch seine
böhmischen Erinnerungen aufzeichnete, vor lauter Sorge um seine karge
äußere Existenz und hier und da auch vor Kirchendienst gar wenig zum
Lernen kam. Die Mehrzahl ihrer Besucher mögen Knaben und Jünglinge
aus der nächsten Nachbarschaft gewesen sein; doch trieb auch an diesen böhmischen Schulen das Volk der fahrenden Schüler, der „Bacchanten" und
„Schützen" sein Wesen, wie Butzbach selber einer von ihnen war. Auch aus
deutschen Gegenden kamen sie, aus Franken unser Gewährsmann und seine
Genossen selber; in Maschau traf er Schüler aus Baiern, in Kadan gar solche
aus Wien. Ihr Leben war meist genau so wüst und erbärmlich wie auder-
wärts; sie wohnten in sog. „Bursen" zusammen, hatten aber für ihren
Lebensunterhalt, soweit nicht der Kirchendienst etwas abwarf, selbst zu sorgen,
die jüngeren mußten deßhalb für die älteren betteln und wohl auch stehlen;
namentlich in der Entführung von Hühnern und Gänsen erwarb auch Butzbach einige Gewandtheit. „Daß ich in solchen Geschäften", erzählt er, „fleißig
und gelehrig würde, dafür sorgte er (sein älterer Kamerad), nicht aber, daß
ich in Wissenschaft und Bildung Fortschritte machte. Ja ich weiß nicht, ob
ich jemals ein lateinisches Wort von ihm gelernt habe, denn er selbst war
unwissend und floh tüchtige Schulen, wo er selbst zum Studiren wäre angehalten worden; vielmehr suchte er die geringen und unbekannten auf, weil

er da von den Knaben wegen seiner körperlichen Größe für gelehrt gehalten wurde." Etwas besser ging es Butzbach erst dann, als er in Eger in einer wohlhabenden Familie als Präceptor ihrer Knaben Aufnahme fand; aber eben das erweckte den Neid seiner älteren Genossen und so wenig Schutz gab es vor empörender Mißhandlung, daß er die Flucht ergreifen, Schule und Stadt verlassen mußte. Diese einzelnen Züge lassen einen Schluß auf die allgemeinen Zustände dieser Anstalten thun; sie waren mindestens eben so schlecht, wie irgendwo sonst; auch hier fand man nichts von geistiger Erhebung.

So etwa stand es am Ende des 15. Jahrhunderts im tschechisch-hussitischen Böhmen: das Land durch Slaventhum und Hussitenthum fast abgeschlossen vom deutschen Leben, d. h. von der Cultur, denn östlich von Böhmen war nur die Barbarei, der Aufschwung der Hussitenzeit längst vorüber, die hussitische Kirche isolirt und ohne Energie, der Adel roh und verwildert, das Landvolk gedrückt und höchstens in materiellen Genüssen schwelgend, das städtische Leben im Rückgange, nirgends ein leidlicher Rechtsschutz. Es sah damals fast überall im heiligen römischen Reiche deutscher Nation wenig erfreulich aus, in Böhmen aber ganz besonders unerfreulich.

Otto Kaemmel.

Die Kämpfe der Schweizer gegen Burgund im Lichte zeitgenössischer Dichtung.

H. Schmolke.

I.

Gegen das letzte Viertel des 15. Jahrhunderts, hart an der Schwelle des ausgehenden Mittelalters, bereitete sich im Staatensystem des mittlern Europas eine Veränderung vor, die, wenn sie hätte Bestand gewinnen können, von unabsehbaren Folgen gewesen sein würde. Jedenfalls würde sich schon damals jener Rollentausch vollzogen haben, der etwa zwei Jahrhunderte später wirklich eintrat und durch welchen die politische Führerschaft auf dem Continent von den germanischen zum romanischen Stamme überging, ein Zustand, der erst in den letzten fünf Jahren eine, wir hoffen definitive Abänderung erfahren hat. Daß dieses nicht geschah, das verdanken wir jenem freiheitsdurstigen, tapferen Bergvolke, dessen Thaten eine Glanzpartie in der Geschichte des 14. und 15. Jahrhunderts bilden, und von diesem Gesichtspunkte gewinnen die Kämpfe der Schweizer gegen Burgund die Bedeutung national-deutscher Freiheitskämpfe. —

In Deutschland lag die Reichsgewalt unter den Händen des unseligen Friedrich's III. in den letzten Zügen, in Frankreich wagte sich das Königthum, durch den hundertjährigen Krieg gegen England, durch die Unbotmäßigkeit seiner Vassallen geschwächt, unter Ludwig XI. kaum erst diplomatisch-schüchtern hervor. Burgund aber hatte sich, die Verhältnisse benutzend, unvermerkt zur Großmachtstellung emporgearbeitet. — Die territoriale Macht Burgunds war begründet worden durch Philipp den Kühnen († 1404), Johann den Unerschrockenen († 1419) und Philipp den Guten († 1467). Namentlich hatte der Letztere durch straffe Centralisirung der Verwaltung die militärischen und finanziellen Kräfte des Landes zu verhältnißmäßig sehr bedeutender Höhe gebracht. Als Karl der Kühne den Thron bestieg, beherrschte er außer seinen Stammlanden, dem Herzogthum Niederburgund (Bourgogne) und der sogenannten inneren Grafschaft (Franche Comté), fast die ganzen Niederlande, nämlich Artois und Flandern, Brabant, Hennegau, Luxemburg, Holland und Seeland; über Gelderland gawann er bald die Oberhoheit. Dieser nördliche Theil war mit den Hauptländern durch die Abtretungen verbunden, die Philipp dem Guten im Frieden zu Arras (1435) gemacht worden waren und die einen großen Theil der Champagne (Langres, Chalons, Bar-sur-Aube) umfaßten. Aber das Geheimniß seiner Macht lag nicht eigentlich in der territorialen Ausdehnung derselben. Er war, was der französische Ludwig erstrebte, der erste absolute Fürst in Europa, der auf seine Person, auf sein Interesse die gesammten Kräfte des Landes concentrirte.

Karl's Pläne richteten sich auf der einen Seite gegen Frankreich, dessen Oberhoheit dem Hause Burgund schon lange unbequem war; auf der anderen aber gegen Deutschland, indem er zunächst die Rheingrenze, weiterhin Einmischung in die inneren Verhältnisse, am Ende gar noch mehr erstrebte. Friedrich III., kurzsichtig und von dynastischen Interessen befangen, ließ sich anfangs arg von ihm mißbrauchen. Hätte Karl auf dem Tage zu Trier (im Herbst 1473) erreicht, was er wünschte und wofür er als Preis die Hand seiner Erbtochter bot, er hätte bald Mittel gefunden, seinem künftigen Schwiegersohn bei Gewinnung der Krone den Rang abzulaufen. Aber der Glanz des Burgunders ärgerte den kleinen Stolz des Habsburgers, und er reiste, wie es hieß, „aus beweglichen Ursachen" urplötzlich von Trier ab. Jetzt sah man, was der Herzog eigentlich wollte. Die Zerwürfnisse des Kölner Stifts mit seinem Erzbischof boten ihm eine Gelegenheit, die er begierig ergriff, sich in die deutschen Verhältnisse einzumischen. Während Friedrich noch in Augsburg reichstagte, legte sich Karl, um die Kölner zu zwingen, mit 60000 Mann vor

Neuß. Jetzt ward ein Reichsheer zusammengebracht, zu dem namentlich die
Städte bereitwillig Zuzug leisteten, weil sie in dem Zwingherrn von Gent und
Lüttich ihren natürlichen Feind sahen. Aber im Moment der Entscheidung
als Karl schon zurückgewichen war, ließ sich der schwachmüthige Kaiser durch
päpstliche Intervention zu einem Vergleiche bereden (15. Juni 1475). Wieder
war die burgundische Erbin der Hauptpreis des schmählichen Handels; des Elsaßes, der Schweiz, wo bereits, wie wir gleich sehen werden, ein Zusammen-
stoß erfolgt war, wurde dabei nicht gedacht. Der Kaiser, das Reich gaben
sie preis; von hier war also für die nationale Sache keine Hülfe zu hoffen. —
Wie im Norden die Kölner Wirren, so boten in Oberdeutschland die
Kämpfe zwischen Oesterreich und den Schweizern den ersten Grund zur Einmischung. Erzherzog Sigismund hatte, um Geld zu den Schweizerkriegen zu
gewinnen, den Oberelsaß und einen Theil seiner rechtsrheinischen Besitzungen
an Herzog Karl pfandweise überlassen. Dieser setzte über die Pfandlande seinen
Rath Peter von Hagenbach, Edlen aus dem Sundgau, einen Mann von herri-
schem rücksichtslosem Wesen und ausschweifenden Sitten, der die Rohheit seiner
welschen Söldner rücksichtslos gewähren ließ. Er griff willkürlich in die Verfassung der Städte und Lande ein, erhob neue Steuern, erhöhte die Zölle
und bedrohte mit seinen Lustgenossen selbst die Reinheit des Familienlebens.
Ein Zug der tiefsten Empörung gegen das burgundische Wesen ging durch
die obern Lande. Die Sendlinge Ludwig's XI. durchzogen die Städte und schürten
überall. Die Eidgenossen, besonders das mächtige Bern, wurden von allen
Seiten umworben, von Burgund wie von Oesterreich und Frankreich. Zu
nächst schlossen sich die Bischöfe und Städte des Oberelsaß, Straßburg, Colmar,
Schlettstadt, Basel, denen die Gefahr am nächsten war, zu der sogenannten
„niederen Vereinigung" zusammen (1473). Dieser traten auf einem Tage zu
Constanz (April 1474) die Eidgenossen bei, während sie mit Oesterreich eben
daselbst die sogenannte „ewige Richtung." mit Frankreich und Lothringen
die „obere Vereinigung" schlossen. So war denn der große Bund zu Stande
gebracht, an dem des Burgunders Macht zerschellen sollte. Der zweihundertjäh-
rige Groll zwischen Habsburg und den Waldstätten war vor der gemeinsamen, nationalen Gefahr dahingeschmolzen. Die Eidgenossen aber nahmen in
dem Bunde eine wohlberechtigte Ehrenstellung ein, die sie einzig ihrer kriegerischen Tüchtigkeit und dem Ruhm ihrer Thaten verdankten. Sie waren es
auch, die die nationale Aufgabe des Bundes am tiefsten erfaßt hatten, indem
sie erklärten, gegen den Herzog als „den Feind gemeiner deutscher Nation"
zu Felde ziehen zu wollen. Ein Hauch allgemeiner Begeisterung durchflog
die Lande. Man begeisterte sich für den edlen Erzherzog, der den Rath seiner
kriegs- und raublustigen Hofgesellen verachtet und sich den frommen und biderben
Eidgenossen zugewendet habe. Man erwartete von diesem Bündnisse nicht

nur die siegreiche Niederwerfung des Burgunders, sondern eine kräftige Neugestaltung des gesammten deutschen Wesens in den obern Landen, ja man
dachte an einen Kreuzzug gegen die Türken und Eroberung des heiligen
Grabes durch die Waffen der Eidgenossen unter des Erzherzogs Führung.

Der ganze Schwung patriotischer Begeisterung, der die Gemüther damals
beseelte, spricht sich aus in dem nachfolgenden Liede eines Rudolf Montigel,
das sich in einer Handschrift der Züricher Bibliothek erhalten hat:

„Ich kenn' den Weltlauf hin und her,
Was mancher singt und sagt;
Die Welt ist worden wunderbar,
Ach reine, keusche Magd,
Durch deines lieben Kindes Kraft
Verleih' mir deinen Segen,
Daß ich dein möge pflegen,
Und der frommen Eidgenossenschaft."

„Will nun der Fürst betrachten,
Was ihm frommt oder schad't,
Die Eidgenossen nicht verachten;
So rückt wohl aus der Stadt,
Was ihm so lang versessen ist.
Die Seinen hab'n verlassen
Die Burgen, Städt' und Straßen,
Vergeudet, was sein eigen ist."

„Du hast ein'n Rückhalt angehängt,
Der dir zu Ehren frommt.
Ob's einen auch im Herzen kränkt,
So acht' nicht, was er brummt.
Er geiget wohl ein geiles Spiel:
Von dem du wolltest Trost erwarten,
Zerstört dir jetzt dein'n Rosengarten;
Der Welschen Tücke, der ist viel."

„Umzäum' dein'n Rosengarten
Mit der frommen Eidgenossen Land.
Ihre scharfen Hellebarten
Umhegen dir das Land,
Das dir der Adel hat zertrennt.
Sie helfen dir die Lücken
Gar festiglich verrücken
Von Anfang bis an's End'."

„Man wird mit Wahrheit inne,
Was Trostes darin ruht;
Lobsang wird nun entspringen
Dem Fürsten hochgemuth,
Der jetzt mit Schirm, Gewalt und Wehr
Zu adellichem Frommen
Ist in ihr Bündniß kommen.
Deß freuet sich des Himmels Heer."

„Kein Herz soll nun gedenken,
Er trüge untreu Spiel.
Dem wünsch' ich bittres Kränken,
Der ihm das rathen will.
O edel Blut von Oesterreich,
Halt Farb den Eidgenossen
So findst du nicht Genossen
Im deutschen und im welschen Reich."

„Darum sollst du dich kehren
Zur starken Eidgenossenschaft,
Und laß dich nicht verführen
Die Fürsten und die Ritterschaft;
Sie rathen dir in ihren Sack,
Warst lange angeführet,
Wie die Kräh' in der Luft verirret;
Acht' nicht der Andern Uebelschmack!"

„Nun laßt die Vögel sorgen!
Der Löw' hat sich geeint
Mit Bär und Stiere unverborgen,
Mit Blau und Weiß, der frommen
Gemeind.*)
Darum ich auch der Hoffnung bin,
Gott werde dadurch wirken,
Daß Unglaub auch der Türken
Bald fließe ganz dahin."

---

*) Blau und weiß führen Lucern, Zürich und Zug im Wappen.

„Wie sich das werde machen,
Das merket eigentlich:
Nach viel vergang'nen Sachen
Zieht der Herzog von Oesterreich
Mit Hilf und Trost der Eidgenossenschaft
Geg'n die Venediger mit Frommen,
Die ihm Erb und Eigen genommen
Wider Recht mit falscher Kraft."

„Darum sind sie verbunden
Dem heil'gen röm'schen Reich,
Von Mannheit ganz durchdrungen;
Es lebt nicht ihresgleich
Unter des hohen Himmelsthron.
Noch eins hab' ich ersonnen:
Das heil'ge Grab wird wieder gewonnen,
Dann zieret erst der Ehren Kron'."

„Die thun sich danu verbinden,
Mit dem Türken, dem Höllenrost,
Und werden am Glauben erblinden.
Dann hilft der ew'ge Trost
Und giebt den Seinen Muth und Kraft,
Von Oesterreich dem Fürsten,
Den Eidgenossen, den theu'rsten,
Zu erwerben hohe Ritterschaft."

„Das Glück sich zu uns heulet,
Sibille spricht nicht aus Traum:
Der Kaiser Friedrich heulet
Sein'n Schild an dürren Baum.
Dann wird erfüllt die Prophezei
Im Himmel und auf Erden,
Darum auch Gott wollt' sterben
An stumpfen Nägeln drei." —

Veit Weber, wahrscheinlich aus dem Breisgau, der in den Burgunder-kriegen mitgefochten, besingt den „ewigen Frieden und die Richtung" in einem Liede, das in Schilling's Burgunderchronik am besten überliefert ist. Bei ihm nicht die Begeisterung, nicht so hoher Schwung wie bei Montigel, dafür geht er mehr auf das Thatsächliche ein. Wir sehen, es gab am österreichischen Hofe eine Partei, die in den Schweizerkriegen eine Quelle des Wohllebens und Ableitung ihrer Abenteuerlust fand. Diese, die eigentliche Adelspartei, scheint durch die „ewige Richtung" zum Schweigen gebracht. Veit Weber dreht die Thatsache der Verpfändung des Elsaßes, Breisgau u. s. w. dem Erzherzog zu Ehren so, als habe dieser damit seine unbotmäßigen Edelleute bestrafen wollen, indem er ihnen die burgundische Zuchtruthe aufband. Dann rühmt er die Eidgenossen, lobt den Herzog und feuert zu kräftiger Offensive an. Das Lied ist nach der Niederwerfung des Hagenbach gesungen, von der wir unten zu berichten haben.

Gelobet sei der ew'ge Gott,
Daß er den Krieg geendet hat,
Der lange Zeit gewähret
Zwischen dem Haus von Oesterreich
Und den Eidgenossen allen gleich,
Davon mancher ward beschweret.
Deß habe Dank Herzog Sigmund,
Daß er's hat richten lassen;
Desgleichen auch zu aller Stund
Die frommen Eidgenossen:
Daß sie sich haben gütlich nun vereint,
Drob mancher hat geweinet
Vor rechter Freude und
Wie es dazu ist kund.

Es wär' gescheh'n vor langer Zeit,
Doch hat der Fürste etlich Leut,
Die es nicht gerne hatten.
Sie wollten, daß ihr Nutz geschah;
Doch da der Fürst ihr Treiben sah,
Da wollt' er's nicht gestatten.
Er hat gar manchen Edelmann
Im Land und in den Städten,
Die sich des Kriegs gern nehmen an,
Daß sie ihr Vortheil hätten.
Den Bären thaten sie gar feste rupfen;
Er litt so lang ihr Zupfen,
Doch wenn die Zähn' er bleckt',
Da wurden viel erschreckt.

Der edle Fürst ward ihnen gram,
Er sprach: „Ich will sie machen zahm,"
Und thät sein Land versetzen
Dem welschen Herzog von Burgond,
Obwohl er's ihm doch gar nicht gonnt'.
Der konnte an sie hetzen
Den Hagenbach, das wüthend Schwein;
Derselb bezwang sie schiere,
Daß sie ihm mußten gehorsam sein
Gleichwie gezähmte Thiere,
Da er sie zwang nach allen seinen Willen;
Er wollt sein Müthchen stillen.
Die arme Rott' ward ungemuth,
Er nahm ihnen Leben und auch Gut,

Davon ein neuer Krieg entsprießt
Ich trau', daß der deß nicht genießt,
Der ihn hat angefangen:
Das ist der Herzog von Burghynn;
Mich dünket wohl in meinem Sinn,
Er werd' am Strick gehangen;
Da ihm nun jedermann ist gram
In deutschem Land gemeine,
Das hören wir von Weib und Mann,
Von großen und von Kleinen.
Sie alle sind froh des Bundes, der geschlossen;
Deß sagen die Genossen
Lob und Dank der Gottheit
Und auch der reinen Maid.

Was ihr ihnen habt zu Leid gethan,
Eh' deß der Bund geschlossen schon,
Deß ist nun kein Gedanken.
Auf euch haben allesammt gebaut,
Ihr seid des Pfulment**), dem man traut,
Das nimmermehr soll wanken.
's ist alles nur gewesen Schimpf, ***)
Was sich bisher ergangen;
Ihr habt verfahren nur mit Glimpf,
Greift besser an die Stangen!
Daß euch der Herzog von Burgund nicht letze, †
Und sich des Leids ergetze,
Das ihm geschehen ist
Anjetzt in kurzer Frist.

Da das nun sah die ganze G'mein,
Beide, jung, alt groß und klein,
Da hört' man gemeinlich sagen,
Eh' sie wollten Burgunder sein,
Eh' wollt' man die Eidgenossen lassen ein.
Dazwischen thät man tagen,
Und ward ein Bund gar wohl geniet't,
Verriegelt und verschlossen,
Deß hatte mancher Uebelmüth,
Der des Krieges wohlgenossen.
Der edle Fürst löst' wieder seine Lande;
Drauf töbtet man zu Hande*)
Den Hagenbach gar schier,
Den unsinnigen Stier.

Ihr werden Eidgenossen fromm,
Ich hör' im Lande um und um,
Daß man sich euer freuet,
Und wem ihr wollet thun das Best',
So achtet niemand fremder Gäst',
Damit man uns hier dräuet,
Denn ihr seid aller Mannheit voll,
Ich weiß nicht, die euch glichen;
Das Lob ich von euch sagen soll:
In keiner Noth seid ihr gewichen,
Wie ihr so stark und wohl bewehrt gestanden,
Damit ihr eure Lande
Gemachet also weit
Und noch thut alle Zeit.

Ich rieth den edlen Fürsten gut
Und den Eidgenossen wohlgemuth,
Sie machten so ihr' Sachen:
Daß sie ihm zögen in sein Land
So mit wohlbewehrter Hand,
Da würd' er nicht mehr lachen.
Ich hab' gehöret all mein Tag,
Der Vorstreich ist gar gut,
Wem der zum ersten werden mag,
Der sei wohl auf der Hut!
Nehmt Gott zu Hilf und seine Heil'gen alle
Sanct Friedel und Sanct Galle,
Sanct Vincenz, den viel schönen,
Sanct Urß, den Ritter kühnen.

---

*) sofort, sogleich.   **) Fundament.   ***) Scherz.   † verletze.

Inzwischen gingen die Ereignisse ihren Gang. Während Herzog Karl vor Neuß lag, ward sein Landvogt am Ostermontag (11. April 1474) zu Breisach von den Bürgern und den deutschen Söldnern gefangen. Die Welschen wurden aus der Stadt verwiesen. Die Städte der „niedern Vereinigung" streckten dem Erzherzog unter französischer Bürgschaft eine Summe vor zur Einlösung der Pfandlande, die, da sie Karl nicht nehmen wollte, zu Basel deponirt ward. Als der Erzherzog am 20. April daselbst einritt, begrüßten ihn die Jungen auf den Gassen mit folgender Parodie des Ostergesanges:

Christ ist erstanden,
Der Landvogt ist gefangen,
Deß sollen wir froh sein:
Sigmund soll unser Trost sein.
Kyrie eleison!

Wär' er nit gefangen,
So wär' es übel gangen.
Da er nun gefangen ist,
Hilft ihm nit sein böse List:
Kyrie eleison!

Hagenbach wurde vor ein offenes Landgericht gestellt, und gegen ihn unter Anwendung der Tortur ein Rechtsverfahren eingeleitet. Er wurde, nicht als burgundischer Landvogt, sondern als deutscher Edelmann zum Tode verurtheilt; zuerst sollte er seiner Ritterehren entkleidet und geviertheilt werden, auf seine Bitten wurde er zum Schwert begnadigt (9. Mai). Ueber des Hagenbach's Ausgang ist uns ein kurzes Volksliedchen in Werner Steiner's Chronik (Zürcher Bibl.) erhalten, das den Vorgang mit einigen drastischen Zügen schildert:

Also hub sich der Trubel an:
Er wollt' die Söldner zum Thore 'raus han,
Sie sollten ihm ein'n Graben machen.
Sie wollten ihm nicht gehorsam sein,
Deß mochte Hagenbach nicht lachen.

Hagenbach, hätt'st du nun recht gethan,
Du wärest wohl ein werther Mann •
Dem Erzherzog in seinem Lande.
Da du dich unehrlich gehalten hast,
So ist dir's immer Schande.

Sie thaten in diesen Sachen recht;
Erst war er Herr, jetzt ist er Knecht,
Sie nahmen ihn zu ihren Handen:
Ach, Landvogt Hagenbach von Burgund,
Du bist von den Söldnern gefangen.

Nun höret zu, was Hagenbach sprach,
Da er seinen Tod vor Augen sah:
Ach Maria, muß ich sterben?
Wenn es ist Zeit, so hilf du mir
Deines Kindes Gnad erwerben. —

Was wir hier bruchstückweise mitgetheilt haben, findet sich ausgeführt im Ton der wortreichen Reimchroniken von einem Hans Judensint aus Speier (Hdschr. a. Speier im Karlsruh. Arch.). Das Machwerk ist langweilig und meidet nur den thatsächlichen Verlauf. Bedeutend ist nur die Stelle, wo besonders die Städte zum Widerstande gegen die welschen Eindringlinge aufgemuntert werden:

„Ihr Städte erleidet nicht die Schand,
Läßt nicht die Welschen in das Land,
Denn sie werden eure Herren.
Eure Gerechtigkeit*) werden sie verkehren;

Sie lassen's auch dabei nicht bleiben,
Sie treiben Schand mit euern Weiben.
So laßt es so nicht ferner gehn,
Eure Gerechtigkeit, die muß bestehn. —

*) Verfassung, Selbstverwaltung.

Mit der Niederwerfung des Hagenbach und der Besetzung der Pfandlande war der Krieg gegen Burgund erklärt. Noch hielten sich die Eidgenossen
zurück. Sie hatten sich zu einem Defensivbündniß mit Oestreich geeinigt und
erwarteten den Angriff des Burgunders. Den Versprechungen des französischen Königs trauten viele mit Recht gar wenig. Man wußte, er saß gern
still und ließ andere für sich handeln. Unter diesen Umständen hatte vorläufig noch die Minorität der Vorsichtigen und Abwartenden in den Haupt-
orten des Bundes die Oberhand, und Veit Weber's Ermahnungen zu kräftiger Offensive, im Sinne der kriegslustigen Majorität gesprochen, verfingen
noch wenig. Da machte Stephan von Hagenbach, Peter's Bruder, einen
Einfall in den Sundgau. Er wurde zwar bald zurückgeschlagen und warf
sich in die Veste Hericourt in Hochburgund in den nordwestlichen Vorbergen
des Jura. Zu gleicher Zeit aber wurde vom Kaiser, der zum Kölnischen
Kriege rüstete, der Reichskrieg gegen Burgund erklärt und die Eidgenossenschaft mehrfach beschickt. So erging denn am 25. Oct. 1474 die Absage „von
dem großen obern Bunde in Hochdeutschland" an Burgund. „Berne, Berne!"
rief Karl, als er vor Neuß die Nachricht erhielt, weil er in dem materiell
stärksten Vororte des Bundes mit Recht seinen gefährlichsten Feind sah!

Jetzt flammte allenthalben die Kriegslust auf. Von allen Seiten kamen
die Zuzüge, um noch einen Herbstfeldzug zu unternehmen: im Sundgau und
Oberelsaß von Straßburg, Schlettstadt, Colmar, Kaisersberg, von Basel
Waldshut, Lindau, Schaffhausen, Rottweil, Ueberlingen, Biberach, Ravensburg, Constanz, besonders von Bern, Solothurn, Zürich, Schwyz, Frauen-
feld, Glarus, Zug und Luzern. Veit Weber singt davon:

Der Bund der hat beschlossen
Gar heimlich und gar still,
Das hat gar manchen verdrossen,
Der davon weiß nicht viel,
Der jetzt wohl sieht die rechte Mähr,
Wie sich zusammenziehet
Von allen Landen ein Heer.

Ein Zug zusammen kehret
Im Sundgau überall;
Der Hauf hat sich gemehret
Vor Erifort im Thal;

Daheim will niemand bleiben,
Das ist ein fremder Sinn;
Sie wollen gern vertreiben
Den Herzog von Burghnn;
Man spricht, er sei ein solcher Mann,
Und was er heut verheißet,
Morgen ist er brüchig dran.

Viel mehr denn 18000 Mann,
Viel Karren und viel Wagen,
Daß ich's nicht zählen kann.

Darauf folgt die oben gegebene Aufzählung der verschiedenen Contingente.
Von den Eidgenossen insonderheit heißt es:

Auf sie thät man viel lugen,
Es war von Volk ein Kern;
Viel Harnisch sie mittrugen,
Man sah sie kommen gern.

Sie waren all stark, lang und groß,
Im Heere hab' ich nicht gesehn
Von Größe ihr Genoß.

Der Zug ging über Porrentruy (Pruntrut) auf Hericourt, wo sich, wie wir gehört haben, die Contingente sammelten. Vom 8. bis 13. Oct. ward die Stadt beschossen. Da rückte unter dem Grafen von Blamont ein Entsatzheer von Passavant, drei Stunden nordwärts, heran. Kaum erfuhren dies die Eidgenossen, so eilten sie, ein starker reisiger Haufe und ebenso viel Fußknechte und Bogenschützen, dem Feinde entgegen. Es war am Sonntag nach St. Martin in der Frühe, als sie die Burgunder an dem Flüßchen Luzine trafen. Der stürmische Anlauf des eidgenössischen Fußvolks warf den Feind rasch über den Haufen; 3000 Mann blieben, — auf Seiten der Sieger angeblich nur 70. Diesen ersten Sieg, dem die Einnahme von Hericourt auf dem Fuße folgte, besingt Veit Weber in dem obigen Liede so:

Eine Wagenburg ward geschlagen
Vor Erifort der Stadt,
Viel Zelt' sah man aufragen,
Als wär' es eine Stadt.
Darnach grub man die Büchsen ein,
Daraus schoß man gar sehre
Durch die Mauern hinein.

Der reisige Zug eilt balde,
Sie waren gar gemuth
Und sahen's vor dem Walde
Glitzern im Harnisch gut.
Sie rannten schnelle zu dem Ziel;
Das Fußvolk eilt gar balde,
Ihrer war ebenso viel.

Da man die Welschen sah aufbrechen,
Das also mächt'ge Heer,
Da fing man an zu stechen,
Deß fluchten sie so sehr
Und kamen auch in große Noth.
Viel mehr denn dritthalb tausend,
Die wurden geschlagen todt.

Da man erstach die Summe,
Und da ihr Blut hinfloß,
Da kehrt man wieder umme
Gen Erifort zum Schloß.
Und schoß nun noch viel mehr daran.
Die Helfer sollten sein gewesen,
Die lagen auf dem Plan.

Das hat die Welschen verdrossen
Und auch die Lamparter*)
Daß man so viel geschossen;
Zwanzigtausend kamen her
Und wollten die Wagenburg greifen an.
Da man ihrer inne worden,
Da ging man fröhlich dran.

Wer hinten nachgegangen,
Drängte nach vorne hin;
Sie hatten groß Verlangen
Alle zu den Wälschen hin.
Sie liefen, als hätt' sie Der gejagt.
So viele ihrer kamen,
Man sahe keinen verzagt.

Man hat ihnen abgewonnen
Ihre Wagenburg und Spieß'
Und sie daraus verdrungen,
Deß hab'n die Berner Preis
Und dazu andre fromme Leut.
Was man ihnen abgewonnen,
Das legt man zu der Beut.

Sie wurden deß bald innen
Zu Erifort in dem Haus,
Sie standen auf den Zinnen
Und riefen Fried heraus
Und baten um Gott mit Worten süß,
Deß man sie wollt aufnehmen
Und ihnen ihr Leben ließ.

---

*) Lombarden.

Der Adel der war gütig,
Und dazu auch die Städt',
Sie wollten nicht sein wüthig,
Die Bitt' man ihnen thät.
Vierthalbhundert ließ man zum Schloß
        heraus;
Das Fähnlein von Oesterreich,
Steckt man zum Thurm hinaus.

Tausend und vierhundert Jahr
Und .siebenzig man zählt
Nach Christi Geburt fürwahr,
Da man die Wälschen fällt',
Auf Sonntag nach Sct. Martinstag
Nicht fern von Erikorte
Da ist gescheh'n die Schlacht. —

Nach dem langen, harten Winter 1474—75 erweckte das neue Frühjahr frische Kampfeslust. Wieder stand Bern an der Spitze; Solothurn, Luzern, Basel sandten nacheinander Zuzüge. Diesmal wählte man den mittleren Weg und zog über Biel zwischen dem Bieler und Neufchateller See gegen Pontarlier am Doubs. Es war ein wohlberechneter strategischer Plan, den man verfolgte, indem man sich, ehe der Herzog selbst im Felde erschien, der wichtigen Jurapässe zu versichern suchte. Pontarlier ward am 2. April, das Schloß am 7. genommen, die Besatzung niedergemacht. Darauf zog der Graf von Roussy, Sohn des Connetables von St. Pol, mit 7000 (ob. 12000) Mann heran, wurde aber mit Verlust von zwei Bannern zurückgewiesen. Diesen Zug besingt Veit Weber in der Weise: „Die niederländschen Herren sind gezogen ins Oberland", d. h. doch wohl nach der Melodie der alten Sempacher Schlachtlieder*):

Der Winter ist gar lang geweft,
Die Böglein trauerten im Nest,
Die jetzt gar fröhlich singen.
Auf grünem Zweig hört man's im Wald
Gar süßiglich erklingen.

Man ist gezogen in's Herzogs Land.
Ein Stadt ist Ponterlin genannt,
Da ist der Reigen angefangen;
Darin da sieht man Wittwen viel
Gar traurig die Köpfe hangen, ...

Deß nahmen die Welschen eben wahr,
Wohl an zwölftausend kamen dar
Zu Roß und auch zu Fuße
Und wollten's wieder gewonnen hab'n;
Deß ward ihnen schwere Buße

Der Mai hat bracht gar manches Blatt,
Darnach man groß Verlangen hat,
Die Heid ist worden grüne;
Darum so ist gezogen aus
Gar mancher Mann so kühne.

Die ihren Mann verloren hat.
Die Eidgenossen liefen ihnen ab die Stadt
Und stürmten dann ohn' Trauern;
Mit Gewalt gewannen sie's ihnen ab
Und warfen sie über die Mauern.

Dieselben brachten sie in Noth,
Man warf und schoß ihrer viel zu todt,
Das geschah von den Eidgenossen;
Sie brachten zwei Hauptbanner an die
        Man'r,
Die mußten sie da lassen. —

Als die Nachricht davon nach Bern kam, schickte die Stadt, um den Vortheil zu verfolgen, ein Hülfscorps von 4000 Mann unter Nicolaus von

---

*) Vgl. des Verfassers Aufsatz: „Gleichzeitige Lieder über die Schlacht bei Sempach", in Grenzboten II. 1874. S. 131.

Dießbach, etwas später noch 2000 unter Petermann von Wabern. Der Erstere traf die Sieger von Pontarlier auf dem Rückzuge nach den Jura-pässen. Er übernahm den Oberbefehl, ging von neuem gegen Pontarlier und ließ die Gegend rings umher unter den Augen des burgundischen Heeres, das sich an die gefürchteten Berner nicht wagte, aufs grausamste verwüsten. Darauf ging's zu den südlichen Pässen. Hier lag das feste Granson an der Südwestspitze des Neufchateller Sees, das die Prinzen von Chalons-Orange (Oranien),*) von Savoyen zu Lehen hatten. Am 30. April ward die Stadt erstürmt, am 1. Mai ergab sich auch das Schloß, dessen Besatzung freien Abzug erhielt. Granson ward mit Vorbehalt der savoyischen Lehnsrechte in Besitz genommen. Darauf zog das eidgenössische Heer aufwärts gegen Orbe, wo die Besatzung die Stadt in Brand steckte und sich in die Burg zurückzog. Die Eidgenossen halfen den Einwohnern löschen und besetzten einen Thurm, von wo sie ein wirksames Feuer gegen die Burg eröffneten. Darauf stürmten sie das Schloß und machten die sämmtliche Besatzung zur Revanche für den an der Stadt verübten Frevel nieder. Nun schickte auch Echallens, gleichwie Orbe den Prinzen von Chalons-Orange zugehörig, rasch seine Unterwerfung und zum Schluß wurde Jougne, die letzte der burgundischen Grenzvesten im Jura, von Petermann von Wabern genommen. Die genommenen Orte, 5 an der Zahl, wurden mit Besatzungen versehen, und das Heer zog mit reicher Beute nach Bern zurück. Wir theilen Veit Weber's Beschreibung dieses Feld-zuges nur nach den Hauptzügen mit:

Es ward zu Bern gesagt dem Bären,
Daß die Seinigen belagert wären,
Er thät sein' Klauen schleifen;
Er nahm viertausend Mann zu ihm;
Da hört man fröhlich pfeifen.

Er zog zu ihnen in schneller Eil,
Die Welschen machten Haufen viel
Und meinten, sie wären keck.
Der Bär grüßt sie mit Büchsensteinen,
Da flohen sie hinweg.

Das sahen die Welschen alles wohl,
Sie rannten an zum andern Mal;
Der Bär stellt sich zur Wehre
Sogar mit guter Ordenung,
Ganz nach der Hauptleute Lehre.

Sie zogen gen Ponterlin auf den Platz
Den Welschen grade da zum Tratz,
Derer war mehr denn zwölftausend;
Da sie den Bären sahen an,
Ward ihnen allen Grausen.

Der Bär eilt nach mit seiner Fahn',
Er brannt', wie er vormals gethan,
Den Welschen da zu Leide.
Da er das Dorf hat gezündet an,
Da zog er auf weite Heide.

Da nun die Welschen sahen das,
Wie deß der Bär so grimmig was,
Von dannen sah man sie streichen,
Und waren doch allweg vier auf ein'n,
Dennoch mußten sie weichen.

---

*) Das Haus der Fürsten von Chalons-Orange starb aus mit Philibert v. Chalons († 1531). Ihm folgte sein Schwestersohn Renatus von Nassau, Gründer des Hauses Nassau-Oranien, Onkel Wilhelm's von Oranien, des Begründers der niederländischen Freiheit. —

Darauf werden Zuzüge angeführt von Freiburg, Biel, Solothurn, Luzern und Basel; von ihnen heißt es:

Sie suchten die Bären auf dem Feld,
Vor Granson hatt' er sich aufgestellt,
Da kam der Zug zusammen.
Da hört' man schießen Tag und Nacht,
Auf daß sie Granson gewannen.

Am Maitag auf den Abend spat,
Da kamen die im Schloß zu Rath
Und thaten die Hauptleut' laden;
Sie sprachen: das Schloß geben wir
      euch auf*)
Dem Haus Savoyen ohn' Schaden.

Drum haben sie's gezündet an,
Deß hat entgolten mancher Mann,
Der in das Schloß ist kommen.
Sie liefen erstlich in die Stadt
Und löschten da mit Frommen.

Darnach so stürmte man das Schloß,
Man achtet Wurf nicht noch Geschoß,
Sie hieben ein Loch in die Mauern;
Dadurch schlüpft mancher kühne Mann,
Der um sich hat kein Trauern.

Da nun die Welschen sahen das,
Wie schon das Schloß erstiegen was,
Sie warfen hin ihr Wehre
Und baten, daß man sie aufnähme
Um Gott und unser Frauen Ehre.

Sie hatten einen Thurm genommen,
Da konnt' man lange nicht zu ihnen kommen,
Es waren gar viele drinnen.
Sie wehrten da sich lange Zeit,
Doch konnte keiner entrinnen.

Drin waren mehr denn hundert Mann,
Die mußten ihr Leben geben dran,
Dabei will ich nicht lügen:

Darnach an einem Sonntag fruh,
Da rief man den frischen Gsellen zu,
Die stürmten die Stadt mit Freuden;
Sie hieben auf die Thür' und Thor
Und kamen hinein ohn' Leiden.

Man besetzt' das Schloß mit Leuten gut,
Darnach zog man mit frischem Muth
Gen Orban vor die Stadt;
Darin war auch ein gutes Schloß,
Das feste Mauern hat.

Die Gesellen nahmen den Kirchthurm ein
Und schossen in die Burg hinein,
Daß es gar laut erkrachet;
Wiewohl es war ein großer Ernst,
Des Schießens mancher lachet.

Die von Berne stürmten vorne dran,
Und die von Basel hinten an,
Sie waren drei Genossen.
Das Fähnlein von Luzern, weiß-blau,
Sah man auch bald im Schlosse.

Hätten sie das gethan bei Zeit,
Das Leben ließ man ihnen heut;
Nun wollt' man sie nicht ehren.
Da nun die Welschen sahen das,
Begannen sie sich zu wehren.

Es geschah nie keinem größ're Noth:
Man warf sie, lebendig oder todt,
Allesammt über die Zinnen.
Schloß Orban thät man mit Gewalt
Den Welschen abgewinnen.

Man lehrte sie allesammt über die Man'r
Ohn' alles Gefieder fliegen.

Es folgt die Uebergabe von Etscharles (Echallens) und die Einnahme von Jungi (Jougne), von dem es heißt:

_____

*) Uebergeben wir euch.

Jungi ist eine gute Best,
Unter den fünfen die allerbest,
Sie schließt Savoyer Lande.

Darauf der Schluß:
Der Bär war gelaufen aus der Höhl',
Es ist ihm gungen also wohl,
Wieder heim ist er gesprungen.

Die von Bern besetzten es gar wohl
Und nahmen's zu ihren Handen.

Gott geb' ihm fürbaß Glück und Heil!
Veit Weber hat's gesungen. —

Bilder aus Mecklenburg.
2. Wie ein Gericht verschwindet.
Von
Hugo Gaedcke.

Mein Freund, der Advokat, erzählt:

Als ich eines Tages ein Kündigungsschreiben an einen Mecklenburgischen Erbpächter abgesendet hatte, erhielt ich meinen Brief am folgenden Tage als unbestellbar von der Post zurück. Der Postbeamte an dem Ort des Adressaten hatte auf meinem Schreiben bemerkt: „Adressat wohnt nicht mehr hier am Ort; übrigens ist er bereits todt." Das erschien mir sehr natürlich. Als ich aber am nächsten Tage nach Dingskirchen ein Executionsgesuch absendete gegen einen Pächter zu D. und dieses Schreiben ordnungsmäßig an das Patrimonialgericht über das Gut D. in Dingskirchen richtete, da dies eben-genannte Gericht seinen Sitz in Dingskirchen hatte: war ich nicht wenig erstaunt, als ich auch dies Schreiben am nächsten Tage durch die Post als unbestellbar zurückerhielt. Mein Brief trug den Vermerk der Post zu Dings-kirchen: „Das Patrimonialgericht über D. ist nicht mehr." —

Das Patrimonialgericht über D. ist nicht mehr?! Das klang doch sicherlich höchst wunderbar. Man hat erschreckliche Beispiele, daß ganze Dorf-schaften in den Boden sinken, daß ein Vineta oder Julin in die Wogen des Meeres untertaucht, wo nur an stillen sonnigen Tagen hier und da noch ein verlornes Stück Mauerwerk von der vergangenen Herrlichkeit Zeugniß giebt, — daß aber ein ganzes Gericht mir nichts dir nichts spurlos verschwindet, dieses wollte mir nicht in den Sinn.

Ich schrieb an den Bürgermeister von Dingskirchen, welcher gleichzeitig bisher das Richteramt für das Rittergut D. verwaltete; ich hatte ja seine Namensunterschrift bis dahin noch unter den Decreten des Patrimonialgerichts über D. gelesen und befragte daher ihn zunächst nach dem Grund dieser räthselhaften Erscheinung. Er gab mir Licht in der Dunkelheit. Der Herr Bürgermeister von Dingskirchen schrieb mir nämlich: „Ich habe bisher im Auftrage des Rittergutsbesitzers S. auf D. als Justitiar des Patrimonialgerichts über dies Rittergut die richterlichen Functionen geübt. Da aber der Gutsbesitzer S. sich mit mir überworfen hat, so habe ich zu seiner Zeit von meinem Kündigungsrechte Gebrauch gemacht und bin ich mithin seit Johannis, also seit vier Wochen, nicht mehr Justitiar. Soviel ich weiß, ist überall noch kein neuer Justitiar vom Gutsbesitzer S. bestellt, da der Letztere ruhig in Dresden wohnt und er sein Gut D. verpachtet hat."

Seit vier Wochen also existirte das Patrimonialgericht über das Rittergut D. überall nicht mehr! Eine liebliche Geschichte! Mein schönes Executionsgesuch war gerade gegen den Pächter des Gutes D. an das Patrimonialgericht über dieses Rittergut gerichtet und hatte große Eile, da dieser Pächter in der allernächsten Zeit von dem Gute D. wegen Ablauf seiner Pachtzeit abziehen wollte. Bei seinen bedrängten Vermögensverhältnissen erschien Eile um so nöthiger, als ich in den Zeitungen bereits seine Anzeige las, worin er die öffentliche Versteigerung seines sämmtlichen lebenden und todten Inventars auf die nächste Zeit bekannt machte. Und hier nun, auf dem Schreibtische, lag mein gewichtiger Executionsantrag, an dem alle Hoffnungen der von mir vertretenen Partei hingen, und dieses Schreiben, was trug es als verhängnißvolles Wahrzeichen auf dem Rücken? „Das Patrimonialgericht ist nicht mehr."

Wenn mir dieses „ist nicht" auch heute spaßhaft klingt, wenn ich mich in dieser Stunde noch daran ergötze, so war ich doch in jenem Augenblicke nicht zum Scherzen aufgelegt, wo es sich darum handelte, die Früchte des Processes einzuheimsen, die bei der unerwarteten Sachlage leicht verloren gehen konnten. Ich erhob auf das Schleunigste eine Beschwerde bei der competenten Justiz-Canzlei. Ich stellte das Ungeheuerliche mit kräftigen Worten dar, wie hier im Lande Mecklenburg seit vier Wochen ein Gericht verschwunden sei, und daß ich recht- und schutzlos umherirre, da der Gutsherr als Inhaber der Gerichtsbarkeit über das Rittergut D. es für gut befunden habe, außer Landes zu gehen, daß er, unbekümmert um seine Rechte und Pflichten, weder einen Vertreter ernannt, noch einen Justitiar zur Ausübung des Richteramtes bestellt habe. Darum erbat ich in meiner Beschwerdeschrift energische Maßregeln und eine schleunige Verfügung gegen den renitenten Gerichtsherrn.

Mit anzuerkennender Geschwindigkeit erließ die Großherzogliche Justizkanzlei ihre Verfügung. Es ward der Bürgermeister und Stadtrichter X. in Dingskirchen — eben derselbe Bürgermeister nämlich, welcher bis dahin der

60

Justitiar über das Rittergut D. gewesen war, — von der hohen Großherzoglichen Justiz-Canzlei mit einem Commissorium betrauet. Derselbe ward
aufgefordert, sich von dem bisherigen Justitiar des Patrimonialgerichts zu
D. die meine Angelegenheit betreffenden Acten aushändigen zu lassen und
fördersamst mit Uebernahme dieses Commissorii die weiter nöthigen Schritte
zu thun. Es durfte also nunmehr der Herr Justitiar X. in Dingskirchen
das betreffende Bündel Acten in die Hände nehmen, sich vor den Spiegel
stellen und unter einer schicklichen Verbeugung an sich die folgende Anrede
halten: „Mein lieber Herr Stadtrichter! Ich habe hiermit die Ehre, in
Folge des Commissorii hoher Großherzoglicher Justizkanzlei und in ergebenster
Erwiderung auf Ihr an mich gerichtetes Anschreiben, Ihnen die in Sachen
so und so erwachsenen Acten in Numeris 1—50 dienstergebenst zu überreichen,“
auf welche Anrede dann der Herr Stadtrichter X. die Acten von dem Herrn
Justitiar X. wiederum mit einer schicklichen Verbeugung entgegennimmt und
nun über die Sache sich instruirt, die er zwar als Justitiar bisher geleitet,
von welcher er aber als Stadtrichter bis zur Stunde noch keine Ahnung
gehabt hat.

Jetzt kommt Feuer in die Sache! Mein Executionsantrag ist inzwischen
von mir von Neuem eingesendet; diesmal habe ich ihn nicht als unbestellbar
zurückerhalten. Es ergeht auf das Schleunigste von Seiten des Stadtrichters
X. eine Decretur auf meinen Executionsantrag. Die drohenden Gewitter-
wolken, welche meine Ernte zu vernichten drohten, haben sich verzogen;
heiterer Sonnenschein spielt über den Acten, denn auf den Auctionserlös, den
der Pächter des Gutes D. aus dem verkauften Inventarium gewonnen, ist
gerichtlicher Arrest wegen der Forderung meines Auftraggebers ausgebracht.
Es liegt also kein Hinderniß mehr im Wege, soweit das Auge reicht; ich
werde die Früchte meiner Ernte sicher unter Dach und Fach bringen. Und
ich habe diese Früchte glücklich gewonnen. Auch ist dieser Gewinn nicht
verkümmert worden dadurch, daß ich inzwischen von der Großherzoglichen
Justiz-Canzlei in Abschrift die Anzeige mitgetheilt erhielt, welche der neue
Justitiar über das Rittergut D. an diese Behörde eingesendet hatte. Dieser
neue Justitiar war nämlich eben der alte Justitiar, Stadtrichter und Bürgermeister X. von Dingskirchen. Derselbe machte der Justiz-Canzlei nämlich die
ehrerbietigst gehorsamste Mittheilung, daß er mit dem Gutsbesitzer S. auf
D. sich verständigt und daß er darnach das Justitiariat am Patrimonial-
gericht über das Rittergut D. wieder übernommen habe. Hierauf erging von
hoher Großherzoglicher Justiz-Canzlei das Mandat an den Stadtrichter X. zu
Dingskirchen, nunmehr, nachdem der Justitiar des Patrimonialgerichts über
D. die betreffende Anzeige gemacht habe, an denselben zur Fortführung der
Sache die Acten zu retradiren.

Wiederum also durfte nunmehr der Stadtrichter X. das betreffende Bündel Acten in meiner Angelegenheit unter den Arm nehmen, sich vor den Spiegel stellen und mit einer schicklichen Verbeugung sich also anreden: „Mein lieber Herr Justitiar! Nachdem Sie wiederum das Justitiariat am Patrimonialgericht über D. übernommen haben, gebe ich mir die Ehre, in Befolgung des hohen Mandats Großherzoglicher Justiz-Canzlei Ihnen die Acten in Sachen so und so in Numeris 1—50 dienstergebenst zu retradiren;" worauf der Justitiar X. mit einer angenehmen Gegenverbeugung wohl die Acten wieder in Empfang genommen haben wird. Denn seit jenem Tage sind mir nie wieder Schreiben an dieses Patrimonialgericht unerbrochen durch die Post mit dem Vermerk zurückgeschickt worden: „Das Patrimonialgericht ist nicht mehr."

Aus Kurhessen.

Das ehemalige Kurhessen, dessen innere Angelegenheiten infolge besonderer Umstände noch in den 60er Jahren ein Hauptmoment in der allgemeinen deutschen Entwickelung bildeten, läßt schon seit geraumer Zeit auffallend wenig von sich vernehmen, was auf politische Regsamkeit schließen ließe. Es ist freilich natürlich, daß auf die lange Periode der politischen Aufregung ein bedeutender Rückschlag eintrat, als 1866 die Quelle langjähriger Mißverhältnisse beseitigt, den materiellen Interessen eine größere Entfaltung ermöglicht und die politische Lage des Landes durch die Ereignisse auf das demselben zukommende Niveau zurückgeführt wurde; allein die seitdem in Hessen herrschende politische Stille ist doch gar zu groß. Gerade von einer, wie man annehmen sollte, politisch so geschulten Bevölkerung hätte sich erwarten lassen, daß sie an der politischen Arbeit der Gegenwart sich mehr zu betheiligen geneigt sein und wenigstens dasjenige Maß politischen Eifers entwickeln würde, welches man billigerweise von allen Theilen des Reichs verlangen kann. Nichts ist erklärlicher, als daß die Jahrzehnte lang von der kurfürstlichen Regierung in fast allem Fortschritt gehemmt gewesenen Städte, die kleinen wie die größeren, unter preußischer Herrschaft das lange Versäumte gleichsam rapid nachzuholen beflissen waren; aber sehr zu tadeln ist, daß fast alles öffentliche Interesse in Gemeindeangelegenheiten aufzugehen schien und für allgemeine politische Fragen und die Betheiligung an denselben selbst Kreise sich abgestumpft erwiesen, von denen man sich dies nicht hätte träumen lassen. Mit Recht hat sich seit den letzten Reichstagswahlen infolge der bei

denselben gemachten Erfahrungen fast überall in Deutschland bei der nationalliberalen Partei das Bestreben kundgegeben, größeren Eifer in Verfolgung
der Parteizwecke zu entfalten und zu diesem Zwecke die eigenen Fehler sich
nicht zu verhehlen, sowie eine größere Organisation der Parteigenossen herbeizuführen. In einem sehr hohen Grade liegen diese Pflichten den Liberalen
in Hessen ob und es liegt im allgemeinen Interesse, ohne Beschönigung auf
die dortigen Zustände hinzuweisen.

Seit 1866 hat sich in Hessen bei allen Wahlen zum Reichstag, zum
Abgeordnetenhause und zum Communallandtage eine erstaunliche Gleichgültigkeit der Wähler gezeigt. Die Wenigen, welche es trotz der geringen Aussicht
unternahmen, zur Bethätigung des Gemeinsinns wenigstens in solchen Fällen
aufzufordern, vermochten mit größter Anstrengung eben nur soviel zu erzielen,
daß nicht die reichsfeindlichen und illiberalen Parteien zum Siege gelangten,
ja es läßt sich an den Wahlen in den einzelnen Wahlkreisen nachweisen, daß
auch nicht eine Spur Eifer mehr entwickelt wurde, als zu diesem knappen
Siege erforderlich war, und höchst bezeichnend ist es, daß gerade in demjenigen
Wahlkreise, in dem man schon lange eine liberale Wahl für unmöglich hielt,
im Fulda'schen, sich verhältnißmäßig der größte Eifer unter den Liberalen
gezeigt hat; dieselben haben dort auf Grund der Ereignisse von 1866 und
1870 zum ersten Male wieder begonnen, sich selbständig zu regen und, wenn
auch voraussichtlich noch ohne Aussicht auf Sieg, den ultramontanen Candidaten entgegenzutreten. Ihre Erfolge bei den Reichstagswahlen von 1869
waren so groß, daß die Erwartung nicht unberechtigt war, sie würden das
nächste Mal mit den Schwarzen nahezu um den Sieg ringen. Freilich war
dazu eine Unterstützung durch die Liberalen des übrigen Hessens nöthig, dieselben aber thaten nichts dazu. Man konnte froh sein, wenn diese mit Ach
und Weh ihre Candidaten durchbrachten. Es fehlte eben, wie schon in den
60er Jahren, alle Organisation. Zwar bildete sich verschiedene Male ein
Centralwahlcomité, allein jedesmal und noch im October 1873, erst im letzten
Momente vor den Wahlen. Für die übrige lange Zeit, wo die Sache nicht
gerade auf den Nagel brannte, schien Alles zu schlafen. Zweimal im Laufe
der letzten Jahre hat man allerdings in Kassel, das dem übrigen Lande
voranzugehen immer noch den Anspruch macht, einen Anlauf zur Bildung
eines das allgemeine und politische Interesse stets rege haltenden Vereins gemacht, allein es haben diese Vereine, namentlich auch der am 23. Juni 1869
gegründete „Verein zur Wahrung bürgerlicher Interessen" kaum etwas mehr
als ihre Constituirung und die Beschlüsse in den die Gründung unmittelbar
veranlassenden, vorwiegend städtischen Angelegenheiten von sich hören lassen.
Ist gar, wie der Oberbibliothekar Dr. Bernhardi vor Kurzem gestorben ist,

welcher stets am meisten für die Förderung des Gemeinsinns thätig war, müssen die Anstrengungen noch größer werden.

Bei solch auffallender Lässigkeit der Nationalliberalen kann es nicht Wunder nehmen, daß partikularistische und reichsfeindliche Elemente, die günstige Gelegenheit ergreifend, sich in den Vordergrund drängten. Das erstere war der Adel, das andere die Socialisten und die sog. Agrarier. Der hessische Adel ist sehr arm und verdient nicht im geringsten wegen seines Grundbesitzes politisch besonders berücksichtigt zu werden. Gleichwohl war ihm seit 1831 in der Landesvertretung eine besondere Stellung eingeräumt, bis die Gesetzgebung von 1848 dieses Vorrecht mehr mit den thatsächlichen Verhältnissen in Einklang brachte. In der Reactionszeit wieder bevorzugt, dankte er dies der Regierung nicht, verfolgte nur egoistische Zwecke und betheiligte sich auch am Verfassungskampfe nicht. Bei Herstellung der Verfassung stellte bekanntlich der Bundestag das seltsame Verlangen, daß dem Adel wieder Zutritt in die Landesvertretung verschafft würde. Die Ständeversammlung that dies 1863 mit größtem Widerstreben und vieler Selbstüberwindung. Seitdem hat sich der Adel in Hessen ungebührlich breit zu machen verstanden. Er setzte in der Berliner Versammlung der hessischen Vertrauensmänner 1867 in Verbindung mit bäuerlichem Großgrundbesitz eine Vertretung nach Ständen in dem Communallandtage durch, erhielt hier stets das Präsidium und verschaffte sich durch geschickte Benutzung der innerhalb der liberalen Abgeordneten herrschenden Zwistigkeiten sowie durch die ihm günstige Art der Organisirung der ständischen Verwaltung großen Einfluß auf letztere d. h. auf die Gestaltung der wichtigsten speciell hessischen Angelegenheiten. Die Herren v. Milchling, v. d. Malsburg, Graf Berlepsch und Andere dominiren auf Kosten der Liberalen in dem ständischen Verwaltungsausschusse und wußten durch stete Verbindung mit bäuerlichen Elementen am 4. Juli 1871 sogar die Wahl eines der ihrigen, des Herren von Bischoffshausen, zum Landesdirector durchzusetzen. Diese Wahl war liberaler Seits stark bekämpft, weil man glaubte, daß dieser Herr als langjähriger Regierungsbeamter nicht geeignet sei, der neuen Selbstverwaltung des Landes vorzustehen. Auf solche Art allmählich wieder sehr in Scene gesetzt, wagte der Adel bei allen Wahlen der letzten Jahre in mehreren Bezirken den liberalen Candidaten entgegenzuwirken und scheute sich zu diesem Zwecke nicht, mit den Agrariern eine Verbindung einzugehen, welche ihrerseits wieder mit der Partei der renitenten Geistlichen, den Ultramontanen und dem noch kurfürstlich gesinnten Theile des Adels zusammenhängen. Die Agrarier sind von Außen importirt. Der bekannte Herr Niendorf und seine Genossen fingen mit ihren Ansichten über Hebung der Landwirthschaft Gimpel in Hessen und wurden ihre Ansichten daselbst durch bäuerliche Elemente auf eine unglaublich verschrobene Weise ausgelegt.

So fanden die Agrarier bei den Wahlen von 1869 und 1873 in den Bezirken Rotenburg, Hersfeld, Hofgeismar und anderen vermöge der mangelnden Bildung der Landbevölkerung solchen Anhang, daß sie als eine gefährliche Macht bezeichnet werden konnten. Dies rüttelte dann die Liberalen aus ihrer Lässigkeit etwas auf, sodaß sie im Bezirk Melsungen-Fritzlar einen seit Jahrzehnten liberal aufgetretenen bäuerlichen Abgeordneten durchfallen ließen, weil er mit den Agrariern gemeinsame Sache gemacht hatte.

Das geschilderte Unkraut wird alsbald vergehen, wenn die nationalliberale Partei dauernd aus ihrer Lässigkeit erwacht. Versuche dazu sind seit den Reichstagswahlen in der That gemacht, jedoch nur in den Bezirken Hersfeld und Gelnhausen. In ersterem hat sich im Juli d. J. ein liberaler Reichsverein gebildet und sehr gut organisirt, sodaß zu hoffen steht, die grade in den Kreisen Hersfeld, Hünfeld und Rotenburg am gefährlichsten aufgetretenen Agrarier und Genossen werden allmählich verdrängt werden. Im Bezirke Gelnhausen wird vom Abg. Schäffer und einigen Führern der Gemeinsinn wachzuhalten gesucht, doch hat man es hier fortwährend mit dem Einflusse der Hanauer Demokraten zu thun, welche sich neuerdings neu organisirt haben. Das einzig günstige Resultat haben die Liberalen in Marburg aufzuweisen, wo es bei den letzten Reichstagswahlen gelungen ist, den conservativen Anwalt Grimm wieder zu verdrängen, welchem durch die Ultramontanen der Stadt Amöneburg zum Reichstagsmandate verholfen war. Dieser Sieg ist um so erfreulicher, als es seit langer Zeit der Universitätsstadt wegen kleinlicher Streitigkeiten nicht hatte gelingen wollen, liberale Wahlen durchzusetzen; es wäre auch diesmal schwerlich gelungen, wenn man nicht einen in Marburg sehr bekannten Namen ausfindig gemacht hätte, dessen Träger noch den Vortheil besitzt, in Berlin zu wohnen. Denn die Diätenlosigkeit hat wohl kaum irgendwo schlimmere Früchte getragen als in Hessen, wo gar wenige Personen zu finden sind, welche das pecuniäre Opfer bringen können.

Den Hauptgrund der bisherigen Lässigkeit der hessischen Liberalen bilden starke Enttäuschungen in Dingen und Personen. Man hatte in hessischer Zeit solange von Preußen Errettung aus den versumpften Zuständen erwartet und kam statt dessen 1866 in mancher Beziehung, wie man meinte, nur übler an. Große Gesichtspunkte und Opferfreudigkeit in vaterländischen Dingen hätte freilich diese Anschauungen nicht hervorrufen sollen, aber die Menge, an kleinen Horizont gewöhnt, urtheilte nur nach den nächstliegenden und kleinlichen Verhältnissen. Die Belehrung war schwierig, weil die preußische Regierung, wie bekannt, in der That große Fehler begangen hatte, wie der König dies selbst anerkannte; die Hauptfehler der Herren v. d. Lippe und v. Mühler sind aber nur zu geringem Theile sanirt worden. So herrscht denn noch immer, trotz Allem was dazwischen liegt, ein außerordentliches Mißtrauen;

dies zeigt sich eben jetzt, wo es sich um eine Umgestaltung der hessischen Ge-
meindeordnung von 1834 handelt, welche in dem Verfassungsstreite sich als
ein Hauptstützpunkt erwiesen hatte. Dazu kommt, daß man sich an die Entscheidung durch Beamte ohne alle Zuziehung von Vertrauensmännern des
Volkes in Dingen, welche die communalständische Vertretung nichts angehen,
gar nicht gewöhnen kann, wie sich überhaupt die preußischen Beamten von
Anfang an in sehr einseitiger Weise informirt haben. Die Enttäuschung in
Personen kommt dazu. Es steht fest, daß fast alle Führer im hessischen
Verfassungsstreite, denen man willig und vertrauensvoll Alles zu überlassen
pflegte, in gewisser Weise schuld sind an jener nicht zum Heile des Landes
erfolgenden Art des Uebergangs in die preußischen Verhältnisse. Daß dieselben bei ihrer bezüglichen Handlungsweise in großartiger Weise dupirt worden sind, wird weniger beachtet, ist auch weniger bekannt. Auf diese Art
fast führerlos, war die liberale Partei allen Attaken ausgesetzt, ohne sich viel
helfen zu können, daher die enorme Gleichgültigkeit. Was insbesondere Kassel
betrifft, so trat nach 1866 der seit Jahren die Liberalen trennende Zwiespalt
immer offener hervor und erregte blos deshalb weniger Aufsehen, weil er
vorwiegend auf dem Gebiete der städtischen Interessen sich zeigte. Diejenige
„Partei", welche während des Verfassungsstreites durch stete und übel angebrachte Friedensliebe so viel verdarb, während durch Entschiedenheit mehr hätte
erreicht werden können, welche ferner 1866 nicht schnell genug in das preußische Lager übergehen konnte, während bei Vorsicht und Klugheit sich vieles
günstiger bei dem Uebergange hätte gestalten können, war seitdem lange Zeit
in den Angelegenheiten der Stadt Kassel am Ruder und hat durch die künstliche Art und Weise, wie sie, künftigen Generationen voraneilend, das Wachsthum der Stadt mittelst großartiger, durch die vorhandenen Verhältnisse, insbesondere die Aufwandsfähigkeit der Bürger keineswegs angezeigter Anlagen
unnatürlich zu heben suchte, solche Entrüstung hervorgerufen, daß sie bei den
am 6. August d. J. stattgehabten Neuwahlen des Bürgerausschusses schmählich unterlag, obwohl ihren Gegnern kein liberales Preßorgan zur Verfügung
stand und sich nur aus Spekulation der kurfürstlich-demokratische „N. Kass.
Anz.", wie früher die volksparteiliche „Hess. Volks-Ztg.", der vernünftigeren
Sache angenommen hatte. Nachdem durch die erwähnte Wendung der Verhältnisse in Kassel ein guter Anfang zum Obsiege der alten hessischen Vorsicht
und Bedächtigkeit gemacht worden, ist einige Hoffnung auf Wiederkehr größeren Interesses an öffentlichen Dingen zu erhoffen, ohne das Hessen seine
Stelle in der gemeinsamen Arbeit der deutschen Volksstämme nicht aus-
füllen kann.

Kleine Besprechungen.

Hellas und Rom von Dr. **Albert Forbiger**, 3. Band. **Leipzig,** **R. Reisland** 1874. — Die lange Zeit, welche seit dem Erscheinen der zwei ersten Bände dieses Werkes bis zur Ausgabe des vorliegenden dritten Bandes verflossen ist, läßt die Befürchtung zu, daß der Titel des Werkes vielleicht niemals im vollen Umfange wahr werde. Denn wenn die griechische Welt in derselben Ausführlichkeit geschildert werden soll, als die römische in den vorliegenden drei Bänden, und diese Bände in derselben Zeitfolge erscheinen, so werden nach dem bisherigen Tempo etwa zwei Olympiaden verfließen, ehe „Hellas" vollendet ist. Es wäre sehr zu beklagen, wenn dieses Werk Stückwerk bliebe. Denn es darf unter den Büchern, welche das Streben verfolgen, uns Moderne in das öffentliche und häusliche Leben der Griechen und Römer einzuführen, als eines der besten gelten, weil der Verfasser seinen Stoff so vollkommen beherrscht, um auch dem Gelehrtesten Genüge zu leisten, und, aus dem Vollen schöpfend, besser wie ein Anderer aus dem außerordentlichen Vorrath seines Wissens, dasjenige auswählen kann, was für eine populäre Darstellung sich eignet. Das den Laien anmuthende Gewand der Erzählung persönlicher Schicksale oder Reisebeschreibungen, das die ersten beiden Bände noch festhielten, ist freilich im dritten Bande, der Rom im Zeitalter der Antonine schildert, ganz abgestreift. Mit Recht gewiß den Staatsverhältnissen gegenüber, denen der dritte Band gewidmet ist. Denn wie sollten Münzen Maße und Gewichte, Geldverhältnisse und Geldverkehr, der Staatshaushalt, die Staatsverwaltung, die Verwaltung Italiens und der Provinzen, Gerichtswesen, Heer- Kriegs- und Seewesen der Römer in den glänzenden Tagen der Antonine einigermaßen gründlich geschildert werden unter der Fiction, daß ein antiker Tourist oder Schlachtenbummler erzähle. Aber gleichwohl darf dem Verfasser, gewiß nur zum Besten einer größeren Verbreitung des Werkes, empfohlen werden, in den Bänden, die Hellas schildern sollen, zu jener mehr feuilletonistischen und persönlichen Behandlung zurückzukehren — das Individuum hat ohnehin größere Rechte unter dem Himmel Homer's, als im spaßlosen Staate der Cäsaren — denn der Laie will einmal, wenn er sich der Antike zuneigen soll, nicht blos belehrt, sondern auch unterhalten sein. —

Mit **Nr. 40** beginnt diese Zeitschrift ein **neues Quartal**, welches durch alle **Buchhandlungen** und **Postämter** des In- und Auslandes zu beziehen ist.

Privatpersonen, **gesellige Vereine**, **Lesegesellschaften**, **Kaffeehäuser** und **Conditoreien** werden um gefällige Berücksichtigung derselben freundlichst gebeten.

Leipzig, im September 1874. **Die Verlagshandlung.**

Verantwortlicher Redakteur: Dr. **Hans Blum.**
Verlag von **F. L. Herbig.** — Druck von **Güthel & Legler** in Leipzig.

XXXIII. Jahrgang.   II. Semester.

Die

Grenzboten.

Zeitschrift

für

Politik, Literatur und Kunst.

No. 39.

Ausgegeben am 25. September 1874.

Inhalt:

Leipzig, 1874.

Friedrich Ludwig Herbig.

(Fr. Wilh. Grunow.)

Man abonnirt bei allen Buchhandlungen und Postämtern des In- und Auslandes.

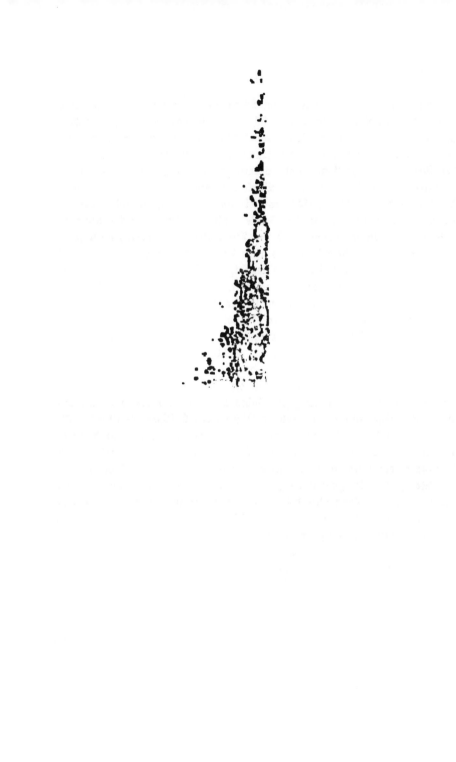

II.

Wie umfaſſend und ausgedehnt Michelet's hiſtoriſche Forſchungen auch waren, der Mittelpunkt, um den ſie ſich drehen, iſt doch das französiſche Volk und der französiſche Staat. Seine französiſche Geſchichte iſt in jedem Betracht das Hauptwerk ſeines Lebens, die Frucht einer unermüdlichen, von hingebender Liebe zum Gegenstande und warmer Begeiſterung getragenen Arbeit. Michelet ſchließt ſich mit dieſem Werke als ebenbürtiger Genoſſe der Reihe der bedeutenden Geſchichtsforſcher an, die unter dem umgeſtaltenden und belebenden Einfluß der romantiſchen Schule mit den herkömmlichen Vorſtellungen und Ueberlieferungen brachen und den Denkmälern der Vergangenheit ſelbſt die Züge zu dem wahren Bilde des alten Frankreich entnahmen, das, theils aus Unkenntniß, theils durch die mannigfaltigſten Parteitendenzen bis zur Unkenntlichkeit verwiſcht oder verzerrt war. Es war eine Zeit eifriger und gediegener Arbeit, eines kraftvollen idealen Strebens, ein Lichtblick, in der Leidensgeſchichte Frankreichs ſeit der Revolution. Und wenn auch im Allgemeinen die dem Boden der neuen Verhältniſſe entſproſſene Literatur, wie koſtbare Früchte ſie auch gezeitigt hat, wie mächtig auch der Strom idealer Begeiſterung war, der das Geiſtesleben des Volkes befruchtete, grade in ihren glänzendſten Erſcheinungen die Keime der Krankheit und des Verfalles in ſich trug, ſo machen doch die geſchichtlichen Arbeiten der neuen Blüthezeit den Eindruck friſcher Geſundheit und freudigen lebenskräftigen Gedeihens. Die Revolution hatte den Zuſtänden, wie ſie hervorgegangen waren aus dem centraliſirenden Abſolutismus des Königthums, das ſelbſt den oppoſitionellen Regungen den Stempel eines ganz beſtimmten herkömmlichen Gepräges aufgedrückt hatte, ein gewaltſames, jähes Ende bereitet. Und wenn auch im Staatsleben die Löſung aller bisherigen Bande nur zu einer um ſo ſchrofferen Centraliſation, in der man das einzige Mittel ſah, um einen völligen Zerfall des Staatsweſens zu verhüten, geführt hatte, ſo waren doch die Geiſter auf neue Bahnen gewieſen worden. Das Herkommen hatte im Salon, in der Kunſt, in der Literatur ſeine allgewaltige, keine individuelle Freiheit duldende Geltung verloren, es war gewiſſermaßen aus der Mode gekommen. Wohl waren geschäftige Hände bereit, die zerrissenen Fäden wieder anzuknüpfen und wenigstens in der Literatur die classische Regel wider den Ansturm verwegener Neuerer zu schützen. Aber den jugendlichen Kräften der begeisterten welt- und himmelstürmenden Romantiker waren die Vertreter des alten Gesetzes, das nur noch eine als hemmende Fessel von allen wirklichen oder eingebildeten Genies empfunden wurde, nicht gewachsen.

Es lag in diesem Ansturm der Romantiker eine Gefahr, die, nach einigen Jahren einer üppigen Blüthe, für die gesammte Literatur verhängnißvoll wer- den sollte. Man verwarf nicht nur die veralteten Gesetze, sondern man wollte auf dem Gebiete der Kunst und Literatur überhaupt kein allgemeines Gesetz gelten lassen. Jeder wollte die Regel für sein künstlerisches Schaffen aus seiner eigenen Individualität schöpfen. Die hieraus sich ergebende Gefahr war aber um so größer, als eine starke Strömung der Zeit einem ganz abstrakten, von allen geschichtlichen und realen Voraussetzungen absehenden Idealismus günstig war, der nicht nur die alten Formen verwarf, sondern auch hinsichtlich des Gedankengehalts nach einer mit aller Sitte und allen gewohnten Vorstellungen geflissentlich in Widerspruch sich setzenden Originalität trachtete. Es ist hier nicht der Ort, auszuführen, wie grade aus dieser Sucht nach dem Unerhörten, nie Dagewesenen die ungeheuerlichsten Schöpfungen hervorgingen, wie die Phantasie der Schriftsteller und der Geschmack des Publikums verdorben wurde, wie man, um überhaupt nur noch auf die über- reizten Nerven einen Eindruck hervorzubringen, sich mit einer förmlichen Lei- denschaft über gesunde Vernunft und Sittlichkeit hinweg setzte; bald die ab- genutzte Empfindung durch die schlüpfrigsten Bilder, bald die überspannte Einbildungskraft durch die handgreiflichsten Darstellungen des Schauderhaften, Häßlichen, Abscheulichen reizte. Das Ergebniß liegt klar zu Tage: die Blü- then sind rasch verwelkt, die übermäßig gespannten Kräfte sind ermattet, im Drama und Roman ist die psychologische Analyse auf die äußerste Spitze ge- trieben, aber ihr Objekt ist das Monstrose, Unnatürliche. Die Kunst, indem sie nur mit der Darstellung der Verirrungen des menschlichen Herzens sich beschäftigt, hat die Schilderung der Leidenschaft zur raffinirtesten Virtuosität ausgebildet, aber die Fähigkeit, lebendige plastische, in sich übereinstimmende und deshalb mögliche und wahre Charaktere zu zeichnen, an deren Dasein man glauben kann, hat sie darüber eingebüßt: wie es unvermeidlich ist, wo die Darstellung in spannenden Situationen gipfelt. Die Wirkung des so glänzend ins Leben tretenden literarischen Aufschwungs ist denn auch nicht die Hebung, sondern die Erschlaffung und Verwilderung des öffentlichen Geistes gewesen.

Aber noch von einer anderen Seite her drohte dem öffentlichen Geiste eine furchtbare Gefahr, die geeignet schien, jede gesunde politische und gesell-

schaftliche Entwickelung in Frage zu stellen. Auf demselben Boden, dem die
jeder Regel spottenden Genies entsprossen waren, keimte auch die Saat einer
reactionären Romantik, welche die zügellosen Geister der Revolution dadurch bändigen wollte, daß sie dieselben in ein theokratisches System zwängte,
in dem Thron und Altar sich gegenseitig ihre Macht und ihr Dasein ver-
bürgten, in ein System, dessen Spitze ein weltbeherrschendes höchstes Priester-
thum, und dessen Basis das von jenem geleitete und inspirirte Königthum
bildete. Was diese theokratischen Romantiker herstellen wollten, das waren
keineswegs die Zustände, wie sie unmittelbar vor der Revolution bestanden
hatten; der nüchterne, lediglich von praktischen Zweckmäßigkeitsmotiven geleitete, allen beschränkenden hierarchischen Einflüssen abholde Absolutismus
war den Chateaubriand, den Bonald, den de Maistre nicht minder verhaßt
als den liberalen Bewunderern der Principien von 1789. Ihre Lehren fußten
auf den ausschweifendsten Ansprüchen der energischsten Päpste, die sie in ein
wissenschaftliches, mit großer Prätension auftretendes, aber mehr scheinbar als
wirklich tiefes System zusammenfaßten, in ein System, aus welchem dann in
neuester Zeit der Ultramontanismus in der Formulirung der Satzungen des
Syllabus die praktischen Consequenzen zu ziehen gesucht hat. Es gehört diese
Schule, die in den revolutionärsten, alle bestehenden Verhältnisse auf den Kopf
stellenden Lehren den Schutz wider die Revolution suchte, zu den unheim-
lichsten Erscheinungen aller Zeiten. Ihr ganzes System ist eine grauenhafte
Lüge, um so grauenhafter, je glänzender und verführerischer die Beredsamkeit
ist, welche aufgewandt wurde, um die wüstesten Einfälle einer durch und durch
kranken, oft mit ihrer Krankheit prahlenden Weltanschauung mit dem Schein
der tiefsten Ueberzeugung auszustatten. Man kann nicht behaupten, daß alle
Vertreter dieser Richtung in sich unwahr und der Unwahrheit ihres Systems
sich so bewußt waren, wie der glänzendste, aber auch eitelste und selbstge-
fälligste unter ihnen, Chateaubriand, der, haltlos zwischen den äußersten
Gegensätzen schwankend, in seiner eignen genialen Blasirtheit und Uebersättigung
das Spiegelbild der Welt findet, der aus den äußersten Excessen einer fieber-
haft erregten, bis ins Mark vergifteten Einbildungskraft seine Zuflucht zu
einer Zerknirschung und Demüthigung nimmt, die weiter nichts ist als eine
besonders pikante Form der Selbstbespiegelung. Es gab in der That unter
diesen Männern ernstere und sittlich tiefer angelegte Naturen, die wirklich
überzeugt waren, daß nur die Ertödtung aller individuellen geistigen Freiheit,
die willenlose Unterwerfung aller Subjectivität unter eine alles Denken und
Wollen regelnde hierarchische Tyrannei der zerfahrenen Welt den Frieden
wiedergeben und sie vor dem Rückfall in die äußerste Barbarei bewahren
könne. Es war dies eine trostlose Ansicht, aber erklärlich war es doch, daß
manche strenge und ernste Naturen, wenn sie ihren Blick auf die Trümmer

eines abgelebten, von einer wilden leidenschaftlichen Aufwallung des Volkes zermalmten Gesellschaftszustandes lenkten, wenn sie ebenso fest wie die Schreckens- männer von 1793 überzeugt waren, daß die Revolution an der Welt des 18. Jahrhunderts nur ein gerechtes Gottesurtheil vollzogen hatte, wenn sie zugleich wahrnahmen, wie die Apostel der Freiheit, nachdem sie im Namen der Menschenrechte die Bande, welche die Gesellschaft bis dahin zusammenge- halten, zerrissen hatten, Nichts eiliger zu thun wußten, als noch härtere Ketten zu schmieden, um die entfesselten Elemente zu zügeln und zu einer neuen festgefügten Gesellschaft zusammenzubinden — es war erklärlich und natürlich, daß sie, gleich sehr abgestoßen von der Gegenwart wie von der nächsten Vergangenheit, auf deren Ruinen die Gegenwart sich aufzubauen trachtete, in den ausschweifendsten Lehren eines fernen Zeitalters die Heil- mittel suchten für die Leiden des neunzehnten Jahrhunderts. Aber wie auch der Einzelne der Doctrin, die er verkündigte, gegenüberstehen mochte, die Doctrin selbst war durch und durch krank und verwerflich, die Ausgeburt einer verzweifelnden, mit der Welt zerfallenen Stimmung, die die Menschheit zu retten glaubte, indem sie dieselbe der Grundlage aller sittlichen Verant- wortlichkeit berauben wollte, des freien Willens. Und das sollte eine ge- schichtliche Anschauung sein! Geschichtlich begründet waren diesen roman- tischen Fanatikern eben nur die äußersten Ansprüche der römischen Hierarchie. Die Emancipation von der römischen Herrschaft war nur ein Abfall von der Wahrheit, eine verhängnißvolle Unterbrechung der regelmäßigen Entwickelung gewesen. Die Welt mußte um mehr als ein halbes Jahrtausend umkehren, um einen neuen Ausgangspunkt der Bewegung, einen neuen Stützpunkt des Daseins zu gewinnen.

Es war klar, daß vor den Ausschreitungen der radicalen und revolu- tionären Revolutionäre nur ein gründliches und besonnenes Studium der Ge- schichte die Gesellschaft schützen konnte. Das Feld der Geschichtschreibung ist in Frankreich zu allen Zeiten angebaut worden und wenigstens, was die Darstellung betrifft, zum Theil mit glänzendem Erfolge. In der Klarheit und Durchsichtigkeit der Erzählung und Schilderung, in der geschickten Grup- pirung des Stoffes sind die Franzosen Meister. Aber das geschichtliche Ver- ständniß, der Sinn für Geschichte, war durch diese Werke in keiner Weise ausgebildet worden, sodaß man mit Recht die Franzosen als die unhistorischste Nation bezeichnen kann. Das Verständniß für ihre eigne Vergangenheit war bei ihnen ebenso mangelhaft entwickelt, wie die Kenntniß fremder Zustände. Und in der That waren auch ihre classischen Geschichtschreiber durchaus nicht geeignet, den Sinn für Geschichte zu erwecken, da sie selbst über einen dürf- tigen Pragmatismus nicht hinwegkamen, und vollkommen unfähig waren, an eine fernliegende Periode den ihr eigenthümlichen ihr selbst entnommenen

Maßstab anzulegen. Wohl verstand man, geistreich über die Vergangenheit zu reflectiren, aber des umfassenden Blickes, der die in der Vergangenheit wirkenden Kräfte zu erkennen und zu beurtheilen vemag, entbehrte der Franzose vollständig. Man stellte sich ein Bild zusammen, das völlig nach den eignen Anschauungen geformt war: entsprach eine Zeit, wie man sie willkürlich sich construirt hatte, den herrschenden Anschauungen, so war sie gut, andern Falls war sie schlecht und barbarisch. Wie kritiklos man dabei verfuhr, wie wenig fähig man war, den Charakter einer Periode und der in ihr wirkenden Männer zu begreifen, zeigte sich u. a. in der Begeisterung der Revolutionsmänner für die römischen Republikaner. Den Girondisten erschienen Brutus und Cato etwa als die tugendstrengen, feingebildeten Vertreter der phantastischen demokratisch gefärbten Bourgeoisrepublik, für die die gebildeten Pariser Kreise schwärmten; in den Augen der Sansculotten waren sie Sansculotten (denn entbehren konnte sie auch die Rhetorik des Sansculottismus nicht). Daß in Wahrheit grade die römischen Republikaner des cäsarischen Zeitalters die starrsten Aristokraten und die erbittertsten Gegner der Demokratie — und zwar nicht bloß aus Haß gegen die im Hintergrunde lauernde Tyrannis — waren, davon hatte man keine Ahnung. Tritt doch auch in dem französischen Drama ganz dieselbe Unfähigkeit hervor, den Geist einer fernen Zeit oder eines fremden Landes zu erfassen! Um so bedeutungsvoller war es, daß die neue Geschichtschreibung, die in den zwanziger und dreißiger Jahren ihren Höhepunkt erreichte, die strenge Schule eines ernsten Quellenstudiums durchmachte, daß sie sich nicht begnügte, das äußere Kostüm der geschilderten Zeiten wiederzugeben (worin ein Theil der romantischen Poeten das Aeußerste leistete), sondern daß sie zugleich auch des geistigen Gehaltes der von ihr geschilderten Zeiten, der herrschenden Gesetze und Sitten, der die Handlungen der Staatsmänner bedingenden Grundgedanken sich zu bemächtigen bemüht war. Es galt, die wirklichen Ausgangspunkte und Grundlagen der nationalen Entwickelung wieder zu gewinnen, deren Kenntniß unter der Einwirkung des centralisirenden und nivellirenden Königthums erloschen war.

Das Streben dieser historischen Schule, der auch Michelet angehörte, ist sehr hoch anzuschlagen. Wenn ein Ablenken von der verderblichen Bahn, welche die französische Geschichte seit Jahrhunderten eingeschlagen hatte, überhaupt möglich war, so konnte es nur durch Vermittelung historischer Studien, durch Erweckung des geschichtlichen Sinnes erzielt werden. Alexis von Tocqueville, der mit scharfem Blick sowohl den Sitz des Uebels, als auch das einzig mögliche Heilmittel, den Bruch mit dem unseligen, revolutionären Centralisationsprincip, erkannte, stand auf den Schultern der historischen Schule. Aber daß er tauben Ohren predigte, ist auch der handgreiflichste Beweis für die Fruchtlosigkeit aller Bemühungen, die Franzosen in die Geschichte ihrer Vergangenheit einzuführen. Und das ist allerdings zum großen Theil die Schuld dieser Historiker selbst, die, wie tief sie auch in die Vergangenheit eindrangen, doch, sobald sie sich der Gegenwart zuwandten, sofort in den Bann der herrschenden Vorurtheile zurückfielen. Keiner von ihnen hatte es versucht, die praktischen politischen Ergebnisse aus der Geschichte der Vergangenheit zu ziehen und Michelet vielleicht am wenigsten, der, jemehr er sich der politischen Strömung der Gegenwart überließ, um so mehr der Herrschaft der Ideen von 1793 verfiel, die die Staatsmacht keineswegs beschränken, sondern nur verlegen wollten, die die Grundfehler des Königthums nicht beseitigten, sondern nur verschärften, und was die Könige unvollendet gelassen hatten, bis in seine äußersten Spitzen entwickelten und zu einem, alle individuelle Freiheit ertödtenden eisernen System ausbildeten, dem das Land sich zu unterwerfen hatte, unter dem Kaiserthum, dem Königthum, der Republik. Das Centralisationsprincip war den Königen aufgezwungen worden, um die zügellosen centrifugalen Kräfte zu bändigen: aber es war durch die lange Gewöhnung den Franzosen in Fleisch und Blut übergangen; sie sehen in ihm das Symbol und zugleich den Schirm ihrer nationalen Größe. Wie tief Michelet auch in den Geist der Vergangenheit eingedrungen war, die Einsicht, daß eine wahrhaft schöpferische reformatorische Staatskunst an die provinciellen Eigenthümlichkeiten, die sich noch erhalten hatten, anzuknüpfen habe, um den erstorbenen Sinn für Freiheit und Achtung vor dem Gesetz durch die Bethätigung an den Angelegenheiten der Gemeinde und Provinzen zu beleben, blieb ihm verschlossen, ja er würde es, nicht anders wie Thiers, für ein reactionäres Attentat gegen die nationale Größe gehalten haben, wenn nur der Versuch gemacht wäre, durch eine wahre Belebung des provinciellen Selbständigkeitsgefühls das Band zu lockern, welches von Paris aus das Land gefesselt hält. Was Michelet als Freiheit erscheint, ist nur die Verlegung des souveränen Gesammtwillens vom Königthum in den Demos, dem gegenüber das Individuum ebenso willenlos ist, wie es der monarchischen Regierung gegenüber gewesen war — ein Cäsarismus unter republicanischer Form.

Im zweiten Theil seiner Geschichte Frankreichs entwirft Michelet ein meisterhaftes Bild von den Eigenthümlichkeiten der Provinzen und ihrer Bewohner. Es ist eine classische Rundschau, die in der Literatur vielleicht nicht ihres Gleichen hat. Von Nordwesten ausgehend führt er uns durch die Schluchten der Vendee, die Rebengelände der Garonne, die Pyrenäenprovinzen, und so fort bis zum Centrum des Landes, in dem alle Kräfte sich sammeln, in dem sie geläutert und gebildet werden, um dann wieder civilisirend und bildend in die Peripherie zurückzuströmen. In kurzen Zügen, aber mit bewunderungswürdiger Schärfe und einer durchsichtigen Klarheit, wie sie Michelet nicht immer eigen ist, werden das Land und die Bewohner geschildert, mit einem liebevollen Verständniß für die Eigenthümlichkeiten der Landschaft und der Volkscharaktere, die wahrhaft erfreulich ist. Zum Schluß aber läuft die ganze Schilderung doch auf eine Verherrlichung der Centralisation hinaus, die im Grunde nur den Schein individuellen Lebens, nicht das individuelle Leben selbst duldet. „Wer Paris nennt, heißt es u. a., nennt die ganze Monarchie (1833 geschrieben). Wie hat sich eine Stadt zu diesem großen und vollkommenen Ideal des Landes ausgebildet? Das ließe sich nur aus der ganzen Geschichte des Landes erklären: die Beschreibung von Paris würde das letzte Kapitel derselben sein. Der Pariser Geist (génie) ist die verwickeltste und zugleich die höchste Form Frankreichs. Man sollte glauben, daß ein Etwas, das aus der Vernichtung alles örtlichen Geistes, aller provinciellen Eigenthümlichkeit hervorginge, rein negativ sein müßte. Es ist nicht so. Aus allen den Vereinigungen nationaler, localer, provincieller Ideen entspringt eine lebende Allgemeinheit, eine positive Wahrheit, eine lebendige Kraft. Wir haben es im Juli gesehen!“ Frankreich ist ihm ein gewaltiger Organismus von machtvoll wirksamer Zusammensetzung. „Es ist ein wunderbares Schauspiel vom Centrum aus mit einem Blick diesen Organismus zu umfassen, in dem die verschiedenen Theile so zweckmäßig aneinander gerückt, entgegen gesetzt, verbunden sind. Das Schwache mit dem Starken, das Negative mit dem Positiven; zu sehen das beredte und weinreiche Burgund zwischen der ironischen Naivetät der Champagne und der kritischen, streitsüchtigen, kriegerischen Strenge der Franche-Comté und Lothringens; zu sehen den Fanatismus Languedocs in Mitten der provencalischen Leichtlebigkeit und der gascognischen Gleichgültigkeit; zu sehen, wie der Ehrgeiz und eroberungssüchtige Geist der Normandie in Schranken gehalten wird von der widerstandskräftigen Bretagne und dem behäbigen und massiven Flandern.“ „Die Kraft und die Schönheit des Ganzen bestehen in der Gegenseitigkeit der Unterstützung, in der festen Verbindung der Theile, in der Gliederung der Leistungen, in der Theilung der gesellschaftlichen Arbeit. Die Kraft des Widerstandes und des Angriffs, die Tüchtigkeit des Handels liegen in dem äußersten Theile, die Intelligenz im Centrum; das Centrum kennt sich selbst und den ganzen Rest. Die Grenzprovinzen, indem sie unmittelbar an der Vertheidigung mitwirken, bewahren die militärischen Ueberlieferungen, pflanzen den barbarischen Heroismus fort und führen unaufhörlich dem durch die rasche Reibung der socialen Kreisbewegung entnervten Centrum die Kräfte einer energischen Bevölkerung zu. Das Centrum, vor dem Kriege geschützt, denkt, neuert und erfindet in der Industrie, in der Wissenschaft, in der Politik: es formt Alles um, was es empfängt, es schlürft die ihm zugeführten Lebenssäfte und diese gestalten sich um. Die Provinzen betrachten sich im Centrum; in ihm leben und bewundern sie sich unter einer höheren Form; kaum erkennen sie sich wieder. Miranturque novas frondes et non sua poma."

Michelet erkennt die Schattenseiten dieser absorbirenden Kraft des Centrums sehr wohl, er gesteht zu, daß der Fremde, der die Grenze überschreitet und Frankreich mit den angrenzenden Ländern vergleicht, zuerst keinen günstigen Eindruck empfangen kann. Es giebt wenig Seiten, wo die Fremde nicht überlegen scheint. Von Mons nach Valenciennes, von Dover nach Calais ist der Unterschied peinlich. Die Normandie ist ein abgeblaßtes England. Elsaß ist ein Deutschland, entbehrt aber dessen, was Deutschlands Ruhm ausmacht: der Wissensfülle, der philosophischen Tiefe, der poetischen Naivetät. Aber man muß Frankreich nicht Stück für Stück, sondern als ein Ganzes betrachten. Gerade weil die Centralisation mächtig, das gemeinsame Leben stark und energisch ist, gerade deshalb ist das örtliche Leben schwach. Und darin eben liegt die Schönheit Frankreichs. Man findet in demselben nicht wie in Deutschland zwanzig Mittelpunkte der Kunst und Wissenschaft. „England ist ein Reich, Deutschland ein Land, Frankreich eine Person" heißt es in einer Wendung, um die selbst Victor Hugo den Verfasser beneiden könnte.

Die Schilderung des Charakters von Paris wäre der Schlußstein der Geschichte Frankreichs! Paris ist die große Werkstatt, die den Rohstoff verarbeitet und mit ihrem Stempel versieht, den Frankreich ihr liefert, mit dem Frankreich sie nährt, den Frankreich nur in der Form und den oft homöopathischen Dosen wiederempfängt; die Paris ihm zu verabreichen für gut findet. Wie wunderbar, daß diesem scharfsinnigen, mit dem umfassendsten Studium der Vergangenheit genährten Kopf nicht der Gedanke kommt, daß diese gepriesene Herrlichkeit der Hauptstadt die Ursache der nervösen Ueberreizung der Nation ist, die er oft so bitter beklagt! Wenn dem Studium der Geschichte gleichsam der providentielle Beruf zugefallen schien, Frankreich aus dem verhängnißvollen, revolutionären Cirkel, in dem es festgebannt ist, herauszuziehen, so zeigt eben Michelet's Beispiel, wie es gekommen ist, daß die Geschichtsforschung diesen Beruf nicht erfüllt hat, nicht erfüllen konnte. Alle Studien vermochten nicht, ihm die Augen über das große nationale Uebel zu öffnen, an dem Frankreich krankte; ja die Centralisation war ihm nicht bloß ein Ergebniß der französischen Geschichte, sie ist das Ergebniß „der lebendigen und hinreißenden Sympathie des gallischen Genius, seines socialen Instinkts", also eine tief in dem Nationalcharakter begründete Erscheinung, die eben darin, daß sie der nationalen Eigenart entspricht und ihr gewissermaßen den schärfsten Ausdruck giebt, ihre geschichtliche Berechtigung findet.

Es ist schon auf Michelet's Vorliebe für das gallische Element hingewiesen. Er gehört zwar keineswegs zu den Gallomanen, die den Einfluß

fremder Elemente auf die Bildung der französischen Nationalität ganz abweisen möchten. Jedenfalls hat aber auch nach feiner vollkommen begründeten
Ansicht, der gallische Charakter, deſſen außerordentliche Zähigkeit und Lebenskraft unbestreitbar ist, durch die verschiedenen Völkerschichten, die sich auf dem
Boden des Landes theils neben, theils übereinander abgelagert, theils sich
untereinander und mit der alten Bevölkerung organiſch durchdrungen haben,
keineswegs erstickt werden können. Der gallische Stamm, „die sympathischste
und vervollkommnungsfähigste aller menschlichen Racen", hat, obgleich unterdrückt, doch den fremden Stämmen gegenüber ungefähr dieselbe Rolle gespielt,
wie Paris in den späteren Zeiten dem übrigen Frankreich gegenüber. Er hat
die fremden Bestandtheile aufgesogen, sich assimilirt und zu einer neuen mit
dem gallischen Stempel bezeichneten Nationalität umgewandelt. Das Bild,
welches die alten Schriftsteller von den Galliern entwerfen, läßt er gelten,
aber wie weiß er es zu idealiſiren! Das Genie der Gallier ist zuerst Nichts
als Bewegung, Angriff und Eroberung; mit dem Schwert in der Hand
durchziehen sie die Welt, weniger aus Habgier (das ist denn doch eine Behauptung, die mit allen Angaben der Alten in Widerspruch steht), als aus
einem unbestimmten Verlangen, zu sehen, zu lernen, zu handeln, zertrümmernd,
zerstörend, weil sie noch nicht zu schaffen verstehen.

Auf Michelet's geistvolle Ansichten über den Einfluß der verschiedenen
Stämme, die nacheinander den französischen Boden occupirt haben, einzugehn,
würde zu weit führen. Im Allgemeinen verfolgt er, während er die civili-
ſirende Einwirkung des römischen Elements sehr hoch anschlägt, die Tendenz,
den germanischen Einfluß als möglichst gering darzustellen, ja er betrachtet
gewiſſermaßen die geistige Ueberwindung des germanischen Elements als das
große Ergebniß des Verschmelzungsprocesses, wie er denn auch den Gegensatz
des Französischen und Germanischen bei jeder Gelegenheit hervortreten läßt.
Was von Rom in Gallien bleibt, ist in seiner Wirkung unermeßlich. Es
läßt dort die Organiſation, die Verwaltung zurück. Es hat die Stadt gegründet, während Gallien vorher nur Dörfer und Flecken hatte. So groß
ist die Gewalt der römischen Organiſation, daß selbst die Barbaren sich ihr
unterwerfen müſſen. Gewiſſermaßen finden die Römer in Gallien ein verwandtes Element vor. Denn das Princip der Gleichheit ist dem gallischen
Genius angeboren, und da Michelet dies Princip mit einer den Franzosen
sehr geläufigen Verwechselung dem der freien Persönlichkeit gleichsetzt, so nimmt
er an manchen Stellen geradezu eine Identität des Hellenischen, in dem dies
letztere Princip sich viel schärfer, als im Römischen entwickelt findet, und des
Gallischen an; das Helleno-Celtische wird ihm zu einem ganz besonderen
selbständigen Völkertypus. Aber seine politische Form erhält das Gleichheitsprincip erst durch das Römerthum, den Cäsarismus, wie es, was freilich

Michelet nicht eingesteht, naturgemäß zum Cäsarismus zurückführt. „Den großen Namen des Reichs, diese Idee der Gleichheit unter einem Monarchen, so entgegengesetzt dem aristokratischen Princip Germaniens, hat Rom in den Boden Galliens gesenkt. Die barbarischen Könige haben ihren Gewinn daraus ziehen können. Gepflegt von der Kirche, freudig aufgenommen vom Volke, wird diese Idee ihren Weg machen durch die Zeiten der Karolinger und der Capetinger. Sie wird uns Schritt für Schritt zur Vernichtung der Aristokratie, zur gesellschaftlichen und politischen Gleichheit der neuesten Zeit führen!" Aber auch zum modernen Kaiserthum: eine Thatsache, die Michelet freilich als logische Consequenz des Gleichheitsprincips und der Revolution, welche die Verwirklichung dieses Princips sich zum Ziele setzte, nicht anerkennen kann. Sieht er doch für das fallende Königthum, das in seinem Aufschwung unter Philipp dem Schönen dem Mittelalter ein Ende machte und die neue Zeit anbahnte, einen Trost darin, daß es in dem unermeßlichen Ruhm einer jungen Republik zu Grunde ging, die in der Besiegung und Erneuerung Europas ihre erste Probe ablegte. Was ist aus der republikanischen Herrlichkeit geworden, wohin hat der fanatische Cultus des Gleichheitsprincips, zu dessen begeistertsten Aposteln ja auch Michelet gehört, Frankreich geführt!

Wenn das römische Cäsarenthum die Gleichheit gewissermaßen zum Staatsprincip erhoben hat, so liegt die Gleichheit als Grundlage des gesellschaftlichen Daseins doch im Charakter des gallischen Stammes, und Rom hat in dieser Beziehung nach Gallien eigentlich nichts Neues gebracht, sondern nur den Grund zur staatlichen Organisation und Entwickelung eines im gallischen Volkscharakter bereits vorhandenen und tief in ihm eingewurzelten Princips gelegt. Das Streben nach socialer Gleichheit und nach politischer Concentration der Nation in einem großen Mittelpunkte und unter einer Alles leitenden und regelnden Gewalt, das sind ja in der That die treibenden Kräfte der französischen Geschichte. Aber die großen Triebfedern in der Geschichte eines Volkes lassen sich fast nirgends, und auch in Frankreich nicht, mit Sicherheit ausschließlich aus dem ursprünglichen Nationalcharakter ableiten; sie treten allmählich im Laufe der Ereignisse hervor, sie entwickeln sich aus ihnen, bis sie nach und nach die Kraft gewinnen, selbst bestimmend auf die Entwickelung einzuwirken. Der Zeitpunkt, wann ein Princip die Geschichte eines Volkes zu beherrschen beginnt, läßt sich natürlich niemals genau bestimmen, da die Uebergänge in der Geschichte sich allmählich vollziehen. So viel kann indessen mit Sicherheit behauptet werden, daß von Philipp dem Schönen, vielleicht auch schon von Philipp August an, das Königthum mit klarem Bewußtsein und zäher Consequenz auf das Ziel hinarbeitet, welches die neueste Geschichte Frankreichs erreicht hat, und daß alle Hindernisse, welche der für seine Selbständigkeit kämpfende Adel dem Königthum auf seinem Wege entgegenstellte, nur eine um so schärfere Entwickelung des Princips zur Folge hatten. Das kann Michelet nicht umhin in gewissem Sinne anzuerkennen; nichtsbestoweniger aber kommt er wiederholt auf seine Behauptung zurück, daß die Celten den Ruhm haben, das Gesetz der Gleichheit im Occident begründet zu haben. Aber dies Streben zur Gleichheit, zur Nivellirung hätte die Menschen isolirt, wenn es nicht in einer lebhaften Sympathie, welche sie wieder einander näher brachte, ein Gegengewicht gefunden hätte, der Art, daß der Mensch, durch die Gleichheit des Gesetzes vom Menschen befreit und gelöst, sich wieder anschloß durch ein freiwilliges Band. So sei es in Frankreich gekommen, und das erkläre seine Größe. „Dadurch sind wir eine Nation geworden, während die ungemischten Celten ein Clan geblieben sind."

Zu einer so wunderlichen Paradoxie läßt sich ein Forscher von so gründlicher Gelehrsamkeit, von so durchdringendem Scharfblick durch eine theoretische Liebhaberei verleiten. Nicht in der Sympathie ist das Gegengewicht gegen die zersetzende Kraft des absoluten Gleichheitsprincips zu suchen, sondern lediglich in der Energie der Staatsgewalt, die in dem Maße sich steigern mußte, als jenes Princip sich entwickelte, wie andererseits die Staatsgewalt die Gleichheit beförderte, weil sie in allen gesellschaftlichen Ungleichheiten ebenso viel Hindernisse für ihre freie Entfaltung erblickte. Man befreie Frankreich nur ein Jahr lang völlig von dem Druck seiner Centralgewalt, und man wird bald mit Schrecken sehen, ob die gerühmte Sympathie, welche die Gesellschaft binden soll, im Stande sein wird, ihren Zerfall, ihre Auflösung in Atome zu verhindern. Wo die Gleichheit das höchste Princip, das einzige Lebensgesetz ist, da kann die Gesellschaft nur durch eine starke Hand und kräftige Mittel zusammengehalten werden, in revolutionären Zeiten durch die Guillotine, in ruhigeren Zeiten durch ein allmächtiges wohl disciplinirtes Beamtenthum, das durch seine rücksichtslose Strenge Furcht und Vertrauen zugleich zu erwecken weiß; für die Freiheit ist in Frankreich kein Platz geblieben. Der französische Freiheitssinn ist Nichts als der zügellose Trieb des Individuums nach persönlicher Geltung, also die natürliche Reaction der Persönlichkeit gegen das Gleichheitsprincip, das nun einmal die Grundlage der französischen Gesellschaft geworden, die in Trümmer zerfallen würde, wenn jenem natürlichen Triebe der Persönlichkeit in der Macht des centralisirten Staats nicht eine Schranke gesetzt würde. Daher kann auch der Parlamentarismus in Frankreich keine Wurzeln schlagen, da der Freiheitssinn der Individuen und Parteien sich ausschließlich in dem Streben nach Macht und Herrschaft äußert, für welches die politischen Grundsätze nur ein Deckmantel sind.

Michelet schwärmt, wie die meisten Franzosen für bürgerliche und politische

Freiheit, für die vollständigste Entfaltung jeder eigenartigen Persönlichkeit, aber er sieht nicht, daß eine nivellirende Gesellschaft weder die politische Freiheit ertragen kann, noch eine individuelle Eigenart bestehen läßt. Er ist ein zu scharfblickender Beobachter, um nicht die Wirkung seines Princips wahrzunehmen, aber er ist zu sehr in den Banden des Princips befangen, um die Ursache zu erkennen. Die Revolution soll, wie schon bemerkt, nach seiner Ansicht nicht nur die Gleichheit hergestellt, sondern den dem gallischen Charakter angeblich angeborenen Trieb nach kräftiger Ausprägung der Persönlichkeit zu vollster Entwickelung gebracht haben. In seinen späteren Schriften aber, in denen der Charakter seiner Zeitgenossen von den verschiedenartigsten Gesichtspunkten aus mit meisterhafter Schärfe analysirt wird, nimmt er durchaus keinen Anstand, gerade den Mangel der Originalität, die zunehmende Einförmigkeit des Denkens und Empfindens aufs Lebhafteste zu beklagen. Seinem Unmuth über die Schlaffheit und Blasirtheit der Jugend macht er in den bittersten Worten Luft. Niemand vertraut der eignen Kraft, von frischem muthigem Unternehmungsgeist ist in Frankreich kaum noch eine Spur zu finden. Jeder will Notar, Sachwalter, Beamter werden, er erwartet Alles vom Staat; alle Mütter wollen Beamte zu Schwiegersöhnen. So kommt es, daß die Verblendung des reaktionären Geistes, die allgemeine Unwissenheit, und die Furcht der Frauen aus dem unternehmungslustigsten Volke das furchtsamste und trägste gemacht hat, wahre Mollusken auf ihren Felsen. Den Engländern, den Russen, den Amerikanern ist die ganze Erde ein Feld für ihre Thätigkeit; die Engländerin findet es ganz natürlich, einen Kaufmann von Calcutta oder Canton zu heirathen. Selbst Deutschland, welches so sehr seinen häuslichen Heerd liebt, breitet sich über alle Welttheile aus. Sehr fein bemerkt er, daß die Stärke des Familienlebens die Wanderlust nicht mindert, sondern vermehrt, weil die Familie sicher ist, ihr Glück in alle Ferne mit sich zu führen. Ihr allein in Europa wißt nicht, ruft er seinen Landsleuten zu, daß, wenn man euch nicht in die Uniform steckt, ihr das am meisten an der Scholle klebende, das „verständige" (prudent) Volk seid. Und was trägt die Schuld an dieser Ermattung des öffentlichen Geistes, an dieser philisterhaften Selbstbeschränkung? Man wird Michelet's Antwort schwerlich errathen. Ganz allein Ludwig's XIV. Angriffe gegen Holland, durch die er England die Seeherrschaft in die Hände gespielt hat. „Ohne Ludwig XIV. besäßen wir beide Indien. Und warum? Wir wurden geliebt; wir hatten überall Kinder und die Engländer haben deren nirgends" (natürlich von Nordamerika abgesehen, wo sie in Massen auftreten).

Sehr lebhaft beklagt Michelet die Erschlaffung des Familiengeistes, die Blasirtheit der Männer, die wachsende Neigung zu einem ungebundenen Cölibat, die erschreckend geringe Zahl der Geburten, da Familien mit mehr als zwei Kindern nicht bloß in den gebildeten Ständen schon anfangen zu den Seltenheiten zu gehören. Aber er sieht nicht, daß die Ursache aller dieser Erscheinungen in dem auf die Spitze getriebenen Individualismus liegt, der seinerseits eine nothwendige Folge des nivellirenden Gleichheitsprincips ist. Es liegt in der Natur der Dinge, daß der Einzelne unausgesetzt gegen dies Princip reagirt; die desorganisirte Gesellschaft — das Ideal der äußersten und consequentesten Demokratie, die socialistische Organisation, ist eben noch nicht durchgeführt — setzt ihm keine Schranken entgegen, die einerseits seiner Willkür Zügel anlegen und in deren Ueberwindung andererseits eine kräftige Natur sich zu einer selbständigen, charaktervollen Persönlichkeit entfalten könnte. Man erkennt nur die eine Schranke an, welche die Staatsgewalt zieht; ihrem Druck fügt man sich, aber da jedes begabte und strebsame Individuum doch lieber Hammer als Ambos sein möchte, so drängt Jeder nach oben, um eine Stelle in dem ungeheueren Organismus der Regierung einzunehmen und als Glied der Centralgewalt sein Departement zu beherrschen, oder den Dorfdespoten zu spielen. So schlägt naturgemäß das Gleichheitsprincip in sein Gegentheil um. Der Ehrgeiz durchbricht seine Schranken täglich, aber dieser Ehrgeiz ist eben wegen seines grenzenlosen Egoismus schlaff und unfähig, starke Charaktere zu erzeugen.

Es liegt eine tiefe Tragik darin, daß der hochbegabte, vom idealsten Streben erfüllte Mann, „der der vollkommenste Ausdruck des französischen Genius war", mit seinem in die Tiefe der Seele des Einzelnen, wie des Volkes dringenden Scharfblick die ganze geistige und moralische Zerrüttung seiner Nation erkennt, und dabei doch, trotz seiner Vertiefung in die Vergangenheit und Gegenwart seines Volkes, unfähig ist, die Quellen des Uebels zu erkennen. Ja, er erwartet gerade Genesung von dem berauschenden Trank, der die Nation in beständigem Wechsel zwischen fieberhafter Erregung und tobtenähnlicher Betäubung hin- und herwirft. Ihm war vielleicht vor allen seinen Mitarbeitern auf dem Felde der Geschichtsforschung die Gabe verliehen, Frankreich von dem Abgrund zurückzuziehen, dem es zugetrieben wird. Aber den Götzen zu verleugnen, dem Frankreich seit Jahrhunderten Weihrauch gestreut hat, das vermochte er nicht; der Einzige, der dies wagte, Tocqueville, stand vereinsamt unter seinen Zeitgenossen da, und jetzt gehört er fast schon der Literaturgeschichte an. Michelet ist vielleicht der populärste Geschichtschreiber Frankreichs, aber die Wiedergeburt seines Vaterlandes hat er nicht vorbereitet.

Georg Zelle.

Die deutsche Gerichtsorganisation und die Kleinstaaten.

Noch liegt das Ziel, auf welches wir mit den vom Bundesrath genehmigten Entwürfen der Civil- und Strafprozeßordnung und des Gerichtsverfassungsgesetzes zusteuern, in ungewisser Ferne, um so deutlicher zeigen sich aber schon jetzt zahlreiche Klippen und Sturmwolken als drohende Hindernisse einer Fahrt, die das Höchste an Geschicklichkeit, wie an patriotischer Hingebung von Denen fordert, welchen sie anvertraut ist.

Stände bloß das Schicksal der Prozeßordnungen in Frage, so ließe sich das Weitere mit größerer Zuversicht erwarten. Trotz der Verschiedenheit der Ansichten über die mannigfachen darin zum Ausdruck gelangten Abweichungen von dem bestehenden Rechtszustande, findet sich doch in dem unwiderstehlichen Drange nach Rechtseinheit die sicherste Gewähr für eine schließliche Verständigung. Dagegen treten, sowohl was die Feststellung seiner Normen, als namentlich was die künftige Ausführung betrifft, bei dem Gesetz über die Einrichtung der Gerichte erheblichere Schwierigkeiten hervor. Dasselbe bildet die gemeinsame Grundlage und die wesentliche Voraussetzung der beiden Prozeßordnungen, indem es die Behörden, welche die letzteren handhaben und dem Volke das Recht vermitteln sollen, in Umrissen bezeichnet, den Kreis ihrer Zuständigkeit abgrenzt, allgemeine zur Geschäftsordnung gehörige Punkte, die Rechtshülfe, Gerichtssprache, Ferien ꝛc. regelt. In höherm Maße wie die Gesetze über das gerichtliche Verfahren, welche mehr die eigentlich juristischen Kreise berühren, hat die künftige Gerichtsorganisation schon die allgemeine Aufmerksamkeit auf sich gelenkt, es wird deßhalb gestattet sein, sie zum Gegenstande einer Besprechung in diesen Blättern zu machen.

Und zwar richtet sich unser Blick zunächst auf ein Moment von wesentlich politischer Bedeutung, das mehr als die ihrer Entscheidung harrenden erheblicheren Streitfragen — Beibehaltung der Schwurgerichte, Ausschließung des Laienelements bei Aburtheilung der schweren Vergehen, Statthaftigkeit der Berufung gegen die Endurtheile der Landgerichte und Handelsgerichte ꝛc. — das Gelingen des gesetzgeberischen Werkes beeinflussen dürfte. Wir meinen die freie Stellung, welche bei der Durchführung des Gerichtsverfassungsgesetzes die einzelnen Staaten einnehmen werden. Aus den Motiven des Entwurfes geht hervor, daß man auf's Sorgfältigste bemüht gewesen ist, die Selbständigkeit der Bundesländer so wenig wie möglich zu beeinträchtigen. Nur soweit es die Aufgabe des Gesetzes, „für die gleichmäßige Anwendung der Prozeßordnungen die gemeinsamen Grundlagen zu schaffen", unbedingt zu erfordern schien, hat man die Freiheit der einzelnen Staaten eingeschränkt, man hat für das Reich bloß das in Anspruch nehmen wollen,

„was eben nur von dem Reich geordnet werden kann, weil es gemeinsam geordnet werden muß."

Hiernach verbleibt denn für letzteres im Grunde nur die Einrichtung des als höchste Instanz in Aussicht genommenen deutschen Reichsgerichts und die Anstellung eines kaiserlichen Reichsanwalts. Das Uebrige wird, da die untergeordneten Gerichtsbehörden Landesgerichte sein sollen, den Bundesstaaten, jedem zu seinem Theil, überlassen. Die Bestimmung der Zahl und der Bezirke der Gerichte höherer und niederer Instanz, die Auswahl des Personals dieser Behörden, der Staatsanwälte, Gerichtsvollzieher, Festsetzung der Besoldungen, Aufsicht über die Justizbeamten, die Anwälte und Notare, Aufstellung der Geschäftsordnung bei den Gerichten ꝛc., Alles dies liegt den Landesjustizverwaltungen ob.

Angesichts der wesentlich verschiedenen Umstände, unter welchen man sich in den einzelnen Ländern anschicken wird, den durch das künftige Organisationsgesetz zu überliefernden Rahmen auszufüllen, würde an und für sich auf eine gleichmäßige Lösung dieser Aufgabe in allen Theilen des Reiches nicht zu hoffen sein. Während den größeren Staaten ihre Ausdehnung und Bevölkerungszahl die ungehinderte Ausführung des Gesetzes ermöglicht, sind die kleinsten nur eben in der Lage, einige Amtsgerichte zu organisiren. Die Bildung von Landgerichten — die, wie es heißt, 150,000—250,000 Seelen umfassen sollen — wird auch die weniger kleinen in Verlegenheit setzen und zur selbständigen Gestaltung auch nur eines Oberlandesgerichts mit etwa 1—2 Millionen Seelen, ist außer den 4 Königreichen, Baden und Hessen kein einziger von den Bundesstaaten im Stande.

Man würde es aber als einen entschiedenen, folgenschweren Fehler bezeichnen müssen, wenn Einrichtungen ins Leben treten, die sich mit denen in den größeren Staaten in allzugrellen Contrast setzen. Freilich ließe sich nach der Haltung, welche die Motive des Organisationsgesetzes zu dieser Frage einnehmen, kaum etwas dagegen erinnern, wenn jeder kleinere Staat sich den Luxus eines eignen Oberlandesgerichts erlauben wollte, und der vorliegende Entwurf, indem er im Gegensatz zu dem ursprünglich ausgearbeiteten, die Berufung gegen die Entscheidungen der Land- und Handelsgerichte wieder hergestellt, dafür aber die Spruchcollegien jener Untergerichte statt mit 5 nur mit 3 Richtern besetzen will, scheint dies sogar zu begünstigen.

Ganz ohne Rücksicht auf die Kostspieligkeit solcher Gerichtshöfe und den immerhin zu befürchtenden Mangel hinreichender Beschäftigung würden dieselben jedoch dem Sinne des Gesetzes wenig entsprechen. Wenn es in § 93 und 94 des Entwurfs heißt, daß die Oberlandesgerichte mit einem Präsidenten und der erforderlichen Zahl von Senatspräsidenten und Räthen besetzt und daß bei denselben Civil- und Strafsenate gebildet werden sollen, so setzt dies eine bedeutende Zahl von Gerichtsmitgliedern voraus und man müßte Tribunale, die Alles in Allem, aus der Minimalzahl von 5 Richtern zu gleichzeitiger Verwendung im Civil- und Straffenat bestehen, unzweifelhaft nur als Carrikaturen des vom Gesetze vorgezeichneten Bildes ansehen. Sie würden wegen ihres allzukleinlichen Zuschnittes den größeren Oberlandesgerichten, welchen schon die Zahl ihrer Mitglieder eine bedeutende Summe von Intelligenz verbürgt, wo in Folge öftern Hinzutretens junger Kräfte stets ein reges wissenschaftliches Leben pulsiren wird, nicht als ebenbürtig betrachtet werden, überdies könnten sie mit dem besten Willen schwerlich ihrer hohen Aufgabe gerecht werden und würden die Bevölkerung — auch über die Landesgrenze hinaus — durch die Unzulänglichkeit ihrer Rechtssprüche benachtheiligen.

Bei der Umschau nach Mitteln, mit welchen sich derartigen Uebelständen begegnen ließe, muß es befremden, daß sich solche weder in der Reichsverfassung, noch in dem Entwurfe des Gerichtsverfassungsgesetzes angedeutet finden, wiewohl schon die frühere Bundesakte in Art. 12 bei ähnlichen Voraussetzungen gewisse Vorschriften im Interesse des allgemeinen Rechtsschutzes für nöthig erachtet hatte. Letztere beschränken sich zwar auf die Anordnung oberster Gerichtshöfe für kleinere Staaten; geben aber doch insofern einen Fingerzeig, als sie denjenigen Bundesgliedern, deren Besitzungen nicht eine Volkszahl von 300,000 Seelen erreichte, die selbständige Ausübung der Rechtspflege in höchster Instanz regelmäßig nicht gestatten und im Allgemeinen auf die Vereinigung der Kleinstaaten zur Bildung gemeinschaftlicher oberster Gerichtshöfe hinweisen.

Ueber etwaige Schritte, welche gegenwärtig von den Regierungen kleinerer Reichsländer zur Herbeiführung einer Gerichtsgemeinschaft beabsichtigt sind, verlautet Nichts, desto geschäftiger zeigt sich aber die Presse, und vorzugsweise sind es die Thüringischen Staaten, in welchen man mit bestimmten Ansichten und Vorschlägen in jener Richtung hervorgetreten ist.

Soweit wir dieselben haben verfolgen können, lassen sie sich etwa dahin zusammenfassen:

1. Anschluß der kleineren Staaten — eines jeden für sich — an einen großen Nachbarstaat, jedoch nur zur Herstellung des Oberlandesgerichts und unter Wahrung voller Selbständigkeit bezüglich der untergeordneten Gerichtsbehörden. Dieser Weg setzt immer eine gewisse Bedeutung des kleineren Staates voraus, welche die Bildung eines Landesgerichts von nicht allzu minutiöser Beschaffenheit überhaupt zuläßt, würde also von den Ländern geringsten Umfanges nicht wohl eingeschlagen werden können. Ueberdies wird dagegen eingewendet, daß eine solche Unterstellung des kleinern Staates die Lahmlegung seiner Justizhoheit in wesentlichen Punkten herbeiführen müsse, ohne daß ihm eine Mitwirkung bei der Inspection und der Geschäftsführung des betreffenden

Oberlandesgerichtes, den von ihm dazu abgeordneten Mitgliedern ein nennenswerther Einfluß auf die Rechtsprechung zugestanden werden könnte, abgesehen
von den Unzuträglichkeiten, welche es mit sich bringt, daß der Richter des
größern Staates den Rechtsnormen und -Gewohnheiten des kleinern theilweise fremd gegenübersteht und sich denselben schwerlich je mit Wärme zuwenden wird.

2. Vereinigung mehrerer Kleinstaaten zur Bildung eines Oberlandesgerichts unter analoger Anwendung der für die Gerichtsgemeinschaft rücksicht-
lich einiger Gerichtshöfe höchster Instanz bestehenden Einrichtungen. Diese
Verbindung soll nach der Ansicht Einiger, unbeschadet der Selbständigkeit der
Einzelstaaten in Ansehung der Amtsgerichte und Landgerichte, eintreten, jedoch
mit der Ausnahme, daß gemeinschaftliche Landgerichte da gebildet werden
können, wo die geographische Lage oder die geringe Bevölkerungszahl eines
Landes dies unbedingt nöthig macht.

Ein anderer Vorschlag von überraschender Kühnheit, welchen die Blätter
für Rechtspflege in Thüringen und Anhalt bringen, macht in Bezug auf die
Thüringischen Länder diese Ausnahme zur Regel. Ausgehend davon, daß der
geringe Umfang einzelner dieser Staaten, die eigenthümliche Zersplitterung
des Thüringischen Landes unter verschiedener Landeshoheit der Gerichtsorganisation ganz besondere Schwierigkeiten bereitet, gelangt er zur Bildung von
durchweg gemeinschaftlichen Landgerichten — deren eines, zugleich als Han-
delsgerichtssprengel, Gebietstheile von sämmtlichen acht Ländern umfassen soll
— und zur Bildung gemeinschaftlicher Amtsgerichte.

Falls, wie wir voraussetzen, dieser Vorschlag bei den betreffenden Landes-
regierungen keine freundliche Aufnahme gefunden hat, so ließe sich das auch
ohne Rücksicht auf die daraus entstehende Grenzverwirrung in den Souverä-
nitätsrechten erklären. Die praktische Durchführung würde so erhebliche
Schwierigkeiten, besonders finanzielle, ergeben, die Justizverwaltung und Aufsicht eine so vielköpfige und complicirte sein, daß auf ein zufriedenstellendes
Ergebniß kaum zu rechnen wäre.

3. Uebertragung der Rechtspflege auf das Reich dergestalt, daß eine
„Centralstelle für Justizangelegenheiten in Thüringen" als besondere Abtheilung des Reichskanzleramtes zu bilden wäre, welche statt der Justizministerien
der acht einzelnen Staaten die gesammten persönlichen Angelegenheiten zu
leiten, die Gerichtsbezirke abzugrenzen und die Justizverwaltung und oberste
Aufsicht über das Gerichtswesen u. f. w. zu übernehmen hätte.

Unbekümmert um den Widerspruch, welchen er vom Standpunkt des
Particularismus gefunden hat, stehen wir nicht an, diesem Vorschlag, wenn
auch mit einigen Modificationen, beizustimmen. Berechtigt wäre nach unserer
Meinung der Widerspruch, wenn er von Staaten ausginge, die im Stande

find, ihr Juſtizweſen ganz für ſich zu ordnen. Für diejenigen, welche unter allen Umſtänden einem Theil ihrer Juſtizhoheit werden entſagen müſſen — gleichviel, ob zu Gunſten einer Gemeinſchaft mit anderen kleinen oder in der Form des Anſchluſſes an größere Staaten — handelt es ſich nur um ein Mehr oder Minder der aufzugebenden Rechte und Laſten. Sie werden ſich die Frage vorzulegen haben, ob die ihnen als Gliedern einer zu einer Gerichtsgemeinſchaft zuſammengetretenen Staatengruppe verbleibende größere Freiheit der Bewegung aufgewogen wird durch die Verantwortung, welche ſie trifft, wenn auf dieſe Weiſe ihren Angehörigen die Wohlthaten der neuen Reichsgeſetze nicht voll und ganz zu Theil werden. Gewinnen ſie die Ueberzeugung, daß die Wahrung des Reſtes ihrer Selbſtändigkeit dem gemeinen Wohl nicht förderlich wäre, ſo haben ſie die Pflicht, davon noch ſoviel aufzugeben, als zur Herſtellung haltbarer, befriedigender Zuſtände ſchwinden muß.

Dieſen Standpunkt würden aber nach unſerer Anſicht nicht bloß die Thüringiſchen Staaten, ſondern überhaupt alle diejenigen einzunehmen haben, welche ſich in gleicher oder ähnlicher Lage befinden, und es wäre, wie wir glauben, nicht blos ein Akt der weiſeſten und hochherzigſten Politik, ſondern ein unermeßlicher Gewinn für ſie ſelbſt wie auch für das Allgemeine, wenn ſie ſämmtlich in geſchloſſener Zahl zu dem Entſchluſſe gelangten, ihr Gerichtsweſen gemeinſchaftlich der Leitung des Reiches nach jenem Vorſchlage zu unterſtellen.

Allerdings iſt die Haltung, welche man maßgebenden Ortes derartigen Anträgen der Kleinſtaaten gegenüber beobachten würde, nicht mit Sicherheit als eine geneigte vorauszuſetzen. Im Reichsgrundgeſetze wird ein ſolcher Fall nicht vorgeſehen, derſelbe dürfte daher, da er eine Veränderung der Verfaſſung involvirt, im Wege der Geſetzgebung ſeine Erledigung finden müſſen.

Von allein weſentlicher Bedeutung erſcheint dabei unſeres Erachtens die Haltung Preußens. Wenn dieſes für die hier vertretene Auffaſſung gewonnen werden könnte, ſo bliebe immer der Ausweg einer Uebertragung der Juſtizverwaltung der kleineren Bundesländer an jenen Staat und auch dieſer Eventualität würden wir uns gern fügen, wenn ſie zur Schaffung eines gemeinſchaftlichen Mittelpunktes für die Rechtspflege in jenen Ländern führt.

Schon einmal iſt man in Preußen beim Abſchluß des Acceſſionsvertrages mit Waldeck-Pyrmont in der Lage geweſen, ſich über eine analoge Frage ſchlüſſig zu machen. Wenn anders ſpätere Erfahrungen nicht eine Wandelung ſeiner Anſichten zuwege gebracht haben, würde aus der Rede des Fürſten Bismarck in der Sitzung des Abgeordnetenhauſes vom 11. December 1867 wohl eine günſtige Beurtheilung ähnlicher Vorſchläge Seitens der Regierung gefolgert werden dürfen. Denn auch damals handelte es ſich darum, daß ein kleineres Staatsweſen mit ſeinen Mitteln nicht ausreichte, diejenigen Bedürfniſſe zu befriedigen, die eine ausgedehnte Staatseinrichtung bis in die höheren Inſtanzen hinein befriedigt und daß es durch Anlehnung an einen Großſtaat unter möglichſter Schonung ſeiner Souverainetät das ihm an intellektueller Kraft Fehlende ergänzen mußte.

Wir zweifeln deßhalb nicht, daß Preußen, ſelbſt mit eigenen Opfern, wenn auch nicht an Geldmitteln — da dieſe durch die kleineren Staaten nach Maßgabe ihrer jetzigen Etats und der künftigen Erforderniſſe gemeinſchaftlich aufgebracht werden müßten und könnten — bereit ſein würde, wiederum ſeinen ſchwächeren Bundesgenoſſen die hülfreiche Hand zu bieten. Dies würde mit um ſo glücklicherem Erfolge geſchehen, jemehr von den kleineren Staaten zu einem ſolchen Bündniß zuſammentreten. Nur mit einer größeren Zahl von ihnen ließen ſich nämlich, wie wir annehmen, von der leitenden Stelle ſolche Einrichtungen treffen, wie ſie uns vorſchweben und wie ſie bei der Unterordnung unter das Reich ſelbſtverſtändlich wären.

Die kleineren Staaten würden danach, zu einer oder mehreren Gruppen vereinigt, beſondere Oberlandesgerichtsbezirke und innerhalb derſelben, ohne grundſätzliche Wahrung der Territorialgrenzen, Landes-, Handels- und Amts-gerichtsſprengel bilden und es würden die Richter, Staatsanwälte. Unter-beamten aus der Zahl des heimiſchen Perſonals, weſentlich im Anſchluß an die beſtehenden Verhältniſſe, jedoch unter Geſtattung der Freizügigkeit inner-halb des Gebietes der verbündeten Länder, gewählt, auch von der Central-verwaltung nach gleichen Principien beſoldet werden. Bei dem etwaigen Anſchluß an Preußen wäre von der Zulegung einzelner Bezirke zu Preußiſchen als Regel abzuſehen. Dieſelbe dürfte aber da eintreten, wo beſtimmte Rück-ſichten dies im Intereſſe der Bevölkerung zweifellos erfordern. Von den weſentlichen Beſtandtheilen der Juſtizhoheit würde den kleineren Staaten das Recht der Geſetzgebung und, in einer beſtimmt zu normirenden Weiſe, das Begnadigungsrecht gewahrt werden können, auch wäre nicht ausgeſchloſſen, daß denſelben das Präſentationsrecht für gewiſſe Stellen vorbehalten bliebe. Mit eingehenderen Vorſchlägen hervorzutreten, kann nicht in unſerer Abſicht liegen. Wir glauben, daß wenn über das „Ob" eine Uebereinſtimmung erzielt werden könnte, das „Wie" zwar höchſt bedeutende, aber doch kaum größere Schwierigkeiten darbieten würde, als ſie die ſelbſtändige Gerichts-organiſation für jeden einzelnen Staat mit ſich bringt. Wäre der derzeitige K. Preuß. Juſtizminiſter Leonhardt berufen, das Werk auszuführen, ſo würde es, davon ſind wir auf das Feſteſte überzeugt, aus der Hand dieſes ausgezeich-neten Organiſators als ein wohlgelungenes, nach allen Seiten befriedigendes hervorgehen. —

Die Gründe, welche uns beſtimmen, für den dritten Vorſchlag mit den ihm gegebenen Erweiterungen einzutreten, liegen nicht ausſchließlich auf dem

Gebiete der Zweckmäßigkeit. Nach Allem, was uns in dieser Hinsicht bekannt geworden ist, sind wir von der Ueberzeugung durchdrungen, daß die Verhältnisse in kleineren Staaten einem normalen Bestehen und gedeihlicher Entwickelung der Rechtspflege keineswegs günstig und eingreifende Aenderungen durchaus nothwendig sind. Das Schwert der Justitia kann nur in einer kraftvollen und mächtigen Hand sicher ruhen, in einer schwächeren vielleicht schädigend, jedenfalls nicht in entsprechender Weise wirken. Auf die eigentliche Rechtsprechung kommt es hierbei nicht allein an. Auch da, wo diese, namentlich in den oberen Instanzen, vorzüglich ist, schützt sie, wie das Beispiel von Kurhessen und Nassau gezeigt hat, nicht vor ungesunden Erscheinungen im allgemeinen Rechtsleben des Landes. — Von vornherein muß es Bedenken erregen, die Leitung des Justizwesens kleinerer Länder meistentheils Ministern anvertraut zu sehen, welche nicht Juristen ex professo, wohl aber gewiegte, ja hervorragende Verwaltungsbeamte sind. Im Ganzen werden sie als solche dem Staat offenbar größere Dienste leisten, wie weniger vielseitig ausgebildete Rechtsgelehrte, gleichwohl will uns bedünken, daß die Rechtspflege in ihren verschiedenen Zweigen darunter leiden müsse, wenn sie an oberster Stelle eines sich ihr vollständig widmenden Vertreters entbehrt. Unwillkürlich wird der höchste Verwaltungsbeamte den Schwerpunkt seiner Thätigkeit und seiner Neigungen in dem ihm zunächst liegenden Berufskreise finden und bei der Behandlung der in das Justizdepartement einschlagenden Verhältnisse oft nicht diejenigen Grundsätze zur Anwendung bringen, welche der Justizminister eines größeren Staates für die richtigen halten wird.

Sieht man ab von den Klagen über die völlig unauskömmliche Besoldung der Gerichtsbeamten, namentlich bei den Untergerichten, die Zurücksetzung der Richter im Range und Gehalt gegenüber ihren Collegen bei der Verwaltung, dem Protektionswesen, weil derartige Beschwerden selbst in größeren Staaten nicht ausbleiben, so kann man sich doch der Thatsache nicht verschließen, daß die hier und da in Kleinstaaten bestehenden Disciplinargesetze für Richter nicht bloß den Stand derselben herabdrücken, sondern geradezu geeignet sind, die Selbständigkeit des Richteramts zu gefährden. Man wird es ferner begreiflich finden aber nimmermehr für dienlich erachten können, wenn die an der Spitze stehenden Verwaltungsmänner bei der Anstellung und Beförderung der Richter das Hauptgewicht auf Eigenschaften legen, welche Verwaltungsbeamten zur besonderen Empfehlung gereichen, daß sie hingegen dem unbeugsamen Rechtssinne nicht das gleiche Verständniß entgegenbringen wie Bürger und Bauer, welcher daraus in seinen Streitsachen — besonders gegen den Fiskus — eine wesentliche Beruhigung schöpft. Es würde zu weit führen, wollten wir auf eine Darlegung der uns von verschiedenen Seiten mitgetheilten Unzuträglichkeiten eingehen, welche sich auf den nämlichen Grund zurückleiten laſſen. Eine Hauptrolle ſcheint hierbei der weitergehenden Bevorzugung der Intereſſen des Fiskus und der fürſtlichen Häuſer zuzufallen. Dieſelbe hat ihren Schatten ſelbſt auf die geſetzgeberiſchen Arbeiten geworfen und hin und wieder beredte Fürſprecher an gewiſſen, mit den leitenden Perſönlichkeiten eng verbundenen auswärtigen Rechtsgelehrten gefunden, deren vielſeitiges Talent nach den verſchiedenſten Richtungen hin, bald in der Vertheidigung einſeitiger Verfaſſungsaufhebungen oder in der Conſtruktion neuer Staatsgrundgeſetze in mittelalterlichem Styl, bald in der Abfaſſung von Rechtsgutachten in Streitſachen zum Ausdruck gelangt iſt und nach Anerkennung geſtrebt hat.

Selbſtverſtändlich müſſen Mängel in der Juſtiz-Verwaltung und Aufſicht ihren Einfluß auf die Zuſammenſetzung und die Wirkſamkeit der Gerichts= behörden erſtrecken. In der That fehlt es nicht an erheblichen Ausſtellungen auch in dieſer Hinſicht. Namentlich wird darüber geklagt, daß in Folge übertriebener Milde bei den Staatsprüfungen in die Richtercollegien weniger tüchtige Elemente gelangen und bei der Beſetzung der Richterſtellen, vorzugs= weiſe bei den Obergerichten, ganz eigenthümliche Maximen zur Anwendung kommen. Zu einer Zeit, wo in Preußen die Beförderung eines Richters in ein Obergericht gewaltigen Sturm hervorrief, weil er noch nicht die beſtimmte Zahl von Jahren Mitglied eines Untergerichts-Collegiums geweſen war, und man hierin, nicht ohne Grund, eine Gefährdung der Rechtsordnung erblickte, befanden ſich in einem kleineren Staat gleichzeitig drei Mitglieder des Appellationsgerichts in Wirkſamkeit, welche ſich überhaupt früher niemals in einer richterlichen Stellung bewegt hatten, außer daß ihnen die Geſchäfte des Auditeurs bei dem aus wenigen Compagnien beſtehenden Contingent des Ländchens übertragen geweſen waren.

Weit entfernt, unſeren Deſiderien rückſichtlich des Wirkens der Gerichts= behörden in den Kleinſtaaten einen allgemeinen Charakter geben zu wollen, und unter bereitwilliger Anerkennung der trefflichen Leiſtungen, welche viele derſelben vor ſolchen Bemängelungen zweifellos ſicher ſtellen, können wir doch unſere Anſicht nicht zurückhalten, daß ſchon die Möglichkeit exceptioneller Zuſtände den Wunſch nach Abhülfe dringend nahe legt. Und daß ſolche Zuſtände vorhanden ſind, dafür bürgen außer öffentlichen Landtagsverhand= lungen, welche die Gebrechen unter miniſterieller Zuſtimmung dargelegt haben, vielfache zu unſerer Kenntniß gelangte Einzelheiten, würdig, durch die Feder Karl Braun's der Nachwelt überliefert zu werden, Thatſachen, wie ſie in einem größeren Staat ſchlechterdings nicht denkbar ſind.

Wie wäre es, um nur eines anzuführen, unter größeren Verhältniſſen möglich, daß ein Obergerichts-Collegium, anſtatt ſeinen Beruf in die ein= gehendſte wiſſenſchaftliche Begründung ſeiner Rechtsſprüche zu ſetzen, ſich

der Aburtheilung der ihm zur Entscheidung vorliegenden Civilprozesse regelmäßig dadurch entzöge, daß es fast ohne jede Ausnahme die Akten an eine
auswärtige Spruchbehörde von Amtswegen versendete? Man wird zugeben dürfen, daß der Verlust, welcher den Parteien durch den übermäßigen
Mehraufwand an Kosten in Folge dieses, in einem Kleinstaat jahrelang thatsächlich beobachteten Verfahrens erwachsen ist, durch den materiellen Werth
der Facultäts-Entscheidungen einigermaßen aufgewogen wird, dessenungeachtet
läßt sich diese Enthaltung des eignen Urtheils mit der gegenüber dem tief
unten stehenden Unterrichter vielfach so stark betonten Würde der Herren
Oberrichter schwer vereinigen.

So wenig statthaft die Versendung der Akten ad exteros von Amtswegen erscheint, ein so bedeutungsvolles, ja geradezu nothwendiges Institut
ist unseres Erachtens in Kleinstaaten die Befugniß der Parteien, die
Versendung zu beantragen. Nach dem Entwurf einer deutschen Civil-
prozeßordnung kommt sie, als mit dem mündlichen Verfahren unverträglich,
in Wegfall. Dann erst wird es sich offenbaren, wie sehr es in kleinen Verhältnissen, in denen verzweigte Familienverbindungen, Freundschaften und
Antipathien der mannigfachsten Art, Koterienwesen 2c., vorzugsweise anzutreffen
sind und die heimischen Richter in ihre Kreise ziehen, eines Mittels bedarf,
um die Furcht vor nicht ganz ungetrübten Anschauungen auch in solchen
Fällen zu bannen, wo es an gesetzlichen Ablehnungsgründen fehlt. Ein
solches Mittel würde die von uns angestrebte Freizügigkeit unter den Juristen
der kleineren Staaten an die Hand geben. —

Neben den Rücksichten auf die rechtsuchenden Staatsangehörigen dürfen
die auf das Richterpersonal nicht unerwogen bleiben. Wollte man den Versuch machen, unter Benutzung der vorhandenen Beamten die Gerichtsbehörden
in kleinstaatlichem Sinne einzurichten, so würde man bald zu der Ueberzeugung
gelangen, daß solche Zustände keinen Bestand haben können. Selbst angenommen, daß die einmal Angestellten im Hinblick auf die besser besoldeten,
der Aussicht auf Beförderung nicht gänzlich beraubten Collegen in den größeren Staaten sich hinreichende Berufsfreudigkeit bewahrten, um den durch die
neuen Prozeßgesetze an sie gestellten erhöhten Anforderungen zu genügen, so
wäre doch in nicht langer Zeit ein Mangel an Nachwuchs zu befürchten.
Gegenwärtig schon beginnen die jüngeren Juristen aus den kleinen Staaten
in der großen Mehrzahl ihre Laufbahn nicht in der Heimath, sondern auswärts, wo sich ihrem Talent und ihrem Fleiß bessere Aussichten eröffnen.
Wenn selbst ein Gemeinwesen wie Bremen, das seinen Beamten stets viel
bedeutendere Vortheile geboten hat, als die meisten übrigen Staaten, bei der
Besetzung von Richterstellen sich nach auswärts wenden muß, so beweist dies,
daß man an anderen Orten in eine viel schwierigere Lage gerathen wird, vor-

ausgeſetzt, daß man nicht darauf verzichten will, tüchtige oder mindeſtens ausreichende Richterbeamte zu gewinnen.

Daß in einem Staate, der bei Einführung der neuen Gerichtsverfaſſung es nur zur ſelbſtändigen Einrichtung einiger Amtsgerichte oder auch wohl eines kleinen Landgerichts bringen kann, bei den jungen ſtrebſamen Männern keine Neigung vorhanden ſein wird, ſich für den heimathlichen Juſtizdienſt auszubilden, erſcheint uns außer Frage, die Regierung würde deshalb immer darauf bedacht ſein müſſen, ihren Bedarf von außen her zu decken und dieſer beſchämenden Lage wäre denn doch wohl die Beſchränkung der Juſtizhoheit in der oben angedeuteten Weiſe vorzuziehen. —

Wir glauben gezeigt zu haben, daß die Verewigung ſolcher Zuſtände, wie ſie ſich in kleineren Ländern vorfinden, den Staatszwecken nicht ent= ſprechend wäre, und daß Beſſerung und Heil für die Zukunft nur von der Anwendung durchgreifender Mittel zu erwarten iſt. Daß wir ſolche in den früher erwähnten anderweiten Vorſchlägen nicht erblicken können, iſt ſchon im Vorübergehen bemerkt. Die Verbindung dieſes oder jenes einzelnen kleinen mit einem größern Staat zur Bildung einer obern Inſtanz iſt offenbar der am Wenigſten glückliche, da hierbei der für die theilweiſe Aufopferung der Juſtizhoheit eingetauſchte Gewinn vorläufig, bis zum Erſcheinen eines ge= meinſamen deutſchen Civilgeſetzbuches, allzu problematiſch wäre.

Wenn durch die Vereinigung mehrerer Kleinſtaaten unter einander zwar eine günſtigere Lage in Bezug auf die gemeinſchaftliche höhere Inſtanz herbei= geführt wird, ſo kommt doch der Vortheil den untergeordneten Behörden und ihrem Perſonal nicht zu Gute, und die Gerichtsgemeinſchaft ohne kräftige einheitliche Spitze hat erfahrungsgemäß nicht immer Erfreuliches mit ſich ge= bracht. Die Annahme eines dieſer Vorſchläge wäre daher nur ein unzureichen= der Nothbehelf.

Um ſo mehr betrachten wir es als die Aufgabe des Reichstages, dafür Sorge zu tragen, daß auch die Bewohner der kleineren Staaten an den Vor= theilen der neuen Prozeßordnungen wirklich Theil nehmen. Das, was den= ſelben nach den Motiven des Organiſationsgeſetzes in Ausſicht geſtellt wird, iſt nur ſcheinbar gleichbedeutend mit dem, was die in den größeren Staaten ſich verſprechen dürfen. Wir werden zwar in Deutſchland ein einheitliches Prozeßrecht, nicht aber das eben ſo nothwendige gleiche Gericht erhalten, ſolange nicht die Organiſation der Behörden ſich nach gleichen Principien und weſentlich unter den nämlichen Vorausſetzungen vollzieht. Und dieſe Gleich= heit muß nach unſerer Meinung da, wo ſie nicht, wie in den größeren Staa= ten, die Organiſation vollkommen ſelbſtändig durchführen läßt, das Reich vermitteln und anbahnen, indem es einerſeits durch Feſtſetzungen gegen den allzugeringen Umfang der Land= und Oberlandesgerichte das ſelbſtändige Vor=

gehen der kleineren Staaten bei ihren Einrichtungen hindert, andererseits die Möglichkeit ins Leben ruft, daß der obersten Reichs-Justizbehörde das Organisationswerk selbst und die künftige Justizverwaltung in den kleineren Staaten übertragen werden kann. Hierdurch würde die Kluft überbrückt, welche zwischen den Zielen des Organisationsgesetzes und der in den Motiven zur Schau getragenen Rücksichtnahme auf die Autonomie der Einzelstaaten gegenwärtig unzweifelhaft besteht. Zugleich aber würde unerfreulichen und ungesunden Erscheinungen vorgebeugt werden, welche sonst ausschließlich im Interesse der kleinstaatlichen Souverainetät zum Nachtheil der Würde des Reiches und der Rechtssicherheit in den Kleinstaaten hervorgerufen werden dürften, Erscheinungen, für welche sich Analogien in den militairischen Einrichtungen der Kleinstaaten vor 1866 darbieten. —

Man müßte es beklagen, wenn die Stimmen ungehört verhallen sollten, die mit uns nur in dem gemeinsamen Anschluß an das Reich oder an Preußen eine glückliche Lösung der vorliegenden Aufgabe für die kleineren Länder erkennen. Schwerlich wäre zu erwarten, daß durch Herbeiführung annehmbarer Zustände die Mahnungen in anderer Weise zum Schweigen gebracht werden würden, im Gegentheil müssen wir glauben, daß die Erfahrungen, welche man mit den ängstlich behüteten Resten einer selbständigen Justizverwaltung machen wird, nach Innen wie nach Außen keine rechte Freude an diesem schwierigen Besitz aufkommen lassen und so den Widerstand nur noch vergrößern werden.

Mag immerhin noch einige Zeit vergehen, bald wird sich unsere Hoffnung erfüllen und der Ruf nach Einheit auch auf diesem Gebiete den Sieg davontragen über den Geist der Zwietracht und der Zersplitterung.

Die Kämpfe der Schweizer gegen Burgund im Lichte zeitgenössischer Dichtung.

H. Schmolke.

II.

Wir wenden uns nun noch kurz zu den weiteren, dem Entscheidungskampfe vorhergehenden einzelnen Streifzügen, welche ebenfalls poetische Verherrlichung gefunden haben. So der große Zug des gesammten obern Bundes unter Führung des österreichischen Feldhauptmanns Oswald von Thierstein in die nördliche Freigrafschaft im Juli 1475. Es wurden in kurzer

Frist von festen Plätzen Lila (Lisle am Doubs), Munbi (Monbay), Grangsj (Granges), Blomont (Blamont), eine der stärksten Festungen, serner Gramont, Valant, Clerival u. a. m., im Ganzen 12 Schlösser und 3 Städte genommen. Hierbei bewährte sich vorzüglich die bundesgenössische Artillerie, deren schwerste Stücke der „Strauß" aus Straßburg, das „Kätterlein von Ensisheim", die „Metze" der Berner und die „Reimerin", die schwere Tarraßbüchse der Basler waren. — Nach dieser Seite war der Bund gesichert. Von Süden her aber drohte eine andere Gefahr. Herzog Karl hatte schon im Winter mit Galeazzo von Mailand ein Schutz- und Trutzbündniß geschlossen. Daher die vielen „Lamparter", die durch Savoyer Gebiet nach Burgund zogen. In Savoyen gebot eine Schwester Ludwig's XI., die Herzogin Jolante, ihrem Bruder in Ränken ähnlich. Ihr Schwager Jakob von Romont war Herr in der Waat und burgundischer Statthalter; dessen Bruder Johann Ludwig Bischof von Genf. Die beiden Romonts waren den Eidgenossen feindlich gesinnt, weshalb diese sich durch ein (7. Sept. abgeschlossenes) Bündniß mit dem Bischof zu Sitten, Walther auf der Flüh, und den oberwalliser Gemeinden zu decken suchten. Jakob von Romont schürte in der Waat gegen die Eidgenossen; da schickten die Berner und Freiburger am 14. October den Romonts die Ab-sage, nahmen an demselben Tage das wichtige Murten am gleichnamigen See und außerdem im weiteren Verlauf des Feldzuges noch 16 Städte und 43 Schlösser in der Waat. Veit Weber verherrlicht die Thaten besonders der Freiburger in einem vielleicht im Auftrage dieser Stadt gedichteten, schönen Liede.

So war denn der große Bund im oberen Deutschland in allen vor-bereitenden Ereignissen durchweg glücklich gewesen. Speziell die Eidgenossen-schaft, das thätigste und militärisch bedeutendste Glied der Vereinigung, hatte ihre Grenzen nach allen bedrohten Seiten hin auf das beste gesichert. Aber der Hauptschlag stand noch bevor, und am großen politischen Horizont zogen sich die Wolken immer drohender zusammen. Am 13. September schloß Ludwig, der für den Dauphin auf die Hand der burgundischen Erbtochter speculirte, zu Soleuvre mit dem Herzog einseitig Frieden. Der Kaiser, die nationale Sache schmählich im Stich lassend, ging am 17. November mit den Burgunden ein neues Bündniß ein, sogar mit dem Versprechen gegenseitiger Hülfeleistung. Der obere Bund war völlig isolirt, während Karl zum Rache-kriege freie Hand und werthvolle Bündnisse gewonnen hatte. So rückte das Jahr 1476 unter den bedrohlichsten Vorzeichen heran. —

Karl hatte sich zunächst gegen den Herzog René von Lothringen ge-wandt, der zur oberen Vereinigung gehörte. In kurzer Zeit eroberte er das ganze Land sammt der Hauptstadt Nanzig, wo er im November 1475 glän-zendes Hoflager hielt. Anfang Februar 1476 erschien er mit seiner Hauptmacht vor den südlichen Jurapässen, nahm ohne Widerstand Jougne und Orbe und legte sich mit einem Heere von   Mann und großem Geschütz-park vor Granson, das von   Bernern besetzt war. Sein befestigtes Lager, das wegen der Menge der Zelte einer Stadt glich, umfaßte im Norden und Westen die Stadt und war nordwärts durch das Flüßchen Arnon gedeckt. Granson ward wiederholt bestürmt und die Stadt genommen. Darauf ergab sich am   Februar die Besatzung des Schlosses, nachdem ihnen Hoffnung auf freien Abzug erregt worden war. Aber der Herzog ließ sie bis auf den letzten Mann theils an den Bäumen um Granson aufhängen, theils im See ertränken. Die unnöthige Grausamkeit erbitterte die gesammte Eidgenossen-schaft aufs äußerste. Bern hatte schon in den ersten Tagen des Februar überallhin schleunige Mahnbriefe geschickt. Freiburg, Solothurn und Biel stellten sich zuerst; bald kamen auch die Waldstätte, die Zürcher, Luzerner, Glarner, Baseler und die Städte aus Oberelsaß. Oesterreich ließ lange auf sich warten und kam zur Schlacht zu spät; die schwäbischen Städte sandten ausweichende Antworten, das Reich kümmerte sich gar nicht um die Bedrängniß der Eidgenossen, was gerechte Erbitterung erregte.

Am   März zog das bundesgenössische Heer bei Neuschatel um die Spitze des Sees. Nordwärts vor Karl's Lager, das sich über eine Hügelreihe erstreckte, dehnte sich eine mit Weinbergen besetzte, hügelige Ebene bis zur Karthause la Lance, wo die Berge dichter an den See treten, so daß für die nach Norden ziehende Straße nur ein schmaler Raum bleibt. Hier hatte Karl das feste Schloß Vaumarcus (Famerkus) besetzt, um von hier aus seinen Weg auf Bern zu nehmen. Als er hörte, daß die Schweizer heran-zögen, verließ er unvorsichtiger Weise seine feste Stellung und ging mit dem Heere über den Arnon. Es war an einem Samstag   März). Die Eid-genossen waren in aller Frühe aufgebrochen, um das Defilé bei la Lance vor den Burgundern zu erreichen. Ein Haufe Schwyzer und Thuner zog west-wärts auf Bergpfaden über Vernea und stieg über die nordwestlichen Abhänge in die Ebene hinab. Sofort wurden sie mit den Spitzen des burgundischen Heeres handgemein, aber sie standen, trotz ihrer geringen Anzahl, im Ringe um ihre Banner geschaart, mit vorgestreckten Hellebarten unerschütterlich fest. Indem kam das Gros des Heeres an dem Defilé an und hörte oder sah das Getümmel des Kampfes. „Da kniete", erzählt der Chronist, „männiglich nieder mit ausgebreiteten Armen und riefen den allmächtigen Gott an mit großem Ernste, daß er ihnen den Wütherich von Burgund, der mit so großer Macht vor ihnen hielt, hülfe überwinden. Und da sie also mit ausgebreiteten Armen beteten, da vermeinten die Feinde, sie begehrten Gnade und wollten sich an sie ergeben." — Jetzt aber drängte die Masse mit der größten Haft, die Berner voran, auf dem durch Schlackwetter aufgeweichten Wege durch die

Enge. In einzelnen Zügen, wie sie eben ankamen, stürzten sie sich in die Schlacht und formirten kämpfend ihre Ordnungen. „Da der Herzog von Burgund sah den Zug den Berg herabziehen, schien die Sonne gerade auf sie und es blitzte wie ein Spiegel. Zugleich brüllte das Horn von Uri, auch die Harschhörner von Luzern, und war ein solches Tosen, daß des Herzogen von Burgund Leute ein groß Grausen darob empfingen und traten hinter sich." Ein anderer Chronist erzählt, als das Heer der Eidgenossen sich aus dem Engpaß entwickelte, habe der Herzog einen gefangenen Schweizer gefragt: „Was ist das für ein wildes Volk, sind das auch Eidgenossen?" — Die Burgunder, dem furchtbaren Ansturm nachgebend, zogen sich vorsichtig in die Weinberge zurück. Hier hatte der Prinz Ludwig von Chateau-Guyon einen Hinterhalt von 6000 Pferden gelegt, welcher durch Hecken und Gebüsch den Eidgenossen in die Flanke brach. Aber die Reiter wurden blutig zurückgewiesen und bis über den Arnon geworfen. Jetzt bemächtigte sich ein panischer Schreck des burgundischen Heeres. Alles drängte zurück nach der verlassenen Wagenburg, die Eidgenossen auf dem Fuße nach. Karl hieb vergeblich auf die Fliehenden ein, um sie zurückzutreiben. Die Wagenburg ward genommen sammt dem ganzen unermeßlichen Reichthum der herzoglichen Hofzelte: 600 Banner, 420 Büchsen, Karl's goldenes Siegel und mit Edelsteinen und Perlen besetzter Degen, angeblich auch ein Buch „des burgundischen Heeres Ordnung" enthaltend, u. s. w. „Daher es in Kurzem kam, daß in den Städten und auf dem Lande allenthalben so viel köstlicher seidener Kleider und Wämser, dazu auch andere Köstlichkeit gemacht und getragen wurden, daß es so gemein war, als ander schlecht Tuch und Kleider." — Anderthalb Meilen weit verfolgten die Schweizer und vermißten dabei sehr die Straßburger Reiterei, die des schlechten Weges halber zurückgeblieben war. Die Besatzung von Granson ward zur Rache für die 500 Berner getödtet, das Heer campirte noch drei Tage auf dem Schlachtfeld und zog dann heim.

So weit der Bericht der Chronisten. Wir wollen jetzt sehen, welchen Eindruck der großartige Sieg auf die Zeitgenossen, auf das Volk gemacht hat; des Volkes Mund aber spricht durch seine Dichter. Zuerst ein Lied von einem Luzerner, vielleicht von Hans Viol oder Viel, das durch Bilderreichthum, Energie des Ausdrucks, kernige Kraft und patriotisches Feuer die alten echten Volkslieder „vom Streit zu Sempach" erreicht:

Oesterreich, du schlafest gar zu lang,
Daß dich nicht weckt der Vogelsang,
Hast dich der Messe versäumet.
Der Burgunder hat sich ganz vermessen
Er wollt' zu Bern und Freiburg Küch-
    lein essen;
Der Bär hat ihm die Pfanne geräumet.

Darnach der Bär zog auf den Plan,
Und Schwyz, das Crucifix voran
Mit des göttlichen Sohnes Marter.
Da schwebt der Stern vom Orient,
Der den drei'n Königen ward gesend't,
Und zündet an allen Orten.

An einem Freitag geschah's, da kamen
Die Orte all gezogen zusammen
Zu dem Bärem mit grimmen Sitten.
Wären sie drei Tage eher gegangen,
Die auf Granson wurden nimmer gehangen;
Man soll Gott für sie bitten.

Darauf ein Anschlag ward gethan,
Bern und Schwyz, die zogen voran,
Man wollt' die Feind' angreifen.
Schwyz, Thun, die brachen am ersten ein,
Da wollt' kein Ort der letzte sein;
Den Bären hört' man pfeifen.

Da fügt es Gott zur selben Stund,
Sie zogen dran mit festem Grund
All' in die grünen Auen;
Da griffen sie die Feinde an,
Von den Eidgenossen manch kluger Mann,
Mit Stechen und mit Hauen.

Burgund im Hinterhalte lag;
Der Bär griff an gar unverzagt
Und zerrt sie nieder harte.
Schwyz hieb und stach wohl als ein Kern,
Kein Kampfspiel sah ich nie so gern,
So rauh hielt man Burgund im Barte.

Darauf ein Anschlag war gethan,
In den Reben wollt' man den Bären fah'n,
Eine Rotte war drein gesetzet,
Man schätz' sie auf 6000 Pferd,
Sie sollten vorbrechen ohn' Gefährd';
Deß ward Burgund geletzet.

Schändlichere Flucht ward nie gethan!
Du Christenheit, so freu dich dran!
Es wär dir übel ergangen;
Gewann Burgund nur eine Schlacht,
In's römische Reich ward ein Riß gemacht;
Darum war's angefangen.

(Wie ich die Sachen hab' vernommen,
So ist ihnen bewiesen schwacher Frommen,
Doch will ich niemand schelten.
Der daran Unrecht hat gethan,
Der wird auch darum Buß empfahn,
Dort oder hier in der Welten.)

Da wirkte Gottes Regiment,
Daß man kam kurz der Sach' zu End.
Hätt' man einen Tag verhalten,
Burgund hätt' sich Tarraß*) geschanzt,
Und mancher blieb noch in dem Tanz.
Eh' er sich ließ gewalten.

Die Welschen machten wild Geschrei,
Ihr Hinterlist war mancherlei;
Das mocht' sie wenig verfahen.
Sie kamen an sie um den Berg,
Da erst erhub sich der Gewerb,
Da sie den rechten Haufen sahen.

Der Bär fing an zu strecken seine Klauen,
Freiburg, Solothurn, Biel konnt man
    als Recken schauen,
Die Schwyzer stachen allen voran, die kecken.
Nun merket alle unbewegt:
In den Reben hatt' man eine Falle gelegt,
Sie flohen bald zu den Hecken.

Du Spiegel der Eidgenossenschaft,
Sieben Orte, merkt wie Burgund da sprach,
Da er den Stier hört' ziehen:
„Wohlauf, es kommt ein teuflisch Geschlecht!"
Da fingen Ritter und auch Knecht
Gar schäuhlich an zu fliehen.

Darum thät' billig das römisch Reich
Ein'n merklichen Beistand alsogleich.
Das mag sich mancher aufschreiben und
    merken:
Ich kauf' nicht Freunde um ein Brod,
Die mich verließen in der Noth
Und wollten erst mich stärken.

Darauf folgt eine Aufzählung der Thaten der Glarner, Luzerner, Zürcher,
Basler, Berner u. s. w. Von den Letzteren heißt es dann weiter:

---

*) Terrassen, zum Aufstellen der Geschütze.

. . . .
. . . .
. . . .
Der Bär hat mannlich sich gewehrt;
Hätt' er so grimmig nicht gezerrt,
Es stände schwach in allen Landen.

Was nähmest du, theure Eidgenossenschaft,
Jetzt um die gekrönte Ritterschaft,
Die du hast ehrlich erworben
Gemein durch alle diese Welt?
Du hast geschlagen auf dem Feld
Und manche Ritterschaft verdorben.

Er schrieb sich: Herr welscher und deutscher
    Völker;
Ich mein, er ist der Antichrist selber
Mit seinen unchristlichen Sachen,
Von dem bei dem Propheten heißt,
Er würd verkehren die Christenheit;
Deß möcht' man nimmer lachen.

Drum hab' ich das Kränzlein ihm aufgesetzt,
Ohn' Unterschied und nach Gesetz,
Mag er's mit Ehren tragen
Vor Fürsten, Rittern, Herren, Knecht.
Eh' der Burgunder sich an ihm rächt,
Muß er mehr Rath drum haben.

Keine Gewalt auf Erden ward erkannt,
Die ihm durft' thun ein'n Widerstand;
Dem hast du die Krone verschnitten
Und hast ihm sein Wappen ganz geblend't,
Den Löwen, die Lilien arg geschänd't.
Er wollt', es war vermieden.

Er meint', er stände wohl in Hut;
Er hat verloren sein bestes Gut,
Hauptbanner, Büchsen, Siegel, goldne
    Zeichen.
O Gierigkeit, du schnöde Wurz,
Ich meß dich lang, ich meß dich kurz,
So kann dich niemand erweichen. —

Es giebt noch drei andere Lieder über den „Streit von Graufou", die aber dem mitgetheilten an poetischem Werth weit nachstehen, wenn sie auch in Aufzählung der einzelnen Thatsachen viel genauer sind. Mit besonderer Sorgfalt werden die im Lager erbeuteten Kostbarkeiten aufgezählt. Das eine Lied erwähnt: Silbergeschirr, viel rothes Gold, einen güldenen Sessel, viel Perlen, golddurchwirkte seidene Gewänder, Krone, Edelsteine, goldbeschlagene Bücher, Kelch und Meßgewand, auch einen Bischofshut, güldene Monstranzen, den Degen des Herzogs u. s. w. Dann warnt er den Letztern, vom Kriege abzustehen:

Herzog Karle, hörst du das:
Du trägst den Eidgenossen Haß,
Deß sollst du nicht genießen.
Kein Herr mit ihnen nie gewann;
Willst du vom Krieg nicht lassen dann,
Es wird dich bald verdrießen.

Die Eidgenossenschaft Nacht und Tag
In keinen Nöthen nie erlag;
Das thun sie sich beweisen
Allweg mit ihrer mannlichen Hand,
Drum schwebt ihr Lob durch alle Land,
Man hört sie ehrlich preisen.

Ein anderes Lied, das sich in einer Erfurter Chronik erhalten hat (Hdsch. d. Jenaer Bibl.), was darauf hinweist, daß die Kämpfe der Schweizer im mittlern, selbst im nördlichen Deutschland die Theilnahme des Volkes erregten, schildert im trockenen Chronikenstil, aber äußerst genau, den Verlauf der Schlacht. Unter den aufgezählten Beutestücken sind namentlich zu erwähnen: fünfzehnhundert Wagen, beladen mit Waffen und Zeug, das zum Kriege gehört; zwei große Wagen mit Hakenbüchsen, hundert Tonnen Büchsenpulver, zweihundert Schlangenbüchsen, drei mächtige Hauptbüchsen. Die Summe der erbeuteten Kostbarkeiten und des baaren Geldes wird auf 300,000 Gulden angegeben. —

Die Erwartung, die Hans Viel oder wer der Dichter des oben mitgetheilten Liedes ist, in unserer 16. Strophe ausspricht, der Herzog werde sich nun wohl länger besinnen, ehe er an einen Rachezug denke, sollte sich nicht bestätigen. Die treffliche militärische Verfassung seiner Lande befähigte ihn, auf der Stelle ein neues Heer zu organisiren. Galeazzo von Mailand und die Venediger leisteten Zuzug, Herzogin Jolante unterstützte ihn auf alle Weise. Jakob von Romont erschien zuerst wieder im Feld und besetzte die Waat aufs Neue. Karl lag von Mitte März bis Anfang Juni vor Lausanne, die Zuzüge der Bundesgenossen erwartend und das Berner Gebiet von Süden her bedrohend. Hier war die Veste Murten am gleichnamigen See die Grenzmarke des Landes. Hierher hatten die Berner, die strategische Wichtigkeit des Ortes erkennend, eine Besatzung von 1500 Mann unter Adrian von Bubenberg geworfen. Dieser, ein warmer Patriot und Führer der nationalen Partei in Bern, hatte sich, seit dem Siege der französisch Gesinnten, auf sein Schloß Spiez am Thuner See zurückgezogen, jetzt aber, da ihn die Wahl seiner Mitbürger auf den gefährlichsten Posten berief, zögerte er keinen Augenblick. Am 9. Juni erschien die Vorhut des Herzogs von Süden her vor Murten; am 11. war die Veste rings mit Ausnahme der Wasserseite eingeschlossen. Im Süden und Osten lag der Herzog selbst mit der Hauptmacht, im Norden der Graf von Romont, der um die Nordspitze des Sees gegangen war, mit schwerem Geschütz. Wiederholt wurde von den Herzoglichen gestürmt, besonders heftig, aber vergeblich und unter schweren Verlusten an einem Dienstag, den 20. Juni, in der Nacht. Man schrieb Drohbriefe an die Besatzung und schoß sie mit Pfeilen über die Maner. Aber der Bubenberg ließ sich nicht schrecken. Er befahl der Besatzung, sich still zu halten, damit der Feind nicht ihre Schwäche merke. An die Berner aber schrieb er, sie möchten sich nur nicht übereilen, sondern ruhig die Zuzüge der Eidgenossen und des obern Bundes abwarten. Wir fügen hier aus dem trefflichen Liede Veit Weber's „von dem Streit von Murten" gleich die bezüglichen Strophen ein:

Mein Herz ist aller Freuden voll,
Darum ich aber singen soll
Und wie es ist ergangen.
Mich hat verlanget Tag und Nacht,
Bis sich der Schimpf*) nun hat gemacht,
Nach dem ich hab' Verlangen.

Der Herzog, von Burgund genannt,
Der kam vor Murten hingerannt,
Sein'n Schaden wollt' er rächen,
Den man vor Granson ihm gethan;
Seine Zelte spannt' er auf den Plan,
Murten wollt' er zerbrechen.

---

*) Scherz.

Die Thürm' und Mauern schoß er ab,
Darum man aber wenig gab,
Sie ließen Gott es walten.
Darin da waren mannlich Leut,
Gaben um den Burgunder keinen Deut;
Die Stadt haben sie behalten.

In einer Nacht, da stürmt' er fest,
Ließ ihnen weder Ruh nach Rast,
Murten das wollt' er haben.
Deß kamen die Welschen in große Noth,
Viel tausend blieben wund und todt,
Mit Welschen füllte man die Graben.

Alle, die in Murten sind gewest,
Haben große Ehre eingelegt,
Ich will's vor ihnen sagen;
Und wer's vermöcht' an seinem Gut,
So rieth' ich das in meinem Muth,
Man hätt' ihn zum Ritter geschlagen.

Ein edler Hauptmann wohl bekannt,
Von Bubenberg ist er genannt,
Der hat sich ehrlich gehalten.
Seine Büchsenmeister schossen wohl;
Fortan man nach ihm senden soll,
Wo man will eine Stadt behalten.

Die Berner hatten schon im April die Bundesgenossen beschickt und zur
Hülfeleistung mahnen lassen. Anfangs schienen die Waldstätte wenig geneigt,
wozu wohl die Intriguen der Herzogin von Savoyen mitwirken mochten.
Sie erklärten, Bern und Freiburg beschützen zu wollen, sobald sie wirklich
bedroht wären, aber Murten gehöre nicht zum Bunde. Die Berner aber
machten geltend, Murten sei eine alte Reichsstadt und nur durch Savoyen dem
Reiche entfremdet, jetzt aber im Bündniß mit ihnen. Wenn dort nicht die
Macht des Burgunders aufgehalten würde, so sei das Vorland von Bern
und Freiburg mit allen seinen Hülfsmitteln verloren. Da sagten denn die
Eidgenossen ihre Hülfe zu und sandten ihre Zuzüge; ebenso Oesterreich und
die Städte des Elsaß. Auch der vertriebene Herzog Reinhard von Lothringen,
erst 25 Jahre alt, erschien mit 300 Reisigen. Bei Laupen und Gümminen,
½ Meile östlich vor Murten, wo die Berner die Uebergänge über die Saane
besetzt hatten, sammelte sich das Bundesheer. Die Letzten, die Zürcher, erschienen an dem verhängnißvollen 22. Juni, während schon das Heer im
Aufmarsch begriffen war. Gegen den Grafen von Romont wurde nur ein
Beobachtungscorps aufgestellt. Die Hauptmacht wandte sich gegen den Herzog.
In dem Murtener Bannwald, den man zu durchschreiten hatte, wurde Herzog
Reinhard mit 300 Anderen zum Ritter geschlagen, darauf ein Rath gehalten
über die zweckmäßigste Weise des Angriffs, was aber den kampflustigen Eid-
genossen viel zu lange dauerte.

Hören wir Veit Weber weiter:

Das ward den Eidgenossen gesagt,
Daß die Veste Murten wär' belegt;
Dem Bunde thät' man schreiben,
Sie sollten kommen, es thäte noth.
Sobald man ihnen das entbot,
Zu Haus wollt' niemand bleiben.

Dem edlen Herzog hochgebor'n
Von Lothering erregte Zorn
Des Welschen Ungefüge;
Er kam mit manchem Edelmann
Bei den frommen Eidgenossen an,
Thät seiner Ehre Genüge.

Des Fürsten Zug vor Oesterreich,
Straßburg und Basel desgleich
Und andre Bundsgenossen,
Die kamen an mit großer Schaar
Wohl zu den Eidgenossen dar,
Sie wollen sie nicht in Nöthen lassen.

Da man zählt vor Christ fürwahr
Tausend einhundert und siebenzig Jahr
Und in das sechste war gekommen,
An einem Samstag, ich euch sag,
An der zehntausend Ritter Tag
Schuf man gar großen Frommen.

Eh' man kam durch den Wald so grün,
Da schlug man manchen Ritter kühn,
Die man thut wohl erkennen:
Der Herzog von Lothringen war der ein',
Man hört' sie sprechen alle gemein:
Wir wollen vorne dran rennen.

Ein hübscher Völklein sah ich nie
Zusammen kommen auf Erden hie
In kurzer Zeit so bald;
Sie brachten Büchsen ohne Zahl,
Viel Hellebarten breit, und schmal,
Von Spießen sah man einen Wald.

Da es war an dem Morgen fruh,
Da rückt' man fest auf Murten zu
Durch einen grünen Wald;
Deß wurden die zu Murten froh,
Den Herzog faud man gewaltig da,
Da erhub sich ein Schlagen bald.

Ein schneller Rath da ward gethan,
Wie man den Herzog sollt' greifen an;
Da hört' man manchen sprechen:
Ach Gott, wann hat ein End die Sag'?
Nun ist es doch um Mittetag,
Wenn sollen wir hauen und stechen?

Die Nacht und den Morgen über hatte es stark geregnet. Als die Eidgenossen aus dem Walde heraustraten, brach die Sonne lustig durch das Gewölk. Vor dem Walde fanden sie die die Vorhut des Burgunders hinter einem „Grünhag“, einer aus gefällten Baumstämmen gebildeten Umwallung von bedeutender Höhe. Entlibuch und Thun hatten das erste Treffen. Sie umgingen den Verhau oder traten ihn nieder und schafften dem Gros des Heeres Platz. Jetzt kamen die Ritter und Reisigen, die mit eingelegten Lanzen vorrückten; neben ihnen die Büchsenschützen und dicht dahinter die schwere Infanterie der Eidgenossen. Wieder war es, wie bei Hericourt und Grauson, der Ungestüm des ersten Anlaufs, der den Tag entschied. Die Burgunder begannen sich allmählich unter furchtbaren Verlusten zurückzuziehen. Endlich machte gar noch die Besatzung von Murten einen Ausfall gegen eine burgundische Abtheilung, die vor der Stadt unter den Nußbäumen stand. Jetzt war kein Halten mehr, die Flucht ward allgemein. Was nicht fiel, ward in den See gesprengt und faud durch die Schützen am Ufer oder in den Wellen den Tod. Andere kletterten auf die Bäume, um sich zu retten, wurden aber wie die „Krähen“ herabgestochen oder geschossen. Das Lager wurde genommen mit allem Geschütz und unermeßlicher Beute. Zwei Meilen weit ging die Verfolgung. Der Verlust des geschlagenen Heeres wird zwischen 14,000, 18,000 und 26,000 Mann angegeben; der der Schweizer war ungleich geringer, obgleich Veit Weber wohl übertreibt (vgl. unten). Der Graf von Romont hatte sich an der Schlacht nicht betheiligen können. Als sich die gesammte Macht der Bundesgenossen zur Verfolgung wandte, eröffnete er ein neues Feuer gegen die Stadt, um seinen Rückzug zu maskiren. Er entkam mit dem größten Theile seiner Mannschaft um die Nordspitze des Sees, nur ein Fähnlein Reisige und vierhundert Mann wurden ihm abgeschnitten. Ehe das siegreiche Heer auseinanderging, lagerte es nach der Sitte drei Tage auf dem Wahlplatze; darauf machte noch eine Abtheilung von 12,000 Mann einen Streifzug in die Waat, um Graf Jakob zu züchtigen.

Veit Weber besingt die eigentliche Schlacht folgendermaßen:

Jeglicher trug sein Banner stark,
Dahinter sich niemand verbarg
Sie hatten Mannesmuth.
Mancher gedacht in seinem Sinn,
Wie man den Herzog von Burghnn
Wollt' legen in rothes Blut.

Die Ritter rannten vorne drein,
Sie legten alle die Lanzen ein,
Da sie die Feinde sahen.
Um ihr Geschütz gaben sie nichts,
Fuhren auf die Feinde wie ein Blitz
Und thäten sich an sie machen.

Sie warteten eine kleine Rast,
Darnach sah man sie fliehen fast,
Gar viele wurden erstochen,
Die Fußknecht und die Kürassier;
Das Feld lag voller Lanzen und Speer,
Die an ihneu wurden zerbrochen.

Sie waten hinein bis an das Kinn;
Dennoch schoß man fest zu ihu'n,
Als ob es Enten seien;
Man schifft zu ihnen und schlug sie todt,
Der See der ward von Blute roth,
Jämmerlich hört' man sie schreien.

Die Schlacht währt' auf zwei ganze Meil,
Dazwischen lag der Welschen viel
Zerhauen und zerstochen.
Deß dauken Gott wir früh und spat,
Daß er der frommen Gesellen Tod
Zu Graufou hat gerochen.

Nun glaubt mir hier auf dieses Wort,
Fürwahr, auf der Eidgenossen Ort
Sind nicht zwanzig umgekommen;

Die Vorhut, die zog vornen dran,
Darunter waren zwei schöne Fahn'n,
Entlibuch war die eine,
Die andre Thun mit seinem Stern,
Sie waren bei einander gern,
Man sah ihrer fliehen keine.

Die Büchsenschützen zünd'ten an,
Sie liefen auch mit vornen dran,
Die langen Spieß desgleichen.
Den Hellebarten war so noth,
Damit schlug man sie fast zu todt,
Die Armen und die Reichen.

Einer floh her, der andre hin,
Wo er meinte wohl verborgen zu sein;
Man erstach sie in den Büschen.
Keine größ're Noth sah ich nie mehr;
Eine große Schaar lief in den See,
Obwohl sie war nicht dürstend.

Gar mancher klomm auf einen Baum,
Nicht zu ergötzen seinen Gaum;
Man schoß sie wie die Krähen,
Man stach mit Spießen sie herab,
Ihr Gefieder ihnen nicht Hülfe gab,
Der Wind mocht' sie nicht bewegen.

Wie viel ihrer gekommen um,
So weiß ich zwar nicht ganz die Summ',
Doch hab' ich gehöret sagen,
Wie man hab' dem welschen Mann
Sechs und zwanzig tausend auf dem Plan
Ertränkt und auch erschlagen.

Dabei man wohl erkennen mag,
Daß sie Gott behüte Nacht und Tag,
Die kühnen und die frommen.

Man zog dem Grafen in sein Land,
Schlösser und Städt' man ihm verbrannt;
Romont wollt' nicht stille sitzen.
Ein Schweißbad hat man ihm gemacht,
Wär' er darin gewest über Nacht,
Er hätte müssen schwitzen.

Die Eidgenossen heischen von ihm kein Brot,
Wiewohl er sie für Bettler hält;
Sie lassen sich nicht abschrecken.

Man trieb mit ihnen Schachzabelspiel;
Der Bauern hat er verloren viel,
Die Hut ist ihm zerbrochen;
Seine Thürme mochten nichts versah'n,
Seine Ritter sah man traurig stahn,
Schachmatt ist ihm gesprochen.

Ihr' Bettelstäb' sind Speer und Spieß,
Die Säck' stößt man ihm in's Gebiß,
Die Speise will nicht schmecken.

Der Zug gegen Murten war die letzte ernstliche Kraftanstrengung des Herzogs. Die Verhandlungen, welche demnächst eingeleitet wurden, führten zu keinem Ziel, obwohl der Kaiser und der Papst sich im Interesse des Burgunders verwandten. Er stand jetzt ganz isolirt. Selbst seine Stände in den Niederlanden und Burgund weigerten sich, Mittel und Mannschaften zur Fortführung des hoffnungslosen Kampfes zu bewilligen. Dennoch brachte er von neuem eine Armee zusammen, freilich minder zahlreich und nicht so gut gerüstet als die früheren. Gegen den Bund, das sah er ein, konnte er den Angriffskrieg nicht wieder aufnehmen. Er wandte sich gegen den Herzog von Lothringen, der inzwischen sein Land wieder gewonnen hatte, und legte sich im October 1476 vor Nanzig. Herzog Reinhart, von den Grafen von Leiningen und von Bitsch und einigen französischen Rittern begleitet, eilte persönlich nach der Schweiz, um den obern Bund zur Hülfesendung zu bewegen. Aber er fand wenig Gehör, besonders die Waldstätte waren nicht dahin zu bringen, aus ihrer Defensive herauszutreten. Dagegen erlaubten ihm Zürich und Bern in ihrem Gebiet zu werben und begünstigten seine Bemühungen. 8000 Kampflustige aus der Eidgenossenschaft sammelten sich um seine Fahnen, dazu Zuzüge aus den Städten der obern Vereinigung und von Oesterreich. Ende December brach das Heer, das inzwischen auf 15,000 Mann angewachsen war, von Basel auf und zog durch das Elsaß, über Lüneville (Linstadt) gegen Nanzig. Schwierigkeiten der Verpflegung waren die Veranlassung, daß unterwegs allerlei Gewaltsamkeiten gegen die Juden verübt wurden. In St. Nicolas-au-Port, oberhalb Nanzig an der Meurthe, wurde eine burgundische Abtheilung aufgehoben. Karl's Heer betrug, nach einer Angabe, nur 10,000 Mann und befand sich obenein in einer jämmerlichen Verfassung. Aber der Herzog war verständiger Ueberlegung nicht mehr fähig. Er befahl noch einen letzten, verzweifelten Sturm gegen die fast ausgehungerte Stadt, und als als auch dieser abgeschlagen wurde, ging er am folgenden Morgen, den 5. Januar 1477, den Eidgenossen entgegen. Seine Front stand nach Süden, sein linker Flügel lehnte sich an die Meurthe. Hier hatte er einen Hohlweg mit dreißig Schlangenbüchsen besetzt, aber die Eidgenossen, Bern wieder an der Spitze, kamen durch einen Flankenmarsch, zum Theil durch das Wasser, den Burgundern in die Seite, brachen in ungestümem Aulauf durch Dorn und Gesträuch und fingen an die burgundische Stellung seitwärts aufzurollen. Bald floh alles, die grimmen Feinde hinterdrein. Karl selbst, unter den Letzten der Fliehenden, blieb in dem sumpfigen Bette des Baches Laxou stecken und wurde unerkannt erschlagen. Nackt, durch Wunden fast unkenntlich, ward sein Leichnam am folgenden Tage aufgefunden und von Herzog Reinhart in Nanzig mit allen Ehren bestattet. Mit Herzog Karl ward Burgunds Anspruch auf eine Großmachtstellung begraben.

Alexander dem Großen, mit dem er sich so gern verglich, war er wenigstens insofern ähnlich, als auf seiner Person die Größe des burgundischen Namens allein beruhte, und mit seinem Tode der wohlabgerundete Ländercomplex, den er besessen, der Zerstückelung entgegenging. Daß der schlaue Ludwig nicht den Löwenantheil, d. h. die Hand der burgundischen Waise für seinen Dauphin oder wenigstens deren Erbe, erhielt, das verdankte das Haus Habsburg dem Bündniß der so schmählich behandelten Eidgenossen. Diese, nach ihrer streitbar-friedsamen Politik, beanspruchten keine Gebietserweiterung für ihre Anstrengungen, nur Hochburgund behielten sie besetzt bis zur Zahlung einer Kriegsentschädigung von 150,000 Gulden. Eins aber war die Frucht ihrer patriotischen Anstrengungen: sie waren in militärischer Beziehung anerkannt die erste Macht im mittleren Europa geworden.

Wir theilen zum Schluß ein Gedicht Matthis Zoller's, eines Berners aus dem Uechtlande, mit, das in seinen letzten Strophen einen passenden Rückblick auf das Resultat des Burgunderkrieges wirft:

Wohlauf, du fromme Eidgenossenschaft,
Alle, die dem Bunde sind verhaft't,
Der Herzog, von Lothring genannt,
Will uns besolden allesammt;
Zu Nanzig leiden sie große Noth,
Der Burgunder will sie haben todt.

Herzog Reinhart von Lothring
Ritt zuerst gen Bern gering,
Um Hilfe bat er sie zur Hand:
Ich verlier' fast alle meine Land'.
Achttausend Mann, gar unverzagt,
Von den Eidgenossen wurden ihm zugesagt.

Sie zogen hin in das Elsaß,
Die Juden straften sie auf der Straß;
Drauf kamen sie gen Linstart hin,
Gen St. Niclaus stund ihr Sinn;
Da erschlugen sie wohl hundert Mann,
Der Streit der fing am Samstag an.

Herzog Reinhart, dem ward kund gethan,
Frist könnten sie nicht länger han,
Von Hunger litten sie große Noth,
In Nanzig hätt' keiner mehr Brot;
Roß, Hunde, Katzen und Mäuse
Waren in der Stadt ihre Speise.

Herzog Reinhart, euch soll hier werden kund
Gemeinlich vor dem starken Bund:
Sie gedenken alle gar wohl daran,
Was ihr zu Murten habt gethan.
Eures Streitens, also ritterlich,
Sollt ihr genießen ewiglich.

Sanct Niclas, wir sind hergesandt,
Zu retten dir dein eigen Land.
Nun thu uns deiner Hilfe Schein,
Erzeig' uns auch die Gnade dein,
Wo wir sollen kehren aus
Und anheben diesen Strauß.

Karl von Burgund der ward gewahr,
Wie der starke Buud zog daher,
Er theilt sein Heer in schneller Eil'
Und rückt' entgegen eine halbe Meil',
Der Streit fing an so ritterlich,
Wohl niemand sah je desgleich.

Er schätzt' sich Alexandern gleich,
Er wollt' bezwingen alle Reich.
Das merkte Gott in kurzer Stund.
Eine Weise laßt ihm werden kund:
Es ist vergangen mit dem Streit
Großer Uebermuth in kurzer Zeit.

Kein Mensch lebt nicht auf Erden hie,
Der solches hab' gesehen je,
Drei größre Schlachten in einem Jahr,
Mit Gottes Hilfe offenbar,
Zu Granson, Murten und Nanse;
Deß danken wir Gott immer mehr.

Ueberhebe sich niemand seiner Gewalt
Und seiner Mannheit mannigfalt,
Wie dieser Fürst hier hat gethan.
Er wollt' Gott nicht vor Augen han,
Drum straft' ihn Gott zu guter letzt
Durch ein Volk, das er wenig schätzt.

Voran da lief ein rechter Bär,
Im Streiten war er ihr Gewähr.
Er ward an einer Pfote wund;
Durch Waffen, das ist manchem kund;
Liefen die Fußknecht' da voran
Und erschlugen bei achttausend Mann.

Da man zählt siebenzig und sieben Jahr,
Am zwölften Abend *), das ist wahr,
Da hat vollendet sich der Streit;
Das dünket manchem hohe Zeit,
Der von Carol litt große Noth,
Darum ihn Gott ließ schlagen todt.

Ein Nothhelfer ist auch genannt,
St. Niclaus, zu Wasser und zu Land;
Er hat gemacht viel Ritter gut,
Die Zeichen brachten sie am Hut
Und schlugen todt den Wütherich
Karl von Burgund gar ritterlich.

Nun lobet Gott, der's hat gethan!
Er wollt's nicht ungerochen han.
Sein Anschlag ihm gefehlet hat
Ob seiner großen Missethat.
Wittwen und Waisen macht' er viel,
Was ich nicht weiter klagen will. —

Bilder aus Mecklenburg.
3. Das lustige Rostock.
Von Hugo Gaedcke.

Rostock ist meine Vaterstadt. Ich hege zärtliche Gefühle für diese Stadt, wenn ich daran denke, was sie einst war. Wer ruft die alten Tage der Hanse zurück, wo sie stolz neben ihren großen Schwestern, den anderen Hansestädten, sich durfte bewundern lassen? Die Stadt ist inzwischen alt geworden; die gute Dame hat sich merklich verändert. Der Geist, welcher einst aus ihrem glänzenden Auge geleuchtet, ist dahin; ihr Antlitz, das einst edel und schön war, sieht häßlich aufgeschwemmt, genußsüchtig in die Welt, — die Gute ist nämlich noch in ihrem hohen Alter von einer förmlichen Manie befallen; sie

---

*) Am Abend vor der letzten der zwölf Nächte, 25. Dezember bis 6. Januar.

will alle Tage nur ihrem Vergnügen leben. Wenn man die Zeitung in ihrer Schwesterstadt Lübeck liest, und wenn man dann die täglichen Annoncen in der Rostocker Zeitung damit vergleicht, so muß man staunen, wie fleißig Lübeck und wie lustig Rostock ist. Rostocks Zeitung füllt alltäglich ihre Spalten mit anlockenden Anzeigen von Tanz, Theater, Concert und Lustbarkeit; wir haben freilich auch in unserer Zeitung noch eine andere Spalte aufzuweisen, die wahrhaft großstädtisch aussieht, wogegen Lübeck eine wirkliche Kleinstadt ist, mag es auch bedeutend mehr Einwohner zählen, als meine Vaterstadt. Ich meine die Zeitungsspalte, worin die Concurse proclamirt werden. In diesem Artikel leisten wir Rostocker etwas ganz Außerordentliches.

Aber das muß man meiner guten Vaterstadt nachsagen, — darin steht sie in der Welt vielleicht einzig da, — zärtlich sorgt sie für ihre Kinder, wenn sie Concurs gemacht haben. Das ist ein schöner Zug! Wer Concurs gemacht hat, darf darum doch nicht hungern. Meine Vaterstadt nimmt ihn unter ihre warmen schützenden Flügel; sie giebt ihm eine gute Brotstelle. Und so wird er, wenn er auch sein eigenes Vermögen nicht verwalten kann, doch nach und nach an der Verwaltung fremden Gutes lernen, wie er mit Geld umgehen muß. So weckt die gute Vaterstadt in ihren Kindern das Nährgefühl. Ach, wenn man erst weiß, daß man als Concursirer noch schöne Aussicht auf ein gutes Amt hat, so wird es Einem gar nicht mehr so furchtbar schwer, Concurs zu machen. Es ist ordentlich eine Freude, einem solchen Manne zu begegnen, wenn er nach einem gründlichen Concurse ein nährhaftes Amt bekleidet.

> Nimm zum Exempel diese fetten Sechse,
> Die hier behäbig wandeln durch die Gassen;
> Sie waren magere Concursirexe.

> Nun sie die Ehre hinter sich gelassen
> Und ihnen ihre Stadt ein Amt verliehen, —
> Sieh mal, wie fetten Leibes sie gediehen,

Also auch in diesem Artikel leisten wir etwas.

Was Handel und Wandel betrifft, so sind die Leistungen hierin nicht ganz so bedeutend. Abgeschnitten von den heutigen Straßen des Verkehrs, und von der Natur stiefmütterlich bedacht, hat Rostock wenig zu bieten, was dem Unternehmungsgeiste Aussicht auf großen Gewinn verspricht. Freilich, mancher Plan zur Hebung des Handels und zur Eröffnung neuer Verkehrswege ist schon erdacht worden. Jeder Plan der Art wird mit ungemeiner Begeisterung aufgenommen. So noch in der jüngsten Zeit das Project einer neuen Dampfschifflinie Rostock-Nyköbing. Eine Actiengesellschaft ward gegründet. Zwei große Seedampfer sollten eine tägliche Verbindung zwischen Deutschland und Dänemark unterhalten. Man schmeichelte sich mit dem Gedanken, dieser kürzeste Seeweg zwischen den beiden Staaten werde alle Linien bald überflügeln; der gesammte Handelsverkehr Deutschlands nach dem Norden müsse dieser Linie sich bemächtigen, die Kaiserliche Reichspost werde diese Linie für den gesammten Postverkehr zwischen Deutschland und Dänemark wählen; namentlich müsse diese Linie einen unberechenbaren Gewinn abwerfen, wenn erst die Eisenbahn von Nyköbing auf Falster bis zu der Südspitze dieser Insel in Stand und Betrieb, und wenn außerdem die Eisenbahn von Rostock nach Warnemünde würde ins Werk gesetzt sein. Alle diese Gedanken und Pläne waren an sich vortrefflich. Etwas Anderes ist es freilich, einen Gedanken auch vortrefflich auszuführen. Bisher hat es die Aktiengesellschaft nur zu einem einzigen Seedampfer gebracht, der dreimal in der Woche fährt, und mit Wintersanfang seine Fahrten für dieses Jahr beschließt. Es war ordentlich rührend, im vorigen Sommer, diesen braven Schraubendampfer im ersten Jahre seiner Fahrt, einen Tag um den andern, unverdrossen bei gutem und schlechtem Wetter, abfahren zu sehen, und das mit einer Zahl von Passagieren, die ich höflich verschweige. Unwillkürlich mußte ich jedes Mal an den alten Professor Brakenhoest in Heidelberg denken, bei dem ich als Student die Vorlesung über Civilproceß hörte. Alle andern Studenten, die sonst etwa noch seine Zuhörer waren, schwänzten regelmäßig. Wenn ich nun im Collegium saß und die Stunde zum Beginn der Vorlesung schlug, steckte der alte Professor den Kopf in die Thüre, und sah mich mutterseelenallein. Ganz kleinlaut nickte dann der alte Professor und meinte: „Wir wollen noch ein bischen warten. Vielleicht kommt noch Einer." Aber es kam Keiner, und still und den Kopf gesenkt, trat der alte Herr nach langem Warten auf sein Katheder. — Auch der gute Schraubendampfer dachte, wie der Professor Brakenhoest: „Wir wollen noch ein bischen warten; vielleicht kommt noch Einer." Nun er hat ein ganzes Jahr geduldig gewartet: er hat dafür auch das Glück gehabt, in den Fahrten dieses Sommers oftmals nicht sechs, nein, sage sechzig Passagiere zu führen. Ein kleiner Trost für die braven Aktionäre! Denn die Kaiserliche Reichspost hat für den gesammten Postverkehr dieses halbe Unternehmen natürlich noch nicht zu voll unterstützen können; so ist dieser Dampfer „Rostock" bisher nur erst das Beförderungsmittel für die Deutsche Briefpost, weshalb er das Reichswappen stolz in seiner Flagge führt. Erst mit dem nächsten Jahre wird hoffentlich auch die Packetpost diesem Dampfschiff anvertraut werden, das sich bei dem größten Sturmwetter in diesem Sommer als ein seetüchtiges Schiff bewährt hat. Leider giebt aber dieses Project wieder einen sprechenden Beweis, mit welcher Ostentation in Rostock derartige Unternehmungen anfangs entworfen und wie halb und unvollständig dieselben zunächst ausgeführt werden. Es fehlt eben in Rostock für solche Großthaten noch die nöthige Energie, freilich oft auch die erforderliche Umsicht. —

Würde der Strom der Wissenschaft in Rostock ebenso breit dahin fließen, wie der Bierstrom, — ja, dann möchte es ein wahres Vergnügen sein, in Rostock Hütten zu bauen. Leider ist aber das Bett, in welchem der Strom der Wissenschaft fließt, kläglich versandet; der Strom ist so dünn und schmächtig geworden, daß man bequem mit beiden Füßen zugleich hinüber springen kann. Der Durst nach diesem Wasser des Lebens ist eben bei den Rostockern nicht ganz so groß, wie der Durst nach Bier. Kolossale Bierkeller speichern in ihren Räumen die riesigen Tonnen auf, die im Umsehen von Männlein und Weiblein vertilgt werden. Das Bier in Rostock ist eine Macht geworden, eine Macht, die sich in ihren Folgen überall fühlen läßt; man kann dies namentlich an dem geistigen Verkehr in dieser lustigen Stadt bemerken. Ein echtes Rostocker Kind nämlich weiß über Alles mitzusprechen. In jedem Fach ist die Zahl der Kenner Legion. Ich habe dies namentlich bei Fragen über Musik und Malerei beobachtet; bei folgender Gelegenheit:

Im Symphonie-Concert.

Ha, welch ein Künstler! Zauber! Ideal!
Wie weiß er des Pianos Macht zu zeigen!
Auswendig kennt die Hand den tollen Reigen.
Doch nun — was giebt's? Er stockt mit einem Mal.

In Todesschweigen liegt der hohe Saal.
Das ist ein Flüstern und ein Köpfeneigen,
(Denn hier sind Jedem Kennermienen eigen):
„Ah, diese Pause! Reizend! Genial!"

Doch am Piano rathlos bleibt der Schweiger,
Bis ihm mit leisem Bogenstrich ein Geiger
Zurück ins Ohr die Melodien lockt.

Da fliegt und klingt die Hand, die just noch stockt,
Und Alles nickt begeistert in dem Hause:
„Wie herrlich! und besonders diese Pause!"

Aber auch die Kenner der Malerei sind tüchtig in ihrem Fach. Wir haben in Rostock eine eigene Kunstsammlung, die seit einer Reihe von Jahren in den obern Räumen der Gewerbeschule aufgestellt ist. Einer der Gründer dieser Gallerie, ein langjähriges Mitglied des Vorstandes, hatte sich zu seiner Zeit das kleine witzige Buch angeschafft, welches der bekannte Advocat Detmold in Hannover 1834 herausgab, um die Kunstkenner in seinem Hannover gehörig zu beleuchten. Die kleine Schrift ist jetzt selten geworden; sie betitelt sich: „Anleitung zur Kunstkennerschaft oder die Kunst in drei Stunden ein Kenner zu werden." Detmold machte sich mit seiner Ironie und köstlicher Satire über diese sogenannten Kenner lustig; er unterwies nämlich den Leser seines Büchleins, wie man ein Gemälde beurtheilen muß, um sich in den Ruf eines Kenners zu setzen. Dies Buch nun hatte der besagte Gründer der hiesigen Gallerie sich angeschafft und den Inhalt der kleinen spaßhaften Schrift für baaren Ernst genommen; er hatte sich wörtlich danach gebildet. Entzückt von den Lehren des Buches, ist er auch richtig in drei Stunden ein Kenner geworden; auch mir hat er die kleine Schrift wiederholt auf das Wärmste empfohlen. Ich muß platterdings nun nach hiesigen Vorgängen annehmen, daß der sinnige Gründer noch vielen hochstehenden Leuten hier in Rostock dies kleine Buch ebenso angelegentlich empfohlen hat; ja ich muß befürchten, daß viele hochachtbare Leute den Inhalt dieser kleinen Schrift des Advokaten Detmold ebenfalls für baaren Ernst genommen haben. Der kleine bucklige Detmold wird sich freilich vor Lachen noch im Grabe umdrehen; dem ohngeachtet oder gerade deswegen halte ich es für meine heilige Pflicht, diese Leute hier auf ihren Irrthum aufmerksam zu machen. So ist mir auch für das eine oder das andere Mitglied des Vorstandes unserer Kunstsammlung bange geworden. Sollten auch sie vielleicht das kleine Buch des buckligen Advokaten gelesen und im guten Glauben es auswendig gelernt haben? Ich fürchte, ich fürchte! Denn gerade die Bezeichnung einzelner Gemälde in unserer Gallerie läßt auf Jemand rathen, der in drei Stunden ein Kunstkenner geworden ist. Da hängen, herrlich nebeneinander, Meisterwerke ersten Ranges, also Bilder von ganz unbezahlbarem Werthe. Die Kunstwelt wird staunen, wenn sie von diesen nie geahnten Schätzen etwas erfährt. Da hängen von der Hand des Vorstandes mit riesigen Taufscheinen ausgestattet, eine Menge Originalgemälde von Rembrandt und von Rubens Schöpferhand; anderer ähnlicher Meister gar nicht zu gedenken. Alle bescheidenen Bedenken gegen die Echtheit dieser Gemälde oder gegen den Werth dieser Bilder werden von vorn herein gehoben, wenn man in kolossaler Fracturschrift die Namen der Herrlichen liest, welche diese Werke geschaffen haben. Ich, in meinem beständigen Unglauben, habe diese Bilder öffentlich degradirt; ich Late behauptete zum Beispiel, das wundervolle Gemälde von Rubens sei das mittelmäßige Machwerk eines niederländischen Malers, eines Malers dritten Ranges vielleicht, der das Bild nach einer Radirung Rembrandt's zurecht gemalt hat. Ich lasse unerhörter Weise auch die andern herrlichen Meisterwerke mit den großen Taufscheinen nicht gelten, ich will in ihnen nur Copien von gewöhnlichen Pinseln sehen und was derlei dreiste Behauptungen mehr sind. Der Vorstand belacht mich. Einmal schon hat er nachgegeben und zwar nur aus Höflichkeit. Das geschieht aber nicht wieder. Dazu bin ich zu unartig.

Ich hatte nämlich in die Rostocker Zeitung den nachstehenden Artikel einrücken lassen:

„In nicht ferner Zeit wird die Aufstellung der Gemälde beginnen, welche durch die Güte des Geh. Justizrath Dr. Ditmar der hiesigen städtischen Gallerie testamentarisch vermacht sind. Es handelt sich augenblicklich noch um eine Frage, die bisher das Weitere verzögert hat. Wie wir hören, herrscht nämlich unter dem Vorstand eine Verschiedenheit der Meinungen über das eine Gemälde dieser Stiftung, ein Bild aus der italienischen Schule (Venus und Amor darstellend). Das Oelbild, — ein Gemälde von ziemlichem Umfange, — hat in dem oberen Theile einen scheinbaren leichten Bruch, da der Maler bei der Größe der Bildtafel gezwungen war, die nicht zureichende Leinewand durch einen etwa drei Hand breiten Streifen Leinewand zu ergänzen. Dieser Umstand verschuldet die Meinungsverschiedenheit, die jetzt zum endlichen Austrage kommen muß, da das Gemälde, ebenso wie die übrigen Bilder der Ditmar'schen Stiftung, einen neuen Goldrahmen erhalten soll. Hat sich nun das Bild nach dem Rahmen zu richten oder der Rahmen nach dem Bilde? Das ist die Frage. Namentlich ein Mitglied des Vorstandes hat entschieden die Ansicht verfochten und hofft auf den Sieg dahin, daß dieser obere Theil der Bildfläche kurzweg abgeschnitten wird. Ein anderer Theil des Vorstandes will unbegreiflicher Weise diesem sinnigen Vorschlage nicht zustimmen. Wir meinen doch, was ein rechter Kunstkenner ist, sieht zuerst auf den Goldrahmen. Ist der Goldrahmen recht schön breit und mit vielen Schnörkeln und Schnitzereien versehen, so kann man sofort daraus abnehmen, daß das Bild etwas werth sein muß; denn sonst würde der Eigenthümer nicht einen solchen schönen Rahmen daran gewendet haben. Der schöne Rahmen ist die Hauptsache. Und darum stimmen wir aus vollem Herzen der Ansicht bei, daß man das Gemälde des altitalienischen Meisters auf das Schleunigste ein paar Hand breit oben beschneidet, damit wir recht bald um das Bild einen schönen goldenen Rahmen bekommen. Wir setzen natürlich stillschweigend voraus, daß der Rahmen sehr hübsch vergoldet und um so breiter wird, je mehr von dem Bilde selber abgeschnitten wird. Es ist dieser breite schöne Rahmen in diesem Fall um so nöthiger, damit der Beschauer nicht am Ende irre geführt und zu dem Glauben verleitet werde, das Bild sei nach der Beschneidung entwerthet. Der Beschauer soll vielmehr sofort das Gefühl bekommen: „Ei, dieses Bild muß sehr schön sein, da es einen so schönen Rahmen besitzt!" Und dann bekommt er Respect vor unserer Sammlung."

So der Artikel. — Das Bild hängt jetzt unbeschnitten mit einem großen Goldrahmen in der Gallerie, und zwar neben den vielen kostbaren Originalgemälden eines Rembrandt, Rubens u. s. w., die nach wie vor jeden Sonntag Mittags von 11—1 Uhr von Jedermann ungestört können besichtigt werden.

Mit Nr. **40** beginnt diese Zeitschrift ein **neues Quartal**, welches durch alle **Buchhandlungen** und **Postämter** des In- und Auslandes zu beziehen ist.

Privatpersonen, gesellige Vereine, Lesegesellschaften, Kaffeehäuser und **Conditoreien** werden um gefällige Berücksichtigung derselben freundlichst gebeten.

Leipzig, im September 1874. **Die Verlagshandlung.**

Verantwortlicher Redakteur: Dr. **Hans Blum.**
Verlag von **F. L. Herbig.** — Druck von **Güthel & Legler** in Leipzig.

von
Felix Mendelssohn Bartholdy.

Preis für den Bogen in gross Musikformat 3 Silbergroschen.

Druck von den Metallplatten.

In musikwissenschaftlichem Werthe, wie auch in äusserer Ausstattung, in Preis und Erscheinungsweise soll sich diese Ausgabe unserer grossen **Beethoven-Ausgabe** eng anschliessen, welche so, ungetheilte Anerkennung gefunden hat.

Subscription wird auf das Ganze der Partituren, Stimmen und vollständigen Klavierauszüge der Vocalwerke, sowie auf die einzelnen Serien angenommen.

Das bereitwillige Entgegenkommen der betheiligten Verleger ermöglicht uns den bei weitem grössten Theil der gesammten Werke in rascher Folge zu bieten. Das Ganze soll in 3—4 Jahren vollendet sein.

Vollständige Prospecte, Subscriptionslisten und Inhaltsverzeichniss sind in jeder Buch- und Musikhandlung zu haben. Die ersten Lieferungen, Pianofortewerke und die einstimmigen Lieder, werden in den nächsten Tagen zur Ausgabe gelangen.

Leipzig, 15. September 1874.　　　　　　　　　　　Breitkopf & Härtel.

Die soeben erschienene No. 38 der

Jenaer Literaturzeitung

im Auftrag der Universität herausgegeben von Anton Klette, Jena, Mauke's Verlag (Hermann Dufft) enthält Besprechungen von:

W. Weiffenbach, das Papiasfragment bei Eusebius: von R. A. Lipsius. R. Kluge, der Keim zu Israels Verfall: von L. Diestel. W. B. Pope, die Person Christi: von C. Wittichen. H. Hasenbalg, actio Pauliana: von E. Eck. J. Lenenberger, Studien: von H. Bochlan. L. Jacobi, die Verbindlichkeit zum Schadenersatze für Tödtungen: von W. Endemann. J. M. Charcot, Krankheiten des Nervensystems, deutsch von B. Fetzer: von C. Gerhardt. F. S. Lees, Handbuch für Krankenpflegerinnen, herausgegeben von B. Schliep: von C. Lotzbeck. E. Brücke, Vorlesungen über Physiologie: von J. Rosenthal. P. Groth, einfache Mineralien: von C. Schmid. F. A. Lange, Geschichte des Materialismus: von C. Pfleiderer. A. v. Reumont, Lorenzo de' Medici: von B. Kugler. A. Horawitz, Caspar Bruschius: von C. Bursian. A. Horawitz, Beatus Rhenanus: von C. Bursian. A. Horawitz, des Beatus Rhenanus literarische Thätigkeit: von C. Bursian. A. Merz, neufrisches Lesebuch: von A. Socin. O. Kohl, de Isocratis suasoriis: von F. Blass. H. Paul und W. Braune, Beiträge zur Geschichte der deutschen Sprache und Literatur: von C. Sievers.

Im Verlage von **Fr. Wilh. Grunow** in Leipzig ist erschienen:

Studien und Skizzen
zur
Geschichte der Reformationszeit
von
Wilhelm Maurenbrecher.

gr. 8. Preis 2 Thlr. 20 Ngr.

Lightning Source UK Ltd.
Milton Keynes UK
UKHW031107170119
335297UK00018B/659/P